L^AT_EX

Eine Einführung

Helmut Kopka

Eine Einführung

4. überarbeitete und erweiterte Auflage

 ADDISON-WESLEY PUBLISHING COMPANY

Bonn · München · Paris · Reading, Massachusetts · Menlo Park, California
New York · Don Mills, Ontario · Wokingham, England · Amsterdam · Milan · Sydney
Tokyo · Singapore · Madrid · San Juan · Seoul · Mexico City · Taipei, Taiwan

Die Deutsche Bibliothek – CIP-Einheitsaufnahme

Kopka, Helmut:
LATEX : eine Einführung / Helmut Kopka – 4., überarb. und
erw. Aufl. – Bonn ; München ; Paris [u.a.] :
Addison-Wesley, 1992
    ISBN 3-89319-434-7

TTL –> alle mit diesem Zeichen markierten Textstellen stellen weitgehend eine Übersetzung aus
Leslie Lamports Buch: *LaTeX - A Document Preparation System*, Addison-Wesley USA dar
und erfolgten mit freundlicher Genehmigung durch den Autor.

Satz: Helmut Kopka, Max-Planck-Institut für Aeronomie, 3411 Katlenburg-Lindau
Druck und Bindung: Bercker Graphischer Betrieb, Kevelaer
Herstellung: Helga Schörnig
Umschlaggestaltung: Carthaus, Alfter bei Bonn, Bearbeitung eines Originals von Duane Bibby

Das verwendete Papier ist chlorfrei gebleicht und alterungsbeständig.
Die Produktion erfolgt mit Hilfe von umweltschonender Technologie und strengsten Umwelt-
auflagen in einem geschlossenen Wasserkreislauf unter Wiederverwendung unbedruckter,
zurückgeführter Papiere aus eigener Produktion.

ISBN 3-89319-434-7

Vorwort

Textbearbeitung durch einen Rechner mit dem Ergebnis des Ausdrucks in Buchdruckqualität ist durch die Entwicklung geeigneter Programme in den letzten Jahren möglich geworden. Einige dieser Programme entstanden als spezielle Auftragsarbeiten von Großdruckereien oder von Herstellern von Setz– und Druckmaschinen und entziehen sich einer verbreiterten Nutzung. Allgemeinere Bedeutung hat das Satzprogramm TeX gefunden. Donald E. Knuth von der Stanford University begann Mitte der 70er Jahre mit der Entwicklung von TeX. Erste brauchbare Ergebnisse wurden bereits 1978 mit der Version TeX78 erzielt, an deren Verbesserung jedoch kontinuierlich weitergearbeitet wurde, bis schließlich mit der Version TeX82 eine weitgehend stabile Version bereitgestellt wurde.

Seit dieser Zeit hat TeX eine weltweite Verbreitung gefunden, so daß es inzwischen für nahezu jeden Rechnertyp und jedes Betriebssystem verfügbar ist, angefangen vom Großrechner bis hin zum PC. Einer der Gründe für die Verbreitung liegt sicher darin, daß das Programm von Donald Knuth zum öffentlichen Eigentum (public domain) erklärt wurde. Hinzu kommt, daß das Programm in der Pascal Metasprache WEB entwickelt wurde und der Original–Quellenkode eine ausführliche Dokumentation mit umfassenden Erläuterungen enthält. Dies erst machte die Anpassung an verschiedene Rechner und Betriebssysteme mit vertretbarem Aufwand möglich.

Das Satzprogramm TeX kann nahezu alle Aufgaben lösen, die bisher dem traditionellen Beruf des Setzers vorbehalten waren. Dies schließt den Satz von komplexen mathematischen Formeln und umfangreichen gerahmten Tabellen ein. Aber ebenso wie der Beruf des Setzers eine vieljährige Ausbildung verlangt, setzt der erfolgreiche Einsatz von TeX erhebliche Fachkenntnisse, sowohl von Programmiertechniken wie vom Satzdruck, voraus. Im Vergleich zu den üblichen Programmiersprachen erweist sich der Befehlssatz von TeX als überaus umfangreich. TeX kennt rund 900 Befehle, von denen etwa 300 Basisbefehle darstellen, aus denen weitere 600 Makrobefehle, teilweise mit wählbaren Parametern, bereitgestellt wurden. Man vergleiche dies mit der Anzahl der Befehle und Sprachstrukturen etwa von C, Pascal oder FORTRAN.

Zwischen dem Autor und dem Setzer ist bei einer Verlagspublikation zusätzlich noch der Designer eingeschaltet, der dem Manuskript die logische Gliederung entnimmt und hieraus ein Layout erarbeitet, das die logische Gliederung in eine dem Leser entgegenkommende grafische Aufbereitung umsetzt. Diese Aufgabe verlangt Expertenwissen und eine fast künstlerische Kreativität.

Ein wirklich erfolgreicher und zufriedenstellender Einsatz von TeX setzt damit Programmierkenntnisse, Fertigkeiten der Satztechnik und grafische Kreativität, verbunden mit dem Wissen über deren psychologische Wirkung beim Leser, voraus. Unter diesen Voraussetzungen bliebe die Erstellung eigener Druckvorlagen einem kleinen Kreis begnadeter Alleskünstler vorbehalten.

Leslie Lamport hat mit LaTeX ein Werkzeug zur Verfügung gestellt, mit dem auch wir arbeiten können. Statt mit TeX–Befehlen die Arbeit des Setzers vornehmen und gleichzeitig die Kreativität des Designers in entsprechende TeX–Anweisungen umsetzen zu müssen, erwartet LaTeX vom Anwender die Angabe der logischen Struktur. Darunter fällt z. B. die Mitteilung, wann ein neues Kapitel oder ein neuer Abschnitt beginnt, welche Textstellen hervorzuheben sind, ob ein Inhaltsverzeichnis automatisch mit zu erstellen ist und ähnliches mehr.

LaTeX übersetzt die angegebene logische Struktur in die gestaltenden TeX–Befehle, mit denen der Text dann bearbeitet wird. Zusätzlich stellt LaTeX eine Reihe von Layout–Stilen zur Verfügung. Mit der Auswahl eines geeigneten Layout–Stils wird gleichzeitig das grafische Design professionell gestaltet, ohne daß der Anwender eigene Angaben über passende Schriftarten und Schriftgrößen hinzufügen muß.

Das vorliegende Buch soll die Nutzung aller LaTeX–Möglichkeiten vermitteln. Diese gestatten selbstverständlich auch individuelle Textformatierungen. Der Anwender sollte jedoch die angebotenen Standardformate bevorzugen, da diese das grafische Design von Fachleuten verwirklichen, mit denen der Normalanwender kaum erfolgreich konkurrieren kann.

Ich möchte an dieser Stelle Leslie Lamport danken, der mit vielen Anregungen und konstruktiver Kritik am Zustandekommen dieses Buches beteiligt war.

Helmut Kopka, Juli 1988

Vorwort zur 4. Auflage

Die 3. Auflage wurde korrigiert, überarbeitet und gleichzeitig um 70 Seiten erweitert. Nachdem inzwischen TeX 3.0 oder sogar TeX 3.14 weitgehend verfügbar ist, wurden die neuen Möglichkeiten der TeX–Versionen ab 3.0 verstärkt eingearbeitet.

Zum Zeitpunkt der ersten Auflagen erfolgten die meisten LaTeX–Anwendungen noch auf Zentralrechnern der Hochschulen und Forschungsinstitute. Für den damaligen Normalanwender stellte sich das Problem einer eigenständigen Installation von TeX und LaTeX gar nicht, da dies zu den Dienstleistungen der Rechenzentren gehörte. Inzwischen hat sich das Anwenderprofil deutlich verändert. Die Mehrzahl der LaTeX–Anwender arbeitet inzwischen mit PCs. Für diese ist der 20seitige Abschnitt 7.7 hinzugefügt worden, der über kostenfreie TeX–Versionen und deren Einrichtungsvorgänge informiert.

Kapitel 8 wurde um zwei Seiten erweitert und enthält weitere Hinweise zur Nutzung von TeX–Befehlen sowie eine Beschreibung des \special Befehls. Außerdem werden erweiterte Eigenschaften der neuen Versionen von MakeIndex vorgestellt. Die neuen dc–Zeichensätze mit 256 Zeichen werden ausführlich im zugefügten Anhang C.9 vorgestellt und in ihrer Nutzung beschrieben. Auch der Anhang D wurde erheblich erweitert. Zugefügt wurde mit D.3 die Beschreibung zukünftiger LaTeX–Versionen und Hinweise zu ihrer bereits jetzt schon möglichen Aktivierung.

Das LaTeX–Ergänzungsprogramm SliTeX zur Erzeugung mehrfarbiger Folienvorlagen wird mit dem zugefügten Anhang E vorgestellt. Dieser Anhang war bisher das Kapitel 3 in den LaTeX–Erweiterungsmöglichkeiten [3].

Helmut Kopka, Januar 1992

Inhaltsverzeichnis

Tabellenverzeichnisse

Zeichenanordnung in Zeichensätzen

Zusammenfassungen

Bildverzeichnis

Kapitel 1

Grundlagen

Textverarbeitung mit einem Rechner kann in vielfältiger Weise erfolgen. Eigenschaften und Leistungsfähigkeit sind hierbei weniger vom jeweiligen Rechnertyp, sondern vielmehr vom verwendeten *Textverarbeitungsprogramm* bestimmt. Textverarbeitungsprogramme existieren in großer Zahl auf dem Rechnermarkt. Die meisten von ihnen sind auf bestimmte Hauptanwendungsfälle, z. B. für die Büro– oder Geschäftskorrespondenz, zugeschnitten.

Alle Textverarbeitungsprogramme basieren auf einem von zwei ganz unterschiedlichen Grundkonzepten. Bei den sog. *Wortprozessoren* erscheint auf dem Bildschirm zunächst ein *Menu* mit den möglichen Verarbeitungseigenschaften. Diese müssen zunächst gewählt werden, meist einfach dadurch, daß man mit dem Cursor auf die angebotenen Eigenschaften fährt und diese dadurch auswählt. Nach der Festlegung der Verarbeitungseigenschaften wird der Text über die Tastatur eingegeben und erscheint auf dem Bildschirm genau in der Weise, wie er auch beim Druck ausgegeben wird. Der Anwender kann damit sofort bei der Eingabe feststellen, ob der bearbeitete Text seinen Vorstellungen entsprechend erzeugt wird. Ist dies nicht der Fall, so kann mit speziellen Funktionstasten eine Korrektur durch den Anwender vorgenommen und das Ergebnis unmittelbar überprüft werden.

Das andere Konzept beruht auf einem zweistufigen Vorgang, und zwar zunächst der Texteingabe und ggf. Korrektur mit einem *Editor* des Rechners und der anschließenden Bearbeitung durch ein sog. *Formatierungsprogramm.*

Erst danach wird der bearbeitete Text auf einem Ausgabegerät, das ein Drucker oder hochauflösender Bildschirm sein kann, ausgegeben. Ist der Anwender mit dem Ergebnis nicht zufrieden, so muß der im Rechner gespeicherte Text geändert oder korrigiert und dann erneut mit dem Formatierungsprogramm bearbeitet werden.

Auf den ersten Blick erscheint das erste Konzept als das ideale. Die meisten Textverarbeitungsprogramme sind auch hierauf aufgebaut. Sie ersetzen mehr und mehr die herkömmliche Schreibmaschine, mit der sie in Konkurrenz stehen und der sie weit überlegen sind. Formatierungsprogramme stehen weniger in Konkurrenz zur Schreibmaschine als vielmehr zum Druckereiwesen. Hier haben sie innerhalb weniger Jahre den traditionellen Beruf des Setzers praktisch zum Verschwinden gebracht.

Beide Konzepte haben ihre spezifische Bedeutung und Leistungsfähigkeit. Soll das Ergebnis der Textverarbeitung in Buchdruckqualität, insbesondere bei wissenschaftlichem Text mit komplexen mathematischen Formeln, erfolgen, so wird ein geeignetes Formatierungsprogramm erforderlich sein. Formatierungsprogramme entfalten ihre

besondere Leistung auch dann, wenn derselbe Text in unterschiedlicher Weise bearbeitet werden soll. Ist z. B. ein Text einmal einspaltig formatiert und ausgedruckt
worden, so kann mit der Änderung eines einzigen Befehls erreicht werden, daß derselbe
Text bei einer erneuten Bearbeitung nunmehr pro Seite zweispaltig formatiert wird
und damit ein vollständig anderes Aussehen in bezug auf Zeilen– und Seitenumbruch
erhält.

1.1 TₑX und LATₑX

Das wohl leistungsfähigste Formatierungsprogramm zur Erzeugung wissenschaftlich-
technischer Texte in Buchdruckqualität stammt von *Donald E. Knuth* [6]. Das Programm hat den Namen TₑX (gesprochen Tech), was die griechische Schreibweise in
Großbuchstaben von $\tau\epsilon\chi$ darstellen soll. Neben TₑX wurde vom gleichen Autor ein
weiteres Programm mit dem Namen METAFONT entwickelt, das zur Erzeugung von
Zeichensätzen dient. Standardmäßig enthält das TₑX–Programmpaket 75 Zeichensätze für verschiedene Entwurfsgrößen, wobei jeder dieser Zeichensätze zusätzlich in
bis zu acht verschiedenen Vergrößerungsstufen bereitsteht. Alle diese Zeichensätze
wurden mit dem Programm METAFONT erzeugt. Bei verschiedenen Anwendern wurden weitere Zeichensätze, z. B. kyrillische und sogar japanische Zeichensätze, erzeugt,
mit denen Texte in diesen Schriften in Buchdruckqualität ausgegeben werden.

Die enorme Leistungsfähigkeit von TₑX hat ihren Preis: Die Anwendung und
besonders die Ausschöpfung der Möglichkeiten setzt erhebliche Erfahrung mit Programmiertechniken voraus. Die Anwendung bleibt daher meist auf Profis aus dem
Programmierbereich beschränkt. Aus diesem Grund wurde von dem amerikanischen
Computerwissenschaftler *Leslie Lamport* [1] das Programmpaket LATₑX entwickelt,
das seinerseits auf TₑX zurückgreift, aber zwischen TₑX und dem Anwender eine sehr
viel benutzerfreundlichere Ebene schafft. Mit LATₑX wird auch der Anwender ohne
Programmierkenntnisse in die Lage versetzt, die Möglichkeiten von TₑX weitgehend
auszuschöpfen und bereits nach wenigen Tagen, wenn nicht nur Stunden, eine Vielzahl
von Textausgaben in Buchdruckqualität erzeugen zu können. Dies gilt ganz besonders
auch für die Erzeugung komplexer Tabellen und mathematischer Formeln.

Dies setzt voraus, daß der Anfänger die Standardformatierungen von LATₑX ak-
zeptiert und nicht eigenwillige Sonderwünsche an den Anfang setzt. Leslie Lamports
Philosophie zur Entwicklung von LATₑX war, den Anwender von eigenen Formatierungsüberlegungen freizustellen, und dieses Angebot sollte er nutzen. Natürlich gestattet LATₑX auch, individuelle Anwenderwünsche zufriedenzustellen, und es ist der
Zweck dieses Buches, dem Anwender alle Möglichkeiten von LATₑX zu erschließen.
Diese entwickeln sich mit zunehmender Praxis und verlangen, daß das vorliegende
Buch einmal bis und einschließlich des Anhangs A durchgearbeitet wird. Danach
kann es als Nachschlagewerk benutzt werden, wofür sich insbesondere der Befehlsindex am Ende des Buches eignet.

Individuelle Formatierungen sollten aber die Ausnahme bleiben und nicht die Regel sein. Hinter den angebotenen Standardformatierungen verbirgt sich Fachwissen
von professionellen Druckern und Graphikern, mit denen der Normalanwender nicht
in Konkurrenz treten sollte.

1.2 Text und Befehle

Jeder Text besteht aus *Zeichen*, die zu *Wörtern* zusammengefügt sind. Die *Wörter* bilden *Sätze* und diese wiederum *Absätze*. Absätze können zu größeren Einheiten wie *Abschnitten* und *Kapiteln* zusammengefügt werden.

Wörter bestehen aus einem oder mehreren Zeichen, die durch *Leerzeichen (Blanks = Leertaste)* oder die *Returntaste = Zeilenwechsel* getrennt sind. TEX interpretiert Leerzeichen und Zeilenwechsel als Wortende. Dabei ist es gleichgültig, ob ein oder mehrere Leerzeichen zwischen den Wörtern auftreten. Der Wortabstand wird hierdurch nicht beeinflußt.

Absätze werden durch eine oder mehrere *Leerzeilen* voneinander getrennt. Der Abstand zwischen den Absätzen wird hierdurch nicht beeinflußt. TEX behandelt die Wörter eines Absatzes als eine lange Kette von Wörtern, zwischen denen ein Wortabstand so gewählt wird, daß innerhalb eines Absatzes die Wortabstände möglichst gleich sind und die einzelnen Zeilen links– und rechtsbündig abschließen. Der Zeilenumbruch erfolgt also unabhängig von der Texteingabe *automatisch*.

Der Zeilenabstand hängt von der gewählten Schriftgröße ab. Absätze werden durch Einrücken der ersten Zeile und/oder einen vergrößerten Zeilenabstand zwischen den Absätzen gekennzeichnet. Die Absatzabstände sind wie die Wortabstände leicht variabel. TEX bzw. LATEX wählt sie so, daß der Text einer vollen Seite jeweils den gleichen oberen und unteren Rand hat, wobei der obere und untere Rand innerhalb des Dokumentes unterschiedlich gewählt sein kann. Auch der Seitenumbruch erfolgt wie der Zeilenumbruch automatisch.

Im einfachsten Fall besteht ein Textfile nur aus dem so eingegebenen Text. Bei einer Behandlung mit TEX wird dieser Text mit einer Standardbreite und Standardseitenhöhe formatiert, d. h. Zeilen–, Absatz– und Seitenumbruch erfolgen wie bei einem gesetzten Text nach allen Seiten bündig.

Jedes LATEX-Dokument besteht im allgemeinen aber aus *Text*, der zu verarbeiten ist, und *Befehlen*, mit denen gesagt wird, wie der Text zu bearbeiten ist. Dies macht es notwendig, zwischen Text und Befehlen zu unterscheiden. Befehle bestehen entweder aus einigen einzelnen Sonderzeichen, die nicht als Textzeichen Verwendung finden, oder aus Wörtern, denen ein bestimmtes Sonderzeichen, nämlich der \ (backslash), unmittelbar vorangesetzt ist.

1.3 Grundstruktur eines LATEX–Files

Jeder LATEX-File besteht aus dem *Vorspann (preamble)* und dem *Textteil (body)*.

Der Vorspann besteht ausschließlich aus Befehlen, mit denen die globale Bearbeitungsstruktur des nachfolgenden Textes festgelegt wird, also z. B. die Angabe des Papierformates, die Wahl der Textbreite und –höhe, die Gestaltung der Ausgabeseiten in bezug auf deren Numerierung und die Erzeugung von automatischen Seitenköpfen oder –füßen. Der Vorspann muß mindestens aus dem Befehl \documentstyle bestehen, mit dem der globale Bearbeitungstyp des Dokumentes festgelegt wird. Dies ist im allgemeinen auch der erste Befehl des Vorspanns.

Soweit keine weiteren Befehle im Vorspann aufgeführt werden, wählt LaTeX bestimmte Standardwerte für die Zeilenbreite, die Ränder, die Absatzabstände, Seitenbreite und –länge und vieles mehr. Da diese in der Originalversion auf amerikanische Verhältnisse zugeschnitten sind, sollte eine LaTeX–Anpassung für deutsche Texte zur Verfügung stehen. Bei den LaTeX–Implementationen in den Hochschulrechenzentren wird eine solche Anpassung in aller Regel vorgenommen worden sein, sei es durch die Bereitstellung einer zusätzlichen deutschen LaTeX–Version neben dem Original oder durch die Bereitstellung einer Dokumentstiloption **german**[1]. Auch die in Deutschland vertriebenen kommerziellen PC–TeX–Programme enthalten, soweit vom Autor getestet wurde, eine entsprechende **german** Option. Sollte dem Leser nur die Originalversion zur Verfügung stehen, so sollte als zweiter Befehl im Vorspann stehen: \input{danp}[2]

Der Vorspann endet mit dem Befehl \begin{document}. Alles, was nach diesem Befehl folgt, wird als *Textteil* interpretiert. Der Textteil besteht aus dem eigentlichen Text, vermischt mit weiteren Befehlen. Diese Befehle haben im Gegensatz zu denen im Vorspann nur lokale Wirkung, d. h. sie wirken im allg. nur auf Teile des laufenden Textes, wie zum Beispiel *Einrückungen, Behandlung von Text als Formeln, vorübergehende Umschaltung der Schriftart u. a.*

Der Textteil endet mit dem Befehl \end{document}. Dies ist im allgemeinen auch das Ende des Files. Die allgemeine Syntax eines LaTeX–Files lautet damit

> \documentstyle[*Optionen*]{*Stiltyp*}
> *Evtl. weitere global wirkende Befehle und Erklärungen*
> \begin{document}
> *Text evtl. vermischt mit weiteren lokal wirkenden Befehlen*
> \end{document}

Welche *Optionen* und *Stiltypen* im \documentstyle Befehl möglich und erlaubt sind, wird in 3.1 dargestellt. Bei der Verfügbarkeit einer deutschen Stiloption gehört **german** zu den Angaben für *Optionen*.

In einem Rechenzentrum wird die Information über die verschieden angepaßten LaTeX–Versionen und/oder vorhandener Stiloptionen im allgemeinen durch einen sog. *Local Guide* beschrieben. Dieser sollte auch alle Angaben über die Art der Befehlsaufrufe für die LaTeX–Bearbeitung, sowie der verfügbaren Ausgabegeräte wie Drucker, Mikrofilm, Grafikstationen u. ä. und deren Aktivierung enthalten. Die Gerätetreiber kennen ggf. Optionen, mit denen der Ausdruck in verschiedenen diskreten Vergrößerungen erfolgen kann.

---

[1] Beim 6. Treffen der deutschen TeX–Interessenten 1987 in Münster wurden die Eigenschaften für eine deutsche LaTeX bzw. TeX Version allgemein diskutiert und mit einer Empfehlung für eine vorläufige Realisierung abgeschlossen. Sie erfolgte durch die Erweiterung des **german.sty** Files von Hubert Partl, EDV–Zentrum der Technischen Universität Wien. Die Dokumentstiloption **german** wird ausführlich in Anhang D.1 beschrieben. Dort stehen auch Hinweise über weitere Stilfiles und deren Beschaffungsmöglichkeiten.

[2] **danp** ist ein kurzes, aber nützliches Makropaket, das in 2.7 auf Seite 17 aufgelistet ist. Hiermit werden die Abmessungen für DIN A4 Papierformat eingefügt. Zusätzlich wird die Eingabe von Umlauten und dem ß im Text gegenüber dem LaTeX–Original vereinfacht. Der Leser möge dieses Makropaket der Vorübung entsprechend zunächst übernehmen. Es realisiert in trivialer Form einige der in der vorangegangenen Fußnote genannten Eigenschaften. Der Leser ist jedoch gut beraten, wenn er sich den dort genannten **german.sty** File so bald wie möglich beschafft und dann auf **danp** verzichtet.

1.4 LATEX–Bearbeitungsmoden

Bei der Bearbeitung von Texten befindet sich LATEX stets in einem von drei Modi:

1. Paragraph–Modus — auch Paragraph Mode genannt

2. Mathematischer Modus — oder mathematischer Mode

3. LR–Modus — bzw. LR–Mode

Der *Paragraph–Modus* ist der normale Bearbeitungsmodus. In ihm betrachtet LATEX die Texteingabe als eine Sequenz von Wörtern und Sätzen, die in Zeilen, Absätze und Seiten (automatisch) gebrochen werden.

LATEX schaltet in den *mathematischen Modus*, wenn durch bestimmte Befehle gesagt wird, daß der folgende Text eine *Formel* darstellt. Innerhalb des mathematischen Modus bleiben Leerzeichen unberücksichtigt. Der Text `is` oder `i  s` wird als das Produkt von i und s interpretiert und erscheint als *is*. LATEX schaltet zurück in den Paragraph–Modus, wenn durch entsprechende Befehle mitgeteilt wird, daß der vorangegangene Text als Formel beendet ist.

LR–Modus ist dem Paragraph–Modus ähnlich: LATEX behandelt den Eingabetext von links nach rechts als eine Kette von Wörtern, *zwischen denen kein Zeilenumbruch stattfinden kann*. In diesem Modus befindet sich LATEX z. B., wenn innerhalb von Formeln Text eingebettet ist oder mit einem speziellen Befehl, wie `\mbox{`*Teiltext*`}`, erreicht werden soll, daß innerhalb von *Teiltext* kein Zeilenumbruch erlaubt ist.

Die Unterscheidung und Kenntnis der Bearbeitungsmoden ist darum wichtig, weil einige Befehle entweder nur in bestimmten Modi erlaubt sind oder ihre Wirkung für die verschiedenen Bearbeitungsmoden unterschiedlich ist.

Soweit bestimmte Bearbeitungseigenschaften für Paragraph– und LR–Mode gleich sind, wird im folgenden auch vom Textmode oder von Textmoden gesprochen. Diese stehen gemeinsam häufig im Gegensatz zum mathematischen Bearbeitungsmodus.

1.5 Erläuterungen zum vorliegenden Text

Dieses Buch richtet sich an LATEX–Anwender, die keine oder nur geringe Kenntnisse im Umgang mit Rechnern haben. Es basiert auf mehreren Kursen, die ich an meiner Arbeitsstätte für die dort beschäftigten Schreibkräfte und Sekretärinnen gehalten habe, und wo inzwischen die gesamte Textverarbeitung mittels LATEX erfolgt.

Das Buch ist eine Mischung von Lehrbuch und Nachschlagewerk. Ich hoffe, daß es mit Unterstützung eines fachkundigen Betreuers für den Schreibdienst beides erfüllt. Es enthält keine Information über rechner– oder systemspezifische Maßnahmen wie das *Einloggen, Aufruf des Editors, Handhabung des Editors*.

Wiederholungen im Text, besonders in der ersten Hälfte, sind vom mir gewollt, da dem Leser nicht zugemutet wird, nach einer kurzen Definition eines Begriffes viele Seiten später, insbesondere als Anfänger, diesen Begriff voll zu beherrschen. Jedoch sollte sich der Benutzer von Anbeginn ein Verständnis für die in 2.1–2.4 vorgestellten Grundbegriffe verschaffen.

Ich habe mich bemüht, *Computerslang* zu vermeiden, auch wenn mir das nicht vollständig gelungen ist. Ich hoffe, daß Begriffe wie "File, Datei oder Editor" auch

bei den Anwendern im Schreibdienst inzwischen gebräuchlich sind und keiner weiteren Erläuterung bedürfen. Abkürzungen wie i. allg. (im allgemeinen), u. a. (und
andere), u. ä. (und ähnliche), bzw. (beziehungsweise), ggf. (gegebenenfalls), z. B.
(zum Beispiel) sollten im Textzusammenhang verständlich sein.

Bei der Beschreibung der Syntax der Befehle wird Schreibmaschinenschrift für die
Teile des Befehls verwendet, die genauso, wie sie angegeben sind, einzugeben sind.
Kursivschrift wird für die Teile des Befehls verwendet, die verschiedene Werte oder
den zu verarbeitenden Text enthalten.

>   `\begin{tabular}{`*sp_form*`}`   *Zeilen*   `\end{tabular}`

stellt den Befehl zur Erzeugung einer Tabelle dar. Die Teile in Schreibmaschinenschrift
sind zwingend. *sp_form* steht für eine wählbare Form für die Spaltenformatierung.
Welche Werte bzw. Kombinationen hierfür möglich und erlaubt sind, wird bei der
Beschreibung dieses Befehls im Einzelnen angegeben. *Zeilen* steht für die einzelnen
Zeileneintragungen der Tabelle und ist damit Teil des Textes.

Textteile in kleinerer Schrift enthalten Information, die für eine vertiefte Kenntnis von
Nutzen sind. Sie können zu Beginn übersprungen werden. Diese Kenntnis wird dann erforderlich, wenn individuelle Gestaltungswünsche die LaTeX-Standardformatierungen ergänzen
sollen.

1.6   Die Erzeugung eines LaTeX–Dokuments

Die Erzeugung eines LaTeX–Dokuments von der Texteingabe bis zur Druckausgabe
ist ein dreistufiger Vorgang. Zunächst wird mit dem Editor des Rechners ein Textfile
erzeugt (oder korrigiert). Der Textfile besteht aus dem eigentlichen Text vermischt
mit LaTeX–Befehlen.

Der Name dieses Textfiles muß die Endung `.tex` enthalten. Die Syntax für den
Filenamen des Textfiles ist also *name*`.tex`. Das Betriebssystem des Rechners schreibt
meistens weitere Bedingungen für die Wahl von Filenamen vor, wie z. B. die maximale
Namenslänge oder das Verbot von Sonderzeichen in Filenamen. Der gewählte Name
einschließlich der Endung `.tex` muß innerhalb der maximalen Namenslänge liegen. Ist
diese z. B. 10, so wäre `muster.tex` ein erlaubter Name, nicht dagegen `entwurf.tex`,
da letzterer aus 11 Zeichen besteht.

Der Textfile muß sodann durch das LaTeX–Programm bearbeitet werden. Der
Aufruf zum Ablauf des LaTeX–Programms ist systemabhängig. Bei mir lautet dieser
Befehl einfach `latex` oder `satz` gefolgt von dem Filenamen des Textfiles, jedoch *ohne*
die Endung `.tex`.

Wurde als Name für den Textfile `muster.tex` gewählt, so lautet bei mir der Aufruf
für die LaTeX–Bearbeitung

>   `latex muster`   oder   `satz muster`

Während der Bearbeitung erscheinen auf dem Bildschirm die einzelnen Seitennummern der Bearbeitung, ggf. vermischt mit Warnungen und Fehlermeldungen. Der Interpretation von Fehlermeldungen und ihrer Behandlung ist das Kapitel 9 gewidmet.
Nach der Bearbeitung des Textfiles durch LaTeX ist ein weiterer File entstanden, und

zwar mit dem gewählten Basisnamen und der Endung `.dvi`. Für das obige Beispiel wäre das `muster.dvi`.

Dieser DVI–File (*device independent*) enthält den *formatierten* Text sowie die Information über die benötigten Zeichensätze, jedoch in einer von dem verwendeten Drucker unabhängigen Form. Ein solcher geräteunabhängiger Ausgabefile wird ein *Metafile* genannt.

Der DVI–Metafile muß schließlich durch ein *druckerspezifisches* Programm, einen sog. *Druckertreiber*, behandelt werden, um auf dem vorhandenen Drucker ausgegeben werden zu können. Der Aufruf des Druckertreibers enthält, wie der Aufruf des LaTeX–Programms, nur den Grundnamen des Files, also ohne die Endung `.dvi`. Nach Bearbeitung des DVI–Metafiles durch den Druckertreiber ist ein weiterer Ausgabefile entstanden, diesmal mit dem gewählten Basisnamen und der Endung `.bit`, im Beispiel also `muster.bit`.

Dies ist der endgültige Ausgabefile, der über die Warteschlangenverwaltung des Rechners auf den Drucker gegeben wird. Die Aufrufe für den Druckertreiber und die Eintragung in die Druckerwarteschlange sind vom jeweiligen Rechenzentrum zu erfragen, das die beiden letzten Prozeduren ggf. zu einer zusammengefügt hat. In einem Rechenzentrum sollten diese und weitere Informationen in einem TeX oder LaTeX *Local Guide* zusammengefaßt sein und allen Benutzern zur Verfügung stehen.

1.7 Hinweise für Autoren

Die Autoren von Veröffentlichungen, wissenschaftlichen Publikationen oder Büchern übergeben dem Verlag üblicherweise ein Schreibmaschinenmanuskript — wenn nicht gar nur ein handgeschriebenes — oder eine Kombination aus beiden. Komplexere mathematische Formeln werden z. B. häufig per Hand in ein maschinengeschriebenes Manuskript eingefügt.

Der Verlagsdesigner, der insbesondere bei wissenschaftlichen Verlagen über ein beträchtliches Fachwissen aus dem Gebiet des Autors verfügt, legt für das angenommene Manuskript die äußere Gestaltung in bezug auf Zeilenlänge, Schriftarten und –größen für Text, Hervorhebungen, Überschriften, Verlagsbesonderheiten u. a. fest (Layout).

Die Layout–Anweisungen für das Manuskript stellen die Arbeitsanweisungen an den Setzer dar, der hieraus die Druckvorlage erstellt. An den zurückgesandten Korrekturabzügen der ersten Vorlage wird der Autor kaum je das "Layout" bemängeln — die meisten Verlage würden eine autorengewünschte Designänderung oft auch gar nicht akzeptieren. Die einzige Einflußnahme des Autors besteht in diesem Stadium nur noch darin, Schreib– und Sachfehler zu erkennen und zu korrigieren.

Mit LaTeX wird der Autor und/oder seine Sekretärin in die Lage versetzt, dem Verlag eine druckfertige Vorlage zu liefern. Damit werden die Kosten für wissenschaftliche Veröffentlichungen der bekanntesten Journale teilweise drastisch gesenkt, da dem Verlag die gesamten Satz– und Korrekturaufwendungen erspart bleiben. Diese Kostenminderung führt bei etlichen Verlagen zu einem erhöhten Autorenhonorar, was für Berufsautoren ein nicht unerheblicher Anreiz zur Verwendung von LaTeX sein mag.

Damit wird der Autor gleichzeitig sein Designer, Setzer und Probedrucker. Das Design wird hierbei weitgehend durch LaTeX bestimmt, das seinerseits TeX zur eigentlichen Textbearbeitung aufruft. So wie der Setzer das Manuskript mit den Layout–Anweisungen des Verlagsdesigners zur Druckvorlage gestaltet, erzeugt TeX mit den aus LaTeX stammenden TeX–Anweisungen die endgültige Ausgabe.

Im Unterschied zu einem Menschen ist kein Computerprogramm wirklich vernunftbegabt. Entsprechend kann LaTeX nicht den Sinn des Textes oder einer mathematischen Formel erfassen, um daraus eine logische Gliederung und Ordnung allein aus dem Text zu bewerkstelligen. Dem Programm LaTeX ist also die *logische Gliederung* des eigentlichen Textes mitzuteilen, d. h. anzugeben, wann z. B. ein neues Kapitel beginnt, welcher Teil des niedergeschriebenen Textes als Kapitelüberschrift anzusehen ist. Andere Hinweise können darin liegen, daß ein Stück Text in *hervorgehobener* Schriftart gesetzt oder eingerückt werden soll. Hierzu dienen die eigentlichen LaTeX–Befehle, aus denen das Programm LaTeX dann das graphische Design und Layout selbst bestimmt.

Bei der Verwendung von LaTeX verfallen viele Autoren in den Fehler, nach Angabe der logischen Struktur das von LaTeX bestimmte Layout *verbessern* zu wollen. Dabei spielen für sie ästhetische Gesichtspunkte die entscheidende Rolle: das fertige Schriftstück soll *schön* aussehen, wobei das jeweilige Schönheitsideal natürlich persönlichkeitsgefärbt ist.

Professionelle Verlagsdesigner erstellen dagegen ein Layout, das vorrangig die leichtere Lesbarkeit und bessere Verständlichkeit beim Leser zum Ziel hat. Hinter dem Handwerk des typographischen Designs verbirgt sich die mehr als 500jährige Erfahrung seit Gutenbergs Erfindung der Druckerkunst. Hierzu gehören die *richtigen* Größenverhältnisse und Schriftarten zwischen Kapitel–, Abschnitts–, Unterabschnittsüberschriften zum übrigen Text und deren Gliederungsnumerierung, die maximale Zeilenlänge in Abhängigkeit von der gewählten Schriftgröße, die Einrücktiefe bei Hervorhebungen durch Einrückungen, Aufzählungen und vieles mehr.

Bei der Festlegung des Layouts für die angegebene logische Struktur nutzt LaTeX, wie bereits erwähnt, das Profiwissen der Druckdesigner. Das erstellte Layout möge der Autor üblicherweise ebenso akzeptieren, wie er bisher das Layout der Korrekturfahnen des Verlages für sein hand– oder schreibmaschinengeschriebenes Manuskript übernahm. Dies liefert stets ein übersichtlich gegliedertes und gut lesbares Ergebnis.

Die einzigen Angaben zum Layout sollten sich auf die Verlagsvorgaben für die Maßangaben von Textbreite und -höhe und evtl. der verlangten Schriftart beschränken. Ansonsten sollten Autoren ihre Kreativität auf den Inhalt und nicht auf die Form ausrichten. Selbst wenn die LaTeX–Bearbeitung von einer Sekretärin oder Schreibkraft erledigt wird, sollte deren Gestaltungseffizienz nicht durch Sonderwünsche des Autors zum Layout beeinträchtigt werden. Mir sind Beispiele bekannt, bei denen Schreibkräfte, die ihre gesamten Textarbeiten mittels LaTeX erledigen, sich zu Recht darüber beklagen, daß sie nach der Einführung von LaTeX zwar mehr als 90 % ihrer Schreibarbeiten nunmehr in rund 50 % ihrer Arbeitszeit erledigen können, aber für weniger als 10 % der Textarbeiten die andere Hälfte der Arbeitszeit benötigen, da einige wenige ihrer Auftraggeber stets mit immer neuen Layout–Forderungen nerven.

Kapitel 2

Befehle und Umgebungen

2.1   Befehlsnamen und Befehlsargumente

Die Zeichen # $ & ~ _ ^ % { } stellen spezielle Befehle dar, deren Bedeutung an anderer Stelle erklärt wird. Sollen diese Zeichen als Textzeichen benutzt werden, so ist ihnen ein \ (backslash) voranzusetzen.

Rund zwanzig Befehle bestehen aus zwei Zeichen, nämlich dem \ unmittelbar gefolgt von einem Zeichen, das kein Buchstabe ist. In diesem Sinne bedeutet z. B. \\$ den Befehl, *die Befehlsbedeutung des Zeichens $ aufzuheben und statt dessen dieses Zeichen als Text zu drucken.*

Die große Mehrzahl von Befehlen besteht aus \ unmittelbar gefolgt von einem oder mehreren Buchstaben und endend vor dem ersten Zeichen, das kein Buchstabe ist. Viele Befehle haben *Argumente*, das sind variable Ergänzungen für den entsprechenden Befehl. Argumente können *optional* sein, d. h. wahlweise benutzt oder weggelassen werden, oder sie sind *zwingend*, d. h. mindestens ein Argument aus einer Liste der zulässigen Argumente muß aufgeführt sein. Die Syntax solcher Befehle ist

> *befehlsname*[*optionale Argumente*]{*zwingendes Argument*}

d. h. optionale Argumente stehen in eckigen Klammern [ ] und zwingende Argumente stehen in geschweiften Klammern { }. Werden mehrere optionale Argumente benutzt, so sind sie durch Kommata voneinander zu trennen, wobei die Reihenfolge gleichgültig ist. Wird kein optionales Argument benutzt, so können die eckigen Klammern ebenfalls weggelassen[1] werden.

Einige Befehle kennen mehrere zwingende Argumente. Diese stehen jeweils für sich in { } Paaren bei Einhaltung der Reihenfolge, wie sie bei der Beschreibung dieser Befehle angegeben ist. Beispiel:

> \rule[*lift*]{*breite*}{*höhe*}

erzeugt ein gefülltes Rechteck der Breite *breite* und der Höhe *höhe*, das um *lift* gegenüber der augenblicklichen Grundlinie verschoben ist. Ein solches Rechteck der

---

[1]Bei Befehlen, die nur optionale Argumente kennen, kann folgendes Problem auftreten: Werden keine optionalen Argumente benutzt und beginnt der Text nach dem Befehl mit [, so interpretiert LATEX den darauffolgenden Text als *optionales Argument* und stellt i. allg. fest, daß dieser Text kein zulässiges optionales Argument ist. Zur Vermeidung dieser Fehlinterpretation kann die eckige Klammer [mit geschweiften Klammern {[} eingeschlossen werden.

Breite 10mm und der Höhe 3mm, dessen Unterkante mit der Grundlinie übereinstimmt, wird demnach mit `\rule{10mm}{3mm}` erzeugt. Der optionale Parameter *lift* ist hier entfallen. Die Reihenfolge von Breite und Höhe ist durch die Syntax des Befehls festgelegt und darf nicht vertauscht werden.

Manche Befehle erscheinen in zwei Formen, der Standardform und der sog. *-Form. Letztere ist dadurch gekennzeichnet, daß der zugehörige Befehlsname mit einem * endet, und zwar vor den eventuellen Klammerpaaren [ ] oder { } für optionale oder zwingende Argumente. Die Unterschiede für die Standard- und *-Form werden bei der Beschreibung der einzelnen Befehle angegeben.

Befehlsnamen enden mit dem ersten Zeichen, das kein Buchstabe ist. Folgen auf einen Befehlsnamen optionale oder zwingende Argumente, so endet der Befehlsname vor der [oder { Klammer, da diese kein Buchstabe ist. Viele Befehle aber kennen keine Argumente, sie bestehen nur aus einem Namen, wie z. B. der Befehl `\LaTeX` zur Erzeugung des LaTeX–Symbols. Folgt auf solche Befehle ein Satzzeichen, wie Komma oder Punkt, so ist klar, wo der Befehlsname endet. Folgt jedoch hierauf ein normales Wort, so werden die Leerzeichen zwischen dem Befehlsnamen und dem folgenden Wort als Befehlsende interpretiert: `Das \LaTeX Symbol` ergibt "Das LaTeXSymbol", d. h. das Leerzeichen wurde *nur* als Befehlsende angesehen und nicht als Zwischenraum zwischen zwei Wörtern.

Damit ein Zwischenraum nach einem Befehl, der nur aus einem Namen besteht, eingefügt wird, muß vor dem Leerzeichen eine Leerstruktur {} oder ein \ angebracht werden. Die Eingabe `Das \LaTeX{} Symbol` oder `Das \LaTeX\ Symbol` gibt die gewünschte Form: "Das LaTeX Symbol". Alternativ kann der Befehl selbst in geschweifte Klammern eingeschlossen werden. Die Angabe `Das {\TeX} Symbol` erzeugt ebenfalls den gewünschten Ausdruck mit dem eingefügten Leerzeichen: "Das TeX Symbol". (Beide Beispiele sind etwas gekünstelt, da sie korrekterweise mit einem Bindestrich `\TeX--Symbol` zu schreiben sind, womit das Leerzeichenproblem nicht auftritt.)

2.2 Umgebungen (environment)

Eine *Umgebung* wird mit dem Befehl `\begin{`*umgebung*`}` geschaffen und endet mit dem Befehl `\end{`*umgebung*`}`. Welche Werte für *umgebung* erlaubt sind, wird bei den einzelnen Befehlsgruppen aufgeführt.

Eine Umgebung bewirkt zunächst einmal, daß der innerhalb der Umgebung stehende Text entsprechend dem Umgebungsparameter anders behandelt wird als der außerhalb der Umgebung stehende Text. Zum anderen können innerhalb einer Umgebung zusätzlich bestimmte Bearbeitungsmerkmale, wie z. B. Einrücktiefe, Textbreite, Zeichensatz und viele mehr, geändert werden. Diese Änderung wirkt aber nur innerhalb der betreffenden Umgebung. Beispiel:

> *vorangehender Text*
>
> `\begin{quote}` *textteil1* `\small` *textteil2* `\bf` *textteil3* `\end{quote}`
>
> *nachfolgender Text*

Mit der `quote` Umgebung wird der zwischen `\begin{quote}` und `\end{quote}` stehende Text gegenüber dem vorangehenden und nachfolgenden Text links und rechts eingerückt. Im Beispiel sind das die drei Textteile *textteil1*, *textteil2* und *textteil3*. Nach dem *textteil1* steht der Befehl \small, der bewirkt, daß der folgende Text in einer kleineren Schrift erscheint. Nach *textteil2* steht zusätzlich der Befehl \bf, mit dem erreicht wird, daß der folgende Text in Fettdruck erscheint. Die Wirkung dieser beiden Befehle endet mit \end{quote}

> Die drei Textteile innerhalb der quote Umgebung werden also gegenüber dem vorangehenden und nachfolgenden Text beidseitig eingerückt. Der "textteil1" erscheint hierbei in Normalschrift, d. h. derselben Schrift, wie sie außerhalb der Umgebung auftritt. "textteil2 und textteil3" erscheinen in einer kleineren Schrift, wobei **"textteil3" zusätzlich in Fettdruck erscheint.**

Nach Beendigung der quote Umgebung wird der nachfolgende Text wieder in derselben Schrift wie vor der Umgebung ausgegeben.

Die meisten Befehlsnamen können auch als Umgebungsnamen benutzt werden. In diesem Fall ist der Befehlsname *ohne* den vorangehenden \ als Umgebungsname zu benutzen. So schaltet z. B. der Befehl \em auf eine hervorhebende Schriftart um (im allgemeinen *Italic*). Entsprechend schafft \begin{em} eine Umgebung, in der die Schriftart *Italic* bis zum Ende der Umgebung durch \end{em} wirkt.

Eine namenlose Umgebung wird durch Klammerung mit einem {...} Paar für den in diesen Klammern stehenden Textteil geschaffen. Die Reichweite von Änderungsbefehlen innerhalb einer namenlosen Umgebung endet mit der schließenden Klammer.

2.3 Erklärungen (declaration)

Eine *Erklärung* ist ein Befehl, mit dem der Wert oder die Bedeutung von einigen Parametern oder Befehlen verändert wird. Die Reichweite der Erklärung beginnt mit der Erklärung selbst und endet entweder mit einer weiteren Erklärung desselben Typs, spätestens aber mit dem Auftreten des Befehls \end{ } oder der schließenden Klammer }, mit der die augenblickliche Umgebung beendet wird.

Wird in einer Erklärung eine *Maßangabe* (s. u.) zugewiesen, so wird diese i. allg. unmittelbar an den Erklärungsnamen angehängt. Weitere Möglichkeiten von Wertezuweisungen oder Änderungen sind in 7.2 aufgeführt.

Beispiele:

{\bf Dieser Text erscheint in Fettdruck}   Die Erklärung \bf bewirkt eine Schriftänderung: **Dieser Text erscheint in Fettdruck.** Die Wirkung dieser Erklärung endet mit der schließenden Klammer }.

\parindent0.5cm   Die Einrücktiefe der ersten Zeile eines Absatzes wird auf 0.5cm geändert. Die Wirkung dieser Erklärung endet mit dem Auftreten eines neuen \parindent Befehls, spätestens aber mit dem \end Befehl, der die laufende Umgebung beendet.

\pagenumbering{roman}   Die Seitennumerierung erfolgt in römischen Ziffern.

Einige Erklärungen, wie etwa das letzte Beispiel, sind global, d. h. ihre Wirkung ist nicht auf die augenblickliche Umgebung beschränkt. Es sind dies die Befehle (deren Bedeutung später erklärt wird)

```
\newcounter        \pagenumbering        \newlength
\setcounter        \thispagestyle        \newsavebox
\addtocounter
```

Erklärungen mit diesen Befehlen wirken von der Stelle ihres Auftretens, bis sie ggf. durch eine aufhebende Erklärung beendet werden. Durch das letzte Beispiel würde die Seitennumerierung so lange in römischen Ziffern erfolgen, bis sie evtl. durch die erneute Erklärung \pagenumbering{arabic} abgelöst und damit aufgehoben wird.

2.4 Maßangaben

2.4.1 Feste Maße

Maßangaben bestehen aus einer Dezimalzahl mit einem möglichen Vorzeichen (+ oder −) gefolgt von einer zwingenden Maßeinheit. Die folgenden Maßeinheiten sind erlaubt:

cm   Zentimeter
mm   Millimeter
in   Inches (Zoll = 2.54 cm)
pt   Punkte (1 in = 72.27 pt)
pc   Picas (1 pc = 12 pt)
em   Die Breite des Gedankenstrichs [—] im jeweils aktiven Zeichensatz.
ex   Die Höhe des Buchstabens x im jeweils aktiven Zeichensatz.

Dezimalzahlen können in TEX und LATEX sowohl in englischer wie in deutscher Schreibweise mit einem *Dezimalpunkt* oder *Komma* geschrieben werden: 12.5cm und 12,5cm, aber auch 3cm ohne Punkt sind erlaubte Eingaben.

Für die Zuweisung einer Maßangabe zu einer Erklärung stellt LATEX den Befehl \setlength bereit, der in Abschnitt 7.2 im Zusammenhang mit weiteren Maßbefehlen genauer vorgestellt wird. Seine Syntax lautet

\setlength{*längen_befehl*}{*maßangabe*}

Die Einstellung der Textbreite, die den Zeilenumbruch bestimmt, wird in LATEX durch die Erklärung von \textwidth gesteuert. Dieser ist standardmäßig ein vom Bearbeitungsstil und Schriftgröße abhängiges Maß zugewiesen. Mit

\setlength{\textwidht}{12.5cm}

wird statt der Standardeinstellung die Textbreite = Zeilenbreite 12.5 cm gewählt.

Viele LATEX-Anwender, Leslie Lamport und mich eingeschlossen, verwenden häufig eine abkürzende Schreibweise für die Zuweisung einer Maßangabe zu einer Erklärung. Die Zuweisung kann bei einer Längenerklärung auch durch unmittelbares Anhängen der Maßangabe an den Erklärungsnamen erfolgen: \textwidth12.5cm hat dieselbe Wirkung wie die vorangegangene Einstellung mit \setlength[2]. Bei späteren Beispielen sollte der Leser zur Übung die abkürzende Schreibweise durch \setlength Befehle ersetzen.

---

[2]Die angegebene abkürzende Schreibweise entspricht der TEX-Notation für eine Maßzuweisung. Der LATEX-Befehl \setlength führt nach seiner Auflösung intern genau zu der abkürzenden Schreibweise. LATEX-Puristen lehnen die Verwendung der äquivalenten TEX-Notation jedoch ab.

2.4.2   Elastische Maße

Einige Erklärungen erwarten *elastische* Maßangaben. Das sind Längen, die um einen bestimmten Betrag schrumpfen oder gedehnt werden können. Die Syntax für elastische Maßangaben lautet:

    sollwert plus*dehnwert* minus*schrumpfwert*

wobei *sollwert, dehnwert* und *schrumpfwert* jeweils eine Maßangabe ist. `\parskip1ex plus0.5ex minus0.2ex` bedeutet: Der Abstand, der zusätzlich zum Zeilenabstand zwischen Absätzen eingefügt wird (`\parskip`), ist gleich der Höhe eines x aus dem momentanen Zeichensatz. Dieser Abstand kann jedoch bis auf das 1.5–fache gedehnt oder das 0.8–fache zusammengedrückt werden. Die Zuweisung von elastischen Maßen kann auch mit dem LaTeX–Befehl `\setlength` erfolgen:

    `\setlength{\parskip}{1ex plus0.5ex minus0.2ex}`

hat dieselbe Wirkung wie das unmittelbare Anhängen einer elastischen Maßangabe an den Befehlsnamen.

    Ein besonderes *elastisches* Maß ist `\fill`. Dieses hat die natürliche Länge *Null*, die auf jede beliebige Länge gedehnt werden kann.

2.5   Sonderzeichen

2.5.1   Eingabe der Umlaute und des ß

Die Eingabe der Umlaute erfolgt durch unmittelbares Voranstellen des ", also `"a` wird ä, `"o` ö, `"u` ü, `"A` Ä, `"O` Ö und `"U` wird Ü. Die Eingabe des ß erfolgt durch `\3` oder besser `"s`. (Dies setzt eine deutsche LaTeX–Option oder die Eingabe des Anpassungsfiles `danp.tex` mit `\input{danp}` im Vorspann voraus.)

    In der Originalversion von LaTeX werden Umlaute durch das Voranstellen des Befehls `\"` erzeugt, z. B. `sch\"on` für 'schön'. Das ß wird im Original durch `\ss` erzeugt, wobei seine Verwendung im Wortinneren und am Wortende unterschiedlich zu handhaben ist: Der Befehl `\ss` endet mit dem ersten Zeichen, das kein Buchstabe ist. Ein solches Zeichen könnte ein Leerzeichen sein, das im Wortinnern nur das Befehlsende kennzeichnet. Am Wortende muß dagegen ein Leerzeichen zugefügt werden, was z. B. durch `\ss\␣` erreicht werden kann (␣ steht zur Verdeutlichung eines Leerzeichens). Alternativ könnte der Befehl einheitlich in geschweiften Klammern als `{\ss}` geschrieben werden. Beispiel: `h\"a\ss lich` oder `\h\"a{\ss}lich` bzw. `\mu\ss\␣` oder `\mu{\ss}`.

    Die Erzeugung von Umlauten und insbesondere des ß in der Originalversion ist nicht nur umständlicher, sondern erschwert auch das Lesen des Editortextes erheblich. Das Beispiel

```
Die h\"a\ss liche Stra{\ss}e mu\ss\ sch\"oner werden.
Die h"a\3liche Stra\3e mu\3 sch"oner werden.
```

zeigt in der ersten Zeile die erforderliche Eingabe für die Originalversion. Die Vereinfachung und bessere Lesbarkeit durch die eingangs beschriebene deutsche LaTeX–Option oder `danp` Anpassung demonstriert die zweite Zeile überzeugend. In beiden Fällen erscheint als Ausgabetext — Die häßliche Straße muß schöner werden.

Erfolgt die deutsche Anpassung durch den im Anhang D.1 beschriebenen File `german.sty`, so kann das 'ß' alternativ zum \3 auch durch "s erzeugt werden. Ich hatte bisher die \3 Form bevorzugt, da diese auf dem Bildschirm dem ß näherkommt als "s. Es sei jedoch darauf hingewiesen, daß im `german.sty` File \3 nur aus Gründen der Kompatibilität zu existierenden Anwendungen aufgenommen ist und "s der verbindlichen Darstellung entspricht.

2.5.2   Anführungsstriche

Die auf der Schreibmaschine vorkommenden Anführungsstriche " werden beim Druck nicht verwendet. Hier werden die am Anfang und Ende unterschiedlichen Zeichen 'Wort' oder "Satz" benutzt. Diese werden erzeugt durch ' für ', ' für ' sowie das zweimalige Eintippen '' für " und '' für ". (In der LATEX–Originalversion erzeugt die Eingabe von " ebenfalls "; bei deutschen LATEX–Versionen oder –Anpassungen hat " dagegen Befehlsbedeutung, u. a. zur Erzeugung der Umlaute!!!)

Bei deutschen Texten sind statt der englischen "Quotes" die Anführungsstriche in Form der „Gänsefüßchen" gebräuchlicher. Die unteren (linken) Striche könnten durch zwei Kommas angenähert werden: `,,deutsche''` Form ergibt „deutsche" Form. Erfolgt die deutsche Anpassung durch den `german.sty` File, so können sie korrekter durch die `"'` und `"'` Befehle erzeugt werden: vgl. das Ergebnis von `"'deutsche"'` Form als „deutsche" Form mit dem ersten Beispiel. Die unteren Anführungsstriche sind *enger* als beim Doppelkomma. Weitere Möglichkeiten enthält Anhang D.1.4.

2.5.3   Trenn-, Binde– und Gedankenstriche

Bei gedruckten Texten finden Striche unterschiedlicher Länge Verwendung: -, –, —. Der *Trenn-Strich* wird als Trennungszeichen benutzt, der *Binde–Strich* wird bei Aufzählungen wie z. B. 1–4 und bei zusammengesetzten Begriffen verwendet. Der *Gedankenstrich* — dies könnte z. B. hier erfolgen — dient zum Einfügen von Satzteilen. Erzeugt werden diese Striche durch ein, zwei oder drei Trennzeichen, also - gibt -, -- – und --- —. Das Minuszeichen – entsteht im mathematischen Mode durch ein -.

Beim vorliegenden Buch wurden Wortverbindungen, wie "LATEX–File", mit -- geschrieben. Nach Duden sollte stattdessen der kürzere Trennstrich verwendet werden: "LATEX-File". Der Anwender möge die ihm gefälligere Form wählen, falls ihm Dudenvorschriften nicht zwingend erscheinen. Mir persönlich gefällt der etwas längere Bindestrich, auch wenn nicht dudengerecht, hier besser.

2.5.4   Der Druck von Befehlszeichen

Wie unter 2.1 erwähnt, werden die Zeichen # $ & ~ _ ^ % { } als Befehle interpretiert. Sollen sie als Textzeichen Verwendung finden, so sind die meisten durch das Voranstellen des \ zu erhalten, nämlich:

$$\# = \backslash\# \quad \$ = \backslash\$ \quad \& = \backslash\& \quad \_ = \backslash\_ \quad \% = \backslash\% \quad \{ = \backslash\{ \quad \} = \backslash\}$$

2.5.5 Die Sonderzeichen §, †, ‡, ¶, © und £

Diese Sonderzeichen stehen auf der Tastatur nicht zur Verfügung. Solche in deutschen oder englischen Texten gelegentlich vorkommenden Zeichen können durch spezielle Befehlsnamen erzeugt werden:

§ = \S   † = \dag   ‡ = \ddag   ¶ = \P   © = \copyright   £ = \pounds

Die Erzeugung griechischer Buchstaben und mathematischer Zeichen wird im Kapitel 5 (Mathematische Formeln) dargestellt.

2.5.6 Sonderbuchstaben in Fremdsprachen

Sonderbuchstaben, die in europäischen Sprachen vorkommen, stellt TEX ebenfalls zur Verfügung. Dies sind:

œ={\oe}   Œ={\OE}   æ={\ae}   Æ={\AE}   å={\aa}   Å={\AA}
ø ={\o}   Ø ={\O}   ł ={\l}   Ł ={\L}   ¿=?'   ¡ =!'

Ångstrøm wird also geschrieben {\AA}ngstr{\o}m und Tromsø in Norwegen wird durch Troms{\o} in Norwegen erzeugt.

2.5.7 Akzente

Die europäischen Sprachen kennen eine Vielzahl von Akzenten. Sie stehen alle in TEX zur Verfügung:

ò=\'{o}   ó=\'{o}   ô=\^{o}   õ =\~{o}   ō=\={o}   ȯ=\.{o}
ŏ=\u{o}   ǒ=\v{o}   ő=\H{o}   o͡o=\t{oo}   ǫ=\c{o}   ọ=\d{o}   o̲=\b{o}

Statt des 'o' kann jeder Buchstabe stehen. Beim 'i' und 'j' ist zu beachten, daß bei einem Akzent über ihnen zunächst der Punkt zu entfernen ist. Dies geschieht einfach durch das Voranstellen des \. Man erhält also ı und ȷ aus \i \j und ĭ bzw. ĵ wird durch \u{\i} bzw. \H{\j} erzeugt.

Die Akzente der ersten Zeile bei der vorangegangenen Tabelle können vereinfacht auch ohne Einschluß in geschweiften Klammern erzeugt werden:

ò=\'o   ó=\'o   ô=\^o   õ=\~o   ō=\=o   ȯ=\.o

Die Akzente der zweiten Zeile sollten dagegen stets durch Einschluß in { }–Paare erzeugt werden. Zwar sind auch hier weitere TEX–Notationen möglich und erlaubt. Diese sind jedoch unübersichtlicher und teilweise umständlicher und deshalb hier nicht zusätzlich aufgeführt.

2.5.8 Ligaturen

Bei gedruckten Texten werden bestimmte Buchstabenkombinationen nicht durch Aneinanderreihung der betreffenden Buchstaben, sondern durch sog. *Ligaturen* als eigenes Kombinationszeichen gesetzt. TEX erzeugt die Buchstabenkombinationen ff, fi, fl, ffi und ffl nicht als ff, fi, fl, ffi, ffl   sondern als   ff, fi, fl, ffi, ffl

Abschnitt 3.5.1.5 beschreibt die Maßnahmen, wenn von diesem Standard abgewichen werden soll, d. h. eine der vorstehenden Buchstabengruppen durch Aneinanderreihung von Einzelbuchstaben erfolgen soll. Dies kann bei zusammengesetzten Wörtern sinnvoll sein, wie bei 'Auflage', statt 'Auflage'.

2.5.9   Das Datum

Das aktuelle Datum kann mit dem Befehl \today an jeder Stelle im Text eingefügt werden und erscheint in der US–Form "February 6, 1992". Der Anpassungsfile danp stellt zusätzlich den Befehl \heute bereit und erzeugt die entsprechende deutsche Form "6. Februar 1992".

Steht der im Anhang D.1 beschriebene german.sty File zur Verfügung, so erzeugt der Befehl \today die deutsche Form, wenn die Dokumentstiloption german gewählt wurde. Durch Aktivieren eines *Sprachschalters* kann \today das Datum auch in österreichischer, englischer, französischer oder der ursprünglichen US–Form erzeugen. Einzelheiten hierzu sind dem Anhang zu entnehmen.

2.6   Zerbrechliche Befehle

Einige Befehle entfalten ihre Wirkung nicht nur an der Stelle ihres Auftretens, sondern zusätzlich an weiteren Stellen des Dokuments. So erzeugen die Gliederungsbefehle wie z. B. \chapter{*Überschrift*} eine Überschrift an der Stelle dieses Befehls. Die Überschrift wird ggf. auf den folgenden Seiten in einer anderen Schriftart in der Kopfzeile erscheinen und evtl. auch in nochmals einer anderen Schriftart im Inhaltsverzeichnis. Ein Argument, das an mehreren Stellen des Dokuments in Erscheinung tritt, wird als *wanderndes Argument* bezeichnet.

Beim Wandern wird ein solches Argument, bildlich gesprochen, heftig *geschüttelt*. Enthält ein wanderndes Argument weitere Befehle, so können einige davon während der *Wanderung* durch das heftige *Schütteln* zerbrechen. Andere Befehle erweisen sich gegen jede noch so harte Belastung gefeit. Diese heißen *robust*, die ersten *zerbrechlich*.

Im Befehlsindex am Ende des Buches ist aufgelistet, welche Befehle robust und welche zerbrechlich sind. Grundsätzlich sind alle Befehle, die optionale Parameter kennen, sowie die \begin und \end Befehle zerbrechlich. Zerbrechliche Befehle in einem wandernden Argument können durch das Voranstellen des Befehls \protect vor dem Zerbrechen geschützt werden.

Ein zerbrechlicher Befehl in einem wandernden Argument ohne den Schutz durch \protect muß nicht zwangsläufig zerbrechen. Tatsächlich tritt das Zerbrechen nur sehr selten ein. Im gesamten vorliegenden Manuskript zerbrachen nur ganz wenige Befehle, und zwar nur in den Gliederungsüberschriften beim Wandern in das Inhaltsverzeichnis. Es waren hier nur die Umlautbefehle ", die in den Gliederungsüberschriften durch \protect" geschützt werden mußten.

Zerbrochene Befehle können von LaTeX nicht korrekt bearbeitet werden und erzeugen deshalb eine Reihe von Fehlermeldungen auf dem Bildschirm. Mit der Return–Taste kann versucht werden, trotz fehlerhafter Bearbeitung dieses Befehls, mit der weiteren Textbearbeitung fortzufahren. Mit der Return–Taste werden zunächst weitere Fehlermeldungen auf dem Bildschirm erscheinen. Nach mehrfach wiederholter Betätigung der Return–Taste setzt LaTeX i. allg. schließlich die Bearbeitung des Textes fort, es sei denn, daß die Wirkung des zerbrochenen Befehls eine Weiterverarbeitung nicht mehr zuläßt und die Bearbeitung damit beendet wird.

Wandernde Argumente kennen nur die folgenden Befehle

- Alle Befehle, die Textinformation in Inhaltsverzeichnisse übertragen. Dies sind die Gliederungsbefehle (3.3.3), \addtocontents und \addcontentsline (3.4.3) sowie \caption (6.6.3). Siehe hierzu die Anmerkungen zur Übung 3.12 auf S. 32.

- Die Befehle \typein und \typeout (8.1.3) sowie \bibitem[...] (4.3.6, 8.2.2).

- Die Befehle \markboth und \markright (3.2.1).

- Der \thanks Befehl für die Titelseite (3.3.1)

- @–Ausdrücke (s. 4.8.1, Seite 75)

- Der \begin{letter} Befehl, falls der \makelabels Befehl gesetzt ist (s. A.1 auf Seite 247).

\protect Befehle zur Sicherung zerbrechlicher Befehle sind nur erforderlich, wenn diese Befehle als Argumente in einem der vorstehenden Befehle auftreten. Mit Ausnahme des Befehls \value (s. 7.1.3, S. 151) sowie der Längenbefehle (2.4, 7.2) darf allen LaTeX–Befehlen ein \protect vorangestellt werden, der ggf. ohne Wirkung bleibt. Diese Möglichkeit kann bei Unsicherheit über eine evtl. Zerbrechlichkeit vorsorglich genutzt werden. Zu den Längenbefehlen gehören z. B. auch alle in 3.2.3 und 3.2.4 aufgeführten Abstands– und Seitenerklärungen.

2.7 Übungen

Für ein erfolgreiches Selbststudium sind praktische Übungen unerläßlich. Neben den zahlreichen Beispielen, die zur Übung nachvollzogen werden sollten, werden im weiteren Verlauf Übungsaufgaben vorgeschlagen, die der Leser unbedingt ausführen sollte. Bei den Übungen ist vorausgesetzt, daß die vorhandene LaTeX–Implementation eine Modifikation für deutsche Texte erfahren hat, mit der die Umlaute und das 'ß' in der in 2.5.1 beschriebenen Form eingegeben werden und die Seiten standardmäßig für das Papierformat DIN A4 formatiert sind. Ist dies nicht der Fall, so sollte sich der Leser zunächst mit dem Editor folgenden Text erzeugen:

```
\catcode'\"=\active \let"=\"  \let\3=\ss
\textwidth15.5cm \textheight23cm
\oddsidemargin0mm \evensidemargin-4.5mm \topmargin-10mm
\def\heute{\number\day.\space\ifcase\month\or Januar\or Februar\or
    M"arz\or April\or Mai\or Juni\or Juli\or August\or September\or
    Oktober\or November\or Dezember\fi\space\number\year}
```

und diesen unter dem Namen danp.tex (Anpassung für deutsche Texte) abspeichern.

Übung 2.1: Mit dieser Übung wird gleichzeitig festgestellt, ob der File danp.tex *fehlerfrei erzeugt wurde. Mit dem Editor wird folgender Text erzeugt*

```
\documentstyle{article}
\input danp
\begin{document}
"A, "O, "U --- "a, "o, "u --- \3 --- heute = \heute
\end{document}
```

und unter dem Namen `uebung.tex` *abgespeichert. Der Aufruf zur* LaTeX*–Bearbeitung ist systemabhängig und muß vom Rechenzentrum erfragt werden. Angenommen er lautet* `latex`*, dann erfolgt die Bearbeitung durch*

> `latex uebung`

Anmerkung: Obwohl der Filename `uebung.tex` *lautet, ist beim Aufruf nur der Grundname* `uebung` *anzugeben. Das gleiche gilt für* `danp.tex` *und den Aufruf innerhalb des obigen Übungsprogramms.*

Erfolgt die Bearbeitung fehlerfrei, so ist der File `danp.tex` *vermutlich richtig kopiert worden. Der bearbeitete Übungsfile muß nun über den Druckertreiber auf den Drucker gegeben werden. Auch dieser Aufruf muß vom Rechenzentrum erfragt werden. Das Ergebnis sollte so aussehen*

Ä, Ö, Ü — ä, ö, ü — ß — heute = 6. Februar 1992

allerdings mit dem jeweils aktuellen Datum.

Als nächstes sollte die Übung wiederholt werden, diesmal ohne den Befehl `\input danp`*. Das geschieht am einfachsten, indem diesem Befehl ein* `%` *vorangesetzt wird. Die entsprechende Zeile wird also mit dem Editor in* `%\input danp` *abgeändert.*

Anmerkung: Das `%` *Zeichen am Beginn einer Zeile blendet diese Zeile von der* LaTeX*–Bearbeitung aus. Die Wirkung ist so, als wäre die Zeile nicht vorhanden.*

Außerdem soll der `\documentstyle` *Befehl als*

> `\documentstyle[german]{article}`

geschrieben und der Befehl `\heute` *durch* `\today` *ersetzt werden.*

Erfolgt die Bearbeitung fehlerfrei und ist der anschließende Ausdruck derselbe, so steht die Stiloption **german** *für die Anpassung deutscher Texte zur Verfügung. Ein eigener Anpassungsfile* **danp** *kann damit in den weiteren Übungen entfallen, statt dessen ist stets* **german** *als Option im* `\documentstyle` *Befehl anzugeben.*

Schließlich kann das LaTeX*–Programm vom Rechenzentrum bereits für die Bearbeitung deutscher Texte entsprechend modifiziert worden sein. Das kann durch Wiederholung der letzten Übung, diesmal ohne die Option* **german***, geprüft werden. Erfolgt die Bearbeitung auch diesmal ohne Fehlermeldung mit dem gleichen Ergebnis, so steht* LaTeX *in einer speziellen Version für die Bearbeitung deutscher Texte zur Verfügung.*

Falls bei der TeX*–Implementation des Lesers weder eine* **german** *Option noch eine spezielle deutsche* LaTeX*–Version zur Verfügung steht, sollte er bis auf weiteres als zweiten Befehl* `\input danp` *nach dem Befehl* `\documentstyle` *verwenden. Gleichzeitig sollte der in Anhang D.1 beschriebene* **german.sty** *File baldmöglichst beschafft werden, um auf die weitgehend akzeptierten Eigenschaften der* **german** *Stiloption zurückgreifen zu können. Anhang D.3 enthält Hinweise über Beschaffungsquellen.*

Übung 2.2: *Erzeugen Sie ein Stück Text, das etwa eine dreiviertel Seite füllt, indem Sie ein entsprechendes Stück Text aus einem Buch oder einer Zeitschrift abschreiben. Beachten Sie hierbei, daß Absätze einfach durch Leerzeilen getrennt werden. Benutzen Sie hierzu dieselbe Befehlsfolge wie bei Übung 2.1, d. h. bringen Sie den Text zwischen den Befehlen* `\begin{document}` *...* `\end{document}` *an und wiederholen Sie die Bearbeitungsprozedur einschließlich des Ausdrucks.*

Anmerkung: Der benutzte Text sollte keine besonderen Strukturen wie Blockeinrückungen, verschiedene Schriften, zentrierte Textzeilen, Aufzählungen, mathematische Formeln, Tabellen u. ä. enthalten. Die Erzeugung solcher Strukturen werden Sie in Kürze erlernen.

Kapitel 3

Dokument– und Seitenstil

3.1   Der Dokumentstil

Der erste Befehl im Vorspann eines LaTeX–Files legt i. allg. den globalen Bearbeitungsstil für das ganze Dokument fest. Die Syntax für diesen Befehl lautet

> \documentstyle[*optionen*]{*stil*}

Für *stil* stehen folgende Parameter zur Verfügung, von denen genau einer gewählt werden muß: book, report, article oder letter[1].

Als *optionale* Parameter stehen zur Verfügung:

11pt	Die Standardschriftgröße für das Dokument ist 11pt statt 10pt.
12pt	Die Standardschriftgröße für das Dokument ist 12pt statt 10pt.
twoside	Die Ausgabe wird für doppelseitigen Druck formatiert. (Dies ist gleichzeitig Standard für den Stil book.)
twocolumn	Die Ausgabe erfolgt zweispaltig pro Seite.
titlepage	Bei der Stilart article erzeugt der Befehl \maketitle eine eigene Titelseite, und die Umgebung abstract wird ebenfalls auf einer eigenen Seite ausgegeben. Dies ist Standard beim Stil book und report. (s. 3.3.1 und 3.3.2)
leqno	Die Formelnummern in abgesetzten Formeln erscheinen linksbündig statt sonst rechtsbündig. (s. 5.1)
fleqn	Abgesetzte Formeln werden nicht zentriert, sondern linksbündig mit einer wählbaren Einrücktiefe ausgegeben. (s. 5.1)

Werden mehrere Optionen gleichzeitig benutzt, so sind sie durch Kommata zu trennen, z. B. \documentstyle[11pt,twoside,fleqn]{article}. Die Reihenfolge der hier angegebenen optionalen Parameter ist beliebig.

---

[1]Der letter Stil ist in der Originalversion nur für Briefe in englisch geeignet. Eine Anpassung für deutsche Briefe ist durch einen Anpassungsfile wie danp alleine nicht zu erreichen. Die Beschreibung der Eigenschaften des letter Stils erfolgt daher erst im Anhang A. Dort werden auch die notwendigen internen Änderungen beschrieben, um sowohl deutsche wie englische Briefe bei gleichzeitiger Erzeugung von firmenspezifischen Briefköpfen zu erstellen.

Eventuell gibt es weitere Optionen, die das Rechenzentrum oder ein versierter LATEX–Anwender hinzugefügt hat. Jede Installation im deutschsprachigen Raum sollte über eine Option **german** verfügen, bei deren Verwendung — neben der einfacheren Erzeugung der Umlaute und des ß — diverse Begriffe wie Kapitel, Inhaltsverzeichnis, Tabelle und einige mehr, die an entsprechenden Stellen automatisch ausgedruckt werden, dann in deutsch statt in englisch erscheinen.

Zu einigen Optionen gehören Erklärungen, mit denen bestimmte Parameterwerte gesetzt werden:

\mathindent	gibt den Betrag an, um den die mit der Option `fleqn` linksbündig angeordneten Formeln nach rechts eingerückt sind. (s. 5.1)
\columnsep	gibt den Abstand zwischen den beiden Spalten für den Dokumentstil `twocolumn`. (s. S. 417)
\columnseprule	legt die Breite der vertikalen Linie zwischen den beiden Spalten für den Stil `twocolumn` fest. Der Standard ist Null und entspricht einer unsichtbaren vertikalen Linie. (s. S. 417)

Die Zuweisung mit Werten erfolgt mit dem LATEX–Befehl \setlength oder einfacher durch eine Längenangabe unmittelbar hinter dem Befehl, also z. B.

> \setlength{\mathindent}{2.5cm}   bzw.   \mathindent2.5cm.

Diese Erklärungen können sowohl im Vorspann als auch an beliebigen Stellen im Dokument gesetzt werden. Erklärungen im Vorspann gelten für das ganze Dokument. Entsprechende Erklärungen im Text gelten nur bis zur nächsten Änderung, längstens aber bis zum Ende der augenblicklichen Umgebung, in der diese Erklärungen gesetzt werden. (s. 2.3). Danach gelten wieder die vorangehenden Erklärungen.

Übung 3.1: *Ändern Sie im File der Übung 2.2 den* \documentstyle *Befehl nacheinander in* \documentstyle[11pt]{article} *und* \documentstyle[12pt]{article}, *und drucken Sie das Ergebnis nach der jeweiligen LATEX–Bearbeitung aus. Vergleichen Sie diese Ausdrucke mit dem der Übung 2.2 in bezug auf den vorgenommenen Zeilenumbruch.*

Anmerkungen: Sollte einer der Ausdrucke mehrere fehlerhafte Trennungen enthalten, so verfügt Ihre LATEX–Implementation nicht über ein deutsches Trennverzeichnis. In diesem Fall können Sie in dem fehlerhaft getrennten Wort eine oder mehrere Trennvorgaben durch \- *an den möglichen Trennstellen anbringen, z. B.* Zei\-chen *beim Wort 'Zeichen'. Am Ende dieses Kapitels sind weitere Trennhilfen angegeben.*

Erscheinen während der LATEX–Bearbeitung eine oder mehrere Warnungen, bei denen der Bildschirmtext mit Overfull \hbox ... *beginnt, so kann TEX die entsprechenden Zeilen nicht sauber brechen. Im Ausdruck ragen diese Zeilen über den rechten Rand hinaus. Die Ursache ist ähnlich wie bei einer fehlerhaften Trennung, nur kann das über den Rand ragende Wort oder der Wortteil nicht weiter getrennt werden. Auch hier hilft meist eine Trennvorgabe in dem überragenden Wort. Andere Korrekturmöglichkeiten folgen in Kürze.*

Übung 3.2: *Verwenden Sie nun* \documentstyle[twocolumn]{article} *in Ihrem Übungsfile. Falls während der LATEX–Bearbeitung nun* Underfull \hbox ... *Warnungen auf dem Bildschirm erscheinen, so werden die entsprechenden Zeilen zwar rechtsbündig gebrochen, die Wörter der entsprechenden Spaltenzeilen sind jedoch eventuell zu weit auseinandergezogen. Prüfen Sie beim Ausdruck, ob die Wortabstände in diesen Zeilen noch tolerabel sind. Ist dies nicht der Fall, so hilft meist eine Trennvorgabe in darauffolgenden Wörtern der nächsten Zeile.*

Anmerkung: Overfull *oder* Underfull \hbox *Warnungen bei den vorstehenden Übungen sind ein Indiz, daß Sie nicht über eine LaTeX–Anpassung mit einem deutschen Trennverzeichnis verfügen oder daß Sie irrtümlich die englische Originalversion aufgerufen haben. Überprüfen Sie dies mit einem entsprechenden Stück Text in englisch.*

Anmerkung zu den Stilarten book *und* report*: Wenn Sie bei den bisherigen Übungen die Stilarten* book *oder* report *statt* article *verwenden, so werden Sie im Ausdruck keine Unterschiede feststellen. Diese werden erst bei späteren Strukturelementen wirksam. Grundsätzlich sollten Sie* article *bei kürzeren Artikeln (bis etwa 10 – 20 Seiten) und* report *bei längeren Berichten, die in Kapitel gegliedert sind, verwenden. Kapitel beginnen dabei stets mit einer neuen Seite. Für die Gestaltung eines Buches steht* book *bereit.*

3.2 Der Seitenstil

Mit dem Seitenstil wird der grundsätzliche Aufbau einer Seite bestimmt. Er wird, von einer Ausnahme abgesehen, meistens im Vorspann festgelegt. Der Seitenstilbefehl lautet

> \pagestyle{*stil*}

An zwingenden Parametern *stil* stehen zur Verfügung

plain
: Der Seitenkopf ist leer, die Fußzeile besteht aus der zentrierten Seitennummer. Dies ist auch das Standardseitenformat, wenn der Befehl \pagestyle im Vorspann nicht auftaucht.

empty
: Kopf und Fußzeile bleiben leer, d. h. es wird auch keine Seitennummer ausgedruckt.

headings
: Der Seitenkopf enthält die Seitenzahl sowie Überschrift–Information, die durch den gewählten Dokumentstil bestimmt wird. (Im allg. die augenblickliche Kapitel– oder/und Abschnittsüberschrift). Die Fußzeile bleibt leer. Dies gilt nicht bei den Kapitelanfangsseiten!

myheadings
: Wie headings, jedoch wird der Seitenkopf nicht automatisch, sondern durch die Erklärungen \markright bzw. \markboth (s. u.) bestimmt.

Der Befehl

> \thispagestyle{*stil*}

entspricht genau dem Befehl \pagestyle mit der Ausnahme, daß er sich nur auf die laufende Seite bezieht. Soll z. B. auf der laufenden Seite keine Seitennummer ausgedruckt werden, so kann dies mit \thispagestyle{empty} erreicht werden. Die unterdrückte Seitennummer wird jedoch für die Seitennumerierung der nachfolgenden Seiten mitgezählt.

3.2.1 Kopfdeklarationen

Für den Seitenstil headings und myheadings kann die Kopfinformation mit den Erklärungen

> \markright{*rechter Kopf*}
> \markboth{*linker Kopf*}{*rechter Kopf*}

gesetzt werden. (Ihre Wirkung beginnt erst ab der zweiten Seite des Gesamttextes!)

Die Deklaration \markboth korrespondiert mit dem Dokumentstil twoside, wobei geradzahlige Seiten als *linke* Seiten mit dem *linken Kopf* und ungeradzahlige Seiten als *rechte* Seiten mit dem *rechten Kopf* versehen werden. Zusätzlich wird die Seitennummer auf linken Seiten linksbündig und auf rechten Seiten rechtsbündig in die Kopfzeile gesetzt.

Bei einseitig bedruckten Seiten gilt jede Seite als rechts. Hierfür ist die Deklaration \markright geeignet. \markright kann aber auch bei doppelseitigem Ausdruck verwendet werden. Hierdurch wird der *rechte Kopf* in \markboth überschrieben.

Bei dem Seitenstil headings werden diese Deklarationen standardmäßig mit den folgende Überschriften gesetzt:

		Dokumentstil	TLL
Druckstil	Befehl	book, report	article
doppelseitig	\markboth{*l*}	\chapter	\section
	\markboth{*r*}	\section	\subsection
einseitig	\markright	\chapter	\section

Soweit auf einer Seite mehrere \section oder \subsection (s. 3.3.3) stehen, wird für die Kopfzeile auf linken Seiten die jeweils letzte und auf rechten Seiten die erste Überschrift benutzt. Betrachten Sie die Kopfzeilen dieses Buches als Beispiel.

3.2.2   Seitennumerierung

Die Erklärung des Stils der Seitennumerierung lautet:

   \pagenumbering{*num_stil*}

Als Numerierungsstilarten *num_stil* stehen zur Verfügung:

arabic   für normale (arabische) Numerierung

roman   für kleine römische Numerierung

Roman   für große römische Numerierung

alph   für fortlaufende Kleinbuchstaben

Alph   für fortlaufende Großbuchstaben

Der Standardwert ist arabic. Der Aufruf dieser Erklärung setzt den Seitenzähler stets auf den Anfang. Um in einem Dokument etwa das Vorwort mit römischen Seitennummern und ab Kapitel 1 mit arabischen Seitennummern — jeweils mit 1 beginnend — zu versehen, wäre pagenumbering{roman} zu Beginn des Vorwortes einzusetzen und \pagenumbering{arabic} unmittelbar nach dem ersten \chapter Befehl. Soll die Seitennumerierung mit einem anderen Wert als 1 beginnen, so kann dies mit dem Befehl

   \setcounter{page}{*seitennummer*}

erzielt werden.

Übung 3.3: *Ergänzen Sie Ihren Übungsfile um weiteren Text, so daß insgesamt mehr als eine Seite Ausdruck erzeugt wird, und benutzen Sie folgenden Vorspann für die Bearbeitung*

```
\documentstyle{article} \input danp
\pagestyle{myheadings} \markright{"Ubungen} \pagenumbering{Roman}
\begin{document}
```

3.2.3 Zeilen– und Absatzabstände

Mit den Deklarationen

`\baselineskip`	Abstand zwischen zwei Zeilen eines Absatzes. Dieser Abstand hängt üblicherweise von der Größe des aktuellen Zeichensatzes ab. Diese Erklärung wirkt nur im Textteil!
`\parskip`	Der Abstand zwischen Absätzen. Dies sollte ein *elastisches* Maß sein und zweckmäßig in der Maßeinheit 'ex' ausgedrückt werden, um an die jeweilige Zeichengröße angepaßt zu sein.
`\parindent`	Der Betrag um den die jeweils erste Zeile eines Absatzes eingerückt wird.

können diese Werte geändert werden. Die Änderung erfolgt durch unmittelbares Anhängen einer Maßzahl an den Befehl, z. B. `\parindent1.5em` oder durch Zuweisung mit `\setlength`: `\setlength{\parindent}{1.5em}`. Dies kann im Vorspann (Ausnahme: `\baselineskip`) oder an beliebiger Stelle im Dokument erfolgen. Im letzteren wirkt die Änderung von da ab, wo sie auftritt, bis zur nächsten Änderung, längstens aber bis zum Ende der augenblicklichen Umgebung (s. 2.3).

Wird der Wert von `\baselineskip` innerhalb eines Absatzes geändert, so bestimmt er rückwirkend den Zeilenabstand für den ganzen Absatz. Genau genommen ist es der am Ende des Absatzes wirksame Zeilenabstand, der den Zeilenabstand des ganzen Absatzes bestimmt. Bei einer mehrfachen Änderung innerhalb eines Absatzes wirkt demnach nur die letzte, da diese am Ende des Absatzes gültig ist.

Die Wirkung einer `\baselineskip` Erklärung endet auch mit der Umschaltung auf eine andere Schriftgröße, da jeder Schriftgröße ein eigener Wert `\baselineskip` zugewiesen ist, der mit der Umschaltung aktiviert wird (s. 4.1.3).

Der tatsächliche Zeilenabstand ist der Wert von `\baselineskip` multipliziert mit dem internen Faktor `\baselinestretch`. Dieser Faktor ist standardmäßig gleich 1 gesetzt. Er kann jedoch vom Benutzer mit dem Befehl

`\renewcommand{\baselinestretch}{`*factor*`}`

geändert werden. *factor* kann eine beliebige Dezimalzahl sein. Ein Faktor von 1.5 vergrößert den Zeilenabstand auf das anderthalbfache der Normalwerte der verschiedenen Schriftgrößen. Wird dieser Befehl an anderer Stelle als im Vorspann verwendet, so entfaltet er seine Wirkung erst, wenn auf eine neue Schriftgröße umgeschaltet wird (s. 4.1.3).

Übung 3.4: Ergänzen Sie den Vorspann Ihres Übungsfiles durch

```
\parindent0em \parskip1.5ex plus0.5ex minus 0.5ex
\renewcommand{\baselinestretch}{1.2}
```

Wiederholen Sie nach der Berarbeitung diese Übung mit einem anderen Wert für `\baseline-stretch`*, z. B. mit* `1.5`*, um ein Gefühl für die Wirkung zu bekommen. Nach Beendigung der Übung entfernen Sie diese Erklärungen wieder aus dem Vorspann.*

3.2.4 Seitendeklarationen

Jede Seite besteht aus einem *Kopf (head)*, dem *Rumpf (body)*, der den eigentlichen Text enthält, und dem *Fuß (foot)*. Mit der Wahl des Seitenstils wird bestimmt, ob und ggf. welche Information die Kopf– bzw. Fußzeile enthält.

Für die Abstände zwischen Kopf, Rumpf und Fuß, die Abmessungen für den oberen und linken Rand sowie für Textbreiten und die Höhen von Kopf, Rumpf und Fuß werden durch LaTeX Standardwerte gewählt. Sollen einige oder alle dieser Werte geändert werden, so ist dies durch die folgenden Erklärungen möglich:

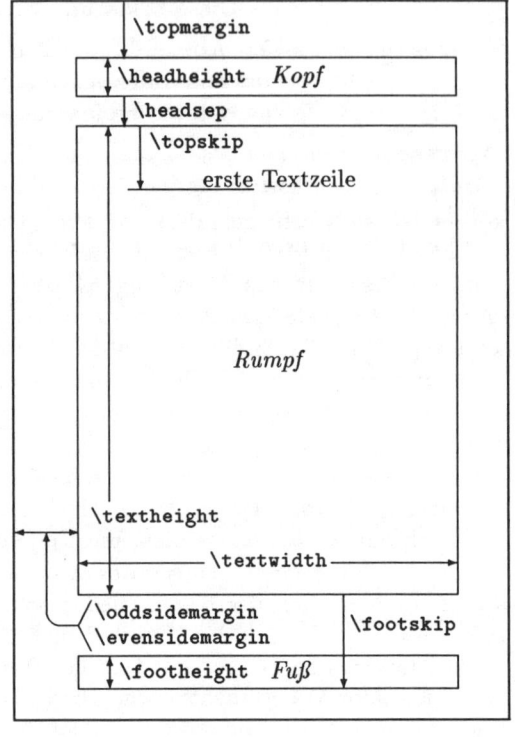

\oddsidemargin
     linker Rand allgemein bzw. für ungerade Seiten bei twoside und book

\evensidemargin
     linker Rand für gerade Seiten (wirksam nur bei twoside bzw. book)

\topmargin
     oberer Rand bis Oberkante Kopfzeile

\headheight
     Höhe der Kopfzeile

\headsep
     Abstand Unterkante Kopf bis Oberkante Rumpf

\topskip
     Abstand Oberkante Rumpf bis zur Grundlinie der ersten Zeile

\textheight
     Gesamthöhe für den Seitentext

\textwidth
     Textbreite

\footheight
     Höhe der Fußzeile

\footskip
     Abstand Unterkante Rumpf bis Unterkante Fußzeile

Diese Befehle sollten nur im Vorspann geändert werden. Die Änderung erfolgt in bekannter Weise, indem die Maßangabe unmittelbar an den Befehl gehängt *oder* mit \setlength zugewiesen wird: \textwidth12.5cm legt die Textbreite auf 12.5cm fest.

Noch detailliertere Abbildungen für ein– und zweispaltigen Seitenaufbau sind am Ende des Indexteils auf den Seiten 416 und 417 abgedruckt.

Die Unterkante des Seitenrumpfes stimmt beim Dokumentstil book bzw. der Option twoside auf jeder Seite exakt überein. In den anderen Fällen kann sie je nach Text auf den einzelnen Seiten etwas variieren. Dieses Verhalten wird durch den internen Aufruf \flushbottom in den ersten beiden Fällen und \raggedbottom in den anderen Fällen bewirkt. Diese Befehle können auch vom Benutzer unabhängig von Dokumentstil und Optionen gesetzt werden und bewirken ein entsprechendes Verhalten ab der Stelle ihres Auftretens.

Übung 3.5: Mit den vorstehenden Erklärungen können Sie die Seitenformatierung für Ihren Text nach Ihren Wünschen bestimmen. Bringen Sie z. B. die Erklärungen

     \textwidth13cm \textheight20.5cm

im Vorspann Ihres Übungsfiles an. Wahrscheinlich erscheint Ihnen nun der linke und obere Rand im Ausdruck zu gering. Wählen Sie mit den weiteren Erklärungen \oddsidemargin *und* \topmargin *die Ihnen passenden Werte.*

Achtung: Beim Anpassungsfile `danp.tex` *ist Ihnen aufgefallen, daß dort* \oddsidemargin0mm *gewählt wurde und in Ihrem Ausdruck trotzdem ein linker Rand von ca. 2.5cm auftritt. Dies liegt daran, daß die Druckertreiber standardmäßig einen oberen und linken Rand von 1 Zoll zusätzlich einfügen. Dies müssen Sie bei Ihrer Wahl von* \oddsidemargin *und* \topmargin *berücksichtigen.*

Übung 3.6: *Falls Ihr Text mit dem verkleinerten Seitenformat nicht mindestens 2 volle Seiten füllt, ergänzen Sie Ihren Text, so daß insgesamt mehr als 2 Seiten ausgedruckt werden. Bringen Sie nun den Befehl* \flushbottom *im Vorspann oder irgendwo in der ersten Hälfte Ihres Textes an. Die unterste Zeile Ihres Ausdrucks stimmt nunmehr auf allen Seiten exakt überein.*

Übung 3.7: *Entfernen Sie den Befehl* \flushbottom *und wählen Sie als Dokumentstil* \documentsyle[twoside]{article}. *Jetzt stimmen die untersten Zeilen auch ohne* \flush bottom *exakt überein. Dagegen wird vermutlich nun der linke Rand der ungeraden Seiten nicht mit dem rechten Rand der geraden Seiten übereinstimmen. Wählen Sie mit der Erklärung* \evensidemargin *einen solchen Wert, daß das der Fall wird.*

Anmerkung: Lassen Sie sich ggf. von Ihrem Rechenzentrum zeigen, wie Ihr Drucker für doppelseitigen Druck umgeschaltet wird.

3.2.5   Ein- und zweispaltige Seiten

Mit der Dokumentstiloption `twocolumn` werden für das ganze Dokument zweispaltige Seiten erzeugt. Der Standard sind einspaltige Seiten. Sollen einzelne Seiten zwei- oder einspaltig erzeugt werden, so geschieht das mit den Befehlen

\twocolumn[*text*]   Beendet die laufende Seite und beginnt eine neue *zweispaltige* Seite. Der optionale *text* wird am Beginn der Seite über die gesamte Seitenbreite geschrieben.

\onecolumn   Beendet die laufende zweispaltige Seite und beginnt eine neue *einspaltige* Seite.

Die Stiloption `twocolumn` ändert automatisch bestimmte Stilparameter, wie z. B. die Einrücktiefe gegenüber einspaltiger Formatierung. Dies entfällt beim \twocolumn Befehl. Diese müssen ggf. mit entsprechenden Erklärungen geändert werden. Ist der größere Teil des Dokuments zweispaltig, dann sollte die Stiloption bevorzugt werden.

3.3   Dokumentuntergliederung

Jedes Dokument ist i. allg. untergliedert, z. B. in Kapitel, Abschnitte, Unterabschnitte usw. Eventuell folgt noch ein Anhang und vorab ein Abstrakt, eine Titelseite und ein Inhaltsverzeichnis. LaTeX stellt hierfür Befehle zur Verfügung, die den Benutzer von Formatierungsüberlegungen freistellen. Fortlaufende Numerierung und Unternumerierung von Überschriften kann automatisch erfolgen. Selbst ein Inhaltsverzeichnis kann automatisch angelegt und ausgedruckt werden.

Die Wirkung einiger Gliederungsbefehle hängt vom gewählten Dokumentationsstil ab, und nicht alle stehen in allen Dokumentstilarten zur Verfügung.

3.3.1   Die Titelseite

Eine Titelseite kann mit der Umgebung

   \begin{titlepage} *Text der Titelseite* \end{titlepage}

frei *oder* mit den Befehlen

   \title{*Titelüberschrift*}
   \author{*Autorennamen und ggf. Anschriften*}
   \date{*Datumtext*}

in einem von LaTeX vorgegebenen Format gestaltet werden. Bei der zweiten Form
sind die Befehlsangaben \title{...} und \author{...} zwingend erforderlich.

Bei dem von LaTeX benutzten Standardformat für die Titelseite erscheinen alle
Angaben horizontal zentriert. Eine längere Titelüberschrift wird automatisch gebrochen. Sie kann aber auch mit \\ an den vom Autor gewünschten Stellen gebrochen
werden, also \title{...\\...\\...}

Bei mehreren Autoren sind die Autorennamen durch \and voneinander zu trennen,
also z. B. \autor{G. Schmidt \and J. Meier}. Die Autorennamen erscheinen in
einer Zeile nebeneinander. Die Eingabe

   \author{*Autor1**Institut1*\\ *Adresse1* \and *Autor2**Institut2* *Adresse2*}

zentriert die Angaben "'Autor1', 'Institut1', 'Adresse1'" sowie "'Autor2', 'Institut2',
'Adresse2'" jeweils für sich untereinander und setzt die beiden jeweils zentrierten
Blöcke auf der Titelseite nebeneinander.

Sollen die Autorenangaben nicht nebeneinander, sondern untereinander angeordnet werden, so ist statt des \and der Befehl \\, evtl. gefolgt von einer Längenangabe
[*abstand*], zu verwenden, um die Autorenangaben voneinander abzusetzen. Die Autorenangaben können mit der Leerform \author{} unterdrückt werden.

Ohne den Befehl \date erscheint unter den Autorenangaben auf der Titelseite
automatisch das aktuelle Datum. Mit dem Befehl date{*Datumtext*} erscheint statt
dessen *Datumtext*. Dies kann ein beliebiger Text sein, der durch \\ getrennt, sich über
mehrere Zeilen erstrecken kann. Das Datum entfällt mit der Leerangage \date{}.

Im *Titel–, Autoren–* oder *Datumtext* kann an beliebigen Stellen der Befehl

   \thanks{*Fußnotentext*}

stehen. Dieser bringt eine Markierung an der Textstelle an, wo er steht; der Text
Fußnotentext erscheint als Fußnote auf der Titelseite.

Die Titelseite mit den Angaben der \title, \author, \date und \thanks Erklärungen wird mit dem Befehl

   \maketitle

ausgedruckt, wobei die Titelseite keine Seitennummer erhält und das darauffolgende
Dokument mit der Seitennummer 1 beginnt. Eine eigene Titelseite wird hiermit
nur bei den Dokumentstilen book und report erzeugt. Beim Dokumentstil article
erzeugt der Befehl \maketitle eine Titelüberschrift mit den zentrierten Angaben der
vorangegangenen \title, \autor und ggf. \date und \thanks Erklärungen. Wird
für article die Dokumentstiloption [titlepage] verwendet, so kann auch für diesen
Stil mit \maketitle eine eigene Titelseite erzeugt werden.

Beispiel für die Standardform
der Titelseite

```
\title{
    How to write DVI--drivers}

\author{
    Helmut Kopka\thanks{Tel.
    5556--401451 FRG}\\
    Max--Planck--Institut\\
    f"ur Aeronomie
  \and
    Gregory Marriott\thanks{Tel.
    409--845--4940 USA}\\
    Texas A\&M\\University}

\maketitle
```

How to write DVI–drivers

Helmut Kopka[1]   Gregory Marriott[2]
Max–Planck–Institut   Texas A&M
für Aeronomie   University

February 6, 1992

[1]Tel. 5556–401451 FRG
[2]Tel. 409–845–4940 USA

Im vorstehenden Beispiel erscheint das Datum automatisch, da der Befehl \date zur Definition der Titelseite entfiel. Mit diesem Befehl hätte an die Stelle des Datums ein beliebiger Text eingefügt werden können.

Bei einer freien Gestaltung der Titelseite mit der titlepage Umgebung wären die Befehle \title und \author entfallen und statt dessen die Titelseite innerhalb der titlepage Umgebung mit den in Kapitel 4 vorgestellten Gestaltungselementen definiert worden. Der Ausdruck der Titelseite erfolgt hierbei automatisch mit Beendigung der titlepage Umgebung, d. h. auch der \maketitle Befehl entfällt bei der Verwendung dieser Struktur.

Übung 3.8: Entfernen Sie die Erklärungen zur Änderung des Seitenformats aus den Übungen 3.5 – 3.7. Erzeugen Sie nun für Ihren Übungstext einen Titelkopf mit dem Titel "Übungen", Ihrem Autorennamen und Ihrer Anschrift sowie der Datumsangabe als "Ort, den 'Datum'", indem Sie nach \begin{document} die Befehle

```
\title{"Ubungen} \author{Ihr Name\\Ihre Anschrift}
\date{Ihr Ort, den \heute}  \maketitle
```

einfügen. Achten Sie darauf, daß Ihr Dokumentstil article ist. Ändern Sie nach dem Ausdruck den Dokumentstilbefehl in

```
\documentstyle[titlepage]{article}
```

und erzeugen Sie für Ihren Übungsfile damit statt einer Titelüberschrift eine eigene Titelseite.

Blenden Sie diese Befehle mit dem % jeweils am Beginn der Zeile wieder aus, damit bei den weiteren Übungen nicht stets wieder eine Titelseite neu erzeugt wird. Durch Entfernen der % Zeichen können Sie diese Befehle bei Bedarf immer wieder aktivieren.

3.3.2   Der Abstrakt — Die Zusammenfassung

Der Abstrakt oder die Zusammenfassung wird erzeugt mit den Befehlen

  \begin{abstract} *Text des Abstrakts* \end{abstract}

Beim Dokumentstil `article` wird für die Zusammenfassung die Schriftgröße \small
verwendet und Text gleichzeitig beidseitig eingerückt. Bei `report` erscheint der Text
in der Standardgröße ohne zuätzliche Einrückung. In beiden Fällen geht dem Text
die zentrierte Überschrift **Abstract** voran. Bei `report` erscheint der Abstrakt auf
einer eigenen Seite ohne Seitennummer, bei `article` dagegen nach dem Titel auf der
ersten Artikelseite, es sei denn, die Dokumentoption `titlepage` wurde benutzt. Im
letzteren Fall wird auch beim Stil `article` für den Abstrakt eine eigene Seite erzeugt.
Ein Abstrakt kann nicht erzeugt werden beim Dokumentstil `book`.

3.3.3   Die fortlaufende Untergliederung

Für die fortlaufende Untergliederung stehen die folgenden Befehle zur Verfügung

  \part   \chapter   \subsection   \paragraph
               \section   \subsubsection   \subparagraph

Diese Befehle, mit Ausnahme von \part, bauen eine Gliederungshierarchie auf.
Beim Dokumentstil `book` und `report` beginnt die Gliederung mit *Kapiteln* (\chapter).
Die Kapitel sind untergliedert in *Abschnitte* (\section) und diese wiederum in *Unterabschnitte* (\subsection) und so fort. Beim Dokumentstil `article` beginnt diese
Gliederungskette erst mit \section; \chapter steht für `article` nicht zur Verfügung.

Die Syntax dieser Befehle ist

  gliederungs_befehl [*kurzform*]{*überschrift*}   oder
  gliederungs_befehl∗{*überschrift*}

Bei der ersten Form wird der Gliederungs*überschrift* eine fortlaufende Nummer
vorangesetzt. Falls der optionale Parameter [*kurzform*] entfällt, erscheint diese Überschrift auch als Eintragung im Inhaltsverzeichnis und ggf. im Seitenkopf (falls der
Seitenstil `headings` gewählt wurde). Da eine Überschrift sich über mehrere Zeilen
erstrecken kann, eine mehrzeilige Eintragung im Inhaltsverzeichnis oder der Kopfzeile
aber unerwünscht ist, kann für diese Eintragung mit dem optionalen Parameter eine
Kurzform gewählt werden.

Die Größe der Überschrift und die Tiefe der Numerierung hängt von der Stellung
des Gliederungsbefehls in der Hierarchiekette ab. Beim Dokumentstil `article` erhalten die \section Befehle einteilige Nummern, die `subsection` Befehle zweiteilige,
durch einen '.' getrennte Nummern und so fort.

Beim Dokumentstil `book` und `report` erhalten die Kapitelüberschriften durch die
\chapter Befehle einteilige Nummern, die \section Befehle zweiteilige Numerierungen und entsprechend weiter. Zusätzlich startet der Befehl \chapter immer eine neue
Seite und setzt über die Kapitelüberschrift **Chapter n**, mit n als Kapitelnummer. Die
Dokumentstiloption `german` sollte entsprechend **Kapitel n** erzeugen. Im Augenblick
befinden wir uns in *Chapter 3, Section 3, Subsection 3.*

Bei den *Formen der Gliederungsbefehle unterbleibt die Bezifferung. Es findet auch kein Eintrag ins Inhaltsverzeichnis statt (s. jedoch 3.4.2).

Für jeden Gliederungsbefehl wird intern ein Zähler geführt, der mit jedem Aufruf um eins erhöht wird bzw. auf Null zurückgesetzt, wenn der nächsthöhere Gliederungsbefehl aufgerufen wird. Diese Zähler werden bei den *Formen nicht verändert. Dies führt zu Schwierigkeiten bei der Mischung von *Formen und Standardformen, wenn die *Form in der Hierarchie vor der Standardform steht. Die umgekehrte Reihenfolge ist dagegen problemlos möglich. Die Reihenfolge

`\section ... \subsection ... \subsubsection* ...`

führt zu einer Bezifferung der `\section` und `\subsection` Überschriften und zu einer `\subsubsection` Überschrift ohne Bezifferung.

Der Gliederungsbefehl `\part` hat eine Sonderrolle, seine Bezifferung beeinflußt nicht die Bezifferung der anderen Befehle.

Intern wird jedem Gliederungsbefehl eine Kennzahl zugeordnet. Dabei entspricht die Kennzahl 1 stets dem Befehl `\section`, 2 dem Befehl `\subsection` ..., 5 dem Befehl `\subparagraph`. Im Dokumentstil **article** entspricht die Kennzahl 0 dem Befehl `\part`, während sie in **book** und **report** dem Befehl `\chapter` entspricht und der Wert -1 dem Befehl `\part` zukommt. Eine Schranke **secnumdepth** bestimmt, bis zu welcher Kennzahl, d. h. bis zu welcher Tiefe die Gliederungsbefehle durchnumeriert werden. In `\book` und `\report` ist diese Schranke 2 und in `\article` 3. Demgemäß wird standardmäßig die Bezifferung in `\book` und `\report` bis einschließlich `\subsection` und in `\article` bis einschließlich `\subsubsection` durchgeführt.

Soll die Tiefe, bis zu der die Bezifferung der Untergliederungen durchgeführt wird, geändert werden, so ist die Schranke **secnumdepth** zu ändern. Dies geschieht mit dem Befehl

`\setcounter{secnumdepth}{`*num*`}`

Der Befehl `\setcounter` wird in Kapitel 7 näher beschrieben. *num* kann in **article** einen der Werte 0, 1, ... 5 und in **book** und **report** −1, 0, ... 5 erhalten.

Im vorliegenden Buch, also dem verwendeten Hauptstil `\book`, wurde **secnumdepth** gleich 3 gesetzt, d. h. die Gliederungsbefehle werden bis einschließlich `\subsubsection` durchnumeriert, während sie standardmäßig nur bis `\subscetion` durchnumeriert worden wären.

Soll ein Gliederungsbefehl in einem Dokument nicht mit 1 beginnen, so kann dies mit dem Befehl

`\setcounter{`*gliederungs_name*`}{`*num*`}`

erreicht werden. *gliederungs_name* ist hierbei der Name des entsprechenden Gliederungsbefehls ohne den vorangesetzten `\`. Dies kann z. B. dann erforderlich sein, wenn einzelne Gliederungen als eigene Files von LaTeX gesondert behandelt werden sollen.

`\setcounter{chapter}{2}`

setzt den **chapter** Zähler auf 2. Mit dem nächsten `\chapter` Befehl wird dieser Zähler um 1 erhöht und erscheint als **Chapter 3** oder **Kapitel 3**.

Gelegentlich soll eine Gliederungsüberschrift in einer anderen Größe und/oder einem anderen Schriftstil als der Standard ausgegeben werden. Dies kann durch das Voransetzen der in 4.1.2 bis 4.1.4 beschriebenen Erklärungen in der Gliederungsüberschrift erreicht werden.

```
\section*{\Large\sl Gr"o\3ere Geneigte Schrift}
```

würde also die Abschnittsüberschrift "Größere Geneigte Schrift" in der Größe \Large und dem Schriftstil \sl erzeugen (s. 4.1). Die Verwendung der Standardform empfiehlt sich hierbei nicht, da die Änderung von Schriftgröße und Schriftstil nur auf die Überschrift selbst, nicht dagegen auf die automatische Gliederungsnumerierung wirkt. (7.6 enthält Hinweise, wie auch diese geändert werden kann.)

3.3.4   Der Anhang

Ein Anhang wird eingeleitet mit dem Befehl \begin{appendix}. Die Wirkung liegt darin, daß der section–Zähler für article bzw. der chapter–Zähler für book und report neu gesetzt wird und die Numerierung für die darauffolgenden \section bzw. chapter Befehle nicht mehr mit Ziffern, sondern mit Großbuchstaben, beginnend mit A, B, ... usw., erfolgt. Zusätzlich wird das Wort "Chapter" durch "Appendix" (bzw. "Anhang" bei Verwendung der Dokumentstiloption german) ersetzt, d. h. der Befehl \chapter setzt vor die Kapitelüberschrift "Appendix A", "Appendix B", ... Die Numerierung der darunterliegenden Befehle erfolgt in arabischen Ziffern, z. B. A.3.2. Der Anhang endet mit dem Befehl \end{appendix}.

Übung 3.9: Fügen Sie in Ihren Übungsfile zu Beginn Ihres Textes einen \section{Titel A} und an geeigneter Stelle etwa in der Mitte Ihres Textes einen weiteren \section{Titel B} Befehl ein. Wählen Sie hierfür Ihnen geeignete Überschriften für "Titel A" und "Titel B". Fügen Sie in Ihren Text an geeigneten Stellen weitere \subsection Befehle mit Ihnen passenden Untertiteln ein. Entfernen Sie die in Übung 3.3 eingeführten Befehle

```
\pagestyle{myheadings} \markright{"Ubungen} \pagenumbering{Roman}
```

Drucken Sie das Ergebnis aus.

Übung 3.10: Setzen Sie vor Ihren ersten \section Befehl zusätzlich den Gliederungsbefehl \chapter{Kapitelüberschrift} mit einer Ihnen geeignet erscheinenden "Kapitelüberschrift". Ändern Sie den Dokumentstilbefehl in \documentstyle[twoside]{report} und verwenden Sie im Vorspann zusätzlich den Seitenstilbefehl \pagestyle{headings}. Beachten Sie die doppelte Wirkung der Gliederungsbefehle in den Überschriften und gleichzeitig in den Kopfzeilen. Vergleichen Sie das Ergebnis mit der Tabelle aus 3.2.1 auf Seite 22.

Übung 3.11: Ändern Sie den Chapter–Befehl in

```
\chapter[Kurzform]{Kapitelüberschrift}
```

indem Sie für "Kurzform" eine verkürzte Kapitelüberschrift wählen. In der Kopfzeile erscheint nunmehr die Kurzform, wo vorher die Kapitelüberschrift stand.

Anmerkung: Erscheint bei den letzten beiden Übungen über der Kapitelüberschrift das Wort **Chapter** *statt* **Kapitel**, *so ist Ihre LATEX–Version noch nicht für deutsche Texte modifiziert worden. Bitten Sie Ihr Rechenzentrum, eine entsprechende Modifikation vorzunehmen, am elegantesten durch die Bereitstellung einer Dokumentstiloption german. Die erforderlichen Änderungen sind in 7.6.3 bzw. Anhang D.1 beschrieben. Ist das geschehen oder existiert die Option german, so wiederholen Sie die beiden letzten Übungen, wobei Sie als Dokumentstil*

```
\documentstyle[twoside,german]{report}
```

wählen.

3.4 Das Inhaltsverzeichnis

3.4.1 Automatische Eintragungen

LaTeX kann für das ganze Dokument automatisch ein Inhaltsverzeichnis anlegen und ausdrucken. In das Inhaltsverzeichnis werden die Überschriften bzw. die Kurzform der Gliederungsbefehle in der Standardform mit den zugehörigen Seitennummern aufgenommen. Die Tiefe, bis zu der die Überschriften der Gliederungsbefehle in das Inhaltsverzeichnis aufgenommen werden, kann im Vorspann durch den Befehl

> `\setcounter{tocdepth}{`*num*`}`

gesetzt werden. Die Bedeutung und Wirkung des Wertes *num* entspricht ganz genau den oben beschriebenen Werten für den Zähler `secnumdepth`, mit dem die Tiefe der Numerierung für die Gliederungsüberschriften gesetzt werden kann. Die Tiefe, bis zu der Gliederungsbefehle standardmäßig ins Inhaltsverzeichnis aufgenommen werden, entspricht der Tiefe, bis zu der Gliederungsüberschriften standardmäßig durchnumeriert werden, also `\subsection` für `book` und `report` bzw. `\subsubsection` für `article`.

3.4.2 Der Ausdruck des Inhaltsverzeichnisses

Das Inhaltsverzeichnis wird angelegt und ausgedruckt mit dem Befehl

> `\tableofcontents`

und zwar an der Stelle im Dokument (i. allg. nach der Titelseite und dem Abstrakt), wo dieser Befehl auftaucht. Dies führt zu einem Widerspruch. Die Information für das ganze Inhaltsverzeichnis liegt erst vor, wenn das Dokument vollständig abgearbeitet ist; das Inhaltsverzeichnis soll aber vorher ausgedruckt werden. LaTeX löst dieses Problem wie folgt: Wenn das Dokument das erste Mal mit LaTeX behandelt wird, so kann und wird kein Inhaltsverzeichnis ausgedruckt. Statt dessen legt LaTeX einen neuen File an. Dieser File erhält den Filenamen des Dokumentes mit der Endung `.toc`. In diesen File werden die entsprechenden Eintragungen für das Inhaltsverzeichnis während der Bearbeitung des Dokuments geschrieben.

Bei einer nochmaligen Bearbeitung des Dokuments durch LaTeX wird der nunmehr existierende File mit dem Namen *dokumentname*`.toc` mit dem Befehl `\tableofcontents` gelesen und das Inhaltsverzeichnis ausgedruckt. Bei der weiteren Bearbeitung des Dokuments wird der `.toc`–File ggf. abgeändert, wenn zwischen der ersten und zweiten LaTeX–Bearbeitung größere Änderungen im Dokumenttext vorgenommen worden sind. Das ausgedruckte Inhaltsverzeichnis bezieht sich also immer auf die jeweils vorhergehende Version. Dies macht es ggf. notwendig, die endgültige Version zweimal mit LaTeX zu bearbeiten.

3.4.3 Zusätzliche Eintragungen

Gliederungsbefehle in der *Form werden nicht automatisch in das Inhaltsverzeichnis übernommen. Um deren Überschriften oder auch zusätzliche Eintragungen im Inhaltsverzeichnis zu erhalten, dienen die Befehle

```
\addcontentsline{toc}{glied_name}{Eintragtext}
\addtocontents{toc}{Eintragtext}
```

Der erste Befehl gestattet eine Formatierung des Inhaltsverzeichnisses, bei der die `section`–Überschriften weiter eingerückt sind als die `chapter`–Überschriften und weniger weit als die `subsection`–Überschriften. Dies wird mit dem Parameter *glied_name* erreicht, für den der Name des zugehörigen Gliederungsbefehls, also der Befehlsname ohne den \, einzusetzen ist, z. B. `subsection`. *Eintragtext* kann die Gliederungsüberschrift oder irgendein anderer Text sein, der im Inhaltsverzeichnis gemeinsam mit der Seitennummer erscheint. Soll die zusätzliche Eintragung mit einer abgesetzten Gliederungsnummer (wie bei der Standardform) erscheinen, so sollte für Eintragtext stehen: `\protect\numberline{`*glied_num*`}{`*text*`}`

Der zweite Befehl gestattet einen beliebigen Eintrag in den `.toc`–File. Dies kann z. B. auch ein Formatierungsbefehl wie `\newpage` sein, der bei der Erzeugung des Inhaltsverzeichnisses wirksam wird.

3.4.4 Weitere Verzeichnisse

LaTeX kann neben dem Inhaltsverzeichnis ein Verzeichnis aller Bilder sowie ein Verzeichnis aller Listen und Tabellen anlegen und ausdrucken. Der Ablauf ist derselbe wie beim Inhaltsverzeichnis. Die Befehle zur Erzeugung dieser zusätzlichen Verzeichnisse lauten

```
\listoffigures  erzeugt bzw. liest  .lof
\listoftables   erzeugt bzw. liest  .lot
```

Die Eintragungen in diese Verzeichnisse erfolgen automatisch mit dem Befehl `\caption` bei den `figure` oder `table` Umgebungen. (s. 6.6.3: *Über– und Unterschriften für Gleitobjekte*). Zusätzliche Eintragungen sind mit denselben Befehlen wie beim Inhaltsverzeichnis möglich, deren allgemeine Syntax lautet

```
\addcontentsline{file}{format}{eintrag}
\addtocontents{file}{eintrag}
```

Hier steht *file* für einen der drei Typen `toc` (*table of contents*), `lof` (*list of figures*) bzw. `lot` (*list of tables*). *Format* ist beim Inhaltsverzeichnis, wie oben beschrieben, der Name eines Gliederungsbefehls, beim Bildverzeichnis `figure` und beim Tabellenverzeichnis `table`. *Eintrag* steht für den Text, der ins jeweilige Verzeichnis eingetragen werden soll.

Übung 3.12: *Fügen Sie in Ihren Übungsfile nach den ausgeblendeten Befehlen zur Erzeugung der Titelseite die Befehle*

```
\pagenumbering{roman} \tableofcontents \newpage \pagenumbering{arabic}
```

ein. Durchmustern Sie Ihre Gliederungsüberschriften auf Umlaute und schützen Sie diese durch \protect *Befehle: z. B.*

```
Fr\protect"uhst\protect"uck   beim Wort "Frühstück"
```

Bearbeiten Sie Ihren Übungsfile <u>zweimal</u> mit LaTeX und drucken Sie das zweite Ergebnis aus. Blenden Sie danach die obigen Befehlszeichen mit % zunächst von der weiteren Bearbeitung aus.

Anmerkung: Schützen Sie in Zukunft Umlaute in Gliederungsbefehlen gleich bei der ersten Eingabe durch \protect *Befehle!*

3.5 Formatierungshilfen

3.5.1 Zeichen- und Wortabstände

Zeichen- und Wortabstände werden normalerweise in TEX automatisch gewählt. Hierbei wird nicht nur die natürliche Zeichenbreite aneinandergesetzt, sondern bei bestimmten Zeichenkombinationen eine zusätzliche Vor- oder Rücksetzung vorgenommen. Ein 'A' gefolgt von einem 'V' erscheint nicht als AV sondern als AV. Wortabstände innerhalb einer Zeile sind einheitlich und werden so gewählt, daß die Zeilen links- und rechtsbündig abschließen und dabei die Wortabstände verschiedener Zeilen eines Absatzes möglichst wenig voneinander abweichen. Wörter, die mit einem Satzzeichen enden, erhalten etwas zusätzlichen Zwischenraum, der von dem jeweiligen Satzzeichen abhängt; hinter Satzendezeichen wie Punkt '.' oder Ausrufungszeichen '!' wird mehr Zwischenraum eingefügt als z. B. hinter einem Komma ',' .

In einigen Fällen kann es notwendig sein, die von TEX gewählten Abstände zu korrigieren. Dies kann durch die Befehle ~, \␣, \@, \, und \/ geschehen. Außerdem kann mit dem Befehl \frenchspacing der unterschiedliche Zusatzzwischenraum nach Satzzeichen ausgeschaltet werden.

3.5.1.1 Der . und das Satzende

TEX interpretiert einen Punkt, ein Ausrufungszeichen, ein Fragezeichen oder einen Doppelpunkt, der hinter einem Kleinbuchstaben oder einer Ziffer steht, als Satzende und fügt zusätzlichen Zwischenraum ein. Dies ist bei Abkürzungen wie 'i. allg.', 'Dr. Schmidt' oder 'Geoph. Journ.' unerwünscht. Die Verwendung von ~ oder ein \␣ statt des Leerzeichens vermeidet den zusätzlichen Zwischenraum. (\␣ bedeutet ein \ unmittelbar gefolgt von einem Leerzeichen.) ~ und \␣ bedeuten beide den normalen Wortabstand, ~ verhindert überdies, daß an dieser Stelle ein Zeilenwechsel erfolgen kann. i.~allg., Dr.~Schmidt, Geoph.\ Journ.\ erzeugt also 'i. allg.', 'Dr. Schmidt', 'Geoph. Journ.' (Vgl. die Abstände mit denen von oben). Außerdem kann in 'i. allg.' bzw. 'Dr. Schmidt' kein Zeilenwechsel zwischen dem i. und allg. bzw. Dr. und Schmidt auftreten, dagegen könnte 'Geoph.' und 'Journ.' durch einen Zeilenwechsel getrennt werden.

Ein Satzendzeichen hinter einem Großbuchstaben nicht als Satzende interpretiert, da üblicherweise Sätze nicht mit einem Großbuchstaben enden. Ist dies ausnahmsweise einmal der Fall, so ist dem entsprechenden Satzzeichen ein \@ voranzusetzen, damit nach dem Satzende zusätzlicher Zwischenraum eingefügt wird. Beispiel: Dieser Satz endet mit NASA. Die Eingabe lautet: Dieser Satz endet mit NASA\@.

3.5.1.2 Frenchspacing

Der Zusatzzwischenraum nach Satzzeichen kann mit dem Befehl \frenchspacing ausgeschaltet werden. Dieser Befehl ist so lange wirksam, bis er durch den zurückschaltenden Befehl \nonfrenchspacing aufgehoben wird. Ist \frenchspacing erklärt, so bleibt der \@ Befehl wirkungslos und kann entfallen. In diesem Unterabschnitt war dieser Befehl eingeschaltet, so daß alle Wortabstände innerhalb einer Zeile gleich ausfielen!

3.5.1.3   Die Zeichenkombination " ' und ' "

Um zwischen " und ' bzw. ' und " einen kleinen Zwischenraum einzufügen, dient
der Befehl \,. " '"Anfang' und 'Ende'" wird also erzeugt durch ' '\, 'Anfang' und
'Ende'\, ''.

3.5.1.4   Italic–Korrektur

Beim Umschalten von einer geneigten Schriftart *italic* oder *slanted* auf eine senkrechte Schriftart ragt der letzte geneigte Buchstabe zu nah an den folgenden senkrechten
Buchstaben heran. Hier muß etwas zusätzlicher Zwischenraum eingefügt werden, und
zwar mehr für *f* als z. B. für *g*. TeX kennt für jedes geneigte Zeichen eine sog. *Italic–
Korrektur*. Diese wird aktiviert durch den Befehl \/. Beim Umschalten von einer
geneigten Schriftart auf eine senkrechte sollte also stets hinter dem letzten geneigten
Zeichen der Befehl \/ folgen. Die Italic–Korrektur kann entfallen, wenn die geneigte
Schrift mit einem Komma oder Punkt endet.

3.5.1.5   Die Ausschaltung von Ligaturen

Mit dem gleichen \/ Befehl können Ligaturen unterdrückt werden. Mit Auf\/lage
wird 'Auflage' erzeugt (vergl. mit dem Standard 'Auflage'). Zur Erinnerung (s. 2.5.8):
in TeX werden die Buchstabenkombinationen ff, fi, fl, ffi und ffl als Ligaturen
gesetzt. Mit f\/f\/i erscheint die Buchstabenkombination ffi statt der Ligatur ffi.
Eine andere Möglichkeit zur Ausschaltung von Ligaturen steht in Anhang D.1.3 bei
Verwendung des german.sty Files.

Der Befehl kann auch verwendet werden, wenn bestimmte Buchstabenkombinationen wie AV oder Te, die standardmäßig durch Zurücksetzen des zweiten Buchstabens
enger als durch die normale Buchstabenbreite gesetzt werden, mit dem normalen
Buchstabenabstand erscheinen sollen.

A\/V AV   T\/e Te   statt   AV   bzw.   Te

3.5.1.6   Einfügung beliebiger Zwischenräume

Zur Einfügung von beliebigem Zwischenraum in eine Zeile dient der Befehl

\hspace{*abstand*}
\hspace*{*abstand*}

abstand ist eine Längenangabe z. B. 1.5cm oder 3em. (Zur Erinnerung: em ist eine
Maßeinheit, die der Breite des Gedankenstrichs — im augenblicklichen Zeichensatz
entspricht). Der Befehl fügt an der Stelle seines Auftretens Zwischenraum der Länge
abstand ein. Die *Form fügt den Zwischenraum auch dann ein, wenn an dieser Stelle
gerade ein Zeilenumbruch stattfindet oder wenn er am Beginn einer Zeile steht. In
beiden Fällen wird bei der Standardform der Zwischenraum unterdrückt.

Die Längenangabe darf negativ sein. In diesem Fall bedeutet der Befehl ein
Zurücksetzen um die angegebene Länge, was das Überdrucken von Zeichen mit anderen Zeichen erlaubt.

Ein Leerzeichen vor oder hinter dem Befehl wird zusätzlich eingefügt:

```
Dies ist\hspace{1cm}1cm        Dies ist      1cm
Dies ist \hspace{1cm}1cm       Dies ist      1cm
Dies ist \hspace{1cm} 1cm      Dies ist      1cm
```

Der Befehl `\hfill` ist eine Abkürzung für `\hspace{\fill}` (s. 2.4.2).Er fügt an der Stelle seines Auftretens so viel Zwischenraum ein, daß die laufende Zeile links- und rechtsbündig abschließt:
`Zeilenanfang\hfill Zeilenende\\` erzeugt

Zeilenanfang   Zeilenende

Mehrfaches Auftreten von `\hfill` innerhalb einer Zeile fügt jeweils gleich viel Zwischenraum ein, so daß die Zeile insgesamt wieder links und rechts bündig wird:
`Anfang\hfill Mitte\hfill Ende\\` erzeugt

Anfang   Mitte   Ende

Tritt der Befehl `\hfill` am Anfang einer Zeile auf, so wird der Zwischenraum entsprechend der Definition mit der Standardform von `\hspace{\fill}` unterdrückt. Soll am Anfang der Zeile ein entsprechend variabler Zwischenraum eingefügt werden, so ist statt dessen `\hspace*{\fill}` zu verwenden. LaTeX kennt hierfür aber auch die in 4.2.2 vorgestellten allgemeineren Befehle und Umgebungen.

Weitere Zeilenzwischenraumbefehle sind (in `lplain.tex` definiert):

  `\quad`   und   `\qquad`

`\quad` erzeugt Zwischenraum von der Größe des augenblicklichen Zeichensatzes. Bei einer 10pt–Schrift also 10pt. `\qquad` erzeugt den doppelten Zwischenraum.

3.5.1.7   Einfügung variabler ..... und ――― Sequenzen

In der Wirkung des Einfügens von variablen Zwischenräumen dem `\hfill` Befehl gleichwertig sind die Befehle

  `\dotfill`   und   `\hrulefill`

Statt Leerraums wird hiermit eine Folge von Punkten bzw. ein durchgehender Strich entsprechender Länge eingefügt:
`Zeilenanfang \dotfill\ Zeilenende\\`   bzw.
`Anfang \hrulefill\ Mitte \hrulefill\ Ende\\` erzeugen

Zeilenanfang .... Zeilenende
Anfang ―――――――――――――― Mitte ―――――――――――――― Ende

`\hfill`, `\dotfill` und `\hrulefill` Befehle können in einer Zeile beliebig miteinander kombiniert werden. Tritt einer dieser Befehle an einer Stelle mehrfach hintereinander und an anderer Stelle nur einmal auf, so wird an der ersten Stelle das entsprechende Vielfache der anderen erzeugt:
`Abfahrt \dotfill\dotfill\dotfill\ 11.30 \hfill\hfill`
`ab \hrulefill\ 1.1.87\\`

Abfahrt .... 11.30   ab ――――― 1.1.87

3.5.2 Zeilenumbruch

Zeilenumbruch erfolgt in TEX bzw. LATEX automatisch. In einigen Fällen kann es notwendig werden, einen Umbruch an anderen oder zusätzlichen Stellen zu erzwingen oder zu erleichtern oder den automatisch vorgenommenen Umbruch zu verhindern.

3.5.2.1 Der Befehl \\

Ein Zeilenumbruch und frei wählbarer Abstand zur nächsten Zeile kann mit dem Befehl \\ erreicht werden. Seine Syntax lautet:

> \\[abstand]
> *[abstand]

Der optionale Parameter *abstand* ist eine Maßangabe, die angibt, wieviel vertikaler Zwischenraum zusätzlich zum Zeilenwechsel eingefügt werden soll. Führt dies zu einem Seitenumbruch, so wird der Zusatzzwischenraum beim \\ unterdrückt, und die nächste Seite beginnt mit der nächsten Zeile. Die *Form verhindert, daß nach dem Zeilenwechsel ein Seitenumbruch vor der nächsten Zeile auftreten kann.

*[10cm] führt also einen Zeilenwechsel durch und erzeugt einen Abstand von 10cm zur nächsten Zeile. Führt der Zeilenwechsel zu einer neuen Seite, so wird die Seite vor der vorangehenden Zeile gebrochen. Die nächste Seite beginnt mit der dem \\ Befehl vorangehenden Zeile, dem eingefügten Zusatzzwischenraum von 10cm und der nächsten Zeile.

Der Befehl \newline ist mit dem Befehl \\ (ohne Option [*abstand*]) identisch.

Beide Befehle sind nur innerhalb von Absätzen, nicht aber zwischen Absätzen (wo sie auch keinen Sinn hätten) erlaubt.

3.5.2.2 Weitere Zeilenumbruchbefehle

Mit dem Befehl

> \linebreak[num]

kann ein Zeilenumbruch erzwungen oder erleichtert werden. Der Befehl ohne den optionalen Parameter *num*, der eine ganze Zahl von 0 bis 4 sein darf, erzwingt einen Zeilenumbruch. Im anderen Fall ist er eine Empfehlung, vorzugsweise hier zu brechen. Je höher die Nummer, umso dringlicher ist die Empfehlung. Beim Wert 4 ist die Dringlichkeit gleichbedeutend mit zwingend. Der Unterschied zum Befehl \\ bzw. \newline liegt darin, daß mit \linebreak die gebrochene Zeile links– und rechtsbündig erscheint, zwischen die Wörter also entsprechend viel Leerraum eingefügt wird, während bei \\ bzw. \newline die Zeile mit normalen Wortabständen nur linksbündig wird.

Der entgegengesetzte Befehl

> \nolinebreak[num]

verhindert einen Zeilenumbruch an der angegebenen Stelle oder empfiehlt mit unterschiedlicher Dringlichkeit, an dieser Stelle keinen Zeilenumbruch vorzunehmen. Auch hier ist \nolinebreak identisch mit \nolinebreak[4], wodurch an dieser Stelle ein Zeilenumbruch zwingend verhindert wird.

Mit dem Befehl `\mbox{`*Text*`}` wird (u. a.) erreicht, daß ein Zeilenumbruch an keiner Stelle innerhalb des in den geschweiften Klammern stehenden Textes auftreten kann.

3.5.3 Absatzabstand

Der normale Absatzabstand wird durch Standardwerte oder die Erklärung von `\parskip` (s. 3.2.3) festgelegt. Mit dem Befehl

> `\vspace{`*abstand*`}`
> `\vspace*{`*abstand*`}`

kann für einzelne Absätze Zwischenraum der Länge *abstand* zusätzlich eingefügt werden. Bei der *Form wird dieser Zwischenraum auch eingefügt, wenn an dieser Stelle ein Seitenwechsel stattfindet oder der Befehl am Anfang einer Seite steht. Bei der Standardform unterbleibt die Einfügung von Zwischenraum in diesen beiden Fällen.

Werden diese Befehle innerhalb eines Absatzes verwendet, so wird die laufende Zeile rechtsbündig mit Text aufgefüllt und dann der vertikale Zwischenraum eingefügt.

Die Längenangabe darf negativ sein, was ein Höherrücken um den entsprechenden Betrag bedeutet.

Der Befehl `\vfill` ist eine Abkürzung für `\vspace{\fill}` (s. 2.4.2). Dieser Befehl ist das Pendant zu `\hfill` in bezug auf vertikalen Zwischenraum. Er fügt also an der Stelle seines Auftretens so viel vertikalen Zwischenraum ein, daß die laufende Seite oben und unten bündig wird. Alle zu `\hfill` gemachten Bemerkungen über mehrfaches Auftreten gelten in analoger Weise auch für `\vfill`. Steht dieser Befehl am Beginn einer Seite, so wird er entsprechend der Wirkung der Standardform von `\vspace{\fill}` unterdrückt. Soll ein variabler Leerraum am Beginn der Seite erzeugt werden, so ist wie beim `\hspace*` Befehl die *Form einzusetzen `\vspace*{\fill}`.

Weitere Befehle zur Vergrößerung von Absatzabständen sind

> `\bigskip`   `\medskip`   `\smallskip`

deren Werte durch die Wahl der Schriftgröße im Dokumentstil bestimmt sind.

Statt einer Leerzeile zur Absatztrennung kann alternativ auch der Befehl `\par` verwendet werden.

3.5.4 Absatzeinrückungen

Mit der Erklärung `\parindent`*tiefe* (s. 3.2.3) kann die Einrücktiefe der ersten Zeile eines jeden Absatzes festgelegt werden. Soll für einen bestimmten Absatz die Einrückung der ersten Zeile unterbleiben bzw. eine Einrückung dort erfolgen, wo sie standardmäßig unterbleibt (z. B. beim ersten Absatz nach einem Gliederungsbefehl), so kann das mit den Befehlen

> `\noindent`   bzw.   `\indent`

vor dem entsprechenden Absatz erreicht werden. Diese Befehle wirken nur auf den unmittelbar folgenden Absatz.

3.5.5 Seitenumbruch

Wie der Zeilenumbruch so erfolgt auch der Seitenumbruch in TEX und LATEX automatisch. Auch hier kann es gelegentlich notwendig oder erwünscht sein, von der Automatik abzuweichen.

3.5.5.1 Normale Textseiten

Die Befehle

> \pagebreak[*num*]
> \nopagebreak[*num*]

sind das Pendant zu \linebreak und \nolinebreak in bezug auf den Seitenumbruch. \pagebreak zwischen zwei Absätzen führt einen Seitenumbruch zwischen diesen Absätzen durch. Derselbe Befehl innerhalb eines Absatzes führt zu einem Seitenumbruch am Ende der noch rechtsbündig aufgefüllten augenblicklichen Zeile.

\nopagebreak hat den entgegengesetzten Effekt: zwischen zwei Absätzen wird ein Seitenumbruch nach dem vorangehenden Absatz verhindert, innerhalb eines Absatzes wird ein Seitenumbruch nach der momentanen Zeile verhindert.

Die Verwendung einer optionalen Nummer zwischen 0 und 4 machen diese Befehle zu Empfehlungen unterschiedlicher Dringlichkeit. Die Analogie zu den \linebreak Befehlen geht aber noch weiter. Wie bei den letzteren zwischen den Wörtern der anstehenden Zeile so viel Wortzwischenraum gewählt wird, daß die Zeile beidseitig bündig wird, so wird durch \pagebreak zwischen den Absätzen einer Seite so viel Zwischenraum eingefügt, daß die Seite kopf- und fußbündig wird.

Soll die Seite so gebrochen werden, daß der Rest der Seite leer bleibt, ist statt dessen der Befehl

> \newpage

zu verwenden, der in Analogie zu \newline steht.

Übung 3.13: Bringen Sie ein oder zwei \newpage Befehle an Ihnen geeignet erscheinenden Stellen in Ihrem Übungsfile an. Im Ausdruck bleibt der Rest der Seite leer. Entfernen Sie danach diese Befehle wieder, und setzen Sie einen \pagebreak Befehl einmal eine oder zwei Zeilen hinter der Stelle eines standardmäßigen Seitenumbruchs und danach einige Zeilen vor dem Standardseitenumbruch.

3.5.5.2 Seiten mit Bildern und Tabellen

Enthält der Text Tabellen, Bilder oder Platz für Bildeinfügungen, so werden diese an der Stelle der entsprechenden Befehle auf die laufende Seite gebracht, falls an dieser Stelle hierfür noch Platz ist. Anderenfalls wird der nachfolgende Text auf der laufenden Stelle fortgesetzt und das Bild oder die Tabelle auf der nächsten Seite angeordnet.

Mit dem Befehl

> \clearpage

wird die laufende Seite beendet, und alle bis hier definierten und noch nicht ausgegebenen Tabellen und Bilder werden ggf. auf eine oder mehrere daran anschließende Seiten ebenfalls ausgegeben. (s. hierzu auch 6.6 "Gleitende Tabellen und Bilder")

3.5.5.3 Zweispaltige Seiten

Bei der Dokumentoption `twocolumn` bzw. nach dem Befehl `\twocolumn` wird mit den obigen Befehlen `\pagebreak` bzw. `\newpage` die laufende *Spalte* beendet und eine neue begonnen. Dagegen beendet der Befehl `\clearpage` bzw. `\cleardoublepage` (s. u.) die laufende Seite und beginnt mit einer neuen. Die laufende Seite enthält evtl. eine leere rechte Spalte.

3.5.5.4 Doppelseitiger Druck

Bei der Dokumentoption `twoside` kann zusätzlich der Umbruchbefehl

    `\cleardoublepage`

verwendet werden. Dieser beendet wie `\clearpage` die laufende Seite. Ebenfalls werden alle noch nicht bearbeiteten gleitenden Bilder und Tabellen auf eigenen Seiten ausgegeben. Als nächste Seite wird dann jedoch stets eine *ungerade* Seite gestartet, d. h. es wird ggf. eine leere, nur mit einer geraden Seitennummer versehene Seite ausgegeben.

3.5.5.5 Eingeschränkter Umbruch

Der Befehl

    `\samepage`

erlaubt einen Seitenumbruch nur zwischen Absätzen. Ein Seitenumbruch wird zusätzlich verhindert unmittelbar vor oder hinter abgesetzten Formeln oder Einrückungen. Soll an solchen Stellen doch ein Seitenumbruch stattfinden, so muß er ausdrücklich durch einen der vorstehenden Seitenumbruchbefehle erzwungen werden.

Der Befehl `\samepage` im Vorspann wirkt auf das ganze Dokument, anderenfalls bis zum Ende der laufenden Umgebung. Man kann auch eine lokale Umgebung durch

    `\begin{samepage}` *beliebig langer Text* `\end{samepage}`

schaffen, innerhalb derer dieselbe Wirkung erzielt wird. In dieser Form wird `samepage` am häufigsten Verwendung finden.

Die internen Regeln für den Seitenumbruch wirken manchmal stärker als die Anwenderbefehle, so daß trotz `\nopagebreak` und `\pagebreak` Befehlen das Resultat nicht befriedigt. In diesen Fällen sollte man folgende Lösung versuchen:

- Der `\samepage` Befehl und ein hinreichend langes Stück Text der schlecht gebrochenen Seite wird in Klammern {...} eingeschlossen oder dieser Text innerhalb der `samepage` Umgebung angeordnet.

- Hinter Leerzeilen wird ein `\nopagebreak` angebracht, wenn ein Seitenumbruch hinter dem vorangehenden Absatz unterbunden werden soll.

- `\pagebreak` Befehle, evtl. mit einer optionalen Nummer, werden dort angebracht, wo ein Seitenumbruch erlaubt sein soll.

3.5.5.6   Weitere Hilfen zum Seitenumbruch

Wie bereits in 3.2.4 bemerkt, stimmt beim Dokumentstil `book` bzw. der Option
`twoside` die Unterkante des Seitenrumpfes auf jeder Seite exakt überein, während
sie in den anderen Fällen je nach Text auf den einzelnen Seiten etwas variieren kann.
Dies hat zur Folge, daß in den ersten beiden Fällen an geeigneten Stellen, z. B. zwischen Absätzen u. ä., mehr Zwischenraum eingefügt wird.

Dieses Verhalten wird durch den internen Befehl `\flushbottom` in den ersten beiden Fällen und dem Befehl `\raggedbottom` in den anderen Fällen bewirkt. Diese
Befehle werden intern zu Beginn des Dokuments aktiviert. Sie können aber auch vom
Benutzer im Vorspann oder an beliebiger Stelle im Text gesetzt werden, von wo ab
sie ihre Wirkung bis zum Ende der laufenden Umgebung entfalten.

Es ist nicht möglich, auf einer Seite mehr Text unterzubringen, als es die gewählte
Seitenlänge `\textheight` (s. 3.2.4 zuläßt. Soll in Ausnahmefällen unbedingt noch
eine oder einige wenige Zeilen mehr auf einer solchen Seite untergebracht werden, so
muß hierfür vertikaler Platz freigemacht werden. Das kann mit dem Befehlen `\vspace`
bzw. `\\` und einer *negativen Maßangabe* an geeigneten Stellen erreicht werden. Solche
Stellen bieten sich bevorzugt vor und hinter *Einrückungen, Aufzählungen, Listen,
Tabellen, Bilder u. ä.* an (s. Kapitel 4).

Sind solche Stellen nicht in ausreichender Zahl auf der Seite vorhanden, so muß der
Zeilenabstand dieser Seite geringfügig vermindert werden. Hierfür ist der Faktor
`\baselinestretch` (s. 3.2.3) entsprechend zu verkleinern, z. B.

    \renewcommand{\baselinestretch}{0.95}

Die Änderung wirkt aber erst, wenn auf eine andere Schriftgröße umgeschaltet wird.
Damit die Änderung auf die laufende Schrift wirkt, muß zunächst auf eine andere
Schriftgröße und unmittelbar danach auf die laufende Schriftgröße zurückgeschaltet
werden. Ist die laufende Schriftgröße z. B. `\normalsize` (s. 4.1.3), so könnte mit der
Befehlsfolge

    \small\normalsize

die gewünschte Wirkung erreicht werden.

Die internen Regeln, nach denen TEX den Seitenumbruch bestimmt, können hier nicht
im einzelnen aufgeführt werden. Hier sei nur gesagt, daß TEX für Stellen, an denen ein
Seitenumbruch erschwert werden soll, sog. Strafpunkte (`\penalty`) verteilt und mit *negativen*
Strafpunkten den Umbruch erleichtert. Die einzelnen Zeilen eines Absatzes erhalten z. B.
jeweils 10 Strafpunkte (`\linepenalty=10`), womit ein Seitenumbruch zwischen den Zeilen
eines Absatzes gegenüber einem Umbruch zwischen Absätzen etwas schwerer fällt.

Die erste und letzte Zeile eines Absatzes erhält 150 Strafpunkte (`\clubpenalty=150` bzw.
`\widowpenalty=150`) zugewiesen, womit ein Seitenumbruch nach der ersten bzw. vor der
letzten Zeile eines Absatzes sehr erschwert wird, aber nicht unmöglich ist.

Als letztes böte sich demnach an, die Strafpunkte anders zu setzen. Mit dem Befehl
`\clubpenalty=450` würde der Seitenumbruch nach der ersten Zeile eines Absatzes gegenüber
dem Standard um das Dreifache erschwert. Die Zuweisung von 10 000 oder mehr Strafpunkten
macht einen Seitenumbruch an den entsprechenden Stellen *absolut* unmöglich. Das Ändern
von internen TEX-Strafpunkten sollte aber nur als letztes Mittel in Betracht gezogen werden,
da das ausgewogene Standardverhältnis damit gestört wird und der Umbruch womöglich an
anderer, noch unerwünschterer Stelle auftritt.

3.6 Trennhilfen

Ist ein rechtsbündiger Zeilenumbruch zwischen den Wörtern eines Absatzes nicht möglich, so findet eine Trennung von Wörtern am Zeilenende statt. Die Worttrennung bei englischen Texten ist völlig korrekt. *T_EX kennt die englischen Trennregeln besser als die meisten Autoren*[2]. Bei der Verwendung von deutschen Texten kommen jedoch häufig Trennungsfehler vor, wenn das Rechenzentrum nicht über ein spezielles deutsches Trennverzeichnis verfügt[3]. Jedes Rechenzentrum sollte für deutsche Texte ein Trennverzeichnis bereitstellen, selbst wenn dies nicht alle Trennungsfälle erfaßt[4].

3.6.1 Direkte Trennhilfen

Der direkteste Weg zur Behebung eines Trennfehlers kann durch die Verwendung von \- an der richtigen Stelle erfolgen. So wird beim englischen Trennverzeichnis das Wort 'Zeichen' fehlerhaft als 'Ze-ichen' getrennt. Durch Eingabe von Zei\-chen kann das Wort nur an der mit \- gekennzeichneten Stelle getrennt werden, auch in dem längeren Wort Zei\-chenvielfalt.

Soll eine Trennung an mehreren Stellen möglich sein, so sind diese Stellen entsprechend zu vermerken, also etwa Zei\-chen\-kom\-bi\-na\-tion. Es kann sinnvoll sein, nicht alle möglichen, grammatikalisch richtigen Trennungen zuzulassen. Das Wort 'Urinstinkt' sollte z. B. nur die Trennung Ur\-instinkt zulassen. Auf die Begründung kann verzichtet werden.

Wird die Dokumentstiloption german durch den german.sty File des Anhangs D.1 realisiert, so steht auch der Trennbefehl "- zur Verfügung (s. D.1.2). Dieser bewirkt, daß ein Wort frühestens an der Stelle des Befehls sowie an den nachfolgenden Silben getrennt werden kann. Die Wirkung von Zeichen"-vielfalt ist die gleiche wie bei Zeichen\-viel\-falt.

Die deutschen Trennregeln kennen einige Besonderheiten beim 'ck' und bei zusammengesetzten Wörtern, wie Bettuch oder Rolladen. Drucker muß z. B. als Druk-ker und Bettuch als Bett-tuch getrennt werden. Mit dem T_EX–Befehl

> \discretionary{*vor*}{*nach*}{*ohne*}

kann, etwas mühsam, eine entsprechende Trennvorgabe erreicht werden. Hierin steht *vor* für den Buchstaben oder die Buchstabengruppe vor dem Trennzeichen, *nach* für den Buchstaben nach dem Trennzeichen und *ohne* für die Buchstabengruppe, falls keine Trennung erfolgt.

---

[2]Sollte bei einem englischen Text doch einmal eine fehlerhafte Trennung auftreten, so sollten Sie Ihr Rechenzentrum davon unterrichten. Das Rechenzentrum kann dafür sorgen, daß dieser Fehler in Zukunft nicht mehr auftritt. (s. auch 3.6.5)

[3]Ein eleganter Lösungsvorschlag zusammen mit dem zugehörigen Trennverzeichnis stammt von Bernd Schulze, ehem. Universität Bonn. Dieses setzt aber erweiterte Zeichensätze voraus, die bisher nicht zur Verfügung standen. Als Zwischenlösung wurde deshalb ein Trennverzeichnis bereitgestellt, das deutsche Wörter ohne Umlaute richtig trennt und bei Wörtern mit Umlauten Wortteile bis zum Auftreten des ersten Umlauts trennen kann. Trotz dieser Begrenzung ist es bei deutschen Texten bereits eine große Verbesserung gegenüber der Verwendung des englischen Originals.

[4]Inzwischen wurde von Norbert Schwarz, Ruhr–Universität Bochum, ein verbessertes Trennverzeichnis erarbeitet. Dieses trennt in Verbindung mit dem german.sty File auch umlautfreie Silben nach einer Silbe mit Umlaut. Lediglich umlautbehaftete Silben werden nicht getrennt.

```
Dru\discretionary{k-}{k}{ck}er                          bzw.
Be\discretionary{tt-}{t}{tt}uch
```

wären die richtigen Angaben für die Trennvorgabe bei Drucker bzw. Bettuch.

Steht der `german.sty` File des Anhangs D.1 zur Verfügung, so kann die Trennhilfe sehr viel einfacher mit den Befehlen `"ck` bzw. `"tt` erreicht werden. Die Trennvorgabe der vorangegangen Beispiele würde dann einfach

```
Dru"cker   bzw.   Be"ttuch
```

lauten. Wie `"tt` wirken auch die Befehle `"ff`, `"ll`, `"mm`, `"nn` und `"pp` bei zusammengesetzten Wörtern, die als ff-f, ll-l, mm-m, nn-n oder pp-p getrennt werden.

3.6.2   Erzeugung einer Trennliste

Kommt ein fehlerhaft getrenntes Wort mehrmals im Text vor, so ist es sinnvoller, dieses Wort in die *Trennungsliste* des Befehls

```
\hyphenation{Trennungsliste}
```

aufzunehmen. Dieser Befehl ist im Vorspann anzubringen. Die *Trennungsliste* besteht aus einer Reihe von Wörtern, in der die möglichen Trennungen durch Trennstriche vermerkt sind, z. B. Zei-chen-kom-bi-na-ti-on. Die Wörter selbst sind durch Leerzeichen oder einfache Zeilenschaltung voneinander zu trennen, z. B:

```
\hyphenation{Zei-chen-kom-bi-na-ti-on Trenn-stri-che
             Ur-instinkt mit-tei-len statt-fin-den ... }
```

In die Trennliste des Befehls `\hyphenation` können jedoch keine Wörter aufgenommen werden, die Sonderzeichen enthalten. Da die Anführungsstriche `"` als Sonderzeichen gelten, können also hier leider keine Wörter, in denen Umlaute vorkommen, aufgenommen werden. Für solche Wörter sind nur die Methoden nach 3.6.1 möglich.

3.6.3   Vermeidung von Trennungen

Ein anderer Weg, der Trennfehler zwar nicht verhindert, jedoch in der Zahl erheblich herabsetzt, besteht in der Einschachtelung eines Absatzes mit fehlerhaften Trennungen durch

```
\begin{sloppypar} Absatz \end{sloppypar}
```

Dies erlaubt in diesem Absatz größere Wortabstände und vermeidet damit in den meisten Fällen überhaupt Worttrennungen. Man kann auch den Befehl `\sloppy` (*lasch*) im Vorspann oder in der laufenden Umgebung geben. Damit sind für das ganze Dokument bzw. bis zum Ende der laufenden Umgebung großzügigere Wortabstände erlaubt, womit die Zahl der verbleibenden Worttrennungen deutlich zurückgeht.

Bei der Verwendung von `\sloppy` im Vorspann kann für einzelne Absätze, in denen großzügigere Wortabstände unerwünscht sind, durch Einschachtelung von

```
\begin{fussypar} Absatz \end{fussypar}
```

auf die normale Wahl der Wortabstände zurückgeschaltet werden. Das gleiche wird mit dem Befehl `\fussy` (*pingelig*) innerhalb der laufenden Umgebung bewirkt.

3.6.4 Zeilenbreite und Trennungen

Hier folgen noch einige abschließende Bemerkungen über die Wechselwirkung von Zeilenlänge und Trennungen.

Mit dem in 3.5.1 beschriebenen Gestaltungsfreiraum zur Formatierung eines Absatzes versucht TEX zunächst die Zeilen zwischen Wörtern, also ohne Trennungen, zu brechen. Erst wenn dies nicht möglich ist, werden Trennungen vorgenommen. Der Zeilenumbruch zwischen Wörtern gelingt umso leichter, je größer die Zeilenbreite gewählt wurde oder je kürzer die Wörter im Durchschnitt sind. Demzufolge ist bei vorgegebener Zeilenbreite die Zahl der Worttrennungen bei einer kleinen Schrift geringer als bei einer größeren und ebenso bei englischen Texten gegenüber deutschen Texten.

Bei kleinen Zeilenbreiten ist ein beidbündiger Umbruch auch durch Worttrennungen oft nicht mehr zu erreichen. In diesen Fällen muß TEX erlaubt werden, großzügigere Wortabstände zu wählen. Dies wird mit der oben vorgestellten `sloppypar` Umgebung oder dem Befehl `\sloppy` erreicht. Hiermit wird zwar immer ein beidbündiger Umbruch erzielt, doch sind die Wörter ggf. unakzeptabel weit auseinandergezogen. In beiden Fällen erzeugt TEX eine Warnung, und zwar `Overfull \hbox` für den Fall, daß beidbündiger Umbruch nicht erreicht werden kann und `Underfull \hbox`, falls die Wörter zu weit auseinandergezogen werden. Ist beides unakzeptabel, so muß der Eingabetext geändert werden. Alternativ kann versucht werden, mit `\linebreak` und `\hfill` Befehlen eine geeignete Zeilenformatierung zu erzwingen.

3.6.5 Zusatzinformation über Trennungen

Die Kenntnis, wo Trennungen standardmäßig vorgenommen werden können, entnimmt TEX bzw. LATEX dem internen File `hyphen.tex`. Dieser File enthält ein Buchstabenkombinationsverzeichnis, aus dem ein spezieller TEX–Algorithmus die erlaubten Trennungen bestimmt. Der Algorithmus basiert auf den Ergebnissen der Doktorarbeit von Frank M. Liang, Stanford 1983. Zusätzlich enthält dieser File ein Ausnahmeverzeichnis mit Wörtern, die mit dem genannten Algorithmus nicht oder falsch getrennt würden. Falls ein zu trennendes Wort im Ausnahmeverzeichnis auftritt, erfolgt die Trennung entsprechend den dort aufgeführten Möglichkeiten, anderenfalls aufgrund des Trennungsalgorithmus. Existiert ein deutsches Trennverzeichnis, so wird dieses wahrscheinlich unter dem Namen `ghyphen.tex` geführt.

Das Ausnahmeverzeichnis befindet sich am Ende des Files `hyphen.tex` bzw. `ghyphen.tex` und besteht aus dem in 3.6.2 vorgestellten Befehl `\hyphenation{`*Trennungsliste*`}`. Die dort aufgeführte Trennungsliste kann mit dem Editor des Rechners erweitert werden. Soll dies durch den Benutzer geschehen, so muß er wissen, unter welcher Directory der genannte File abgelegt ist und ob er entsprechende Zugriffsrechte hat. In einem Rechenzentrum wird im allgemeinen nur der zuständige TEX–Betreuer diese Rechte haben und damit die Ergänzungen auf Mitteilung der Benutzer vornehmen.

Wird LATEX dagegen auf einem PC benutzt, so sollte die Systembeschreibung dem Benutzer den Zugang zu dem `hyphen.tex` File möglich machen.

Das Ausnahmeverzeichnis eines deutschen Trennverzeichnisses sollte Wörter, bei denen eine unterschiedliche Trennung je nach Wortbedeutung existiert, ohne Trennvorgabe enthalten, damit solche Wörter von LATEX standardmäßig nicht getrennt werden. Beispiele:

`erb-lich` und `er-blich`   oder   `Stau-becken` und `Staub-ecken`

Kommen solche Wörter in einem Textfile nur in jeweils einer Bedeutung vor, so können sie in der Trennliste des `\hyphenation` Befehls (3.6.2) für diesen File aufgenommen werden.

Anderenfalls müssen sie durch konkrete Trennvorgabe nach 3.6.1 im Einzelfall angegeben werden.

Jede Änderung des `hyphen.tex` Files verlangt eine Neuerzeugung von `lplain.fmt`, dem LaTeX–Hauptmakroprogramm. Die erforderlichen Maßnahmen sind in 7.6.1 beschrieben. In einem Rechenzentrum ist dies üblicherweise dem zuständigen TeX–Betreuer vorbehalten. Für den Anwender, der diese Aufgabe selbst durchführen muß, sollte 7.6.1 ausreichend Information enthalten.

Übrigens kann man sich mit dem Befehl

> `\showhyphens{`*Wortliste*`}`

auf dem Bildschirm ausgeben lassen, wie die Wörter aus der angegebenen *Wortliste* ggf. getrennt würden. Bei der Eingabe von

> `\showhyphens{Ausnahmeverzeichnis Dru"cker Be"ttuch}`

erscheint auf dem Bildschirm an der Stelle dieses Befehls

> `Aus-nah-me-ver-zeich-nis Druk-ker Bett-tuch`

falls die LaTeX–Version mit einem deutschen Trennverzeichnis versehen ist und die **german**–Option des Anhangs D zur Verfügung steht. Bei der Verwendung des amerikanischen Originaltrennverzeichnisses werden einige der angegebenen Trennmöglichkeiten vermutlich falsch ausfallen. So erscheint z. B. für `\showhyphens{system}` mit dem deutschen Trennverzeichnis `sy-stem`, dagegen beim Original `sys-tem`.

Anmerkung: Das Originaltrennverzeichnis basiert auf den angloamerikanischen Trennregeln, die sich deutlich von den britischen unterscheiden. Soweit im vorliegenden Text kurz von *englischen* Trennregeln die Rede war, müßte dies korrekterweise durch *angloamerikanisch* oder *US–englisch* ersetzt werden!

3.6.6   Trennungen bei mehrsprachigem Text

TeX–Versionen bis 2.99 gestatten die Einbindung von höchstens einem Trennverzeichnis in den `plain.fmt` oder `lplain.fmt` File. Die ausführenden LaTeX–Programme stehen damit *entweder* für englische Texte mit dem Programm `latex` *oder* für deutschen Texten mit dem Programm `glatex` (und evtl. weitere sprachenspezifische Programme) bereit.

Bei der Bearbeitung von mehrsprachigen Texten mußte man sich bisher für ein Programm, das zweckmäßig durch die Hauptsprache bestimmt wurde, entscheiden. Fehlerhafte Trennungen für die anderssprachigen Teile mußten mühsam durch die beschriebenen Trennhilfen korrigiert werden.

Ab TeX–Version 3.0 ist es möglich, mehrere Trennverzeichnisse in `plain.fmt` oder `lplain.fmt` einzubinden. Dies macht mehrere aufrufbare LaTeX–Programme überflüssig und gestattet innerhalb des Gesamttextes partiell mit einem Schalter `\selectlanguage` das jeweils gewünschte Trennverzeichnis zu aktivieren. Mit diesem Sprachschalter werden zusätzlich weitere sprachspezifische Eigenschaften, wie Datum u. a. umgeschaltet. Die erweiterten Versionen werden 1991 zur Verteilung kommen. Damit wird die Bearbeitung mehrsprachiger Texte erheblich vereinfacht.

Kapitel 4

Texthervorhebungen

Texthervorhebungen können in vielfältiger Weise erfolgen, z. B. durch Änderung der Schriftart und/oder Schriftgröße, durch Zentrieren oder Einrücken von Textteilen, durch verschiedenartiges Markieren von Absätzen und anderes mehr. Für die gebräuchlichsten solcher Hervorhebungen liefert LaTeX geeignete Befehle.

4.1 Änderung der Schrift

Die Standardschrift ist 'Roman' (\rm). Die Standardgröße ist 10pt. Bei der Wahl des Dokumentstils kann mit dem optionalen Parameter 11pt bzw. 12pt die Standardschriftgröße auf 11pt bzw. 12pt eingestellt werden. (Zur Erinnerung: 1pt (Punkt) ist 1/72.27 Zoll und damit ungefähr 0.35mm, 10pt also etwa 3.5mm). Innerhalb eines Zeichensatzes sind es die ( ), die über die volle Schriftgröße reichen.

In der optischen Wirkung unterscheiden sich die drei Standardgrößen 10pt, 11pt und 12pt mehr, als es das Verhältnis der Zahlen erwarten läßt:

Die vorliegende Schrift ist eine 10pt–Schrift. ( )

Dies ist die 11pt–Standardschrift. ( )

Und hier die 12pt–Standardschrift. ( )

4.1.1 Die Standardumschaltung \em

Bei einem Schreibmaschinenmanuskript erfolgt die einfachste Form der Schrifthervorhebung durch <u>Unterstreichen</u>. Bei der Umsetzung in einen gedruckten Text werden die unterstrichenen Textteile üblicherweise in *Kursivschrift* wiedergegeben. Die Umschaltung von der Standardschrift auf die hervorhebende Schrift erfolgt in LaTeX durch das Voranstellen des Befehls \em (*'emphasize'*).

Die Umschaltung ist so lange gültig, bis sie durch die Umschaltung auf eine andere Schriftart wieder aufgehoben wird. Erfolgt die Umschaltung *innerhalb* einer *Umgebung*, so endet die Schriftumschaltung automatisch mit dem Ende der Umgebung (s. 2.2). Eine Umgebung wird auch durch die Klammerpaare {...} geschaffen. Die *Hervorhebung* kurzer Textteile erfolgt damit am einfachsten mit

Die {\em Hervorhebung} kurzer Textteile ...

\em schaltet auf eine hervorhebende Schriftart um. Ist die laufende Schriftart 'Roman', so wird mit diesem Befehl auf die Schriftart *Italic* umgeschaltet. *Ist dagegen die laufende Schriftart 'Italic', so wird umgekehrt auf 'Roman' umgeschaltet.*

Ineinanderschachtelungen der \em Befehle sind möglich und leicht zu verstehen:

```
Die {\em Vor--} Zwischen-- und {\em Zur"uckschaltung}   oder
Die {\em Vor-- {\em Zwischen-- und} Zur"uckschaltung}
```

erzeugen beide 'Die *Vor-* Zwischen- und *Zurückschaltung*'.

4.1.2 Die verfügbaren Schriftarten

Neben der einfachen Umschaltung zwischen den Schriftarten 'Roman' und *'Italic'* stehen in LaTeX eine Reihe weiterer Schriftarten zur Verfügung. Diese können durch die Befehle

\rm	Roman	\it	*Italic*	\sc	SMALL CAPS
\bf	**Bold Face**	\sl	*Slanted*	\sf	Sans Serif
\tt	Typewriter				

aufgerufen werden. Mit diesen Befehlen wird auf die entsprechende Schriftart umgeschaltet. Die Umschaltung bleibt so lange wirksam, bis auf eine andere Schriftart geschaltet wird oder aber die augenblickliche Umgebung endet. Die Umschaltung für kurze Textteile erfolgt am einfachsten in { ...}. {\sc Helmut Kopka} erzeugt im laufenden Text HELMUT KOPKA. Soll für längere Textteile auf eine andere Schriftart umgeschaltet werden, so ist es empfehlenswerter, hierfür eine Umgebung durch

\begin{*schriftart*} ...umgeschalteter Text...\end{*schriftart*}

zu schaffen. Für *schriftart* ist der Name der Schriftart einzusetzen. Dieser ist identisch mit dem Befehlsnamen für die Umschaltung, aber ohne den vorangehenden \.

4.1.3 Die Wahl der Schriftgröße

Folgende Schriftgrößen stehen in LaTeX zur Verfügung

\tiny	Winzig	\Large	Größer
\scriptsize	Sehr Klein	\LARGE	Noch Größer
\footnotesize	Fußnote	\huge	Riesig
\small	Klein	\Huge	Gigantisch
\normalsize	Normal		
\large	Groß		

die sich auf die im Dokumentstil festgelegte Standardgröße beziehen. Im vorliegenden Buch ist die Standardgröße zu 10pt gewählt. Diese ist dann \normalsize.

Der Aufruf eines Schriftgrößenbefehls schaltet auf die entsprechende Größe der Schriftart \rm um. Um auf eine andere Größe bei einer anderen Schriftart umzuschalten, ist der Größenbefehl dem Schriftartenbefehl voranzustellen.

`{\Large\sl Gr"o\3ere Geneigte Schrift}`   erzeugt

Größere Geneigte Schrift.

Ist auf eine andere Schriftgröße umgeschaltet worden und sollen für diese Größe mehrere Schriftarten verwendet werden, so braucht die Schriftgröße nicht jedesmal neu angegeben zu werden

`{\small roman (klein) \it italic (klein) \sf sans Serif (klein)}`
erzeugt   roman (klein) *italic (klein)* sans Serif (klein)

Bei zukünftigen LaTeX-Versionen 2.1 und insbesondere 3.0 werden Schriftarten- und Schriftgrößenbefehle unabhängig voneinander sein. Die Einstellwirkung hängt dann nicht mehr von der Reihenfolge der Befehle ab. Genaugenommen werden bei zukünftigen LaTeX-Versionen die einzelnen Schriften durch vier sog. Attribute gekennzeichnet, die unabhängig voneinander sind. Bei Änderung eines der Attribute bleiben die anderen erhalten. Mit `\bf` wird zukünfig das Attribut der Schriftstärke als **Fettschrift** verknüpft. Die Befehlsfolge `\sf\bf` oder `\bf\sf` wird dann zu einer fetten, serifenlosen Schrift führen. Das neue Schriftauswahlverfahren kann bereits mit den neuesten LaTeX-Versionen 2.09 aktiviert werden, wenn deren Erzeugungsdatum den 1. Dezember 1991 oder jünger ausweist. Die Einzelheiten werden in Anhang D.3 vorgestellt.

Bei Umschaltung auf eine andere Schriftgröße mit einem der vorstehenden Schriftgrößenbefehle ändert sich automatisch der Zeilenabstand. Zu jeder Schriftgröße gibt es einen auf die jeweilige Größe abgestimmten, *natürlichen* Zeilenabstand `\baselineskip`. Dieser kann jederzeit durch Neuerklärung geändert werden. Ist der natürliche Zeilenabstand 12pt, so wird er mit `\baselineskip15pt` oder dem LaTeX-Aufruf `\setlength{\baselineskip}{15pt}` auf 15pt vergrößert (s. auch 3.2.3).

Soll eine Änderung der Zeilenabstände für alle Schriftgrößen erfolgen, so ist der Faktor `\baselinestretch` zu ändern. Der tatsächliche Zeilenabstand wird nämlich durch

     `\baselinestretch×\baselineskip`

mit dem jeweiligen schriftgrößenabhängigen Wert von `\baselineskip` bestimmt. Der Faktor `\baselinestretch` ist standardmäßig gleich 1 gesetzt und damit wirkungslos. Er kann jedoch jederzeit vom Benutzer durch

     `\renewcommand{\baselinestretch}{`*factor*`}`

geändert werden, wobei *factor* eine beliebige Dezimalzahl sein darf. Ein Wert von 1.5 ändert alle Zeilenabstände auf das anderthalbfache ihrer natürlichen Werte.

Die Änderung des Wertes von `\baselinestretch` wird jedoch erst mit der nächsten Änderung der Schriftgröße wirksam. Soll sie bereits auf die laufende Schriftgröße wirken, so muß von der laufenden Schriftgröße kurz auf eine andere und dann auf die laufende zurückgeschaltet werden. Ist die laufende Schriftgröße `\normalsize`, so kann mit der Befehlsfolge

     `\small\normalsize`

die gewünschte Wirkung erreicht werden. Statt `\small` könnte jede andere Schriftgröße mit Ausnahme von `\normalsize` stehen.

Nicht alle Schriftarten sind in allen Größen verfügbar. Wird eine Kombination von Größe und Schriftart gewählt, die nicht verfügbar ist, so erzeugt LaTeX eine Warnung und teilt mit, welche Schriftart statt dessen für den Druck gewählt wurde.

4.1.4   Zusätzliche Schriften

Im allgemeinen kennt Ihr Rechenzentrum zusätzlich zu den oben aufgeführten, weitere
Schriftarten und Größen. Diese werden in LaTeX verfügbar durch den Befehl

> \newfont{\cmd}{Name scaled Größe}

Hier ist \cmd ein vom Benutzer erklärter Befehlsname, mit dem dieser Zeichensatz
in LaTeX aufgerufen werden kann. Name und Größe sind die Namen– und Größen-
angaben, unter denen der zusätzliche Zeichensatz im Rechner geführt wird (s. C.7.1
und C.7.2). Alle Zeichensätze stehen mindestens in den ersten vier Vergrößerungsstufen bereit, z. B. der geneigte Sans Serif–Schriftsatz in der Entwurfsgröße von 17pt
unter dem Namen cmssi17 in den vier Größenstufen 1000, 1095, 1200, 1440. (Die
Größenstufen sind das 1000–fache der Entwurfsgröße.)

Um diesen Zeichensatz in der Größenstufe 1200 unter dem Befehlsnamen \sss
verfügbar zu machen, wäre beim obigen Befehl einzugeben

> \newfont{\sss}{cmssi17 scaled 1200}

Nachdem der neue Zeichensatz damit erklärt ist, kann er mit dem Befehl \sss genau wie die unter 4.1.2 aufgeführten Schriftarten aufgerufen und verwendet werden.
Zum Unterschied zu den unter 4.1.2 aufgeführten Schriftarten wird der Zeilenabstand für zusätzliche Schriftarten nicht automatisch gewählt. Dieser muß ggf. mit
der Erklärung \baselineskip neu gesetzt werden. Für die obige 17pt Schrift und der
Vergrößerung 1200 wäre ein Zeilenabstand von 24pt passend, also \baselineskip24pt
zu setzen.

4.1.5   Zeichensätze und Symbole

TeX und LaTeX stellen die beim Druck verwendeten Zeichensätze als Teil des Programmpa-
ketes selbst zur Verfügung. Je nach Version sind dies zwischen 400–800 Zeichensätze für die
verschiedenen Schrifttypen und –größen. Jeder Zeichensatz selbst besteht i. allg. aus 128 (bei
zukünftigen Zeichensätzen aus 256) einzelnen Zeichen oder Symbolen.

Die einzelnen Zeichensätze bilden jeweils einen eigenen File. Im Anhang C sind die internen Filenamen für die rund 500 Standardzeichensätze aufgelistet und auszugsweise dargestellt.

Innerhalb eines Zeichensatzes ist jedes einzelne Zeichen durch eine Zahl zwischen 0 und
127 gekennzeichnet. Mit dem Befehl

> \symbol{num}

kann jedes Symbol des aktuellen Zeichensatzes durch Angabe seiner internen Kennnummer
num erzeugt werden. Das Zeichen ¿ in der hier benutzten Schrift hat die Nummer 62 und
kann somit durch \symbol{62} ausgedruckt werden. Die Kennzahl kann auch in oktaler oder
hexadezimaler Darstellung durch das Voranstellen von ', bzw. " angegeben werden. 25 ist
gleichbedeutend mit '31 bzw. "19 und ist die Kennzahl für 'ß', das somit gleichermaßen durch
\symbol{25}, \symbol{'31} oder \symbol{"19} ausgedruckt werden kann.

Der \symbol Befehl kann auch zum Ausdruck von Befehlszeichen oder Zeichen, für die
kein symbolischer Name existiert, genutzt werden:
{\tt\symbol{'40} \symbol{'42} \symbol{'134}} erzeugt z. B. ␣ " \.

Die Zuordnung von Kennnummern und Zeichen für die verschiedenen Zeichensatzfamilien
ist ebenfalls im Anhang C.6 dargestellt.

4.2 Textverschiebungen

4.2.1 Zentrierter Text

Mit der Umgebung

\begin{center} *Zeile 1*\\ *Zeile 2*\\ ... *Zeile n*\end{center}

erscheint der Text zeilenweise zentriert. Die einzelnen Zeilen sind durch \\ (evtl. mit einer Abstandsangabe [*len*]) zu trennen. Werden keine \\ verwendet, so werden die Zeilen mit festen Wortabständen so weit mit Wörtern aufgefüllt, wie es die Zeilenbreite zuläßt und dann zentriert gebrochen. Das letzte Wort einer solchen zentrierten Zeile ist stets ein ganzes Wort, d. h. eine Worttrennung am Zeilenende findet nicht statt.

Innerhalb einer anderen Umgebung kann auch mit dem Befehl \centering der darauffolgende Text, evtl. durch \\ in Zeilen getrennt, zentriert werden. Die Wirkung der Erklärung \centering endet mit der Umgebung, in der sie auftrat.

Eine einzelne Zeile kann häufig auch mit dem TEX–Befehl \centerline{*Text*} erzeugt werden.

4.2.2 Einseitig bündiger Text

Die Umgebungen

\begin{flushleft} *Zeile 1*\\ *Zeile 2*\\ ... *Zeile n* \end{flushleft}
\begin{flushright} *Zeile 1*\\ *Zeile 2*\\ ... *Zeile n* \end{flushright}

erzeugen links– (flushleft) bzw. rechtsbündigen (flushright) Text. Werden die Zeilen nicht durch \\ getrennt, so werden sie wie bei zentrierten Texten mit festen Wortabständen so weit mit Wörtern aufgefüllt, wie es die Zeilenbreite zuläßt, und dann die Zeile gebrochen. Das letzte Wort einer Zeile ist stets ein ganzes Wort, d. h. eine Worttrennung am Zeilenende findet nicht statt.

Innerhalb einer anderen Umgebung kann dieselbe Wirkung auch mit den Befehlen

\raggedright   entspricht der flushleft Umgebung,   bzw.
\raggedleft   entspricht der flushright Umgebung

erreicht werden.

4.2.3 Beidseitig eingerückter Text

Mit den Umgebungen

\begin{quote}   *Text*   \end{quote}
\begin{quotation} *Text*   \end{quotation}

wird *Text* beidseitig um den gleichen Betrag eingerückt.

Zwischen dem eingerückten Text und dem vorangehenden bzw. folgenden Normaltext wird ober– und unterhalb des eingerückten Textes zusätzlicher vertikaler Zwischenraum eingefügt.

Der eingerückte Text darf beliebig lang sein. Dies kann ein Teilsatz, ein ganzer Absatz oder mehrere Absätze sein.

> Mehrere Absätze werden wie üblich durch eine Leerzeile getrennt, jedoch
> sollte eine Leerzeile zu Beginn und Ende des eingerückten Textes entfallen,
> da hier automatisch zusätzlicher Zwischenraum eingefügt ist.

Der Unterschied zwischen beiden Formen besteht in folgendem:

> Bei der `quotation` Umgebung werden eingerückte Absätze durch zu-
> sätzliches Einrücken der ersten Zeile gekennzeichnet, während bei der
> `quote` Umgebung die Absätze durch zusätzlichen vertikalen Zwischenraum
> voneinander getrennt werden.
>
> Demzufolge ist der hier eingerückte Text durch `quotation` erzeugt wor-
> den, dagegen der weiter oben eingerückte Text mit `quote`.
>
> Die Umgebung `quotation` wird man sinnvollerweise nur verwenden,
> wenn auch im sonstigen Text Absätze durch Einrücken der ersten Zeile
> gekennzeichnet sind.

4.2.4 Verseinrückungen

Die Umgebung

> `\begin{verse}` *Gedicht* `\end{verse}`

ist für das beidseitige Einrücken von Reimen, Gedichten, Versen u. ä. gedacht.

> Strophen werden hierin durch Leerzeilen getrennt
> und die einzelnen Zeilen einer Strophe durch \\ gebrochen.

> Falls eine Zeile länger ist, als es die beidseitig eingerückte Textbreite er-
> laubt, wird diese Zeile links– und rechtsbündig gebrochen und mit einer
> tiefer eingerückten Zeile fortgesetzt.

Die vorstehenden Einrückungen können untereinander verschachtelt werden. Innerhalb einer `quote` Umgebung kann also eine weitere `quote`, `quotation` oder `verse`
Umgebung eingerichtet werden. Hierdurch wird ein nochmaliges beidseitiges Einrük-
ken des Textes bewirkt. Insgesamt dürfen bis zu sechs dieser Strukturen ineinander
verschachtelt werden. Die Einrücktiefe und der vertikale Abstand zur umgebenden
Struktur nimmt dabei mit zunehmender Schachtelungstiefe ab.

Übung 4.1: *Fassen Sie Ihnen geeignet erscheinende Textteile Ihres Übungsfiles in* `quote`
und `quotation` *Umgebungen, d. h. schachteln Sie diese Textteile mit*

> `\begin{quote}` . . . . . `\end{quote}`   *bzw.*
> `\begin{quotation}` . . . . . `\end{quotation}`

ein.

Übung 4.2: *Richten Sie einen neuen File mit dem Namen* `gedicht.tex` *ein, und geben*
Sie Ihr Lieblingsgedicht ein, das Sie mit der **verse** *Umgebung formatieren. Wählen Sie als*
Standardschriftgröße **12pt** *und als Schriftstil für den Text Ihres Gedichtes Italic. Setzen Sie*
den Gedichttitel vor die **verse** *Umgebung und wählen Sie hierfür eine größere Fettschrift, z. B.*
`\Large\bf`. *Setzen Sie unter das Gedicht den Namen des Verfassers rechtsbündig eingerückt.*

Anmerkung: Erinnern Sie sich, daß Sie innerhalb einer Umgebung Bearbeitungsmerkmale wie z. B. den Schriftstil ändern können, wobei die Änderung nur bis zum Ende der Umgebung wirkt.

Übung 4.3: Richten Sie einen weiteren File mit dem Namen `titel.tex` *ein. Erinnern Sie sich noch an die* `titlepage` *Umgebung zur freien Gestaltung einer Titelseite? Wenn nicht, blättern Sie auf Seite 26 zurück. Erzeugen Sie mit dieser Umgebung eine Titelseite mit Schriftgrößen und Schriftarten nach Ihren Wünschen, wobei alle Angaben auf der Titelseite horizontal zentriert sein sollen.*

Anmerkung: Beachten Sie auch hier, daß Sie innerhalb der `titlepage` *Umgebung zwar die* `center` *Umgebung einschachteln können, daß es aber auch genügt, innerhalb der* `titlepage` *Umgebung statt dessen den Befehl* `\centering` *zu setzen, dessen Wirkung mit dem Ende der* `titlepage` *Umgebung ebenfalls endet.*

Wählen Sie die einzelnen Zeilenabstände mit dem Befehl `\\[abstand]` *und einer Ihnen geeignet erscheinenden Längenangabe* abstand*. Erinnern Sie sich, daß Sie vertikalen Leerraum vor Beginn der ersten Zeile nur mit der *Form des Befehls* `\vspace*[abstand]` *(s. Seite 37) einfügen können.*

Wählen Sie für die verschiedenen Teile der Titelseite, wie Titel, Name, Anschrift u. a. unterschiedliche Schriften und Größen. Experimentieren Sie hierbei ein wenig mit den verschiedenen Schriften, bis das Ergebnis Sie zufriedenstellt.

Vergleichen Sie das Ergebnis Ihrer eigenhändig gestalteten Titelseite mit dem Ergebnis von Übung 3.8. Falls Ihnen Ihr eigenes Werk besser gefällt, so ersetzen Sie in Ihrem Standardübungsfile die Befehle `\title`, `\autor`, `\date` *und* `\maketitle` *durch die* `titlepage` *Umgebung mit den von Ihnen gewählten Angaben.*

4.3 Aufzählungen

Für 'Aufzählungen' stehen standardmäßig die Umgebungen

`\begin{itemize}`	*aufzählender Text*	`\end{itemize}`
`\begin{enumerate}`	*aufzählender Text*	`\end{enumerate}`
`\begin{description}`	*aufzählender Text*	`\end{description}`

zur Verfügung. Die Wirkung dieser Umgebungen liegt darin, daß der *aufzählende Text* links eingerückt wird und eine Markierung vor der Einrückung erhält. Es ist lediglich die Art der Markierung, in der sich die vorstehenden Umgebungen voneinander unterscheiden. Die Markierung selbst wird durch den Befehl `\item` erzeugt.

4.3.1 Beispiel 'itemize'

- Die einzelnen Aufzählungen werden durch einen dicken schwarzen Punkt gekennzeichnet.

- Der Text der einzelnen Aufzählungen kann beliebig lang sein. Die Markierung erfolgt vor der ersten Zeile der Aufzählung.

- Die einzelnen Aufzählungen werden zusätzlich durch vertikalen Zwischenraum voneinander getrennt.

Der vorstehende Text wurde erzeugt durch

```
\begin{itemize}
\item Die einzelnen Aufz"ahlungen werden durch einen dicken
      schwarzen Punkt gekennzeichnet.
\item Der Text der einzelnen Aufz"ahlungen kann beliebig ...
\item Die einzelnen Aufz"ahlungen werden zus"atzlich ...
\end{itemize}
```

4.3.2   Beispiel 'enumerate'

1. Die Markierung erfolgt durch fortlaufende Bezifferung.

2. Die Bezifferung startet bei jeder neuen enumerate Umgebung jeweils neu mit
   dem Anfangswert 1.

wurde erzeugt durch

```
\begin{enumerate}
\item Die Markierung erfolgt durch fortlaufende Bezifferung.
\item Die Bezifferung startet bei jeder neuen ...
\end{enumerate}
```

4.3.3   Beispiel 'description'

Autor Diese Umgebung eignet sich gut für ein Literaturverzeichnis. Ebensogut kann
es für ein Teilnehmerverzeichnis mit Herkunftsangaben u. ä. dienen.

H. Kopka LaTeX–*Kurzfassung.* **1987**, MPI für Aeronomie

P. Stubbe *Theory of the night–time F–layer.* Journal of Atmospheric and Terrestrial
Physics, **1968**, Vol. 30, pp. 243–263.

wurde erzeugt mit

```
\begin{description}
\item[Autor] Diese Umgebung eignet sich gut f"ur ein Literaturverzeichnis...
\item[H. Kopka] {\em\LaTeX--Kurzfassung.} {\bf1987}, MPI f"ur Aeronomie
\item[P. Stubbe] {\em Theory of ...} Journal of Atmospheric and
      Terrestrial Physics, {\bf1968}, Vol.\ 30, pp.\ 243--263
\end{description}
```

Der \item[*opt*] Befehl erhält bei dieser Umgebung einen optionalen Parameter.
Dieser erscheint in Fettdruck als Markierung.

4.3.4   Geschachtelte Aufzählungen

Die vorstehenden Aufzählungen können bis zu einer Tiefe von 4 einzeln oder wechselseitig geschachtelt werden. Je nach der Tiefe der Schachtelung ändert sich der Stil der
Markierung. Die jeweilige Einrückung erfolgt gegenüber dem linken Rand der vorhergehenden Aufzählung. Bei einer vierfachen Verschachtelung der itemize Umgebung
sieht das wie folgt aus:

- Die Markierung der ersten Stufe ist ein dicker schwarzer Punkt

  - Die der zweiten Stufe ein längerer Strich

    * Die der dritten Stufe ein Stern

      · Und die Markierung der vierten Stufe schließlich ist ein .

      · Gleichzeitig vermindert sich der vertikale Abstand mit zunehmender Schachteltiefe

    * Zurück zur dritten Stufe

  - Und zur zweiten

- Und hier sind wir wieder bei der ersten Stufe

Entsprechend sieht es bei der **enumerate** Umgebung aus. Hierbei ändert sich in Abhängigkeit von der Tiefe der Stil der Numerierung

1. Die Numerierung der ersten Stufe erfolgt in arabischen Ziffern, gefolgt von einem Punkt.

   (a) Die Numerierung der zweiten Stufe erfolgt in Kleinbuchstaben, die in ( ) gesetzt sind.

       i. Die Numerierung der dritten Stufe erfolgt in kleinen römischen Ziffern, gefolgt von einem Punkt.

          A. Die Numerierung der vierten Stufe erfolgt in Großbuchstaben.

          B. Eine Änderung des Markierungsstils ist möglich und wird im nächsten Abschnitt erläutert.

       ii. Hier wieder die dritte Stufe

   (b) Und hier die zweite

2. Und schließlich wieder die erste Stufe

Die wechselseitige Verschachtelung führt z. B. zu

- Die Markierung ist ein dicker schwarzer Punkt

  1. Die Numerierung erfolgt arabisch, da dies die erste Stufe der **enumerate** Umgebung ist.

     - Dies ist die dritte Stufe der Schachtelung, aber die zweite Stufe der **itemize**-Schachtelung.

       (a) Dies ist zwar die vierte Stufe der Gesamtschachtelung, aber nur die zweite Stufe der **enumerate**-Schachtelung

       (b) Demzufolge erfolgt die Numerierung in Kleinbuchstaben, die in ( ) gesetzt sind.

     - Die Markierung dieser Stufe erfolgt wieder durch einen Strich.

  2. Jede Aufzählung sollte mindestens zwei Punkte enthalten

- Leerzeilen vor einem Item–Befehl haben keinen Effekt

Die vorstehende gemischte Aufzählung wurde erzeugt durch

```
\begin{itemize}
\item Die Markierung ist ein dicker schwarzer Punkt
\begin{enumerate}
\item Die Numerierung erfolgt arabisch, da dies die erste Stufe ...
\begin{itemize}
\item Dies ist die dritte Stufe der Schachtelung, aber die zweite ...
\begin{enumerate}
\item Dies ist zwar die vierte Stufe der Gesamtschachtelung, aber ...
\item Demzufolge erfolgt die Numerierung in Kleinbuchstaben, die ...
\end{enumerate}
\item Die Markierung dieser Stufe erfolgt wieder durch einen Strich.
\end{itemize}
\item Jede Aufz"ahlung sollte mindestens zwei Punkte enthalten
\end{enumerate}

\item Leerzeilen vor einem Item--Befehl haben keinen Effekt
\end{itemize}
```

Übung 4.4: Erzeugen Sie eine mehrfach verschachtelte `itemize` sowie **enumerate** Umgebung entsprechend den ersten beiden Beispielen, aber mit anderen Verschachtelungsanordnungen.

Übung 4.5: Formatieren Sie ein Teilnehmerverzeichnis mit Herkunftsangaben mit der **description** Umgebung, bei der die Namen der Teilnehmer als Parameter der `\item` Befehle auftreten.

Achtung: Innerhalb der drei Aufzählungsumgebungen führt irgendwelcher Text vor dem ersten `\item` Befehl zu einem Bearbeitungsfehler!

4.3.5   Änderung der Markierungen

Die Markierungen bei den `itemize` und `enumerate` Umgebungen können in einfacher Weise durch die Verwendung eines optionalen Parameters beim `\item` Befehl geändert werden. `\item[+]` würde z. B. die Markierung + erzeugen und `\item[2.1:]` die Markierung 2.1:. Bei der Verwendung eines optionalen *items* hat dieser Vorrang gegenüber dem Standard. Für die `enumerate` Umgebung bedeutet dies, daß auch keine automatische Erhöhung des entsprechenden Zählers stattfindet. Die Zählweise muß vom Benutzer selbst als optionaler Parameter vorgenommen werden.

Die optionale Markierung erscheint rechtsbündig im Markierungsfeld. Dieses ist etwas kleiner als die Einrücktiefe und um den Betrag, den es kleiner ist, vor dem eingerückten Text angeordnet.

Es ist auch möglich, für das ganze Dokument oder Teile des Dokuments einen anderen Standard zu wählen. Die Erzeugung der Markierungen erfolgt in LaTeX intern durch das Aufrufen der Befehle

`\labelitemi, \labelitemii, \labelitemiii, \labelitemiv` für itemize
`\labelenumi, \labelenumii, \labelenumiii, \labelenumiv` für enumerate

Die Endungen i, ii, iii, iv beziehen sich auf die jeweils erste, zweite, dritte und vierte Stufe.

Diese Befehle können mit dem Befehl `\renewcommand` geändert werden. Soll z. B. die dritte Stufe der `itemize` Umgebung standardmäßig statt des * ein + erhalten, so kann dies durch

> `\renewcommand{\labelitemiii}{+}`

erfolgen.

Entsprechend kann auch der Standard der **enumerate** Umgebung geändert werden. Soll z. B. die Numerierung der zweiten Stufe durch arabische Ziffern, gefolgt von .) erfolgen, so wird das durch

> `\renewcommand{\labelenumii}{\arabic{enumii}.)}`

erreicht. Zum Verständnis des vorstehenden Befehls muß man wissen, daß entsprechend den vier **enumerate** Stufen die vier Zähler `enumi`, `enumii`, `enumiii` und `enumiv` geführt werden. Der Wert eines Zählers kann durch einen der Befehle `\arabic`, `\roman`, `\Roman`, `\alph` oder `\Alph` ausgedruckt werden, und zwar in dem Numerierungsstil, wie er aus dem Befehlsnamen erkennbar ist. `\Roman{counter}` würde z. B. den augenblicklichen Wert des Zählers mit dem Namen `counter` (falls ein solcher existiert) in großen römischen Ziffern ausdrucken und `\alph{counter}` statt dessen als Kleinbuchstabe (wobei der Wert 1 dem a und der Wert 26 dem z entspricht).

Damit wird der obige Befehl verständlich. Der Befehl `\labelenumii` erhält die neue Bedeutung, den Wert des Zählers `enumii` als arabische Ziffer auszudrucken und daran ein .) zu hängen. In entsprechender Weise kann der **enumerate** Numerierungsstandard in allen Stufen beliebigen Anwenderwünschen angepaßt werden. Dabei können ggf. mehrere Zähler ausgegeben werden:

> `\renewcommand{\labelenumii}{\Alph{enumi}.\arabic{enumii}}`

würde bei jedem `\item` Aufruf der zweiten Stufe den Stand des Zählers `enumi` als Großbuchstaben gefolgt vom Stand des Zähler `enumii` als Ziffer, also in der Form A.1, A.2, ..., B.1, B.2, ... ausgeben.

Soll der geänderte Standard für das ganze Dokument gelten, so wird man die entsprechenden Befehle zweckmäßig im Vorspann aufführen. Anderenfalls gelten sie nur innerhalb der Umgebung, in der sie auftauchen.

Übung 4.6: *Ändern Sie die Standardmarkierung der* `itemize` *Umgebungen für die erste Stufe in einen Gedankenstrich —, die zweite Stufe in einen Bindestrich – und die dritte Stufe in einen Trennstrich -.*

Übung 4.7: *Ändern Sie die Standardmarkierung für die erste Stufe der* **enumerate** *Umgebung in (I), (II), ... und für die zweite Stufe so, daß der Buchstabe der ersten Stufe, gefolgt von einer fortlaufenden Nummer für die zweite Stufe in der Form I–1:, I–2:, ... II–1:, II–2:, ... mit den* `\item` *Befehlen erscheint.*

Die vorstehenden Übungen zeigen, daß die Standardmarkierungen der `itemize` und **enumerate** Umgebungen beliebigen Anwenderwünschen angepaßt werden können. Solche Änderungen sollten jedoch die Ausnahme bleiben, da die von Leslie Lamport gewählten Standardmarkierungen aus der Sicht von Druckerprofis kaum zu verbessern sind. Wird trotzdem eine Änderung verlangt, dann sollte sie für das ganze Dokument beibehalten werden.

4.3.6   Literaturverzeichnis

Wissenschaftliche Veröffentlichungen enthalten häufig ein Literaturverzeichnis, auf dessen verschiedene Eintragungen im Text verwiesen wird, z. B. durch eine fortlaufende Numerierung im Literaturverzeichnis und Verweis auf die entsprechende Nummer im Text. Oft steht das Literaturverzeichnis noch nicht endgültig fest, wenn mit dem Text der Veröffentlichung begonnen wird.

Es wäre mühsam, wenn bei jeder Änderung im Literaturverzeichnis der gesamte Text daraufhin zu durchmustern wäre, um die entsprechenden Verweise anzupassen. LaTeX liefert hierfür ein geeignetes Instrument, das sowohl ein Literaturverzeichnis geeignet formatiert, als auch Änderungen oder Ergänzungen bei den Bezügen im Text automatisch anpaßt.

Das Literaturverzeichnis wird erzeugt mit der Umgebung

```
\begin{thebibliography}{muster_marke}
    Eintragungen
\end{thebibliography}
```

Die einzelnen *Eintragungen* für das Literaturverzeichnis beginnen jeweils mit dem Befehl

```
\bibitem[marke]{bezug} eintrag_text
```

Ohne den optionalen Parameter *marke* erzeugt \bibitem als Markierung eine laufende Nummer in eckigen Klammern. Mit *marke* kann statt dessen eine vom Benutzer vorgenommene Markierung, z. B. abgekürzter Autorenname evtl. gefolgt von einer autorenspezifischen Literaturnummer, gewählt werden. Der zwingende Parameter *bezug* ist ein Bezugswort, das im Literaturverzeichnis nicht erscheint, sondern bei dessen Verwendung im Text die zugehörige Markierung des Literaturverzeichnisses erscheint. Das Bezugswort kann aus einer beliebigen Kombination von Buchstaben, Zahlen und Zeichen mit Ausnahme des Kommas bestehen.

Der weitere *eintrag_text* enthält den eigentlichen Texteintrag, i. allg. "Autor, Titel, Verlag, Erscheinungsjahr und ggf. Auflage und bestimmte Seiten", in teilweise unterschiedlichen Schriftarten. Dieser Text erscheint hinter der Markierung eingerückt. Die Einrücktiefe wird durch *muster_marke* der Umgebung bestimmt. Sie sollte mindestens so groß sein wie die längste Markierung im Literaturverzeichnis. Wird der Standard des \bibitem Befehls, d. h. die fortlaufende Numerierung gewählt, so sollte für die *muster_marke* eine ein- oder mehrzifferige Zahl, abgestimmt auf die Anzahl der Eintragungen im Literarverzeichnis, benutzt werden.

Der Bezug im Text wird durch den Befehl

```
\cite{bezug}
```

hergestellt, wobei *bezug* das gerade beschriebene Bezugswort im Literaturverzeichnis ist. Beispiel:

```
F"ur eine vertiefte Kenntnis von \LaTeX\ und \TeX\ s.~\cite{la}
und \cite{kn.a,kn.b}.        erzeugt im laufenden Text
```

Für eine vertiefte Kenntnis von LaTeX und TeX s. [1] und [6a, 6b].

mit den Eintragungen im Literaturverzeichnis

```
\begin{thebibliography}{99}
    \bibitem{la} Leslie Lamport. {\sl\LaTeX\ -- A Document Preparation
        System}. Addison--Wesley Co., Inc., Reading, MA, 1985
    . . . . . . . . .
    \bibitem[6a]{kn.a} Vol A: {\sl The \TeX book}, 1986
    \bibitem[6b]{kn.b} Vol B: {\sl \TeX: The program.}, 1984
    . . . . . . . .
\end{thebibliography}
```

Hier wurden als Bezugswörter `la`, `kn.a` und `kn.b` gewählt. Als Mustermarke ist 99 gesetzt worden, da eine zweistellige Zahl für die Einrücktiefe der Standardform der `\bibitem` Markierung ausreichend ist. Für die Literaturstellen [6a] ... [6e] wurde überdies der optionale Parameter *marke* als 6a ... 6e gesetzt. Der vorstehende Beispieltext ist dem Erzeugungstext für das Literaturverzeichen dieses Buches auf Seiten 361, 362 entnommen.

Das Ergebnis beim Ausdruck der `thebibliography` Umgebung ist im Literaturverzeichnis am Ende des Buches wiedergegeben. Beim Dokumentstil `book` und `report` wird hierbei das Wort "**Bibliography**" in der Größe der Kapitelüberschriften und beim Stil `article` das Wort "**References**" in der Größe der Abschnitts–Überschriften (`section`) über das Literaturverzeichnis gesetzt.[1]

Übung 4.8: Erzeugen Sie ein Literaturverzeichnis mit der `thebibliography` Umgebung, bei der als Markierung die ersten drei Buchstaben des Autorennamens, gefolgt von den beiden letzten Zahlen des Jahres der Veröffentlichung erscheint. Bei mehreren Veröffentlichungen eines Autors mit der gleichen Jahreszahl soll zur Unterscheidung ein laufender Kleinbuchstabe angehängt werden, z. B. knu86c, knu86d usw. Bei dieser Form der Markierung ist es naheliegend, Markierung und Bezugswort gleich zu wählen. Die Einrücktiefe soll mit 1.5cm festgelegt werden.

Anmerkung: Die Einrücktiefe wird mit dem Parameter muster_marke der `thebibliography` Umgebung bestimmt. Dies ist meistens ein Stück Mustertext, dessen Breite die Einrücktiefe bestimmt. Hier kann jedoch auch eine Breitenangabe mit einem `\hspace{tiefe}` gewählt werden.

Übung 4.9: Kopieren Sie die `thebibliography` Umgebung der vorangegangenen Übung an das Ende Ihres Standardübungsfiles, (aber vor den `\end{document}` Befehl). Verweisen Sie mit `\cite` Befehlen innerhalb Ihres Übungstextes auf das Literaturverzeichnis. Achten Sie darauf, die Bezugswörter in den `\cite` Befehlen genauso zu schreiben, wie sie in den `\bibitem` Befehlen in der `thebibliograpy` Umgebung auftraten.

Zum LaTeX–Programmpaket gehört i. allg. auch das Programm BibTeX. Ist dieses auf dem Rechner des Anwenders verfügbar, so können Literaturverzeichnisse automatisch, allein mit den `\cite` (und evtl. `\nocite`) Befehlen durch Zugriff auf eine oder mehrere Literaturdatenbanken erzeugt werden. Näheres wird hierzu in Abschnitt 8.2.2 und insbesondere in Anhang B ausgeführt. Dort ist auch beschrieben, wie solche Literaturdatenbanken erstellt oder erweitert werden können, die dann, einmal erstellt, allen Anwendern zur Verfügung stehen.

---

[1]Auch hier sollte das Rechenzentrum entweder eine deutsche LaTeX–Version oder eine Dokumentstiloption `german` bereitgestellt haben, bei deren Verwendung ein entsprechendes deutsches Wort wie "Literaturverzeichnis" erscheint.

4.4 Allgemeine Listen

Listen vom Typ der **itemize, enumerate** und **description** Umgebung lassen sich ganz allgemein gestalten. Markierungsstil und Breite, Einrücktiefe, Absatz– und Markierungsabstand u. a. können ganz oder teilweise vom Benutzer bestimmt werden. Hierzu dient die **list** Umgebung, deren Syntax lautet

> \begin{list}{*Standardmarke*}{*Listenerklärung*} *Itemliste* \end{list}

Hierin ist *Itemliste* die Liste des aufzählenden Textes, wobei die Aufzählungsmarkierungen jeweils durch den Befehl \item erzeugt werden.

Standardmarke ist die Definition der Markierung, die durch den \item Befehl ohne optionalen Parameter erzeugt werden soll (s. u.).

Listenerklärung setzt einige oder alle verfügbaren Listenparameter (s. u.) abweichend von Standardwerten auf beliebig vom Benutzer bestimmte Werte.

4.4.1 Die Standardmarke

Der erste Parameter der **list** Umgebung definiert die *Standardmarke*. Das ist die Markierung, die erscheint, wenn der \item Befehl ohne optionalen Parameter auftritt. Im Falle einer festen Markierung, wie bei der **itemize** Umgebung, steht hier einfach das Symbol, das als Markierung verwendet werden soll. Falls es sich hierbei um ein mathematisches Symbol handelt, ist dieses durch \$*Symbolname*\$ einzuschließen. Soll z. B. als Markierungssymbol ein $\Rightarrow$ erscheinen, so wäre dieser Parameter als \$\Rightarrow\$ zu wählen.

Häufig soll eine Markierung eine automatisch fortlaufende Bezifferung enthalten. Hierzu ist ein Zähler einzurichten mit dem Befehl \newcounter{*name*} einzurichten, wobei *name* der Name des neu eingerichteten Zählers ist. Dieser Befehl muß vor seiner ersten Verwendung in einer **list** Umgebung einmal erscheinen. Angenommen, ein Zähler mit dem Namen **marke** wäre auf diese Art eingerichtet worden. Als Eintrag für die *Standardmarke* kann nun einer der in 4.3.5 aufgeführten Zählerdruckbefehle stehen, also z. B. \arabic{marke}, womit die Standardmarkierung als fortlaufende arabische Zahl erscheint.

Auch komplexere numerierte Markierungen lassen sich leicht erzeugen. Soll z. B. die fortlaufende Markierung lauten: A–I, A–II, ..., so würde als *Standardmarke* zu wählen sein A--\Roman{marke}.

Soll die Standardmarkierung eine fortlaufende Numerierung enthalten, so muß zusätzlich in der *Listenerklärung* der Befehl \usecounter{*zähler*} auftreten, wobei *zähler* der Name des zugeordneten Zählers ist (im angeführten Beispiel also **marke**). Die Standardmarke wird durch Ablauf des internen Befehls \makelabel{*marke*} mit jedem \item–Aufruf erzeugt. Der \makelabel Befehl kann auch vom Benutzer mit Hilfe des \renewcommand Befehls in der Listenerklärung neu definiert werden:

> \renewcommand{\makelabel}{*neue Definition*}

Bei einer solchen Definition der Standardmarke bleibt das entsprechende Feld in der Listenumgebung leer. Der \makelabel Befehl ist universeller als die Definition der Standardmarke in der **list** Umgebung. Beispiele werden in 7.5.9 vorgestellt.

4.4.2 Die Listenerklärung

Für die Listenanordnung sind eine Reihe von Erklärungen verantwortlich, deren Bedeutung aus der nachfolgenden Abbildung deutlich wird.

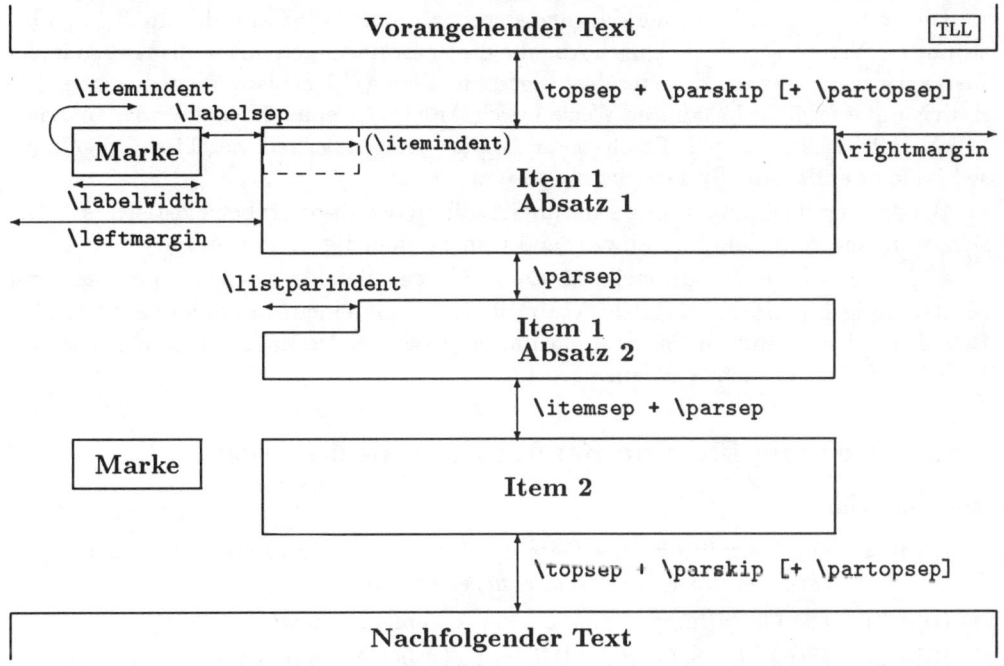

`\topsep`	ist der vertikale Zwischenraum, der zusätzlich zu `\parskip` zwischen dem vorangehenden Text und der Liste bzw. der Liste und dem nachfolgenden Text eingefügt wird.
`\partopsep`	wird zusätzlich zu `\topsep + \parskip` vor und/oder nach der Liste eingefügt, wenn zwischen dem vorangehenden Text und dem ersten `\item` bzw. nach dem letzten `\item` und dem nachfolgenden Text eine Leerzeile auftritt.
`\parsep`	ist der vertikale Abstand zwischen den Absätzen eines Items.
`\itemsep`	bestimmt den Abstand, der zusätzlich zu `\parsep` zwischen zwei Items eingefügt wird.
`\leftmargin`	bestimmt die linke Einrücktiefe gegenüber dem linken Rand der augenblicklichen Umgebung.
`\rightmargin`	bestimmt die rechte Einrücktiefe gegenüber dem rechten Rand der augenblicklichen Umgebung. Der Standardwert ist 0pt.
`\listparindent`	ist die Einrücktiefe der ersten Zeile eines Absatzes innerhalb eines Items gegenüber dem linken Rand des Listentextes. Dieser Wert ist standardmäßig 0pt, d. h. es findet keine Zusatzeinrückung statt.
`\labelwidth`	ist die Breite des Markierungsfeldes. Die Markierung erscheint in diesem Feld rechtsbündig.
`\labelsep`	der Abstand zwischen der Markierung und dem Listentext.

\itemindent   Der Betrag, um den die Markierung und der Text der ersten Zeile
                   nach jedem \item Befehl eingerückt erscheint. Sein Wert ist stan-
                   dardmäßig 0pt und bleibt damit ohne Wirkung.

Die vorstehenden Längenerklärungen werden durch LaTeX standardmäßig mit be-
stimmten Werten versehen. Durch Angabe dieser Erklärungen mit Maßangaben in der
Listenerklärung werden die Standardwerte für die jeweilige Liste überschrieben. Die
Zuweisung erfolgt in bekannter Weise durch Anhängen einer Maßzahl oder mit dem
LaTeX–Befehl \setlength. Erfolgen die Erklärungen außerhalb der list Umgebung,
so können damit neue Standardwerte gesetzt werden.

Bei den vertikalen Abstandserklärungen sollten die Maßangaben elastisch (s. 2.4.2)
sein, wenn sie vom Benutzer abweichend vom Standard gesetzt werden.

Die Standard– oder optionelle Marke der \item Befehle erscheint normalerweise
rechtsbündig im Markierungsfeld \labelwidth. Mit einem abschließenden \hfill
Befehl bei der Definition der Standardmarke bzw. im \makelabel Befehl kann die
Linksbündigkeit erreicht werden.

4.4.3   Beispiel für eine benutzergestaltete Liste

Bildverzeichnis:

Bild 1:   *Die Gestaltung einer Seite mit Kopf, Rumpf und Fuß. Die Bedeu-
             tung der einzelnen Gestaltungselemente.*

Bild 2:   *Die Gestaltungselemente einer allgemeinen Liste.*

Bild 3:   *Eisbär im Schnee um Mitternacht bei Neumond und bedecktem
             Himmel.*

Diese Liste wurde erzeugt durch

```
\newcounter{fig}
\begin{list}{\bf Bild \arabic{fig}:}{\usecounter{fig}
    \labelwidth1.6cm \leftmargin2.5cm \labelsep0.4cm \rightmargin1cm
    \parsep0.5ex plus0.2ex minus0.1ex \itemsep0ex plus0.2ex \sl}
  \item Die Gestaltung einer Seite mit Kopf, Rumpf und Fu\3. Die ...
  \item Die Gestaltungselemente einer allgemeinen Liste.
  \item Neger im Tunnel um Mitternacht bei Neumond und bedecktem Himmel.
\end{list}
```

Mit \newcounter{fig} wurde hier der Zähler fig eingerichtet. Die Standardmarke ist durch {\bf Bild \arabic{fig}:} definiert. Jeder \item Befehl erzeugt
damit in Fettdruck das Wort **Bild**, gefolgt von einer laufenden Nummer, die mit :
abschließt.

Die Listenerklärung enthält als erstes den Befehl \usecounter{fig}, womit innerhalb der Liste der Zähler fig aktiviert wird.   Die Breite des Markierungsfeldes ist 1.6cm (\labelwidth1.6cm), die Einrücktiefe des Listentextes ist 2.5cm
(\leftmargin2.5cm), der Abstand zwischen Markierung und eingerücktem Text
0.4cm (\labelsep0.4cm), der rechte Rand der Liste ist um 1cm gegenüber dem
äußeren Text eingerückt (\rightmargin1cm).

Der vertikale Abstand zwischen Absätzen eines Items beträgt 0.5ex und kann um 0.2ex gedehnt bzw. um 0.1ex gekürzt werden (`\parsep0.5ex plus0.2ex minus0.1ex`). Der zusätzliche Abstand zwischen zwei Items beträgt 0ex. Er kann jedoch bis auf 0.2ex gedehnt werden (`\itemsep0ex plus0.2ex`).

Für alle weiteren Listenerklärungen werden die Standardwerte benutzt. Der letzte Befehl in der Listenerklärung `\sl` bewirkt, daß für den Listentext die Schriftart *slanted* gewählt wird.

4.4.4   Listendefinitionen als neue Umgebungen

Soll ein bestimmter Listentyp an mehreren Stellen im Dokument verwendet werden, so wäre es mühsam, die `list` Umgebung jeweils mit der *Standardmarke* und der *Listenerklärung* immer wieder neu zu definieren. LaTeX bietet für diesen Fall die Möglichkeit, den Listentyp allgemein zu definieren und unter einem eigenen Namen als neue Umgebung zu verwenden. Hierzu dient der Befehl `\newenvironment`.

Soll z. B. der obige Listentyp unter dem Namen `bild` an beliebigen Stellen abrufbar sein, so könnte mit

```
\newenvironment{bild}{\begin{list}{\bf Bild \arabic{fig}:}
   {\usecounter{fig} ... \itemsep0ex plus0.2ex \sl}}{\end{list}}
```

die neue Umgebung `bild` geschaffen werden. Danach kann beliebig oft und an beliebigen Stellen durch

```
\begin{bild} Itemliste \end{bild}
```

der Listentyp `bild` abgerufen werden.

Achtung: Bei dem `\newenvironment` Befehl darf zwischen den Klammerpaaren

```
{bild}_{\begin{list} ... }_{\end{list}}
```

an den mit _ gekennzeichneten Stellen kein Text und auch kein Leerzeichen gesetzt werden! Hier müssen die Klammern }{ unmittelbar aufeinanderfolgen.

Übung 4.10: Definieren Sie eine neue Umgebung `muster`*, bei deren Aufruf eine Liste erzeugt wird, die mit jedem* `\item` *Muster A, Muster B, usw. erzeugt, wobei diese Marke linksbündig in einem 20mm breiten Markierungsfeld angeordnet wird. Der Abstand des Markierungsfeldes zum anschließenden Textfeld soll 2mm betragen, bei einer Einrücktiefe von 22mm. Der rechte Rand des Textfeldes soll 5mm eingerückt und der vertikale Abstand* `1ex plus0.5ex minus0.4ex` *soll zusätzlich zum normalen Absatzabstand zwischen zwei Items eingefügt werden. Weitere Absätze innerhalb eines Items sollen durch Einrücken der ersten Zeile um* `1em` *gekennzeichnet sein. Der normale Absatzabstand soll* `0ex` *betragen, aber bis zu* `0.5ex` *gedehnt werden können.*

LaTeX selbst macht von der Listenumgebung häufig Gebrauch, um weitere Strukturen zu erzeugen. Die Einrücktiefe der ersten Stufe ist intern als `\leftmargin2.5em` gesetzt. Die `quote` Umgebung wird von LaTeX als

```
\newenvironment{quote}{\begin{list}{}{\rightmargin\leftmargin}
   \item[]}{\end{list}}
```

definiert. Die `quote` Umgebung ist also eine Liste, in der der Wert von `\rightmargin` gleich dem momentanen Wert von `\leftmargin` gesetzt wird. (`\rightmargin\leftmargin` bewirkt, daß der Wert von \leftmargin dem vorangehenden \rightmargin zugewiesen wird, so als hätte man geschrieben \rightmargin2.5em). Die Liste besteht nur aus einem *leeren* Item, dessen Aufruf bereits in der quote–Definition durch die Angabe von \item[] erfolgt.

Ebenso werden die quotation und verse Umgebungen von LATEX intern als spezielle list Umgebungen definiert. Die Einrücktiefen und vertikalen Abstände zur umgebenden Struktur werden damit durch die entsprechenden Standardwerte der list Umgebung bestimmt und ändern sich, wenn diese Standardwerte geändert werden.

Abschließend noch ein benutzereigenes Beispiel für eine spezielle Liste:

> \newenvironment{lquote}{\begin{list}{}{}\item[]}{\end{list}}

rückt den eingeschlossenen Text mit dem momentanen Wert von leftmargin nach rechts ein und und schließt rechtsbündig mit dem umgebenden Text ab, da der Standardwert von \rightmargin 0pt ist.

4.4.5 Triviale Listen

LATEX kennt zusätzlich noch die trivlist Umgebung, deren Syntax

> \begin{trivlist} *Eingeschlossener Text* \end{trivlist}

lautet. Bei ihr entfallen die Argumente für *Mustermarke* und *Listenerklärung*. Diese Umgebung entspricht der list Umgebung, wenn dort die Erklärung der Mustermarke leer bleibt und \leftmargin, \labelwidth und \itemindent zu 0pt gesetzt werden und \listparindent den Wert von \parindent sowie \parsep den Wert von \parskip zugewiesen bekommen.

LATEX benutzt diese Umgebung um weitere Strukturen zu definieren. Der Aufruf der center Umgebung erfolgt intern als

> \begin{trivlist} \centering \item[] *Eingeschlossener Text* \end{trivlist}

4.4.6 Verschachtelte Listen

Listen lassen sich untereinander und mit den itemize, enumerate und description Umgebungen verschachteln. Bei verschachtelten Listen ist eine Schachtelungstiefe bis 6 zulässig. Der Wert für die Einrücktiefe \leftmargin bezieht sich jeweils auf den linken Rand der vorangehenden Stufe.

Wie schon erwähnt, können mit Listenerklärungen außerhalb der list Umgebungen die Standardwerte geändert werden. Die geänderten Standardwerte wirken aber nur auf die erste Stufe einer Schachtelung. Innere Listen können, mit einer Ausnahme, nur durch explizite Angaben der Erklärungen in der list Umgebung beeinflußt werden.

Die Ausnahme ist die Standardeinrücktiefe für die verschiedenen Schachtelungsstufen. Diese werden intern durch die Erklärungen von \leftmargin*n* bestimmt, wobei *n* für i, ii, iii, iv, v oder vi steht. Auch diese Werte können vom Anwender verändert werden, \leftmarginiv12mm würde die Standardeinrücktiefe für die vierte Schachtelungsstufe auf 12mm festlegen. Diese Erklärungen für die Standardeinrücktiefen müssen *außerhalb* von list Umgebungen erfolgen, sie können also nicht in der *Listenerklärung* stehen.

Je nach Schachtelungstiefe wird das interne Macro @list*n*, mit *n* für i bis vi, aufgerufen. Dieses weist \leftmargin den Wert von \leftmargin*n* zu, wenn \leftmargin nicht ausdrücklich in der list Umgebung erklärt wird. Damit bleibt andererseits eine Erklärung von \leftmargin außerhalb einer list Umgebung wirkungslos.

4.5 Regelsätze

In der wissenschaftlichen Literatur treten häufig Textstrukturen auf, wie

Satz 1 (Bolzano–Weierstraß) *Jede beschränkte unendliche Punktmenge besitzt mindestens einen Häufungspunkt.*

oder

Axiom 4.1 *Die natürlichen Zahlen bilden eine Menge Z von unterschiedlichen Elementen. Je zwei ihrer Elemente a,b sind entweder identisch, a = b, oder voneinander verschieden, a ≠ b.*

Ähnliche Strukturen mit den Begriffen "Definition", "Erklärung", "Lemma", "Corollar" statt "Satz" bzw. "Axiom" sind ebenfalls geläufig. Das gemeinsame an ihnen ist, daß ein Schlüsselbegriff mit einer fortlaufenden Nummer in **Fettdruck** und der dazugehörige Text in *italic* gesetzt wird.

Dies könnte natürlich leicht durch explizite Angabe des Schriftstils durch den Benutzer erzielt werden, wobei die laufende Nummer ebenfalls vom Benutzer anzugeben ist. Falls hierbei eine weitere gleichartige Struktur später zusätzlich eingefügt werden soll, muß in allen folgenden mühsam eine Umnumerierung erfolgen. Diese Mühe nimmt LaTeX dem Benutzer mit dem Befehl

`\newtheorem{`*strukt_name*`}{`*strukt_begriff*`}[`*zusatz_zähler*`]`

ab. Hicrin ist *strukt_name* ein beliebiger vom Benutzer zu wählender Name, mit dem die Struktur aufgerufen und fortlaufend numeriert wird. *strukt_begriff* ist das Wort, das in Fettdruck, gefolgt von der laufenden Nummer, erscheint (z. B. **Satz**). Ohne den optionalen Parameter *zusatz_zähler* erfolgt die Numerierung für *strukt_name* fortlaufend durch das ganze Dokument. Für *zusatz_zähler* wird man meistens einen Gliederungsnamen, z. B. `chapter`, wählen, womit die Numerierung innerhalb dieser Gliederung und der vorangestellten Gliederungsnummer erfolgt (wie beim zweiten Beispiel **Axiom 4.1**).

Aufgerufen und fortlaufend numeriert wird die Struktur mit

`\begin{`*strukt_name*`}[`*zusatz*`]`   *text*   `\end{`*strukt_name*`}`

Die beiden obigen Beispiele wurden demzufolge erzeugt mit

`\newtheorem{satz}{Satz}     \newtheorem{axiom}{Axiom}[chapter]`

. . . .

`\begin{satz}[Bolzano--Weierstra\3] Jede beschr"ankte unendl.... \end{satz}`
`\begin{axiom} Die nat"urlichen Zahlen bilden eine Menge Z ..... \end{axiom}`

Der optionale *zusatz* erscheint in Fettdruck und in ( ) hinter der fortlaufenden Nummer des Strukturbegriffs.

Gelegentlich soll ein Strukturbegriff keine eigene Numerierung, sondern diese gemeinsam mit einer anderen Struktur erhalten. Dies kann durch

`\newtheorem{`*strukt_name*`}[`*num_wie*`]{`*strukt_begriff*`}`

erreicht werden. `\newtheorem{hilfs}[satz]{Hilfssatz}` erzeugt eine Struktur **Hilfssatz**, die gemeinsam mit der bereits definierten Struktur **Satz** numeriert wird. *num_wie* ist also der Name einer bereits definierten Struktur, mit der die neue Struktur gemeinsam numeriert wird.

4.6   Tabulatorsetzungen

4.6.1   Grundlagen

Auf jeder Schreibmaschine lassen sich an verschiedenen Stellen einer Zeile *Tabulatorstops* setzen, bis zu denen der Druckkopf oder Wagen bei Betätigung der Tabulatortaste springt.

LaTeX kennt eine entsprechende Möglichkeit mit der `tabbing` Umgebung

> `\begin{tabbing}` *Zeilen* `\end{tabbing}`

Gesetzte Tabulatorstops kann man sich als von links nach rechts durchnumeriert denken. Zu Beginn der `tabbing` Umgebung ist noch kein Tabulatorstop gesetzt, es sei denn, man nennt den linken Rand einfach den *nullten* Tabulatorstop. Die Tabulatorstops können mit dem Befehl `\=` an beliebigen Stellen einer Zeile gesetzt werden, wobei eine Zeile innerhalb der `tabbing` Umgebung mit dem Befehl `\\` beendet wird:

> `Hier beginnt \=der erste Tabstop, gefolgt\= von dem zweiten\\`

setzt den ersten Tabstop hinter das Leerzeichen nach dem Wort 'beginnt ' und den zweiten unmittelbar hinter das Wort 'gefolgt'.

Nachdem auf diese Weise Tabulatorstops gesetzt sind, kann in den folgenden Zeilen mit dem Befehl `\>`, beginnend vom linken Rand, jeweils zum nächsten Tabulatorstop gesprungen werden. Auf eine neue Zeile wird in bekannter Weise durch den Befehl `\\` umgeschaltet.

Beispiel:

Material	Qualität	Farbe	Preis
Papier	mittel	weiß	niedrig
Leder	gut	braun	hoch
Pappe	schlecht	grau	mittel

```
\begin{tabbing}
Material\quad\= Qualit"at\quad\=
Farbe\quad\= Preis\\[0.8ex]
Papier \> mittel   \> wei\3 \> niedrig\\
Leder  \> gut      \> braun \> hoch\\
Pappe  \> schlecht \> grau  \> mittel
\end{tabbing}
```

4.6.2   Musterzeile

Es ist häufig zweckmäßig oder notwendig, das Setzen der Tabulatorstops an einer Musterzeile vorzunehmen, die selbst nicht ausgedruckt wird. Eine solche Musterzeile könnte z. B. aus den jeweils breitesten Eintragungen der einzelnen Spalten und dem Mindestzwischenraum zwischen den Spalten bestehen, nach denen jeweils ein Tabulatorstop gesetzt wird. Die Musterzeile kann auch `\hspace` Befehle enthalten, wodurch Tabstops nach bestimmten festen Längen gesetzt werden.

Damit die zum Setzen der Tabulatorstops benutzte Musterzeile nicht ausgedruckt wird, ist sie mit dem Befehl `\kill` statt durch `\\` abzuschließen.

> `\hspace*{3cm}\=Musterspalte \=\hspace{4cm}\= \kill`

Zusätzlich zum linken Rand sind damit drei Tabulatorstops gesetzt:

Linker Rand	↓1. Tabstop	↓2. Tabstop	↓3. Tabstop

```
      3cm              4cm
├──────────────→Musterspalte┌──────────────→
```

Ein \hspace Befehl am Anfang einer Musterzeile muß in der *Form erfolgen, da bei der Standardform Leerraum am Beginn der Zeile unterdrückt wird.

4.6.3 Tabstops und linker Rand

Der linke Rand für die einzelnen Zeilen der tabbing Umgebung ist zunächst gleich dem linken Rand der nächstäußeren Umgebung, der auch *nullter* Tabulatorstop genannt wird. Die Verwendung der 'Tabulatortaste' \> am Beginn einer Zeile läßt diese Zeile beim ersten Tabulatorstop beginnen. Der Befehl \+ hat dieselbe Wirkung, er setzt jedoch den linken Rand dauerhaft auf den ersten Tabstop. Mit \+\+ am Ende oder zu Beginn einer Zeile werden alle weiteren Zeilen beim zweiten Tabstop beginnen. Insgesamt können hier so viele \+ Befehle benutzt werden wie Tabulatorstops gesetzt sind.

Der Befehl \- hat die entgegengesetzte Wirkung. Durch ihn wird der Anfang der Zeilen und damit der linke Rand um einen Tabstop dauerhaft zurückgesetzt. Ein Zurücksetzen des linken Randes vor den *nullten* Tabstop ist nicht erlaubt.

Eine einzelne Zeile kann auch durch den Befehl \< am Beginn der Zeile um einen Tabstop zurückgesetzt werden. Dieser Befehl wirkt nur auf die laufende Zeile. Mit dem nächsten \\ Befehl beginnt die nächste Zeile bei dem Tabstop, der durch die Anzahl der vorangegangenen \+ bzw. \- Befehle festgelegt ist.

4.6.4 Weitere Tabulatorbefehle

Tabulatorstops können in jeder Zeile neu gesetzt oder hinzugefügt werden. Tabstops werden mit \= hinzugefügt, wenn in der Zeile mit entsprechend vielen \> Befehlen bis zum letzten gesetzten Stop gesprungen war. Anderenfalls wird der jeweils nächste Tabstop neu gesetzt.

Beispiel:

Alte Spalte 1 Alte Spalte 2
Linke Spalte Mittelspalte Zusatzspalte
Neue Sp 1 Neue Sp 2   gleiche Sp 3
Spalte 1   Spalte 2   Spalte 3

```
\begin{tabbing}
Alte Spalte 1 \= Alte Spalte 2\\
Linke Spalte \> Mittelspalte \=
Zusatzspalte\\
Neue Sp 1 \=Neue Sp 2\>gleiche Sp 3\\
Spalte 1 \> Spalte 2 \>Spalte 3
\end{tabbing}
```

Gelegentlich ist es erwünscht, die Tabulatorstops neu zu setzen und später die ursprünglich gesetzten wieder zu benutzten. Mit dem Befehl \pushtabs werden die augenblicklich gesetzten Tabulatorstops gespeichert und dann gelöscht. Nun können die Tabulatorstops neu gesetzt und die nächsten Zeilen mit den neuen Tabstops bearbeitet werden. Sollen später wieder die ursprünglichen Stops verwendet werden, so können sie mit dem Befehl \poptabs zurückgewonnen werden. \pushtabs Befehle können mehrfach verschachtelt werden, es müssen jedoch insgesamt ebensoviele \poptabs in der tabbing Umgebung auftreten.

Mit dem Befehl *ltext* \' *rtext* wird der links vor dem Befehl stehende Text '*ltext*' mit einem kleinen Abstand vor den augenblicklichen Tabstop bzw. dem linken Rand angeordnet, und der rechts von ihm stehende Text '*rtext*' beginnt beim augenblicklichen Tabstop. Der Abstand zwischen dem rechtsbündig vor dem Tabstop stehenden linken Text wird intern durch die Erklärung \tabbingsep festgelegt. Der Wert dieser Erklärung kann vom Benutzer mit dem LaTeX–Befehl \setlength Oder durch Anhängen einer Maßangabe, z. B. \tabbingsep1cm, verändert werden.

Durch den Befehl \' *text* wird der nachfolgende Text *text* rechtsbündig zum rechten Rand der ganzen Umgebung angeordnet. Nach diesem Befehl darf in der augenblicklichen Zeile kein weiterer \> oder \= Befehl auftreten.

Beispiel für alle Tabulatorbefehle:

Mücken:	erschlagen von:	Menschen	
		Kühen	
	und	Pferden	
	wenig sättigend		
Gürteltier: nicht genießbar			
(siehe auch: Ameisenbär			
	Albatross	geschützt)	
Pferde	gefressen von	Mücken	

```
\begin{tabbing}
G"urteltier \=      \kill
M"ucken:\>erschlagen von: \=Menschen\+\+\\
    K"uhen\\   und\' Pferden\-\\
    wenig s"attigend\-\\
G"urteltier:\> nicht genie\3bar\\
\pushtabs
(siehe auch: \= Ameisenb"ar\\
    \> Albatross \'gesch"utzt)\\
\poptabs
Pferde \> gefressen von \> M"ucken
\end{tabbing}
```

Die Befehle \=, \' und \' haben außerhalb der tabbing Umgebung eine ganz andere Bedeutung. Mit ihnen werden bestimmte Akzente gesetzt (s. 2.5.7). Sollen solche Akzente innerhalb der tabbing Umgebung auftreten, so kann das z. B mit den Befehlen \a=, \a' oder \a' unmittelbar vor dem Buchstaben, der den entsprechenden Akzent erhalten soll, erreicht werden.   Um für den Buchstaben 'o' innerhalb der tabbing Umgebung die Akzente ò, ó und ō zu erhalten, muß eingegeben werden \a'o, \a'o oder \a=o.   Für die ebenfalls geänderte Bedeutung von \-, nämlich eine mögliche Worttrennung zu kennzeichnen, besteht innerhalb der tabbing Umgebung kein Bedarf.

4.6.5   Zusatzbemerkungen

TeX behandelt die tabbing Umgebung wie einen normalen Absatz, d. h. eine Seite wird ggf. zwischen zwei Zeilen innerhalb dieser Umgebung gebrochen. Die Befehle \newpage und \clearpage sind innerhalb der tabbing Umgebung jedoch nicht erlaubt, und der Befehl \pagebreak bleibt hier ohne Wirkung. Soll innerhalb einer tabbing Umgebung ein Seitenumbruch nicht automatisch, sondern vom Anwender gesteuert, erfolgen, so kann das mit einem Trick erreicht werden: Die Angabe eines ausreichend großen Zeilenabstandes am Ende der Zeile, nach der gebrochen werden soll, also z. B. durch \\[10cm], erzwingt den Seitenumbruch, während der Zwischenraum am Beginn der neuen Seite unterdrückt wird.

Der Text für die einzelnen Spalten wirkt so, als stände er in { } Paaren. Erklärungen innerhalb einer Spalte, z. B. Umschaltung der Schrift, wirkt nur für die jeweilige

Spalteneintragung, ohne daß der Text hierfür ausdrücklich in Klammern gesetzt werden muß.

`tabbing` Umgebungen können nicht ineinander verschachtelt werden !

Achtung: `\>` springt immer zum nächsten logischen Tabulatorstop. Dieser kann vor der momentanen Textposition liegen, wenn der nach dem letzten Tabstop eingefügte Text länger ist als der nächste gesetzte Tabstop. Dies ist ein Unterschied zur Wirkung der Tabulatortaste einer herkömmlichen Schreibmaschine.

Innerhalb der `tabbing` Umgebung findet kein automatischer Zeilenumbruch statt. Jede Zeile reicht so weit, bis sie durch den `\\` Befehl beendet wird. Der laufende Zeilentext kann also über den rechten Papierrand hinausragen. Es liegt in der Verantwortung des Anwenders, dieses zu vermeiden.

Die Befehle `\hfill`, `\hrulefill`, und `\hdotfill` bleiben innerhalb der `tabbing` Umgebung *ohne Wirkung*, da diese mit ihrer natürlichen Länge 0pt eingesetzt werden, die innerhalb der `tabbing` Umgebung *keine Dehnung* erfahren.

Übung 4.11: *Erzeugen Sie die folgende Struktur mittels der* `tabbing` *Umgebung.*

```
Projekt–Gesamtbedarf = 900 000,–DM
        davon    1988 = 450 000,–DM
                 1989 = 350 000,–DM
                 1990 = 100 000,–DM
        1988 bewilligt: 350 000,–DM   Zusatzbedarf: 100 000,–DM
        1989            300 000,–DM                 150 000, DM
        1990            250 000,–DM   Minderung:    150 000,–DM
        vorab    1989 = 100 000,–DM für Mehrbedarf 1988
                 1990 =  50 000,–DM                1989
                      + 100 000,–DM   Ausgleich für 1988 in 1989
Verpflichtungen  1988 = 100 000,–DM
                 1989 = 150 000,–DM                        gez.: H. André
```

Anleitung: Die erste Zeile in der `tabbing` *Umgebung sollte lauten*

```
Projekt--\=Gesamtbedarf \= = 900\,000,--DM \+ \\
```

Was ist die Wirkung des `\+` *Befehls am Ende dieser Zeile? Wie wird mit den soeben gesetzten Tabulatorstops erreicht, daß in der zweiten bis vierten Zeile die Jahreszahlen 1988, 1989, 1990 vor dem zweiten Tabulatorstop stehen? Welcher Befehl sollte am Ende der zweiten Zeile vor dem Umschaltzeichen* `\\` *stehen?*

Die ersten vier Zeilen und die achte bis zwölfte Zeile benutzen dieselben Tabulatorstops, wobei in der achten Zeile weitere Tabulatorstops gesetzt werden. Nach `\1\=00000` *kann dann z. B. die Ausrichtung der Angabe* `50000,--DM` *in der neunten Zeile erzwungen werden.*

Die Zeilen 5–7 haben eigene Tabulatorstops. Benutzen Sie hier die Möglichkeit, gesetzte Tabulatorstops zu retten und später wieder zu aktivieren. Der linke Rand der Zeilen 5–7 entspricht dem 1. Tabulatorstop aus der ersten Gruppe. Welcher Befehl steht am Ende der vierten Zeile, damit der linke Rand wieder um einen Tabstop zurückgesetzt wird? Wie wird der linke Rand der vorletzten Zeile zurückgesetzt?

Die letzte Zeile enthält rechtsbündig "gez.: H. André". Mit welchem `tabbing` *Befehl wird das erreicht? Beachten Sie den Akzent é bei diesem Eintrag innerhalb der* `tabbing` *Umgebung!*

4.7   Boxen

Eine *Box* ist ein Stück Text, das von TEX als eine Einheit wie ein einzelnes Zeichen angesehen wird. Eine *Box* (und damit der in ihr stehende Text) kann nach oben, unten,
links und rechts verschoben werden. Da eine Box als Einheit angesehen wird, kann
sie, auch wenn sie selbst aus kleineren Boxen aufgebaut ist, nicht von TEX gebrochen
werden. Es ist jedoch möglich, die kleineren Boxen, aus denen die umgebende Box
aufgebaut ist, nach eigenem Bedarf zu positionieren und damit eine freie Gestaltung
zu erzielen.

Dies ist übrigens genau der Weg, wie TEX intern die Textformatierung durchführt:
die einzelnen Zeichen werden jeweils in eine eigene *Zeichen*box gepackt, aus diesen
*Zeichen*boxen wird die *Zeilen*box aufgebaut, indem die einzelnen *Zeichen*boxen horizontal und vertikal geeignet positioniert und zwischen die Wörter *elastische* Abstände
eingefügt werden. Die *Zeilen*boxen werden zu *Absatz*boxen zusammengefügt und aus
diesen wiederum die *Seitenrumpf*box aufgebaut. Die *Seiten*box schließlich besteht
aus der *Kopf-*, *Rumpf-* und *Fuß*box.

LATEX stellt dem Benutzer drei *Boxtypen* zur Verfügung: LR–Boxen, Par–Boxen
und Rule–Boxen. Eine LR–Box ist eine Box, deren Einzelbestandteile horizontal von
links nach *rechts* angeordnet werden. Eine Par–Box (Paragraph = Absatz) ist eine
Box, die aus Zeilen aufgebaut wird, die vertikal untereinander angeordnet werden.
Eine Rule–Box schließlich ist ein mit Farbe gefülltes Rechteck.

4.7.1   LR–Boxen

Zur Erzeugung von LR–Boxen stehen die Befehle

> `\mbox{`*text*`}`   und   `\fbox{`*text*`}`
>
> `\makebox[`*breite*`][pos]{`*text*`}`   und   `\framebox[`*breite*`][pos]{`*text*`}`

zur Verfügung. Die ersten beiden Befehle erzeugen eine LR–Box einer Breite, die
durch den in { } stehenden *Text* bestimmt wird. Der Befehl `\fbox` rahmt diesen
$\boxed{Text}$ zusätzlich ein.

Bei den beiden anderen Befehlen kann die Breite der Box mit dem optionalen
Parameter *breite* festgelegt werden. Innerhalb dieser Box erscheint der in { } stehende
Text ohne den optionalen Parameter *pos* zentriert. Dieser Parameter darf die Werte

> l   Der *Text* erscheint in der Box linksbündig
> r   Der *Text* erscheint in der Box rechtsbündig

annehmen.

`\makebox[4cm]{zentrierter Text}` erzeugt also   zentrierter Text   und
`\framebox[4cm][r]{rechtsb"undiger Text}` ordnet den Text rechtsbündig in der
4cm breiten Box an: $\boxed{\qquad \text{rechtsbündiger Text}}$.

Ist die Breitenangabe kleiner als der von *Text* in Anspruch genommene Platz, so
ragt der Text, je nach Wahl des *pos*-Parameters, links und rechts bei der Standard-
position oder rechts bei linksbündigem Text bzw. links bei rechtsbündigem Text über
die Boxbreite hinaus.

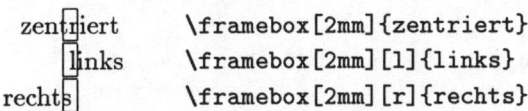

zentriert	\framebox[2mm]{zentriert}
links	\framebox[2mm][l]{links}
rechts	\framebox[2mm][r]{rechts}

So unvernünftig eine solche Druckausgabe bei der Verwendung von \framebox ist, so nützlich kann sie bei Verwendung von \makebox sein. Eine Breitenangabe von 0cm in \makebox gestattet eine zentrierte, links– oder rechtsbündige Positionierung von Text innerhalb von Bildern mittels der picture Umgebung (Kapitel 6). Beispiele folgen bei der Beschreibung dort. Hier soll nur ein Beispiel für die Anordnung von Text vor dem linken Rand gegeben werden. Beginnt eine Zeile mit

Rand \makebox[0pt][r]{Rand}, so wird zu Beginn der Zeile eine Box der Breite 0pt

eingerichtet und in diese Box rechtsbündig der Text, im Beispiel also 'Rand', angeordnet, der damit vor dem linken Rand erscheint.

Achtung: Breitenangaben müssen immer eine Maßeinheit enthalten, auch wenn die Breite 0 ist.

Wenn ein Stück Text gleichartig an mehreren Stellen innerhalb eines Dokumentes auftreten soll, so kann zunächst mit dem Befehl

> \newsavebox{\boxname}

ein *Boxname* eingeführt werden. Dieser kann ein beliebiger Name sein, dem ein \ unmittelbar voranzustellen ist. Als *Boxname* darf allerdings kein LaTeX–Befehlsname gewählt werden. Danach kann mit den Befehlen

> \sbox{\boxname}{text}   oder
> \savebox{\boxname}[breite][pos]{text}

eine Box mit dem Inhalt *text* erzeugt und abgespeichert werden. Die optionalen Parameter *pos* und *breite* haben dieselbe Bedeutung wie bei den \makebox und \framebox Befehlen. Mit dem Befehl

> \usebox{\boxname}

kann diese Box mit ihrem Inhalt an beliebigen Stellen im Dokument ausgedruckt werden.

4.7.2 Vertikale Verschiebungen von LR–Boxen

Der Befehl

> \raisebox{lift}[oberlänge][unterlänge]{text}

erzeugt eine Box vom Typ \mbox, die um *lift* oberhalb der momentanen Grundlinie liegt. Die optionalen Parameter informieren LaTeX, daß diese Box ohne vertikale Verschiebung um den Betrag *oberlänge* über und den Betrag *unterlänge* unter die Grundlinie reicht. Ohne Angabe dieser Parameter nimmt LaTeX hierfür die sich aus *text* ergebenden Werte. *lift*, *oberlänge* und *unterlänge* sind Maßangaben (2.4.1). Eine negative Maßangabe für *lift* verschiebt die Box um den entsprechenden Betrag nach unten.

Beispiel:

```
Grundlinie \raisebox{1ex}{hoch} und \raisebox{-1ex}{tief}
und zur"uck
```

erzeugt: Grundlinie ^{hoch} und $_{\text{tief}}$ und zurück.

Die Werte für *oberlänge* und *unterlänge* können ganz unabhängig von dem tatsächlich benutzten *text* gewählt werden. Die Wirkung liegt darin, daß TeX annimmt, der eingeschlossene Text würde um *oberlänge* über und unter die laufende Grundlinie reichen, womit die Positionierung dieser Grundlinie gegenüber der vorangehenden Zeile bestimmt wird. Der Wert *unterlänge* wird entsprechend bei der Positionierung der nächstfolgenden Zeile berücksichtigt.

4.7.3   Absatzboxen und Teilseiten

Zur Erzeugung von Absatzboxen ('Vertikale Boxen', Par–Boxen in der Sprache von LaTeX) steht der Befehl

> `\parbox[`*pos*`]{`*breite*`}{`*Text*`}`

sowie die Umgebung

> `\begin{minipage}[`*pos*`]{`*breite*`}`   *Text*   `\end{minipage}`

zur Verfügung. Beide erzeugen vertikale Boxen der Breite *breite*, in denen die Zeilen in der entsprechenden Breite untereinander angeordnet sind.

Der optionale Positionierungsparameter *pos* kann die Werte

> b   Die unterste Zeile der Box ist mit der laufenden Zeile ausgerichtet
> t   Die oberste Zeile der Box ist mit der laufenden Zeile ausgerichtet

annehmen. Ohne den Positionsparameter erscheint die Parbox vertikal zentriert zur laufenden Zeile.

Der Positionsparameter entfaltet seine Wirkung nur, wenn der `\parbox` Befehl bzw. die `minipage` Umgebung innerhalb eines Absatzes auftritt, da nur dann von einer laufenden Zeile gesprochen werden kann. Steht unmittelbar vor diesem Befehl eine Leerzeile, so beginnt ein neuer Absatz mit der Parbox. In diesem Fall erfolgt eine Positionierung innerhalb des neuen Absatzes in bezug auf weitere Elemente dieses Absatzes. Diese können z. B. weitere Parboxen sein. Bei einem Absatz, der nur aus einer einzigen Parbox oder Minipage besteht, ist der Positionsparameter sinnlos und bleibt damit wirkungslos.

Beispiele:

```
\parbox{3.5cm}{\sloppy Dies ist eine 3.5cm breite Parbox. Sie erscheint
vertikal zentriert zur}
\hfill LAUFENDEN ZEILE \hfill
\parbox{5.5cm}{Schmale Seiten sind schwer zu formatieren. Sie erzeugen
i.~allg.\ eine Menge Warnungen auf dem Bildschirm. Hier hilft der
{\tt\symbol{92}sloppy} Befehl}
```

Dies ist eine 3.5cm breite Parbox. Sie erscheint vertikal zentriert zur	LAUFENDEN ZEILE	Schmale Seiten sind schwer zu formatieren. Sie erzeugen i. allg. eine Menge Warnungen auf dem Bildschirm. Hier hilft der `\sloppy` Befehl

```
\begin{minipage}[b]{4.5cm}
Die 'minipage' Umgebung erzeugt eine vertikale Box wie der parbox Befehl.
Die unterste Zeile dieser Minipage ist auf die
\end{minipage}\hfill
\parbox{3.0cm}{Mitte dieser schmalen Parbox ausgerichtet, auf die
andererseits}\hfill
\begin{minipage}[t]{4.0cm}
die oberste Zeile der rechten Minipage ausgerichtet ist. Es wird
empfohlen, die Wirkung des Positionsparameters an Beispielen zu "uben.
\end{minipage}
```

Die 'minipage' Umgebung erzeugt eine vertikale Box wie der parbox Befehl. Die unterste Zeile dieser Minipage ist auf die

Mitte dieser schmalen Parbox ausgerichtet, auf die andererseits

die oberste Zeile der rechten Minipage ausgerichtet ist. Es wird empfohlen, die Wirkung des Positionsparameters an Beispielen zu üben.

Im übernächsten Abschnitt (4.7.5) ist dargestellt, wie Parboxen ganz beliebig vertikal gegeneinander positioniert werden können.

Der \parbox Befehl erzeugt wie die minipage Umgebung eine vertikale Box mit dem jeweiligen *Text*. Die minipage Umgebung ist jedoch viel allgemeiner. So darf der *Text* im \parbox Befehl keinen der in 4.2–4.5 beschriebenen Befehle enthalten. Dagegen dürfen diese Befehle in der minipage Umgebung auftreten. Eine Minipage kann also ihrerseits selbst wieder zentrierten Text, Einrückungen, Listen, Tabulatorsetzungen u. a. enthalten.

4.7.4 Rule–Boxen

Eine Rule–Box ist ein mit Druckerfarbe gefülltes Rechteck. Die allgemeine Syntax des Befehls lautet:

\rule[*lift*]{*breite*}{*höhe*}

Dieser erzeugt ein gefülltes Rechteck der Breite *breite* und der Höhe *höhe*, das um *lift* über der augenblicklichen Grundlinie liegt. \rule{10mm}{3mm} erzeugt also ▬. Da der optionale Parameter *lift* weggelassen wurde, liegt die Unterkante des Rechtecks auf der Grundlinie der laufenden Zeile.

lift, *breite* und *höhe* stellen Maßangaben dar (2.4.1). Ein negativer Wert für *lift* ist zulässig und bedeutet eine Verschiebung nach unten.

Eine Rulebox der Breite Null ist erlaubt. Hiermit wird ein unsichtbarer vertikaler Strich der Länge *höhe* erzeugt. Eine solche Konstruktion heißt eine *Stütze* (engl. *strut*). Sie kann benutzt werden, um vertikale Abstände an Stellen zu erzeugen, wo der Befehl \vspace nicht möglich ist.

Beispiel: Der Befehl \fbox{Text} erzeugt text. Um z. B. Text zu erzeugen, muß TEX zunächst gesagt bekommen, daß der einzurahmende Text um die entsprechenden Beträge unter und über die Grundlinie reicht. Im Beispiel wurde dies mit

\fbox{\rule[-4mm]{0cm}{1cm}Text} erreicht. Hier wurde also gesagt: Der einzurahmende Text besteht aus einem "unsichtbaren vertikalen Strich, der 4mm unterhalb der Grundlinie beginnt und 1cm lang ist, gefolgt von dem Wort Text". Der vertikale Strich bleibt zwar unsichtbar, aber er bestimmt die Unterkante und Höhe des Rahmens.

Eine Rulebox der Höhe Null, also ein unsichtbarer horizontaler Strich der Länge *breite* ist ebenso erlaubt. Im Gegensatz zu den unsichtbaren vertikalen Strichen liegt hierin jedoch kein praktischer Nutzen, da alle horizontalen Verschiebungen durch \hspace Befehle erzielt werden können.

4.7.5   Verschachtelte Boxen

Die vorstehenden Box–Befehle können beliebig verschachtelt werden. Die Verwendung einer LR–Box in einer Parbox, etwa einer Minipage, macht keine Vorstellungsschwierigkeiten. Die umgekehrte Schachtelung, also eine Parbox in einer LR–Box, ist aber ebenso möglich und wird verständlich, wenn man sich klarmacht, daß jede Box als Einheit, also wie ein einzelnes Zeichen entsprechender Größe, von TEX behandelt wird.

> Eine Parbox innerhalb eines \fbox Befehls bewirkt, daß die ganze Parbox eingerahmt wird. Der hier stehende Text wurde mit
>
> \fbox{\fbox{\parbox{10cm}{Eine Parbox ...}}}
>
> erzeugt. Hier ist also eine Parbox von 10cm Breite in eine Rahmenbox und diese in eine weitere Rahmenbox eingeschachtelt, wodurch die Doppelumrandung entsteht.

Die Einschachtelung einer Parbox in eine \raisebox läßt eine beliebige vertikale Positionierung zu. Die beiden hier nebeneinander stehenden Boxen waren als Minipages der Breite 9cm und 2.5cm mit dem Positionierungsparameter [b] erklärt. Demzufolge sollten sie mit ihren untersten Zeilen übereinstimmen. Die rechte Minipage ist jedoch mit

```
\raisebox{1cm}{\begin{minipage}[b]{2.5cm}
        a b c d e ... x y z\\
        \underline{Bezugslinie}
        \end{minipage} }
```

um 1cm nach oben versetzt worden.

a b c d e f g h i
j k l m n o p q r
s t u v w x y z
Bezugslinie

Bezugslinie

Nützlich sind häufig Strukturen, bei denen minipage Umgebungen mit Positionierungsparametern gegeneinander ausgerichtet sind, die gemeinsam von einer äußeren minipage Umgebung eingeschachtelt werden. Die äußere minipage Umgebung kann dann ihrerseits mit einem eigenen Positionierungsparameter auf die Nachbarschaft ausgerichtet sein. Siehe hierzu Übungsbeispiel 4.12.

Schließlich können vertikale Boxen, also \parbox Befehle und minipage Umgebungen, als *Textparameter* in \sbox und \savebox abgespeichert und ihre Inhalte mit \usebox wieder ausgegeben werden (s. S. 69).

4.7.6 Box–Stilparameter

Für die Rahmenboxen \fbox und \framebox können vom Benutzer zwei Stilparameter verändert werden:

\fboxrule   bestimmt die Liniendicke der Rahmenboxen.

\fboxsep   bestimmt den Leerraum zwischen dem Rahmen und dem eingeschachtelten Text.

Die Zuweisung eines Wertes erfolgt wie bei allen Längenerklärungen durch unmittelbares Anhängen einer Maßangabe oder mit dem LaTeX–Befehl \setlength: \fboxrule0.5mm erzeugt ebenso wie \setlength{\fboxrule}{0.5mm} für alle folgenden \fbox und \framebox Befehle für den Rahmen eine Liniendicke von 0.5mm.

Für die Reichweite dieser Befehle gilt das bekannte Schema: Erklärungen im Vorspann gelten für das ganze Dokument, sonst bis zum Ende der laufenden Umgebung.

Diese Erklärungen beeinflussen <u>nicht</u> den gleichlautenden, aber in Wirkung und Syntax erweiterten \framebox Befehl innerhalb der picture Umgebung. (s. 6.4.2)

Übung 4.12: Wie muß die verschachtelte Struktur aussehen, um folgende Anordnung zu erreichen? (Schriftgröße: footnotesize*)*

Die erste Zeile dieser 4cm breiten Minipage oder Parbox stimmt mit der ersten Zeile der nebenstehenden Minipage oder Parbox überein

Diese 5cm breite Minipage oder Parbox ist mit der ersten Zeile auf die erste Zeile der links nebenstehenden Struktur und mit der letzten Zeile auf die letzte Zeile der rechts stehenden Struktur ausgerichtet.   Die naheliegende Überlegung von drei nebeneinanderstehenden Parboxen mit den Positionierungsparametern t, t, b führt zu einem falschen Ergebnis. Warum?

Die Lösung liegt in der Einschachtelung von zwei der drei Strukturen in jeweils eine umgebende Minipage und deren Ausrichtung auf die verbleibende dritte Struktur

Anmerkung: Es gibt zwei verschiedene Lösungen, je nachdem ob die "linke und mittlere" oder die "mittlere und rechte Struktur" von einer äußeren Minipage eingeschachtelt wird. Überlegen Sie sich für beide Lösungen jeweils die inneren und äußeren Positionierungsparameter. (Die rechte Struktur ist übrigens 3.5cm breit und der Abstand zwischen den Strukturen beträgt jeweils 2.5mm.)

Übung 4.13: Erzeugen Sie die nachfolgende gerahmte Struktur und speichern Sie diese mit \sbox{\warnung}{*struktur*}*, nachdem Sie mit* \newsavebox{\warnung} *den Boxnamen* \warnung *eingerichtet haben. Erzeugen Sie diese Warnung mit* \usebox{\warnung} *Befehlen an verschiedenen Stellen in ihrem Standardübungsfile.*

> Benutzereigene Formatierungen sollten nur vorgenommen werden, wenn die LaTeX Standardformatierungen *absolut* ungeeignet sind!

Anmerkung: Parboxbreite = 12cm.   Die Erzeugung der gerahmten Struktur sollte nach dem vorangegangenen Beispiel der doppeltgerahmten Parbox keine Schwierigkeiten bereiten. Achten Sie bei dem Befehl \sbox{\warnung}{*struktur*} *am Ende auf die richtige Zahl der schließenden Klammern.*

Ergänzung: Ändern Sie mit \fboxrule *und* \fboxsep *Erklärungen Rahmendicke und Leerraum zwischen dem Rahmen und dem eingeschachtelten Text. Drucken Sie das Ergebnis mit den geänderten Werten nochmals aus.*

4.8   Tabellen

Mit den vorstehenden *Boxen*–Elementen und der `tabbing` Umgebung könnte man sich grundsätzlich beliebige gerahmte und ungerahmte Tabellenstrukturen erzeugen. LaTeX stellt den Benutzer jedoch von mühevollen Eigenkonstruktionen frei.

4.8.1   Die Konstruktion von Tabellen

Mit den `tabular`, `tabular*` und `array` Umgebungen stehen komfortable Instrumente für die Gestaltung von Tabellen und Matrizen zur Verfügung. Die Syntax dieser Umgebungen ist

`\begin{array}[`*pos*`]{`*sp_form*`}`	*Zeilen*	`\end{array}`
`\begin{tabular}[`*pos*`]{`*sp_form*`}`	*Zeilen*	`\end{tabular}`
`\begin{tabular*}{`*breite*`}[`*pos*`]{`*sp_form*`}`	*Zeilen*	`\end{tabular*}`

Die `array` Umgebung kann nur im *mathematischen Mode* (s. Kapitel 5) verwendet werden. Sie wird hier nur aufgeführt, weil ihre Syntax und die Bedeutung ihrer Parameter vollständig mit denen der `tabular` Umgebung übereinstimmt. Diese Umgebungen stellen strukturmäßig eine *Minipage* dar. Die Bedeutung der Parameter ist

pos   Vertikaler Positionierungsparameter (zur Erläuterung s. auch die entsprechenden Erläuterungen zu 4.7.3). Seine Werte können sein

    t   Ausrichtung der obersten Tabellenzeile mit der laufenden Umgebung

    b   Ausrichtung der untersten Tabellenzeile mit der laufenden Umgebung

    Ohne diesen Parameter erfolgt die Ausrichtung der vertikalen Tabellenmitte mit der laufenden Umgebung

breite Bei der `tabular*` Umgebung bestimmt dieser Parameter die Gesamtbreite der Tabelle. Bei dieser Umgebung sollte das *sp_form* Feld nach dem ersten Eintrag ein `@{\extracolsep{\fill}}` oder `@{\extracolsep\fill}` (s. u.) enthalten. Bei den beiden anderen Umgebungen wird die Breite der Tabelle entsprechend ihrem Inhalt von LaTeX selbst bestimmt.

sp_form Dieser Parameter bestimmt die Spaltenformatierung. Für jede Spalte ist ein *Formatierungseintrag* notwendig, ggf. ergänzt durch *Formatierungsangaben* für den linken und rechten Rand der Tabelle sowie den Zwischenraum zwischen benachbarten Spalten.

    An *Spaltenformatierungszeichen* stehen zur Verfügung

    l   Der Inhalt der Spalte erscheint linksbündig

    r   Der Inhalt der Spalte erscheint rechtsbündig

    c   Der Inhalt der Spalte erscheint zentriert

    p{*br*} Der Text dieser Spalte wird in Zeilen der Breite *br* gebrochen. Die oberste Zeile dieser Spalte ist auf die Eintragungen der anderen Spalten ausgerichtet. Unter Verwendung der Boxbegriffe heißt dies, die Spalte wird als `\parbox[t]{`*br*`}{`*Spaltentext*`}` ausgerichtet.

*{*num*}{*sp_form*}   *num* ist eine Zahl, die angibt, wie oft die in *sp_form* stehende *Spaltenformatierung* wiederholt werden soll.

*{5}{|c|} ist also gleichbedeutend mit |c|c|c|c|c|.

An *Formatierungszeichen* für den linken und rechten Rand der Tabelle sowie den Zwischenraum benachbarter Spalten stehen zur Verfügung

| erzeugt einen vertikalen Strich

|| erzeugt zwei dicht benachbarte vertikale Striche

@{*text*} Dieser Eintrag soll hier kurz @–*Ausdruck* genannt werden. Er fügt den Inhalt von *text* in jeder Zeile zwischen die beiden Spalten ein, die links und rechts von diesem Ausdruck definiert sind.

Ein @–Ausdruck entfernt den Zwischenraum, der standardmäßig zwischen zwei Spalten angebracht ist. Soll zwischen dem eingefügten Text und den benachbarten Spalten Zwischenraum auftreten, so ist er durch Verwendung von \hspace{ } im *text*–Feld des @–Ausdrucks explizit anzugeben. Soll der Zwischenraum zwischen zwei bestimmten Spalten abweichend vom Standard gewählt werden, so ist dies leicht durch @{\hspace{*br*}} zwischen den entsprechenden Spaltendefinitionen zu erreichen. Hierdurch wird der Standardzwischenraum durch Zwischenraum der Breite *br* ersetzt.

Ein \extracolsep{*br*} in einem @–Ausdruck fügt zusätzlichen Zwischenraum der Breite *br* linksbündig in alle nachfolgenden Spalten ein, bis er durch einen weiteren \extracolsep Befehl geändert oder auf Null zurückgesetzt wird. Dieser Zusatzzwischenraum wird in den nachfolgenden @–Ausdrücken — anders als der Standardzwischenraum — nicht unterdrückt. Bei der *Form der tabular* Umgebung sollte in der Spaltendefinition nach dem ersten Spaltenformat der Befehl @{\extracolsep\fill} stehen, womit vor alle Folgespalten gerade soviel Zusatzzwischenraum zugefügt wird, daß die vorgegebene Tabellenbreite erreicht wird.

Bei einer Tabelle, deren rechter bzw. linker Rand nicht aus einer vertikalen Linie besteht, wird vor der ersten und nach der letzten Spalte Zwischenraum von der halben Breite des Standardspaltenzwischenraums eingefügt. Soll dieser nicht auftreten, so ist dies durch einen leeren @–Ausdruck @{} am Beginn bzw. Ende der Spaltendefinition möglich.

Zeilen stellt die durch \\ voneinander getrennten Zeilen der Tabelle dar. Jede Tabellenzeile besteht aus einer Reihe von Spalteneinträge, die durch das Zeichen & voneinander getrennt werden. Jede Tabellenzeile sollte genau so viele, ggf. leere, Spalteneinträge besitzen, wie sie durch die Spaltendefinition in *sp_form* festgelegt sind. Die einzelnen durch & voneinander getrennten Spalteneinträge werden von LATEX so behandelt als ständen sie in { }. Änderungen wie etwa des Schrifttyps u. ä. innerhalb einer Spalte wirken also nur innerhalb der entsprechenden Spalte und Zeile.

\hline Dieser Befehl darf nur vor der ersten Zeile *oder* unmittelbar hinter den Zeilentrennungszeichen \\ stehen. Vor der ersten Zeile erzeugt dieser Befehl eine horizontale Linie von der Breite der Tabelle am oberen Rand der Tabelle. Ansonsten erzeugt dieser Befehl eine entsprechende horizontale Linie unterhalb der durch \\ abgeschlossenen Zeile.

Zwei unmittelbar aufeinanderfolgende \hline Befehle erzeugen zwei dicht benachbarte horizontale Linien (Doppellinie).

\cline{$n - m$} erzeugt eine horizontale Linie vom linken Rand der Spalte n bis zum rechten Rand der Spalte m. Auch dieser Befehl darf nur unmittelbar nach dem Zeilentrennzeichen \\ auftreten. Es können mehrere \cline Befehle aufeinander folgen. \cline{1-3} \cline{5-7} erzeugt unterhalb der gerade abgeschlossenen Zeile eine horizontale Linie vom linken Rand der Spalte 1 bis zum rechten Rand der Spalte 3 sowie von linken Rand der Spalte 5 bis zum rechten Rand der Spalte 7.

\multicolumn{num}{sp}{$text$} Dieser Befehl macht aus den nächsten num Spalten eine Spalte von der Gesamtbreite dieser Spalten einschließlich ihrer Zwischenräume. Für sp muß genau eines der Positionierungszeichen l, r oder c stehen, evtl. ergänzt durch einen oder mehrere @–Ausdrücke und vertikale Linien |. Der Wert 1 für num in einem \multicolumn Befehl kann benutzt werden, wenn in einer Zeile eine bestimmte Spalte eine andere Positionierung des Spaltentextes erhalten soll als der Rest der Tabelle.

Der \multicolumn Befehl darf nur am Beginn einer Zeile oder unmittelbar nach einem Spaltentrennzeichen & stehen.

\vline Dieser Befehl erzeugt einen vertikalen Strich über die Zeilenhöhe an der Stelle seines Auftretens. Damit können vertikale Striche innerhalb einer Spalte erzeugt werden.

Da eine Tabelle strukturmäßig eine vertikale Box vom Typ der Parbox oder Minipage darstellt, kann sie horizontal mit anderen Parboxen oder Minipage–Umgebungen positioniert werden (s. die Beispiele in 4.7.3). Um eine Tabelle horizontal zu zentrieren, ist sie durch

    \begin{center} *Tabelle* \end{center}

einzuschließen.

4.8.2   Die Änderung des Tabellenstils

Für die Gestaltung einer Tabelle stellt LaTeX eine Reihe Standardwerte bereit. Diese können vom Benutzer geändert werden, entweder global im Vorspann oder innerhalb einer Umgebung, die eine oder mehrere Tabellen enthält, für die diese Änderung gelten soll. Die Änderung sollte außerhalb der Tabellenumgebung erfolgen.

\tabcolsep bestimmt die halbe Breite des Spaltenzwischenraumes zwischen benachbarten Spalten bei der tabular und tabular* Umgebung.

\arraycolsep gilt entsprechend für die array Umgebung.

\arrayrulewidth bestimmt die Dicke von vertikalen und horizontalen Linien in einer Tabelle.

\doublerulesep bestimmt den Abstand von Doppellinien.

Die Änderung erfolgt mit \setlength oder durch unmittelbares Anhängen einer Maßangabe an die obigen Erklärungen. arrayrulewidth0.5mm ändert die Liniendicke auf 0.5mm. Schließlich kann noch mit der Erklärung

`\arraystretch` der Zeilenabstand in einer Tabelle beeinflußt werden. Dies ist ein Faktor, mit dem der normale Zeilenabstand in einer Tabelle multipliziert wird. Sein Standardwert ist 1, eine Änderung auf 1.5 würde die Zeilenabstände auf das 1.5–fache vergrößern. Die Zuweisung eines Wertes erfolgt durch den Befehl

```
\renewcommand{\arraystretch}{factor}
```

4.8.3   Beispiele von Tabellenkonstruktionen

Die folgenden Beispiele zeigen, daß die Erzeugung von Tabellen in praxi viel einfacher ist, als es die obige Beschreibung der Formatierungsparameter erwarten läßt.

Die einfachste Tabelle besteht aus einer Reihe von Spalten, in denen der jeweilige Spaltentext zentriert, links– oder rechtsbündig erscheint. Die Spaltenbreiten, der Abstand zwischen den Spalten und damit die Breite der ganzen Tabelle werden automatisch gewählt.

Platz	Verein	Sp.	S	U	N	Tore	Punkte
1.	Bayern München	33	19	13	1	66:31	51:15
2.	Hamburger SV	33	18	9	6	65:37	45:21
3.	Bor. M'Gladbach	33	17	7	9	70:44	41:25
4.	Bor. Dortmund	33	14	10	9	66:50	38:28
5.	Werder Bremen	33	16	6	11	63:53	38:28
6.	Kaiserslautern	33	15	7	11	64:47	37:29
7.	Bayer Leverkusen	33	15	7	11	52:37	37:20
8.	1. FC Nürnberg	33	12	11	10	62:58	35:31
9.	1. FC Köln	33	13	9	11	49:51	35:31
10.	Bayer Uerdingen	33	11	11	11	48:47	33:33
11.	VfB Stuttgart	33	13	6	14	54:45	32:34
12.	Schalke 04	33	12	8	13	50:57	32:34
13.	VfL Bochum	33	9	13	11	50:42	31:35
14.	Waldhof Mannheim	33	10	8	15	50:68	28:38
15.	Eintr. Frankfurt	33	8	9	16	42:49	25:41
16.	FC Homburg	33	6	8	19	31:77	20:46
17.	Fort. Düsseldorf	33	7	5	21	40:89	19:47
18.	BW 90 Berlin	33	3	11	19	37:74	17:49

Die vorstehende Tabelle besteht aus 8 Spalten, von denen die erste *rechtsbündig*, die zweite *linksbündig*, die dritte *zentriert*, die nächsten drei wieder *rechtsbündig* und die letzten beiden *zentriert* angeordnet sind. Damit lautet das Spaltenformatierungsfeld der `tabular` Umgebung

```
{rlcrrrcc}
```

Diese Tabelle wird demnach erzeugt durch

```
\begin{tabular}{rlcrrrcc}
Platz & Verein         & Sp. & S & U & N & Tore & Punkte \\[0.5ex]
   1. & Bayern M"unchen & 33 & 19 & 13 &  1 & 66:31 & 51:15 \\
   2. & Hamburger SV    & 33 & 18 &  9 &  6 & 65:37 & 45:21 \\
  ... & .....           & .. & .. & .. & .. & ...   & ...   \\
```

```
17. & Fort.\ D"usseldorf & 33 &  7 &  5 & 21 & 40:89 & 19:47 \\
18. & BW 90 Berlin       & 33 &  3 & 11 & 19 & 37:74 & 17:49
\end{tabular}
```

Die einzelnen Spalten werden durch das Zeichen & voneinander getrennt und die ganze Zeile mit \\ beendet. Die Angabe [0.5ex] nach der ersten Zeile im vorstehenden Beispiel bewirkt einen zusätzlichen Zeilenzwischenraum zwischen der ersten und zweiten Zeile. Das Zeilenendzeichen kann bei der letzten Zeile der Tabelle entfallen, da diese mit \end{tabular} automatisch beendet wird.

Die Trennung der Spalten durch vertikale Striche erfolgt durch die Einfügung von | im Formatierungsfeld. Das Ergebnis von

```
    \begin{tabular}{r|l||c|rrr|c|c}
```

sieht so aus

Platz	Verein	Sp.	S	U	N	Tore	Punkte
1.	Bayern München	33	19	13	1	66:31	51:15
2.	Hamburger SV	33	18	9	6	65:37	45:21
⋮	⋮						⋮
18.	BW 90 Berlin	33	3	11	19	37:74	17:49

Ein | vor dem ersten und nach dem letzten Spaltenzeichen erzeugt einen vertikalen Strich vor der ersten und nach der letzten Spalte. Zwei | | erzeugen eine vertikale Doppellinie. Horizontale Striche über die Tabellenbreite werden mit dem Befehl \hline erzeugt. Dieser Befehl darf nur nach dem Zeilenendzeichen \\ sowie am Beginn der Tabelle erscheinen. Der Befehl \hline\hline erzeugt eine horizontale Doppellinie.

```
\begin{tabular}{|r|l||c|rrr|c|c|} \hline
Platz & Verein & Sp. & S & U & N & Tore & Punkte\\ \hline\hline
  1. & Bayern M"unchen  & 33 & 19 & 13 &  1 & 66:31 & 51:15 \\ \hline
  2. & Hamburger SV     & 33 & 18 &  9 &  6 & 65:37 & 45:21 \\ \hline
 . . . . . . . . . . . . . . . . . . . . . . . .
18. & BW 90 Berlin      & 33 &  3 & 11 & 19 & 37:74 & 17:49 \\ \hline
\end{tabular}
```

Das Ergebnis sieht so aus

Platz	Verein	Sp.	S	U	N	Tore	Punkte
1.	Bayern München	33	19	13	1	66:31	51:15
2.	Hamburger SV	33	18	9	6	65:37	45:21
⋮	⋮						⋮
18.	BW 90 Berlin	33	3	11	19	37:74	17:49

Das Zeilenendzeichen \\ muß hierbei auch nach der letzten Zeile der Tabelle angebracht werden, da hiernach noch eine weitere horizontale Linie erzeugt werden soll.

Im vorstehenden Beispiel enthält die dritte Spalte in allen Zeilen denselben Eintrag, nämlich 33. Eine Eintragung, die in allen Zeilen dieselbe ist, kann auch automatisch eingefügt werden. Das Symbol @{*text*} im Formatierungsfeld fügt den Inhalt von *text* zwischen die benachbarten Spalten ein. Wird für die obige Bundesligatabelle das Formatierungsfeld als

```
{rl@{ 33 }rrrcc}  bzw.   {|r|l||@{ 33 }|rrr|c|c|}
```

definiert, so wird in jeder Zeile zwischen die zweite und dritte Spalte der Text ' 33 '
einschließlich der Blanks eingefügt. Im Ergebnis wäre dieselbe Tabelle erzeugt worden.
Die Eintragung für die 4. Zeile hätte hierbei gelautet

```
4. & Bor.~Dortmund & 14 & 10 & 9 & 66:50 & 38:28 \\
```

Das Formatierungsfeld besteht hier nur aus 7 Spaltendefinitionen, nämlich `rlrrrcc`, die
frühere dritte Spalte `c` ist entfallen. Entsprechend enthalten die einzelnen Zeilen jeweils ein `&`
weniger. Mit dem zweiten `&` Zeichen einer Zeile beginnt die neue dritte Spalte, also die Zahl
der gewonnenen Spiele. Zwischen dieser und der vorangehenden Spalte mit den Vereinsnamen
wird der Inhalt von `@{ 33 }` automatisch, ohne zusätzlichen `&` Aufruf eingefügt.

Die beiden letzten Spalten enthalten das Tor– bzw. Punkteverhältnis als zentrierten Eintrag in der Form $m : n$. Die ':' stehen hierbei nur zufällig übereinander, weil
in allen Fällen vor und nach dem Doppelpunkt zweistellige Zahlen auftreten. Hätte
eine Eintragung hier z. B. gelautet `9:101`, so wäre in dieser Zeile der Doppelpunkt
gegenüber den anderen Zeilen verschoben gewesen.

Eine Ausrichtung nach dem ':', unabängig von der Zahl der Ziffern vor und nach
dem Doppelpunkt, kann ebenfalls mit einem `@`–Ausdruck erreicht werden, und zwar
durch `r@{:}l` im Formatierungsfeld. Hierdurch wird zwischen eine rechtsbündige und
eine linksbündige Spalte ein `:` eingefügt. Das Formatierungsfeld für die Bundesligatabelle hätte damit gelautet

```
{rl@{ 33 }rrrr@{:}lr@{:}l}  bzw.  {|r|l||@{ 33 }|rrr|r@{:}l|r@{:}l|}
```

mit dem Zeileneintrag

```
4. & Bor.~Dortmund & 14 & 10 & 9 & 66 & 50 & 38 & 28 \\
```

Aus jeder `c` Spalte sind hier jeweils zwei Spalten `r@{:}l` geworden. Ein `@`–Ausdruck setzt
den entsprechenden Text zwischen die benachbarten Spalten und entfernt gleichzeitig den
Zwischenraum, der normalerweise zwischen den Spalten auftritt. Damit wird die `r`–Spalte
vor dem `@{:}` rechtsbündig an dem `:` erscheinen und die darauffolgende `l`–Spalte linksbündig
anschließen.

Dieselbe Konstruktion wird man auch wählen, wenn eine Spalte Dezimalzahlen mit unterschiedlich vielen Stellen vor und hinter dem Dezimalpunkt enthält und die Ausrichtung nach
dem Dezimalpunkt erfolgen soll.

Die Angaben für das Tor– und Punkteverhältnis bestehen nun aus jeweils zwei
Spalten, die nach dem `:` ausgerichtet sind. Für die Angabe der Plus– und Minuspunkte
oder Tore in jeweils eigenen Spalten ist das kein Nachteil. Die Spaltenüberschrift soll
jedoch die Wörter 'Tore' bzw. 'Punkte' über nunmehr jeweils zwei Spalten enthalten.
Dies kann mit dem Zeilenbefehl `\multicolumn` erreicht werden, mit dem in einzelnen
Zeilen mehrere nebeneinanderstehende Spalten zu einer zusammengefügt werden. Die
erste Zeile ist dann für die ungerahmte Bundesligatabelle mit

```
Platz & Verein & S & U & N & \multicolumn{2}{c}{Tore}
    & \multicolumn{2}{c}{Punkte} \\
```

einzugeben. `\multicolumn{2}{c}{Tore}` sagt, daß die nächsten beiden Spalten zu
einer zusammengefügt werden sollen, in die der Eintrag 'Tore' zentriert angeordnet
wird. Bei der gerahmten Tabelle hätte der mittlere Parameter der `\multicolumn`

Befehle lauten müssen {c|}, da dieser Befehl für die zusammengefügten Spalten die im Formatierungsfeld erklärten vertikalen Striche | mit entfernt.

Das Abschlußergebnis der Bundesligasaison 1986/87 wird mit dem folgenden Tabellenkopf beschrieben

```
\begin{tabular}{|r|l||rrr|r@{:}l|r@{:}l||c|}\hline
  \multicolumn{10}{|c|}{\bf 1. Fu\3ball--Bundesliga --- Abschlu\3 1986/87}\\
  \hline
  &\it Verein &\it S &\it U &\it N & \multicolumn{2}{c|}{\it Tore}
    & \multicolumn{2}{c||}{\it Punkte} &\it Kommentar \\ \hline\hline
```

. . . .

1. Fußball–Bundesliga — Abschluß 1986/87							
	Verein	*S*	*U*	*N*	*Tore*	*Punkte*	*Kommentar*
1.	Bayern München	20	13	1	67:31	53:15	D. Meister
2.	Hamburger SV	19	9	6	69:37	47:21	Pokalsieger
3.	Bor. M'Gladbach	18	7	9	74:44	43:21	Teilnehmer
4.	Bor. Dortmund	15	10	9	70:50	40:28	am
5.	Werder Bremen	17	6	11	65:54	40:28	UEFA
6.	Bayer Leverkusen	16	7	11	56:38	39:29	Pokal
7.	1. FC Kaiserslautern	15	7	12	64:51	37:31	
8.	Bayer Uerdingen	12	11	11	51:49	35:33	
9.	1. FC Nürnberg	12	11	11	62:62	35:33	
10.	1. FC Köln	13	9	12	50:53	35:33	
11.	VfL Bochum	9	14	11	52:44	32:36	Mittelfeld
12.	VfB Stuttgart	13	6	15	55:49	32:36	
13.	Schalke 04	12	8	14	50:58	32:36	
14.	Waldhof Mannheim	10	8	16	52:71	28:40	
15.	Eintracht Frankfurt	8	9	17	42:53	25:43	
16.	FC Homburg	6	9	19	33:79	21:47	Rel. St. Pauli
17.	Fort. Düsseldorf	7	6	21	42:91	20:48	Absteiger
18.	BW 90 Berlin	3	12	19	36:76	18:50	

Die horizontalen Linien der Plätze 3–5, 7–14 und 17 wurden mit dem Befehl \cline{1-9} erzeugt, die anderen mit \hline,

```
11. & VfL Bochum & 9 & 14 & 11 & 52&44 & 32&36 & Mittelfeld\\ \cline{1-9}
```

Die beiden letzten Zeilen der Tabelle bedürfen einer Anmerkung. Der Kommentar 'Absteiger' liegt auf halber Höhe zwischen diesen beiden Zeilen. Dies wurde erreicht mit der folgenden Eintragung für die letzte Zeile

```
18. & BW 90 Berlin & 3 & 12 & 19 & 36&76 & 18&50
     & \raisebox{1.5ex}[-1.5ex]{Absteiger}\\ \hline
```

Mit dem \raisebox Befehl für die letzte Spalte wird der Text 'Absteiger' um 1.5ex nach oben versetzt. Ohne den optionalen Parameter [-1.5ex] hätte dies zur Folge, daß für die letzte Zeile eine um 1.5ex größere Zeilenhöhe eingerichtet würde, die als vertikaler Zwischenraum unter dem horizontalen Strich nach Platz 17 und dem Text in den Spalten 1–9 eingefügt würde. Dieser zusätzliche Zwischenraum wird durch den optionalen Parameter *oberlänge* = [-1.5ex] unterdrückt (s. die Beschreibung des \raisebox Befehls in 4.7.2).

Gelegentlich soll zwischen den horizontalen Strichen und dem Spaltentext zusätzlicher Zwischenraum eingefügt werden. Die Bundesliga Abschlußtabelle würde im Kopf besser so aussehen:

1. Fußball–Bundesliga — Abschluß 1986/87					
Verein	*S*	*U*	*N*	*Tore*	*Punkte*	*Kommentar*

Dies kann durch Anbringen einer *Stütze* (s. 4.7.4), also einer unsichtbaren vertikalen Linie in einem Spalteneintrag erzielt werden. Für den vorstehenden Tabellenkopf wurde die erste Zeile der Tabelle geändert in

```
\multicolumn{10}{|c|}{\rule[-3mm]{0mm}{8mm}\bf 1. Fu\3ball--Bundesliga
    --- Abschlu\3 1986/87}\\ \hline
```

Hiermit wird in diese Zeile eine unsichtbare vertikale Linie, die 3mm unterhalb der Grundlinie beginnt und 8mm hoch ist, eingefügt, die den Abstand der horizontalen Linien unterhalb und oberhalb des Zeilentextes entsprechend verschiebt. Bei Zeilen, die aus mehreren Spalten bestehen, genügt die Anbringung einer *Stütze* in einer einzigen Spalte, um den Abstand der horizontalen Linien für die ganze Zeile zu bestimmen.

Übung 4.14: Erzeugen Sie nach dem Muster der Bundesliga–Abschlußtabelle eine aktuelle Tabelle der von Ihnen bevorzugten Mannschaftssportart. Achten Sie darauf, daß bei der Angabe des Tor– und Punkteverhältnisses die Spalten nach dem ':' ausgerichtet werden.

Übung 4.15: Erzeugen Sie den folgenden Stundenplan

Tag		18.15–19.15			19.20–20.20			20.30–21.30	
	Fach	Lehrer		Fach	Lehrer		Fach	Lehrer	
		Raum			Raum			Raum	
Mo.	UNIX	Dr. Schmidt	FORTRAN	Frau Schulz	Num. Math.	Herr Meier
		Rechenraum		Hörsaal		Hörsaal
Di.	LaTeX	Frl. Müller	FORTRAN	Frau Schulz	Num. Math.	Herr Meier
		Praktikum		Praktikum		Hörsaal
Do.	UNIX	Dr. Schmidt	C–Theorie	Dr. Nolte	Informatik	Dr. Nolte
		Rechenraum		Hörsaal		Hörsaal
Fr.	LaTeX	Frl. Müller	C–Praxis	Frau Schulz	entfällt	
		Praktikum		Praktikum		

Das Hochsetzen der Angaben für "Tag" und "Fach" erfolgt nach demselben Verfahren wie bei "Absteiger" in der obigen Bundesligatabelle. Zur Erleichterung kann mit

```
\newcommand{\rb}[1]{\raisebox{1.5ex}[-1.5ex]{#1}}          (s. 7.3.2)
```

ein benutzereigener Befehl `\rb{eintrag}` *eingeführt werden, mit dem z. B. durch Aufruf von* `\rb{Mo.}` *oder* `\rb{UNIX}` *die gewünschte Hochstellung erfolgt.*

In allen vorangegangenen Beispielen erschien der Eintrag für die einzelnen Spalten einzeilig. Manche Tabellen enthalten einzelne Spalten mit mehrzeiligem Text, bei denen die Tabellenzeilen als ganzes etwa so voneinander abgegrenzt sind

Typ	Beschreibung	Preis
GXT 1	**Der PC–Kompatible:** Intel 8088, 512 KByte Hauptspeicher, Color–Graphik–Karte, Multi–I/O–Karte, 2 Laufwerke 360 KByte, 14” Bildschirm, Tastatur, MSDOS 3.1, GW–Basic	883,70
GXT 20	**Der XT–Kompatible:** Daten wie GXT, jedoch Hercules–Kompatible Karte, 1 Laufwerk 360 KByte, 1 Festplatte 27 MByte unformatiert	1.376,40
GAT	**Der AT–Kompatible:** Intel 80286, 1 Laufwerk 1,2 MB /360 KB, 1 MByte Hauptspeicher, 14” Bildschirm, Tastatur, Herkules–Kompatible Karte, Hard–Disk 27 MByte unformatiert, Seriell/Parallel–Karte, MSDOS 3.1, GW–Basic	2.356,00

Die vorstehende Tabelle besteht aus drei Spalten, von denen die erste linksbündig und die dritte rechtsbündig angeordnet ist. Die mittlere Spalte enthält mehrzeiligen Text der Breite 8.5cm. Hierzu dient das Spaltenformatierungszeichen p{*breite*}. Das Formatierungsfeld für diese Tabelle lautet damit {lp{8.5cm}r}.

```
\begin{tabular}{lp{8.5cm}r}
  \bf Typ & \bf Beschreibung     & \bf Preis \\[1ex]
    GXT 1 & \small {\bf Der PC--Kompatible:} Intel 8088, 512 KByte
            Hauptspeicher, Color--Graphik--Karte, Multi--I/O--Karte,
            2 Laufwerke 360 KByte, 14'' Bildschirm, Tastatur, MSDOS 3.1,
            GW--Basic          & 3.183,70 \\

  . . . . . . . . . . . . . . . . . . . . . . . . . . . .
\end{tabular}
```

Der Text für die mittlere Spalte wird einfach nacheinander eingegeben. Der Zeilenumbruch innerhalb dieser Spalte erfolgt automatisch nach 8.5cm. Die Spalten selbst werden in gewohnter Weise durch &–Zeichen voneinander getrennt.

Achtung: In einer p–Spalte darf kein Zeilenendzeichen \\ verwendet werden, da hiermit die gesamte Tabellenzeile beendet wird. Die Zeilenumbruchbefehle \newline und \linebreak sind dagegen erlaubt. Soll eine Spaltenzeile an bestimmter Stelle unbedingt mit \\ gebrochen werden, so muß der gesamte Spalteneintrag zusätzlich in eine \parbox derselben Breite wie die p–*breite* gepackt werden. Der Spalteneintrag darf aus mehreren, durch Leerzeilen getrennten Absätzen bestehen.

Übung 4.16: Erzeugen Sie die folgende Tabelle

Kurs und Termin	Kurzbeschreibung	Vorkenntnisse
Einführung in LSEDIT 14.3. – 16.3.	Einloggen — Erläuterung des VMS Filesystems — Erläuterung und intensive Anwendung des VMS Editors LSEDIT — Benutzeranpassungen	keine
Einführung in LaTeX 21.3. – 25.3.	Wortprozessoren und Formatierungsprogramme — Text und Befehle — Umgebungen — Dokument- und Seitenstil — Texthervorhebungen — Mathematische Formeln — einfache benutzereigene Strukturen	LSEDIT

Das letzte Beispiel beschreibt ein Formblatt in Form einer gerahmten Tabelle. Das Problem hierbei liegt in der Erzeugung von bestimmten Höhen und Breiten für freie Felder, da Zeilenhöhen und Spaltenbreiten normalerweise mit den Eintragungen automatisch gewählt werden. Das Beispiel zeigt, wie durch Verwendung von *Stützen* und \hspace Befehlen diese Werte für freie Felder erzeugt werden können.

Finanzplanung 1988–1990						
Projekt	Nr. ☐☐☐		Name ☐☐☐☐☐☐☐☐☐☐☐			
Jahr	1988		1989		1990	
	(DM)	US \$	(DM)	US \$	(DM)	US \$
Invest.-Mittel						
Betriebs-Mittel						
Industrie-Aufträge						
Unterschrift				Prüfvermerk		

```
\newsavebox{\k} \newsavebox{\kkk}
\sbox{\k}{\framebox[4mm]{\rule{0mm}{3mm}}}
\sbox{\kkk}{\usebox{\k}\usebox{\k}\usebox{\k}}

\begin{tabular} {|l|c|c|c|}\hline
  \multicolumn{4}{|c|}{\rule[-3mm]{0mm}{8mm}\bf Finanzplanung 1988--1990}\\
  \hline\hline
  \rule[-4mm]{0mm}{10mm}Projekt
    & \multicolumn{3}{l|}{Nr. \usebox{\kkk}\hspace{5mm}\vline\hspace{5mm}
      Name \usebox{\kkk}\usebox{\kkk}\usebox{\kkk}\usebox{\kkk}}\\ \hline
  \multicolumn{1}{|r|}{Jahr} & 1988 & 1989 & 1990 \\ \cline{2-4}
  & (DM) \vline\ US \$ & (DM) \vline\ US \$ & (DM) \vline\ US \$ \\ \hline
  Invest.-  & \hspace{3cm} & \hspace{3cm} & \hspace{3cm} \\
  Mittel    & & & \\ \hline
  Betriebs- & & & \\
  Mittel    & & & \\ \hline
  Industrie-& & & \\
  Auftr"age & & & \\ \hline
  \multicolumn{4}{|l|}{\rule[-12mm]{0mm}{15mm}Unterschrift\hspace{5.5cm}
  \vline~Pr"ufvermerk} \\ \hline
\end{tabular}
```

Die ersten drei Zeilen haben mit dem Formular nur indirekt zu tun. Mit ihnen wird erreicht, daß mit dem Befehl \usebox{\kkk} ☐☐☐ erzeugt wird (s. 4.7.1)

Das Formblatt enthält bis auf die Befehle \hspace{3cm} zur Bestimmung der Spaltenbreite der drei letzten Spalten und dem Befehl \vline zur Erzeugung einer vertikalen Linie innerhalb einer Spalte gegenüber den vorangegangenen Beispielen nichts Neues. Es folgt darum auch nur eine kurze Erläuterung zur letzten Tabellenzeile:

Mit dem Befehl `\multicolumn{4}{|l|}` werden alle vier Tabellenspalten zu einer zusammengefaßt, in der der Text linksbündig beginnt. Der Text für diese zusammengefaßte Zeile beginnt mit der Stütze `[-12mm]{0mm}{15mm}`, die besagt, daß die Höhe der letzten Zeile 12mm unterhalb der Grundlinie beginnt und insgesamt 15mm hoch ist. Auf der Grundlinie beginnt linksbündig das Wort `Unterschrift`. 5.5cm hinter diesem Wort ist mit `\vline` eine vertikale Linie angebracht, an die sich das Wort `Prüfvermerk` anschließt.

Die vorstehenden Beispiele lassen deutlich werden, wie Spaltenbreiten und Zeilenhöhen bei Tabellen automatisch an den Tabellentext angepaßt werden können. Mit *Stützen* und `\hspace` Befehlen lassen sich einzelne Zeilenhöhen und Spaltenbreiten zusätzlich beeinflussen. Mit den in 4.8.2 beschriebenen Befehlen lassen sich für die ganze Tabelle die Werte für *Spaltenzwischenraum, Zeilenabstand, Liniendicke u. a.* verändern.

　　　`\tabcolsep5mm`

setzt nach und vor jeder Spalte 5mm Zwischenraum ein, d. h. erzeugt einen Spaltenzwischenraum von 10mm. Vor Nutzung dieser Möglichkeiten sollte Abschnitt 4.8.2 nochmals gelesen werden.

4.8.4　Gleitende Tabellen

Die `tabular` Umgebung erzeugt eine Tabelle an der Stelle ihres Auftretens, unmittelbar nach dem vorangehenden Text und fortsetzend mit dem nachfolgenden Text. Dies ist unproblematisch und häufig auch so gewollt, wenn die Tabelle mit dem umgebenden Text auf die laufende Seite paßt. Wenn jedoch die Tabelle so lang ist, daß sie an der Stelle ihrer Definition nicht mehr auf die laufende Seite paßt, so wird diese Seite beendet und die nächste Seite beginnt mit der Tabelle, gefolgt von dem nachfolgenden Text. Dies führt zu einer schlechten Formatierung der laufenden Seite.

Wünschenswert wäre für solche Fälle eine Steuerungsmöglichkeit, mit der die Tabelle an die laufende Stelle im Text gebracht wird, wenn es der Platz zuläßt, anderenfalls aber der nachfolgende Text vorgezogen und die Tabelle an anderer geeigneter Stelle positioniert wird. Da Tabellen häufig Über– oder Unterschriften haben, sollen diese natürlich mitbewegt werden.

LaTeX bietet die Möglichkeit, Tabellen (und Bilder), einschließlich ihrer Über– oder Unterschriften in der beschriebenen Form gleiten zu lassen. Dies geschieht mit der Umgebung

　　　`\begin{table}` *überschrift　tabelle　unterschrift* `\end{table}`

Hier steht *tabelle* für die ganze Tabellendefinition mittels der `tabular` Umgebung. Der vorangehende Text *überschrift* bzw. folgende Text *unterschrift* steht für eine oberhalb bzw. unterhalb der Tabelle stehende Über– oder Unterschrift. Breite, Abstand und Positionierung der Über– bzw. Unterschrift in bezug auf die Tabelle werden hierbei vom Benutzer festgelegt.

Der gesamte zwischen `\begin{table}` und `\end{table}` eingeschlossene Text (Überschrift, Tabelle, Unterschrift) erscheint unabhängig von dem umgebenden Text

Primärenergieverbrauch

Energieträger	1975	1980	1986
Gesamtverbrauch			
(in Mio. t SKE[a])	347.7	390.2	385.0
davon (Anteile in %)			
Mineralöl	52.1	47.6	43.2
Steinkohle	19.1	19.8	20.0
Braunkohle	9.9	10.0	8.6
Erdgas	14.2	16.5	15.1
Kernenergie	2.0	3.7	10.1
Sonstiges[b]	2.7	2.3	3.0

[a]SKE = Steinkohleneinheit (1t SKE entspricht dem Heizwert von 1t Steinkohle = 8140 kWh)
[b]Wind-, Wasser-, Sonnenkraft u. a.

Quelle: Arbeitsgemeinschaft Energiebilanzen, Essen 1987.

üblicherweise zu Beginn der laufenden Seite, falls dieser Platz nicht schon durch vorangegangene Tabellen belegt ist. Ist der obere Teil der Seite bereits durch Tabellen belegt, so erscheint die Tabelle am unteren Seitenende, falls auf der laufenden Seite noch ausreichend Platz ist, anderenfalls zu Beginn der nächsten Seite, auf der ggf. weitere Tabellen gesammelt werden. Der umgebende Text wird automatisch nach- bzw. vorgezogen. (Für Details s. 6.6 auf S. 142ff)

Die Tabelle auf der Seite oben war im laufenden Text an dieser Stelle so definiert: (unter Vernachlässigung der Fußnoten; hierzu Näheres in 4.9.5)

```
\begin{table} {\bf Prim"arenergieverbrauch}\\[1ex]
  \begin{tabular*}{130mm}{@{}ll...rr@{}}
  . . . . . . . . . . . . . . . . . . . . .
  \end{tabular*}\\[0.5ex]
  {\em Qelle:\/} Arbeitsgemeinschaft Energiebilanzen, . . .
\end{table}
```

Die `table` Umgebung kennt eine Vielzahl weiterer Steuerungsmöglichkeiten. Diese werden ausführlich im Zusammenhang mit den ähnlichen Gleitmöglichkeiten für Bilder in 6.6 dargestellt.

Übung 4.17: Ergänzen Sie den vorstehenden Text für die obige Tabelle (ohne die Fußnoten). Beantworten Sie sich dazu die folgenden Fragen: (s. evtl. die Erläuterungen zu @–Ausdrücken auf Seite 75)

1. *Was bewirken die* `@{}` *Eintragungen am Anfang und Ende des Formatierungsfeldes?*

2. *Die* `tabular*` *Umgebung erzeugt eine Tabelle vorgegebener Breite, hier 130mm. Was würde* `@{\extracolsep{\fill}}` *am Anfang des Formatierungsfeldes bewirken?*

3. *Wo muß im Formatierungsfeld* `@{\extracolsep{\fill}}` *und wo muß die aufhebende Befehlsgruppe* `@{\hspace{1em}}@{\extracolsep{1em}}` *stehen, um die Tabelle wie ausgedruckt zu formatieren? Wie wird die Tabelle formatiert, wenn als aufhebender Befehl nur* `@{\extracolsep{1em}}` *verwendet wird?*

4.9   Fußnoten und Randnotizen

4.9.1   Standardfußnoten

Fußnoten werden mit dem Befehl

>   \footnote{*fußnotentext*}

erzeugt. Dieser Befehl steht unmittelbar nach dem Wort, das eine Fußnotenmarkierung erhalten soll. Der Text *fußnotentext* erscheint als Fußnote in kleinerer Schrift
unten auf der Seite. Die erste Zeile der Fußnote ist etwas eingerückt und erhält
dieselbe Fußnotenmarkierung wie die markierte Textstelle. Die jeweils erste Fußnote
auf einer Seite wird vom vorangehenden Seitentext durch eine kurze horizontale Linie
abgehoben.

Die Fußnotenmarkierung erfolgt als Standard mit einer kleinen, hochgesetzten
Zahl[2], die fortlaufend durchnumeriert wird.

```
... hochgesetzten Zahl\footnote{Die bei Schreibmaschinenmanuskripten
h"aufig verwendeten ... mehrfach auftritt.}, die fortlaufend ...
```

Die Numerierung erfolgt für den Dokumentstil `article` durchlaufend für das ganze
Dokument und bei `report` und `book` fortlaufend innerhalb eines \chapter und beginnt
mit jedem neuen Kapitel jeweils wieder mit 1.

Der \footnote Befehl darf nur im normalen Paragraph–Modus, nicht dagegen im
mathematischen Modus oder LR–Modus (s. 1.3) verwendet werden. Für die Praxis
bedeutet dies, daß er nicht in einer LR–Box (4.7.1) oder Parbox (4.7.3) auftreten darf.
Dagegen kann er innerhalb der `minipage` Umgebung benutzt werden. In diesem Fall
wird die Fußnote, statt unten auf der Seite, unterhalb der Minipage angeordnet.[3]

Der \footnote Befehl sollte ohne Zwischenraum unmittelbar an das Wort anschließen, das die Fußnotenmarkierung erhält. Eine Fußnote am Ende eines Satzes
sollte zwischen dem letzten Wort und dem Satzendezeichen angebracht werden, wie
z. B. bei der letzten Fußnote

```
... Minipage angeordnet\footnote{Bei geschachtelten . . . falscher Stelle.}.
```

4.9.2   Abweichungen vom Standard

Soll die Fußnotennumerierung auch beim Dokumentstil `article` bei jedem \section
Befehl jeweils wieder neu mit 1 beginnen, so kann dies durch den Befehl

>   \setcounter{footnote}{0}

unmittelbar vor oder nach einem \section Befehl erfolgen.

---

[2]Die bei Schreibmaschinenmanuskripten häufig verwendeten Fußnotenmarkierungen wie *, ** u. ä.
können in LATEX zwar auch erzeugt werden. Da der Seitenumbruch bei der Erstellung des Textes
unbekannt ist, tritt hierbei das Problem auf, wie vermieden werden soll, daß das gleiche Zeichen auf
derselben Seite mehrfach auftritt.

[3]Bei geschachtelten Minipages erscheint die Fußnote nach dem nächsten \end{minipage} Befehl
und damit ggf. an falscher Stelle.

Der interne Fußnotenzähler hat den Namen **footnote**. Dieser wird mit jedem Aufruf des \footnote Befehls um eins erhöht und sein momentaner Wert in arabischer Bezifferung als Fußnotenmarkierung ausgedruckt. Ein anderer Bezifferungsstil kann mit dem Befehl

\renewcommand{\thefootnote}{*ziffernstil*{footnote}}

erzielt werden. *ziffernstil* kann einer der bereits in 4.3.5 vorgestellten Zählerdruckbefehle \arabic, \roman, \Roman, \alph oder \Alph sein. Für den Fußnotenzähler **footnote** gibt es noch einen weiteren Druckbefehl \fnsymbol. Dieser druckt den Wert des Fußnotenzählers als Symbol aus, und zwar sind den Werten 1 bis 9 die Symbole

* † ‡ § ¶ ‖ ** †† ‡‡

zugeordnet. Es liegt in der Verantwortung des Benutzers, dafür zu sorgen, daß bei dieser Form der Fußnotenzähler spätestens auf Null zurückgeschaltet wird, nachdem er den Wert 9 erreicht hat.

Der \footnote Befehl kann auch mit einem optionalen Parameter

\footnote[*num*]{*fußnotentext*}

benutzt werden. *num* darf jede positive ganze Zahl sein, die statt des aktuellen Wertes des Fußnotenzählers als Fußnotenmarkierung benutzt wird. Der Fußnotenzähler wird hierdurch nicht verändert. Beispiel**

```
\ronewcommand{\thefootnote}{\fnsymbol{footnote}}
Beispiel\footnote[7]{Als Fu\3notenmarkierung ...}
\renewcommand{\thefootnote}{\arabic{footnote}}
```

Ohne den letzten *zurückschaltenden* Befehl würde bei den folgenden \footnote Befehlen ohne optionalen Parameter der jeweils aktuelle symbolische Wert des Fußnotenzählers als Markierung auftreten.

4.9.3 Änderung des Fußnotenstils

Die beiden Fußnotenstilerklärungen

\footnotesep   Der vertikale Abstand zwischen zwei Fußnoten. Die Änderung erfolgt durch unmittelbares Anhängen einer evtl. elastischen Längenangabe oder durch Zuweisung des Längenmaßes mit \setlength.

\footnoterule Dieser Befehl erzeugt die horizontale Linie zwischen dem Seitentext und den Fußnoten. Eine Änderung kann mit dem Befehl
    \renewcommand{\footnoterule}{\rule{*breite*}{*höhe*} \vspace{-*höhe*}}
erfolgen. Der Wert 0cm für *höhe* erzeugt einen unsichtbaren Strich der Dicke Null.

können im Vorspann oder an beliebigen Stellen im Text geändert werden. Im letzteren Fall gelten sie nur bis zum Ende der laufenden Umgebung.

**Als Fußnotenmarkierung erscheint das 7. Symbol

4.9.4 Fußnoten in unerlaubten Moden

Mit dem Befehl

> `\footnotemark[`*num*`]`

kann eine Fußnotenmarkierung auch dort angebracht werden, wo der `\footnote` Befehl nicht erlaubt ist, also innerhalb LR–Boxen, Tabellen und mathematischen Formeln. Als Markierung wird der optionale Parameter *num* bzw. als Standard der augenblickliche Wert des Fußnotenzählers verwendet. Eine Fußnote wird hierdurch nicht erzeugt. Diese kann dann außerhalb der unerlaubten Moden mit dem Befehl

> `\footnotetext[`*num*`]`*{fußnotentext}*

erzeugt werden. Wird der Markierungsbefehl mit dem optionalen Parameter *num* verwendet, so muß auch im Textbefehl der optionale Parameter mit demselben Wert auftreten. Entfällt der optionale Parameter im ersten Befehl, so muß er auch beim zweiten fortgelassen werden. Die Fußnote erhält als Markierung den Wert von *num* bzw. den aktuellen Stand des Fußnotenzählers.

Der Fußnotenzähler wird mit jedem `\footnotemark` Befehl ohne optionalen Parameter um eins erhöht. Der zugehörige `\footnotetext` Befehl verändert dagegen den Fußnotenzähler nicht.

Treten mehrere `\footnotemark` Befehle ohne optionalen Parameter in Folge auf, bevor der nächste `\footnotetext` Befehl aufgerufen wird, so ist der Fußnotenzähler inzwischen zu weit gestellt. In diesem Fall muß zunächst mit dem Befehl

> `\addtocounter{footnote}{`*num*`}`

zurückgesetzt werden. *num* ist hierbei eine negative Zahl, die angibt, um wieviele Stellen der Zähler zurückzusetzen ist. Vor jedem weiteren `\footnotetext` Befehl ist dann der Fußnotenzähler wieder um eins zu erhöhen. Das kann entweder mit dem `\addtocounter` Befehl und dem Wert 1 für *num* geschehen oder mit dem Befehl

> `\stepcounter{footnote}`

mit dem ein Zähler jeweils um eins erhöht wird.

Beispiel: | Mücken[4] und Elefanten[5] |

> `Beispiel: \fbox{M"ucken\footnotemark\ und Elefanten\footnotemark}`

erzeugt innerhalb der gerahmten Box die Fußnotenmarkierungen [4] und [5]. Der Fußnotenzähler selbst steht danach auf 6. Um mit dem Befehl `\footnotetext` außerhalb der Rahmenbox den Fußnotentext zu erzeugen, muß der Zähler zunächst um 1 zurückgesetzt werden. Die beiden Fußnotentexte werden damit durch

> `\addtocounter{footnote}{-1}\footnotetext{Kleine Insekten}`
> `\stepcounter{footnote}\footnotetext{Gro"se S"augetiere}`

unmittelbar im Anschluß an die `\fbox{ }` erzeugt. Der Fußnotenzähler steht danach wieder auf demselben Wert, wie nach Verlassen der `\fbox`.

---

[4]Kleine Insekten
[5]Große Säugetiere

4.9.5 Fußnoten in Minipages

Wie bereits in 4.9.1 erwähnt, sind Fußnotenbefehle innerhalb der `minipage` Umgebung erlaubt. Solche Fußnoten werden unmittelbar unterhalb der Minipage, statt unten auf der Seite, angeordnet.

Fußnotenbefehle innerhalb einer Minipage[a] ändern zusätzlich den Markierungsstil. Die Fußnote erscheint mit dem Auftreten des nächsten `\end{minipage}` Befehls[b]. Für Fußnoten innerhalb von Minipages wird, unabhängig vom Standardfußnotenzähler, ein eigener Zähler mit dem Namen `mpfootnote` geführt.

```
\begin{minipage}{75mm}\small
Fu\3notenbefehle innerhalb einer
Minipage\footnote{Die Markierung
erfolgt als hochgesetzter ...}
"andern zus"atzlich den . . . .
\end{minipage}
```

---

[a]Die Markierung erfolgt als hochgesetzter Kleinbuchstabe

[b]Dies kann zu Positionierungsfehlern bei mehrfach verschachtelten Minipages führen

Fußnoten innerhalb von Tabellen, also innerhalb der `tabular` Umgebung können normalerweise nur mit der im letzten Unterabschnitt beschriebenen Methode der Kombination aus `\footnotemark` Befehlen in der Tabelle und `\footnotetext` Befehlen außerhalb der Tabelle erzeugt werden. Wird dagegen die `tabular` Umgebung von einer Minipage eingeschachtelt, so können normale `\footnote` Befehle auch innerhalb der Tabelle benutzt werden. Die Fußnoten erscheinen dann unmittelbar unter der Tabelle, wenn hiernach gleichzeitig die Minipage endet.

Übung 4.18: Erzeugen Sie einige Fußnoten in Ihrem Standardübungsfile an Ihnen geeignet erscheinenden Stellen mit Ihnen hierzu passenden Fußnotentexten.

Übung 4.19: Ändern Sie den `\thefootnote` *Befehl so, daß als Fußnotenmarkierung die in 4.9.2 aufgeführten Symbole erscheinen. Bringen Sie den Änderungsbefehl im Vorspann Ihres Standardübungsfiles an.*

Übung 4.20: Ergänzen Sie die Übung 4.17 durch Erzeugung der Fußnoten [a] und [b] wie in der Tabelle auf Seite 85 ausgedruckt.

4.9.6 Randnotizen

Die Erzeugung von Randnotizen erfolgt mit dem Befehl

   `\marginpar{randnotiz}`

Der Inhalt von *randnotiz* erscheint als Standard im rechten Rand, beginnend in Höhe der Zeile, in der dieser Befehl auftritt. Die hier stehende Randnotiz steht so zum umgebenden Text

> Dies
> ist
> eine
> Rand-
> notiz

```
... Die hier stehende Randnotiz \marginpar{Dies\\ist\\eine\\Rand-\\notiz}
    steht so zum umgebenden Text ...
```

`\marginpar` erzeugt standardmäßig eine Parbox der Breite 1.9cm (0.75 Zoll), in der der Text *randnotiz* erscheint. Eine so schmale Parbox kann längeren Text, insbesondere deutschen, kaum sauber brechen. Dies war der Grund, daß im obigen Beispiel die Zeilen mit dem Befehl `\\` gebrochen wurden. Dagegen ist eine so schmale Parbox durchaus geeignet, Randmarkierungen in Form einzelner Zeichen, wie dem hier ⟸ stehenden Pfeil, aufzunehmen.

Eine häufig anzutreffende Form für eine Randnotiz ist ein vertikaler Balken mit dem Textpassagen gekennzeichnet werden können. Diese Markierung eignet sich z. B. gut zur Kenntlichmachung von Textänderungen oder –ergänzungen gegenüber vorangegangenen Versionen bei nachgelieferten Seiten von "Lose–Blatt–Sammlungen". Beim hier stehenden Beispiel wurde dies durch den Befehl

`\marginpar{\rule[-13.5mm]{1mm}{16mm}}`

in der ersten Zeile dieses Absatzes erreicht.

Die Breite der Randnotiz kann mit den Stilparametern des nächsten Abschnitts vom Benutzer geändert werden. Es liegt in der Verantwortung des Benutzers, daß die Seitenbreite hierbei nicht überschritten wird.

Randnotizen erscheinen standardmäßig am rechten Rand der Seite bzw. am jeweiligen äußeren Rand bei der Dokumentstiloption `twoside`. Bei der Option `twocolumn` erscheinen Randmarkierungen in den linken Spalten am linken Seitenrand und die der rechten Spalten am rechten Seitenrand.

Dies führt zu einem Problem bei Randmarkierungen, wie z. B. bei dem obenstehenden Pfeil, der auf dieser Seite die umgekehrte Richtung haben muß. Bei der Erstellung des Dokuments ist jedoch nicht bekannt, ob der Text mit der Randnotiz auf einer geraden oder ungeraden Seite (bei doppelseitigem Druck) oder in der linken oder rechten Spalte (bei zweispaltigem Druck) erscheint. Die Lösung liegt in einer erweiterten Syntax des `\marginpar` Befehls

`\marginpar[`*l_randnotiz*`]{`*r_randnotiz*`}`

Bei dieser Form des Befehls erscheint der Inhalt von *l_randnotiz*, wenn die Randnotiz oder Marke standardmäßig am linken Rand erscheint, wie z. B. auf dieser Seite, und der Inhalt von *r_randnotiz*, wenn die Randmarke standardmäßig rechts erscheint, wie auf der vorhergehenden Seite. Beide Pfeile wurden demgemäß mit dem Befehl

`\marginpar[\hfill$\Longrightarrow$]{$\Longleftarrow$}`

erzeugt. (Die Pfeilbefehle sind mathematische Symbole und werden im einzelnen in 5.3.5 vorgestellt.)

Ohne den Befehl `\hfill` im vorstehenden `\marginpar` Befehl würde der Pfeil auf dieser Seite wie nebenstehend erscheinen. Der Grund liegt darin, daß mit dem Befehl `\marginpar` eine schmale vertikale Randbox eingerichtet wird, die ihrerseits einen linken Rand hat. Der linke Rand der Randbox steht neben dem Haupttext, wenn die Randbox rechts angeordnet ist, dagegen vom Haupttext entfernt, wenn sie links angeordnet ist. Mit dem Befehl `\hfill` wird der Text (und damit der Pfeil) an den rechten Rand der Randbox gedrückt und erscheint damit richtig in bezug auf den Haupttext.

Dasselbe Verfahren wurde auch beim obigen vertikalen Strich benutzt. Tatsächlich wurde statt der obigen Befehlsangabe

`\marginpar[{\hfill\rule[-13.5mm]{1mm}{16mm}}]{\rule[-13.5mm]{1mm}{16mm}}`

eingegeben.

Ein Seitenumbruch kann nicht innerhalb einer Randbox erfolgen. Erscheint eine Randnotiz am unteren Ende der Seite, so wird sie mit ihren vertikalen Abmessungen auf die laufende Seite gebracht und verschwindet damit ggf. am unteren Seitenende. In diesem Fall müßte sie entweder mit `\vspace` als erste Angabe innerhalb des `\marginpar` Befehls nach oben verschoben werden oder in zwei `\marginpar` Befehle aufgeteilt werden. Solche manuellen Korrekturen sollten jedoch erst vorgenommen werden, wenn das ganze Dokument endgültig fertiggestellt ist, da bei Änderungen wie Ergänzungen oder Streichungen von Textteilen diese Korrekturen vermutlich nicht mehr stimmen.

Mit dem Befehl `\reversemarginpar` kann der Standard für die Anordnung der Randboxen umgeschaltet werden. Randmarkierungen erscheinen nach diesem Befehl ⟹ am linken Rand bzw. am inneren Rand bei der Option `twoside`. Dieser Befehl bleibt so lange wirksam, bis er durch den Befehl `\normalmarginpar` wieder aufgehoben wird. Beide Befehle bleiben bei der Option `twocolumn` ohne Wirkung.

4.9.7   Stilparameter für Randboxen

Randboxen können mit folgenden Stilerklärungen beeinflußt werden

`\marginparwidth`   bestimmt die Breite der Randbox für Randnotizen

`\marginparsep`   bestimmt den Abstand zwischen der Randbox und den Rändern des Haupttextes

`\marginparpush`   bestimmt den kleinsten vertikalen Abstand der zwischen zwei Randnotizen auftreten muß.

Die Zuweisung eines Wertes erfolgt in bekannter Weise durch unmittelbares Anhängen einer Maßangabe bzw. mit dem LaTeX–Befehl `\setlength`.

4.10   Ausdruck von Originaltext

Gelegentlich ist es erwünscht, den Text, so wie er eingegeben ist, unbearbeitet auszudrucken. Dies kann mit den Umgebungen

> `\begin{verbatim }`   *Originaltext*   `\end{verbatim}`
> `\begin{verbatim*}`   *Originaltext*   `\end{verbatim*}`

erreicht werden. Der *Originaltext* erscheint in Schreibmaschinenschrift genauso wie er eingegeben ist, einschließlich aller Leerzeichen und Zeilenschaltungen. Ebenso werden Sonderzeichen, die sonst Befehle darstellen, ebenso wie alle anderen Befehle, mit einer Ausnahme, als Zeichen bzw. Zeichenkette ausgedruckt. Die Ausnahme ist der Befehl `\end{verbatim}`, der die Umgebung beendet. Der Ausdruck beginnt stets mit einer neuen Zeile. Der auf die `verbatim` Umgebung folgende Text beginnt ebenfalls mit einer neuen Zeile.

Der Unterschied zwischen der Normal– und der *Form liegt darin, daß die *Form Leerzeichen zur besseren Abhebung durch das ⊔ Symbol ersetzt.

```
\begin{small}\begin{verbatim}

  \addtocounter{footnote}{-1}\footnotetext{Kleine Insekten}
  \stepcounter{footnote}\footnotetext{Gro\3e S"augetiere}

\end{verbatim}\end{small}
```

wurde z. B. zur Erzeugung des Ausdrucks der beiden letzten Zeilen für das Beispiel im vorangegangenen Unterabschnitt 4.9.4 benutzt.

Der Ausdruck von Originaltext innerhalb einer Zeile erfolgt durch den Befehl

> \verb*zeichen* Originaltext *zeichen*
> \verb**zeichen* Originaltext *zeichen*

zeichen darf jedes beliebige Zeichen sein, das *nicht* im *Originaltext* auftaucht. Das so gewählte Zeichen wird intern als Klammerpaar betrachtet, das den *Originaltext* einschließt. Zwischen dem \verb bzw. \verb* und dem Klammerpaar*zeichen* darf kein Leerzeichen eingefügt sein. Bei der Standardform darf deshalb der * nicht als Klammerzeichen benutzt werden.

Die *Form erzeugt, wie bei der verbatim Umgebung, für Leerzeichen das Zeichen ␣. Eine Zeilenumschaltung innerhalb von *Originaltext* wird, anders als bei der verbatim Umgebung, als einfaches Leerzeichen interpretiert.

```
\verb+\begin{verbatim }+\quad{\em Originaltext}\quad\verb+\end{verbatim}+\\
\verb+\begin{verbatim*}+\quad{\em Originaltext}\quad\verb+\end{verbatim*}+
```

wurde z. B. benutzt um, die Syntax der verbatim Umgebung zu Beginn dieses Abschnittes auszudrucken. Als *Klammerzeichen* für den \verb Befehl wurde hier das + Zeichen verwendet.

Die verbatim Umgebung und der \verb Befehl können *nicht* als Parameter in irgendeinem anderen Befehl benutzt werden !!!

Übung 4.21 *Erzeugen Sie den Ausdruck für die 6 Zeilen höher stehenden beiden Zeilen.*

4.11   Kommentare im Eingabetext

Gelegentlich ist es sinnvoll, im Eingabetext Kommentare oder Erläuterungen zu bestimmten Textkonstruktionen einzubetten, die dem Benutzer lediglich zur Erinnerung dienen und die natürlich nicht bei der Behandlung durch LaTeX als Teil des Textes bearbeitet werden sollen.

Hierzu dient der Einzeichenbefehl %. Tritt dieses Zeichen irgendwo im Text auf, so wird die laufende Zeile des Eingabetextes an der Stelle des % als beendet angesehen und der Rest der Zeile einfach übersprungen. Soll ein Kommentar über mehrere Zeilen gehen, so wird man jede solche Zeile mit einem % beginnen.

Das % Zeichen ist auch nützlich zum vorübergehenden Deaktivieren von Befehlen. Stehen solche Befehle in einer Zeile, so bewirkt das Voransetzen des %, daß diese Befehle bis zum Ende der Zeile wie ein Kommentar behandelt, d. h. von LaTeX übersprungen werden.

Schließlich kann das Anbringen eines % an solchen Stellen nützlich sein, wo eine Zeilenschaltung oder ein Leerzeichen nicht erlaubt ist. Bei dem Beispiel für eine Listendefinition als neue Umgebung in 4.4.4 durften bestimmte }{ Paare nicht durch Leerzeichen getrennt werden. Dagegen ist es erlaubt zu schreiben }% und mit { eine neue Zeile zu beginnen.

Übung 4.22 *Blenden Sie die Befehlsänderung aus Übung 4.19 in Ihrem Vorspann mit dem Kommentarzeichen aus. Durch Entfernen des % Zeichens können Sie bei Bedarf die Änderung jederzeit wieder aktivieren.*

Kapitel 5

Mathematische Formeln

Mathematische Formeln werden in TeX und LaTeX durch einen die Formel beschreibenden Text erzeugt. Hierzu muß LaTeX zunächst gesagt bekommen, daß der *folgende Text* als *mathematische Formel* zu interpretieren ist und ebenso, wann dieser *mathematische Text* endet und der weitere Text wieder normal zu bearbeiten ist. Zur Behandlung von *mathematischem Text* schaltet LaTeX in den sog. *mathematischen Bearbeitungsmodus* um (s. 1.4). Hierzu dienen die mathematischen Umgebungen.

5.1   Mathematische Umgebungen

Mathematische Formeln können innerhalb von Textzeilen auftreten, wie $(a + b)^2 = a^2 + 2ab + b^2$, oder sie sollen vom Text abgesetzt erscheinen

$$\int_0^\infty g(x)\,dx \approx \sum_{i=1}^n w_i e^{x_i} g(x_i)$$

Soweit im folgenden zwischen beiden unterschieden wird, sollen sie als *Textformel* bzw. *abgesetzte Formel* bezeichnet werden.

Textformeln werden erzeugt durch die Umgebung

> \begin{math} *formeltext* \end{math}

Da Textformeln meist nur kurz sind, — oft bestehen sie nur aus einem einzelnen Zeichen — steht für diese Umgebung die abkürzende Schreibweise \(*formeltext* \) zur Verfügung, und wem das immer noch zu lang ist, kann dasselbe auch mit $ *formeltext* $ erreichen[1].

formeltext ist der Text, der die Formel erzeugt. Welche Konstruktionselemente hierfür erlaubt sind, wird in Kürze dargelegt.

Abgesetzte Formeln entstehen in den Umgebungen

> \begin{displaymath} *formeltext* \end{displaymath}
> \begin{equation}   *formeltext* \end{equation}

---

[1] In der Wirkung sind alle drei Formen identisch, auch wenn bei der internen Bearbeitung Unterschiede auftreten: \(ist z. B. zerbrechlich, $ dagegen robust.

Der Unterschied zwischen diesen beiden Umgebungen liegt darin, daß die `equation`-Umgebung automatisch eine fortlaufende Formelnummer erzeugt. Für die `display`-`math` Umgebung kann alternativ die Kurzform \[*formeltext* \] verwendet werden.

Standardmäßig werden abgesetzte Formeln horizontal zentriert, und eine evtl. Formelnummer erscheint rechtsbündig. Mit der Dokumentstil–Option (s. 3.1) `fleqn` werden dagegen die Formeln linksbündig mit einer wählbaren Einrücktiefe angeordnet. Während die `fleqn` Option global für das ganze Dokument gilt, kann die Einrücktiefe jederzeit durch Neuerklärung von \setlength{\mathindent}{*einrücktiefe*} oder einfacher durch \mathindent*einrücktiefe* geändert werden. Schließlich können mit der Dokumentstil–Option `leqno` die Formelnummern einheitlich für das ganze Dokument auch linksbündig angeordnet werden.

Zur Erzeugung von Formelgruppen stehen abschließend noch die Umgebungen

> begin{eqnarray } *formeltext* \end{eqnarray}
> begin{eqnarray*} *formeltext* \end{eqnarray*}

zur Verfügung. Die Standardform erzeugt zusätzlich fortlaufende Formelnummern, die bei der *Form entfallen.

5.2   Die Hauptkonstruktionselemente

5.2.1   Konstante, Variable und ihre Verknüpfungen

In Formeln auftretende Zahlen sind Konstante. Einfache Variable sind einzelne Buchstaben. Es ist weltweiter Standard, daß in mathematischen Formeln Konstante in der Schriftart 'roman' und Variable in der Schriftart '*italic*' gesetzt werden. Dies wird in LaTeX automatisch im mathematischen Mode berücksichtigt. Leerzeichen bleiben im mathematischen Mode unberücksichtigt. Die Abstände zwischen Variablen, Konstanten und eventuellen Verknüpfungszeichen, wie $+$, $-$, $=$ und andere, werden automatisch gewählt. Beispiel
`$z=2a+3y$`, `$ z = 2 a + 3 y $` erzeugen beide $z = 2a + 3y$.

An mathematischen Symbolen stehen auf der Tastatur die Zeichen

> `+  -  =  <  >  /  :  !  '  |  [  ]  (  )`

zur Verfügung. Diese Zeichen können in Formeln direkt benutzt werden. Das Klammerpaar { } wird für die logische Klammerung von Formelteilen verwendet und ist nicht Teil der ausgedruckten Formel. Sollen sie als Formelzeichen erscheinen, so müssen sie in der Formel als \{ bzw. \} geschrieben werden.

$M(s) < M(t) < \|M\| = m$	`$M(s)<M(t)<|M| = m$`
$y'' = c\{f[y', y(x)] + g(x)\}$	`$y'' = c\{f[y',y(x)] + g(x)\}$`

Vorübung: *Legen Sie sich einen LaTeX–File mit dem Namen* `math.tex` *an, der zunächst nur die Befehle* \documentstyle{article}, \begin{document} *und* \end{document} *enthält.*

Übung 5.1: *Erzeugen Sie in Ihrem mathematischen Übungsfile den Text:* "*Die Ableitung der mittelbaren Funktion* $f[g(x)]$ *ist* $\{f[g(x)]\}' = f'[g(x)]g'(x)$. *Für die zweite Ableitung des Produkts von* $f(x)$ *und* $g(x)$ *gilt:* $[f(x)g(x)]'' = f''(x)g(x) + 2f'(x)g'(x) + f(x)g''(x)$." *Anmerkung: Höhere Ableitungen werden durch mehrfache ' erzeugt:* `$y'''$` *gibt* y'''.

5.2.2 Hoch– und Tiefstellungen von Zeichen

Mathematische Formeln enthalten häufig Exponenten oder Indizes. Das sind hoch–
bzw. tiefgestellte Zeichen, die in kleinerer Schrift erscheinen sollen als das Zeichen,
zu dem sie hoch– oder tiefgestellt sind. Gelegentlich treten auch mehrfache Hoch–
und Tiefstellungen oder Tiefstellungen an hochgestellten Zeichen und umgekehrt auf.
Hierbei sollen die zweifach hoch– oder tiefgestellten Zeichen nochmals kleiner sein.

LaTeX und TeX ermöglichen beliebige Exponent– und Indexkombinationen bei
automatischer Wahl der richtigen Größe in einfacher Weise: Das Befehlszeichen ^ in
einer Formel bewirkt, daß das unmittelbar folgende Zeichen hochgestellt wird. Das
Befehlszeichen _ bewirkt, daß das nächste Zeichen tiefgestellt wird.

$$x^2 \qquad \texttt{x\^{}2} \qquad a_n \qquad \texttt{a\_n} \qquad x_i^n \qquad \texttt{x\^{}n\_i}$$

Bei gleichzeitiger Hoch– und Tiefstellung ist die Reihenfolge gleichgültig. Das letzte
Beispiel hätte auch als `x_i^n` geschrieben werden können.

Soll mehr als ein Zeichen hoch oder tiefgestellt werden, so ist die umzustellende
Zeichengruppe in { } zu fassen:

$$x^{2n} \qquad \texttt{x\^{}\{2n\}} \qquad x_{2y} \qquad \texttt{x\_\{2y\}} \qquad A_{i,j,k}^{-n+2} \qquad \texttt{A\_\{i,j,k\}\^{}\{-n+2\}}$$

Mehrfache Umstellungen erfolgen einfach durch Anwendung der ^ und _ Befehle
an hoch– bzw. tiefgestellte Zeichen:

$$x^{y^2} \qquad \texttt{x\^{}\{y\^{}2\}} \qquad x^{y_1} \qquad \texttt{x\^{}\{y\_1\}} \qquad A_{j^{2n}_{,m}}^{x_i^2} \qquad \texttt{A\^{}\{x\_i\^{}2\}\_\{j\^{}\{2n\}\_\{n,m\}\}}$$

> Die Umstellbefehle ^ und _ sind nur im mathematischen Modus erlaubt !

5.2.3 Brüche

Für kurze Brüche, insbesondere in Textformeln, wird als Bruchzeichen meistens der
/ verwendet. `$(n+m)/2$` gibt $(n+m)/2$. Für umfangreichere Brüche steht der Befehl

   `\frac{`*Zähler*`}{`*Nenner*`}`

zur Verfügung. Dieser Befehl erzeugt einen Bruchstrich von der Breite des jeweils
Längeren von *Zähler* und *Nenner* und setzt den kürzeren Teil zum Bruchstrich zentriert.

$$\frac{1}{x+y} \qquad\qquad \texttt{\textbackslash[\textbackslash frac\{1\}\{x+y\} \textbackslash]}$$

$$\frac{a^2 - b^2}{a+b} = a - b \qquad\qquad \texttt{\textbackslash[\textbackslash frac\{a\^{}2 - b\^{}2\}\{a+b\} = a-b \textbackslash]}$$

Brüche können beliebig ineinander geschachtelt werden

$$\frac{\frac{a}{x-y} + \frac{b}{x+y}}{1 + \frac{a-b}{a+b}} \qquad\qquad \texttt{\textbackslash[\textbackslash frac\{\textbackslash frac\{a\}\{x-y\} + \textbackslash frac\{b\}\{x+y\}\}}$$
$$\texttt{\{1 + \textbackslash frac\{a-b\}\{a+b\}\} \textbackslash]}$$

Für Brüche innerhalb von Brüchen wählt LaTeX eine kleinere Schriftgröße. In
(5.5.2) wird gezeigt, wie von diesem Standard abgewichen werden kann, wenn die von
LaTeX gewählten Größen unerwünscht sind.

5.2.4   Wurzeln

Wurzelausdrücke werden mit dem Befehl

\sqrt[n]{arg}

erzeugt. Beispiel: $\sqrt[3]{8}$ = 2$ ergibt $\sqrt[3]{8} = 2$. Ohne den optionalen Parameter n wird die Standardform der Quadratwurzel erzeugt: $\sqrt{a}$ gibt $\sqrt{a}$

Die Größe und Länge des Wurzelzeichens wird automatisch in Abhängigkeit von arg gewählt: $\sqrt{x^2 + y^2 + 2xy} = x+y$ $\sqrt{x^2 + y^2 + 2xy} = x + y$ oder

$$\sqrt[n]{\frac{x^n - y^n}{1 + u^{2n}}}$$ \[\sqrt[n]{\frac{x^n - y^n}{1 + u^{2n}}} \]

Wurzelausdrücke können beliebig ineinandergeschachtelt werden:

$$\sqrt[3]{-q + \sqrt{q^2 + p^3}}$$ \[\sqrt[3]{-q + \sqrt{q^2 + p^3}} \]

5.2.5   Summen und Integrale

Summen– und Integralzeichen werden mit den Befehlen \sum für $\sum$ und \int für $\int$ erzeugt. Diese Zeichen erscheinen in zwei verschiedenen Größen, je nachdem ob sie in Textformeln oder abgesetzten Formeln auftreten.

Summen– und Integralzeichen erhalten oft obere und untere Grenzen. Diese werden mit den Hoch– und Tiefstellungszeichen ^ und _ formal wie bei den Exponenten und Indizes erzeugt. Auch die Anordnung der unteren und oberen Grenzen ist in Textformeln und abgesetzten Formeln unterschiedlich.

\sum_{i=1}^n und \int_a^b erzeugen in Textformeln $\sum_{i=1}^n$ bzw. $\int_a^b$. Dagegen in abgesetzten Formeln

$$\sum_{i=1}^n \int_a^b$$ Manche Autoren wünschen auch beim Integral die Grenzen ober– und unterhalb des Integralzeichens angeordnet. Das kann mit dem Befehl \limits unmittelbar nach dem Integralzeichen erreicht werden: \int\limits_{x=0}^{x=1} $$\int_{x=0}^{x=1}$$

Sonstiger Formeltext vor und hinter den Summen– und Integralzeichen wird korrekt auf diese Zeichen ausgerichtet

$$2\sum_{i=1}^n a_i \int_a^b f_i(x)g_i(x)\,dx$$ \[2\sum_{i=1}^n a_i \int^b_a
                                                          f_i(x)g_i(x)\,dx \]

Bei Integralen wie $\int y\,dx$ oder $\int f(z)\,dz$ sollte der am Ende stehende Differentialoperator dx bzw. dz mit einem kleinen Abstand zum Integranden (das ist der Teil vor dem dx oder dz) gesetzt werden. Die Einfügung eines Leerzeichens nutzt hier nicht, da Leerzeichen im mathematischen Modus unberücksichtigt bleiben: $\int y dx$ erzeugt $\int ydx$. Hier hilft der bereits in 3.5.1.3 vorgestellte Abstandsbefehl \,: $\int y\,dx$ oder $\int f(z)\,dz$ erzeugen das gewünschte Ergebnis $\int y\,dx$ bzw. $\int f(z)\,dz$. Weitere Abstandsbefehle für mathematische Formeln werden in 5.5.1 vorgestellt.

5.2.6   Fortsetzungspunkte – Ellipsen

Gelegentlich enthalten Formeln mehrere hintereinanderstehende Punkte ..., die aussagen sollen *und so weiter*. Das mehrfache Eintippen des Punktes führt zu einem unerwünschten Ergebnis: ... erzeugt ..., d. h. die Punkte erscheinen zu dicht. LaTeX stellt hierfür die Befehle

\ldots	...	*low dots*	\cdots	$\cdots$	*center dots*
\vdots	$\vdots$	*vertical dots*	\ddots	$\ddots$	*diagonal dots*

bereit. Der Unterschied der ersten beiden wird besser deutlich, wenn man die beiden Formeln $a_0, a_1, \ldots, a_n$ und $a_0 + a_1 + \cdots + a_n$ näher betrachtet.
(Erzeugt durch `$a_0,a_1,\ldots,a_n$` bzw. `$a_0+a_1+\cdots+a_n$`)

Der Befehl `\ldots` steht auch in normalen Textmoden zur Verfügung. Die drei anderen sind nur im mathematischen Modus erlaubt.

Übung 5.2: *Erzeugen Sie den folgenden Ausdruck:*
Die reduzierte kubische Gleichung $y^3 + 3py + 2q = 0$ hat für $D = q^2 + p^3 > 0$ eine reelle und zwei komplexe Lösungen. Diese lassen sich mit den Abkürzungen

$$u = \sqrt[3]{-q + \sqrt{q^2 + p^3}}, \qquad v = \sqrt[3]{-q - \sqrt{q^2 + p^3}}$$

nach der *Cardinischen* Formel als

$$y_1 = u + v, \quad y_2 = -\frac{u+v}{2} + \frac{i}{2}\sqrt{3}(u - v), \quad y_3 = -\frac{u+v}{2} - \frac{i}{2}\sqrt{3}(u - v)$$

darstellen.
Anmerkung: Die Abstände zwischen den Teilformeln in den beiden abgesetzten Formeln lassen sich durch die Abstandsbefehle `\quad` oder `\qquad` einfügen.

Übung 5.3: *Verwenden Sie die Option `fleqn` beim Dokumentstilbefehl und fügen Sie im Vorspann `\mathindent2cm` oder `\setlength{\mathindent}{2cm}` ein. Erzeugen Sie die drei Teilformeln der letzten abgesetzten Formel jeweils als eigene abgesetzte Formel und verwenden Sie hierbei jeweils die `equation` Umgebung statt der `displaymath` Umgebung oder dem `\[...\]` Paar bei der vorangegangenen Übung.*

Übung 5.4: *Erzeugen Sie*
Die Meßwerte $x_1 < x_2 < \cdots < x_r$ traten $p_1, p_2, \ldots, p_r$ mal in einer Meßreihe auf. Der Mittelwert x und die Streuung s ist dann

$$x = \frac{1}{n}\sum_{i=1}^{r} p_i x_i, \qquad s = \sqrt{\frac{1}{n}\sum_{i=1}^{r} p_i(x_i - x)^2}$$

mit $n = p_1 + p_2 + \cdots + p_r$.

Übung 5.5: *Auch diese zunächst kompliziert aussehende Formel sollte keine besondere Schwierigkeit bereiten*

$$\int \frac{\sqrt{(ax+b)^3}}{x}\,dx = \frac{2\sqrt{(ax+b)^3}}{3} + 2b\sqrt{ax+b} + b^2 \int \frac{dx}{x\sqrt{ax+b}}$$

ebensowenig wie $\int_{-1}^{8}(dx/\sqrt[3]{x}) = \frac{3}{2}(8^{2/3} + 1^{2/3}) = 15/2$

5.3   Mathematische Symbole

Mathematischer Text kennt eine große Vielfalt von Symbolen. Nur ganz wenige davon stehen direkt auf der Tastatur zur Verfügung. LaTeX stellt nahezu jedes erdenkliche mathematische Symbol unter einem Symbolnamen, dem ein \ vorangesetzt ist, bereit. Die Symbolnamen sind von (englischen) mathematischen Begriffen hergeleitet und erscheinen bei etwas Mathematikkenntnissen ganz natürlich.

5.3.1   Griechische Buchstaben

Kleinbuchstaben

α	\alpha	θ	\theta	o	o	τ	\tau
β	\beta	ϑ	\vartheta	π	\pi	υ	\upsilon
γ	\gamma	ι	\iota	ϖ	\varpi	ϕ	\phi
δ	\delta	κ	\kappa	ρ	\rho	φ	\varphi
ϵ	\epsilon	λ	\lambda	ϱ	\varrho	χ	\chi
ε	\varepsilon	μ	\mu	σ	\sigma	ψ	\psi
ζ	\zeta	ν	\nu	ς	\varsigma	ω	\omega
η	\eta	ξ	\xi				

Großbuchstaben

Γ	\Gamma	Λ	\Lambda	Σ	\Sigma	Ψ	\Psi
Δ	\Delta	Ξ	\Xi	Υ	\Upsilon	Ω	\Omega
Θ	\Theta	Π	\Pi	Φ	\Phi		

Griechische Buchstaben werden also einfach durch ihren griechischen Namen mit vorangestelltem \ erzeugt. Beginnt der Name mit einem Großbuchstaben, so wird der entsprechende griechische Großbuchstabe erzeugt. Die nichtaufgeführten griechischen Großbuchstaben sind mit entsprechenden lateinischen identisch, so daß für diese kein Bedarf für ein spezielles Zeichen besteht.

Griechische Großbuchstaben werden in mathematischen Formeln üblicherweise in Roman gesetzt. Sollen sie ausnahmsweise in Italic erscheinen, so kann das durch das Voranstellen des *mathematischen* Schriftstilbefehls \mit innerhalb einer Formel geschehen: $\mit\Gamma\Pi\Phi$ erscheinen als $\mathit{\Gamma\Pi\Phi}$.

Griechische Buchstaben können nur im mathematischen Mode aufgerufen werden. Innerhalb von normalem Text müssen sie deshalb mit $...$ eingeschachtelt werden.

5.3.2   Kalligraphische Buchstaben

Im mathematischen Mode können die folgenden 26 *kalligraphischen* Buchstaben erzeugt werden

$$\mathcal{A,B,C,D,E,F,G,H,I,J,K,L,M,N,O,P,Q,R,S,T,U,V,W,X,Y,Z}$$

Dies geschieht mit dem Schriftstil \cal: $\cal A, B, C,...,Z$

5.3.3 Binäre Operationssymbole

Werden zwei mathematische Größen miteinander verknüpft, so heißt in der Mathematik diese Verknüpfung eine *binäre Operation*. Für die verschiedensten Formen einer binären Operation sind folgende Symbole als Operatoren gebräuchlich

±	\pm	∩	\cap	∘	\circ	○	\bigcirc
∓	\mp	∪	\cup	•	\bullet	□	\Box
×	\times	⊎	\uplus	◇	\diamond	◇	\Diamond
÷	\div	⊓	\sqcap	◁	\lhd	△	\bigtriangleup
·	\cdot	⊔	\sqcup	▷	\rhd	▽	\bigtriangledown
∗	\ast	∨	\vee	⊴	\unlhd	◁	\triangleleft
⋆	\star	∧	\wedge	⊵	\unrhd	▷	\triangleright
†	\dagger	\	\setminus	⊘	\oslash	⊕	\oplus
‡	\ddagger	≀	\wr	⊙	\odot	⊖	\ominus
⨿	\amalg					⊗	\otimes

5.3.4 Vergleichssymbole und deren Negation

Werden mathematische Größen in irgendeiner Form miteinander verglichen, so heißt dieser Vergleich in der Mathematik eine *Beziehungsoperation*. Für die verschiedenen Vergleichsbeziehungen sind die folgenden Symbole (Operatoren) gebräuchlich

≤	\le \leq	≥	\ge \geq	≠	\neq	∼	\sim
≪	\ll	≫	\gg	≐	\doteq	≃	\simeq
⊂	\subset	⊃	\supset	≈	\approx	≍	\asymp
⊆	\subseteq	⊇	\supseteq	≅	\cong	⌣	\smile
⊏	\sqsubset	⊐	\sqsupset	≡	\equiv	⌢	\frown
⊑	\sqsubseteq	⊒	\sqsupseteq	∝	\propto	⋈	\bowtie
∈	\in	∋	\ni	≺	\prec	≻	\succ
⊢	\vdash	⊣	\dashv	⪯	\preceq	⪰	\succeq
⊨	\models	⊥	\perp	‖	\parallel |			\mid	

Einige der vorstehenden Symbole können unter zwei Namen erzeugt werden, z. B. kann ≤ sowohl durch \le als auch durch \leq erzeugt werden.

Die umgekehrte (verneinende) Bedeutung der vorstehenden Vergleichssymbole wird in der Mathematik mit einem / durch das Symbol gekennzeichnet: = und ≠ bedeuten *gleich* bzw. *nicht gleich*. Für ≠ steht speziell der Befehl \neq zur Verfügung. Man kann jedoch ganz allgemein durch die meisten der vorstehenden Symbole einen / durch das Voransetzen von \not vor den Symbolbefehl erzielen. \not\in gibt z. B. ∉. Das gleiche gilt auch für die Tastensymbole: \not=, \not>, \not< erzeugen ≠, ≯ und ≮.

Insgesamt können die folgenden Symbole auf diese Weise negiert werden, deren letzten beide \not\in und \notin sich geringfügig unterscheiden: '∉' '∉'. Die letzte Form sollte bevorzugt werden.

≮	\not<	≯	\not>	≠	\not=
≰	\not\le	≱	\not\ge	≢	\not\equiv
⊀	\not\prec	⊁	\not\succ	≁	\not\sim
⋠	\not\preceq	⋡	\not\succeq	≄	\not\simeq
⊄	\not\subset	⊅	\not\supset	≉	\not\approx
⊈	\not\subseteq	⊉	\not\supseteq	≇	\not\cong
⋢	\not\sqsubseteq	⋣	\not\sqsupseteq	≭	\not\asymp
∉	\not\in	∉	\notin		

5.3.5　Pfeil– oder Zeigersymbole

In mathematischen Manuskripten werden gelegentlich auch Pfeilsymbole verwendet, die häufig auch *Zeiger* genannt werden. Folgende Zeigersymbole stehen zur Verfügung

←	\leftarrow \gets	⟵	\longleftarrow	↑	\uparrow
⇐	\Leftarrow	⟸	\Longleftarrow	⇑	\Uparrow
→	\rightarrow \to	⟶	\longrightarrow	↓	\downarrow
⇒	\Rightarrow	⟹	\Longrightarrow	⇓	\Downarrow
↔	\leftrightarrow	⟷	\longleftrightarrow	↕	\updownarrow
⇔	\Leftrightarrow	⟺	\Longleftrightarrow	⇕	\Updownarrow
↦	\mapsto	⟼	\longmapsto	↗	\nearrow
↩	\hookleftarrow	↪	\hookrightarrow	↘	\searrow
↼	\leftharpoonup	⇀	\rightharpoonup	↙	\swarrow
↽	\leftharpoondown	⇁	\rightharpoondown	↖	\nwarrow
⇌	\rightleftharpoons	⇝	\leadsto		

Auch hier können die beiden Symbole → und ← alternativ unter dem Namen \to bzw. \gets aufgerufen werden. Schließlich gibt es für \Longleftrightarrow auch den Befehl \iff, der sich geringfügig durch zusätzlichen Leerraum auf beiden Seiten (⟺) vom ersteren (⟺) unterscheidet.

5.3.6　Verschiedene sonstige Symbole

Gelegentlich treten in mathematischen Texten weitere Symbole auf. LaTeX stellt noch folgende Symbole bereit, wobei einige Wiederholungen von bereits vorgestellten Symbolen im Zusammenhang mit den Nachbarsymbolen stehen:

ℵ	\aleph	′	\prime	∀	\forall	□	\Box
ℏ	\hbar	∅	\emptyset	∃	\exists	◇	\Diamond
ı	\imath	∇	\nabla	¬	\neg	△	\triangle
ȷ	\jmath	√	\surd	♭	\flat	♣	\clubsuit
ℓ	\ell	∂	\partial	♮	\natural	♢	\diamondsuit
℘	\wp	⊤	\top	♯	\sharp	♡	\heartsuit
ℜ	\Re	⊥	\bot	‖	|	♠	\spadesuit
ℑ	\Im	⊢	\vdash	∠	\angle	⋈	\Join
℧	\mho	⊣	\dashv	\	\backslash	∞	\infty

5.3.7 Symbole in zwei Größen

Die folgenden Symbole haben in Textformeln und abgesetzten Formeln unterschiedliche Größen:

$\sum$	$\sum$	\sum	$\cap$	$\bigcap$	\bigcap	$\odot$	$\bigodot$	\bigodot
$\int$	$\int$	\int	$\cup$	$\bigcup$	\bigcup	$\otimes$	$\bigotimes$	\bigotimes
$\oint$	$\oint$	\oint	$\sqcup$	$\bigsqcup$	\bigsqcup	$\oplus$	$\bigoplus$	\bigoplus
$\prod$	$\prod$	\prod	$\vee$	$\bigvee$	\bigvee	$\uplus$	$\biguplus$	\biguplus
$\coprod$	$\coprod$	\coprod	$\wedge$	$\bigwedge$	\bigwedge			

Die Symbole \int und \sum sind bereits in 5.2.5 vorgestellt worden. Wie dort für diese beiden beschrieben, können an alle der vorstehenden Symbole untere und/oder obere Grenzen mit den Umstellungsbefehlen ^_ erzeugt werden. Die Anordnung der Grenzen ist bei einigen Symbolen für Textformeln und abgesetzte Formeln verschieden. Wie in 5.2.5 für \int beschrieben, können mit dem Befehl \limits die Grenzen unter– und oberhalb des Symbols angeordnet werden, wenn diese standardmäßig hinter dem Symbol erscheinen. Der umgekehrte Befehl \nolimits ordnet die Grenzen hinter dem Symbol an, wenn sie standardmäßig unter– und oberhalb stehen.

$$\oint_0^\infty \qquad \oint\limits_0^\infty$$

`\[ \oint^\infty_0 \qquad \oint\limits^\infty_0    \]`

$$\prod_{\nu=0}^n \qquad \prod\nolimits_{\nu=0}^n$$

`\[ \prod^n_{\nu=0}\qquad \prod\nolimits^n_{\nu=0} \]`

5.3.8 Funktionsnamen

Der weltweite Standard, in mathematischen Formeln Variablenzeichen in '*italic*' zu setzen, schreibt andererseits vor, Funktionsnamen in 'roman' zu setzen. Funktionsnamen wie 'sin' oder 'inf' in einer Formel würden von LaTeX als die Variablennamen s i n bzw. i n f interpretiert und als *sin* bzw. *inf* erscheinen. Damit LaTeX einen Funktionsnamen als solchen erkennt, muß ihm ein \ vorangesetzt werden. Folgende Funktionsnamen sind zulässig:

\arccos	\cos	\csc	\exp	\ker	\limsup	\min	\sinh
\arcsin	\cosh	\deg	\gcd	\lg	\ln	\Pr	\sup
\arctan	\cot	\det	\hom	\lim	\log	\sec	\tan
\arg	\coth	\dim	\inf	\liminf	\max	\sin	\tanh

Einige dieser Funktionsnamen treten in Formeln oft mit einer Grenzenangabe der Form

$\lim_{x\to\infty}$ in Textformeln und

$\lim\limits_{x\to\infty}$ in abgesetzten Formeln

auf. Dies wird einfach mit dem Tiefstellungsbefehl nach dem Funktionsnamen erreicht: `\lim_{x\to\infty}`

Die Erzeugung einer untergestellten Grenzangabe mit dem _ Befehl ist für die Funktionsnamen

    \det \gcd \inf \lim \liminf \limsup \max \min \Pr \sup

erlaubt.

Schließlich gibt es noch die Funktionsnamenbefehle \bmod und \pmod{*arg*}, die beide den Funktionsnamen mod erzeugen, entweder als

    $ a \bmod b $: $a \bmod b$ oder als $y\pmod{a+b}$: $y \pmod{a+b}$.

5.3.9   Mathematische Akzente

Die folgenden mathematischen Akzente stehen im mathematischen Modus zur Verfügung:

$\hat{a}$ \hat{a} $\breve{a}$ \breve{a} $\grave{a}$ \grave{a} $\bar{a}$ \bar{a} $\dot{a}$ \dot{a}
$\check{a}$ \check{a} $\acute{a}$ \acute{a} $\tilde{a}$ \tilde{a} $\vec{a}$ \vec{a} $\ddot{a}$ \ddot{a}

Die Buchstaben i und j sollten ihren Punkt verlieren, wenn sie mit einem Akzent versehen werden sollen. In diesem Fall sollten statt dessen für die Buchstaben die Symbole \imath und \jmath verwendet werden, z. B.

    $\vec{\imath} + \tilde{\jmath}$: $\vec{\imath} + \tilde{\jmath}$

Für \hat und \tilde gibt es eine Breitversion unter den Namen \widehat und \widetilde. Hiermit können diese Akzente über einem Formelteil angebracht werden:

    $\widehat{1-x} = \widehat{-y}$ $\widetilde{xyz}$ $\widehat{1-x}=\widehat{-y}$ $\widetilde{xyz}$

Übung 5.6: *Die Vereinigung zweier Mengen $\mathcal{A}$ und $\mathcal{B}$ ist die Menge aller Elemente, die in wenigstens einer der beiden Mengen vorkommen und wird als $\mathcal{A} \cup \mathcal{B}$ gekennzeichnet. Diese Operation ist kommutativ $\mathcal{A} \cup \mathcal{B} = \mathcal{B} \cup \mathcal{A}$ und assoziativ $(\mathcal{A} \cup \mathcal{B}) \cup \mathcal{C} = \mathcal{A} \cup (\mathcal{B} \cup \mathcal{C})$. Ist $\mathcal{A} \subseteq \mathcal{B}$, dann gilt $\mathcal{A} \cup \mathcal{B} = \mathcal{B}$. Daraus folgt $\mathcal{A} \cup \mathcal{A} = \mathcal{A}$, $\mathcal{A} \cup \{\emptyset\} = \mathcal{A}$ und $\mathcal{J} \cup \mathcal{A} = \mathcal{J}$.*

Übung 5.7: *Aus der l'Hospitalschen Regel folgt*

$$\lim_{x \to 0} \frac{\ln \sin \pi x}{\ln \sin x} = \lim_{x \to 0} \frac{\pi \frac{\cos \pi x}{\sin \pi x}}{\frac{\cos x}{\sin x}} = \lim_{x \to 0} \frac{\pi \tan x}{\tan \pi x} = \lim_{x \to 0} \frac{\pi / \cos^2 x}{\pi / \cos^2 \pi x} = \lim_{x \to 0} \frac{\cos^2 \pi x}{\cos^2 x} = 1$$

Übung 5.8: *Die Gammafunktion $\Gamma(x)$ ist definiert als*

$$\Gamma(x) \equiv \lim_{n \to \infty} \prod_{\nu=0}^{n-1} \frac{n! n^{x-1}}{x + \nu} = \lim_{n \to \infty} \frac{n! n^{x-1}}{x(x+1)(x+2) \cdots (x+n-1)} \equiv \int_0^\infty e^{-t} t^{x-1} \, dt$$

Die Integraldefinition gilt nur für $x > 0$ (2. Eulersches Integral).

Übung 5.9: *Entfernen Sie die Option* fleqn *aus dem Dokumentstil–Befehl von Übung 5.3 und wiederholen Sie den Ausdruck.*

Übung 5.10: $\alpha \vec{x} = \vec{x} \alpha, \quad \alpha \beta \vec{x} = \beta \alpha \vec{x}, \quad (\alpha + \beta) \vec{x} = \alpha \vec{x} + \beta \vec{x}, \quad \alpha(\vec{x} + \vec{y}) = \alpha \vec{x} + \alpha \vec{y}.$
$\vec{x} \vec{y} = \vec{y} \vec{x}$ *aber* $\vec{x} \times \vec{y} = -\vec{y} \times \vec{x}, \quad \vec{x} \vec{y} = 0$ *falls* $\vec{x} \perp \vec{y}, \quad \vec{x} \times \vec{y} = 0$, *falls* $\vec{x} \parallel \vec{y}$.

Übung 5.11: *Erzeugen Sie die Formeln (5.1) und (5.2) des nächsten Abschnitts.*

5.4 Weitere Konstruktionselemente

Mit den bisher beschriebenen Konstruktionselementen lassen sich bereits viele, durchaus komplexe Formeln erzeugen:

$$\lim_{x\to 0}\frac{\sqrt{1+x}-1}{x}=\lim_{x\to 0}\frac{(\sqrt{1+x}-1)(\sqrt{1+x}+1)}{x(\sqrt{1+x}+1)}=\lim_{x\to 0}\frac{1}{\sqrt{1+x}+1}=\frac{1}{2} \qquad (5.1)$$

$$\frac{\partial^2 U}{\partial x^2}+\frac{\partial^2 U}{\partial y^2}=0 \quad\Longrightarrow\quad U_M=\frac{1}{4\pi}\oint_\Sigma\frac{1}{r}\frac{\partial U}{\partial n}\,ds-\frac{1}{4\pi}\oint_\Sigma\frac{\partial\frac{1}{r}}{\partial n}U\,ds \qquad (5.2)$$

$$S(z)=-\cos(\frac{\pi}{2}z^2)\sum_{n=0}^{\infty}\frac{(-1)^n\pi^{2n+1}}{1\cdot 3\cdots(4n+3)}z^{4n+3}+\sin(\frac{\pi}{2}z^2)\sum_{n=0}^{\infty}\frac{(-1)^n\pi^{2n}}{1\cdot 3\cdots(4n+1)}z^{4n+1}$$
$$(5.3)$$

Liest man die Formeln von links nach rechts, so läßt sich der erzeugende Text ohne Schwierigkeiten erstellen. Für die letzte Formel würde man z. B. erhalten

```
\begin{equation}
S(z) = -\cos( \frac{\pi}{2} z^2 ) \sum_{n=0}^\infty
    \frac{ (-1)^n \pi^{2n+1} }{ 1 \cdot 3 \cdots (4n+3) } z^{4n+3}
    +\sin( \frac{\pi}{2} z^2 ) \sum_{n=0}^\infty
    \frac{ (-1)^n \pi^{2n} }{1 \cdot 3 \cdots (4n+1) } z^{4n+1}
\ond{equation}
```

In den obigen Beispielen wurde statt der `displaymath` Umgebung, bzw. ihrer Abkürzung \[...\], die `equation` Umgebung gewählt, die zusätzlich eine automatische Formelnumerierung erzeugt. Formelnummern werden beim Stil `book` und `report` innerhalb der Kapitel mit der vorgestellten Kapitelnummer durchnumeriert und in ( ) gesetzt, wie in den vorstehenden Beispielen ersichtlich. Beim Stil `article` werden Formeln durch das ganze Dokument fortlaufend numeriert.

Als Standard erscheinen die Formelnummern rechtsbündig und in der Höhe auf die Formel zentriert, falls der Platz dies zuläßt, anderenfalls rechtsbündig unterhalb der Formel. Mit dem Dokumentstil `leqno` können statt dessen Formelnummern einheitlich für das ganze Dokument auch linksbündig gewählt werden.

Betrachtet man die letzte Formel etwas näher, so würde man sich die beiden ( ) Paare beim cos() und sin() etwas größer wünschen. Außerdem reicht diese Formel gerade noch über die Zeilenbreite. Längere Formeln müssen an geeigneten Stellen gebrochen und die untereinanderstehenden Teile der Formel evtl. in bestimmter Weise gegeneinander ausgerichtet werden. Die bisherigen Konstruktionselemente bieten hierfür keine Möglichkeit.

Selbst eine so einfache Forderung wie das Anbringen von einem Stückchen normalen Text innerhalb einer abgesetzten Formel war bisher noch nicht erwähnt worden. Dieser Abschnitt stellt die hierfür erforderlichen Konstruktionselemente bereit.

Schließlich wird man gelegentlich von der Größenwahl durch TeX abweichen wollen, z. B. würde im letzten Integral der Formel (5.2) der Zähler besser als $\partial\frac{1}{r}$ erscheinen. Auch die horizontalen Abstände von Formelteilen sind zu beeinflussen. Solche Formatierungshilfen werden in (5.5) beschrieben.

5.4.1 Automatische Größenanpassung von Klammersymbolen

Mathematische Formeln enthalten häufig Klammersymbole, die meistens paarweise auftreten und Teile der Formeln einschließen. In der ausgedruckten Formel sollten diese Klammersymbole in der Größe der eingeschlossenen Teilformel angepaßt sein. Hierfür stellt LaTeX das Befehlspaar

$\qquad$ \left*lksymb*   *Teilformel*   \right*rksymb*

bereit. Der Befehl \left ist dem öffnenden (linksstehenden) Klammersymbol *lksymb* unmittelbar voranzustellen und ebenso der Befehl \right dem schließenden (rechtsstehenden) *rksymb*.

$$\left[\int + \int\right]_{x=0}^{x=1}$$

`\[ \left[ \int + \int \right]_{x=0}^{x=1} \]`
Das Klammerpaar [ ] ist an die Größe der eingeschlossenen Formel angepaßt. Die folgende Hoch– und Tiefstellung ist ihrerseits an die große] angepaßt.

Die Befehle \left und \right müssen paarweise auftreten. Zu jedem \left Befehl gehört also zwingend der zugehörige \right Befehl. Die Paare können geschachtelt werden. Dabei ist dem letzten \left Befehl der nächste darauffolgende \right Befehl zugeordnet, der vorletzte \left Befehl dem übernächsten \right Befehl usw. Bei geschachtelten Paaren müssen insgesamt genausoviele \right Befehle wie \left Befehle vorhanden sein.

Die zugehörigen Klammersymbole *lksymb* und *rksymb* brauchen nicht notwendig zueinander passen, obwohl gleiche Klammerpaare der Regelfall sind.

$$\vec{x} + \vec{y} + \vec{z} = \left(\begin{array}{l} a \\ b \end{array} \right.$$

Diese Anordnung ist zwar ungewöhnlich, aber durchaus erlaubt
`\[ \vec{x} + \vec{y} + \vec{z} = \left( ... \right[ \]`

Gelegentlich enthalten Formeln nur eine öffnende oder schließende Klammer ohne das zugehörige Gegenstück. Da die \left ... \right Befehle paarweise auftreten müssen, kann mit einem dieser Befehle vor einem '.' eine *unsichtbare* zugeordnete Klammer erzeugt werden, um die Paarbedingung zu erfüllen.

$$y = \left\{ \begin{array}{r@{\quad:\quad}l} -1 & x < 0 \\ 0 & x = 0 \\ +1 & x > 0 \end{array} \right.$$

`\[  y = \left\{ \begin{array}{r@{\quad:\quad}l}`
`-1 & x<0 \\ 0 & x=0 \\ +1 & x>0`
`\end{array} \right.   \]`

Die hier verwendete `array` Umgebung ist formal in 4.8.1 beschrieben. Sie erzeugt eine Tabelle im mathematischen Mode.

Die \left ... \right Befehle können auf insgesamt 22 verschiedene Symbole wirken. Diese sind

(	(	)	)	⌊	\lfloor	⌋	\rfloor
[	[	]	]	⌈	\lceil	⌉	\rceil
{	\{	}	\}	⟨	\langle	⟩	\rangle
|	|	‖	|	↑	\uparrow	⇑	\Uparrow
/	/	\	\backslash	↓	\downarrow	⇓	\Downarrow
				↕	\updownarrow	⇕	\Updownarrow

\left| ... \right| erzeugt z. B vertikale Striche, deren Größe auf den eingeschlossenen Formeltext abgestimmt ist.

Übung 5.12: *Erzeugen Sie in Formel 5.3* $\cos\left(\frac{\pi}{2}z^2\right)$ *und* $\sin\left(\frac{\pi}{2}z^2\right)$ *statt* $\left(\frac{\pi}{2}z^2\right)$.

5.4.2 Gewöhnlicher Text innerhalb von Formeln

Gelegentlich erscheint innerhalb von Formeln ein Stückchen *normaler* Text, z. B. ein einzelnes Wort wie 'und', 'oder', 'wenn' u. ä. Hierzu muß man innerhalb von Formeln in den LR–Modus (s. 1.4 und 4.7.1) umgeschalten, ohne die mathematische Umgebung zu verlassen. Dies kann mit dem Befehl \mbox{*normaler Text*} innerhalb der Formel erreicht werden, ggf. ergänzt durch zusätzliche horizontale Abstandsbefehle, wie \hspace oder \quad. Beispiel:

$$X_n = X_k \qquad \text{wenn und nur wenn} \qquad Y_n = Y_k \quad \text{und} \quad Z_n = Z_k$$

```
\[  X_n = X_k \qquad\mbox{wenn und nur wenn}\qquad
    Y_n = Y_k \quad\mbox{und}\quad Z_n = Z_k           \]
```

Um längere Textteile neben eine abgesetzte Formel anzuordnen, wie etwa in den vorstehenden Beispielen, in denen neben der abgesetzten Formel der erläuternde Text steht, empfiehlt es sich, die Formel und den Text jeweils in eine Parbox oder Minipage zu fassen und diese, geeignet vertikal positioniert, nebeneinander zu stellen.

5.4.3 Matrizen und Felder

$$
\begin{array}{cccc}
a_{11} & a_{12} & \cdots & a_{1n} \\
\vdots & \vdots & \ddots & \vdots \\
a_{n1} & a_{n2} & \cdots & a_{nn}
\end{array}
$$

Anordnungen der nebenstehenden Form bilden die Grundstruktur von Matrizen, Determinanten, Gleichungssystemen u. ä. Solche Strukturen sollen hier Felder genannt werden.

Zur Erzeugung von Feldern dient die array Umgebung, deren Syntax und Konstruktionselemente bei der Beschreibung von Tabellenstrukturen (4.8.1) vorgestellt wurde. Die array Umgebung erzeugt demzufolge eine Tabelle im mathematischen Modus, d. h. die einzelnen Spalteneintragungen werden als Formeltext interpretiert. Beispiel:

$$
\begin{array}{c}
a_{11}x_1 + a_{12}x_2 + \cdots + a_{1n}x_n = b_1 \\
a_{22}x_1 + a_{22}x_2 + \cdots + a_{2n}x_n = b_2 \\
\cdots\cdots\cdots\cdots\cdots\cdots\cdots\cdots \\
a_{n1}x_1 + a_{n2}x_2 + \cdots + a_{nn}x_n = b_n
\end{array}
$$

```
\[  \begin{array}{*{3}{c@{\:+\:}}c@{\;=\;}c}
        a_{11}x_1 & a_{12}x_2 & \cdots & a_{1n}x_n & b_1 \\
        a_{22}x_1 & a_{22}x_2 & \cdots & a_{2n}x_n & b_2 \\
        \multicolumn{5}{c}{\dotfill}                    \\
        a_{n1}x_1 & a_{n2}x_2 & \cdots& a_{nn}x_n  & b_n
    \end{array}     \]
```

Zur Erinnerung der Tabellenkonstruktionselemente (4.8.1): `@{t}` setzt den Inhalt von t zwischen die benachbarten Spalten. Im vorliegenden Fall also `\:+\:` bzw. `\;=\;`. Die bisher nicht vorgestellten Befehle `\:` und `\;` erzeugen kleine horizontale Zwischenräume im mathematischen Modus (s. 5.5.1). `*{3}{c@{\:+\:}}` ist eine Abkürzung für dreimal die Spaltendefinition `c@{\:+\:}`. c definiert die Spaltenformatierung als zentriert. `\multicolumn{5}{c}` sagt, daß die nächsten 5 Spalten zu einer zusammengefügt werden sollen, in die der Eintrag dann zentriert erfolgt. `\dotfill` füllt diese Spalte mit Punkten. Mit

```
\begin{array}{c@{\:+\:}c@{\:+\cdots+\;}c@{\;=\;}c}
```

könnte das vorstehende Gleichungssystem noch etwas einfacher erzeugt werden.

array Umgebungen können geschachtelt werden:

$$
\left(
\begin{array}{c}
\left|
\begin{array}{cc}
x_{11} & x_{12} \\ x_{21} & x_{22}
\end{array} \right| \\
y \\
z
\end{array}
\right)
$$

```
\[ \left( \begin{array}{c}
      left| \begin{array}{cc}
            x_{11} & x_{12} \\ x_{21} & x_{22}
            \end{array} \right| \\
      x \\ y \end{array} \right)              \]
```

Das äußere Feld besteht aus einer Spalte, die zentriert ausgerichtet ist (c). Der erste Eintrag in diese Spalte ist wieder ein Feld, bestehend aus zwei Spalten, die jeweils ebenfalls zentriert sind. Dieses Feld ist links und rechts mit einer vertikalen Linie angepaßter Größe abgeschlossen.

Die array Umgebung stellt strukturmäßig eine vertikale Box dar. Als solche wird sie innerhalb der äußeren Umgebung wie ein einzelnes Zeichen behandelt. Damit kann sie mit beliebigen anderen Symbolen und Konstruktionselementen verknüpft werden.

$$
\sum_{p_1<p_2<\cdots<p_{n-k}}^{(1,2,\ldots,n)} \Delta_{\begin{array}{l} p_1p_2\cdots p_{n-k} \\ p_1p_2\cdots p_{n-k} \end{array}} \sum_{q_1<q_2<\cdots q_k} \left| \begin{array}{llcl}
a_{q_1q_1} & a_{q_1q_2} & \cdots & a_{q_1q_k} \\
a_{q_2q_1} & a_{q_2q_2} & \cdots & a_{q_2q_k} \\
\multicolumn{4}{c}{\dotfill} \\
a_{q_kq_1} & a_{q_kq_2} & \cdots & a_{q_kq_k}
\end{array} \right|
$$

```
\[ \sum_{p_1<p_2<\cdots<p_{n-k}}^{(1,2,\ldots,n)}
   \Delta_{\begin{array}{l}
           p_1p_2\cdots p_{n-k} \\ p_1p_2\cdots p_{n-k}
           \end{array}}
   \sum_{q_1<q_2<\cdots q_k} \left| \begin{array}{llcl}
               a_{q_1q_1} & a_{q_1q_2} & \cdots & a_{q_1q_k} \\
               a_{q_2q_1} & a_{q_2q_2} & \cdots & a_{q_2q_k} \\
               \multicolumn{4}{c}\dotfill\\
               a_{q_kq_1} & a_{q_kq_2} & \cdots & a_{q_kq_k}
               \end{array} \right|              \]
```

Im vorstehenden Beispiel wurde z. B. eine array Umgebung als Index an dem Δ benutzt. Die Indizes erscheinen hierbei allerdings im Verhältnis zur gesamten Formel zu groß. In 5.4.6 wird eine bessere Lösung für Feldindizes vorgestellt.

Die array Umgebung kennt wie alle Tabellenumgebungen noch einen optionalen vertikalen Positionierungsparameter b oder t. Syntax und Wirkung sind in 4.8.1 und 4.7.3 ausführlich beschrieben. Dieser Parameter kann benutzt werden, wenn das Feld gegenüber der Umgebung statt auf die Mitte, auf die erste oder letzte Feldzeile ausgerichtet werden soll.

$$x - \begin{array}{c} a_1 \\ \vdots \\ a_n \end{array} - \begin{array}{cl} u-v & 10 \\ u+v & \begin{array}{r} 12 \\ -120 \end{array} \end{array}$$

```
\[ x - \begin{array}{c}
        a_1 \\ \vdots \\ a_n \end{array}
   - \begin{array}[t]{cl}
        u - v & 10\\
        u + v & \begin{array}[b]{r}
               12\\-120  \end{array}
   \end{array}                                  \]
```

Dem Leser wird empfohlen, die einzelnen in– und nebeneinanderstehenden Felder anhand des rechtsstehenden Erzeugungstextes einzurahmen.

Übung 5.13: Die Lösung für das Gleichungssystem

$$F(x,y) = 0 \quad \text{und} \quad \begin{vmatrix} F''_{xx} & F''_{xy} & F'_x \\ F''_{yx} & F''_{yy} & F'_y \\ F'_x & F'_y & 0 \end{vmatrix} = 0$$

liefert die Koordinaten der möglichen Wendepunkte von $F(x,y) = 0$.
Anmerkung: Die abgesetzte Formel besteht aus zwei Teilformeln, zwischen denen das Wort "und" mit den zusätzlichen Abständen von jeweils einem \quad *eingefügt ist. Bei einer* **array** *Umgebung, die von angepaßten vertikalen Strichen eingeschlossen ist, kann statt des Einschlusses in* \left| . . . \right| *auch das Formatierungsfeld zu* {|...|} *gewählt werden, s. 4.8.1. (In der Mathematik heißt eine solche Struktur "Determinante")*

Übung 5.14: Der kürzeste Abstand zweier Geraden, deren Gleichungen in der Form

$$\frac{x-x_1}{l_1} = \frac{y-y_1}{m_1} = \frac{z-z_1}{n_1} \quad \text{und} \quad \frac{x-x_2}{l_2} = \frac{y-y_2}{m_2} = \frac{z-z_2}{n_2}$$

gegeben sind, läßt sich nach der Formel

$$\frac{\pm \begin{vmatrix} x_1 - x_2 & y_1 - y_2 & z_1 - z_2 \\ l_1 & m_1 & n_1 \\ l_2 & m_2 & n_2 \end{vmatrix}}{\sqrt{\begin{vmatrix} l_1 & m_1 \\ l_2 & m_2 \end{vmatrix}^2 + \begin{vmatrix} m_1 & n_1 \\ m_2 & n_2 \end{vmatrix}^2 + \begin{vmatrix} n_1 & l_1 \\ n_2 & l_2 \end{vmatrix}^2}}$$

berechnen. Verschwindet der Zähler, so schneiden sich die Geraden im Raum.
Anmerkung: Die Verwendung von {|cc|} *im Formatierungsfeld der drei Determinanten im Nenner unter der Wurzel empfiehlt sich nicht. Hier sollten* \left|...\right| *Paare benutzt werden. Probieren Sie beide Möglichkeiten, und vergleichen Sie das Ergebnis.*

Übung 5.15: *Laurententwicklung:* Mit $c_n = \frac{1}{2\pi i} \oint (\zeta - a)^{-n-1} f(\zeta)\, d\zeta$ gilt für jede Funktion $f(z)$ die Darstellung ($n = 0, \pm 1, \pm 2, \ldots$)

$$f(x) = \sum_{n=-\infty}^{+\infty} c_n (z-a)^n = \left\{ \begin{array}{l} c_0 + c_1(z-a) + c_2(z-a)^2 + \cdots + c_n(z-a)^n + \cdots \\ \qquad + c_{-1}(z-a)^{-1} + c_{-2}(z-a)^{-2} + \cdots \\ \qquad\qquad + c_{-n}(z-a)^{-n} + \cdots \end{array} \right.$$

Hinweis: Die rechte Seite der Formel kann mit einer **array** *Umgebung erzeugt werden, die nur aus einer Spalte besteht. Wie muß das Formatierungsfeld lauten?*

5.4.4 Über– und Unterstreichen von Teilformeln

Mit den Befehlen

> \overline{*formelteil*}   bzw.   \underline{*formelteil*}

können Formeln oder Teile von Formeln über– oder unterstrichen werden. Diese
Befehle können beliebig verschachtelt werden

$$\overline{\overline{a}^2 + \underline{xy} + \overline{\overline{z}}}$$

```
\[ \overline{\overline{a}^2 + \underline{xy}
         + \overline{\overline{z}}}        \]
```

Der Befehl \underline kann auch in normalen Textmoden zum Unterstreichen von
Textstellen benutzt werden. \overline ist nur im mathematischen Modus erlaubt.

In der Wirkung wie die vorstehenden Befehle sind auch die Befehle

> \overbrace{*formelteil*}   bzw.   \underbrace{*formelteil*}

nur wird statt des Querstrichs eine horizontale geschweifte Klammer über bzw. unter
die Teilformel gesetzt

$$\overbrace{a + \underbrace{b+c} +d}$$

```
\overbrace{a + \underbrace{b+c} + d}
```

In abgesetzten Formeln darf hinter diesen Befehlen Text hoch– oder tiefgestellt
werden. Der hochgestellte Text erscheint oberhalb der *overbrace*-Klammer, der tiefgestellte Text unter der *underbrace*-Klammer

$$\underbrace{a + \overbrace{b + \cdots + y}^{123} + z}_{\alpha\beta\gamma}$$

```
\[ \underbrace{a + \overbrace{b + \cdots + y}^{123}
        + z}_{\alpha\beta\gamma}               \]
```

Übung 5.16: Die Anzahl aller Variationen von n Elementen zu je m (in Zeichen V_n^m) ist

$$V_n^m = \prod_{i=0}^{m-1} (n-i) = \underbrace{n(n-1)(n-2)\ldots(n-m+1)}_{\text{insgesamt } m \text{ Faktoren}} = \frac{n!}{(n-m)!}$$

5.4.5 Gestockte Symbole

Mit dem Befehl

> \stackrel{*oberes symbol*}{*unteres symbol*}

können zwei Symbole zentriert übereinandergesetzt werden. Für das obere Symbol
wird dabei eine kleinere Zeichengröße gewählt.

$\vec{x} \stackrel{\text{def}}{=} (x_1,\ldots x_n)$ ` $ \vec{x} \stackrel{\rm def}{=} (x_1,\ldots x_n) $ `

$A \stackrel{\alpha'}{\longrightarrow} B \stackrel{\beta'}{\longleftarrow} C$ ` $ A \stackrel{\alpha'}{\longrightarrow} B ... $ `

Unter Einbeziehung der mathematischen Schriftgrößenbefehle (s. 5.5.2) lassen sich
hiermit auch neue Symbole aufbauen. Manche Autoren wünschen z. B. für das \le
Symbol statt $\leq$ ein $\stackrel{<}{=}$. Dieses Symbol wurde mit `$\stackrel{\textstyle<}{=}$`
erzeugt. Ohne den Befehl \textstyle für das obere Symbol erscheint $\stackrel{\scriptstyle<}{=}$.

5.4.6 Zusätzliche mathematische TEX–Befehle

Die mathematischen TEX–Befehle `\atop` und `\choose` stellen eine nützliche Ergänzung zu den mathematischen LATEX–Befehlen dar und können bei Bedarf in einem LATEX–Dokument verwendet werden[2]. Ihre Syntax lautet

  {*oben* \atop *unten*}
  {*oben* \choose *unten*}

Beide Befehle erzeugen eine Struktur wie ein Bruch ohne Bruchstrich. Bei dem `\choose` Befehl ist diese Struktur mit großen runden Klammern umgeben (in der Mathematik heißt eine solche Struktur *Binomialkoeffizient*).

$$\binom{n+1}{k} = \binom{n}{k} + \binom{n}{k-1}$$

```
\[ {n+1 \choose k}
    = {n \choose k} + {n \choose k-1} \];
```

$$\prod_{j\geq 0}\left(\sum_{k\geq 0} a_{jk}z^k\right) = \sum_{n\geq 0} z^n \left(\sum_{\substack{k_0,k_1,\ldots\geq 0 \\ k_0+k_1+\cdots=0}} a_{0k_0}a_{1k_1}\cdots\right)$$

```
\[ \prod_{j\ge0}\left( \sum_{k\ge0} a_{jk}z^k \right) =
   \sum_{n\ge0} z^n \left(\sum_{k_0,k_1\ldots\ge0 \atop k_0+k_1+\cdots=0}
       a_{0k_0} a_{1k_1}\ldots \right)                                  \]
```

Eine ähnliche Struktur könnte mit den LATEX–Umgebungen

  `\begin{array}{c}` *obere zeile* `\\` *untere zeile* `\end{array}`   (*atop*)
  `\left(\begin{array}{c}` *oben* `\\` *unten* `\end{array}\right)`   (*choose*)

erzeugt werden. Der Unterschied zwischen dem Ergebnis dieser `array` Umgebungen und den obigen TEX–Befehlen liegt darin, daß die Spalten der `array` Umgebung in Größe und Stil wie normale Textformeln erscheinen, unabhängig wie diese Umgebung innerhalb der Gesamtformel angeordnet ist. Dagegen wird für die *obere* und *untere* Zeile bei den `\atop` und `\choose` Befehlen eine Größe gewählt, die von der Stellung der Befehle innerhalb der gesamten Formelstruktur abhängt.

Zum Vergleich

$$\Delta_{\substack{p_1p_2\cdots p_{n-k} \\ p_1p_2\cdots p_{n-k}}}$$ Das Indexfeld ist mit `\atop` erzeugt

$$\Delta_{\substack{p_1p_2\cdots p_{n-k} \\ p_1p_2\cdots p_{n-k}}}$$ Das Indexfeld ist mit `array` erzeugt

Die vorstehenden TEX–Befehle können auch für kleine Matrizen in Textformeln, wie $\binom{1\,0}{0\,1}$ oder $\left(\begin{smallmatrix} a & b & c \\ l & m & n \end{smallmatrix}\right)$ von Nutzen sein. Hierbei wurde die erste mit

  `${1\,0\choose0\,1}$`   und die zweite mit
  `$\left({a\atop l}{b\atop m}{c\atop n}\right)$`   erzeugt.

---

[2]Grundsätzlich können alle mathematischen TEX–Befehle bis auf `\eqalign`, `\eqalignno` und `\leqaligno` in LATEX–Manuskripten verwendet werden.

5.4.7   Mehrzeilige Formeln

Mit den Umgebungen

    \begin{eqnarray } *formelzeile 1*\\ ... *formelzeile n* end{eqnarray}
    \begin{eqnarray*} *formelzeile 1*\\ ... *formelzeile n* end{eqnarray*}

wird in den mathematischen Modus umgeschaltet und es werden abgesetzte Formelgruppen oder mehrzeilige Formeln erzeugt. Die einzelnen Formeln der Gruppe oder
die einzelnen Zeilen einer mehrzeiligen Formel werden durch \\ zeilenweise voneinander getrennt. Der Eintrag für die einzelne Zeile lautet

linker Formelteil & *mittlerer Formelteil* & *rechter Formelteil* \\

Dabei erscheint der *linke Formelteil* rechtsbündig, der *rechte Formelteil* linksbündig und der *mittlere Formelteil* zentriert zu den Positionierungszeichen &. Als
mittlerer Formelteil sollte i. allg. nur ein einzelnes mathematisches Symbol, wie
$=$, $\leq$, ... verwendet werden. Die einzelnen Zeilen werden also wie bei einer
\begin{array}{rcl} ... \end{array} Umgebung angeordnet.

Der Unterschied zur array Umgebung liegt darin: Bei der eqnarray Umgebung wird der
linke und rechte Formelteil einer jeden Zeile als abgesetzte Formel betrachtet. Damit wird
von den Symbolen in 5.3.7 die große Form gewählt, und bei Brüchen erscheinen Zähler und
Nenner in Normalgröße. Bei der array Umgebung wird dagegen jede Spalteneintragung als
Textformel angesehen. Entsprechend erscheint die kleinere Form der variablen Symbole, und
Zähler und Nenner von Brüchen werden ebenfalls in kleinerer Schriftgröße gesetzt.

Der Unterschied zwischen der Standard– und der *Form liegt darin, daß die Standardform hinter jeder Zeile eine fortlaufende Formelnummer erzeugt, die bei der
Sternform entfällt. Soll bei der Standardform für einzelne Zeilen die Formelnummer entfallen, so kann das mit dem Befehl \nonumber vor dem Zeilenumschaltzeichen
\\ erreicht werden.

Beispiele:

$$
\begin{aligned}
(x+y)(x-y) &= x^2 - xy + xy - y^2 \\
&= x^2 - y^2 \\
(x+y)^2 &= x^2 + 2xy + y^2
\end{aligned}
$$

(5.4)

(5.5)

```
\begin{eqnarray}
    (x+y)(x-y) & = & x^2-xy+xy-y^2 \nonumber\\
            & = & x^2 - y^2 \\
    (x+y)^2    & = & x^2 + 2xy + y^2
\end{eqnarray}
```

$$
\begin{aligned}
x_n u_1 + \cdots + x_{n+t-1} u_t &= x_n u_1 + (ax_n + c)u_2 + \cdots \\
&\quad + \left(a^{t-1}x_n + c(a^{t-2} + \cdots + 1)\right) u_t \\
&= (u_1 + au_2 + \cdots + a^{t-1}u_t)x_n + h(u_1, \ldots, u_t)
\end{aligned}
$$

```
\begin{eqnarray*}
    x_nu_1 + \cdots + x_{n+t-1}u_t & = & x_nu_1 + (ax_n + c)u_2 + \cdots\\
        &   & + \left(a^{t-1}x_n + c(a^{t-2} + \cdots+1)\right)u_t\\
        & = & (u_1 + au_2 + \cdots + a^{t-1}u_t)x_n + h(u_1,\ldots,u_t)
\end{eqnarray*}
```

Das letzte Beispiel bedarf einiger Anmerkungen. In der zweiten Zeile tritt ein `\left(` ... `\right)` Paar zur Größenanpassung der () auf. Ein solches `\left` ... `\right` Paar darf nur innerhalb einer Zeile verwendet werden, es darf also *nicht* durch das Zeilenumschaltzeichen gebrochen werden! Eine automatische Größenanpassung von Klammersymbolen bei einer über mehrere Zeilen reichenden Formel ist also nur für die Teile der Formel möglich, die in einer Zeile liegen.

Für Klammerpaare, die in verschiedenen Zeilen liegen, kann man versuchsweise die Konstruktion `\left(` ... `\right. \\ \left.` ... `\right)` anwenden. Hier steht in einer Zeile eine angepaßte (die mit der *unsichtbaren* Klammer `\right.` abschließt. Die andere Zeile beginnt mit einer unsichtbaren Klammer `\left.`, die mit der schließenden Klammer `\right)` ein Paar bildet. Das Ergebnis wird jedoch nur dann befriedigen, wenn die Höhe der Teilformeln in beiden Zeilen nahezu gleich ist, da die Größe der '(' bzw. ')' an die Größe der jeweiligen Teilformel angepaßt ist. In 5.5.3 wird eine manuelle Lösung, die voll in der Hand des Benutzers liegt, angegeben.

Ebenso bedarf das + Zeichen am Beginn der zweiten Zeile einer Bemerkung. + und − Zeichen haben in der Mathematik zweierlei Bedeutung: Zwischen zwei mathematischen Größen bedeuten sie eine Verknüpfung (*binäre Operation*) dieser beiden Größen. Allein vor einem mathematischen Symbol sind sie eine Vorzeichenangabe. Den Unterschied bringt LaTeX durch einen unterschiedlichen Abstand zum nächsten Zeichen zum Ausdruck (vgl. $+b$ mit $a + b$).

$$y \;=\; a + b + c + d$$
$$+ e + f + g$$
$$+ h + i + j$$

Wird eine lange Formel in mehrere Zeilen gebrochen und beginnt eine Zeile mit einem + oder −, so betrachtet LaTeX dieses Zeichen als Vorzeichen und rückt es näher an das darauffolgende Zeichen.

Die Lösung liegt im Einfügen eines *unsichtbaren* Zeichens der Breite *Null* am Beginn einer solchen Zeile. Das kann mit Leerstruktur, wie `{}`, geschehen. Vgl. die Wirkung von `&& +e+f+g` und `&&{}+h+i+j` in der obigen Formel.

Da zwischen einem + und einer '(' immer Zwischenraum eingefügt wird, konnte im weiter oben stehenden Beispiel die Leersstruktur `{}` vor dem + Zeichen zu Beginn der 2. Zeile entfallen.

Gelegentlich soll eine lange Formel in mehrere Zeilen in der folgenden Form gebrochen werden:

$$w + x + y + z =$$
$$a + b + c + d + e + f +$$
$$g + h + i + j + k + l$$

d. h. die Teilformeln der zweiten und folgenden Zeilen sollen linksbündig mit einer gewissen Einrückung nach dem Anfang der ersten Zeile beginnen.

```
\begin{eqnarray*}
\lefteqn{w+x+y+z = } \\
   & & a+b+c+d+e+f+  \\
   & & g+h+i+j+k+l
\end{eqnarray*}
```

Der Befehl `\lefteqn{w+x+y+z =}` `\\` für die erste Zeile hat die Wirkung, daß der in `{ }` stehende Inhalt zwar ausgedruckt wird, LaTeX dann aber annimmt, daß dieser Ausdruck die Breite *Null* hat. Die anschließenden Positionierungszeichen `& &` gehen also von der Breite *Null* für den *linken*

Formelteil aus und erzeugen nur Spaltenzwischenraum. Dieser so erzeugte Spaltenzwischenraum stellt die Einrücktiefe für die zweite und die folgenden Zeilen dar.

Mit einem \hspace{*tiefe*} zwischen dem \lefteqn{...} und dem anschließenden Zeilentrennzeichen \\ kann die Einrücktiefe verändert werden. Ein positives Maß für *tiefe* vergrößert die oben angegebene Standardeinrücktiefe um den angegebenen Betrag. Ein negativer Wert würde eine entsprechende Verminderung hervorrufen.

Übung 5.17 *Die nachstehenden Formelgruppen sollen wie angegeben gebrochen werden*

$$
\arcsin x \;=\; -\arcsin(-x) = \frac{\pi}{2} - \arccos x = \left[\arccos\sqrt{1-x^2}\right]
$$
$$
=\; \arctan\frac{x}{\sqrt{1-x^2}} = \left[\operatorname{arccot}\frac{\sqrt{1-x^2}}{x}\right] \tag{5.6}
$$

$$
f(x+h, y+k) = f(x,y) + \left\{\frac{\partial f(x,y)}{\partial x}h + \frac{\partial f(x,y)}{\partial y}k\right\}
$$
$$
+ \frac{1}{2}\left\{\frac{\partial^2 f(x,y)}{\partial x^2}h^2 + 2\frac{\partial^2 f(x,y)}{\partial x \partial y}kh + \frac{\partial^2 f(x,y)}{\partial y^2}k^2\right\} \tag{5.7}
$$
$$
+ \frac{1}{6}\{\cdots\} + \cdots + \frac{1}{n!}\{\cdots\} + R_n
$$

Anmerkung zu evtl. Fehlermeldungen:

> *Längere Formeln mit vielen logischen Klammerpaaren, insbesondere mit verschachtelten Strukturen, werden zu Beginn kaum fehlerfrei gelingen. Der Grund liegt fast immer in einer fehlerhaft angeordneten oder vergessenen Klammer.*
>
> *Meldet sich LaTeX bei der Bearbeitung einer Formel mit einer Fehlermeldung, die man als Anfänger zunächst kaum richtig interpretieren kann (Fehlermeldungen werden ausführlich in Kapitel 9 behandelt), so sollte der eingegebene Formeltext nach seinen logischen Klammerpaaren von außen nach innen durchmustert werden.*
>
> *Ist ein Fehler auf diese Weise nicht zu finden, sollte mit evtl. wiederholter Bedienung der Returntaste das Programm zur Weiterverarbeitung veranlaßt werden. Der anschließende Probeausdruck wird einem dann weiterhelfen.*

Übung 5.18: *Die* eqnarray *Umgebung fügt an der Stelle der Positionierungsbefehle* & *Zusatzzwischenraum ein. Dies ist unerwünscht, wenn Formelgruppen an* + *oder* − *Zeichen innerhalb längerer Summen gebrochen werden sollen, wie z. B:*
Die inverse Funktion der Reihenentwicklung $y = f(x) = ax + bx^2 + cx^3 + dx^4 + ex^5 + fx^6 + \cdots$ $(a \neq 0)$ beginnt mit den Gliedern

$$
x = \varphi(y) = \frac{1}{a}y \;-\; \frac{b}{a^3}y^2 + \frac{1}{a^5}(2b^2 - ac)y^3
$$
$$
+ \; \frac{1}{a^7}(5abc - z^2d - fb^3)y^4 + \frac{1}{a^9}(6a^2bd + 3a^2c^2 + 14b^4 - a^3e - 21ab^2c)y^5
$$
$$
+ \; \frac{1}{a^{11}}(7a^3be + 7a^3cd + 84ab^3c - a^4f - 28a^2b^2d - 28a^2bc^2 - 43b^5)y^6 + \cdots
$$

Wählen Sie mit der Erklärung \arraycolsep..pt *(s. 4.8.2) einen solchen Wert, daß die Abstände zwischen den* + *und* − *Zeichen an der Umbruchstelle denen der sonstigen Formel nahekommen.*

5.4.8 Gerahmte oder nebeneinander stehende Formeln

Abgesetzte Formeln oder Formelgruppen lassen sich in vertikale Boxen geeigneter Breite, also in \parbox Befehle oder minipage Umgebungen, fassen. Innerhalb der vertikalen Boxen sind die Formeln je nach Dokumentstiloption horizontal zentriert oder linksbündig mit der durch \mathindent gewählten Einrücktiefe angeordnet.

Vertikale Boxen lassen sich beliebig gegeneinander positionieren (s. 4.7.3 und 4.7.5). Auf diese Weise können auch abgesetzte Formeln und Formelgruppen in vom Anwender gesteuerter Form gegeneinander positioniert werden.

$$\begin{array}{rcl} \alpha & = & f(z) \\ \beta & = & f(z^2) \\ \gamma & = & f(z^3) \end{array}$$
(5.8)
(5.9)
(5.10)

$$\begin{array}{rcl} x & = & \alpha^2 - \beta^2 \\ y & = & 2\alpha\beta \end{array}$$

Hier wurde die linke Formelgruppe in eine \parbox{4.0cm}, die rechte in eine \parbox{2.5cm} gefaßt und zusätzlich der hier stehende Text in eine minipage der Breite 5.5cm angeordnet.

```
\parbox{4.0cm}{\begin{eqnarray} \alpha &=& f(z) \\ ... \end{eqnarray}}
\hfill  \parbox{2.5cm}{\begin{eqnarray*}
        x &=& \alpha^2 - \beta^2\\ y &=& 2\alpha\beta \end{eqnarray*}}
\hfill  \begin{minipage}{5.5cm} Hier wurde die linke ...  \end{minipage}
```

Die Verwendung von vertikalen Boxen kann auch dann hilfreich sein, wenn Formelnummern in unkonventioneller Weise angebracht werden sollen. Die eqnarray erzeugt für jede Zeile eine Formelnummer, die für einzelne Zeilen mit \nonumber unterdrückt werden kann. Um eine Formelnummer für eine Formelgruppe in der Höhe zentriert anzuordnen, z. B

$$\begin{array}{rcl} P(x) & = & a_0 + a_1 x + a_2 x^2 + \cdots + a_n x^n \\ P(-x) & = & a_0 - a_1 x + a_2 x^2 - \cdots + (-1)^n a_n x^n \end{array}$$
(5.11)

wurde eingegeben

```
\parbox{11cm}{\begin{eqnarray*} ... \end{eqnarray*}} \hfill
\parbox{1cm}{\begin{eqnarray}\end{eqnarray}}
```

Die eigentliche Formelgrupppe ist hier mit der eqnarray* Umgebung in einer vertikalen Box der Breite 11cm erzeugt worden, gefolgt von einer eqnarray Umgebung ohne Inhalt in einer 1cm breiten Box. Die letztere erzeugt damit nur eine Formelnummer, und beide Boxen sind auf die vertikale Mitte zentriert.

Um mathematische Formeln zur besonderen Hervorhebung einzurahmen, sind keine neuen Konstruktionselemente erforderlich. Dies geschieht durch den \fbox Befehl aus 4.7.5. Für die Einrahmung von Textformeln $\boxed{a+b}$ wird die Textformel einfach in \fbox{\$a+b\$} gepackt.

Die Erzeugung von gerahmten abgesetzten Formeln verlangt zunächst die Einschachtelung der abgesetzten Formel in eine \parbox oder minipage Umgebung geeigneter Breite, die dann in den \fbox Befehl gepackt wird. S. hierzu jedoch 5.5.6.

$$\boxed{\int_0^\infty g(x)\,dx \approx \sum_{i=1}^n w_i e^{x_i} g(x_i)}$$

wurde erzeugt durch

```
\fbox{\parbox{5cm}{\[ \int^\infty_0 g(x)\,dx \approx ..... \] }}
```

5.4.9 Chemische Formeln und Fettdruck in mathematischen Formeln

Gelegentlich sollen in mathematischen Formeln einzelne Zeichen oder Formelteile in Fettdruck erscheinen. Dies kann durch die Angabe des Schriftstilbefehls \bf innerhalb der Formel erreicht werden:

$\bf S^{-1}TS = dg(\omega_1,\ldots,\omega_n) = \Lambda$

erzeugt $\mathbf{S^{-1}TS = dg(\omega_1, \ldots, \omega_n) = \Lambda}$

Der Befehl \bf steht am Beginn der Formel. Damit sollte die ganze Formel in Fettdruck erscheinen. Tatsächlich werden mit \bf nur Ziffern, lateinische Groß– und Kleinbuchstaben und griechische Großbuchstaben **fett–roman** gesetzt. Griechische Kleinbuchstaben und sonstige mathematische Symbole erscheinen in der *mathematischen* Normalschrift.

Sollen nur Teile einer Formel in Fettdruck erscheinen, so wird man den entsprechenden Teil zusammen mit \bf in { } einschachteln.

${\bf 2\sqrt{x}/y} = z$ $\mathbf{2}\sqrt{\mathbf{x}}/\mathbf{y} = z$

Mit dem mathematischen Schriftstil \boldmath werden alle Zeichen mit folgender Ausnahme

- hoch– und tiefgestellte Symbole

- die Zeichen + : ; ! ? ( ) [ ]

- Symbole, die in zwei Größen (5.3.7) existieren,

fettgedruckt. Hierbei erscheinen Variable in fetter mathematischer Kursivschrift.

Der Befehl \boldmath darf jedoch nicht im mathematischen Modus auftreten. Man muß ihn entweder bereits vor dem Umschalten in den mathematischen Modus geben und ihn dann nach Rückkehr in den Textmode mit dem Befehl \unboldmath wieder aufheben oder ihn *in* einer Parbox oder Minipage vor die Formel setzen.

$$\oint_C V\,d\tau = \oint_\Sigma \nabla \times V\,d\sigma$$

```
\boldmath \[ \oint\limits_C V\,d\tau =
        \oint\limits_\Sigma\nabla\times V\,d\sigma
\] \unboldmath
```

Ist außerhalb der Formel auf \boldmath umgeschaltet worden, so kann innerhalb der Formel mit dem Befehl \mbox{\unboldmath$...$} für Teile der Formel auf die mathematische Standardschrift zurückgeschaltet werden:

\boldmath\(P = \mbox{\unboldmath$m$}b\)\unboldmath   gibt: $\boldsymbol{P} = mb$

Umgekehrt kann in Formeln mit Normalschrift mit \mbox{\boldmath$...$} vorübergehend die Schrift \boldmath aktiviert werden: $W_r = \int M\,d\varphi = r^2 m\omega^2/2$

\(W_r = \int\mbox{\boldmath$M\,d\varphi$} = ... \):

Chemische Formeln werden im Gegensatz zu mathematischen Formeln nicht mit *italic* Symbolen, sondern in 'roman' gesetzt. Dies kann mit \rm zu Beginn der Formel erzwungen werden: $\rm Fe_2^{+2}Cr_2O_4$ $\mathrm{Fe_2^{+2}Cr_2O_4}$

Bei genauem Hinsehen stellt man fest, daß die Indizes beim Cr und O weniger tief angebracht sind als beim Fe. Abschnitt 7.3.3 zeigt mit Beispiel 5 wie chemische Formeln einfacher erzeugt und die vorstehende Schwäche vermieden wird.

5.5 Mathematische Formatierungshilfen

Mit den vorstehenden Konstruktionselementen sind nahezu alle in üblichen Manuskripten vorkommenden Formeln zu erzeugen, wenn der Autor sich an gewisse, allgemein akzeptierte Stilregeln zur Erzeugung mathematischer Formeln hält. Autoren, die bisher nur Schreibmaschinenmanuskripte gewohnt sind, mögen finden, daß die von TEX gewählten Abstände zwischen den verschiedenen Zeichen zu eng sind. Tatsächlich weiß TEX mehr über die Buchdruckregeln zum Setzen mathematischer Formeln als viele Autoren. Bevor eine von TEX erzeugte Formel mit Hilfe der im folgenden angeführten Formatierungshilfen verändert wird, sollte ein Vergleich mit ähnlichen Formeln in der Fachliteratur angestellt werden. Es kann sonst leicht der Fall eintreten, daß Formeln im eigenen LATEX–Dokument mühevoll umformatiert werden, die beim späteren professionellen Druck schließlich wieder so erscheinen, wie sie ursprünglich als Standard von TEX erzeugt worden waren.

5.5.1 Horizontale Abstände

Auch wenn TEX die formalen Regeln für das Setzen mathematischer Formeln hervorragend beherrscht, den mathematischen Sinn der Formel kann TEX dagegen nicht erfassen. $y\,dx$ bedeutet üblicherweise die Verknüpfung der Variablen y mit dem Differentialoperator dx, wobei die Verknüpfung durch einen kleinen Abstand zwischen beiden gekennzeichnet wird. Bei der Eingabe von y dx entfernt TEX den Leerraum und betrachtet ydx als das Produkt der drei Variablen y, d und x. Hier muß LATEX eine Formatierungshilfe erhalten.

Zur Erzeugung von kleinen horizontalen Zwischenräumen gibt es die Befehle

\,	kleiner Zwischenraum	$= 3/18$ von einem quad
\:	mittlerer Zwischenraum	$= 4/18$ von einem quad
\;	großer Zwischenraum	$= 5/18$ von einem quad
\!	negativer Zwischenraum	$= -3/18$ von einem quad

Bei den folgenden Beispielen steht in der dritten Spalte das entsprechende Ergebnis ohne zusätzliche Zwischenraumzeichen.

`$\sqrt{2}\,x$`	$\sqrt{2}\,x$	$\sqrt{2}x$
`$\sqrt{\,\log x}$`	$\sqrt{\,\log x}$	$\sqrt{\log x}$
`$O\left(1/\sqrt{n}\,\right)$`	$O(1/\sqrt{n}\,)$	$O(1/\sqrt{n})$
`$[\,0,1)$`	$[\,0,1)$	$[0,1)$
`$\log n\,(\log\log n)^2$`	$\log n\,(\log\log n)^2$	$\log n(\log\log n)^2$
`$x^2\!/2$`	$x^2/2$	$x^2/2$
`$n/\!\log n$`	$n/\log n$	$n/\log n$
`$\Gamma_{\!2}+\Delta^{\!2}$`	$\Gamma_2 + \Delta^2$	$\Gamma_2 + \Delta^2$
`$R_i{}^j{}_{\!kl}$`	$R_i{}^j{}_{kl}$	$R_i{}^j{}_{kl}$
`$\int_0^x\!\int_0^y dF(u,v)$`	$\int_0^x \int_0^y dF(u,v)$	$\int_0^x \int_0^y dF(u,v)$
`\[ \int\!\!\!\!\int_D dx\,dy \]`	$\iint_D dx\,dy$	$\int\int_D dxdy$

Mit der Konstruktion `R_i{}^j` wird erreicht, daß hinter dem tiefgestellten R_i ein unsichtbares Zeichen der Breite Null angeordnet wird, zu dem das j hochgestellt wird $R_i{}^j$, im Gegensatz zu R_i^j durch `R_i^j`.

Für das Einfügen von Zwischenraumzeichen gibt es keine festen Regeln. Kandidaten hierfür sind der obengenannten Differentialoperator, kleine Wurzeln in Textformeln unmittelbar gefolgt von einer Variablen, der / sowie Mehrfachintegrale. Die vorangegangenen Beispiele zeigen hierfür typische Vertreter.

5.5.2   Die Wahl der Schriftgrößen in Formeln

Die von TEX gewählte Schriftgröße für die einzelnen Teile einer Formel ist zu beeinflussen. Dazu muß man wissen, welche Schriftgrößen im mathematischen Modus zur Verfügung stehen und nach welchen Regeln TEX hieraus Formeln aufbaut.

Im mathematischen Modus stehen, jeweils bezogen auf die Schriftgrundgröße des Dokuments, vier verschiedene Schriftstilgrößen zur Verfügung:

`\displaystyle`	D	Grundgröße für abgesetzte Formeln
`\textstyle`	T	Grundgröße für Textformeln
`\scriptstyle`	S	Grundgröße für einfache Umstellungen
`\scriptscriptstyle`	SS	Grundgröße für zweifache Umstellungen

Im folgenden werden nur noch die symbolischen Abkürzungen D, T, S, SS benutzt. Beim Umschalten in den mathematischen Modus ist bei abgesetzten Formeln D und bei Textformeln T die aktive Schriftgröße. Beide unterscheiden sich in der Größe nur bei den Symbolen, die in zwei Größen vorkommen, sowie der Art der Hoch– und Tiefstellung an diesen Symbolen (5.3.7). Die großen Symbole gehören zu D, die kleinen zu T.

Ausgehend von diesen Grundgrößen werden für die einzelnen mathematischen Konstruktionselemente ggf. andere Größen benutzt. Wird für ein bestimmtes Konstruktionselement eine andere Größe verwendet, so ist diese innerhalb dieser Konstruktion die aktive Schriftgröße.

Aus der untenstehenden Tabelle kann man ablesen:

aktive Schrift	Brüche Zähler	Nenner	Umstellungen
D	T	T	S
T	S	S	S
S	SS	SS	SS
SS	SS	SS	SS

Ist die aktive Schriftgröße D, so wird für Zähler und Nenner eines Bruches die Größe T gewählt. Die aktive Schrift im Zähler und Nenner ist damit T. Enthalten Zähler und Nenner weitere Brüche, so werden deren Zähler und Nenner in S erscheinen. Ist die aktive Schrift D oder T, so erfolgen Umstellungen in S; innerhalb der Umstellung ist die aktive Schrift S, so daß Brüche und weitere Umstellungen in SS erfolgen.

Die TEX Konstruktionselemente { `\atop` } und { `\choose` } werden wie Brüche behandelt.

Innerhalb einer `array` Umgebung ist die aktive Schriftgröße T.

Die kleinste verfügbare Schriftgröße ist SS. Ist diese erreicht, so ist eine weitere Verkleinerung nicht mehr möglich. Demzufolge werden dreifache und weitere Umstellungen ebenfalls in SS gesetzt.

Aus der Tabelle kann man sich leicht klarmachen, daß

```
\[ a_0 + \frac{1}{a_1 + \frac{1}{a_2 + frac{1}{a_3
     + \frac{1}{a_4}}}}            \]
```

$$a_0 + \cfrac{1}{a_1 + \cfrac{1}{a_2 + \cfrac{1}{a_3 + \frac{1}{a_4}}}}$$

wie nebenstehend aussehen muß.

Das vermutlich gewünschte Ergebnis erreicht man mit

$$a_0 + \cfrac{1}{a_1 + \cfrac{1}{a_2 + \cfrac{1}{a_3 + \cfrac{1}{a_4}}}}$$

```
\[ a_0 + \frac{1}{\displaystyle a_1
      + \frac{1}{\displaystyle a_2
      + \frac{1}{\displaystyle a_3
      + \frac{1}{a_4}}}}            \]
```

Mit der expliziten Angabe der Schriftstilgröße innerhalb eines beliebigen Konstruktionselementes wird die angegebene Größe aktive Schriftgröße statt der internen Auswahl nach der obigen Tabelle. Im Beispiel wird also in jedem Nenner D benutzt. Damit verhält sich der nächste Bruch so, als wäre er der äußerste. Im letzten Bruch kann der Befehl `\displaystyle` entfallen. (Warum?)

Die folgenden Beispiele zeigen rechts die Formeln, wie sie ohne explizite Angabe der Stilgrößen entstanden wären.

$$\frac{\dfrac{a}{x-y} + \dfrac{b}{x+y}}{1 + \dfrac{a-b}{a+b}}$$

```
\[ \frac{\displaystyle\frac{a}{x-y}
            +\frac{b}{x+y}}
     {\displaystyle 1+\frac{a-b}{a+b}} \]
```

$$\frac{\frac{a}{x-y} + \frac{b}{x+y}}{1 + \frac{a-b}{a+b}}$$

$$e^{-\frac{x_i - x_j}{n^i + n^j}}$$

```
\[  e^{\textstyle -\frac{x_i-x_j}{n^i+n^j}}  \]
```

$$e^{-\frac{x_i - x_j}{n^i + n^j}}$$

$$\left(\begin{array}{cc} \binom{ab}{cd} & \dfrac{e+f}{g-h} \\ 0 & \left| \begin{matrix} ij \\ kl \end{matrix} \right| \end{array} \right)$$

```
\[ \left(\begin{array}{cc}
       \displaystyle{ab\choose cd}
     & \displaystyle\frac{e+f}{g-h}\\
       0 & \displaystyle \left|
       {ij\atop kl} \right|
     \end{array}\right)            \]
```

$$\left(\begin{array}{cc} \binom{ab}{cd} & \frac{e+f}{g-h} \\ 0 & \left| \begin{smallmatrix} ij \\ kl \end{smallmatrix} \right| \end{array} \right)$$

Mit der obigen Tabelle lassen sich die Größen aller Teile einer Formel völlig korrekt vorherbestimmen und ggf. durch explizite Größenangabe verändern. Die Folgewirkung solcher Änderungen auf weitere Teile der Formel kann dann ebenfalls aus der Tabelle abgelesen werden.

Wird eine explizite Angabe der mathematischen Schriftgrößen in einem Dokument häufiger benutzt — in einer **array** Umgebung muß sie ggf. in jedem Feldeintrag stehen — so kann die Schreibarbeit erheblich vermindert werden, wenn man im Vorspann definiert

```
\newcommand{\D}{\displaystyle}\newcommand{\T}{\textstyle} . . .
```

Damit können die entsprechenden Größenbefehle einfach mit \D, \T usw. aufgerufen werden.

Für die praktische Anwendung ist der Rest dieses Unterabschnitts ohne Belang. Die obige Darstellung, wie TEX die verschiedenen Stilgrößen beim Aufbau von Formeln bestimmt, ist vereinfacht. Für diejenigen, die es ganz genau wissen wollen, folgt hier die vollständige Beschreibung.

Zu jeder der vier Stilgrößen D, T, S, SS gibt es noch jeweils eine Modifikation D', T', S', SS'. Der Unterschied liegt darin, daß in D, T, S, SS Hochstellungen (Exponenten) etwas höher erfolgen als in D', T', S', SS'. (Vgl. x^2 in D, T und x^2 in D', T'). Ansonsten sind die ungestrichenen und gestrichenen Stilgrößen identisch. Die genaue Zuordnung erfolgt nach der nebenstehenden Tabelle.

aktive	Brüche		Umstellungen	
Schrift	Zähler	Nenner	hoch	tief
D	T	T'	S	S'
D'	T'	T'	S'	S'
T	S	S'	S	S'
T'	S'	S'	S'	S'
S, SS	SS	SS'	SS	SS'
S', SS'	SS'	SS'	SS'	SS'

Bei expliziter Angabe der Schriftgröße in einem Zähler und in Hochstellungen werden die ungestrichenen, im Nenner und in Tiefstellungen die gestrichenen Größen gewählt.

5.5.3 Manuelle Größenwahl der Klammersymbole

Mit dem `\left` ... `\right` Paar vor einem der 22 Klammersymbole gemäß 5.4.1 erfolgt eine automatische Anpassung dieser Symbole an die eingeschlossene Teilformel. TEX gestattet mit dem Voranstellen der Befehle `\big`, `\Big`, `\bigg` und `\Bigg`, diese Symbole in einer festen Größe zu erzeugen.

Anders als das `\left` ... `\right` Paar können die vorstehenden und nachfolgenden Größenbefehle bei mehrzeiligen Formeln in verschiedenen Zeilen stehen.

Weitere Größenbefehlen sind `\bigl` ... `\Biggl` und `\bigr` ... `\Biggr`, mit denen das nachfolgende Symbol bei der internen Bearbeitung funkionell als öffnende bzw. schließende Klammer betrachtet wird. Der Unterschied zu den Standardbefehlen ist für die praktische Nutzung aus LATEX heraus vernachlässigbar.

Zusätzlich gibt es die Befehle `\bigm` ... `\Biggm`. Diese behandeln das nachfolgende Symbol wie einen Beziehungsoperator, wodurch die Klammersymbole mit einem größeren horizontalen Abstand zu den benachbarten Formelteilen erscheinen.

```
\[ \big[ (a+b) \big| (c+d) \big] \]
\[ \bigl[ (a+b) \bigl| (c+d) \bigr] \]
\[ \bigm[ (a+b) \bigm| (c+d) \bigm] \]
```

$$[(a+b)|(c+d)]$$

$$[(a+b)|(c+d)]$$

$$\left[(a+b) \,\middle|\, (c+d) \right]$$

5.5.4 Mathematische Stilparameter

Die folgenden mathematischen Stilparameter werden von LaTeX mit Standardwerten versehen. Sie können jederzeit vom Benutzer durch einfache Längenzuweisung geändert werden.

`\arraycolsep` Die halbe Breite des Spaltenzwischenraums zwischen benachbarten Spalten in der `array` Umgebung (s. auch 4.8.2).

`\jot` Der vertikale Zusatzzwischenraum, der bei den `eqnarray` und `eqnarray*` Umgebungen zwischen den Zeilen einer Formelgruppe zusätzlich eingefügt wird.

`\mathindent` Der Betrag, um den die Formeln bei der Dokumentstiloption `fleqn` links eingerückt sind.

`\abovedisplayskip` Liegt der linke Rand einer abgesetzten Formel vor dem Ende der vorangehenden Teilzeile, so wird dieser zusätzliche vertikale Zwischenraum zwischen dem vorangehenden Text und der Formel eingefügt. Eine solche Formel soll hier eine *lange* Formel genannt werden.

`\belowdisplayskip` Der zusätzliche vertikale Zwischenraum, der unterhalb einer *langen* Formel und dem anschließenden Text eingefügt wird.

`\abovedisplayshortskip` Liegt der linke Rand einer abgesetzten Formel hinter dem Ende der vorangehenden Teilzeile, so wird dieser zusätzliche Zwischenraum zwischen dem vorangehenden Text und der Formel eingefügt. Eine solche Formel soll hier eine *kurze* Formel genannt werden.

`\belowdisplayshortskip` Der zusätzliche vertikale Zwischenraum der unterhalb einer *kurzen* Formel und dem anschließenden Text eingefügt wird.

`\topsep` Die vier vorstehenden Zwischenräume werden bei der Dokumentstiloption `fleqn` nicht verwendet. Hier wird statt dessen in allen Fällen `\topsep` benutzt (s. auch 4.4.2)

Die vorstehenden vertikalen Längen mit Ausnahme von `\jot` sollten elastische Maßangaben enthalten. Eine Wertzuweisung kann mit `\setlength` oder durch Anhängen einer elastischen Maßangabe an den Befehlsnamen erfolgen (s. 2.4.2).

5.5.5 Einige Zusatzempfehlungen

Gelegentlich wünschen Autoren horizontale und vertikale Ausrichtungen von Formeln, die mit den vorstehenden Mitteln nicht zu erreichen sind. In diesen Fällen sollte überlegt werden, ob mit dem Einschachteln von Teilformeln in horizontale und/oder vertikale Boxen und deren Positionierungsmöglichkeiten den Wünschen des Autors Rechnung getragen werden kann.

Ebenso gestattet die `array` Umgebung in Verbindung mit der expliziten Angabe der Stilgröße und den in 4.8.1 und 4.8.2 beschriebenen Tabellengestaltungselementen eine fast beliebige horizontale und vertikale Positionierung und Ausrichtung.

Übung 5.19 *Erzeugen Sie den nebenstehenden Kettenbruch* *Anmerkung: Gegenüber dem Beispiel oben auf Seite 117 erscheint hier die 1 im Zähler jeweils linksbündig.* *Hinweis: Erinnern Sie sich an den Befehl* `\hfill`?

$$a_0 + \cfrac{1}{a_1 + \cfrac{1}{a_2 + \cfrac{1}{a_3 + \cfrac{1}{a_4}}}}$$

Übung 5.20: Ordnen Sie mit der **array** Umgebung die Formelgruppe

$$\sin 2\alpha = 2\sin\alpha\cos\alpha, \qquad \sin 3\alpha = 3\sin\alpha - 4\sin^3\alpha \qquad \sin 4\alpha = 8\cos^3\alpha\sin\alpha - 4\cos\alpha\sin\alpha$$
$$\cos 2\alpha = \cos^2\alpha - \sin^2\alpha \quad \cos 3\alpha = 3\cos^3\alpha - 3\cos\alpha \quad \cos 4\alpha = 8\cos^4\alpha - 8\cos^2\alpha + 1$$

Hinweis: Beachten Sie, daß Sie im Formatierungsfeld der **array** *Umgebung mit* @{...} *Ausdrücken sowohl horizontalen Zwischenraum wie auch mathematischen Text zwischen zwei Spalten anbringen können (s. Erläuterungen zum ersten Beispiel in 5.4.3).*

Übung 5.21 Erzeugen Sie mit der **array** Umgebung folgenden Ausdruck

Gleichung der Tangentialebene und der Flächennormalen		
Gleichungs-form der Fläche	Tangentialebene	Flächennormale
$F(x,y,z)=0$	$\dfrac{\partial F}{\partial x}(X-x)+\dfrac{\partial F}{\partial y}(Y-y)$ $+\dfrac{\partial F}{\partial z}(Z-z)=0$	$\dfrac{X-x}{\dfrac{\partial F}{\partial x}}=\dfrac{Y-y}{\dfrac{\partial F}{\partial y}}=\dfrac{Z-z}{\dfrac{\partial F}{\partial z}}$
$z=f(x,y)$	$Z-z=p(X-x)+q(Y-y)$	$\dfrac{X-x}{p}=\dfrac{Y-y}{q}=\dfrac{Z-z}{-1}$
$x=x(u,v)$ $y=y(u,v)$ $z=z(u,v)$	$\begin{vmatrix} X-x & Y-y & Z-z \\ \dfrac{\partial x}{\partial u} & \dfrac{\partial y}{\partial u} & \dfrac{\partial z}{\partial u} \\ \dfrac{\partial x}{\partial v} & \dfrac{\partial y}{\partial v} & \dfrac{\partial z}{\partial v} \end{vmatrix}=0$	$\dfrac{X-x}{\begin{vmatrix}\frac{\partial y}{\partial u}&\frac{\partial z}{\partial u}\\ \frac{\partial y}{\partial v}&\frac{\partial z}{\partial v}\end{vmatrix}}=\dfrac{Y-y}{\begin{vmatrix}\frac{\partial z}{\partial u}&\frac{\partial x}{\partial u}\\ \frac{\partial z}{\partial v}&\frac{\partial x}{\partial v}\end{vmatrix}}=\dfrac{Z-z}{\begin{vmatrix}\frac{\partial x}{\partial u}&\frac{\partial y}{\partial u}\\ \frac{\partial x}{\partial v}&\frac{\partial y}{\partial v}\end{vmatrix}}$
$\boldsymbol{r}=\boldsymbol{r}(u,v)$	$(\boldsymbol{R}-\boldsymbol{r})(\boldsymbol{r}_1\times\boldsymbol{r}_2)=0$ oder $\quad(\boldsymbol{R}-\boldsymbol{r})\boldsymbol{N}=0$	$\boldsymbol{R}=\boldsymbol{r}+\lambda(\boldsymbol{r}_1\times\boldsymbol{r}_2)$ oder $\boldsymbol{R}=\boldsymbol{r}+\lambda\boldsymbol{N}$

In dieser Tabelle sind x, y, z und $\boldsymbol{r}$ die Koordinaten und der Radiusvektor des Kurvenpunktes M; X, Y, Z und $\boldsymbol{R}$ sind die laufenden Koordinaten und der Radiusvektor eines Punktes der Tangentialebene oder der Flächennormalen im Punkte M; ferner ist $p=\frac{\partial z}{\partial x}$, $q=\frac{\partial z}{\partial y}$ und $\boldsymbol{r}_1=\partial\boldsymbol{r}/\partial u$, $\boldsymbol{r}_2=\partial\boldsymbol{r}/\partial v$.

Anmerkung: Wenn Ihnen der Ausdruck dieser mathematischen Tabelle wie vorstehend gelungen ist, so werden Ihnen zukünftig beliebige Positionierungsanforderungen für Formeln und Teilformeln keine Rätsel mehr aufgeben!

Hinweise zur Lösung:

1. *Definieren Sie sich zunächst Abkürzungen wie* \D *für* \displaystyle *und* \bm *für* \boldmath *und evtl. auch* \ba *und* \ea *für* \begin{array} *bzw.* \end{array}.

2. *Bauen Sie die Tabelle stufenweise auf. Beginnen Sie mit dem Tabellenkopf, und fahren Sie mit dem weiteren Aufbau erst fort, wenn der Tabellenkopf ordnungsgemäß erzeugt wird. Beachten Sie, daß innerhalb der* **array** *Umgebung normaler Text in* \mbox{...} *zu fassen ist.*

3. *Setzen Sie dann die Tabelle mit der ersten "mathematischen" Zeile fort. Hier ist der Eintrag in der zweiten Spalte eine weitere* **array** *Umgebung, die mit dem Positionierungsparameter* [t] *auf den Rest der Zeile ausgerichtet ist. Denken Sie an die Aktivierung der Größe* \D *an den erforderlichen inneren Strukturen. Benutzen Sie evtl. in der*

ersten Spalte eine Stütze (s. 4.7.4), um den richtigen Abstand zum Tabellenkopf zu erhalten. Der Abstand zur nächsten Zeile kann auch mit einer Längenangabe nach dem Zeilenumschaltbefehl \\[..] *gesteuert werden.*

4. *Wenn diese Zeile korrekt erzeugt wird, sollte die nächste keine Schwierigkeit bereiten.*

5. *Bei der dritten "mathematischen" Zeile besteht die erste Spalte und der linke Teil der zweiten Spalte wieder aus einer* **array** *Umgebung. Die dritte Spalte besteht aus drei nebeneinander stehenden Brüchen, in denen der Nenner entweder als* **array** *Umgebung oder mit dem* TEX {...\atop...} *Befehl erzeugt werden kann.*

6. *Die zweite und dritte Spalte der letzten "mathematischen" Zeile besteht wieder aus je einer* **array** *Umgebung. In dieser Zeile erscheinen einige Teilformeln in* \boldmath. *Erinnern Sie sich, daß dieser Befehl innerhalb von Formeln nur im Textmode, also in* \mbox{...}, *gesetzt werden kann.*

7. *In der letzten Zeile sind die drei Spalten der äußeren* **array** *Umgebung wieder zu einer zusammengefaßt, in der der Text dann in einer Parbox geeigneter Breite eingegeben werden kann:* \multicolumn{3}{|c|}{\parbox{..}{... ...}}

5.5.6 Gerahmte abgesetzte Formeln

In 5.4.8 wurde dargestellt, wie abgesetzte Formeln umrahmt werden können. Dazu mußte die abgesetzte Formel in eine \parbox oder minipage geeigneter Breite gefaßt werden, die dann ihrerseits in eine \fbox zur Erzeugung des Rahmens zu packen war. Dabei stellt sich das Problem, für die auszudruckende Formel die passende Breitenangabe vorab festzulegen. Meistens wird ein befriedigendes Ergebnis erst nach mehreren Versuchen zu erzielen sein.

Mit den in 5.5.2 vorgestellten Schriftgrößenbefehlen können angepaßte Rahmen um abgesetzte Formeln ohne Breitenangabe wie folgt erzeugt werden:[3]

```
\begin{displaymath}      oder      \begin{equation}
   \fbox{$ \displaystyle Formeltext $}
\end{displaymath}        bzw.      \end{equation}
```

Das Beispiel der gerahmten Formel von Seite 113 würde dabei so aussehen:

$$\boxed{\int_0^\infty g(x)\,dx \approx \sum_{i=1}^n w_i e^{x_i} g(x_i)} \tag{5.12}$$

erzeugt mit

```
\begin{equation}
   \fbox{$ \displaystyle \int^\infty_0 g(x)\,dx \approx ... $}
\end{equation}
```

Entsprechend der **equation** Umgebung wird gleichzeitig eine rechtsbündige Formelnummer erzeugt, während der Rahmen den eigentlichen Formelteil umfaßt. Im Vergleich zum Beispiel auf Seite 113 umschließt bei dieser Konstruktion der Rahmen die Formel enger. Dieses Verhalten kann jedoch durch die Erklärung von \fboxsep

---

[3]Der Vorschlag stammt von Günter Green, Universität Kiel

(s. 4.7.6, S. 73) vom Anwender beeinflußt werden, ebenso wie die Strichdicke des Rahmens durch \fboxrule (ebenfalls 4.7.6) geändert werden kann.

Unter Verwendung der `array` Umgebung könnten nach dem gleichen Muster mehrzeilige Formeln erzeugt und umrahmt werden:

```
\begin{displaymath}        oder       \begin{equation}
    \fbox{$ \begin{array}{rcl} Formeltext \end{array} $}
\end{displaymath}          bzw.       \end{equation}
```

Wegen der vermutlich intensiven Nutzung von mathematischen Schriftgrößenbefehlen innerhalb der `array` Umgebung sollte der entsprechende Rat von S. 117 befolgt werden.

5.5.7 Was ist sonst noch möglich?

Mit den vorgestellten mathematischen Konstruktionselementen in Verbindung mit den beschriebenen Formatierungshilfen sollte es möglich sein, auch ausgefallene Autorenwünsche zur Gestaltung mathematischer Formeln zufriedenzustellen. Insbesondere die vorstehenden Zusatzempfehlungen gestatten eine fast beliebige Anordnung und Formatierung von Formeln. Die Ausschöpfung der damit verbundenen Möglichkeiten ist eine Frage der praktischen Übung.

Werden Symbole benötigt, die nicht unter den LaTeX–Symbolen zu finden sind, so kann man versuchen, diese aus vorhandenen Symbolen durch Vor– und Rücksetzen und/oder Hoch– und Tiefstellungen zusammenzusetzen. Werden solche individuellen Symbole häufiger benutzt, so sollten sie unter eigenen Namen mit dem \newcommand Befehl definiert und in einem besonderen File abgespeichert werden. Die American Mathematical Society stellt mit $\mathcal{AMS}$-TEX weitere mathematische Symbole bereit. Für deren Verwendung wird auf [3, Abschn. 2.1] verwiesen.

Sollten doch einmal Gestaltungsforderungen vorliegen, die mit den vorgestellten Möglichkeiten nicht zu erfüllen sind, so böte sich einmal an, mit den originalen TEX–Befehlen zu arbeiten. TEX–Gestaltungsmöglichkeiten, die über die beschriebenen LaTeX–Möglichkeiten hinausgehen, setzten vertiefte TEX–Kenntnisse voraussetzen, die von der Mehrzahl der Benutzer nicht erwartet werden können. Ein eher geeigneter, wenn auch mühevoller Weg zur vollständig freien Gestaltung ist mit den im nächsten Kapitel vorgestellten Bildgestaltungselementen möglich.

Für eigenwillige Autorenwünsche ist bei einer Veröffentlichung durch einen wissenschaftlich–technischen Verlag mit einiger Wahrscheinlichkeit damit zu rechnen, daß solche Formeln dort auf den internationalen Standard abgeändert werden und damit in einer ähnlichen Form erscheinen, wie sie LaTeX auch gewählt hätte.

Ein gelegentlich geäußerter Wunsch nach Änderung der Gleichungsnumerierung hat dagegen oftmals seine Berechtigung. In 7.3.3 werden Beispiele zur geänderten Numerierung von Gleichungen gegeben. Nach dem dortigen Muster sollte es möglich sein, solchen Forderungen nach– oder nahezukommen.

Hinweis von Günter Green, Kiel: Mathematische Symbole können in Gliederungsüberschriften in Fettdruck durch Voransetzen von \boldmath (s. 5.4.9) erzwungen werden. Die Überschrift ist dann aber als optionales Argument in eckigen Klammern (s. 3.3.3) *ohne* \boldmath zu wiederholen, um Fehlermeldungen bei der Erzeugung des Inhaltsverzeichnisses zu vermeiden.

Kapitel 6

Bilder

LaTeX gestattet die Erzeugung *einfacher* Bilder. Die Grundelemente, aus denen ein Bild aufgebaut werden kann, bestehen aus Text, geraden Linien verschiedener Neigung, Pfeilen und Kreisen, die vom Benutzer an beliebigen Stellen im Bild plaziert und kombiniert werden können.

6.1 Maß– und Positionierungsangaben

Die Plazierung der einzelnen Bildelemente setzt die Vereinbarung eines *Koordinatensystems* für das jeweilige Bild voraus. Ein Koordinatensystem besteht aus der Festlegung eines *Bezugspunktes* und zwei, im allgemeinen senkrecht aufeinander stehenden, *Koordinatenachsen* sowie der Vereinbarung einer *Längeneinheit* für die Koordinaten. Als Bezugspunkt wird die untere linke Ecke des Bildes angesehen und als Koordinatenachsen der untere und der linke Bildrand vereinbart. Der untere Bildrand soll auch *x–Achse*, der linke Bildrand *y–Achse* genannt werden.

Mit der Festlegung einer Längeneinheit kann jeder Punkt innerhalb des Bildes mit zwei Dezimalzahlen eindeutig bestimmt werden. Hierbei bedeutet die erste Zahl das entsprechende Vielfache der Längeneinheit entlang der x–Achse, die zweite Zahl dasselbe entlang der y–Achse.

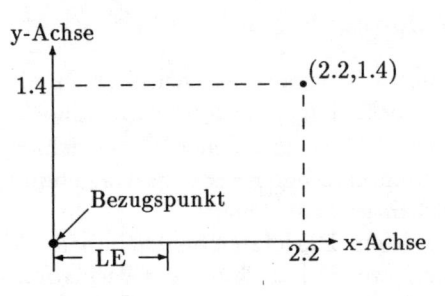

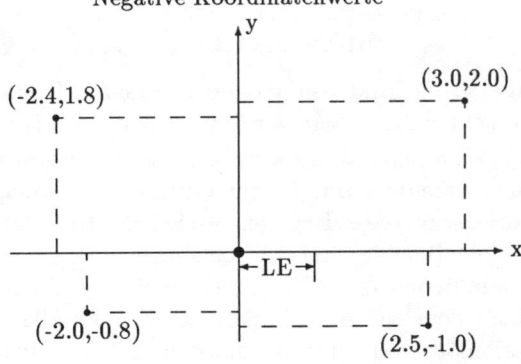

Negative Koordinatenwerte

Die Festlegung der Längeneinheit erfolgt mit dem Befehl

\unitlength*maßangabe*   oder   \setlength{\unitlength}{*maßangabe*}

Im linken Beispiel wurde \unitlength1.5cm, also als Längeneinheit LE = 1.5cm gewählt. Der Punkt (2.2,1.4) liegt um das 2.2–fache der Längeneinheit rechts (= 3.3cm) und um das 1.4–fache (= 2.1cm) oberhalb des Bezugspunktes.

Das Zahlenpaar zur Angabe der Koordinaten wird im allgemeinen positive Werte für beide Zahlen enthalten. Hiermit wird ein Punkt rechts oberhalb des Bezugspunktes definiert. Da der Bezugspunkt die linke untere Ecke des Bildes ist, sollten alle Bildpunkte rechts oberhalb hiervon liegen. Es ist jedoch auch erlaubt, negative Werte zu verwenden. Ein negativer x-Wert (also ein negativer Wert für die erste Zahl des Paares) definiert einen Punkt *links* vom Bezugspunkt, ein negativer y-Wert (ein negativer Wert für die zweite Zahl des Paares) einen Punkt unterhalb des Bezugspunktes.

Dies wird im rechten Beispiel demonstriert. Hier ist als Längeneinheit 1cm gewählt, die entsprechenden Zahlenpaare geben damit die Abstände vom Bezugspunkt in cm an.

Normalerweise wird man als Längeneinheiten 1cm, 1mm oder 1in wählen und das Bild mit diesen Einheiten aufbauen. Wenn ein Bild mit einer dieser Einheiten einmal erzeugt worden ist, kann mit der Änderung der Längeneinheit in einen *krummen* Wert auf einfachste Weise eine Maßstabsänderung des ganzen Bildes erreicht werden. Ein Bild, das mit \unitlength1cm erzeugt worden war, wird mit \unitlength1.2cm um den Faktor 1.2 vergrößert.

6.2   Die Bildumgebung – picture

Bilder werden innerhalb der

\begin{picture}(*x_dimen,y_dimen*) *bildbefehle* \end{picture}

erzeugt. (*x_dimen,y_dimen*) stellt ein Zahlenpaar dar, das die Abmessungen (Dimensionen) des Bildes in *x–Richtung* (horizontal) und *y–Richtung* (vertikal) festlegt. Dieses Zahlenpaar steht in runden Klammern! Es bezieht sich auf die gewählte Längeneinheit.

\unitlength1.5cm
\begin{picture}(4,5) ... ... \end{picture}

erzeugt ein Bild von 4 Längeneinheiten Breite und 5 Längeneinheiten Höhe. Da als Längeneinheit 1.5cm gewählt ist, wird das Bild tatsächlich 6cm breit und 7.5cm hoch.

Bildbefehle sind die weiter unten vorgestellten Befehle, mit denen die einzelnen Bildelemente erzeugt und positioniert werden. Innerhalb einer picture Umgebung dürfen nur diese Befehle, die Schriftstil– und Schriftgrößenbefehle (s 4.1, S. 45–48) und die Befehle \thicklines und \thinlines auftreten. Die letzten beiden haben folgende Bedeutung: Für Linien in einem Bild stehen zwei Strichstärken zur Verfügung. Nach dem Befehl \thicklines werden alle danach folgenden Linien in der *dicken* Strichstärke erzeugt, bis mit dem Befehl \thinlines wieder auf die *dünne* Strichstärke zurückgeschaltet wird. Standard sind *dünne* Striche.

Der Befehl \unitlength darf nicht innerhalb der picture Umgebung auftreten. Eine einmal gewählte Längeneinheit kann innerhalb der picture Umgebung nicht mehr geändert werden. Sie gilt so lange weiter, bis mit einem neuen \unitlength Befehl für die nächste picture Umgebung eine neue Längeneinheit gewählt wird.

Stehen \unitlength Befehle zusammen mit picture Umgebungen in einer gemeinsamen äußeren Umgebung, z. B. \begin{center} ... \end{center}, so endet die Wirkung von \unitlength mit dem Ende der äußeren Umgebung. Eine picture Umgebung ohne einen vorangehenden \unitlength Befehl benutzt als Standard für die Längeneineit 1pt.

6.3 Die Positionierungsbefehle

Die Positionierung und Erzeugung von Bildelementen erfolgt durch die beiden Befehle \put und \multiput, deren Syntax lautet:

> \put(*x_coord,y_coord*){*bild_objekt*}
> \multiput(*x_coord,y_coord*)(*x_incr,y_incr*){*num*}{*bild_objekt*}

Hierin bedeutet *bild_objekt* einen der im nächsten Abschnitt beschriebenen Bildobjektbefehle. (*x_coord,y_coord*) ist das *Koordinatenpaar* für die Bildstelle, an der das *Bildobjekt* entstehen soll. Ist die Längeneinheit 1cm, so bedeutet (2.5,3.6) die Bildstelle, die um 2.5cm rechts und 3.6cm oberhalb der linken unteren Bildecke liegt.

Der \multiput Befehl erzeugt das gewählte Bildobjekt mehrmals an verschiedenen Stellen im Bild, und zwar so viele Male, wie es durch den Parameter *num* angegeben ist. Dasselbe Bildobjekt wird hierbei nacheinander an den Stellen

> (*x_coord* , *y_coord*), (*x_coord* + *x_incr* , *y_coord* + *y_incr*),
> (*x_coord* + 2*x_incr* , *y_coord* + 2*y_incr*), ... bis einschließlich
> (*x_coord* + [*num* − 1]*x_incr* , *y_coord* + [*num* − 1]*y_incr*)

angeordnet. (*x_incr* , *y_incr*) ist das *Inkrementierungs*paar (also das Paar von Veränderungswerten), um die das *Koordinaten*paar (*x_coord* , *y_coord*) mit jedem nochmaligen Auftreten verändert wird. Das Inkrementierungspaar kann positive und negative Zahlen enthalten. Entsprechend vergrößern oder verkleinern sich die Koordinatenwerte für jedes nochmalige Auftreten des Bildobjektes.

\multiput(2.5,3.6)(0.5,-0.6){5}{*bild_objekt*} erzeugt also das gewählte Bildobjekt insgesamt fünfmal und zwar zunächst an der Stelle (2.5,3.6), dann nacheinander bei (3.0,3.0), (3.5,2.4), (4.0,1.8) und schließlich bei (4.5,1.2).

Man beachte bitte, daß die Zahlenwerte für das *Koordinaten*– und ggf. *Inkrementierungs*paar in runden Klammern (,) anzugeben sind, wobei die beiden Zahlen des Paares durch ein Komma getrennt werden. Die Angaben für *num* sowie der Befehl für das *bild_objekt* werden dagegen, wie bei Befehlen gewohnt, in geschweiften Klammern { } angegeben.

Achtung: Das Komma trennt die Zahlen der Paare in den \put und \multiput Befehlen. Die Verwendung eines Kommas statt des Punktes bei Dezimalzahlen ist ein häufig auftretender Fehler bei den Positionierungsbefehlen. *Bei Koordinatenangaben sind Dezimalzahlen stets mit einem Dezimalpunkt zu schreiben!*

6.4   Die Bildobjekt–Befehle

6.4.1   Text im Bild

Das einfachste Bildobjekt ist ein Stückchen Text, das an beliebiger Stelle im Bild angeordnet werden kann. Dies geschieht einfach durch Angabe des Textes für *bild_objekt*
in dem \put oder \multiput Befehl.

Der Pfeil zeigt auf die Bildstelle (2.5,3.6). Mit dem
Befehl \put(2.5,3.6){Ein Pfeil} wird der Text 'Ein
Pfeil' mit seiner 'linken unteren Ecke' an dieser Stelle
angebracht.

Als Bildobjekt kann der Text auch in eine \parbox oder minipage Umgebung
gefaßt werden. Der Bezugspunkt, auf den die Koordinatenangabe des \put Befehls
verweist, hängt vom Positionierungsparameter der vertikalen Box ab:

\parbox[b]{..}{...}   \parbox{32mm}{...}   \parbox[t]{..}{...}
Bezugspunkt ist die linke   Bei der Standardform der   Bezugspunkt ist die linke
untere Ecke der unter-   Parbox ist der Bezugs-   untere Ecke der obersten
sten Zeile der Parbox   punkt die vertikale Mitte   Zeile der Parbox
                              des linken Randes

Übung 6.1: *Erzeugen Sie mit* \unitlength1mm *ein 100mm breites und 50mm hohes Bild.*
Schreiben Sie an den Stellen: (0,0) "Das erste Bild", (0,47) "oben links", (70,40) "irgendwo
oben rechts" und in eine Parbox der Breite 60mm bei (25,25) "Für die Bildübungen dieses
Kapitels sollte ein eigener File mit dem Namen bild.tex *eingerichtet werden".*

Übung 6.2 *Wiederholen Sie Bildbearbeitung mit der Längeneinheit* \unitlenght1.5mm
sowie für die Parbox mit dem Positionierungsparameter t bzw. b.

6.4.2   Bildboxen – Rechtecke

Die bereits in 4.7.1 vorgestellten LR–Boxbefehle \framebox, \makebox und \savebox
haben in der picture Umgebung eine erweiterte Syntax. Zusätzlich gibt es hier noch
den Befehl dashbox:

    \makebox (x_dimen,y_dimen)[pos]{text}
    \framebox(x_dimen,y_dimen)[pos]{text}
    \dashbox {dash_dimen}(x_dimen,y_dimen)[pos]{text}

Das *Dimensionierungs*paar (x_dimen,y_dimen) legt Breite und Höhe des Rechtecks (*Kasten, Box*) in den durch \unitlength gewählten Längeneinheiten fest. Der
Positionierungsparameter *pos* bestimmt die Positionierung des eingetragenen Textes
text innerhalb des Kastens. Seine Werte können sein:

[t] *top* – Der eingetragene Text erscheint — horizontal zentriert — *unterhalb* des
     oberen Kastenrandes.

[b] *bottom* – Der eingetragene Text erscheint — horizontal zentriert — *oberhalb* des
     unteren Kastenrandes.

[l] *left* – Der eingetragene Text *beginnt* — vertikal zentriert — am *linken* Kastenrand.

[r] *right* – Der eingetragene Text *endet* — vertikal zentriert — am *rechten* Kastenrand.

ohne den optionalen Parameter *pos* wird der eingetragene Text innerhalb des Kastens horizontal und vertikal zentriert.

Diese Positionsparameter können paarweise wie folgt kombiniert werden:

[tl] *top left* – Der Text erscheint *oben links*.

[tr] *top right* – Der Text erscheint *oben rechts*.

[bl] *bottom left* – Der Text erscheint *unten links*.

[br] *bottom right* – Der Text erscheint *unten rechts*.

Die Reihenfolge ist bei der Paarbildung ohne Belang, tl führt zum gleichen Ergebnis wie lt.

Die vorstehenden Rahmenbefehle sind als *bild_objekt* in den Positionierungsbefehlen \put bzw. \multiput anzubringen. Der Bezugspunkt, auf den sich das Koordinatenpaar der Positionierungsbefehle bezieht, ist die untere linke Ecke des Rechtecks.

\put(2.5,3.6){\framebox(2.5,1.2){Mitte}}

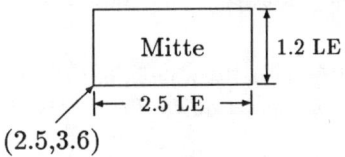

Der Pfeil zeigt auf Positionierungspunkt (2.5,3.6). An dieser Stelle befindet sich die untere linke Ecke des 2.5 Einheiten breiten und 1.2 Einheiten hohen Rechtecks. Der Text 'Mitte' ist innerhalb des Rechtecks horizontal und vertikal zentriert. LE = 0.8cm.

Die Wirkung des Textpositionierungsparameters wird an folgenden Beispielen deutlich, LE = 1cm:

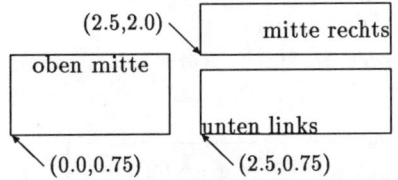

```
\put(0.0,0.75){\framebox(2.0,1.25)[t]
                {oben mitte}}
\put(2.5,0.75){\framebox(2.5,1.0)[lb]
                {unten links}}
\put(2.5,2.0){\framebox(2.5,0.8)[r]
                {mitte rechts}}
```

Das \makebox Bildelement entspricht dem \framebox Befehl ohne den Rechteckrahmen. Es wird meistens mit dem Dimensionierungspaar (0,0) verwandt und dient dann zur geeigneten Positionierung von Text. (s. 4.7.1 über die Auswirkung einer Box der Abmessung *Null* auf den eingeschlossenen Text.)

(2.0,2.8) →linksbündig

(3.0,1.6)

mitte mitte

(2.0,0.5)   unten zentriert

rechts oben   (4.0,1.0)

```
\put(3.0,1.6){\makebox(0,0){mitte mitte}}
\put(2.0,0.5){\makebox(0,0)[tr]{rechts oben}}
\put(4.0,1.0){\makebox(0,0)[b]{unten zentriert}}
\put(2.0,2.8){\makebox(0,0)[l]{linksb"undig}}
```

Die Kombination [lb] positioniert den Text so, wie er auch durch die einfache Texteinfügung nach 6.4.1 erscheint.

Das Bildelement \dashbox erzeugt wie \framebox ein umrandetes Rechteck. Die Umrandung erscheint jedoch *gestrichelt* statt durchgezogen. Der zusätzliche Parameter *dash_dimen* bestimmt die *Strichelungslänge.*

```
\put(1.0,0.75){\dashbox{0.2}(4,1){gestrichelter Rahmen}}
```

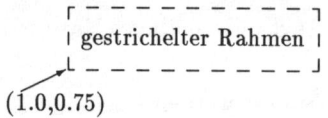

Ein gestrichelter Rahmen sieht dann am besten aus, wenn Höhe und Breite ein ganzzahliges Vielfaches der Strichelungslänge ist.

Auch bei den vorstehenden Bildboxbefehlen darf der eingetragene *Text* seinerseits selbst wieder in einer vertikalen Box (\parbox oder minipage) stehen. Da vertikale Boxen ebenfalls einen optionalen Positionierungsparameter b oder t erlauben, der nicht im Widerspruch zu den Positionierungsparametern der Bildbox stehen darf, gilt folgende Regel:

> Enthalten Bildboxbefehle den Positionierungsparameter b oder t, so muß derselbe Parameter auch bei der eingeschachtelten vertikalen Box verwendet werden. Enthält der Bildboxbefehl gar keinen Parameter oder nur r oder l, so sollte die eingeschachtelte vertikale Box in der Standardform benutzt werden.

Die Wirkung der Positionierungsparameter der Bildboxbefehle auf vertikale Boxen entspricht der obigen Beschreibung, nur daß statt des einzeiligen Textes der Inhalt der vertikalen Box auftritt.

Übung 6.3 *Erzeugen Sie von dem folgenden Organisationsdiagramm die Kästen mit ihrem Textinhalt, also das Bild ohne die horizontalen und vertikalen Linien sowie die Pfeile. Diese werden Gegenstand der nächsten Übung sein.*

Anregung: Skizzieren Sie sich die Kästen zunächst auf einem Blatt kariertem Papiers, wobei Ihre Linien mit Karolinien zusammenfallen sollten. Wählen Sie als Längeneinheit die Karobreite des Papiers. Wählen Sie als Bezugspunkt für Ihr Bild die untere linke Ecke des gedachten Rahmens, mit dem Sie Ihre Skizze gerade umgeben könnten.

Anmerkung: Skizzierpapier mit beliebiger Gitterweite werden Sie sich in Kürze selbst anfertigen können!

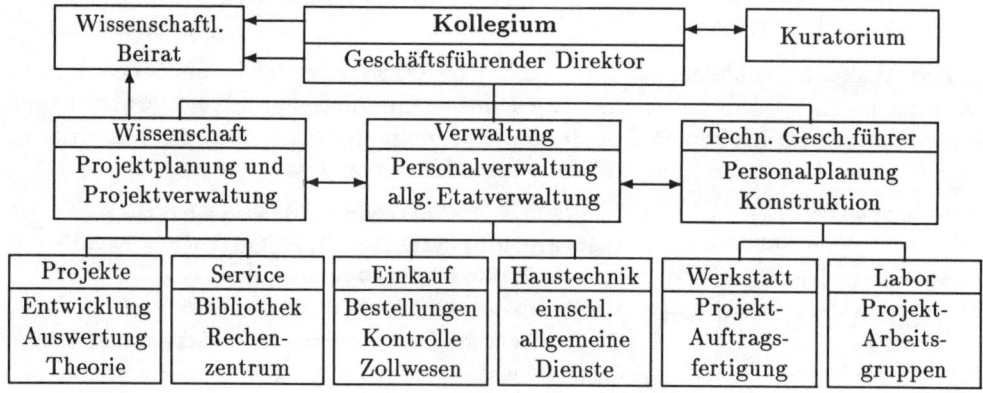

6.4.3 Gerade Linien

LaTeX gestattet die Erzeugung von beliebig langen horizontalen und vertikalen Linien sowie von geneigten Linien mit einer Mindestlänge und einer begrenzten Zahl verschiedener Neigungen. Die Syntax für dieses Bildelement lautet

\line(Δx,Δy){*länge*}

Für horizontale und vertikale Linien bedeutet *länge* die Länge der Linie in den gewählten Längeneinheiten. Bei geneigten Linien ist die Bedeutung von *länge* etwas komplizierter, wie gleich dargestellt wird. Die Linie beginnt an der Stelle, die durch den umgebenden \put oder \multiput Befehl bestimmt ist.

```
\thicklines
\put(0,0){\line(1,0){7.5}}
\put(0,0){\line(0,1){1}}
\put(7.5,0){\line(0,1){0.5}}
```

(0,0)   (7.5,0)

Die Neigung der Linie wird durch das *Neigungspaar* (Δx,Δy) bestimmt. Das Neigungspaar (1,0), also $\Delta x = 1$ und $\Delta y = 0$, erzeugt *horizontale* Linien, das Wertepaar (0,1) *vertikale* Linien, wie im vorangehenden Beispiel zu ersehen ist. Allgemein hat (Δx,Δy) folgende Bedeutung:

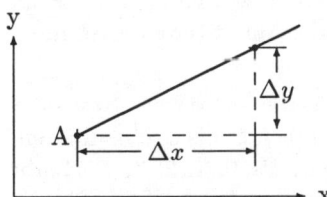

Geht man vom Anfangspunkt A der Linie um Δx in x–Richtung (horizontal), so bedeutet Δy den Wert, um den man in y Richtung (vertikal) gehen muß, um wieder auf die Linie zu treffen.

Mit der Vorgabe des Neigungspaares (Δx,Δy) entsteht eine Linie mit genau der Neigung, daß die vorstehende Bedingung erfüllt wird.

Wie schon eingangs erwähnt, ist die Anzahl der verfügbaren Neigungen begrenzt. Δx und Δy können damit nicht beliebige Werte annehmen, sondern nur solche, die die nachstehenden Bedingungen erfüllen:

1. Die verwendeten Zahlenwerte müssen ganzzahlig sein.

2. Es sind nur die Zahlenwerte 0, 1, ..., 6 erlaubt

3. Das Zahlenpaar darf keinen gemeinsamen Teiler enthalten.

Zahlenpaare wie (3.5,1.2) (Verstoß gegen 1.) und (7,0) (Verstoß gegen 2.) sind also nicht erlaubt. Ebenso sind Paare wie (2,2), (3,6) nicht erlaubt, da das erste Zahlenpaar 2 und das zweite 3 als gemeinsamen Teiler besitzt (Verstoß gegen 3.). Hier muß das in der Wirkung gleichwertige Zahlenpaar (1,1) bzw. (2,3) verwendet werden. Insgesamt gibt es 25 verschiedene erlaubte Zahlenpaare für geneigte Linien, einschl. (1,0) und (0,1) für horizontale und vertikale Linien, wie sich der Leser durch Niederschreiben der möglichen Werte leicht klarmachen kann.

Unter Einhaltung der vorstehenden Bedingung dürfen die Zahlen jedoch beliebiges Vorzeichen haben. (0,-1), (-2,-5) sind erlaubte Wertepaare. Ein negativer Δx Wert bedeutet in der obigen Konstruktion ein 'nach links gehen', ein negativer Δy Wert ein 'nach unten gehen'. \put(2,3){\line(0,-1){2.5}} erzeugt also ein Linie, die im Punkt (2,3) beginnt und um 2.5 Längeneinheiten vertikal nach unten reicht.

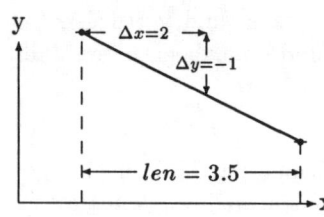

Der Längenparameter *länge* bedeutet bei geneigten Linien die Projektion der Linie auf die x–Achse. Was darunter zu verstehen ist, geht aus der nebenstehenden Abbildung hervor.

`\thicklines  \put(1.0,2.75){\line(2,-1){3.5}}`

Geht man von den Endpunkten der geneigten Linie senkrecht nach unten, so ist der entsprechende Abschnitt auf der x–Achse die Projektion der Linie auf die x–Achse.

Geneigte Linien müssen eine gewisse Mindestlänge haben. Diese beträgt ca. 10pt oder 3.6mm bzw. 0.36cm. Wird eine kürzere Länge gewählt, so wird keine Linie gezeichnet.

6.4.4 Pfeile

Das Bildelement 'Pfeil' entsteht durch den Befehl

`\vector(`$\Delta x,\Delta y$`){`*länge*`}`

Die Bedeutung der Parameter einschließlich aller Einschränkungen entspricht genau dem `\line` Befehl. Der Pfeil beginnt an der durch `\put` oder `\multiput` bestimmten Stelle, mit der Pfeilspitze am anderen Ende.

Wie geneigte Linien müssen auch die Pfeile eine Mindestlänge von ca. 10pt oder 3.6 mm haben. Für $\Delta x, \Delta y$ sind ebenso die obigen Bedingungen 1. bis 3. einzuhalten, mit der Maßgabe, daß für die Bedingung 2. nur die Zahlenwerte 0, 1, 2, 3, 4 erlaubt sind. Dies gibt insgesamt 13 verschiedene Wertepaare gleichen Vorzeichens für die Neigung von Pfeilen.

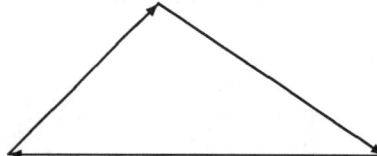

```
\begin{picture}(5,2)\thicklines
  \put(5,0){\vector(-1,0){5}}
  \put(0,0){\vector(1,1){2}}
  \put(2,2){\vector(3,-2){3}}
\end{picture}
```

Übung 6.4: *Ergänzen Sie das Diagramm aus Übung 6.3 um die noch fehlenden horizontalen und vertikalen Linien und die Pfeile.*

Übung 6.5: *Erzeugen Sie sich als Skizzierpapier ein 6.5 mal 9 Zoll großes Gitternetz mit einer Gitterbreite von 0.1 Zoll. Hierzu sind lediglich zwei* `\multiput` *Befehle erforderlich. Überlagern Sie diesem Gitternetz ein zweites Netz gleicher Größe, aber der Gitterbreite von 0.5 Zoll und der Strichstärke* `\thicklines`*.*

Übung 6.6: *Erzeugen Sie die nebenstehende Struktur. Die Eckpunkte liegen bei (0,5), (0,10), (5,15), (10,15), (15,10), (15,5), (10,0) und (5,0) der gewählten Längeneinheit von 0.1 Zoll.*

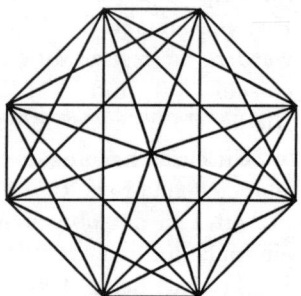

6.4.5 Kreise

Für das Bildelement 'Kreis' gibt es die Befehle

    \circle {durchmesser}
    \circle*{durchmesser}

Bei der *Form wird der Kreis mit Druckerfarbe ausgefüllt. LaTeX kennt nur eine bestimmte Anzahl von Kreisen unterschiedlicher Durchmesser. Mit dem Parameter *durchmesser* wird der Kreis ausgewählt, dessen Durchmesser dem angegebenen am nächsten kommt.

```
\setlength{\unitlength}{1cm}
\begin{picture}(4,1.6)          \put(1,1){\circle*{0.2}}
    \put(1,1){\circle{1.2}} \put(1,1){\vector(0,1){0.6}}
    \put(2.5,1){\circle*{0.5}}               \end{picture}
```

Die Positionierung des zugehörigen \put Befehls bezieht sich auf den Mittelpunkt des Kreises.

6.4.6 Ovale und gerundete Ecken

Ein Oval bedeutet hier ein Rechteck, dessen Ecken durch Viertelkreise ersetzt sind, wobei die größtmöglichen Kreisradien gewählt werden, mit denen die aneinanderstoßenden Seiten miteinander verbunden werden können. Der Bildbefehl lautet

    \oval(x_dimen,y_dimen)[teil]

Der zugehörige Positionierungsbefehl bezieht sich auf den Mittelpunkt des Ovals.

    \put(3.0,0.75){\oval(4.0,1.5)}

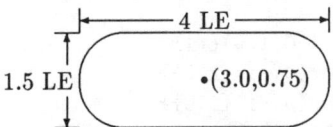

Hier ist also $x\_dimen = 4.0$ LE und $y\_dimen = 1.5$ LE, wobei als Längeneinheit LE = 0.8cm gewählt wurde. Der Mittelpunkt des Ovals liegt, entsprechend dem Positionierungsbefehl \put, bei (3.0,0.75).

Der optionale Parameter *teil* darf einen der Werte t b l r annehmen. Damit können Halbovale erzeugt werden.

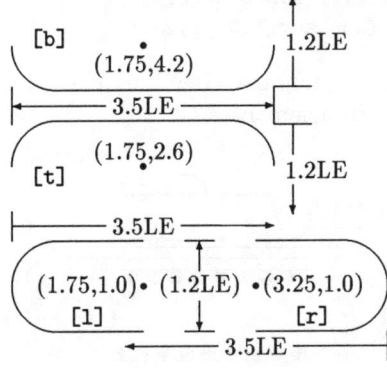

    \put(1.75,4.2){\oval(3.5,1.2)[b]}
    \put(1.75,2.6){\oval(3.5,1.2)[t]}
    \put(1.75,1.0){\oval(3.5,1.2)[l]}
    \put(3.25,1.2){\oval(3.5,1.2)[r]}

Die Breiten– und Höhenangaben von Halbovalen beziehen sich immer auf diejenigen des gedachten zugehörigen Ganzovals. Ebenso bezieht sich die Positionierungsangabe im \put Befehl auf den Mittelpunkt des zugehörigen Ganzovals. (Längeneineit ist hier LE = 1cm)

Für *teil* kann auch eines der Kombinationspaare tl, tr, bl, br gewählt werden, womit Viertelovale erzeugt werden. Die Reihenfolge innerhalb des Paares ist gleichgültig, die Paare lt, rt, lb, rb sind in der Wirkung mit den ersten identisch.

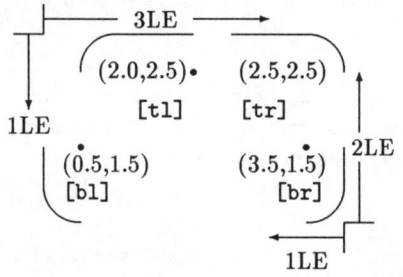

```
\put(2.0,2.5){\oval(3.0,1.0)[tl]}
\put(2.5,2.5){\oval(3.0,1.0)[tr]}
\put(1.0,1.5){\oval(1.0,2.0)[bl]}
\put(3.5,1.5){\oval(1.0,2.0)[br]}
```

Auch hier beziehen sich die Breiten– und Höhenangaben immer auf das zugehörige Ganzoval, auf dessen Mittelpunkt der \put Befehl positioniert wird.

Bis zu einer bestimmten Größe lassen sich hiermit auch Halb– und Viertelkreise erzeugen, wenn für Höhe und Breite derselbe Wert gewählt wird.

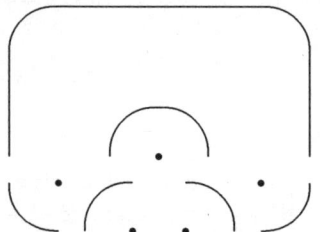

```
\put(2.0,1.0){\oval(4.0,4.0)[t]}
\put(2.0,1.0){\oval(1.5,1.5)[t]}
```

```
\put(0.75,0.75){\oval(1.5,1.5)[bl]}
\put(1.75,0.0){\oval(1.5,1.5)[tl]}
\put(2.25,0.0){\oval(1.5,1.5)[tr]}
\put(3.25,0.75){\oval(1.5,1.5)[br]}
```

Die vorstehenden Beispiele lassen erkennen, daß Teilkreise bis zu einer Weitenangabe von ca. 1.5cm entstehen.

Teilovale lassen sich mit anderen Bildelementen zusammenfügen. Die Positionierungsangabe beim \put Befehl von Viertelecken bedarf etwas Überlegung, damit die angefügten Bildelemente richtig passen.

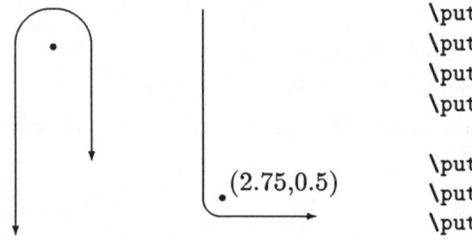

```
\put(0.5,2.5){\oval(1.0,1.0)[t]}
\put(0.0,2.5){\vector(0,-1){2.5}}
\put(1.0,2.5){\vector(0,-1){1.5}}
\put(0.5,2.5){\circle*{0.1}}
```

```
\put(2.5,0.5){\line(0,1){2.5}}
\put(2.75,0.5){\oval(0.5,0.5)[bl]}
\put(2.75,0.25){\vector(1,0){1.25}}
```

Der in den vorstehenden Beispielen eingezeichnete Mittelpunkt dient zur Verdeutlichung. Er ist natürlich nicht Bestandteil des \oval Bildelementes.

Übung 6.7: *Auch wenn ich Einrichtungen wie die nebenstehende nicht besonders mag, als Übungsaufgabe ist mir hier nichts Besseres eingefallen.*
Hinweis: Die Abmessungen und Positionierungen lassen sich leicht durch Überlegen von transparentem Millimeterpapier bestimmen.

LE=2mm

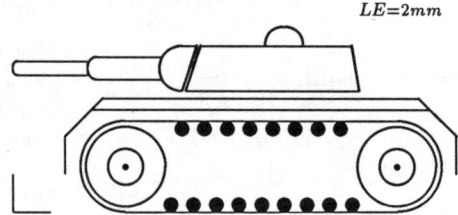

6.4.7 Vertikal gestockte Texte

In Bildern soll gelegentlich Text übereinander angeordnet sein, wie z. B. im nebenstehenden Beispiel. Hierzu dient der Befehl

Y
—
A
c
h
s
e

`\shortstack[`*pos*`]{`*sp*`}`

Der Positionierungsparameter kann die Werte `l r c` annehmen. Standard ist `c`. Dieser Befehl wirkt ähnlich wie eine `tabular` Umgebung mit nur einer Spalte. Die einzelnen Zeilen der Spalte *sp* werden durch `\\` getrennt.

Der `\shortstack` Befehl wird am häufigsten für die vertikale Anordnung einzelner Buchstaben Anwendung finden, obwohl damit auch längere Textstellen übereinander angeordnet werden können. Die einzelnen Zeilen werden hierbei mit dem kleinstmöglichen Abstand übereinander angeordnet, d. h. Zeilen, in denen keine Oberlängen oder Unterlängen auftreten, haben einen geringeren Abstand zu den benachbarten Zeilen als diejenigen mit Ober– bzw. Unterlängen.

gegen	Für	Einzelne	S	g
diesen	Wörter	Zeichen	t	e
Abstand	nicht	wirken als	i	n
nun	gerade	vertikales	m	a
was	das	Wort	m	u
ganz		besser	t	
anderes	Wahre			

(1.0,0.5)   (3.0,0.5)   (5.0,0.5)   (8.0,0.8) (9.0,1.2)

Die Positionierung des zugehörigen `\put` Befehls bezieht sich auf die untere linke Ecke des Kastens, den man sich um den vertikal gestockten Text angebracht denken kann. Der erste Text ist linksbündig, der zweite zentriert, der dritte rechtsbündig und die beiden letzten wieder zentriert angeordnet, entsprechend

```
\put(1.0,0.5){\shortstack[l]{gegen\\diesen\\Abstand\\nun\\was\\ ... }}
\put(3.0,0.5){\shortstack{F"ur\\W"orter\\nicht\\gerade\\das\\Wahre}}
\put(5.0,0.5){\shortstack[r]{Einzelne\\Zeichen\\wirken als\\vert... }}
\put(8.0,0.8){\shortstack{S\\t\\i\\m\\m\\t}}
\put(9.0,1.2){\shortstack{g\\e\\n\\a\\u}}
```

Der Befehl `\shortstack` kann auch außerhalb der `picture` Umgebung innerhalb ganz normaler Textteile verwendet werden. Eine solche Anwendung käme vor allem für Randnotizen in Betracht (s. 4.9.6).

6.4.8 Textangepaßte Rahmen

Mit dem Befehl `\framebox` konnte ein Rahmen vorgegebener Abmessung erzeugt werden, in dem Text ggf. verschieden positioniert angebracht werden kann (6.4.2). Der im Textmode verwendete Befehl `\fbox` (s. 4.7.1) erzeugt einen Rahmen, der auf die Größe des eingetragenen Textes angepaßt ist. Dieser Befehl kann auch in der `picture` Umgebung verwendet werden.

Der Befehl `\fbox` fügt zwischen dem eingeschachtelten Text und dem umgebenden Rahmen den durch `\fboxsep` erklärten Zwischenraum ein. Die Positionierung durch den `\put` Befehl erfolgt jedoch etwas unerwartet, wie das folgende Beispiel zeigt:

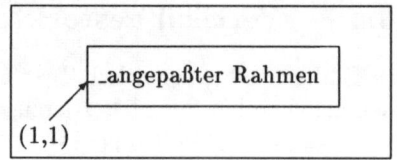

```
\begin{picture}(5,2) \fboxsep3mm
\put(0,0){\framebox(5,2){}}
\put(1,1){\fbox{angepa\3ter Rahmen}}
\end{picture}
```

In Bildern ist der Zusatzzwischenraum häufig unerwünscht, insbesondere wenn der Rahmen nicht um Text, sondern um ein anderes Bildobjekt angepaßt sein soll. Hierzu steht der Befehl

> \frame{*bildobjekt*}

bereit. Der Bezugspunkt für den zugehörigen \put Befehl ist die untere linke Ecke des Rahmens.

```
\put(0.0,0.5){\frame{TEXT}}
\put(1.5,0.0){\frame{\shortstack{W\\O\\R\\T}}}
```

Als Argument für den \frame Befehl sollte nicht nur Text, sondern alle vorstehenden Bildobjekte erlaubt sein. Das Ergebnis ist jedoch für die meisten Bildobjekte fehlerhaft

```
\put(0,0){\frame{\vector(1,1){1.0}}}
\put(2,0){\frame{\circle{1.0}}}
```

Das erste Beispiel liefert ein korrektes Ergebnis, nicht dagegen das zweite. In den fehlerhaften Fällen könnte durch Einschachtelung des Bildobjektes in eine \makebox geeigneter Größe und Positionierung als Argument für den \frame Befehl das gewünschte Ergebnis erzielt werden. Mir erscheint es dann aber einfacher, einen geeigneten Rahmen durch den \framebox Befehl direkt zu erzeugen.

6.5   Weitere Bildbefehle und Beispiele

6.5.1   Strichstärken

Für die Bildelemente \circle, \oval, \vector sowie geneigte Linien stehen zwei Strichstärken zur Verfügung, die mit

> \thicklines   bzw.   \thinlines

wechselseitig aktiviert werden können. Die Wirkung bleibt so lange gültig, bis sie durch den entgegengesetzten Befehl aufgehoben wird. Standard ist \thinlines.

Für horizontale und vertikale Linien kann mit der Erklärung

> \linethickness{*strichdicke*}

jede beliebige Strichstärke erzielt werden. Der Parameter *strichdicke* muß eine positive Längenangabe sein. \linethickness{1.5mm} bewirkt, daß alle folgenden horizontalen und vertikalen Linien mit einer Strichstärke von 1.5mm erzeugt werden. Die Wirkung endet, wenn entweder einer der beiden Strichstärkenbefehle auftaucht oder mit derselben Erklärung eine andere Strichstärke gewählt wird.

Da Rahmenboxen nur aus horizontalen und vertikalen Linien bestehen, wirkt diese Erklärung auch auf die \framebox und \dashbox Befehle.

6.5.2 Verschachtelte Bilder

Das *Bildobjekt* für einen \put oder \multiput Befehl kann eine weitere Bildumgebung sein. Die Syntax für eine solche Verschachtelung lautet

\put(x_coord,y_coord){\unitlength$le$\begin{picture}(x_dim,y_dim)
... *teilbild* ... \end{picture} }

Die Positionierungsangaben innerhalb der eingeschachtelten picture Umgebung beziehen sich auf deren Bezugspunkt, d. h. auf die linke untere Ecke des eingeschachtelten Bildes. Dieser liegt in bezug auf das äußere Bild an der Stelle, die durch den äußeren \put Befehl bestimmt ist. Mit \unitlength kann für das Teilbild eine andere Längeneinheit *le* als für das äußere Bild gewählt werden. Ohne diesen Befehl gilt für das innere Bild dieselbe Längeneinheit wie für das äußere Bild.

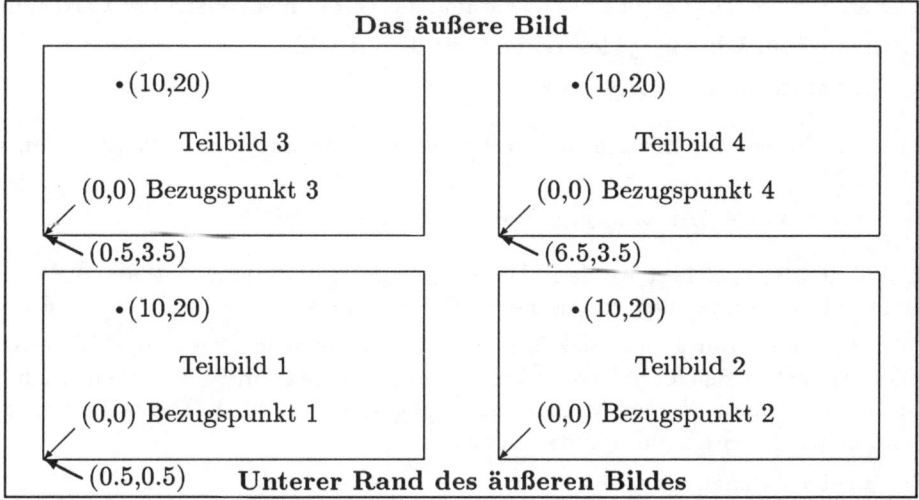

```
\begin{picture}(12.0,6.6)
\thicklines \put(0,0){\framebox(12.0,6.6){}} \thinlines
\put(6.0,6.3){\makebox(0,0){\bf Das "au\3ere Bild}}
\put(0.5,0.5){\unitlength1mm\begin{picture}(50,25)
   \put(0,0){\framebox(50,25){Teilbild 1}}
   \put(10,20){\circle*{0.1}} \put(10,20){\makebox(0,0)[l]{ (10,20)}}
   \put(4,4){\vector(-1,-1){4}}
   \put(5,5){\makebox(0,0)[lb]{(0,0) Bezugspunkt 1}}    \end{picture}}
\put(6.5,0.5){  ... Teilbild 2  ... }
\put(0.5,3.5){  ... Teilbild 3  ... }
\put(6.5,3.5){  ... Teilbild 4  ... }
\put(6.0,0.1){\makebox(0,0)[b]{\bf Unterer Rand des "au\3eren Bildes}}
\end{picture}
```

Als Längeneinheit gilt für das äußere Bild nach wie vor LE = 1cm. Dieses ist 12cm breit und 6.6cm hoch. Die Bildobjekte dieses Bildes sind ein *dicker* Rahmen gleicher Größe wie das Bild, die beiden Texte "Das äußere Bild" und "Unterer Rand des äußeren Bildes" sowie vier gleiche Teilbilder mit der Längeneinheit LE = 1mm und der Größe 50 × 25mm.

Die Positionierung der Bildobjekte innerhalb der Teilbilder erfolgt in bezug auf das jeweilige Teilbild. Der eingezeichnete • hat in allen Teilbildern die gleichen Koordinaten (10,20).

Geschachtelte Bilder können die Positionierung der einzelnen Bildobjekte durch die relative Positionierung innerhalb der Teilbilder erheblich erleichtern und damit Positionierungsfehler vermindern, zumal innerhalb des aufrufenden \put Befehls mit \unitlength die Längeneinheit für das Teilbild geändert werden kann.

6.5.3   Speicherung von Bildteilen

Bildteile, die in einem Bild mehrfach oder in verschiedenen Bildern wiederholt auftreten, können unter einem eigenen Namen abgespeichert und unter diesem Namen wieder aufgerufen werden, ohne daß jedesmal dieser Teil neu konstruiert werden muß.

Hierzu ist zunächst für jedes Teilbild mit dem Befehl

> \newsavebox{\ *teilbild_name* }

ein eigener Name, der mit einem \ beginnen muß, einzurichten. Danach kann mit dem Befehl

> \savebox{\ *teilbild_name* }(*x_dim,y_dim*)[*pos*]{ *teilbild* }

das Teilbild abgespeichert werden. Die Bedeutung der Parameter *x_dim,y_dim* und *pos* entspricht genau denen des \makebox Befehls in 6.4.2.

Wird für *teilbild* nur ein Stück Text gewählt, so entspricht dieser Befehl vollständig dem \makebox Befehl, nur daß keine Box mit dem Text im Bild erscheint, sondern diese Box unter dem Namen \ *teilbild_name* abgespeichert wird. Dieses *teilbild* kann nun an beliebigen Stellen durch das Bildelement

> \usebox{\ *teilbild_name* }

erzeugt werden.

```
\newsavebox{\teil}
\savebox{\teil}(2,1)[br]{\small Teilbild}
....
\put(0.75,0.0){\frame{\usebox{\teil}}}
\put(3.0,1.0) {\frame{\usebox{\teil}}}
```

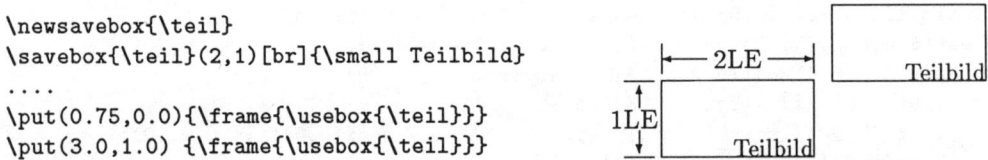

Bei diesem Beispiel scheint der Nutzen der \savebox und \usebox Befehle nicht groß zu sein, da das Ergebnis mit dem \framebox Befehl ebenso und in Verbindung mit \multiput sogar mit geringerem Aufwand hätte erzielt werden können. Der eigentliche Nutzen dieses Befehlspaares liegt darin, daß nicht nur einfacher Text, sondern ganze Bildkompositionen als *teilbild* abgespeichert werden können.

Hinzu kommt, daß der Befehl \savebox auch außerhalb einer Bildumgebung verwendet werden darf, z. B. auch im Vorspann. Ein so erklärtes Teilbild steht dann in allen weiteren Bildern durch \usebox als komplexes Bildobjekt zur Verfügung. Tritt der Befehl \savebox dagegen innerhalb einer picture Umgebung auf, so steht das entsprechende Symbol nur für dieses Bild zur Verfügung.

```
\newsavebox{\bedzweig}
\savebox{\bedzweig}(0,0)[bl]{
  \thicklines
  \put(0,0.5) {\line(-2,-1){1.0}}
  \put(0,0.5) {\line(2,-1) {1.0}}
  \put(0,-0.5){\line(-2,1) {1.0}}
  \put(0,-0.5){\line(2,1)  {1.0}}
  \put(0,0.5) {\line(0,1){0.5}}
  \put(1.0,0) {\line(1,0){1.0}}
\put(-1.1,0.1){\makebox(0,0)[br]{nein}}
\put(1.1,0,1) {\makebox(0,0)[bl]{ja}} }
```

definiert das Symbol einer bedingten Verzweigung, wie es häufig in Flußdiagrammen von Computerprogammen auftritt

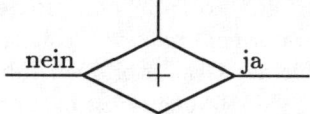

+ kennzeichnet den Bezugspunkt des Symbols \bedzweig.

Die Zeichenfolge (0,0)[bl] im obigen \savebox Befehl definiert eine Box der Höhe und Breite "Null", auf dessen untere linke Ecke sich die anschließenden \put Positionierungsbefehle beziehen. Damit liegt der Bezugspunkt für das Symbol als Ganzes dort, wo er durch + gekennzeichnet ist.

Das Symbol \bedzweig läßt sich nun in einfacher Weise mit allen anderen Bildobjekten verknüpfen

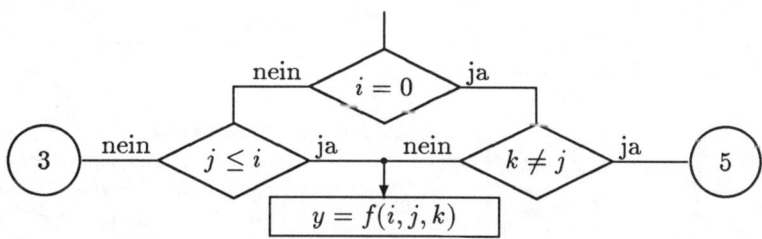

```
\begin{picture}(10,3)  \thicklines
\put(5,2){\usebox{\bedzweig}\makebox(0,0){$i=0$}}
\put(3,1){\usebox{\bedzweig}\makebox(0,0){$j\le i$}}
\put(8,1){\usebox{\bedzweig}\makebox(0,0){$k\neq j$}}
\put(0.5,1){\circle{1.0}\makebox(0,0){3}}
\put(9.5,1){\circle{1.0}\makebox(0,0){5}}
\put(5,1){\vector(0,-1){0.5}\circle*{0.1}}
\put(3.5,0){\framebox(3,0.5){$y = f(i,j,k)$}}
\end{picture}
```

Wie das Beispiel zeigt, können in einen \put Befehl mehr als ein Bildobjekt gepackt werden. Hier wurde neben dem \usebox{\bedzweig} Befehl jeweils der in diesem Symbol angeordnete Text mit \makebox(0,0) zusammengefaßt. In gleicher Weise wurden die Kreise \circle{1.0} mit den eingetragenen Nummern 3 bzw. 5 in jeweils einem \put Befehl angeordnet. Und schließlich ist das Befehlspaar \vector\circle verbunden worden. Bei solchen Befehlsgruppen sollen die einzelnen Bildobjektbefehle *ohne* Leerzeichen nebeneinander stehen.

Mit \savebox kann auch eine ganze picture Umgebung abgespeichert werden. In diesem Fall können die Angaben (*x_dim,y_dim*) und [*pos*] einschließlich der Klammern im \savebox Befehl entfallen, da die Abmessungen bei der picture Umgebung auftauchen. Die Syntax lautet dann

$$\texttt{\textbackslash savebox\{}\textit{bild\_name}\texttt{\}\{\textbackslash begin\{picture\}}(x\_dim, y\_dim)$$
$$\dots \dots \dots \quad \texttt{\textbackslash end\{picture\} \}}$$

Treten solche abgespeicherten Bilder nur als innere Teilbilder in verschachtelten Bildern auf, so kann ohne Bedenken für (x_dim, y_dim) (0,0) gewählt werden, da hierbei nur eine relative Positionierung in bezug auf das Teilbild erfolgt. Die Abmessung für das Gesamtbild wird durch die äußerste `picture` Umgebung bestimmt. Das obige Symbol \bedzweig hätte damit auch mit

$$\texttt{\textbackslash savebox\{\textbackslash bedzweig\}\{\textbackslash begin\{picture\}}(0,0) \dots \texttt{\textbackslash end\{picture\} \}}$$

abgespeichert werden können, wobei für   ...   derselbe Code wie oben, beginnend mit \thicklines und endend vor der letzten }, stehen würde.

Übung 6.8: *Die folgenden Symbole treten häufig in Flußdiagrammen von Rechnerprogrammen auf. Erzeugen Sie die angegebenen Boxnamen und speichern Sie die Symbole unter diesen Namen ab. Setzen Sie hierbei komplexere Symbole aus einfacheren zusammen. Notieren Sie sich die relativen Koordinaten der Anschluß- und Bezugspunkte.*

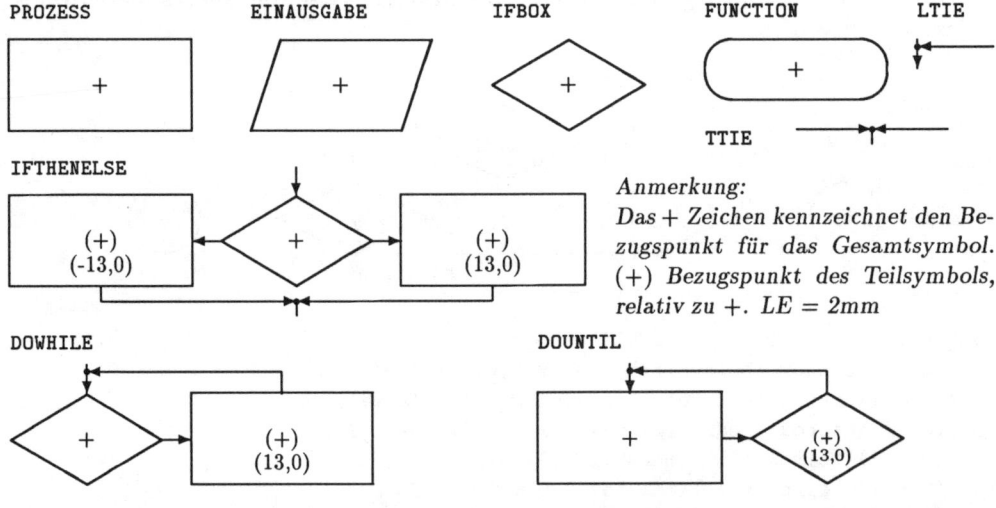

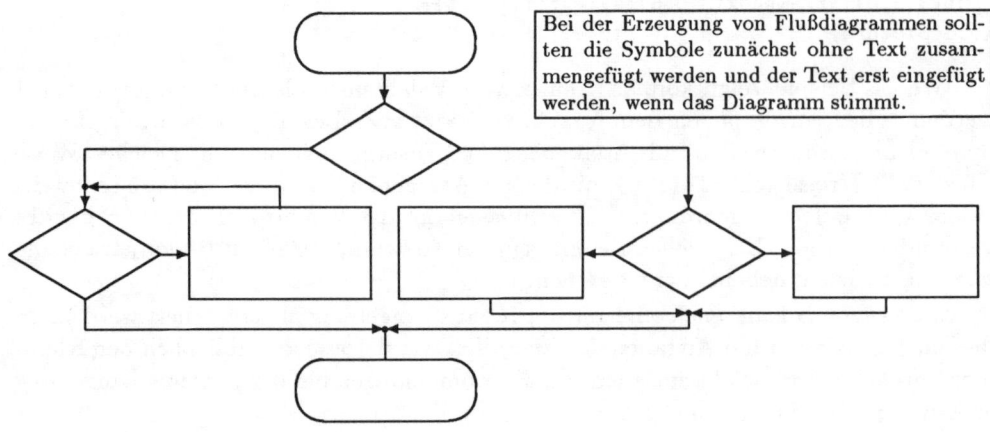

Fügen Sie die vorstehenden Symbole nun zu folgendem Bild zusammen.

6.5.4 Erweiterte Syntax der picture–Umgebung

Die allgemeine Syntax der `picture` Umgebung kennt ein weiteres optionales Parameterpaar

`\begin{picture}`(*x_dimen,y_dimen*)(*x_offset,y_offset*)
bildbefehle `\end{picture}`

In dieser Form wirkt die `picture` Umgebung so, als würden bei allen `\put` Befehlen die Beträge *x_offset* und *y_offset* von den Koordinatenangaben *x_coord* bzw. *y_coord* subtrahiert. Die Gesamtwirkung liegt also darin, daß das ganze Bild um *x_offset* nach *links* und um *y_offset* nach *unten* verschoben erscheint.

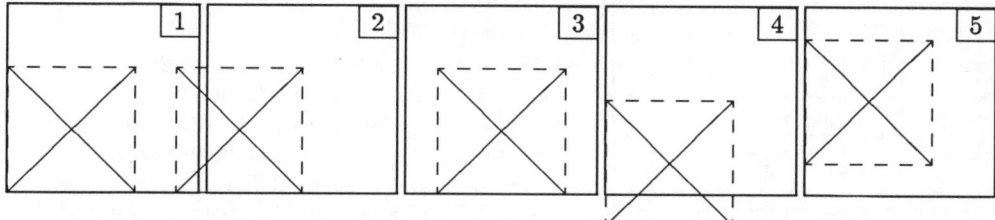

Hier wurden 5 Hauptbilder von 3LE Breite und Höhe (dicker Rahmen) erzeugt (LE=0.8cm). In jedes der Hauptbilder wurde ein völlig gleiches Unterbild von 2LE Höhe und Breite, das aus einem gestrichelten Rahmen und einem Linienkreuz besteht, mit `\put(0,0)`, aber verschiedenem Offset, angeordnet

1.) `\put(0,0){\begin{picture}(2,2)(0,0)` *unterbild* `\end{picture}`
2.) `\put(0,0){\begin{picture}(2,2)(0.5,0)` *unterbild* `\end{picture}`
3.) `\put(0,0){\begin{picture}(2,2)(-0.5,0)` *unterbild* `\end{picture}`
4.) `\put(0,0){\begin{picture}(2,2)(0,0.5)` *unterbild* `\end{picture}`
5.) `\put(0,0){\begin{picture}(2,2)(0,-0.5)` *unterbild* `\end{picture}`

In 2.) und 4.) liegt das Teilbild teilweise außerhalb der Hauptbildgrenzen. Diese Wirkung muß bei der Offset–Angabe bedacht werden.

6.5.5 Weitere Beispiele

Die Vorstellung der vorstehenden Bildelemente erfolgte mit ausführlichen Beispielen. Der äußerst nützliche `\multiput` Befehl kam dabei zu kurz. Dies soll an einigen Beispielen nachgeholt werden. (Beschreibung des `\multiput` Befehls s. 6.3)

```
\multiput(0,0)(1,2){7}{\circle*{1}}
\multiput(10,0)(2,0){10}{\begin{picture}(0,0)
        \multiput(0,0)(1,2){7}{\circle*{1}}
                \end{picture}}
```

Der erste `\multiput` Befehl erzeugt 7 Punkte von 1mm Durchmesser, die bei (0,0) beginnen und dann jeweils um 1mm nach rechts und 2mm nach oben versetzt werden. Der zweite `\multiput` Befehl erzeugt 10 Teilbilder, die jeweils um 2mm nach rechts versetzt erscheinen. Die Teilbilder selbst bestehen aus der Gruppe von 7 Punkten, wie sie mit dem ersten `\multiput` Befehl erzeugt wurden.

Beispiel: Gitternetz

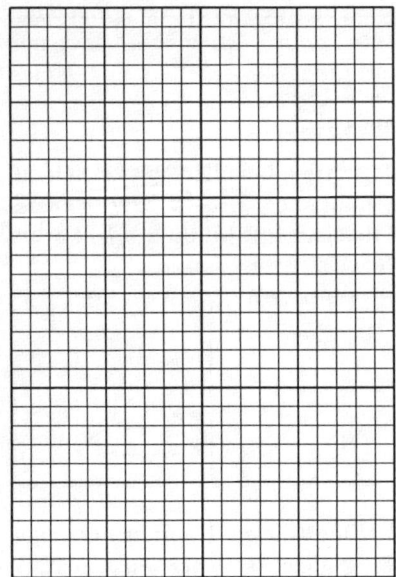

```
\unitlength0.1in
\begin{picture}(20,30)
\linethickness{0.25mm}
   \multiput(0,0)(10,0){3}{\line(0,1){30}}
   \multiput(0,0)(0,10){4}{\line(1,0){20}}
\linethickness{0.15mm}
   \multiput(5,0)(10,0){2}{\line(0,1){30}}
   \multiput(0,5)(0,10){3}{\line(1,0){20}}
\linethickness{0.075mm}
   \multiput(1,0)(1,0){19}{\line(0,1){30}}
   \multiput(0,1)(0,1){29}{\line(1,0){20}}
\end{picture}
```

Hier wurden zunächst in 0.25mm Stärke 3 vertikale Linien der Länge 30LE und 4 horizontale Linien der Länge 20LE jeweils im Abstand 10LE und beginnend bei (0,0) gezogen; danach noch einmal 2 vertikale und drei horizontale Linien, jedoch beginnend bei (5,0) bzw. (0,5) in 0.15mm Liniendicke. Schließlich wurden noch 19 vertikale und 29 horizontale 0.075mm Linien im Abstand 1LE gezogen.

IC–Symbol

```
\newcounter{ic} \unitlength1mm
\begin{picture}(25,40) \thicklines \scriptsize
\put(5,0){\framebox(15,40){}} \thinlines
\multiput(5,37.5)(0,-5){8}{\oval(8,3)[l]
     \stepcounter{ic}\makebox(0,0)[r]{\arabic{ic}\,\,,}}
\put(20,2.5){\oval(8,3)[r]
     \stepcounter{ic}\makebox(0,0)[l]{\,\,,\arabic{ic}}}
\multiput(20,7.5)(0,5){7}{\oval(8,3)[r]
     \stepcounter{ic}\makebox(0,0)[l]{\,\arabic{ic}}}
\put(6.5,38.5){\circle*{1}}
\end{picture}
```

Die beiden \multiput Befehle in diesem Beispiel enthalten jeweils zwei Bildobjekte, nämlich ein Halboval und Text in Form einer fortlaufenden Nummer. Mit dem ersten \multiput Befehl wird die linke Seite, von oben nach unten, mit dem zweiten die rechte Seite von unten nach oben erzeugt. Mit dem Befehl \newcounter{ic} wurde ein Zähler "ic" eingerichtet, der mit jedem Aufruf von \stepcounter{ic} um eins erhöht wird und dessen jeweiliger Wert mit \arabic{ic} als arabische Ziffer ausgegeben wird. (Im oben abgedruckten Code erstrecken sich die beiden \multiput Befehle jeweils über zwei Zeilen. Tatsächlich müssen die Befehle ohne Leerzeichen und Zeilenschaltung unmittelbar hintereinander stehen, um horizontale Verschiebungen im Bild zu vermeiden!)

Übung 6.9: *Erzeugen Sie am Beispiel des nebenstehenden cm–Maßes je ein vertikales und horizontales Maß von 10 cm Länge.*

Übung 6.10 *Verbessern Sie Ihr Skizzierpapier aus Übung 6.5, indem Sie für jede 5. bzw. 10. Linie entsprechend dem obigen Gitternetz dickere Linien wählen. Numerieren Sie die Zehnerlinien entlang des äußeren Randes.*

6.5.6 Allgemeine Empfehlungen

Jeder Anwender wird nach einiger Übung im Umgang mit der `picture` Umgebung seine eigene Technik zur Erzeugung von Bildern entwickeln. Ich möchte hier nur die Ratschläge Leslie Lamports, denen ich voll zustimme, weitergeben und einige ergänzende Anregungen machen.

1. Für die Skizzierung von Bildern und die Positionierung der einzelnen Bildelemente ist die Verwendung von Koordinatenpapier mit verschiedenen Gitterabständen sehr hilfreich. Am Beispiel des obigen Gitternetzes wird dem Anwender empfohlen, sich Vorlagen für verschiedene Gitterabstände selbst zu erstellen und diese als Skizzierpapier in ausreichender Stückzahl zu kopieren.

2. Als Längeneinheit sollte der kleinste Gitterabstand gewählt werden. Dies vermeidet Dezimalbrüche bei den Positionierungsangaben.

3. Wenn das Bild keine geneigten Linien enthält, so kann die Positionierung der einzelnen Bildobjekte direkt dem Koordinatenpapier entnommen werden. Hierbei sollten die Bezugspunkte der einzelnen Bildobjekte bei einem Gitterpunkt und nicht dazwischen angeordnet werden.

4. Bei geneigten Linien ist die Anzahl der Neigungen begrenzt (s. 6.4.3). Bei Vorgabe einer zulässigen Neigung sollte eine solche Linie bei jeweils einem Gitterpunkt beginnen und enden. Das gleiche gilt für die Verwendung von Pfeilen (s. 6.4.4).

5. Bilder sollten so weit wie möglich in Teilbilder und diese ggf. in Unterteilbilder aufgegliedert werden (s. 6.5.2). Dies erleichtert die Positionierung der einzelnen Bildelemente, da diese relativ zum Teilbild erfolgt.

6. Häufig vorkommende Teilbilder sollten mit dem `\savebox` Befehl abgespeichert und, in Gruppen zusammengefaßt, in jeweils eigene Files abgelegt werden. Auf diese Weise kann man im Laufe der Zeit ganze Symbolbibliotheken erstellen. Solche Symbole sollten mit ihren Namen, Bezugs– und Anschlußpunkten übersichtlich dokumentiert werden und allen Benutzern zur Verfügung stehen.

Kleine Fehler haben bei der `picture` Umgebung teilweise große Wirkung. Erscheint ein absolut unsinniges Bild, so ist das kein Grund zur Panik. Ist z. B. ein Bild für die Längeneinheit 1cm entworfen worden, aber der entsprechende `\unitlength` Befehl vergessen worden, so hat LATEX als Längeneinheit 1pt gewählt und das Bild schrumpft fast zu einem Punkt zusammen, wobei der evtl. im Bild angeordnete Text völlig unleserlich übereinander gedruckt worden ist. Das ungeplante Auftauchen von Bildelementen außerhalb des vorgesehenen Bildes ist auf eine fehlerhafte Positionsangabe und hier vermutlich durch ein falsches Vorzeichen oder einen vergessenen Dezimalpunkt verursacht.

Gelegentlich treten trotz richtiger Positionsangabe leichte horizontale Fehler, insbesondere bei der Anordnung mehrerer Bildelemente in einem `\put` oder `\multiput` Befehl, auf. Dies ist vermutlich durch das Einfügen von Leerzeichen zwischen den Bildelementbefehlen verursacht. Solche Leerzeichen werden als eigene Bildelemente eingefügt und verschieben das nächste Symbol entsprechend. Zwischen mehreren Bildelementbefehlen in einem Positionierungsbefehl sollten also keine Leerzeichen oder Zeilenschaltungen zur Trennung benutzt werden. Bleibt trotzdem eine fehlerhafte Positionierung, so sollte die Reihenfolge der Bildelemente im gleichen Positionierungsbefehl geändert werden. Hilft auch das nicht, ist für jedes Bildelement ein eigener `\put` oder `\multiput` Befehl zu verwenden.

6.6   Gleitende Tabellen und Bilder

Die picture Umgebung erzeugt ein Bild an der Stelle ihres Auftretens, unmittelbar nach dem vorangehenden Text und fortsetzend mit dem nachfolgenden Text. Dies ist unproblematisch und häufig auch so gewollt, wenn das Bild mit dem umgebenden Text auf die laufende Seite paßt. Wenn jedoch (und dasselbe gilt für Tabellen) das Bild so hoch ist, daß es an der Stelle seiner Definition nicht mehr auf die laufende Seite paßt, so wird diese Seite beendet und die nächste Seite beginnt mit dem Bild (oder der Tabelle), gefolgt von dem nachfolgenden Text. Dies führt zu einer schlechten Formatierung der laufenden Seite.

Wünschenswert wäre für solche Fälle eine Steuerungsmöglichkeit, mit der das Bild oder die Tabelle an die laufende Stelle im Text gebracht wird, wenn es der Platz zuläßt, anderenfalls aber der nachfolgende Text vorgezogen und die Tabelle an anderer geeigneter Stelle positioniert wird. Da Bilder und Tabellen häufig Über– oder Unterschriften haben, sollen diese natürlich mitbewegt werden.

6.6.1   Die Plazierung von Gleitobjekten

LaTeX bietet die Möglichkeit, Bilder und Tabellen, einschließlich ihrer Über– oder Unterschriften, in der beschriebenen Form gleiten zu lassen. Dies geschieht mit den Umgebungen

> \begin{figure}[*wohin*]   *bild*   \end{figure}
> \begin{figure*}[*wohin*]   *bild*   \end{figure*}
> \begin{table}[*wohin*]   *tabelle*   \end{table}
> \begin{table*}[*wohin*]   *tabelle*   \end{table*}

Die *Formen gelten nur für zweispaltige Seitenformatierung, bei der sie Platz für das Bild bzw. die Tabelle über beide Spalten, also die ganze Seitenbreite, einräumen. Die Normalformen räumen statt dessen einspaltigen Platz ein, der bei einspaltiger Seitenformatierung natürlich auch über die ganze Seitenbreite erfolgt, dagegen bei zweispaltigem Text nur über die Breite der Einzelspalte reicht.

In der obigen Syntax bedeutet *bild* bzw. *tabelle* eine Bild– bzw. Tabellendefinition, erzeugt durch die picture bzw. tabular Umgebung und evtl. ergänzt durch den in 6.6.3 vorgestellten \caption Befehl, mit dem eine zugehörige Über– oder Unterschrift erzeugt wird.

Der Parameter *wohin* bestimmt, wohin das Bild bzw. die Tabelle gleiten kann oder soll. Dies können mehrere Alternativstellen sein. Demzufolge besteht *wohin* aus einer Folge von null bis vier Buchstaben, mit denen die möglichen Plazierungen bestimmt werden:

  h *Here*: Die Positionierung erfolgt an der Stelle im Text, wo diese Umgebung innerhalb des Textes auftritt. Dieser Parameter ist bei den *Formen nicht erlaubt.

  t *Top*: Die Positionierung erfolgt zu Beginn der laufenden Seite, vorausgesetzt daß der vorausgehende Text dieser Seite noch voll auf die laufende Seite paßt. Ist dies nicht der Fall, so erfolgt die Positionierung zu Beginn der nächsten Seite. Der nachfolgende Text wird auf die laufende Seite bis zum normalen

Seitenumbruch vorgezogen. (Bei zweispaltigen Seiten ist in der vorstehenden Beschreibung *Seite* durch *Spalte* zu ersetzen.)

b *Bottom*: Die Positionierung erfolgt unten auf der Seite. Der Platz bis zu der am unteren Seitenende angeordneten Tabellen oder Bilder wird mit nachfolgendem Text aufgefüllt. Ist die laufende Seite bereits so weit mit Text aufgefüllt, daß das *Gleitobjekt* (Tabelle oder Bild) nicht mehr auf die Seite paßt, so wird es am unteren Ende der nächsten Seite angeordnet. Der Parameter b ist bei den *Formen nicht erlaubt.

p *Page of floats* Die gleitenden Tabellen oder Bilder werden auf eigenen Seiten bzw. Spalten, die nur Tabellen und Bilder enthalten, gesammelt.

Die vorstehenden Positionierungsparameter sind kombinierbar. Wird keine Positionsangabe gemacht, so benutzt LATEX die Kombination tbp.

Die Positionsangabe bestimmt die mögliche Plazierung eines *Gleitobjektes* (Bild oder Tabelle). Die tatsächliche Plazierung erfolgt unter Einhaltung der folgenden Regeln an der *frühest möglichen Stelle*:

- Kein Gleitobjekt erscheint auf einer früheren Seite als der, auf der es definiert ist.

- Der Ausdruck von Bildern und Tabellen erfolgt in der Reihenfolge des Auftretens ihrer Definitionen. Es erscheint also kein Bild vor einem bereits vorher definierten Bild und keine Tabelle vor einer bereits vorher definierten Tabelle.

- Gleitende Objekte werden nur in der Form plaziert, wie es der *wohin* Parameter erlaubt. Ohne eine Angabe für diesen Parameter ist dies die Kombination tbp.

- Die Anordnung erfolgt unter Berücksichtigung der im nächsten Abschnitt beschriebenen (und veränderbaren) Stilparameter.

- Enthält eine Kombination ht, so hat der Parameter h Vorrang. Die Plazierung erfolgt an der Stelle der Definition, auch wenn bei Einhaltung der vorstehenden Regeln eine Plazierung oben auf der Seite möglich wäre.

Gleitobjekte, die beim Auftreten eines \clearpage, \cleardoublepage oder \end{document} Befehls noch nicht bearbeitet waren, werden unabhängig von der Wahl der Positionierungsparameter auf einer eigenen Seite oder Spalte ausgegeben.

6.6.2 Stilparameter für gleitende Objekte

Für die Entscheidung zur Anordnung gleitender Objekte sind eine Reihe von Stilparametern mit verantwortlich, die vom Benutzer geändert werden können. Diese sind

topnumber Die maximale Anzahl von gleitenden Objekten, die auf einer Seite oben angeordnet werden können.

bottomnumber Entsprechend topnumber jedoch für die Anordnung unten auf der Seite.

totalnumber Die maximale Anzahl von gleitenden Objekten, die insgesamt auf einer Seite, unabhängig von ihrer Positionierung, angeordnet werden können.

`dbltopnumber` Entsprechend `topnumber`, jedoch für Objekte, die bei zweispaltiger Seitenformatierung über beide Spalten reichen.

Die vorstehenden Parameter können mit dem Befehl `\setcounter{`*ctr*`}{`*num*`}` verändert werden. Für *ctr* ist einer der obigen Zählernamen einzusetzen und *num* steht für die entsprechende Zahl.

`\topfraction` Ein Dezimalbruch, der den Bruchteil der Seite angibt, bis zu der gleitende Objekte oben auf der Seite angeordnet werden können.

`\bottomfraction` Der Bruchteil einer Seite, der für gleitende Objekte unten auf der Seite zur Verfügung steht.

`\textfraction` Der Bruchteil einer Seite, der für Text mindestens zur Verfügung stehen muß. Damit stehen für gleitende Objekte, unabhängig von ihrer Anordnung, pro Seite maximal 1 − `\textfraction` zur Verfügung.

`\floatpagefraction` Der minimale Bruchteil einer eigenen Seite für gleitende Objekte, der erreicht werden muß, bevor ggf. eine weitere Seite bereitgestellt wird.

`\dbltopfraction` Entsprechend `\topfraction`, jedoch für Objekte, die bei zweispaltiger Seitenformatierung über beide Spalten reichen.

`\dblfloatpagefraction` Entsprechend `\floatpagefraction`, jedoch für Objekte, die bei zweispaltiger Seitenformatierung über beide Spalten reichen.

Diese Stilparameter sind mit dem Befehl `\renewcommand{`*cmd*`}{`*bruch*`}` zu ändern. *cmd* steht für einen der vorstehenden Befehle und *bruch* ist eine Dezimalzahl, die kleiner als 1 sein muß.

`\floatsep` Der vertikale Abstand zwischen gleitenden Objekten, die auf einer Seite oben bzw. unten erscheinen.

`\textfloatsep` Der vertikale Abstand zwischen gleitenden Objekten oben auf der Seite und dem nachfolgenden Text bzw. dem Text einer Seite und den unten stehenden Objekten.

`\intextsep` Der vertikale Abstand zwischen dem umgebenden Text und gleitenden Objekten, die mit der `h`-Positionierung innerhalb des laufenden Textes angeordnet sind.

`\dblfloatsep` Entsprechend `\floatsep`, jedoch für Objekte, die bei zweispaltiger Seitenformatierung über beide Spalten reichen.

`\dbltextfloatsep` Entsprechend `\textfloatsep`, jedoch für Objekte, die bei zweispaltiger Seitenformatierung über beide Spalten reichen.

Diese Gruppe von Stilerklärungen sind einfache Längenerklärungen, die durch unmittelbares Anhängen einer elastischen Maßzahl an den Befehlsnamen oder durch Zuweisung des Maßes mit `\setlength` (s. 2.4.2) neu gesetzt werden können.

Soweit sich die vorstehenden Stilerklärungen bei einspaltiger Seitenformatierung auf die Seite beziehen, bedeuten sie bei zweispaltiger Seitenformatierung die entsprechenden Werte für die einzelne Spalte.

Werden diese Erklärungen im Vorspann neu gesetzt, so gelten sie von der ersten Seite an. Innerhalb des Dokumentes entfalten sie ihre Wirkung erst auf der nächsten Seite, aber noch nicht auf der laufenden Seite, in der sie auftreten!

6.6.3   Über– und Unterschriften für gleitende Objekte

Eine gleitende Bild– oder Tabellenüberschrift wird mit dem Befehl

    \caption[*kurzform*]{*überschrift*}

erzeugt. *überschrift* steht für den Text der Über– oder Unterschrift. Dies kann auch eine längere Bild– oder Tabellenbeschreibung sein, die jedoch nicht mehr als ca. 300 Zeichen enthalten darf. *kurzform* enthält eine Kurzform der Überschrift, die ins Bild– oder Tabellenverzeichnis (s. 3.4.4) übernommen wird. Beim Fehlen der Kurzform wird die Überschrift in die entsprechenden Verzeichnisse übernommen. Dies ist jedoch nur sinnvoll für einzeilige Überschriften, nicht dagegen für längere Bild– oder Tabellenbeschreibungen.

In der `table` Umgebung erscheint vor der Überschrift der Ausdruck 'Table n:' und in der `figure` Umgebung 'Figure n:', wobei n eine jeweils fortlaufende Nummer ist[1]. Im Dokumentstil `article` erfolgt die Numerierung beginnend mit 1 fortlaufend durch das ganze Dokument. Im Dokumentstil `report` und `book` erfolgt die Numerierung in der Form $c.n$ mit der Kapitelnummer c und der fortlaufenden Nummer n. Die fortlaufende Nummer beginnt mit jedem Kapitel stets wieder neu mit 1. Die Numerierung für Bilder bzw. Tabellen erfolgt unabhängig voneinander jeweils für sich.

Der \caption Befehl kann entfallen, wenn diese Numerierung nicht gewünscht wird, da jeder in der `table` oder `figure` Umgebung (*Gleitumgebung*) erscheinende Text gleitet. Für solchen Text findet allerdings kein Eintrag ins Bild– bzw. Tabellenverzeichnis statt. Solche Eintragungen können jedoch mit den in 3.4.4 beschriebenen Befehlen

    \addcontentsline   und   \addtocontents

leicht zusätzlich erreicht werden. Von dieser Form eines gleitenden Textes könnte ersatzweise auch Gebrauch gemacht werden, wenn für deutsche Texte keine Modifikation des \caption Befehls zur Verfügung steht oder die Überschrift mehr als 300 Zeichen enthält. Die fortlaufende Numerierung hat der Benutzer dann selbst vorzunehmen.

Der \caption Befehl sowie der sonstige Text innerhalb einer Gleitumgebung erzeugt eine *Überschrift*, d. h. der Text steht oberhalb des Bildes oder der Tabelle, wenn er vor der Bild– oder Tabellendefinition auftritt. Wird der \caption Befehl nach der Bild– oder Tabellendefinition angeordnet, so erzeugt er eine *Unterschrift*, d. h. der Text erscheint unter dem Bild bzw. der Tabelle. Das gleiche gilt auch für den sonstigen Text innerhalb einer Gleitumgebung.

Ist die Überschrift kürzer als die Zeilenlänge, so wird sie mit dem \caption Befehl automatisch zentriert. Reicht die Überschrift über mehrere Zeilen, so wird sie wie ein normaler Absatz formatiert. Um die Breite der Überschrift an die Breite der Tabelle oder des Bildes anzupassen, ist sie ggf. in eine Parbox oder Minipage zu packen, z. B.

    \parbox{*breite*}{\caption{*überschrift*}}

Die folgenden Beispiele enthalten weitere Verknüpfungen von Text, Tabellen und Bildern in gleitenden Objekten.

---

[1]Ihr Rechenzentrum kann Ihnen eine LATEX–Version bereitstellen, bei der für deutsche Texte statt dessen Tabelle n: bzw. Figur n: oder Bild n: erscheint.

Tabelle 6.1: Betriebshaushalt 1987 für das Rechenzentrum

Nr.	Einzelposition	51505	52201	53998	Summe
1.1	Wartungsverträge	130 000		15 000	145 000
1.2	Postmiete (Leitung und Modems)	5 000		23 000	28 000
1.3	Fall zu Fall Reparaturen	25 000	6 000		31 000
1.4	Verbrauchsmaterial		68 000		68 000
1.	Summe	160 000	74 000	38 000	272 000

Tabelle 2: **Voranschlag 1988** *Eine Fortschreibung des bisherigen Haushalts ist nicht möglich, da mit der im Laufe des Jahres 1987 installierten neuen Rechenanlage die Betriebsbedingungen grundlegend geändert werden*

Nr.	Einzelposition	51505	52201	53998	Summe
1.1	Wartung (Hard– und Software)	240 000			240 000
1.2	Leitungskosten einschl. Postmiete	12 000	8 000	36 000	56 000
1.3	Schulung			50 000	50 000
1.4	Ergänzungen	80 000	3 000		83 000
1.5	Verbrauchsmaterial		42 000		42 000
1.	Summe	332 000	53 000	86 000	471 000

6.6.4 Beispiele für Gleitobjekte

Die beiden ersten Tabellen wurden erzeugt mit
```
\begin{table} \caption{Betriebshaushalt 1987 ...}
  \begin{tabular}{|l|l||r|r|r|r|} ... ...  \end{tabular}
\end{table}
```
(Diese Tabelle wurde vor dem letzten Absatz auf der vorangegangenen Seite definiert. Die zweite Tabelle ist im laufenden Text hier definiert.)
```
\begin{table}
  Tabelle 2:\quad{\bf Voranschlag 1988} {\em Eine Fortschreibung ... }\par
  \begin{tabular}{|l|l|r|r|r|r|} ... ... ...  \end{tabular}
\end{table}
```
Wegen der fehlenden Positionsangabe in der `table` Umgebung wird der Standard `tbp` benutzt. Die Positionierung erfolgt auf der laufenden Seite oben, da hier Platz vorhanden ist. Schmale Bilder oder Tabellen wie unten zusätzlich nebeneinander anzuordnen, ist z. B. wie folgt möglich:

Abbildung 6.1: Bildersatz   Bild 2:

```
\begin{figure}[bt]
\unitlength1cm
\begin{minipage}[t]{5.5cm}
\begin{picture}(5.5,2.5) ... ... \end{picture}\par
\caption{Bildersatz}
\end{minipage}
\hfill
\begin{minipage}[t]{6.5cm}
\begin{picture}(6.5,3.0) ... ... \end{picture}\par
\begin{center} Bild 2: \end{center}
\end{minipage}
\end{figure}
```

Die so erzeugten Bilder nebst ihren Unterschriften sind jeweils für sich in eine `minipage` Umgebung der Breite 5.5cm bzw. 6.5cm eingebettet. Beide Minipages stehen, durch `\hfill` getrennt, nebeneinander. Der Positionsparameter t bewirkt, daß die beiden Minipages jeweils auf ihre erste Zeile ausgerichtet sind (s. 4.7.3). Diese Struktur wird innerhalb der `figure` Umgebung als Einheit angesehen, die gemäß der Gleitparameterkombination bt gleiten kann.

Beim nochmaligen Betrachten der vorstehenden Bilder fällt auf, daß das zweite in der Höhe über das erste hinausragt. Wie ist das mit dem Positionsparameter t in Einklang zu bringen? Nun die Erklärung liegt darin: Die `picture` Umgebung, mit der die Bilder erzeugt werden, stellt eine LR–Box (s. 4.7.1) dar, d. h. sie wird als eine Zeile angesehen, deren Grundlinie das untere Ende des Bildes ist. In beiden Minipages steht die `picture` Umgebung jeweils am Anfang und wird somit als erste Zeile der Minipage interpretiert, auf deren Grundlinie die Minipages ausgerichtet sind.

Sollen die Bilder auf ihr oberes Ende ausgerichtet werden, so müßte in beiden Minipages vor der jeweiligen `picture` Umgebung eine Zeile eingefügt werden, die selbst unsichtbar bleibt. Dies könnte z. B. mit dem Befehl `\makebox[0cm]{}` geschehen.

Die Verwendung von Boxbefehlen in einer Gleitumgebung läßt beliebige Positionierungen in der Gleitumgebung zu. Soll der Text einer Bild– oder Tabellenbeschreibung nicht ober– oder unterhalb des Bildes bzw. der Tabelle, sondern daneben stehen, so wird man den Text und das Bild bzw. die Tabelle jeweils für sich in eine vertikale Box fassen und diese mit den gewünschten Positionierungsparametern nebeneinander stellen. Hierzu ein abschließendes Beispiel:

```
\begin{table}[b]
```

Wahlergebnis und Sitzverteilung im deutschen Bundestag 1987–91

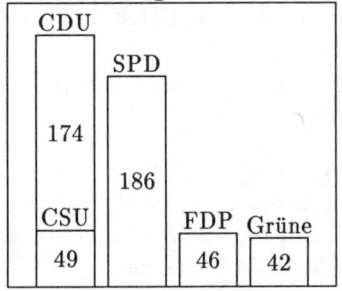

Sitzverteilung im 10.
Deutschen Bundestag
Anmerkung:
CDU/CSU bilden eine
Fraktionsgemeinschaft

Wahlergebnis:
Bundestagswahl
1987

Partei	Stimmen	%
CDU	13 045 745	34,5
CSU	3 715 827	9,8
FDP	3 440 911	9,1
Grüne	3 126 256	8,3
SPD	14 025 763	37,0
Sonst.	512 817	1,3

```
\centerline{\bf Wahlergebnis und Sitzverteilung im deutschen ... }
\begin{minipage}[b]{7.7cm}\small
  \begin{minipage}[t]{4.4cm}
    \makebox[0cm]{}\\ \unitlength0.75cm
    \begin{picture}(5.75,5.0) ... .. ... \end{picture}
  \end{minipage} \hfill
  \parbox[t]{3.2cm}{\makebox[0cm]{}\\{\bf Sitzverteilung} im 10. ...}
\end{minipage}
\hspace{-2.3cm}
\begin{minipage}[b]{6.8cm}\small
  \parbox[b]{2.3cm}{{\bf Wahlergebnis:} Bundestagswahl 25.\ 1.\ 1987}
  \hfill
  \begin{tabular}[b]{|l||r|r|} ... ... \end{tabular}
\end{minipage}
\end{table}
```

Hier sind vertikale Boxen ineinandergeschachtelt. Der linke Teil, bestehend aus der Graphik und der rechts oben stehenden Beschreibung, bildet eine Minipage der Breite 7.7cm. Innerhalb dieser Minipage steht die Graphik in einer Minipage der Breite 4.4cm und der Text in einer Parbox der Breite 3.2cm. Beide sind auf die oberste Zeile ausgerichtet.

Der rechte Teil der Darstellung ist eine Minipage der Breite 6.8cm, die zunächst um 2.3cm nach links gerückt und mit der obigen Minipage gemeinsam auf die unterste Zeile ausgerichtet ist. Innerhalb der rechten Minipage steht der Text in einer 2.3cm breiten Parbox gemeinsam mit der Tabelle, die ihrerseits selbst wieder eine vertikale Box darstellt. Diese beiden Boxen sind auf die letzte Zeile ausgerichtet.

6.6.5   Bild– und Tabellenreferenzen im Text

Auf Bilder und Tabellen wird im Text häufig in der Form "s. Bild 3" oder "in Tabelle 5" verwiesen. Da der \caption Befehl eine automatische Numerierung der Bilder und Tabellen erzeugt, wäre es mühsam, mit einer eigenen Buchführung diese Numerierung zu begleiten, um die richtigen Referenznummern im Text anzubringen, ganz zu schweigen von dem Aufwand der erforderlich wäre, wenn Bilder oder Tabellen in der Reihenfolge umgestellt, ergänzt oder vermindert werden sollen.

Diese Arbeit kann LaTeX dem Benutzer mit dem Befehlspaar (s. 8.2.1)

    \label{*bezug*}   \ref{*bezug*}

abnehmen. Hierin ist *bezug* ein Bezugswort, das aus einer beliebigen Kombination von Buchstaben, Zahlen und Zeichen bestehen darf. Der Befehl \label ist in der Überschrift des \caption Befehls anzuordnen; der entsprechende \ref Befehl im Text erzeugt dann die Bild– oder Tabellennummer.

So wurde z. B. bei der Haushaltstabelle auf Seite 146 tatsächlich geschrieben

    \caption{\label{etat87} Betriebshaushalt 1987 ...}

Damit erzeugt Tabelle \ref{etat87}   Tabelle 6.1   im laufenden Text.

Übrigens kann mit dem Befehl \pageref{*bezug*} auch die Seitenzahl, auf der sich das Bezugsobjekt befindet, ausgedruckt werden. Genau so, nämlich mit Seite \pageref{etat87}, wurde wenige Zeilen vorher "... auf Seite 146" erzeugt.

Kapitel 7

Benutzereigene Strukturen

LaTeX gestattet die Erzeugung benutzereigener Befehle und Umgebungen. Diese greifen häufig auf Zähler zurück und/oder verändern oder übernehmen bestimmte Längenwerte. Darum erfolgt hier zunächst eine Beschreibung der verschiedenen Zähler– und Längenzugriffe und deren Änderungsmöglichkeiten.

7.1 Zähler

7.1.1 LaTeX–eigene Zähler

LaTeX verwaltet eine Reihe eigener Zähler, deren Werte beim Auftreten bestimmter Befehle verändert und abgerufen werden. Die meisten dieser Zähler haben dieselben Namen wie die Befehle, mit denen sie verändert und abgerufen werden:

part	chapter	paragraph	figure	enumi
	section	subparagraph	table	enumii
	subsection	page	footnote	enumiii
	subsubsection	equation	mpfootnote	enumiv

Die Bedeutung der meisten der vorstehenden Zähler geht aus ihren Namen hervor und bedarf keiner weiteren Erklärung. Die Zähler enumi ... enumiv beziehen sich auf die vier Schachtelungstiefen der enumerate Umgebung (s 4.3.4 und 4.3.5). Der Zähler mpfootnote steuert die Fußnotennumerierung innerhalb der minipage Umgebung (s. 4.9.5).

Zusätzlich zu diesen Zählern werden durch den \newtheorem Befehl weitere LaTeX–Zähler eingerichtet, und zwar mit demselben Namen, der in diesem Befehl für *strukt_name* (s. 4.5) gewählt wird. Mit den beiden Beispielen in 4.5 existieren für das vorliegende Buch auch die LaTeX–Zähler satz und axiom.

Der Wert eines jeden Zählers ist eine ganzzahlige, im allgemeinen nicht negative Zahl. Soweit durch einen Befehl mehrere Zahlen ausgegeben werden, wie z. B. mit dem letzten \subsection 7.1.1, werden mehrere Zähler gleichzeitig angesprochen. Der letzte Befehl erhöht zunächst den Wert des subsection Zählers und druckt dann die aktuellen Werte der chapter, section und subsection Zähler, durch Punkte getrennt, aus. Gleichzeitig setzt der \subsection Befehl den subsubsection Zähler auf Null, ohne daß dieser hierbei in Erscheinung tritt.

7.1.2   Benutzereigene Zähler

Der Benutzer kann sich mit dem Befehl

>   \newcounter{*zähler_name*}[*rücksetzer*]

beliebige weitere Zähler einrichten. *zähler_name* ist hierbei der Name des neu eingerichteten Zählers. Dies darf eine beliebige Kombination von Buchstaben, jedoch
kein bereits definierter Zählername sein. Als Zählername darf also keiner der oben
vorgestellten LATEX–eigenen, sowie bereits definierten, benutzereigenen Zählernamen
gewählt werden. Der optionale Parameter *rücksetzer* kann ein weiterer existierender
Zählername sein (LATEX– oder benutzereigen). Die Wirkung des optionalen Parameters liegt darin, daß der so mit \newcounter eingerichtete Zähler stets auf Null
zurückgesetzt wird, wenn der Zähler *rücksetzer* mit einem der Befehle \stepcounter
oder \refstepcounter (s. u.) um 1 erhöht wird.

Ein mit \newcounter eingerichteter Zähler hat zu Beginn den Zahlenwert Null.

Der Befehl \newcounter darf nicht in einem File auftreten, der durch \include
(s. 8.1.2) eingelesen werden soll. Um diese Einschränkung zu umgehen, sollten alle
\newcounter Befehle im Vorspann angeordnet werden.

7.1.3   Veränderung der Zählerwerte

Jeder Zähler (LATEX– wie benutzereigen) kann mit einem der folgenden Befehle verändert werden

>   \setcounter{*zähler*}{*num*}

Der Befehl ist eigentlich selbsterklärend: Der Zähler mit dem Namen *zähler* erhält
den ganzzahligen Wert *num* zugewiesen.

>   \addtocounter{*zähler*}{*num*}

Der Zähler mit dem Namen *zähler* wird um den ganzzahligen Wert *num* erhöht. Für
num darf auch ein negativer Wert gewählt werden, was eine entsprechende Verminderung des Zählerstandes zur Folge hat.

>   \stepcounter{*zähler*}

Der Zähler mit dem Namen *zähler* wird um 1 erhöht. Gleichzeitig werden alle Zähler,
für die *zähler* als Rücksetzer (s. o.) erklärt worden war, auf Null zurückgesetzt.

>   \refstepcounter{*zähler*}

Dieser Befehl hat dieselbe Wirkung wie \stepcounter. Gleichzeitig bewirkt er,
daß der Stand von *zähler* mit \ref Befehlen (s. 8.2.1) Bezug genommen werden kann.

Der letzte ist zum Beispiel einzusetzen, wenn in einer figure oder table Umgebung kein \caption Befehl auftritt und auf den Zähler dieser Umgebung im Text
mit \ref Befehlen Bezug genommen werden soll. \refstepcounter{figure} oder
\refstepcounter{table} innerhalb der entsprechenden Umgebung bringt den zugehörigen Zähler auf den richtigen Wert, und die mit \label angebrachte Markierung
(s. 8.2.1) bezieht sich auf den zugehörigen Zähler.

Mit dem Befehl

> \value{*zähler*}

wird der Wert von *zähler* nicht verändert, sondern abgerufen. Dieser Befehl wird vorrangig in Verbindung mit den Befehlen \setcounter oder \addtocounter benutzt. Ist zum Beispiel ein benutzereigener Zähler mypage eingerichtet worden, so kann mit \setcounter{mypage}{\value{page}} dem Zähler mypage der aktuelle Wert des Seitenzählers page zugewiesen werden.

Der Befehl \protect, mit dem zerbrechliche Befehle vor dem Zerbrechen geschützt werden können, darf normalerweise auch vor robusten Befehlen stehen. Der robuste Befehl \value stellt die Ausnahme dar. Ihm darf der Befehl \protect nicht vorangestellt werden!

7.1.4 Der Ausdruck von Zählerständen

Mit den Befehlen

\arabic{*zähler*}	Der Wert erscheint als arabische Zahl.
\Roman{*zähler*}	Der Wert erscheint als große römische Zahl.
\roman{*zähler*}	Der Wert erscheint als kleine römische Zahl.
\alph{*zähler*}	Der Wert erscheint als kleiner Buchstabe.
\Alph{*zähler*}	Der Wert erscheint als großer Buchstabe.
\fnsymbol{*zähler*}	Der Wert erscheint als Fußnotensymbol.

wird der augenblickliche Stand des Zählers mit dem Namen *zähler* an der Stelle dieses Befehls ausgedruckt, und zwar in der Numerierungsart, wie sie aus dem Befehlsnamen hervorgeht. Bei den Befehlen \alph bzw. \Alph entsprechen die Zählerwerte 1 ... 26 den Buchstaben a ... z bzw. A ... Z. Es liegt in der Verantwortung des Benutzers, dafür zu sorgen, daß der Zählerstand nie den Wert 27 erreicht. Beim Befehl \fnsymbol entsprechen die Werte 1 ... 9 den Symbolen * † ‡ § ¶ ‖ ** †† ‡‡. Auch hier muß der Benutzer dafür sorgen, daß der Zählerstand nie den Wert 10 erreicht.

Für viele Zähler existiert auch der Befehl

> \the*zähler*

Der Name dieses Befehls besteht aus \the, unmittelbar gefolgt von dem Namen des entsprechenden Zählers, z. B. \thepage. Dieser Befehl ist häufig gleichwertig mit \arabic{*zähler*}. Er kann jedoch auch aus mehreren Druckbefehlen gleichzeitig bestehen. Beim Dokumentstil book und report bewirkt der Aufruf \thesection z. B. den Ablauf der Befehlsfolge \arabic{chapter}.\arabic{section}, also hier beispielsweise \thesection "7.1".

Der automatische Ausdruck von Zählerständen, wie Seitennummer, Gleichungsnummer, Gliederungsnummer u. a., erfolgt intern durch den Aufruf des zugehörigen \the*zähler* Befehls. Soll eine andere Form für den automatischen Ausdruck, z. B. alphabetische Gleichungsnummern, erzeugt werden, so muß der zugehörige \the*zähler* Befehl mit den in 7.3 beschriebenen Mitteln verändert werden.

Übung 7.1: *Drucken Sie am Ende Ihres Standardübungsfiles* uebung.tex *den aktuellen Stand der LaTeX–eigenen Zähler mit* \arabic{*zähler*} *aus. Verändern Sie einige Zählerwerte mit* \setcounter *und* \addtocounter *und drucken Sie die geänderten Werte nochmals aus.*

7.2   Längen

Bei der Vorstellung der verschiedenen Längenbefehle, wie `\parskip`, `\textwidth` und vielen anderen, wurde stets erwähnt, daß die Zuweisung mit einem Wert durch unmittelbares Anhängen einer Maßangabe erfolgen kann. Einige Längenbefehle erwarten elastische Maßangaben. Dies waren im wesentlichen Längenbefehle, die vertikale Abstände erzeugten. Maßangaben, und zwar feste wie elastische, sind ausführlich in 2.4 beschrieben. Die dortigen Ausführungen sollen hier nicht wiederholt werden. In diesem Unterabschnitt werden statt dessen weitere Befehle vorgestellt, mit denen Längen zugewiesen oder verändert werden können.

> `\setlength{`*längen_befehl*`}{`*maßangabe*`}`

hat dieselbe Wirkung wie das unmittelbare Anhängen einer *maßangabe* an den *längen_befehl*. Für *maßangabe* darf auch ein anderer Längenbefehl eingesetzt werden, was zur Folge hat, daß *längen_befehl* den aktuellen Wert des bei *maßangabe* eingesetzten anderen Längenbefehls zugewiesen bekommt. So setzt z. B. `\setlength{\rigthmargin}{\leftmargin}` die Einrücktiefe für den rechten Rand einer `list` Umgebung gleich derjenigen für den linken Rand.

> `\addtolength{`*längen_befehl*`}{`*maßangabe*`}`

vergrößert den Wert von *längen_befehl* um den Wert *maßangabe*. Eine negative *maßangabe* vermindert den Wert von *längen_befehl* entsprechend. Auch hier darf *maßangabe* ein anderer Längenbefehl sein, evtl. mit einem vorangestellten Minuszeichen, womit eine Änderung von *längen_befehl* um den Wert des anderen Längenbefehls erfolgt. Eine Dezimalzahl unmittelbar vor einem Längenbefehl erzeugt das entsprechende Vielfache des Längenbefehls: `0.5\textwidth` bedeutet die halbe Textbreite und `2\parskip` den doppelten Absatzabstand.

> `\settowidth{`*längen_befehl*`}{`*text*`}`

setzt den Wert von *längen_befehl* auf dieselbe Länge, die der eingetragene *text* im LR–Mode (also von links nach rechts angeordnet) einnimmt. Schließlich kann mit

> `\stretch{`*dezimal_zahl*`}`

eine elastische Länge erzeugt werden, deren Elastizität das durch *dezimal_zahl* bestimmte Vielfache von `\fill` (s. 2.4.2) erreichen kann.

Ein benutzereigener Längenbefehl mit dem Namen *neuer_längen_befehl* wird mit

> `\newlength{`*neuer_längen_befehl*`}`

eingerichtet. Dieser hat nach seiner Definition zunächst den Wert `0cm`. Mit den vorstehenden Befehlen kann ihm jeder andere Wert zugewiesen werden.

Der Befehl

> `\addvspace{`*maßangabe*`}`

fügt vertikalen Zwischenraum von der Größe *maßangabe* an der Stelle seines Auftretens ein. Beim Zusammentreffen mehrerer solcher Befehle wird insgesamt aber nur soviel Zwischenraum erzeugt, wie er durch den größten Wert der *maßangaben* bestimmt ist. Der Befehl darf nur *zwischen* Absätzen auftreten. Seine Anwendung kommt bei benutzereigenen Befehlen und Umgebungen in Betracht, mit denen absatzähnliche Strukturen erzeugt werden sollen.

7.3 Benutzereigene Befehle

LaTeX gestattet die Konstruktion eigener Befehle. Die Syntax zur Erzeugung oder Änderung von Befehlen lautet

```
\newcommand  {\befehl}[arg]{definition}
\renewcommand{\befehl}[arg]{definition}
```

Mit dem ersten Befehl wird ein neuer Befehl erzeugt. Hierin darf *befehl* ein beliebiger Name sein, der noch nicht als Befehlsname vergeben ist. Mit dem zweiten Befehl wird ein existierender Befehl verändert. Hier muß *befehl* der Name eines existierenden Befehls sein, der verändert werden soll. Der optionale Parameter *arg* darf jede Zahl zwischen 1 und 9 sein. Er bestimmt die Anzahl der möglichen Argumente für den zu definierenden Befehl. *definition* ist die eigentliche Befehlsdefinition.

7.3.1 Befehle ohne Parameter

Der \newcommand Befehl soll zunächst ohne den optionalen Parameter [*arg*] an Beispielen erläutert werden. In dieser Form wird er benutzt, wenn eine immer wiederkehrende Folge mehrerer LaTeX– oder weiterer Benutzerbefehle unter einem eigenen Namen zusammengefaßt werden soll. In mathematischen Formeln tritt häufig folgende Struktur auf $x_1, \ldots, x_n$, die x–Vektor genannt wird und innerhalb des mathematischen Modus mit `x_1,\ldots,x_n` erzeugt wird. Mit

```
\newcommand{\xvec}{x_1,\ldots,x_n}
```

wird ein neuer Befehl \xvec eingerichtet, der wie jeder andere Befehl aufgerufen und mit anderen Befehlen verknüpft werden kann. Beim Aufruf des Befehls \xvec läuft die in der Befehlsdefinition stehende Reihenfolge von Text und Befehlen ab, hier also `x_1,\ldots,x_n`, genauso als hätte man diese Folge im Text geschrieben. Tatsächlich geschieht auch nichts anderes: mit dem Aufruf von \xvec wird die Befehlsdefinition an der Stelle des Befehls in den Text eingefügt.

Da der neue Befehl \xvec mathematische Befehle, nämlich den _ enthält, kann er nur im mathematischen Modus verwendet werden. `$\xvec$` erzeugt dann $x_1, \ldots, x_n$. Man könnte daran denken, die Umschaltung in den mathematischen Modus mit in die Befehlsdefinition einzubeziehen, also

```
\newcommand{\xvec}{$x_1,\ldots,x_n$}
```

zu schreiben. Das ist natürlich erlaubt, und \xvec erzeugt dann $x_1, \ldots, x_n$. Der so definierte Befehl ist nun nur in normalen Textmoden (also Paragraph– oder LR Modus), nicht dagegen im mathematischen Modus erlaubt, da mit dem ersten $ Zeichen der mathematische Modus wieder verlassen wird. Mit einem kleinen Trick ist es möglich, den Befehl so zu definieren, daß er in allen Moden erlaubt ist, nämlich durch

```
\newcommand{\xvec}{\mbox{$x_1,\ldots,x_n$}}
```

Nunmehr ist es möglich, sowohl \xvec{} wie auch $\xvec$ zu schreiben, und beide Male wird $x_1, \ldots, x_n$ und nochmals $x_1, \ldots, x_n$ erzeugt. Beim Aufruf dieses Befehls in einem Textmode bleibt \mbox praktisch ohne Wirkung. Im mathematischen Modus wird dagegen mit \mbox vorübergehend in den LR–Modus geschaltet (s. 5.4.2).

Innerhalb dieses internen LR–Modus wird mit $ ... $ in den mathematischen Modus und wieder zurückgeschaltet. Die schließende Klammer } des \mbox Befehls schaltet in die laufende Umgebung, also wieder in den mathematischen Modus zurück.

Soeben wurde beim Aufruf im Textmode \xvec{} geschrieben. Für TEX ist \xvec ein ganz normaler Befehl ohne Parameter, der an TEX weitergereicht wird. TEX interpretiert das erste Zeichen, das kein Buchstabe ist, als Ende des Befehlsnamen. Ist dieses Zeichen ein Leerzeichen, so wird es nur als Befehlsende, nicht dagegen als einzufügender Wortzwischenraum angesehen (s. 2.1). \xvec vor ... erzeugt $x_1, \ldots, x_n$vor ...ohne Zwischenraum. Die Lösung dieses Problems wird bekanntlich mit einem {} oder \␣ als Befehlsende erzielt, hier also mit \xvec{} oder \xvec\.

Man hätte schließlich ein Leerzeichen in der Befehlsdefinition einfügen können, etwa durch \mbox{$x_1,\ldots,x_n$ }. In diesem Fall würde das Leerzeichen nach einem Aufruf \xvec im Textmode zwar entfernt, der Befehl selbst fügt aber am Ende ein Leerzeichen ein. Dies ist jedoch keine gute Idee, da dieses Leerzeichen auch beim Aufruf im mathematischen Modus eingefügt wird, wo es nicht hingehört. Auch bei Befehlen, die nur im Textmode Verwendung finden sollen, rate ich davon ab, am Ende ein Leerzeichen anzubringen, da dieses Kombinationen von Befehlen, bei denen ein solches Leerzeichen am Ende unerwünscht ist, erheblich erschwert.

Das vorstehende Beispiel wurde in den verschiedenen Versionen jedesmal mit dem \newcommand vorgestellt. Tatsächlich kann mit diesem Befehl nur ein benutzereigener Befehl erzeugt werden, dessen Name noch nicht existiert. Dies war bei der ersten Version der Fall. Nachdem damit \xvec einmal existiert, kann dieser Name nicht noch einmal in einem \newcommand auftreten. Hier muß der Befehl \renewcommand benutzt werden, mit dem ein existierender Befehl verändert oder neu definiert wird. Die zweite und die folgenden Versionen des obigen \xvec Befehls wurden demnach mit \renewcommand erzeugt.

Nach dem vorstehenden Muster lassen sich in beliebiger Weise Texte und Befehle mischen und als Befehlsdefinition unter eigenen Namen mit \newcommand oder \renewcommand als eigene Befehle erklären, die an beliebigen Stellen abgerufen werden können. Auf diese Weise kann, insbesondere auch bei mathematischen Formeln mit häufig wiederkehrenden gleichartigen Teilen, nicht nur Schreibarbeit gespart, sondern auch die Zahl der Fehler vermindert werden.

Übung 7.2: *Definieren Sie sich die Befehle* \iint, \iiint *und* \idotsint, *mit denen die nebenstehenden Mehrfachintegrale erzeugt werden:* $\iint$, $\iiint$, $\int \cdots \int$ *bzw. in abgesetzten Formeln* $$\iint \quad \iiint \quad \int \cdots \int$$

Übung 7.3: *Ändern Sie die Befehle* \thechapter, \thesection *und* \thesubsection *so, daß beim Dokumentstil* book *und* report *die Kapitelnumerierung in Großbuchstaben, zum Beispiel B, die Abschnittsnumerierung in großen römischen Ziffern nach dem Kapitelbuchstaben in der Form B–III erscheinen und die Unterabschnittsnumerierung in kleinen römischen Ziffern, mit einem Komma getrennt, daran angehängt wird: B–III,v.*

Hinweis: Die entsprechenden \the... *Befehle sind im Original für* book *und* report *als*

```
\newcommand{\thechapter}{\arabic{chapter}}
\newcommand{\thesection}{\thechapter.\arabic{section}}
\newcommand{\thesubsection}{\thesection.\arabic{subsection}}
```

definiert. Die erforderliche Änderung mit \renewcommand *sollte nicht schwerfallen.*

7.3.2   Befehle mit Parametern

Neben der Struktur $x_1, \ldots, x_n$ treten in mathematischen Formeln oft äquivalente Strukturen $y_1, \ldots, y_n$, $z_1, \ldots, z_n$ u. ä. auf. Für solche könnte man sich nach dem obigen Muster entsprechende \yvec, \zvec Befehle erstellen. Es ist jedoch möglich, einen allgemeinen Vektortyp als Befehl zu erklären und den veränderlichen Teil als Parameter zu übergeben. Bei den vorstehenden Beispielen ist der veränderliche Teil der Buchstabe x, y, oder z. Ein Befehl mit *einem* veränderlichen Teil wird mit dem optionalen Parameter [1] eingerichtet.

```
\newcommand{\avec}[1]{\mbox{$#1_1,\ldots,#1_n$}}
```

erzeugt den allgemeinen Vektor \avec{*parameter*}. Der Aufruf \avec{x} erzeugt $x_1, \ldots, x_n$ und \avec{y} $y_1, \ldots, y_n$. Das Zeichen #1 in der Befehlsdefinition sagt, daß der variable *parameter* überall da eingesetzt werden soll, wo #1 steht. Denkt man sich an diesen Stellen jeweils "x" oder "y" stehend, so wird klar, daß mit \avec{x} und \avec{y} genau die gewünschte Struktur erzeugt wird.

Die Ziffer 1 an dem Ersetzungszeichen #1 erscheint zunächst unverständlich. Logisch hat diese 1 bei einem Befehl mit nur einem Parameter auch keinen Sinn. Die Ziffer wird erst erklärlich bei Befehlen mit *mehreren* Parametern. Hierfür sofort ein Beispiel. Es soll ein eigener Befehl eingerichtet werden, mit dem sowohl Strukturen wie $u_1, \ldots, u_n$ als auch $v_1, \ldots, v_m$ erzeugt werden können. Dies erfordert zwei variable Parameter: einen, mit dem wie oben die Buchstaben u, v und andere übergeben werden, und einen zweiten, mit dem die Indizes n, m und andere am Ende der Struktur erzeugt werden. Dies geschieht mit

```
\newcommand{\anvec}[2]{\mbox{$#1_1,\ldots,#1_#2$}}
```

Der Aufruf \anvec{u}{n} erzeugt nun $u_1, \ldots, u_n$ und \anvec{v}{m} $v_1, \ldots, v_m$. Der optionale Parameter [2] bestimmt, daß bei diesem Befehl \anvec zwei Parameter übergeben werden. Im Definitionsteil sagt #1, daß der erste Parameter an den durch #1 gekennzeichneten Stellen einzusetzen ist. Entsprechend bestimmt #2 die Stellen, an denen der zweite Parameter eingesetzt wird. Denkt man sich "u" bzw. "v" an den Stellen #1 und "n" bzw. "m" bei #2 angebracht, so wird die Wirkung des Befehls \anvec{*par1*}{*par2*} klar.

Dieses Muster kann man beliebig fortsetzen

```
\newcommand{\subvec}[3]{\mbox{$#1_#2,\ldots,#1_#3$}}
```

richtet den Befehl \subvec mit drei Parametern ein. Aus der Befehlsdefinition kann man leicht ablesen, daß der Aufruf \subvec{a}{i}{k} $a_i, \ldots, a_k$ erzeugt.

Werden in einem Befehl mit mehreren Parametern als Parameter nur einzelne Zeichen übergeben, so brauchen diese nicht jeweils in eigenen { } angeordnet zu werden, sondern können direkt hintereinander geschrieben und durch ein Leerzeichen vom Befehlsnamen getrennt werden. \subvec aik ist gleichbedeutend mit \subvec{a}{i}{k} und \subvec xin erzeugt dieselbe Struktur $x_1, \ldots, x_n$, wie sie mit dem ersten Beispiel für einen Benutzerbefehl speziell als \xvec eingerichtet worden war.

Der Einschluß der einzelnen Parameter in { } ist dann zwingend, wenn mehr als ein einzelnes Zeichen für einen Parameter übergeben wird. So erzeugt \subvec{A}{ij}{lk} $A_ij, \ldots, A_lk$. Beim Einschluß in { } wird der gesamte in Klammern stehende Ausdruck als

Einheit betrachtet, die an der Stelle des entsprechenden Ersetzungszeichens #n angeordnet wird.

Warum erzeugt \subvec{A}{ij}{lk} $A_i j, \ldots, A_l k$ und nicht $A_{ij}, \ldots, A_{lk}$? Nun, die in geschweiften Klammern stehenden Ausdrücke ij bzw. lk werden zwar als jeweils ein Parameter übergeben und an der Stelle #2 bzw. #3 der Befehlsdefinition eingesetzt. Nach dem Einsetzen läuft damit die Befehlsfolge \mbox{$A_ij,\ldots,A_lk$} ab, mit der nur das unmittelbar hinter dem _ stehende Zeichen tiefgestellt wird. Damit ij und lk als Gruppe tiefgestellt wird, muß die Befehlsfolge $A_{ij},\ldots,A_{lk}$ ablaufen. Dies kann erreicht werden, wenn als Parameter die { } mit übergeben werden, z. B. durch den Aufruf \subvec{A}{{ij}}{{lk}} oder aber die { } werden in der Befehlsdefinition mit angegeben (besser):

    \renewcommand{\subvec}[3]{\mbox{$#1_{#2},\ldots,#1_{#3}$}}

erzeugt die gewünschte Befehlsfolge, wie der Aufruf \subvec{A}{ij}{lk} zeigt: $A_{ij}, \ldots, A_{lk}$.

7.3.3   Weitere Beispiele für benutzereigene Befehle

In der vorstehenden Beschreibung der Syntax für die Erstellung benutzereigener Befehle wurde das einfache Beispiel eines Vektors systematisch erweitert. Hier folgen einige Beispiele für komplexere benutzereigene Befehle, in denen auch Zähler- und Längenstrukturen, sowie spezielle TeX–Befehle verwendet werden.

Beispiel 1: Es soll ein Fußnotenbefehl \myfootnote{*text*} erstellt werden, der wie der normale Fußnotenbefehl \footnote{*text*} eine Fußnote mit dem Inhalt von *text* erzeugt, als Fußnotenmarkierung aber nacheinander die Symbole * † ‡ § ¶ ‖ ** †† ‡‡ verwendet und auf jeder Seite neu mit dem Symbol * startet. Hierzu ist zunächst ein Zähler einzurichten, der mit jedem Seitenaufruf automatisch auf Null zurückgesetzt wird. Dies kann mit (s. 7.1.2)

    \newcounter{myfn}[page]

für den benutzereigenen Zähler myfn erreicht werden. Der Befehl

    \renewcommand{\thefootnote}{\fnsymbol{footnote}}

bewirkt, daß beim Aufruf von \footnote eines der obigen Fußnotensymbole erscheint (s. 4.9.2 und 7.1.4). Nach dieser Vorbereitung wird mit

\newcommand{\myfootnote}[1]{\setcounter{footnote}{\value{myfn}}%
\footnote{#1}\stepcounter{myfn}}

die gewünschte Wirkung erreicht*. Der benutzereigene Befehl \myfootnote besitzt einen Parameter. Dieser wird dem LaTeX–Befehl \footnote übergeben, nachdem der LaTeX–Fußnotenzähler \footnote auf den Wert von myfn gesetzt wurde. Nach Ausführung des LaTeX \footnote Befehls wird der benutzereigene Zähler myfn mit \stepcounter{myfn} um eins erhöht. myfn wird jedoch stets auf Null zurückgesetzt, wenn der Seitenzähler page um eins erhöht wird, d. h. wenn eine neue Seite beginnt.

---

*Das % Zeichen am Ende der ersten Zeile bewirkt, daß die Zeilenschaltung nicht Teil der Befehlsdefinition wird (s. 4.11), wobei die Aufteilung einer Befehlsdefinition auf mehrere Zeilen die Lesbarkeit der Definition verbessert

Die Fußnote auf der vorangegangenen Seite wurde bereits mit dem so eingerichteten Befehl \myfootnote erzeugt und hier* sowie hier[†] standen im Text
\myfootnote{weitere Fu\3note} bzw. \myfootnote{und noch eine Fu\3note}.

Beispiel 2: In 5.4.6 waren die TEX–Befehle \atop und \choose als nützliche
Ergänzung zu den mathematischen LaTEX–Befehlen vorgestellt worden. Leider weicht
deren Syntax stark von der Syntax des verwandten LaTEX \frac Befehls ab. Mit

```
\newcommand{\latop}[2]{#1\atop\#2}                     und
\newcommand{\lchoose}[2]{#1\choose\#2}
```

werden entsprechende LaTEX–Befehle \latop und \lchoose definiert, deren Syntax
dem \frac Befehl entsprechen: \latop{*oben*}{*unten*}

Beispiel 3: Es soll ein Befehl \alpheqn erstellt werden, nach dessen Aufruf mathematische Formeln als Formelnummern die Nummer der letzten Formel, gefolgt von
a, b, ... erhalten, beide getrennt durch ein '-'. Nach Aufruf von \reseteqn soll die
Formelnumerierung in gewohnter Weise fortgesetzt werden.

```
\newcounter{saveeqn}
\newcommand{\alpheqn}{\setcounter{saveeqn}{\value{equation}}%
\setcounter{equation}{0}%
\renewcommand{\theequation}{\mbox{\arabic{saveeqn}-\alph{equation}}}}
\newcommand{\reseteqn}{\setcounter{equation}{\value{saveeqn}}%
\renewcommd{\theequation}{\arabic{equation}}}
```

Das Beispiel ist mit den Angaben von 7.1 selbsterklärend und für den Dokumentstil article geeignet. Beim Dokumentstil report und book ist \theequation als
\arabic{chapter}.\arabic{equation} erklärt. Die hierfür erforderliche Modifikation sollte als Übung nachvollzogen werden.

Der \mbox Befehl im ersten \renewcommand für \theequation hat folgenden Grund:
Der interne Aufruf von \theequation durch die equation Umgebung zur Erzeugung der
Formelnummer erfolgt im *mathematischen Modus*. Demzufolge würde der Trennstrich '-' als
binärer Operator angesehen, der die 'Operanden' \arabic{saveeqn} und \alph{equation}
miteinander verknüpft und damit als Minuszeichen mit Abstand zum vorangehenden und
nachfolgenden Wert gesetzt. Eine \mbox innerhalb einer mathematischen Umgebung schaltet
vorübergehend in den Textmode und erzeugt den Ausdruck in der beabsichtigten Form.

Beispiel 4: Der Befehl \defbox{*muster_text*} soll eine Kastenbreite von der
Länge von *muster_text* definieren. Mit dem Aufruf von \textbox{*text*} soll *text* zentriert in einem Rahmen der Breite von *muster_text* erscheinen.

```
\newlength{\breite}
\newcommand{\defbox}[1]{\settowidth{\breite}{#1}}
\newcommand{\textbox}[1]{\framebox[\breite]{#1}}
```

Hier wird zunächst ein neuer Längenbefehl \breite eingerichtet. Im Befehl
\defbox wird der Wert von \breite gleich der Länge des übergebenen Mustertextes
gesetzt (s. 7.2). Der Befehl \textbox ist dann selbsterklärend.

---

*weitere Fußnote
[†]und noch eine Fußnote

```
so breit wie dieser Text\\
\defbox{so breit wie dieser Text}\textbox{}\\
\textbox{wenig Text}\\ \textbox{etwas mehr Text}
```

so breit wie dieser Text

| wenig Text |
| etwas mehr Text |

Zum Abschluß noch ein Beispiel, das auf tiefliegende TEX–Befehle zurückgreift und darum nicht vollständig erläutert werden kann. Es könnte dem Anwender nutzen, dessen Texte häufig chemische Summenformeln enthalten.

Beispiel 5: In 5.4.9 wurde bei der Erzeugung der chemischen Formel $Fe_2^{+2}Cr_2O_4$ darauf hingewiesen, daß die Indizes bei den einzelnen Elementen zum Teil unterschiedlich tief angebracht sind und daß relativ kurze Formeln im Text vergleichsweise umständlich bei der Eingabe sind. Mit dem benutzereigenen Befehl

```
\newcommand{\chemical}[1]{{$\fontdimen16\tensy=2.7pt
                \fontdimen17\tensy=2.7pt \rm #1$}}
```

kann diese Schwäche vermieden werden. \chemical{Fe_2^{+2}Cr_20_4} erzeugt nun korrekt $Fe_2^{+2}Cr_2O_4$

Zur Erläuterung: Die TEX–Befehle \fontdimen$n$ beschreiben bestimmte Eigenschaften von Zeichensätzen, wobei die Befehle für $n = 16$ und $n = 17$ den Betrag von Tiefstellungen bestimmen. \tensy ist der TEX–interne Name für die mathematischen Symbolzeichensätze der Größe 10pt. Mit den vorstehenden Befehlen im Beispiel 5 wird festgelegt, daß in math. Formeln bei einer Schriftgröße von 10pt Indizes einheitlich um 2.7pt tiefgestellt werden. Für 11pt und 12pt Schriften s. die Hinweise zu Übung 7.7.

Übung 7.4: *Erzeugen Sie entsprechend dem Beispiel 2 die LATEX–Befehle \lbrack und \lbrace aus den zugehörigen TEX–Befehlen \brack und \brace. Die genannten TEX–Befehle wirken wie der in 5.4.6 vorgestellte \choose Befehl, nur werden statt runder eckige Klammern [\brack] bzw. geschweifte Klammern {\brace} verwendet.*

Übung 7.5: *Verallgemeinern Sie das Beispiel 3 durch einen Befehl \vareqn{num}{typ}, nach dessen Aufruf die folgenden Formelnummern den Wert num haben, gefolgt von einer laufenden Angabe in eckigen Klammern, wahlweise als \alph ... \Roman, entsprechend der Angabe von typ, also z. B. 33[A], 33[B], durch den Aufruf \vareqn{33}{\Alph}.*

Übung 7.6: *Verallgemeinern Sie die Befehle aus Übung 7.2 in Befehle mit einem Parameter, der als Integralbereich mittig unter das ganze Symbol gesetzt wird. Die Aufrufe \iint{(D)}, \iiint{V} und \idotsint{G} sollen also erzeugen:*

$$\iint\limits_{(D)} \quad \iiint\limits_{V} \quad \int\cdots\int\limits_{G}$$

Hinweis: Beim zweiten Befehl erfolgt die Tiefstellung einfach am mittleren Integral (s. aber \limits in 5.2.5). Bei den beiden anderen Befehlen ist zusätzlich ein Versetzen des tiefgestellten Symbols nach links (\hspace{-..}) erforderlich.

Übung 7.7: *Erzeugen Sie je ein Makro zum Schreiben chemischer Formeln für die Schriftgrößen 11pt und 12pt entsprechend dem Beispiel 5. Dazu müssen Sie wissen, daß die internen TEX–Namen für die mathematischen Symbolzeichensätze dieser Größen \elvsy bzw. \twlsy heißen und sachgerechte Werte für den Betrag der Tiefstellung 3.0pt bzw. 3.3pt sind. Erweitern Sie das Makro gegenüber dem Beispiel dadurch, daß auch der Betrag für Hochstellungen von Ihnen festgelegt wird. Die zugehörige TEX–Größe zur Bestimmung von Hochstellungen ist \fontdimen14.*

7.4 Benutzereigene Umgebungen

Die Syntax zur Erzeugung oder Änderung von eigenen Umgebungen lautet

`\newenvironment` *{umgebung}*`[`*narg*`]`*{begdef}{enddef}*
`\renewenvironment`*{umgebung}*`[`*narg*`]`*{begdef}{enddef}*

Hierin bedeutet

umgebung: der gewählte Umgebungsname. Für `\newenvironment` darf dies kein existierender Umgebungsname sein, also weder ein LATEX–Umgebungsname noch ein bereits definierter benutzereigener Umgebungsname.

Für `\renewenvironment` dagegen muß dies ein bereits definierter Umgebungsname sein. Eine Änderung von LATEX–eigenen Umgebungen sollte nur vorgenommen werden, wenn der Anwender die internen LATEX–Abläufe genau übersieht.

narg: eine Zahl zwischen 1 und 9, die angibt, wieviel Argumente der Umgebung übergeben werden. Entfällt der optionale Parameter *narg*, so entspricht dies dem Wert 0, d. h. der Umgebung wird kein Argument übergeben.

begdef: der *Ersetzungstext*, der bei jedem Auftreten von `\begin{`*umgebung*`}` eingesetzt wird. Enthält dieser Text Eintragungen der Form `#`*n*, mit $n = 1, \ldots, narg$, so wird mit dem Aufruf

`\begin{`*umgebung*`}{`*arg 1*`}...{`*arg_n*`}...`

das entsprechende Argument *arg_n* an der Stelle des `#`*n* in den *begdef*–Text eingesetzt.

enddef: der *Ersetzungstext*, der bei jedem Auftreten von `\end{`*umgebung*`}` eingesetzt wird. Hier dürfen jedoch keine Ersetzungszeichen `#` auftreten, da Parameterübergaben nur im *begdef*–Teil erlaubt sind.

Achtung: Die Syntax der `\newenvironment` und `\renewenvironment` Befehle verlangt, daß an den mit _ gekennzeichneten Stellen

*{umgebung}*_`[`*arg*`]`_*{begdef}*_*{enddef}*

kein Leerzeichen gesetzt werden darf! Die Klammern `}{` müssen hier unmittelbar aufeinander folgen. Soll zwischen den Klammern bei der Eingabe eine Zeilenschaltung erfolgen, so muß hinter der schließenden Klammer das Kommentarzeichen stehen, also `}%` (s. 4.11) und die nächste Zeile mit der öffnenden Klammer `{` beginnen.

7.4.1 Umgebungen ohne Parameter

Wie bei den benutzereigenen Befehlen soll die Erstellung von benutzereigenen Umgebungen zunächst ohne den optionalen Parameter `[`*narg*`]` vorgestellt werden. Mit

`\newenvironment{sitquote}{\begin{quote}\small\it}{\end{quote}}`

wird eine benutzereigene Umgebung `sitquote` erstellt,

> *mit der der zwischen* `\begin{sitquote}` *text* `\end{sitquote}` *stehende text beidseitig eingerückt und in der Schrift* `\small\it` *erzeugt wird, wie hier demonstriert ist.*

Hier besteht *begdef* aus der Befehlsfolge `\begin{quote}\small\it` und *enddef* aus `\end{quote}`. Mit dem Aufruf von

> `\begin{sitquote}` *text* `\end{sitquote}`   wird
> `\begin{quote}\small\it` *text* `\end{quote}`   erzeugt,

wodurch genau die erwünschte Wirkung erzielt wird.

Dieses Beispiel erscheint nicht besonders sinnvoll, da dieselbe Wirkung mit dem Befehl `\small\it` zu Beginn der quote Umgebung mit weniger Schreibarbeit erreicht worden wäre. Kommt eine solche Struktur innerhalb eines Dokuments jedoch häufig vor, so liegt der Nutzen für eine eigene Umgebung in der Verminderung von Fehlermöglichkeiten, wie etwa das Vergessen oder eine fehlerhafte Schreibweise der Befehlsfolge `\small\it`.

Das vorstehende Beispiel soll etwas erweitert werden

```
\newcounter{com}
\newenvironment{comment}%
{\noindent\sl Kommentar:\begin{quote}\small\it}%
{\stepcounter{com}\hfill}(\arabic{com})\end{quote}}
```

Hier besteht *begdef* aus der Text– und Befehlsfolge

> `\noindent\sl Kommentar\begin{quote}\small\it`   und *enddef* aus
> `\stepcounter{com}\hfill(\arabic{com})\end{quote}`

wobei com ein durch `\newcounter` eingerichteter Zähler ist. Da mit dem Aufruf `\begin{comment}` die für *begdef* stehende Text– und Befehlsfolge eingesetzt wird und ebenso mit `\end{comment}` der zugehörige *enddef*–Text, ist klar, daß der Aufruf

> `\begin{comment} Dies ist ein Kommentar.Kommentare sollen` ......
> `in runden Klammern. \end{comment}`

die folgende Textstruktur erzeugt
Kommentar

> *Dies ist ein Kommentar. Kommentare sollen durch das Voranstellen des Wortes Kommentar und den beidseitig eingerückten Kommentartext in kleiner Italic Schriftart gekennzeichnet werden. Jeder Kommentar erhält rechts unten eine laufende Kommentarnummer in runden Klammern.*   *(1)*

Der Leser möge sich durch Niederschreiben der gesamten ersetzten Text– und Befehlsfolgen dieses Beispiels die Wirkung dieser Umgebung einmal ganz klarmachen. Dabei werden zwei Schwächen der vorstehenden Definition erkennbar: Was würde z. B. geschehen, wenn der Aufruf `\begin{comment}` innerhalb des umgebenden Textes ohne vorangehende Leerzeile erfolgt. Und was geschieht, wenn der Kommentartext mit einer nahezu vollen Textzeile endet, so daß die Kommentarnummer nicht mehr in die laufende Zeile paßt?

Die folgende Modifikation beseitigt diese Schwachstellen:

```
\renewenvironment{comment}%
{\begin{sloppypar}\noindent\sl Kommentar \begin{quote}\small\it}%
{\stepcounter{com}\hspace*{\fill}(\arabic{com})\end{quote}\end{sloppypar}}
```

Der Aufruf dieser Umgebung beginnt wegen `\begin{sloppypar}` nunmehr stets mit einem neuen Absatz, in dem keine *übervollen* Zeilen beim Zeilenumbruch auftreten. Falls am Ende des Kommentars die Kommentarnummer nicht mehr in die laufende Zeile paßt, wird eine neue Zeile begonnen, deren Eintrag wegen `\hspace*{\fill}` rechtsbündig erscheint. Auch hier möge sich der Leser noch einmal klarmachen, was beim Aufruf von `\begin{comment}` ... `\end{comment}` eingesetzt wird.

7.4.2 Umgebungen mit Parametern

Die Übergabe von Argumenten an Umgebungen erfolgt in derselben Weise wie bei den Befehlen. Als Beispiel soll die Kommentarumgebung so abgeändert werden, daß der Name des Kommentators hinter dem Wort *Kommentar:* erscheint, wobei dieser Name als Umgebungsparameter übergeben werden soll:

```
\renewenvironment{comment}[1]%
{\begin{sloppypar}\noindent\sl Kommentar: #1 \begin{quote}\small\it}%
{\stepcounter{com}\hspace*{\fill}(\arabic{com})\end{quote}\end{sloppypar}}
```

Der Aufruf `\begin{comment}{Helmut Kopka} Dies ist ein modifizierter...`
`... "ubergeben {\end{comment}}` erzeugt nun

Kommentar: Helmut Kopka

> *Dies ist ein modifizierter Kommentar. Kommentare sollen durch das Voranstel-*
> *len des Wortes Kommentar:, gefolgt von dem Namen des Kommentators und dem*
> *beidseitig eingerückten Kommentartext in kleiner Italic Schriftart gekennzeichnet*
> *werden. Jeder Kommentar erhält rechts unten eine laufende Kommentarnummer*
> *in runden Klammern. Der Name des Kommentators wird als Umgebungspara-*
> *meter übergeben.* *(2)*

Dieses Beispiel soll nun noch einmal modifiziert werden, und zwar so, daß die Stellen für die Kommentarnummer und den Namen des Kommentators vertauscht werden. Die Anordnung der laufenden Kommentarnummer hinter dem Wort *Kommentar* bereitet keine Schwierigkeit. Die entsprechenden, bisher in {*enddef*} stehenden Befehle werden einfach an der Stelle des bisherigen Ersetzungszeichens `#1` angeordnet. Versucht man jedoch das Ersetzungszeichen `#1` dort anzubringen, wo bisher die Kommentarnummer erzeugt wurde, so erhält man bei der LaTeX–Bearbeitung eine Fehlermeldung, da dies gegen die Syntax des `\newenvironment` Befehls verstößt: "*In* {*enddef*} *dürfen keine Ersetzungszeichen auftreten!*" Wird das Ersetzungszeichen hinter `\begin{quote}` angeordnet, so erscheint der Name an falscher Stelle, nämlich zu Beginn des Kommentartextes.

Die Aufgabe kann mit folgendem Trick gelöst werden:

```
\newsavebox{\comname}
\renewenvironment{\comment}[1]%
{\begin{sloppypar}\noindent\stepcounter{com}\sl Kommentar \arabic{com}
 \sbox{\comname}{#1} \begin{quote}\small\it}%
{\hspace*{\fill}\usebox{\comname}\end{quote}\end{sloppypar}}
```

Die Befehle \newsavebox, \sbox und \usebox sind in 4.7.1 auf Seite 69 beschrieben. \comname ist der mit dem ersten Befehl eingeführte Boxname, der den übergebenen Parameter, also den Namen des Kommentators, enthält. Ein Kommentar sieht nunmehr so aus:

Kommentar 3

> *Bei dieser Form erhält jeder Kommentar eine laufende Nummer nach dem Wort Kommentar. Der Kommentartext erscheint wie vorher und der als Umgebungsparameter übergebene Name wird am Kommentartext unten rechts angeordnet.*
>
> *Helmut Kopka*

Die Verwendung von mehr als einem Umgebungsparameter erfolgt nach dem gleichen Schema wie auch bei den Befehlen und bedarf keiner weiteren Erläuterung.

Übung 7.8: *Ergänzen Sie die vorstehende Kommentarumgebung, so daß ein Seitenumbruch weder zwischen dem Kennungswort "Kommentar n" und dem Kommentartext noch zwischen dem Kommentartext und dem Kommentatornamen auftreten kann.*

Hinweis: Die Lösung kann entweder mit der samepage *Umgebung oder mit* \nopagebreak *Befehlen erreicht werden.*

Übung 7.9: *Erzeugen Sie auf der Basis der* minipage *Umgebung die Umgebung* varpage *mit einem Parameter, der einen Mustertext übergibt, dessen Breite die Breite der Minipage bestimmt. Mit dem Aufruf*

```
\begin{varbox}{''So breit wie dieser Mustertext''}
. . . . . . . . . . . . . . . . . . . . . . . . \end{varbox}
```

soll also der eingeschachtelte Text in eine Minipage gepackt werden, deren Breite dem Text "So breit wie dieser Mustertext" entspricht.

Hinweis: Dies verlangt zunächst die Bereitstellung einer benutzereigenen Länge, z. B. unter dem Namen \varbreite. *Näheres, auch über die Zuweisung der variablen Textbreite s. 7.2*

Übung 7.10: *Erzeugen Sie eine listenartige Umgebung* varlist *mit zwei Parametern, die eine Erweiterung des Listenbeispiels aus 4.4.3 darstellt. Mit dem ersten Parameter soll das Itemwort übergeben werden, das bei jedem* \item *Befehl erscheint; der zweite Parameter soll den Numerierungsstil der Items bestimmen. Der Aufruf*

```
\begin{varlist}{Muster}{\Alph} . . . . .  \end{varlist}
```

zum Beispiel soll mit jedem \item *Befehl innerhalb der Umgebung nacheinander "Muster A", "Muster B", ... erzeugen. Die Einrücktiefe soll dabei um 1cm größer sein als die Breite des Itemworts, und das Itemwort soll linksbündig im Markierungsfeld erscheinen.*

Hinweis: Auch hier ist zunächst wieder ein benutzereigener Längenbefehl erforderlich, z. B. \itembreite. *Nach der Breitenzuweisung des Itemworts mit* \settowidth *kann die Einrücktiefe zunächst mit*

    \setlength{\leftmargin}{\itembreite}

gleich dem Itemwort gesetzt werden und dann mit

    \addtolength{\leftmargin}{1cm}

um 1cm vergrößert werden. Die Längenzuweisung für \labelwidth *und* \labelsep *kann mit den entsprechenden Werten analog erfolgen.*

Alle sonstigen Einzelheiten sind dem Abschnitt 4.4 zu entnehmen.

7.5 Allgemeine Bemerkungen zu Benutzerstrukturen

Der folgende Abschnitt enthält einige allgemeine Bemerkungen zur Erzeugung und Nutzung eigener LaTeX-Strukturen. Diese sind nicht allgemeinverbindlich, sondern spiegeln lediglich meine Auffassung wider. Jeder Anwender wird im Laufe der Zeit seine eigene Technik entwickeln, die seinen Bedürfnissen entspricht.

7.5.1 Abspeichern von benutzereigenen Strukturen

Die Erzeugung benutzereigener Strukturen kann dem Anwender die Arbeit oft wesentlich erleichtern. Häufig wiederkehrende Befehls– und Textstrukturen sollten als eigene Struktur mit \newsavebox, \newcommand oder \newenvironment eingerichtet und als eigener File abgespeichert werden. Dieser File kann mit \input in das jeweils zu erzeugende Dokument eingefügt werden und steht dann mit allen seinen Strukturen zur Verfügung.

Im Laufe der Zeit können auf diese Weise viele Hunderte oder gar Tausende von benutzereigenen Strukturen entstehen. Es empfiehlt sich nicht, die Gesamtheit aller dieser Strukturen in *einem* File abzuspeichern, da hierdurch die Bearbeitungszeit verlängert wird und die Namen der benutzereigenen Strukturen kaum noch zu übersehen sind. Statt dessen sollten solche Strukturen in bezug auf typische Anwendungsfälle in Gruppen geordnet und für die verschiedenen Befehlsgruppen *eigene* Files eingerichtet werden.

7.5.2 Strukturen zur Abkürzung

Eine einfache Form für die Erstellung eigener Befehle liegt in einer abkürzenden Schreibweise für LaTeX-Strukturen. Nach

```
\newcommand{\be}{\begin{enumerate}}
\newcommand{\ee}{\end{enumerate}}
```

genügt es \be zu schreiben, wenn die LaTeX-Umgebung \begin{enumerate} aufgerufen werden soll, und \ee, um sie zu beenden.

Solche Abkürzungen können die Schreibarbeit wesentlich vermindern. Für die Anlage einer Sammlung von benutzereigenen Strukturen sind so kurze Befehlsnamen weniger geeignet, da der Sinn des Befehls aus dem Namen kaum hervorgeht. Der Autor von LaTeX, Leslie Lamport, hat die Befehlsnamen gerade so gewählt, daß die Bedeutung der Befehle bereits weitgehend aus den Namen hervorgeht. Aussagekräftige, unabgekürzte Befehlsnamen lassen sich überdies leichter merken als mehr oder weniger sinnvolle Abkürzungen. Trotzdem können abgekürzte Befehlsnamen innerhalb eines Dokuments praktisch sein, wenn ihre Zahl begrenzt bleibt. Dies ist weitgehend durch den Arbeitsstil des Anwenders bestimmt.

7.5.3 Gleiche Befehls– und Zählernamen

In den vorstehenden Beispielen wurden einige Zähler eingeführt, die in anschließenden Befehlen oder Umgebungen benutzt wurden, z. B. myfn im Befehl \myfootnote auf Seite 156 oder com in der Kommentarumgebung comment auf Seite 160ff. Hier wurden für die Zähler und die anschließenden Befehle und Umgebungen unterschiedliche Namen verwendet. Dies ist nicht zwingend: *Für Zähler und Befehle oder Umgebungen dürfen gleiche Namen benutzt werden.* LaTeX erkennt aus der Stellung des Names, ob dieser sich auf einen Zähler oder einen Befehl bzw. eine Umgebung bezieht.

Die unterschiedlichen Namen wurden in den Beispielen nur verwendet, um anfängliche Verwirrung zu vermeiden. Tatsächlich ist es praktisch, zusammengehörige Zähler und Befehle bzw. Umgebungen mit dem gleichen Namen zu bezeichnen, wovon LaTeX selbst auch ausführlich Gebrauch macht (s. 7.1.1). In den angeführten Beispielen sollten die Zählernamen besser myfootnote und comment heißen, womit die Zusammengehörigkeit zu den Befehlen oder Umgebungen zum Ausdruck gebracht wird und Befehls– oder Umgebungsänderungen weniger Merkaufwand fordern.

7.5.4 Die Reichweite benutzereigener Definitionen

Benutzereigene Strukturdefinitionen im Vorspann gelten für das ganze Dokument. Befehls– und Umgebungsdefinitionen innerhalb einer Umgebung gelten nur innerhalb dieser Umgebung. Ihre Namen sind außerhalb der Umgebung unbekannt. Sollen diese Namen in einer anderen Umgebung wieder verwendet werden, so sind erneut die Befehle \newcommand bzw. \newenvironment zu verwenden, da die entsprechenden \renew–Befehle bereits bekannte Befehle voraussetzen.

Für Befehls– und Umgebungsnamen, die global, also im Vorspann definiert worden sind, müssen innerhalb von Umgebungen dagegen die \renew–Befehle benutzt werden, wenn innerhalb einer Umgebung diese Strukturen neu definiert werden sollen. Auch hierbei gilt die neue Definition nur innerhalb der entsprechenden Umgebung. Außerhalb gilt nach wie vor die globale Definition.

Entsprechendes gilt für Strukturdefinitionen innerhalb von verschachtelten Umgebungen. Eine Strukturdefinition in einer äußeren Umgebung ist in allen inneren Umgebungen bekannt. Eine Änderung in einer inneren Umgebung muß mit \renew–Befehlen erfolgen. Nach Verlassen der inneren Umgebung gilt wieder die Definition der äußeren Umgebung.

Achtung: Benutzereigene Strukturen, die mit \newsavebox oder \newcounter eingeführt werden, sind ab der Stelle ihrer Definition global wirksam. Treten diese Befehle innerhalb einer Umgebung auf, so bleiben die mit ihnen erzeugten Strukturen auch nach Verlassen der Umgebung erhalten.

7.5.5 Die Reihenfolge von Strukturdefinitionen

Benutzereigene Strukturen können beliebig miteinander verschachtelt werden. Enthält eine benutzereigene Definition weitere benutzereigene Strukturen, so werden diese meistens bereits definiert sein. Dies ist jedoch nicht zwingend. *Benutzereigene Definitionen dürfen andere benutzereigene Strukturen enthalten, die erst später definiert werden.* Solche späteren Definitionen müssen jedoch vor dem ersten Aufruf des sich hierauf beziehenden Befehls auftreten.

```
\newcommand{\A}{defa}
\newcommand{\B}{defb}
\newcommand{\C}{\A \B}
```

wird üblicherweise die Reihenfolge von verschachtelten benutzereigenen Befehlen sein. Es ist jedoch ebenso erlaubt zu schreiben

```
\newcommand{\C}{\A \B}
```
normaler Text, aber ohne Aufrufe von \C
```
\newcommand{\B}{defb}
\newcommand{\A}{defa}
```
weiterer Text mit beliebigen Aufrufen von \A, \B *und* \C

7.5.6   Weitergereichte Parameter

Bei verschachtelten Befehlen oder Umgebungen können Parameter mit dem Ersetzungszeichen an innere Befehle weitergereicht werden. Enthalten z. B. die Befehle \A und \B je einen Parameter, so ist die Befehlsdefinition

```
\newcommand{\C}[3]{\A{#1}#2\B{#3}}
```

erlaubt. Hier wird der erste und dritte Parameter an \A bzw. \B weitergereicht und nur der zweite Parameter in der Befehlsdefinition direkt benutzt. Dabei sind alle Kombinationen von direkten und weitergereichten Parametern erlaubt. Hierzu noch ein konkretes Beispiel

```
\newcommand{\sumvec}[4]{\anvec{#3}{#4} = #1_1+#2_1,\ldots,#1_#4+#2_#4}
```

erzeugt mit dem Aufruf $\sumvec xyzn$ $z_1, \ldots, z_n = x_1 + y_1, \ldots, x_n + y_n$, wobei \anvec in 7.3.2 definiert war.

7.5.7   Verschachtelte Definitionen

Benutzereigene Definitionen dürfen verschachtelt auftreten. Eine Struktur

```
\newcommand{\außen}{{\newcommand{\innen} ...}}
```

ist erlaubt. Der für *innen* gewählte Befehlsnahme ist nach den Bemerkungen zur Reichweite der Definitionen nur im Innern des Befehls *außen* definiert und bekannt. Während bei TEX–Makros Verschachtelungen häufig benutzt werden, um die Lebensdauer der inneren Makros zu begrenzen, rate ich von verschachtelten LATEX–Definitionen ab, da die richtige Klammerung der inneren Strukturen leicht unübersichtlich wird. Vergessene Klammerpaare erzeugen nicht bei der Befehlsdefinition, sondern erst beim *zweiten* Befehlsaufruf eine Fehlermeldung, da dann die innere Definition als existierend erkannt wird. Trotzdem hier ein Beispiel:

```
\newcommand{\twentylove}{{\newcommand{\fivelove}{{{\newcommand{\onelove}%
{Ich liebe \LaTeX!}\onelove\ \onelove\ \onelove\ \onelove\ \onelove}}}%
\fivelove\\ \fivelove\\ \fivelove\\ \fivelove}}
```

Die Eingabe Meine Einstellung zu \LaTeX:\\[0.5ex]\twentylove erzeugt:

Meine Einstellung zu LaTeX:

Ich liebe LaTeX! Ich liebe LaTeX! Ich liebe LaTeX! Ich liebe LaTeX! Ich liebe LaTeX!
Ich liebe LaTeX! Ich liebe LaTeX! Ich liebe LaTeX! Ich liebe LaTeX! Ich liebe LaTeX!
Ich liebe LaTeX! Ich liebe LaTeX! Ich liebe LaTeX! Ich liebe LaTeX! Ich liebe LaTeX!
Ich liebe LaTeX! Ich liebe LaTeX! Ich liebe LaTeX! Ich liebe LaTeX! Ich liebe LaTeX!

Sollen verschachtelte Definitionen sowohl *innen* wie *außen* mit Argumenten versehen werden, so muß zwischen den inneren und äußeren Ersetzungszeichen unterschieden werden. Die
inneren Ersetzungszeichen sind dann als `##1` ... `##9` anzugeben, während die *äußeren* wie
bisher als `#1` ... `#9` auftreten. Beispiel:

```
\newcommand{\ding}[1]{{\newcommand{\farbe}[2]{Das ##1 ist ##2.}
\farbe{#1}{rot} \farbe{#1}{gr"un} \farbe{#1}{blau}}}
```

erzeugt mit den Aufrufen: `Die Farben der Gegenst"ande sind\\[0.5ex]`
`\ding{Kleid}\\ \ding{Buch}\\ \ding{Auto}`
Die Farben der Gegenstände sind

Das Kleid ist rot. Das Kleid ist grün. Das Kleid ist blau.
Das Buch ist rot. Das Buch ist grün. Das Buch ist blau.
Das Auto ist rot. Das Auto ist grün. Das Auto ist blau.

Die getrennte Definition und Aufruf nach 7.5.5 ist übersichtlicher und würde lauten:

```
\newcommand{\ding[1]}{\farbe{#1}{rot} \farbe{#1}{gr"un} \farbe{#1}{blau}
\newcommand{\farbe}[2]{Das #1 ist #2.}
```

7.5.8 Unerwünschte Zwischenräume

Gelegentlich treten bei benutzereigenen Strukturen Zwischenräume auf, die nicht vorgesehen waren, oder die Zwischenräume erscheinen ungewollt groß. Dies ist fast immer
darauf zurückzuführen, daß in der Strukturdefinition Leerzeichen oder Zeilenschaltungen zur besseren Lesbarkeit der Definition eingefügt worden sind, die jedoch dann
beim Aufruf der Struktur entsprechende Leerzeichen einfügen.

Wäre z. B. beim `\myfootnote` Beispiel auf Seite 156 das `%` Zeichen am Ende der
ersten Zeile der Befehlsdefinition nicht geschrieben worden, so wäre an dieser Stelle in
der Definition eine Zeilenschaltung eingefügt worden, die beim Aufruf dieses Befehls
in ein Leerzeichen an der entsprechenden Stelle umgewandelt worden wäre. Damit
wäre zwischen dem vorangehenden Wort, an dem die Fußnotenmarkierung angebracht
werden soll, und dem Aufruf des Befehls `\footnote` ein Leerzeichen eingefügt gewesen,
wodurch die Markierung, vom vorangehenden Wort abgesetzt, angebracht wird.

An dieser Stelle sei daran erinnert, daß etliche LaTeX–Befehle *unsichtbar* sind, d. h. sie
erzeugen an der Stelle ihres Auftretens keinen sichtbaren Text. Wird ein solcher unsichtbarer
Befehl innerhalb des umgebenden Textes durch Leerzeichen eingeschachtelt, so können bei
der Ausgabe ggf. zwei Leerzeichen hintereinander erscheinen. `Beispiel \rule{0pt}{0pt}`
erzeugt "Beispiel erzeugt" einen doppelt breiten Zwischenraum. Bei unsichtbaren Befehlen
ohne Parameter tritt dieses Problem nicht auf, da Leerzeichen nach einem solchen Befehl
stets entfernt werden. Übrigens werden Leerzeichen auch bei den folgenden Befehlen oder
Umgebungen mit Parametern stets von LaTeX selbst entfernt:

`\pagebreak`	`\linebreak`	`\label`	`\glossary`	`\vspace`	figure
`\nopagebreak`	`\nolinebreak`	`\index`	`\marginpar`		table

7.5.9   Zwei abschließende Beispiele

Im vorliegenden Buch wurden bei der Erläuterung von vielen LaTeX–Stilparametern listenartige Strukturen benutzt. Die Beschreibung der Stilparameter für Gleitobjekte in 6.6.2 erfolgte mittels der `description` Umgebung, bei der die einzelnen Markeneinträge mit dem vorangestellten Schriftstilbefehl `\tt` erfolgten.

An anderen Stellen, z. B. für die Listenerklärungen von 4.4.2 auf Seite 59, wurde der erklärende Text so weit eingerückt, wie es der breitesten Markeneintragung entsprach. Hierfür wurde eine eigene Umgebung `ttscript` eingerichtet, deren Syntax lautete

`\begin{ttscript}{`*Mustermarke*`}`   *Listentext*   `\end{ttscript}`

Der übergebene Text für *Mustermarke* bestimmt die Einrücktiefe für diesen Text in der Schriftart `\tt`. Der *Listentext* besteht aus den einzelnen `\item[`*Markentext*`]` Befehlen, gefolgt vom jeweils beschreibenden Text, der entsprechend *Mustermarke* einheitlich eingerückt erscheint. Der *Markentext* erscheint in der Schriftart `\tt` linksbündig im Markierungsfeld.

```
\newenvironment{ttscript}[1]{\begin{list}{}{\settowidth{\labelwidth}{\tt #1}
\setlength{\leftmargin}{\labelwidth} \addtolength{\leftmargin}{\labelsep}
\parsep0.5ex plus0.2ex minus0.2ex \itemsep 0.3ex        % to customize!
\renewcommand{\makelabel}[1]{\tt ##1\hfill}}}{\end{list}}
```

definiert die Umgebung ttscript. Sie kann leicht auf andere Schriftarten für den Markierungstext abgeändert und umbenannt werden und dann als benutzereigene Struktur abgespeichert werden, um allgemein zur Verfügung zu stehen.

Die ersten drei Zeilen der vorstehenden Definition sollten keine Verständnisschwierigkeiten bereiten. Die Umgebungsdefinition enthält einen freien Parameter, der in

`\settowidth{\labelwidth}{\tt #1}`

übergeben wird und damit die Markenweite aus dem übergebenen Mustertext bestimmt. Die linke Einrückung wird mit

`\setlength{\leftmargin}{\labelwidth}`   oder kürzer   `\leftmargin\labelwidth`

zunächst gleich der Breite von `\labelwidth` gesetzt und dann anschließend mit

`\addtolenght{\leftmargin}{\labelsep}`

um den Wert von `\labelsep` erhöht.

Die dritte Zeile für `\parsep` und `\itemsep` entsprach den Bedürfnissen für dieses Buch und kann vom Benutzer nach seinen eigenen Wünschen gestaltet und ggf. um weitere Listenerklärungen erweitert werden.

Die letzte Zeile, mit der der `\makelabel` Befehl umdefiniert wird, bedarf einer Erläuterung. Dieser Befehl war kurz in 4.4.1 auf Seite 58 vorgestellt worden. Der Befehl ist nur innerhalb der `list` Umgebung definiert und wird durch jeden `\item` Befehl zur Ausgabe der Markierung aktiviert. Der freie Parameter dieses Befehls entspricht dem *optionalen* Parameter des `\item` Befehls.

`\renewcommand{\makelabel}[1]{\tt #1\hfill}`

ändert den Befehl, so daß der optionale `\item` Parameter in der Schriftart `\tt` und durch das anschließende `\hfill` linksbündig im Markierungsfeld erscheint. Wegen der Verschachtelung der Umdefinition mit der Definition der `ttscript` Umgebung muß das innere Ersetzungszeichen entsprechend dem vorletzten Unterabschnitt als `##1` statt `#1` gewählt werden.

Übung 7.11: Verallgemeinern Sie die `ttscript` Umgebung in eine allgemeinere `varscript` Umgebung mit zwei Parametern, so daß mit dem zweiten Parameter der Schriftstilbefehl für den Markenausdruck gewählt werden kann.

Benutzereigenen Befehlen oder Umgebungen können bis zu 9 Parameter übergeben werden. Grundsätzlich sind Strukturen umso variabler, je mehr freie Parameter sie besitzen. Andererseits werden die zugehörigen Aufrufe dadurch aber umständlicher, weil hierbei nicht nur die Zahl, sondern auch die Reihenfolge der Parameter eingehalten werden muß.

Das Beispiel für eine benutzereigene Listenumgebung bild in 4.4.4 auf Seite 61 enthält keine freien Parameter. Ihr Aufruf erzeugt mit jedem \item Befehl **Bild 1:**, **Bild 2:** usw. Der jeweilige Itemtext erscheint links um 2.5cm und rechts um 1cm gegenüber dem umgebenden Text eingerückt. Weitere Listenparameter wie \labelsep, \parsep und \itemsep sind in der Listenerklärung mit festen Werten versehen. Mit der Definition

```
\newcounter{itemnum} \newlength{\addnum}
\newenvironment{genlist}[8]{\begin{list}{\bf #1 \arabic{itemnum}:}
{\usecounter{itemnum} \settowidth{\labelwidth}{\bf#1}
\settowidth{\addnum}{\bf\ \arabic{itemnum}: }
\addtolength{\labelwidth}{\addnum} \setlength{\labelsep}{#2}
\setlength{\leftmargin}{\labelwidth} \addtolength{\leftmargin}{\labelsep}
\setlength{\rightmargin}{#3} \setlength{\listparindent}{#4}
\setlength{\parsep}{#5} \setlength{\itemsep}{#6} \setlength{\topsep}{#7}
#8}{\end{list}}
```

wird eine allgemeine Liste erzeugt, bei der der erste Parameter einen einheitlichen Itemnamen erzeugt, der bei jedem \item Befehl gemeinsam mit einer laufenden Itemnummer ausgegeben wird. Die linke Einrücktiefe wird durch die Weite des Itemnames und die Größe von *labelsep*, die als zweiter Parameter übergeben wird, bestimmt. Die nächsten fünf Parameter sind, wie der zweite, Längenmaße, mit denen die verschiedenen Listenparameter gesetzt werden. Der letzte Parameter schließlich bestimmt den Schriftstil für den Itemtext. Die Syntax zum Aufruf dieser Umgebung lautet damit

> \begin{genlist}{*itemname*}{*labelsep*}{*rightmargin*}{*listparindent*}
> {*parsep*}{*itemsep*}{*topsep*}{*schrifttyp*}
> \item *Itemtext* ... ... \item *Itemtext*   \end{genlist}

und der Aufruf

```
\begin{genlist}{Muster}{2mm}{1cm}{0pt}{1ex plus0.5ex}{0pt}{0pt}{\sl}
\item ohne Wert \item Bei Einsendung des beigef"ugten Gutscheins wird
der Betrag von 5.--DM der Bestellung gutgeschrieben \end{genlist}
```

erzeugt

Muster 1: *ohne Wert*

Muster 2: *Bei Einsendung des beigefügten Gutscheins wird der Betrag von 5.–DM*
der Bestellung gutgeschrieben

Bei diesem Beispiel sind im Aufruf die Längenangaben mit ihren Maßeinheiten anzugeben. Es ist auch möglich, Maßeinheiten bereits in der Definition anzugeben und beim Befehlsaufruf die Längenangaben als reine Zahlen zu schreiben. Ebenso könnte die Elastizität für die vertikalen Maßangaben nach einem in der Definition angegebenen Algorithmus selbst vorgenommmem werden:

```
\setlength{\parsep}{#5ex plus0.3#5ex minus0.5#5ex}
```

erwartet für den 5. Parameter eine reine Zahl und setzt bei einer Eingabe von "2" \parsep2ex plus0.6ex minus1ex. Auch hier bleibt der Widerspruch zwischen einer einfacheren Eingabe und der größeren Merkanforderung, insbesondere wenn für die verschiedenen Parameter unterschiedliche Maßeinheiten und Algorithmen definiert sind.

7.6 Benutzerspezifische LATEX–Anpassungen

Benutzerspezifische Anpassungen an das Papierformat in bezug auf Textbreite, Seitenhöhe, Ränder, Einrücktiefen, Absatzabstände und ähnliches kann der Benutzer mit den Seitenerklärungen gemäß 3.2.4 selbst vornehmen. Da solche Formatanweisungen bei vielen Dokumenten gleichartig wiederkehren, empfiehlt es sich, diese in einem eigenen File abzuspeichern und durch \input dem jeweiligen Text im Vorspann hinzuzufügen.

Mit \newcommand und \newenvironment bzw. \renewcommand und \renewenvironment lassen sich weitere benutzerspezifische Strukturen erzeugen und ggf. LATEX–eigene Strukturen verändern. Das letztere sollte der Anwender jedoch nur vornehmen, wenn er über gute Kenntnisse der internen Abläufe von LATEX und TEX verfügt.

Schließlich können noch weitergehende Strukturen als TEX–Makros bereitgestellt und vom Anwender wie normale LATEX–Befehle und Umgebungen benutzt werden. Soweit TEX und LATEX in einem Rechenzentrum für den Anwender bereitgestellt werden, sollte es einen ausreichend sachkundigen TEX–Betreuer geben, der solche Ergänzungen den Anwendern ggf. zur Verfügung stellt. Als Beispiel für eine solche benutzerspezifische Ergänzung ist hier der bereits in 2.7 vorgestellte, triviale Anpassungsfile `danp.tex` wiederholt:

```
\catcode`\"=\active \let"=\"   \let\3=\ss
\textwidth15.5cm \textheight23cm
\oddsidemargin0mm \evensidemargin-4.5mm \topmargin-10mm
\def\heute{\number\day.\space\ifcase\month\or Januar\or Februar\or M"arz
    \or April\or Mai\or Juni\or Juli\or August\or September\or Oktober
    \or November\or Dezember\fi\space\number\year}
```

Die erste Zeile stellt die zusätzlichen TEX–Befehle " und \3 bereit, mit denen Umlaute und das ß in der in diesem Buch beschriebenen Form — und damit einfacher als im TEX–Original — erzeugt werden. Die nächste Zeile bestimmt die Abmessungen für Textbreite und –höhe für das Papierformat DIN A4. Schließlich wird noch das TEX–Makro \heute bereitgestellt, bei dessen Aufruf das aktuelle Datum in deutscher Form erscheint.

Nicht alle Anwenderanforderungen lassen sich durch solche Ergänzungen erfüllen. Der \chapter Befehl erzeugt den Ausdruck **Chapter n** und darunter die Kapitelüberschrift. Für deutsche Texte muß hier die deutsche Schreibweise **Kapitel n** auftreten. Entsprechendes gilt für die Überschriften wie "Contents", "Table", "Figure", "Bibliography", "References" u. a. Die Erzeugung der entsprechenden deutschen Wörter verlangt eine Modifikation des LATEX–Programmes selbst.

In Anhang D.2 ist der weitgehend akzeptierte File `german.sty` für eine deutsche Anpassung beschrieben. Die Umlaute und das ß werden mit der gleichen Eingabe wie durch `danp` erzeugt, jedoch mit einer sehr viel größeren Flexibilität beim internen Ablauf und im Zusammenhang mit anderen durch " eingeleiteten Eingaben. Gleichzeitig werden mit dem `german.sty` File auch die im letzten Absatz angeführten Überschriften je nach Sprachoption richtig erzeugt.

Der restliche Text für dieses Kapitel soll die Kenntnisse und Fertigkeiten für benutzerspezifische Anpassungen des LATEX–Programmpakets vermitteln. Die folgenden

Beispiele sollten nicht für eine tatsächliche, benutzerspezifische Anpassung übernommen werden, sondern dazu dienen, die in Anhang D beschriebenen Mechanismen zu verstehen und ggf. zu erweitern.

7.6.1 Strukturbeschreibung des LaTeX–Programmpaketes

Das LaTeX–Programmpaket besteht aus einer Reihe von Files, von denen einige stets und andere je nach gewählter Dokumentstiloption benutzt werden. Beim Aufruf wird zunächst das eigentliche TeX–Programm zusammen mit dem Formatfile `lplain.fmt` geladen. `lplain.fmt` ist das Pendant zum TeX–Formatfile `plain.fmt` und wird statt des letzteren benutzt. Der Anhang `.fmt` verweist darauf, daß es sich um das durch `initex` aus dem Originalfile `lplain.tex` (bzw. `plain.tex`) erzeugte Format handelt. Eine Änderung im `lplain` File zur Anpassung an Anwendererfordernisse wird kaum notwendig werden. Sollte dies doch geschehen, so muß die Änderung im `lplain.tex` File erfolgen und anschließend durch Aufruf von `initex` ein neues `lplain.fmt` File erzeugt werden. Die Prozedur ist dieselbe wie zur Erzeugung eines lauffähigen TeX–Programmes und sollte nur von erfahrenen TeX–Betreibern durchgeführt werden.

`lplain` seinerseits lädt die LaTeX–Programme `lfonts.tex`, `latex.tex` und `hyphen.tex`. Das Programm `lfonts.tex` enthält die Information über Verfügbarkeit und Eigenschaften der durch LaTeX ansprechbaren Zeichensätze. Dieser File enthält bereits eine Vielzahl durch das Kommentarzeichen `%` ausgeblendete Befehle über weitere Zeichensätze. Diese können leicht durch die Entfernung des `%`–Zeichens verfügbar gemacht werden, wobei die Anzahl der maximal zu ladenden Zeichensätze aber begrenzt ist, was im Detail wiederum anlagenabhängig ist.

`latex.tex` enthält die Definitionen der Grundeigenschaften von LaTeX, die allen Stiloptionen gemeinsam ist. In diesem Sinne ist es das LaTeX–Grundprogramm. Dieser File ist ausführlich mit beschreibenden Kommentaren versehen. Ein versierter TeX–Programmierer sollte mit diesen Kommentaren die Wirkung von Änderungen übersehen können. Ein Programmausdruck erzeugt ca. 140 Seiten, womit der Umfang dieses Files erkennbar wird.

`hyphen.tex` enthält die Liste der Buchstabenkombinationen, nach denen die Trennmöglichkeiten bestimmt werden. Zusätzlich enthält es ein Ausnahmeverzeichnis von Wörtern, die abweichend getrennt werden. Der Originalfile bezieht sich auf die korrekte amerikanische Trennung. Für deutsche Texte ist er durch einen entsprechenden deutschen Trennfile zu ersetzen.

`lfonts.tex`, `latex.tex` und `hyphen.tex` werden von `lplain.tex` mittels `\input` Befehlen eingelesen. Bei der Bearbeitung von `lplain.tex` durch `initex` werden damit `lfonts`, `latex` und `hyphen` Teil von `lplain.fmt`, d. h. Änderungen in einem dieser Files verlangen, wie oben bei `lplain` beschrieben, die Erzeugung eines neuen `lplain.fmt` Files. Diese Aufgabe ist normalerweise dem zuständigen TeX–Betreuer des Rechenzentrums vorbehalten. Für den normalen LaTeX–Anwender, der es selbst versuchen will, enthält 7.6.4 einige Hinweise.

Für jeden Dokumentstil existiert ein File mit dem Stilnamen und dem Anhang `.sty`, z. B. `book.sty` für den Dokumentstil `book` und `article.sty` für `article`. Der dem gewählten Dokumentstil entsprechende File wird als nächstes gelesen. Er enthält die dokumentstilspezifischen Befehlsdefinitionen und Erklärungen. Diese *stil*`.sty` Files kommen am häufigsten für Anwenderanpassungen in Betracht. Neben diesen *stil*`.sty` Files existieren die gleichnamigen *stil*`.doc` Files, die zusätzlich ausführliche Kommentare enthalten. Vor einer Änderung der `.sty` Files sollten die zugehörigen `.doc` Files sorgfältig gelesen werden. Bei einigen Implementationen existieren weitere Dokumentstilarten, z. B. `memo`. Soweit hierüber keine weitere Beschreibung vorhanden ist, können die Eigenschaften aus den Kommentaren des zugehörigen `.doc` File ermittelt werden.

Der dem Dokumentstil `letter` zugeordnete `letter.sty` File wird ausführlich im Anhang A beschrieben. In A.3 wird insbesondere gezeigt, wie dieser File an deutsche Bedürfnisse anzupassen ist und ein Vorschlag für die gleichzeitige Erzeugung von firmenspezifischen Briefköpfen unterbreitet.

Bei den Dokumentstilen `book`, `report` und `article` wird dann, je nach Wahl der Schriftgrößenoption, einer der Files `bk10.sty`, `bk11.sty` oder `bk12.sty`, bzw. `rep10.sty`, `rep11.sty` oder `rep12.sty` bzw. `art10.sty`, `art11.sty` oder `art12.sty` gelesen. Hierin sind die schriftgrößenabhängigen Erklärungen angegeben.

Für die weiteren Optionen wird in den *stil*.`sty` Files entweder ein Befehl mit dem Namen `\ds@`*opt* definiert oder versucht, einen File mit dem Namen *opt*.`sty` zu lesen. Hierbei sind *opt* die Namen der im Dokumentstil angegebenen Optionen. Im letzteren führt dies zu den Files `fleqn.sty`, `leqno.sty`, `titlepage.sty` und `twocolumn.sty`.

In den vorstehend beschriebenen LATEX-Programmfiles treten häufig Befehlsnamen auf, in denen innerhalb des Namens das Zeichen `@` als Teil des Namens erscheint. Diese Befehle können von der Anwenderebene aus nicht aufgerufen werden, da das Auftreten eines `@` in einem Befehlsnamen so interpretiert wird, daß der Befehlsname vor dem `@` endet und das `@` als normales Textzeichen interpretiert wird. Befehlsnamen, die ein `@` einschließen, werden nur von `initex` akzeptiert oder wenn sie in einem File auftreten, in dem `@` für TEX zu einem Buchstaben erklärt wurde, was z. B. für alle Files mit dem Anhang .`sty` gilt. Dies verhindert, daß solche tiefliegenden Befehle nicht irrtümlich, etwa durch einen fehlerhaft geschriebenen aber existierenden Befehlsnamen, aktiviert werden und dann für den Benutzer unerklärliche Wirkung entfalten. Bei einer internen LATEX-Anpassung kann es erforderlich sein, solche Befehle in den .`sty` Files zu ändern oder weitere einzuführen.

Mit Ausnahme der im nächsten Unterabschnitt beschriebenen Anpassungen setzen weitere Änderungen eine vertiefte Kenntnis von TEX und LATEX voraus. Solche Änderungen sollten nur bei entsprechender Kenntnis in Angriff genommen werden. Für weitere Informationen wird auf [3, Teil II] verwiesen.

7.6.2 LATEX-Anpassungen für deutsche Texte

Die hier beschriebenen Anpassungen erfolgen ausschließlich in den *stil*.`sty` oder *stxx*.`sty` Files und betreffen die Änderung von englischen Wörtern, die automatisch in Überschriften und Kopfzeilen erscheinen, in die entsprechenden deutschen Begriffe. Zusätzlich können hier auch Anpassungen an deutsche Papierformate und Absatzgestaltung vorgenommen werden. Vor solchen Änderungen sollten die Originalfiles als "Sicherheitskopien" dupliziert werden.

Änderung von "**Chapter**" in "**Kapitel**":
Mit dem Editor sollte in den `book.sty` und `report.sty` Files `\def\@chapapp` gesucht werden. Die Befehlsdefinition lautet dort `\def\@chapapp{Chapter}`. Hierin ist das Wort `Chapter` durch `Kapitel` zu ersetzen.

Änderung von "**Contents**" in "**Inhaltsverzeichnis**":
Mit dem Editor suche man in allen *stil*.`sty` Files `\def\tableofcontents`. Die Befehlsdefinition hängt vom Stil ab und ist

```
\def\tableofcontents{\@restonecol false\if@twocolumn\@restonecol true
   \onecolumn\fi
   \chapter*{Contents\markboth{CONTENTS}{CONTENTS}}
   \@starttoc{toc}\if@restoncol\twocolumn\fi}
```

in `book.sty` und `report.sty` bzw.

```
\def\tableofcontents{\section*{Contents\markboth{CONTENTS}{CONTENTS}}
  \@starttoc{toc}}
```

in `article.sty`. Die Änderung des Wortes `Contents` in `Inhaltsverzeichnis` sowie von `CONTENTS` in `INHALTSVERZEICHNIS` bewirkt die gewünschte Änderung.

Die Befehlsdefinitionen für `\listoffigures` und `\listoftables` lauten ganz ähnlich. Hier können die Wörter `List of Figures` bzw. `List of Tables` durch `Bildverzeichnis` bzw. `Tabellenverzeichnis` ersetzt werden (gleichzeitig mit den entsprechenden Formen in Großbuchstaben).

Änderung von "Figure" bzw. "Table" in "Bild" bzw. "Tabelle" in den Bild– und Tabellenüberschriften des `\caption` Befehls:
Die gesuchten Befehlsdefinitionen in den *stil*`.sty` Files sind hier `\def\fnum@figure` bzw. `\def\fnum@table`. Die Befehlsdefinitionen lauten im Original

```
\def\fnum@figure{Figure \thefigure}  bzw.
\def\fnum@table{Table \thetable}
```

Hier sind die Wörter `Figure` bzw. `Table` durch `Bild` oder `Figur` bzw. `Tabelle` zu ersetzen.

Änderung von "**Bibliography**" bzw. "**References**" beim Literaturverzeichnis in die gewünschten deutschen Begriffe:
Hier müssen die Befehlsdefinitionen von `\def\thebibliography` gefunden werden. Diese erzeugen ein längeres Makro, das hier nicht vollständig abgedruckt wird. Innerhalb der Befehlsdefinition findet man die Befehlsfolge

```
\section*{References\markboth{REFERENCES}{REFERENCES}}            in article bzw.
\chapter*{Bibliography\markboth{BIBLIOGRAPHY}{BIBLIOGRAPHY}}
```

in `book` und `report`. Die Wörter `References` und `REFERENCES` bzw. `Bibliography` und `BIBLIOGRAPHY` sind durch die gewünschten deutschen Begriffe zu ersetzen, z. B. durch `Literaturverzeichnis`.

Änderung von "**Appendix**" in "**Anhang**":
Die Befehlsdefinition für den `\appendix` Befehl steht nicht in den *stil*`.sty` Files, sondern in den zugehörigen *stxx*`.sty` Files. Hier steht *xx* für 10, 11 oder 12 und *st* für `bk`, `rep` oder `art`. Das Wort **Appendix** erscheint als Überschrift nur in den `book` und `report` Stilen, so daß eine Änderung nur in den zugehörigen *stxx*`.sty` Files zu erfolgen hat. In diesen Files muß die Befehlsdefinition `\def\appendix` gesucht werden, die in beiden Files einheitlich lautet

```
\def\appendix{\par\setcounter{chapter}{0}\setcounter{section}{0}
  \def\@chapapp{Appendix}\def\thechapter{\Alph{chapter}}}
```

Hier ist das Wort `Appendix` durch `Anhang` zu ersetzen.

Die *stxx*`.sty` Files enthalten übrigens die Standardseitenerklärungen (s. 3.2.4) sowie die Standarderklärungen für die Zeilen– und Absatzabstände und die Einrücktiefe der ersten Zeile eines Absatzes (s. 3.2.3). Änderung dieser Werte auf Standardwerte für deutsches Papierformat macht ggf. einen sonst erforderlichen Anpassungsfile wie `danp.tex` überflüssig[1].

---

[1]Es sei dahingestellt, ob dies eine besonders gute Idee ist, da hierdurch die Transportfähigkeit von Textfiles auf andere Rechner leidet, wenn dort nicht dieselben LATEX–Modifikationen erfolgt sind. Sicherer ist die Beifügung eines lokalen Anpassungsfiles wie `danp.tex` zum transportierten Textfile für die Bearbeitung auf dem anderen Rechner.

7.6.3   Weitere Dokumentstil–Optionen

Die vorstehend beschriebenen Änderungen im LATEX–Programmpaket sind dann sinnvoll, wenn ausschließlich deutsche Texte verarbeitet werden. In wissenschaftlichen Institutionen ist neben deutschen Texten die Veröffentlichung in Englisch mindestens gleichwertig. Man könnte daran denken, zwei LATEX–Versionen bereitzuhalten, die Originalversion für englische und die modifizierte für deutsche Texte.

TEX–Programmierer würden hier dagegen vorschlagen, durch die Bereitstellung einer Dokumentstiloption `german` für deutsche Texte eine Erweiterung des Originalprogramms vorzunehmen, mit der beide Aufgaben mit einem Programm erfüllt werden können. Dies ist natürlich möglich und sogar ziemlich einfach. Da LATEX erwartet, daß für jede Dokumentstiloption entweder ein Befehl `\ds@opt` definiert ist oder ein File `opt.sty` existiert (*opt* steht hier für den Namen der Option), kann die Lösung in einer der beiden Möglichkeiten liegen. Hier erfolgt ein Vorschlag für die erste, also einen `\ds@german` Befehl[2].

In den *stil*.`sty` Files wird vor dem Auftreten des Befehls `@options` eingefügt

```
\newif\if@german \@germanfalse
\def\ds@german{\@germantrue}
```

Hiermit wird eine Schaltervariable `\@german` eingeführt, die standardmäßig als "falsch" erklärt wird, beim Auftreten der Option `german` jedoch als wahr, da der Befehl `\@options` innerhalb der *stil*.`sty` Files den Befehl `\ds@german` aufruft.

Wird nun z. B. die Befehlsdefinition `\def\@chapapp`, mit der **Kapitel** oder **Chapter** erzeugt werden soll, wie folgt definiert

```
\def\@chapapp{\if@german Kapitel\else Chapter\fi}
```

so wird das gewünschte Ergebnis erreicht. In entsprechender Weise können alle anderen der im letzten Abschnitt beschriebenen Anpassungen für deutsche Texte implementiert werden. Innerhalb der Definition des Befehls `\tableofcontents` würde also für den eingebetteten `\chapter*` Befehl stehen

```
\chapter*{\if@german Inhaltsverzeichnis
     \markboth{INHALTSVERZEICHNIS}{INHALTSVERZEICHNIS}\else
     Contents\markboth{CONTENTS}{CONTENTS}\fi}
```

Nach dem gleichen Muster lassen sich weitere Optionen erzeugen. Absätze werden üblicherweise durch das Einrücken der ersten Zeile eines Absatzes oder einen vergrößerten Absatzabstand gekennzeichnet. LATEX–Standard ist das Einrücken der ersten Zeile und ein nur geringfügig variabler Absatzabstand. Mit den Erklärungen gemäß 3.2.3 lassen sich beliebige individuelle Absatzkennzeichnungen erzeugen. Sollen die beiden Möglichkeiten *Einrücken* bzw. *Nichteinrücken und vergrößerter Absatzabstand* mit jeweils festen Werten bereitgehalten werden, so kann das mittels einer Option, z. B. `indent`, erreicht werden. Genau wie vorher ist hierzu in den *stil*.`sty` Files vor dem Auftreten des `\@options` einzufügen

```
\newif\if@indent \@indentfalse
\def\ds@indent{\@indenttrue}
```

In den *stxx*.`sty` Files wären dann die Erklärungen für `\parskip` und `\parindent` abzuändern, etwa wie

---

[2]Der im Anhang D.2 beschriebene `german.sty` File stellt die andere Möglichkeit dar. Diese ist effizienter als die Einfügung von `\ds@german` Befehlen, da ein `.sty` File nur einmal erzeugt werden muß und nur geringfügige Änderungen in den LATEX *xxx*.`sty` nach sich zieht

```
\if@indent \parindent original_maßangabe \parskip original_maßangabe
\else \parindentOpt \parskip neue_elastische_maßangabe \fi
```

Der Einwand der Fußnote auf der vorletzten Seite sollte auch bei der Erzeugung weiterer Optionen bedacht werden. Falls Transportfähigkeit von Textfiles bei den Anwendern keine Rolle spielt, kann die Erzeugung weiterer Optionen sehr praktisch sein.

Die Realisierung weiterer Optionen durch eigene *opt*.sty Files statt durch \ds@*opt* Befehle ist bezüglich der Transportfähigkeit von Anwenderfiles leistungsfähiger, da die *opt*.sty Files den Anwenderfiles beigefügt werden können und damit die Anwendungen auf anderen Rechnern ablauffähig sind.

Der im Anhang D.2 beschriebene german.sty File stellt einen Kompromiß für die Transportfähigkeit dar. Zwar verlangt er auch Änderungen bei den article.sty, book.sty und report.sty sowie bei den zugehörigen *xxx*10.sty, *xxx*11.sty und *xxx*12.sty Files. Diese Änderungen sind aber vergleichsweise gering *und* haben keine Auswirkungen auf Anwendungen, die das LaTeX–Original voraussetzen.

Nach einer erfolgreichen Anpassung der .sty Files an die Benutzerbedürfnisse sollten in den zugehörigen .doc Files die vorgenommenen Änderungen und Ergänzungen sorgfältig dokumentiert und erläutert werden. Es wird empfohlen, die Originalbefehle hier nicht zu löschen oder zu überschreiben, sondern durch Kommentarzeichen % auszublenden und die modifizierten Befehle darunter anzubringen. Damit ist später, insbesondere bei weiteren Änderungen, immer wieder ein Vergleich mit dem Original möglich.

Ebenso sollte zu jedem zusätzlich entwickelten .sty File ein entsprechendes .doc File erstellt werden, das im Kopf die wesentlichen Eigenschaften des .sty Files beschreibt und im Befehlsteil die Wirkungen der einzelnen Makros erläutert. Der im Anhang D abgedruckte german.doc File stellt ein Beispiel für eine gelungene und wirklich informative Dokumentation für ein umfangreicheres .sty File dar.

7.6.4 Einige Zusatzhinweise

Die Erzeugung eines neuen lplain.fmt Files oder gar Änderungen des TeX–Programmes selbst wird normalerweise der zuständige TeX–Betreuer des Rechenzentrums vornehmen, der über die hierzu erforderlichen Kenntnisse verfügt. Für den normalen LaTeX–Anwender, der ausnahmsweise vor einer solchen Aufgabe steht, folgen hier einige Hinweise, die aber keineswegs vollständig sind, da viele Systemabhängigkeiten zu beachten sind.

Zunächst einmal ist herauszufinden, in welcher Directory die verschiedenen .sty Files abgelegt sind. Diese hat häufig den Namen .../macros oder .../inputs. Das Programm initex liegt wahrscheinlich in einer darüberliegenden oder benachbarten Directory. Am einfachsten ist die Situation, wenn die .sty Files und initex in derselben Directory liegen. In diesem Fall lautet der Aufruf zur Bearbeitung von lplain.tex durch initex für UNIX und DOS

```
    initex lplain
```

Auf dem Bildschirm erscheint danach eine Mitteilung, daß das Programm initex geladen wird und um welche Versionsnummer es sich dabei handelt. Anschließend erscheinen auf dem Bildschirm ein Reihe von Meldungen, die mitteilen, was aus lplain.tex gerade bearbeitet wird. Die Bearbeitung endet schließlich mit dem Zeichen * auf dem Bildschirm und wartet auf eine Anwenderreaktion. Hierauf muß \dump eingegeben werden, gefolgt von der Returntaste. Nach einer Reihe weiterer Mitteilungen kehrt das Programm schließlich zum Betriebssystem zurück. Damit ist ein neuer lplain.fmt File entstanden.

Befinden sich `initex` und die `.sty` Files in unterschiedlichen Directories, so muß die Beschreibung des Betriebssystems zu Rate gezogen werden, wie Programmaufruf und zu bearbeitender File zusammengefügt werden. Eine andere Lösung kann darin liegen, das Programm `initex` in die Directory mit den `.sty` Files zu kopieren.

Die beschriebene Erzeugung eines neuen `lplain.fmt` ist stets erforderlich, wenn in einem der vier Files `lplain.tex`, `lfonts.tex`, `latex.tex` oder `hyphen.tex` eine Änderung vorgenommen wurde, da die letzten drei durch `lplain.tex` seinerseits eingelesen werden.

Wird in `lplain.tex` der Befehl `\input hyphen` durch `\input ghyphen` ersetzt und ist `ghyphen.tex` ein deutsches Trennverzeichnis, so erscheint bei der `initex` Bearbeitung wahrscheinlich eine Fehlermeldung, die besagt, daß die Feldgröße `trie_size` für einen benötigten Pufferspeicher zu klein ist. Der Grund liegt darin, daß ein deutsches Trennverzeichnis deutlich umfangreicher ist als das englische und `initex` hierfür nicht genügend Platz vorgesehen hat.

Dies verlangt einen Eingriff in das Programm `initex` selbst. Liegt das Original–Quellenprogramm in der Programmsprache WEB vor, so kann die Änderung in dem File `initex.ch` einfach durch Angabe von `trie_size=12000` erfolgen (12000 ist ausreichend groß). Danach muß das Quellprogramm mit dem Programm `tangle` durch

```
tangle tex.web initex.ch
```

bearbeitet werden. Nach der Bearbeitung ist ein neuer `initex.pas` Pascal–Quellenfile entstanden, der nun noch mit dem Pascal Compiler zu übersetzen ist.

Dies setzt voraus, daß das Original–Programmsystem die zwei Änderungsfiles (`initex.ch`) und (`virtex.ch`) kennt. Ist das nicht der Fall, d. h. gibt es nur das Paar (`tex.web,tex.ch`), so muß im `tex.ch` durch zusätzliche Angabe der Schaltervariablen `define init:=` und `define tini:=` dafür gesorgt werden, daß mit `tangle` der Pascal–Quellcode für `initex` erzeugt wird. Hierzu sollte unbedingt [6b] zu Rate gezogen werden.

Einige Implementationen verfügen statt oder neben dem Original–WEB–Programm über eine schnellere C–Version, so auch ich. Hier muß die entsprechende Änderung im C–Quellencode selbst vorgenommen werden. Mit dem Editor sollte im Quellcode nach einem Befehl `#define trie_size` gesucht und dort die erforderliche Änderung angebracht werden. Danach muß das Programm mit dem C–Compiler neu übersetzt werden. Bei einer Änderung einer C–Version erscheint mir eine detaillierte Kenntnis von [6b] noch wichtiger, da die C–Programme vermutlich gar nicht oder nur sehr mäßig kommentiert sind.

Die C–Versionen für UNIX werden aus den Original–WEB–Quellen in einem mehrstufigen Prozeß erzeugt. Mit dem beigefügten globalen `Makefile` sollte der gesamte Installationsprozeß automatisch und problemfrei erfolgen. Auf meinem Rechner konnte der globale `Makefile` unverändert benutzt werden, meine doch vorgenommenen Änderungen bezogen sich nur auf die von mir gewünschte Struktur des TEX–Dateiensystems. Für Details der Installationsprozedur unter UNIX verweise ich auf [3, Anh. B.6, 2. Aufl.]. Das UNIX–TEX–Paket enthält bereits unterschiedliche Ausgangsversionen, die zu TEX–Programmen unterschiedlicher Größe führen (z. B. zu BIGTEX), so daß eine Ergänzung oder Änderung der Ausgangsquellen kaum erforderlich wird.

Für weitere Einzelheiten zur Installation, Filestruktur, TEX–Werkzeuge u. ä verweise ich auf die Originalliteratur sowie [3]. Das letztere enthält mit Abschnit 5.1 eine ausführliche Beschreibung der Struktur von TEX–Gesamtsystemen und in Anhang B Installtionsanweisungen und Nutzungsbeschreibungen der diversen TEX–Werkzeuge.

Für LATEX–Anwender in Rechenzentren oder auf Mehrbenuzerrechnern (Multi–User–Systeme) in sonst. Instituten und Firmen sind die meisten der hier gegebenen Hinweise ohne Belang, da sie zu den Aufgaben für einen zentralen TEX–Betreuer gehören. Für die TEX–Einrichtung auf PCs kann der folgende Abschnitt 7.7 herangezogen werden.

7.6.5   Anmerkungen zum WEB–Programmsystem

Reine LaTeX–Anwender können diesen Unterabschnitt überspringen, da er keine Information zu LaTeX, sondern einige Hinweise zu Programmierwerkzeugen enthält, die für Pascal– und C–Programmierer von Interesse sind.

Im letzten Unterabschnitt war kurz von einer Programmiersprache WEB und einem Übersetzungsprogramm `tangle` die Rede, die den meisten Programmierern leider viel zu wenig bekannt sind. WEB ist eine Metasprache zur *Entwicklung und Dokumentation* von Pascal–Programmen.

WEB gestattet eine Programmierentwicklung, die weitgehend eine logische "Top to Down" Lösung des anstehenden Problems gestattet. Das Problem kann in Teilaufgaben und diese in weitere Teilaufgaben zergliedert werden, die zunächst *symbolische* Aufgaben- oder Modulnamen tragen. Die Aufgaben der einzelnen Module können mit kurzen Textangaben erläutert werden. Module können beliebig verschachtelt werden, und sonstige Sprachstrukturen, wie Konstante, globale und lokale Variable, Prozeduren und Makros, können nach logischen Gesichtspunkten oder nach der Nähe ihrer Verwendung eingeführt werden statt nach der strengen Hierarchie der Pascal–Sprache.

Das in WEB geschriebene Programm erhält einen Namen mit der Endung `.web`, z. B. `muster.web`. Zum WEB–System gehören die beiden Übersetzungsprogramme `weave` und `tangle`. Die Anwendung von `weave` auf den `.web` File erzeugt einen `.tex` File (beim Beispiel `muster.web` den File `muster.tex`), der zur Programmdokumentation dient und nach dessen TeX–Bearbeitung eine saubere Programmdokumentation vorliegt. Diese enthält den erläuternden Text zusammen mit den Moduldefinitionen in numerierter und klar gegliederter Form und schließt die Querbezüge von Definitionen und deren Aufrufe oder Nutzung ein. Schließlich entsteht in der Dokumentation automatisch ein Index über alle Module, Konstanten, Variablen, Prozeduren u. ä. mit der Angabe der Definitionsstelle und aller Verwendungsstellen.

Die Anwendung von `tangle` auf den `.tex` File erzeugt einen `.pas` (im Beispiel `muster.pas`) File, das den Pascal–Quellenkode für die Programmlösung enthält. Nach Compilation dieses Quellprogramms steht das ablauffähige Programm zur Verfügung.

Änderungen und Ergänzungen des Programms können in einem eigenen Änderungsfile mit dem Namensanhang `.ch` untergebracht werden, z. B. als `muster.ch`. Die Programmaufrufe für `tangle` und `weave` gestatten die Angabe des `.web` Files mit dem `.ch` File

```
tangle muster.web muster.ch   bzw.   weave muster.web muster.ch
```

Die erzeugten Quell– und Dokumentationsprogramme haben den Änderungsfile so eingearbeitet, als wären die Änderungen im `muster.web` selbst vorgenommen worden.

Das TeX–Originalprogramm ist in WEB geschrieben. Die Implementation dieses Programms auf den verschiedenen Rechnern ist durch systemspezifische `.ch` Files in der oben beschriebenen Form realisiert worden.

Das WEB–System ist 'Pascal' orientiert. Inzwischen existieret auch ein CWEB–System, das dem C–Programmierer die gleiche Unterstützung bietet. Bisher scheint es leider so zu sein, daß sich die Leistungsfähigkeit der WEB–Systeme für allgemeine Programmieraufgaben bei den Programmierern außerhalb der TeX–Welt noch nicht ausreichend herumgesprochen hat. Weitere Programmiersprachen können mit dem sog. SPIDER–WEB unterstützt werden.

[3, Anh. A, ab 2. Aufl.] enthält eine ausführliche Beschreibung von WEB als Programmiersystem in deutscher Sprache. Auch das CWEB–System für C–Programmentwicklungen wird dort in Anhang A.9 vorgestellt.

7.7 TEX–Installation auf PCs

Die ersten TEX–Installationen in Deutschland erfolgten Anfang der 80er Jahre in den Rechenzentren der Hochschulen und sonstigen Forschungseinrichtungen. Die ersten TEX–Versionen für PCs tauchten ab 1984 auf. Dies waren zunächst ausschließlich lizensierte Produkte, da die umfangreichen Anpassungsarbeiten des TEX–Quellenprogramms von kommerziellen Softwarefirmen vorgenommen wurden, die sich ihre Anpassungsarbeit lizensieren und bezahlen ließen, auch wenn das TEX–Ausgangsprogramm öffentliches Eigentum (Public Domain) und damit kostenlos ist.

Inzwischen gibt es eine ganze Reihe von kommerziellen Angeboten, aber auch mindestens drei kostenfreie Versionen *SBTEX*, *PubliCTEX* und *emTEX*. Von den kommerziellen Produkten sollte man verlangen, daß diese umfassend dokumentiert und durch anwenderfreundliche Einrichtungswerkzeuge ergänzt sind, was meistens, aber mit erheblichen Leistungsunterschieden, auch der Fall ist. Unterabschnitt 7.7.5 enthält einige Hinweise auf kostenlose TEX–Versionen für ATARI–Rechner.

Bei den kostenfreien Versionen ist zu unterscheiden zwischen *öffentlichen* (PublicDomain, PD) und *geteilten* (Shareware, SW) Angeboten. Bei SW–Produkten ist die Weitergabe nur unter Beachtung der vom Programmeigentümer festgelegten Bedingungen erlaubt. Diese verlangen meistens, daß das Programmpaket nur vollständig und ungeändert sowie kostenfrei bzw. gegen Erstattung der reinen Selbstkosten (Rohdisketten und Versand) weitergegeben werden darf, evtl. unter Benachrichtigung des Programmeigentümers über die Weitergabe.

Auch bei den PD–Produkten bleibt das geistige Eigentum selbstverständlich beim Programmherstellers. Das Copyright liegt häufig bei der "Free Software Foundation Inc, Cambridge, MA". Die Weitergabedingungen sind dort als "GNU General Public License" veröffentlicht (s. z. B. `license.gnu` aus PubliCTEX). Unter Beachtung dieser Bedingungen ist die freie Weitergabe jederzeit möglich.

Joachim Lammarsch, der Präsident der deutschsprachigen TEX–Anwendervhereinigung (DANTE e. V.) hat drei der geläufigsten kommerziellen Versionen mit den drei genannten kostenfreien Versionen verglichen und den Leistungsvergleich in der Vereinszeitschrift "Die TEXnische Kommödie, Heft 4 (1990)" veröffentlicht. Die kostenlosen Versionen brauchen den Vergleich mit den kommerziellen Versionen nicht zu scheuen. Zwei von ihnen waren, unter den vorgegebenen Testbedingungen, sogar gleichwertig bzw. fast gleichwertig mit dem leistungsfähigsten kommerziellen Angebot. Selbst die an dritter Stelle liegende kostenfreie Version erwies sich immer noch als deutlich schneller als das dritte kommerzielle Produkt. Kommerzielle TEX–Pakete sind jedoch meistens erheblich umfangreicher, da sie die lauffähigen Programme durch eine Reihe von Zusatzwerkzeugen und Zeichensatzdateien ergänzen. Letztere sind bei den ersten beiden kostenlosen Versionen aus anderen Quellen zu beschaffen.

Ich beschränke mich bei den nachfolgenden Hinweisen auf die drei genannten kostenlosen Versionen. Sie können einmal über Datennetze von den in Anhang D.4.4 genannten Fileservern abgerufen werden oder als Disketten über DANTE (s. D.4.5) bezogen werden. Der folgende Unterabschnitt beschreibt Umfang und Einrichtung von *SBTEX*. Er enthält gleichzeitig einige allgemeine Informationen, die gleichermaßen auch für *PubliCTEX* und *emTEX* zutreffen. Er sollte deshalb ggf. auch bei der Installation dieser Versionen zu Rate gezogen werden.

7.7.1 SBTEX (SW)

SBTEX stammt von Wayne G. Sullivan, Belfield, Irland, mit Unterstützung durch Peter Breitenlohner, München, und Leistungsverbesserungen durch Peter Sawatzki. Die letzte Version ist `sb30tex`, die TEX 3.0 realisiert. Vom Umfang her ist es das kleinste der erhältlichen kostenlosen TEX–Pakete (knapp 500 kByte). Es besteht aus den beiden ausführbaren Programmen `tex.exe` und `initex.exe` sowie den in `plain.tex` definierten Zeichensätzen als deren `.tfm`–Files. Zusätzlich enthält es `plain.tex`, `hyphen.tex`, `tex.poo`, einen Dokumentationsfile `sb30.doc` und einige Hilfwerkzeuge. Zu letzteren gehört `instal.bat`, eine Befehls–Datei, mit deren Aufruf die Installation automatisch erfolgt. Ihr wesentlicher Inhalt ist:

```
MD  C:\TEX
MD  C:\TEX\INPUTS
MD  C:\TEX\FONTTFMS
MD  C:\TEX\FORMATS
COPY *.TFM C:\TEX\FONTTFMS
COPY TEX.POO C:\TEX\FORMATS
COPY *.TEX C:\TEX\INPUTS
INITEX PLAIN \dump
COPY PLAIN.FMT C:\TEX\FORMATS
```

womit im Laufwerk c: das Verzeichnis `\tex` mit den Unterverzeichnissen `\tex\inputs`, `\tex\fonttfms` und `\tex\formats` eingerichtet wird. Anschließend werden alle Files mit dem Anhang `.tfm` in das Unterverzeichnis `fonttfms` kopiert (DOS unterscheidet bei Filenamen nicht zwischen Groß– und Kleinbuchstaben). Der File `tex.poo` ist für jeden TEX–Aufruf zwingend erforderlich und wird in das Unterverzeichnis `formats` kopiert. Files mit dem Anhang `.tex` werden in das Unterverzeichnis `inputs` kopiert. In dieses Verzeichnis gehören auch alle weiteren `.tex`– und `.sty`–Makrofiles, die sich der Anwender für eine LATEX–Einrichtung zusätzlich beschafft.

Nachdem die Files der Diskette in diese Unterverzeichnisse kopiert sind, erfolgt der Aufruf

```
INITEX PLAIN \dump
```

mit dem aus dem File `plain.tex` der Formatfile `plain.fmt` erzeugt und anschließend in das Unterverzeichnis `formats` kopiert wird. Der Formatfile `plain.fmt` enthält die ca. 600 TEX–Makrodefinitionen aus `plain.tex` in vorbearbeiteter und maschinenspezifischer Kodierung, was zu einer schnelleren Bearbeitung bei den TEX–Aufrufen führt.

Vor der Installation mit dem Aufruf von `instal.bat` sind die ausführbaren Programme `initex.exe` und `tex.exe`, mindestens aber das erste, von der Diskette in ein Verzeichnis zu kopieren, das in der Suchpfadvariablen `PATH` auftritt. Nach der Installation wird man es häufig aus Gründen der Dateisystematik vorziehen, die ausführbaren Programme nach `c:\tex` zu kopieren. In diesem Fall ist die Suchpfadvariable `PATH`, die in `AUTOEXEC.BAT` gesetzt wird, um die Angabe des Verzeichnisnamens `c:\tex` zu ergänzen.

SBTEX setzt standardmäßig die Installation des TEX–Systems im Laufwerk C voraus. Ist dies aus lokalen Gründen nicht erwünscht, so kann mit Aufruf des Hilfsprogramms `sb30chdr.exe`, das sich zusätzlich auf der Diskette befindet, eine Änderung vorgenommen werden. Der Ablauf dieses Hilfsprogramms ist mit den erzeugten Bildschirmmitteilungen selbsterläuternd.

Auch das Dateiensystem mit der Struktur \tex, \tex\inputs und \tex\fonttfms kann verändert werden. Lediglich ...\formats ist als Unterverzeichnisname zwingend erforderlich. Mit den Umgebungsvariablen FMTSB und TEXINPUTS können andere Verzeichnisnamen vorgegeben werden, z. B als

```
SET FMTSB=d:\sbtex\fonts
SET TEXINPUTS=d:\sbtex\style
```

Hiernach erwartet SBTEX die .tfm–Files in d:\sbtex\fonts und eventuelle .tex– und .sty–Makrofiles in d:\sbtex\style. Umgebungsvariable werden gewöhnlich in AUTOEXEC.BAT gesetzt. Die beiden angegebenen Aufrufe wird man deshalb zweckmäßig dieser Befehls–Datei zufügen.

Ich habe auf meinem PC von diesen Änderungsmöglichkeiten Gebrauch gemacht, weil ich zur Vorstellung von *SBTEX*, *PubliCTEX* und *emTEX* alle drei Versionen beschafft und im Laufwerk D: unter den Hauptverzeichnissen d:\sbtex, d:\kttex bzw. \emtex eingerichtet habe. Unter diesen Hauptverzeichnissen verwende ich einheitliche Namen für die Unterverzeichnisse, nämlich

```
...\inputs    ...\formats    ...\fonts   und einige weitere.
```

Die ausführbaren Programme sowie evtl. Befehlsdateien sind im jeweiligen Hauptverzeichnis direkt untergebracht. Ihr Aufruf erfolgt bei mir damit z. B. als

```
sbtex\tex  kttex\tex  bzw.  emtex\tex
```

jeweils gefolgt von evtl. Optionsangaben und dem Namen des zu bearbeitenden Files.

Die TEX–Bearbeitung eines Files erfolgt mit dem Programm tex.exe in der Form:

```
tex text_file  bzw.  tex &format_file text_file
```

Erfolgt der Aufruf in der ersten Form, so wird der Formatfile plain.fmt automatisch hinzugeladen und der File mit dem Namen *text_file*.tex TEX–bearbeitet. Mit dem Aufruf in der zweiten Form wird statt dessen der Formatfile mit dem Namen *format_file*.fmt hinzugeladen und mit diesem der nachfolgende Textfile bearbeitet. Soll ein File aus einem anderen als dem momentanen Verzeichnis bearbeitet werden, so ist dem Filenamen der volle Pfadname voranzustellen, wobei für SBTEX im Pfadnamen die Rückstriche (Backslash) durch normale Schrägstriche zu ersetzen sind, z. B.

```
tex b:/text/kapitel/vorwort
```

für den File vorwort.tex im Verzeichnis b:\text\kapitel. Enthält ein mit TEX zu bearbeitender File einen Namen mit einem anderen Anhang als .tex, so ist beim Aufruf der Gesamtname einschließlich des Anhangs anzugeben.

Die Lieferdiskette bzw. das SBTEX–Programmpaket enthält den File sb30.doc. Er enthält eine 6seitige Dokumentation über SBTEX, die mit dem Aufruf

```
tex sb30.doc
```

mit TEX bearbeitet und anschließend über den Druckertreiber ausgegeben werden kann. Einen geeigneten DVI–Treiber für seinen Drucker muß sich der Anwender aber aus anderen Quellen beschaffen. Er gehört nicht zum Lieferumfang von SBTEX. Das gleiche gilt für die Druckerzeichensätze im .pk–Format. Auch diese muß sich der

Anwender aus anderen Quellen beschaffen oder mit METAFONT selbst generieren, wobei auch das METAFONT–Programmpaket aus anderen Quellen zu beschaffen ist.

Mit diesen zusätzlichen Ausgabewerkzeugen sollte der File sb30.doc mit SBTeX formatiert und über den Druckertreiber ausgegeben werden. Er enthält weitere Information zur Anwendung von SBTeX in englischer Sprache. Mit den Angaben aus 7.7.4 kann SBTeX leicht um LaTeX ergänzt werden, ebenso wie es um alle sonstigen Makropakete erweitert werden kann. Soll ein Makrofile, z. B. extmacro.tex, dem vorhandenen Formatfile plain.fmt zugefügt werden, so kann das mit dem einmaligen Aufruf

```
initex &plain extmacro \dump
```

erreicht werden. Der erzeugte File extmacro.fmt ist anschließend in das Unterverzeichnis formats zu bringen. Die TeX–Bearbeitung eines beliebigen Textfiles unter Einbeziehung des erweiterten Makrosatzes erfolgt dann mit dem Aufruf

```
tex &extmacro textfile
```

Richtet man sich eine kleine Befehlsdatei mit dem Namen exttex.bat und dem Inhalt

```
tex &extmacro %1
```

ein, so kann der Bearbeitungsaufruf nunmehr auch mit exttex textfile erfolgen. Die Bereitstellung entsprechender Befehlsdateien mit geeigneten Namen und einem Übergabeparameter %1 empfiehlt sich für alle sonstigen Makropakete. Der Aufruf zur LaTeX–Bearbeitung erfolgt meist durch einen Befehlsfile mit dem Namen latex.bat, hinter dem sich nichts anderes als die Befehlszeile "tex &lplain %1" verbirgt.

Bezüglich der Bearbeitungsgeschwindigkeit kann sich SBTeX fast mit der leistungsfähigsten kommerziellen Version messen. Letztere enthalten in ihrem Lieferumfang jedoch viele der bei SBTeX zusätzlich zu beschaffenden Ergänzungen.

7.7.2 PubliCTeX (PD)

PublicCTeX stammt von Klaus Thull unter Mithilfe von Peter Breitenlohner und ist öffentlich. Neben den lauffähigen Programmen steht auch der Quellenkode zur Verfügung. Das Programmpaket wird in Form zweier Files pubmf.zip und pubtex.zip bereitgestellt, von denen das erste das METAFONT–System und das zweite das eigentliche TeX–System enthält.

Aus dem Anhang .zip ist zu entnehmen, daß es sich um einen mit dem PD–Programm pkzip komprimierten File handelt, der vor einer Nutzung zunächst mit dem Entpackungsprogramm pkunzip aufzulösen ist. PubliCTeX ist die von DANTE offiziell unterstützte PC–Version von TeX. Wird es über DANTE beschafft, dann sind dem Originalsystem die Makropakete für LaTeX und AMS-TeX sowie eine Installationshilfe beigefügt, mit der die Installation problemfrei vorgenommen werden kann.

Mein Zugang zu PubliCTeX erfolgte über den Stuttgarter Fileserver, von dem ich mir die genannten Files pubmf.zip und pubtex.zip auf je eine 3 1/2 Zoll HD–Diskette kopiert habe. Der erste File besteht aus 708 381 Byte, der zweite aus 782 130 Byte. Mit dem Aufruf

```
pkunzip -d b:\pubtex d:\kttex
```

habe ich den File `pubtex.zip` auf der Diskette im Laufwerk B: entpackt und das
Ergebnis im Laufwerk D: unter dem Verzeichnisnamen `\kttex` abgelegt. Der Le-
ser wird bei diesem Aufruf die ihm genehmen Laufwerkskennungen wählen und das
Zielverzeichnis einfach d:`\tex` benennen, wenn nicht gleichzeitig, wie bei mir, meh-
rere TEX–Implementierungen erfolgen sollen. Im Zielverzeichnis finden sich nach dem
Entpackungsvorgang zunächst

```
pubtex.doc   license.gnu
texsor.zip   texexe.zip   \texinput.zip   \textrip.zip
```

also die vollständig entpackten beiden Files der ersten Zeile und die vier immer noch
komprimierten `.zip`–Files der zweiten Zeile. `pubtex.doc` ist eine kurze Dokumentation von P. Breitenlohner über den Inhalt von PubliCTEX und seine Filestruktur.
`license.gnu` enthält die Lizenzbestimmungen, auf die bereits in der Einleitung dieses
Abschnitts hingewiesen wurde.

Nach Umschalten in das Verzeichnis d:`\tex` und einem weiteren Entpackungsauf-
ruf, diesmal in der Form

```
pkunzip -d *
```

werden alle noch komprimierten Files entpackt und ggf. unter weiteren Unterverzeichnissen (als Folge der Option `-d`) abgelegt. Da eine interne Filestruktur in den
gepackten Files nicht eingebaut war, werden alle entpackten Files unter dem momentanen Arbeitsverzeichnis, also unter d:`\tex`, abgelegt:

texsor.zip	texexe.zip	texinput.zip	textrip.zip
tex.web	texcode.doc	plain.tex	tripman.tex
tex.chg	dc850.tcp	hyphen.tex	trip.pl
virtmem.inc	plain.tcp	null.tex	trip.tex
*.asm	tex.poo	story.tex	tripin.log
*.obj	initex.exe		trip.log
tangle.exe	tex.exe		trip.fot
texweb.bat			trip.typ
texpas.bat			trippos.tex
			trcompar.exe
			triptex.bat

Mit dem zweiten Entpackungsvorgang geben die vorstehenden vier `.zip`–Files die
darunterstehenden entpackten Files aus. Die vier `.zip`–Files kann man anschließend
löschen, da sie weiter nicht mehr benötigt werden. Die entpackten Files belegen
mit 2 168 832 Bytes insgesamt fast dreimal soviel Plattenspeicher wie das gepackte
Original `pubtex.zip`.

Zur Strukturierung des TEX–Filesystems sind die Unterverzeichnisse `formats` und
`inputs` sowie für die zusätzlich zu beschaffenden TFM–Zeichensatzfiles `fonts` einzurichten. In Analogie zu SBTEX sind die einzelnen Files auf diese Verzeichnisse zu
verteilen:[3] Die vier Files aus `texinput.zip` sind unter `inputs` und `tex.poo` unter

---

[3]DOS kennt keinen zum UNIX–Befehl `mv` äquivalenten Befehl, mit dem ein File aus einem Verzeichnis in ein anderes Verzeichnis verschoben werden kann. Man muß unter DOS den File im Ausgangs-
verzeichnis mit `COPY` in das gewünschte Zielverzeichnis kopieren und ihn anschließend im Ausgangsver-
zeichnis löschen. Mit einer kleinen Befehlsdatei `mv.bat` mit zwei Eingabeparametern kann man sich
natürlich leicht das UNIX–Äquivalent nachbilden.

formats einzurichten. Die ausführbaren Files `initex.exe` und `tex.exe` sind in einem
Verzeichnis unterzubringen, das in der Suchpfadvariablen `PATH` auftritt. In dieses
Verzeichnis sind dann auch die beiden Files mit dem Anhang `.tcp` zu kopieren. Verbleiben die ausführbaren Programme in `d:\tex`, so ist dieser Pfadname zusätzlich in
die `PATH`–Variable aufzunehmen, was am besten im File `autoexec.bat` erfolgt.

Hiernach kann, genau wie bei SBTEX, der Formatfile `plain.fmt` mit dem Aufruf

```
initex plain \dump
```

erzeugt werden. Er ist anschließend ebenfalls nach `\tex\formats` zu verschieben.
Vor diesem Aufruf muß man sich vorab die mit `plain.tex` vorgeladenen Zeichensatz–
TFM–Files besorgen. Dies sind mindestens die Files

cmbx5.tfm	cmr5.tfm	cmmi5.tfm	cmsy5.tfm
cmbx7.tfm	cmr7.tfm	cmmi7.tfm	cmsy7.tfm
cmbx10.tfm	cmr10.tfm	cmmi10.tfm	cmsy10.tfm
cmex10.tfm	cmtt10.tfm	cmti10.tfm	cmsl10.tfm

Für eine komfortable TEX–Bearbeitung sind eine ganze Reihe weiterer `.tfm`–Files
wünschenswert. Für die Druckerausgabe sind neben den `.tfm`–Files die zugehörigen
Druckerzeichensätze erforderlich. Mit dem METAFONT–Programm aus `pubmf.zip`
(s. u.) kann man sich die gewünschten Druckerzeichensätze selbst erzeugen. Dabei
entstehen gleichzeitig die zugehörigen `.tfm`–Files.

Die Errichtung weiterer Formatfiles erfolgt nach dem gleichen Muster, wie bereits
bei SBTEX beschrieben. Auch die Einrichtung eines LATEX–Systems ist nichts anderes
als die Erzeugung eines Formatfiles `lplain.fmt`, wie in 7.7.4 noch näher beschrieben
wird. Der TEX–Aufruf mit anderen Formatfiles als `plain.fmt` erfolgt zweckmäßig
über eine kleine Befehlsdatei mit einem Parameter (s. vorletzter Absatz von SBTEX).

Der beschriebene Aufruf von `initex` setzt voraus, daß die Filestruktur aus den
Unterverzeichnissen `formats`, `inputs` und `fonts` besteht und das darüberliegende
Hauptverzeichnis als `c:\tex` eingerichtet wurde. Bei einer geänderten Filestruktur ist
dies über entsprechende Umgebungsvariable bekanntzugeben. PubliCTEX verwendet
folgende Umgebungsvariablen:

TeXpool mit der der File `tex.poo` bekanntgemacht wird. Als Standard wird hierfür
    `c:\tex\formats\tex.poo` erwartet.

TeXformats legt das Verzeichnis zur Aufnahme der Formatfiles fest und kennzeichnet
    gleichzeitig, welcher Formatfile standardmäßig, d. h. ohne explizite Angabe beim
    Aufruf von `tex`, hinzugeladen wird. Standard ist `c:\tex\formats\plain.fmt`.

TeXinputs kennzeichnet das Verzeichnis der Eingabefiles. Hierzu gehören bei LATEX
    alle `.sty`– und diverse `.tex`–Files. Standard ist `c:\tex\inputs`.

TeXfonts bestimmt das Verzeichnis mit den `.tfm`–Files. Standard ist `c:\tex\fonts`.

TeXmem benennt einen internen Filenamen, der als virtueller Speicher benutzt wird.
    Standard ist `c:\scratch.mem`.

TeXcode kennzeichnet einen File mit dem Anhang `.tcp`, der bei der INITEX–Bearbei-
    tung den Zusammenhang zwischen Tasten und Zeichenbedeutung beschreibt.
    Standard ist `c:\tex\plain`.

Wird ein anderes Hauptverzeichnis als `c:\tex` gewählt, so sind die vorstehenden Umgebungsvariablen (bis auf `TeXmem`) neu zu setzen. Dies geschieht mit dem DOS–Befehl SET, z. B. als

    set TeXcode=d:\kttex\dc850

Die Umgebungsvariable `TeXcode` hat für die INITEX–Bearbeitung eine besondere Bedeutung. Aus der Filedokumentation von PubliCTEX geht hervor, daß zwei Files mit den Namen `plain.tcp` sowie `dc850.tcp` bereitgestellt werden. Diese legen die Beziehung zwischen Eingabetasten und Ausgabezeichen fest. Mit dem ersten wird die TEX–Standardzuordnung eingestellt. Bei dieser sind für deutsche Texte die Umlaute und das ß entsprechend der TEX–Konvention als `\"u` bzw. als `\ss` und bei Verwendung `german.tex` (s. Anh. D.1.1) als `"u` bzw. als `"s` einzugeben.

Mit `set TeXcode=...\dc850` wird statt dessen der File `dc850.tcp` gewählt, der die internationale DOS–Kodeseite 850 als Eingabekode mit den neuen dc–Zeichensätzen (s. Anhhang C.9) zur Ausgabe verknüpft. Bei einem hiermit durch INITEX erzeugten Formatfile können die Umlaute und das ß einer deutschen Tastatur direkt mit der entsprechenden Taste eingegeben werden.

Der File `hyphen.tex` enthält das englische Trennverzeichnis des TEX–Originals. Dieses wird bei der INITEX–Bearbeitung in den erzeugten Formatfile eingebunden. Die Einbindung eines deutschen Trennverzeichnisses oder gar mehrerer für eine mehrsprachige TEX–Bearbeitung wird in 7.7.4 nachgetragen, da die entsprechenden Aufrufe für LATEX sowie alle hier vorgestellen TEX–Versionen übereinstimmen.

Zum Aufruf von `tex.exe` gilt wörtlich dasselbe, was hierüber zu SBTEX ausgeführt wurde. Soll ein File aus einem anderen als dem momentanen Verzeichnis bearbeitet werden, so können wie dort bei der Kennzeichnung des Pfades normale Schrägstriche verwendet werden. Unter PubliCTEX ist hierfür aber auch die allgemeine DOS–Syntax mit den Rückstrichen zur Unterteilung erlaubt. Ein zulässiger Aufruf ist damit auch

    tex b:\text\kapitel\vorwort

Achtung: Bei der Kennzeichnung von Pfad– und vollständigen Filenamen für Umgebungsvariable sind die normalen Schrägstriche nicht erlaubt!

Die aus `texsor.zip` stammenden Files enthalten den TEX–Quellenkode in der Metasprache WEB sowie das ausführbare Programm `tangle.exe` und die Befehlsdateien `texweb.bat` und `texpas.bat`. Mit dem Aufruf `texweb` entsteht der File `tex.pas`, der seinerseits mit dem Aufruf `texpas` in die Maschinensprache kompiliert wird, wobei sowohl `initex.exe` als auch `tex.exe` entstehen. Hierzu ist der Turbo–Pascal–Compiler ab Version 5.0 erforderlich. Eine Neukompilation mag für 286– bzw. 386–CPUs sinnvoll sein, da ich vermute, daß die beigefügten ausführbaren Programme `initex.exe` und `tex.exe` bis hin zum 8086–Prozessor kompatibel sind und damit die Eigenschaften modernerer Prozessoren nicht voll ausnutzen.

Für eine prozessorspezifische Neukompilation ist die Befehlsdatei `texpas.bat` zu modifizieren, wobei im Aufruf für den Pascal–Compiler die Optionsangabe für den jeweiligen Prozessor zuzufügen ist. Eine Neukompilation wird natürlich auch für jede sonstige Änderungen in `tex.chg` erforderlich. Anwender, die in der Lage sind, eigene Änderungen und/oder Ergänzungen für das TEX–Programm zu entwickeln, benötigen hierzu von mir keine Erläuterungen.

Wird in `tex.chg` eine Änderung vorgenommen, dann sollte zwingend auch der sog. Trip–Test durchgeführt werden. Die dafür erforderlichen Vergleichsfiles werden aus `textrip.zip` gewonnen. Der Test kann durch den Aufruf der Befehlsdatei `textrip.bat` durchgeführt werden. Auch hier gilt: wer in der Lage ist, eigenständig Änderungen und/oder Ergänzungen für `tex.chg` vorzunehmen, kennt die Bedeutung von und die Durchführungsaufrufe für TripTEX. Ergänzend verweise ich hierzu auf [3, Anh. B.5]. Im gleichen Buch wird mit Anhang A auch das WEB–System ausführlich vorgestellt.

Bei begrenzter Plattenkapazität sollten die aus `texsor.zip` und `textrip.zip` stammenden Files nach dem Entpacken auf eine Diskette ausgelagert und von der Festplatte gelöscht werden. Sie werden von der Mehrzahl der Anwender überhaupt nicht und von hinreichend erfahrenen Anwendern nur selten, nämlich nur für Änderungen oder Ergänzungen des Originalprogramms jeweils einmal, benötigt.

Parallel zu `pubtex.zip` gibt es `pubmf.zip`, das das METAFONT–Programmsystem enthält. Das zweistufige Entpackungsverfahren erfolgt völlig analog zu `pubtex.zip`. Auch die internen Filenamen und die einzurichtende Filestruktur haben ihre Entsprechungen. Das Programm INIMF entspricht INITEX. Mit ihm werden im METAFONT–System die sog. Basisfiles erzeugt, die durch den Anhang `.bas` gekennzeichnet sind. Anhang C.8 enthält eine Kurzvorstellung zur Anwendung von METAFONT. Für weiterführende Darstellungen wird auf [6c] und [6e] verwiesen. Eine deutsche und praxisnahe Einführung und Nutzungsbeschreibung wird mit Teil III aus [3] gegeben.

7.7.3   emTEX (SW)

Mit emTEX wird das bei weitem umfassendste und gleichzeitig leistungsfähigste, kostenfreie PC–TEX–System bereitgestellt. Es stammt von Eberhard Mattes, Stuttgart, einem brillanten Studenten der Fachrichtung Informatik. Es nimmt im Ausgangsformat 6 HD–Disketten ein, evtl. ergänzt um eine weitere Diskette mit zukünftigen Probeversionen (Beta–Test). Die Disketten sind als `disk1` bis `disk6` gekennzeichnet. In den allgemein zugänglichen Fileservern entsprechen den Diskettennamen dort die gleichnamigen Unterverzeichnisse. Zukünftige Probeversionen stehen unter `betatest` bereit.

emTEX kann von den öffentlich zugänglichen Fileservern (s. D.4.4) kopiert oder als Diskettensatz über DANTE (s. D.4.5) beschafft werden. In vielen Hochschulrechenzentren werden Mutterdisketten als Kopiervorlagen für emTEX bereitgestellt. Zum Paketumfang gehören mehrere prozessorspezifische Laufversionen von TEX, jeweils in einer Standard– und einer sog. BIG–Version. Letztere sind zwar langsamer, gestatten aber wegen der vergrößerten Pufferspeicher die Bearbeitung sehr komplexer Texte. Insbesonders bei der Verwendung von PICTEX, einem Makropaket zur Erzeugung komplexer Grafiken und Diagramme aus TEX oder LATEX heraus, sind die BIGTEX–Versionen fast immer Voraussetzung für eine erfolgreiche Bearbeitung.

emTEX schließt das gesamte LATEX–Paket mit all seinen Ergänzungen wie BIBTEX (s. Anhang B), SLITEX (s. Anhang E) und MakeIndex (s. 8.2.3) ein. Als LATEX–Version wird hierbei IIATEX (s. D.1.8) von Joachim Schrod verwendet, das auf mehrsprachige Nutzung erweitert ist. Die in D.2.2 beschriebene Anpassung für mehrsprachige Nutzung kann damit für emTEX entfallen.

Das in D.1 und D.2 vorgestellte und näher beschriebene Makropaket `german.sty` gehört ebenso zum Lieferumfang von emT_EX wie die beiden unterschiedlich großen, deutschen Trennmusterfiles `ghyphen.min` und `ghyphen.max` von Norbert Schwarz. Auch das vorher genannte Grafik–Makropaket P_ICT_EX ist Bestandteil von emT_EX. Zu seiner Nutzung wird auf die Originalliteratur [14] verwiesen. Kapitel 4 aus [3] stellt eine deutsche Einführung in P_ICT_EX dar.

Ein weiteres, höchst nützliches Programmpaket steht mit T_EXCAD bereit. Es stellt gewissermaßen einen Grafik–Editor dar, mit dem die mit der L^AT_EX–Umgebung `picture` möglichen Bildstrukturen interaktiv erzeugt und auf dem Bildschirm überprüft und ggf. korrigiert werden können.

Das METAFONT–System aus emT_EX besteht wie das T_EX–System aus mehreren prozessorspezifischen Laufversionen, wiederum jeweils in einer Standard– und einer B_{IG}–Version. Zu den METAFONT–Paketen aus emT_EX gehören die Quellenfiles der cm–Zeichensätze, so daß der eigenen Erzeugung von Druckerzeichensätzen und den `tfm`–Files in beliebiger Variabilität gemäß C.8 auf dem eigenen PC nichts mehr im Wege steht.

Schließlich, und dies sei ganz besonders hervorgehoben, enthält das emT_EX–Paket eine ganze Reihe von Druckertreibern für die geläufigsten Laser–, Tintenstrahl– und Nadeldrucker. Hierzu gehören

> HP Laserjet+, HP Laserjet II, HP Laserjet III, Kyocera F–1010
> HP Deskjet, HP Deskjet+
> NEC P6, P7, P2200; EPSON LQ–, FX– und RX–Serien;
> Panasonic KX-P1124, Apple Imagewriter, C.ITOH 8510A,
> Tandy DMP–130 ... und viele andere Nadeldrucker

ebenso wie ein sog. Previewer, der als weiterer DVI–Treiber den T_EX–formatierten Text auf dem Bildschirm ausgibt. Wenn man bedenkt, daß bei fast allen kommerziellen T_EX–Angeboten Druckertreiber als eigenständige Lizenzprodukte gelten, die zusätzlich bezahlt werden müssen, dann erscheint emT_EX für den begrenzten Geldbeutel als die Idealversion.

emT_EX besticht aber nicht nur durch seinen Leistungsumfang. Bei dem von Joachim Lammarsch durchgeführten Vergleichstest (s. S. 177) erwies es sich bei den meisten der vorgegebenen Testbedingungen gleichzeitig als das schnellste T_EX–System im Vergleich zu seinen dortigen Konkurrenten.

Alle Disketten, mit Ausnahme von `disk1`, auf denen emT_EX geliefert wird, bestehen ausschließlich aus komprimierten Dateien im `.zip`–Format. Die Diskette bzw. das Verzeichnis `disk1` enthält

readme.eng	readme.ger	help.eng	help.ger
changes.eng	changes.ger	tex1.zip	tex2.zip
pkunzip.exe	pkz102.exe	delete.exe	remove.exe

Die Files `readme.spr` stellen eine umfassende Installationsanleitung mit vielen Zusatzinformationen dar. Die Files `help.spr` enthalten häufig gestellte Fragen und deren Lösungsantworten. Mit `changes.spr` wird die Entwicklungsgeschichte von emT_EX dokumentiert. Die Anhänge `.eng` bzw. `ger` für `.spr` verweisen auf *englisch* bzw. *deutsch* als Darstellungssprache.

Vor einer Installation sollte der Anwender eines dieser Filetrios, mindestens aber readme.spr, in der ihm genehmen Sprache auf dem Drucker ausgeben und sorgfältig lesen. Die Installationsanweisung besteht aus ca. 36 Druckseiten. Ihre Darstellung und das Durchblättern mit dem Editor allein auf dem Bildschirm bleibt zumindest für mich recht verwirrend und unvollkommen. Bei der Ausgabe der deutschsprachigen Files ist darauf zu achten, daß die DOS–Kodeseite 850 aktiviert ist, damit die Umlaute und das ß korrekt auf dem Drucker ausgegeben werden.

Das Programm pkunzip.exe stellt das lauffähige Entpackungsprogramm für .zip–Dateien dar. pkz102.exe ist ein selbstentpackendes Programm, nach dessen Aufruf das gesamte Packungs– und Entpackungsprogramm für das .zip–Format, einschließlich seiner Dokumentation und Lizenzbestimmungen, bereitsteht. Vor dem Auruf ist auf der Festplatte zunächst ein Verzeichnis mit einem geeigneten Namen, z. B. als md c:\pk oder md d:\zip einzurichten. Mit dem Aufruf

        a:pkz102 c:\pk   oder   b:pkz102 d:\zip

wird das gesamte .zip–System von der Diskette im Laufwerk A: bzw. B: in c:\pk bzw. d:\zip eingerichtet. Die Suchpfadvariable PATH sollte gleichzeitig um das hier eingerichtete Zielverzeichnis c:\pk oder d:\zip bzw. den vom Anwender nach seinen Vorstellungen gewählten Verzeichnisnamen ergänzt werden.

Mit dem Selbstentpacken entstehen im Zielverzeichnis u. a. die ausführbaren Programme pkunzip.exe, pkzip.exe und pkzipfix.exe. Das erste ist mit dem gleichnamigen Programm aus disk1 identisch und dient zum Entpacken von zip–Files. Das zweite dient umgekehrt zum Komprimieren von binären und ASCII–Files. Mit pkzipfix.exe kann ein fehlerhafter zip–File evtl. korrigiert werden. Das Zielverzeichnis enthält weiterhin eine Reihe von Dokumentationsfiles. Mit manual.doc wird die Nutzung des pkzip–Systems umfassend dargestellt.

Anwender, die auf das .zip–System verzichten wollen, weil sie für dessen eigenständige Verwendung keine Notwendigkeit sehen, müssen sich statt dessen das reine Entpackungsprogramm pkunzip.exe von der Diskette disk1 in ein Verzeichnis kopieren, das in der Suchpfadvariablen PATH auftritt.

Bei einer Erstinstallation von emTEX kann diese anschließend für alle 6 Disketten mit den für jede Diskette zu wiederholenden Aufrufen der Form

        pkunzip -d a:* c: oder   pkunzip -d b:* d: oder ähnlich

erfolgen. Bei der Syntax pkunzip -o a:file_name z: wird mit -o eine Option für pkunzip aktiviert. Das Ausgangslaufwerk, in dem sich die zu entpackende Diskette befindet, ist mit seinem Kennbuchstaben für a: und die Festplatte, auf der emTEX eingerichtet werden soll, mit ihrem Kennbuchstaben für z: anzugeben. Die Option -d bewirkt, daß die interne Filestruktur von emTEX erhalten und auf der gewählten Festplatte eingerichtet wird. Das Hauptverzeichnis dieser Filestruktur entsteht unter dem Namen \emtex. Mit der Angabe * für den Filenamen werden alle .zip–Files der Diskette entpackt, bei expliziter Angabe eines Grundnamens wird nur der .zip–File mit diesem Grundnamen entpackt und in das Ziellaufwerk kopiert.

Das auf diese Weise entpackte Gesamtsystem belegt auf der Festplatte mehr als 13 MByte. Die Festplatte muß also ausreichend freie Kapazität bereitstellen. Alle ausführbaren .exe–Programme werden direkt im Hauptverzeichnis \emtex abgelegt. Für TEX und METAFONT sind dies die Programme

```
tex.exe    tex286.exe    texp.exe    btex.exe    btex286.exe    btexp.exe
mf.exe     mf286.exe     mfp.exe     bmf.tex     bmf286.exe     bmfp.exe
```

`tex.exe` stellt die lauffähige Standardversion für TEX dar, die, angefangen beim 8086–Prozessor, aufwärtskompatibel für alle weiteren Prozessoren ist, dabei jedoch nicht deren Zusatzfunktionen voll ausnutzt. Das Programm `tex286.exe` ist auf den Prozessor 80286 und höherer zugeschnitten. Unter dem Verzeichnis `betatest` gibt es auch eine Probeversion `tex386.exe`, mit der die Eigenschaften des 80386 voll genutzt werden. `texp.exe` stellt die Laufversion für OS/2 im geschützten Modus (protected mode) dar.

Der Anwender möge die ihm genehme Laufversion in `tex.exe` umbenennen und die jeweils zwei anderen entfernen. Die Programme `btexxx.exe` stellen die äquivalenten BIG–Versionen von TEX bereit (s. o.). Nach Umbenennung der gewünschten Version in `btex.exe` kann auch hier auf die beiden anderen verzichtet werden. Gleiches gilt für die Standard– und BIG–Versionen von METAFONT.

Der aufmerksame Leser wird hier vielleicht die ausführbaren Programme für INITEX und INIMF vermissen. Diese sind in emTEX keine eigenständigen Programme, sondern sie werden durch die Aufrufe der `tex`– bzw. `mf`–Programme mit der Optionsangabe `/i` realisiert. Mit dem Aufruf

> `btex /i plain \dump`

wird zum Beispiel die BIG–Version des Formatfiles für `plain.tex` als `plain.fmt` erzeugt. Für die wichtigsten Makropakete `plain.tex` und `lplain.tex` (LATEX) ist dies nicht einmal erforderlich, da Eberhard Mattes die Formatfiles für diese Makropakete in verschiedenen Versionen bereits erzeugt und dem emTEX–Paket zugefügt hat. So stehen mit der Installation unter den Unterverzeichnissen

\emtex\texfmts	\emtex\btexfmts	\emtex\mfbases	\emtex\bmfbases
plain.fmt	plain.fmt	mf.bas	mf.bas
plaing.fmt	plaing.fmt	cm.bas	cm.bas
lplain.fmt	lplain.fmt		
lplaing.fmt	lplaing.fmt		

bereits fertig zur Verfügung. Die Formatfiles unter . . .\texfmts stellen die Standard–Formate (erzeugt mit `tex /i`) und die unter \. . .\btexfmts die entsprechenden BIG–Formate (erzeugt mit `btex /i`) dar. Entsprechendes gilt für die äquivalenten Basisfiles für das METAFONT–System. Die Formatfiles, die mit einem 'g' im Grundnamen enden, haben statt der amerikanischen Trennmuster aus `hyphen.tex` die deutschen Trennmuster eingebunden, und zwar `ghyphen.min` für die Standard–Formate und `ghyphen.max` für die BIG–Formate. Die letzteren führen zu einer präziseren Trennung.

Die für die deutsche Textbearbeitung erstellten Formatfiles berücksichtigen gleichzeitig die DOS–Kodeseite 850, so daß die Eingabe der Umlaute und des ß über eine deutsche Tastatur mittels der entsprechenden Tasten erfolgen kann. Der Umsetzungskode wird durch `850_tex.tcp` unter \emtex\texinput definiert und bei der INITEX–Bearbeitung mit den Aufrufoptionen

> `tex /i /c850_tex` *macro_file*

realisiert. Mit `maketcp.exe` können .tcp–Files mit geänderten Umsetzungen, z. B. für die neuen dc–Zeichensätze, definiert und entsprechend eingebunden werden.

Damit kann unmittelbar nach der Installation mit einer TEX– oder LATEX–Bearbeitung begonnen werden. Gerade Anfänger werden dies dankbar begrüßen, da ihnen das riesige Filesystem einer TEX–Installation, insbesondere wenn dieses noch um LATEX erweitert ist, kaum überschaubar und der INITEX–Prozeß weitgehend rätselhaft erscheint. Mit

```
tex \&plain    tex_file  bzw.  tex tex_file  oder
btex \&lplaing latex_file
```

erfolgt die TEX–Bearbeitung von *tex_file* standardmäßig bzw. die LATEX–Bearbeitung von *latex_file* mit BIGTEX unter Verwendung des deutschen Trennmusters bei evtl. Trennversuchen. Erfolgt der Aufruf von `tex` oder `btex` ohne Angabe eines Formatfiles, dann wird `lplain.fmt` aus `...\texfmts` bzw. aus `...\btexfmts` automatisch hinzugefügt. Bei Angabe eines Formatfiles, kenntlich durch das vorangesetzte &, wird statt dessen der angegebene Formatfile für die Bearbeitung des nachfolgenden Textfiles verwendet.

Im Unterabschnitt über SBTEX wurde darauf verwiesen, daß die TEX–Aufrufe mit verschiedenen Formatfiles zweckmäßig durch kleine Befehlsdateien mit Übergabeparametern erfolgen. Wird z. B der File `gblatex.bat` mit dem Inhalt

```
gtex &lplaing %1
```

eingerichtet, so kann der vorangegangene Aufruf für die LATEX–Bearbeitung mit der BIGTEX–Version und dem großen deutschen Trennmustersatz nunmehr einfach auch als

```
gblatex latex_file
```

erfolgen. Eberhard Mattes hat dem emTEX–Paket bereits viele solcher Befehlsdateien zugefügt. Sie sind mit ihrer Namensgebung weitgehend selbsterklärend, wie

```
gtex, gbtex, latex, glatex, blatex, gblatex u. a.
```

mit g für GERMAN und b für BIG zeigen. Diese und viele andere Befehlsdateien, wie z. B. für diverse METAFONT– und Druckertreiber–Aufrufe, sind direkt im Hauptverzeichnis `\emtex` abgelegt. Die Befehlsdateien enthalten nicht nur einen, sondern bis zu neun Übergabeparameter, so daß die Aufrufe mehrere Filenamen sowie Optionen enthalten dürfen. Weitere Befehlsdateien befinden sich unter `...\texfonts` und `...\btexfonts`. Mit ihnen können Formatfiles für weitere Makropakete in einfacher Weise erzeugt werden. Sie können gleichzeitig als Muster für weitere anwendereigene Aufrufe über Befehlsdateien dienen. Mit dem Aufruf `slifmts` wird z. B. der Formatfile `splain.fmt` erzeugt, der zum Makropaket SLITEX (s. Anhang E) gehört. Mit der zusätzlichen Befehlsdatei `slitex.bat` mit dem Inhalt `tex &splain %1` kann dann der Aufruf als `slitex` *sli_file* erfolgen.

Alle Befehlsdateien von emTEX existieren in zwei Formen mit jeweils gleichem Grundnamen und den Anhängen `.bat` bzw. `.cmd`. Sie sind weitgehend inhaltsgleich. Die `.cmd`–Dateien werden unter OS/2 benutzt, während die `.bat`–Dateien unter DOS gebräuchlicher sind. Je nach dem verwendeten Betriebssystem sollte der geeignete Satz erhalten und der andere mit `del *.cmd` bzw. `del *.bat` gelöscht werden. Falls die Bedeutung der einzelnen Befehlsdateien nicht bereits aus ihrem Namen hervorgeht, muß hier auf die interne emTEX–Dokumentation verwiesen werden. Dies gilt auch für die vielfältigen Optionen, die manche Befehlsdateien zulassen.

Mit der Gesamtinstallation werden die Verzeichnisse

\emtex\doc, \emtex\doc\english und \emtex\doc\german

eingerichtet und mit Dateien gefüllt. Sie enthalten eine Fülle von Dokumentationen über die verschiedenen Programme aus emTEX. Dokumentationsfiles direkt unter \emtex\doc enthalten die Dokumentation *nur* in einer Sprache, entweder nur in englisch oder nur in deutsch. Die Dokumentationen unter ...\german bzw. ...\english stehen sowohl in deutsch als auch in englisch zur Verfügung. Dokumentationsfiles mit dem Anhang .doc können als Textfiles direkt auf dem Drucker ausgegeben werden. Etliche Dokumentationsfiles sind DVI–Files, erkennbar durch den Anhang .dvi. Diese können über den geeigneten DVI–Druckertreiber als wohlformatiertes Manual oder Handbuch ausgegeben werden.

Für einige Dokumentationen liegen sowohl .doc– als auch .dvi–Files vor. Hier sollte die .doc–Version als Vorabdruck auf dem Drucker ausgegeben werden, bis der geeignete DVI–Treiber eingerichtet und die erforderlichen Zeichensätze erzeugt sind. Der Anwender ist gut beraten, wenn er sich alsbald die .dvi–Files über den Druckertreiber ausgibt. Sie werden ihm viele erweiterte Möglichkeiten von TEX und den weiteren Hilfswerkzeugen aus emTEX erschließen.

Die Nutzung der Druckertreiber setzt die Bereitstellung der zugehörigen Druckerzeichensätze voraus. Solche Druckerzeichensätze können als eigener Diskettensatz über DANTE bezogen oder über die öffentlichen Fileserver abgerufen werden. Ich empfehle statt dessen, den PC einige Zeit sich selbst zu überlassen, in der er für den Anwender die Zeichensätze eigenständig erzeugt.

Das METAFONT–System ist als Bestandteil von emTEX bei der Installation eingerichtet worden. Die Quellenfiles der cm–Zeichensätze finden sich nach der Installation in \emtex\mfinput. Ebenso brauchte zunächst kein Basisfile mit INIMF erzeugt werden, da plain.bas und cm.bas bereits von Eberhard Mattes beigesteuert wurden. Damit könnten die Druckerzeichensätze mit zugefügten Einstellwerten für die verschiedenen Drucker grundsätzlich durch entsprechende mf– oder bmf–Aufrufe gemäß C.8 erzeugt werden. Doch auch hier hat Eberhard Mattes schon vorgearbeitet. Mit Aufrufen der Form

    mfjob /i *fnt_group* m=*pr*

erfolgt die Erzeugung einer durch *fnt_group* gekennzeichneten ganzen Gruppe von Zeichensätzen für den mit *pr* gekennzeichneten Drucker ganz automatisch. Die Druckerkennzeichnung für *pr* erfolgt mit der Buchstabengruppe

lj	für	HP–Laserjet und kompatible Laserdrucker (300 dpi)
fx	"	Epson FX und verwandte Nadeldrucker (240×216 dpi)
p6l	"	NEC P6 u. ä. niedrige Auflösung (180 dpi)
p6m	"	dto. mittlere Auflösung (360×180 dpi)
p6h	"	dto. hohe Auflösung (360 dpi)
ito	"	ITHO 8510A und verwandte Drucker (160×144 dpi)

Für *fnt_group* kann gewählt werden

all	latex	emsy	slitex	gftodvi	texbook
amsfonts	cyrillic	euler	extracm	symbols	

Mit `all` entstehen alle cm–Zeichensätze, jeweils in der Entwurfsgröße und zusätzlich in 6 verschiedenen Vergrößerungsstufen mit den Skalierungswerten 1095, 1200, 1440, 1728, 2074 und 2488. Mit dem Aufruf

```
mfjob all m=lj
```

entstehen also alle cm–Zeichensätze für den Laserjet in der jeweiligen Entwurfsgröße und den genannten Vergrößerungsstufen. Das sind insgesamt 532 Zeichensätze. Mein PC benötigte dafür ca. 20 Stunden.

Mit der Kennung `latex` entstehen die speziellen LATEX–Zeichensätze ebenfalls in der Entwurfsgröße und den 6 Vergrößerungsstufen. Zusätzlich wird der cm–Zeichensatz `cmcsc10` mit den Skalierungen 800 und 900, also um das 0.8– bzw. 0.9–fache verkleinert, erzeugt. Mit `emsy` werden einige spezielle Symbolzeichensätze aus emTEX erzeugt, die für den Ausdruck des Druckertreiber–Handbuches benötigt werden. Mit `slitex` werden die Zeichensätze für das Folienprogramm SLITEX generiert. `gftodvi` stellt die Zeichensätze bereit, die für das Hilfsprogramm gleichen Namens benötigt werden. Näheres hierzu muß aus [6c] oder [3, Teil III] entnommen werden. Mit `texbook` werden schließlich einige spezielle Zeichensätze erzeugt, die für den Ausdruck von D. Knuth's "The TEXbook" benötigt werden.

Für die Kennwerte der zweiten Zeile `amsfonts ...` steht die jeweilige Aufrufdatei für `mfjob` zur Verfügung. Zu ihrer Verwendung müssen die Quellenprogramme für diese Zeichensätze aber vorab beschafft werden, da sie nicht Bestandteil von emTEX sind.

Für die praktische Arbeit und den Ausdruck aller emTEX–Dokumentationen sollten die folgenden Erzeugungsaufrufe ausgeführt werden:

```
mfjob all m=pr   mfjob latex m=pr   mfjob emsy m=pr
```

Bei der Verwendung von SLITEX ist zusätzlich `mfjob slitex m=pr` erforderlich.

Die mit `mfjob` erzeugten Zeichensätze werden in einem Filesystem mit dem Hauptverzeichnis `c:\newfonts` eingerichtet. Unter diesem Hauptverzeichnis entstehen Unterverzeichnisse mit dem Namen `\pixel.pr` mit einem Anhang für pr, wie er durch die Druckerkennung vorgegeben wird. Für den Laserjet lautet der Pfadname damit `c:\newfonts\pixel.lj`. Entsprechend den verschiedenen Vergrößerungsstufen entstehen hierunter nochmalige Unterverzeichnisse. Für die Zeichensätze in der Entwurfsgröße heißt dieses `300dpi`, was die Druckerauflösung widerspiegelt. Die einzelnen Druckerzeichensätze für den Laserjet befinden sich damit unter

```
c:\newfonts\pixel.lj\300dpi
```

Sie tragen die Grundnamen der cm–Zeichensätze, ergänzt durch den Anhang `.pk`, z. B. `cmr10.pk` oder `cmbx10.pk` usw.

Skalierte Zeichensätze stehen in Unterverzeichnissen mit den Namen xxxdpi, wobei xxx für die *skalierte* Auflösung steht. Dabei ist xxx der gerundete Wert aus $xxx = d \times s/1000$ mit d für die Auflösung des jeweiligen Druckers, z. B 300 für den Laserjet, und s für den Skalierungsfaktor. Beim Laserjet stehen die mit 2074 skalierten Zeichensätze demzufolge unter `622dpi`. Die unskalierten Zeichensätze für den NEC P6 mit hoher Auflösung stehen entsprechend unter `c:\newfonts\pixel.p6h\360dpi`. Die hierfür skalierten Zeichensätze beziehen sich auf die hier gültige Grundauflösung von 360dpi. Das hiesige Unterverzeichnis `432dpi` enthält die mit 1200 skalierten Zeichensätze, während das Unterverzeichnis mit dem gleichen Namen beim Laserjet dort auf die mit 1728 skalierten Zeichensätze verweist.

Die Druckertreiber aus emTEX können Zeichensätze, die in Zeichensatzbibliotheken zusammengefaßt sind, recht effizient verwalten. Das Programm `fontlib.exe` dient zur Bildung solcher Zeichensatzbibliotheken, in denen viele Einzelzeichensätze in einem Bibliotheksfile zusammengebunden sind. Bibliotheksfiles sind durch den Anhang `.fli` gekennzeichnet. Das Programm wird durch `fontlib.doc` dokumentiert und erläutert. Die Verwendung dieses Bibliotheks–Erzeugungsprogramms erfolgt zweckmäßig durch die Befehlsdateien `fli_pr.cmd`. Mit dem Aufruf der druckerspezifischen Befehlsdatei, gekennzeichnet durch die Druckerkennung für *pr*, werden die zugehörigen Bibliotheken automatisch erzeugt. Die Befehlsdateien für `fl_pr` liegen nur als `.cmd`–Files vor. Unter DOS sollten sie vor ihrem ersten Aufruf in gleiche Filegrundnamen mit dem Anhang `.bat` umbenannt werden.

Nach Erzeugung der Zeichensatzbibliotheken können die Zeichensatzeinzelfiles gelöscht werden. Nunmehr kann über den Druckertreiber das wichtige Handbuch aus `dvidrv.dvi` ausgedruckt werden. Die Druckertreiber wie `dvihplj.exe` oder `dvidot.exe` kennen sehr viele Optionen und Konfigurationsaufrufe, die zwar alle im Handbuch beschrieben werden, dem Anfänger zunächst aber Schwierigkeiten bereiten. Es ist deshalb ratsamer, die Treiberaufrufe über die beigestellten Befehlsdateien aufzurufen, die viele dieser Einstellparameter über vorgegebene Parameterdateien, gekennzeichnet durch den Anhang `.dot`, bereitstellen.

Die Befehlsdateien für die Druckeraufrufe haben die Grundnamen `prt`*pr_res*, gefolgt von dem Anhang `.bat` oder `.cmd`. Dabei steht *pr_res* für Kennung und evtl. einzustellende Auflösung. Letztere entfällt beim Laserjet und den ITOH– bzw. AIW–Druckern. Bei diesen ist *pr_res* als `hplj`, `itoh` bzw. `aiw` anzugeben. Für die NEC– und Epsondrucker ist die Kennung als `p6`*r* bzw. `lq`*r* mit `l`, `m` oder `h` für *r* selbsterklärend.

Der Aufruf zur Ausgabe eines DVI–Files lautet nunmehr einfach

> `prthplj` *dvi_file ausg_file* für den HP–Laserjet bzw.
>
> `prtp6h` *dvi_file ausg_file* für den NEC P6 mit hoher Auflösung

mit dem Grundnamen des Ausgabefiles für *dvi_file*. Für *ausg_file* kann entweder ein normaler Filename oder die Druckerschnittstelle gewählt werden, z. B. `LPT1`. Mit zunehmender Erfahrung wird der Anwender evtl. weitere Konfigurationsfiles beisteuern, um die Ausgabe auf seinem Drucker noch komfortabler zu gestalten. Auch die möglichen Optionen zur Druckgestaltung, z. B. Seitenverschiebungen, selektive Seitenauswahl beim Ausdruck und viele mehr, können nur durch zunehmende Praxis und das Nachlesen der beigefügten Dokumentation herausgefunden werden.

Das vorgegebene Filesystem kann ebenfalls an die Wünsche des Anwenders angepaßt werden. Hierzu existieren eine Vielzahl von Umgebungsvariablen, die in `readme.`*spr* aufgeführt sind. Bei einer Erstinstallation, insbesondere als TEX–Novize, sollte man das intern in emTEX eingebaute Filesystem akzeptieren und Änderungen erst dann vornehmen, wenn das System überschaubarer geworden ist.

Soll eine neue Version von emTEX nachgerüstet werden, dann wird empfohlen, vorab die gesamte alte Version zu löschen. Zwar kann mit der Optionsangabe `-o` beim Aufruf von `pkunzip` erreicht werden, daß beim Entpacken der neuen Version gleichnamige alte Files überschrieben werden. Bei einer neueren Version kann aber evtl. die Filestruktur gegenüber der alten Version verändert worden sein. In diesem Fall würden Teile der alten Filestruktur erhalten bleiben und möglicherweise durch falsch gesetzte Umgebungsvariable unbeabsichtigt angesprochen werden.

Mit dem Programm `delete.exe` aus `disk1` wird sichergestellt, daß mit seinem Aufruf das gesamte Filesystem, einschließlich der Verzeichnisnamen, vollständig entfernt wird. Wurden einzelnen Verzeichnissen anwendereigene oder zusätzliche Ergänzungen hinzugefügt, dann müssen diese vorab durch Kopieren nach außerhalb von `\emtex` gerettet werden, damit sie durch den Aufruf von `delete` nicht ebenfalls gelöscht werden. Ich habe mir zu diesem Zweck einen File mit dem Namen `myfiles.add` eingerichtet, in dem solche Ergänzungen mit ihrem vollen Pfad– und Filenamen protokolliert sind. Mit einer zusätzlichen Befehlsdatei `saveme.bat`, die auf `myfiles.add` zurückgreift, kann ich diesen Rettungsvorgang an den PC übertragen.

Vor dem Aufruf von `delete` sollten die Disketten mit der neuen Version mit dem Aufruf `pkunzip -t a:*` auf Korrektheit überprüft werden. Erst wenn sichergestellt ist, daß alle Disketten einwandfrei sind, sollte die bisherige Version gelöscht werden, da dann die Neuinstallation mit dem gegebenen Diskettensatz durchgeführt werden kann.

Das Programm `remove.exe` von `disk1` dient dazu, Einzelpakete von emTEX zu löschen. Die Namen dieser Einzelpakete sind in der Inhaltsangabe der 6 Disketten in `readme.`*spr* aufgelistet.

Nach einer Erstinstallation von emTEX wird die Ergänzung von Probeversionen aus `betatest` keine Schwierigkeit bereiten. Das Verzeichnis bzw. die Diskette `betatest` enthält neben den `.zip`–kodierten Probepaketen stets noch den File `README.TST`, dem weitere Informationen über die Probeversionen zu entnehmen sind.

7.7.4   LATEX auf PCs

Wurde emTEX auf dem PC eingerichtet, so steht LATEX nach der Installation unmittelbar zur Verfügung, da es Bestandteil von emTEX ist. Bei anderen TEX–Implementationen muß LATEX zusätzlich beschafft und eingerichtet werden. Es wurde an anderen Stellen bereits mehrfach gesagt, daß LATEX nur ein zusätzliches Makropaket darstellt, das statt des TEX–Formatfiles `plain.fmt` bereitgestellt und beim Aufruf des ausführbaren TEX–Programms `\tex` statt dessen hinzugefügt wird.

Formatfiles werden beim `tex`–Aufruf durch ein vorangestelltes `&`–Zeichen kenntlich gemacht. Der Bearbeitungsaufruf zur LATEX–Bearbeitung eines beliebigen Textfiles *lat_file* lautet damit

```
    tex &lplain lat_file
```

da der LATEX–Formatfile üblicherweise den Namen `lplain.fmt` trägt. Um den Bearbeitungsaufruf noch weiter zu vereinfachen, wird meistens eine kleine Befehlsdatei mit dem Namen `latex.bat` und dem Inhalt 'tex &lplain %1' o. ä. bereitgestellt, womit der Aufruf dann einfach 'latex *lat_file*' lautet.

Der LATEX–Formatfile wird mit INITEX aus den LATEX–Originalfiles `lplain.tex`, `latex.tex`, `lfonts.tex` und `hyphen.tex` erzeugt. Der Erzeugungsaufruf lautet:

```
    initex lplain \dump  bzw.  tex -i lplain \dump  bei emTEX
```

Für diesen Aufruf sollten die genannten Original–Quellenfiles entweder im momentanen Arbeitsverzeichnis oder in dem Verzeichnis, das üblicherweise mit einer DOS–Umgebungsvariablen `TEXINPUTS` oder ähnlichem Namen aufgeführt ist, untergebracht werden. Der File `lplain.tex` ist das LATEX–Äquivalent zum TEX–File `plain.tex`, aus dem es als Kopie entstanden ist. In `lplain.tex` sind einige Originaldefinitionen aus `plain.tex` herauskommentiert und teilweise durch eigene Makrodefinitionen ersetzt worden. Neben dem ursprünglichen Lesebefehl `\input hyphen` sind zwei weitere File–Einlesebefehle hinzugefügt worden, nämlich

> `\input latex` und `\input lfonts`

Bei der INITEX–Behandlung werden diese Files eingelesen und damit Bestandteil des erzeugten LATEX–Formatfiles `lplain.fmt`. Der File `latex.tex` stellt das LATEX–Grundprogramm dar. Die ursprünglichen Zeichensatzdefinitionen aus `plain.tex` wurden herauskommentiert. Die Zeichensatzdefinitionen für LATEX erfolgen statt dessen in `lfonts.tex`. Der erzeugte Formatfile `lplain.fmt` ist anschließend in dem Verzeichnis einzurichten, das mit der Umgebungsvariablen `TEXFORMATS` oder ähnlichem Namen gekennzeichnet ist.

Für die LATEX–Bearbeitung deutscher Texte wird gewöhnlich ein weiterer Formatfile mit dem Namen `lplaing.fmt` oder `glplain.fmt` bereitgestellt. Bei diesem wird der Trennmuster–Originalfile `hyphen.tex` durch einen äquivalenten deutschen Trennmusterfile ersetzt. Von Norbert Schwarz, Bochum, stammen zwei deutsche Trennmusterfiles mit den Namen `ghyphen.min` und `ghyphen.max`. Der erste ist für TEX–Implementationen auf PCs geeignet, die nur als lauffähige Programme vorliegen und bei denen die Originalwerte für den Pufferspeicher `trie_size` verwendet werden. Der andere Trennmusterfile ist größer und damit leistungsfähiger. Er setzt voraus, daß der Pufferspeicher `trie_size` vergrößert wurde, sei es vom Hersteller des lauffähigen Programms oder durch eigene Änderung in `tex.ch`.

Zur Erzeugung der deutschen Version für den Formatfile `lplaing.fmt` ist es am einfachsten, den gewünschten deutschsprachigen Trennmusterfile in `hyphen.tex` umzubenennen und den obigen Aufruf von INITEX für `lplain` nochmals zu wiederholen. Nach der Umbenenung wird mit `\input hyphen` nun der deutsche Trennmusterfile in den erzeugten Formatfile eingebunden. Dieser ist anschließend unter dem Namen `lplaing.fmt` in dem durch die Umgebungsvariable `TEXFORMATS` gekennzeichneten Verzeichnis einzurichten. Die Arbeitsaufrufe werden dann zweckmäßig durch zwei Befehlsdateien `latex.bat` und `glatex.bat` realisiert, mit denen der jeweils zutreffende Formatfile angesprochen wird.

TEX–Versionen ab 3.0 gestatten die Einbindung mehrerer Trennmusterfiles, zwischen denen während der LATEX–Bearbeitung mit dem neuen TEX–Befehl `\language` auf das jeweils gewünschte sprachspezifische Trennmuster umgeschaltet werden kann. Zur Nutzung dieser Möglichkeiten wird auf Anhang C.9.6, S. 308 und Anhang D.2.1, S. 319 verwiesen. Bei der Darstellung im erstgenannten Anhang für die erweiterten Zeichensätze ist der dort genannte File `ghyphen3.tex` durch einen der hier genannten `ghyphen.min` oder `ghyphen.max` zu ersetzen.

Zum LATEX–Programmpaket gehören weitere Stilfiles, die unter dem mit der Umgebungsvariablen `TEXINPUTS` gekennzeichneten Verzeichnis einzurichten sind. Zum Originalpaket gehören zwingend die Stilfiles

article.sty	art10.sty	art11.sty	art12.sty
book.sty	bk10.sty	bk11.sty	bk12.sty
report.sty	rep10.sty	rep11.sty	rep12.sty
bezier.sty	fleqn.sty	ifthen.sty	leqno.sty
letter.sty	makeidx.sty	proc.sty	openbib.sty
showidx.sty	proc.sty	showidx.sty	
titlepag.sty	twocolum.sty		

Tragen die in den ersten drei Zeilen genannten Stilfiles in ihren Kopfzeilen ein Erstellungsdatum vom 1. Dezember 1991 oder jünger, dann sind sie bereits für mehrsprachige Anwendungen angepaßt worden. Anderenfalls müssen für diesen Zweck die in Anhang D.2.2 rezeptartig beschriebenen Änderungen in diesen Stilfiles selbst vorgenommen werden.

Das LaTeX–Ergänzungsprogramm SLITEX (s. Anhang E) besteht aus dem Formatfile splain.fmt, der in gleicher Weise aus den Komponenten splain.tex, slitex.tex, sfonts.tex und hyphen.tex durch die INITEX–Behandlung von splain.tex gebildet wird. Als zusätzlicher Stilfile wird für SLITEX der File slides.sty bereitgestellt.

7.7.5   TeX für ATARI–Rechner

Für den Atari ST stehen mindestens zwei nicht–kommerzielle Versionen, und zwar eine PD– (Public Domain) und eine SW–Ausführung (Shareware), zur Verfügung. Beide können vom Stuttgarter Fileserver kopiert werden. Sie tragen dort die Namen (d. h. sie stehen dort in Unterverzeichnissen mit diesen Namen)

cs-tex für die PD–Version von Chr. Strunk
Lindner-Tex für die SW–Version von Stefan Lindner

Die PD–Version cs-tex ist sehr umfangreich. Sie besteht aus 8 komprimierten Disketten und schließt METAFONT ein. Parallel zu Lindner-TeX existiert das Unterverzeichnis

Birkhahn-Metafont mit der SW–Version von Lutz Birkhahn für das
METAFONT-System

das nicht Bestandteil von Lindner-TeX ist. DANTE–Mitglieder können die genannten PD– oder SW–Programmpakete auch als Disketten über DANTE e. V. beziehen. Nichtmitglieder können sich an die Programmautoren wenden, von denen sie gegen eine angemessene Bearbeitungsgebühr die Disketten und automatisch Mitteilungen über Updates erhalten:

SW–TeX	SW–METAFONT
Stefan Lindner	Lutz Birkhahn
Iltisstraße 3	Fürther Straße 6
8510 Fürth	8501 Cadolzburg 2

Die PD–Version von Chr. Strunk kann auch über Atari–PD–Versender als PD–Disketten Nr. 390–397, ST–Computer, beschafft werden. Beide TeX–Programmversionen arbeiten mit einer Shell, wobei diejenige zum Lindner–TeX von einigen Atari–Anwendern ganz besonders gelobt wird.

Hartmut Wiechern, Stade, hat beide TEX–Versionen verglichen und das Ergebnis in der DANTE–Vereinszeitschrift Heft 3, 1991 mit einem Nachtrag in Heft 4, 1991 veröffentlicht. Nach diesem Leistungsvergleich erweisen sich beide Versionen bezüglich der Rechengeschwindigkeit als nahezu gleichwertig. Der Lieferumfang von cs-tex ist dagegen deutlich größer als bei Lindner–TEX. Von Stefan Lindner können aber weitere TEX– und LATEX–Ergänzungen zusätzlich beschafft werden.

Auf dem Stuttgarter Fileserver befindet sich ein weiteres Unterverzeichnis mit dem Namen Ridderbusch-TeX, das eine weitere TEX–Version, einschließlich METAFONT, enthält. Da ich selbst über keinen Atari–Rechner verfüge, kann ich eigene Erfahrungen hierzu nicht beisteuern.

7.7.6 TEX für AMIGA–Rechner

Auf dem Stuttgarter Fileserver enthält das Verzeichnis /soft/tex/machines ein Unterverzeichnis mit dem Namen amiga, das eine TEX–Version für Amiga–Rechner bereitstellt. Diese kann für DANTE–Mitglieder zukünftig auch als Diskettensatz von DANTE e. V. bezogen werden. Die Disketten sind thematisch geordnet und im .zoo–Format gepackt. Jede Diskette ist mit dem zugehörigen Entpackungsprogramm und einer kleinen Textdatei mit Erläuterungen auf Deutsch versehen.

7.7.7 TEX für den MacIntosh

Die klassische PD–Version für den MacIntosh ist OzTEX. Der Programmautor ist Andrew Trevorrow, der das Programm in Modula–2 geschrieben und unter Verwendung eines WEB2Mod–Konverters an den Mac als selbständiges Programm angepaßt hat. Das gesamte Programmpaket besteht aus TEX 3.0, LATEX 2.09, einem Druckertreiber für PostScript–Drucker und einem Previewer. METAFONT gehört nicht zum Paketumfang von OzTEX.

Auf dem Stuttgarter Fileserver findet man OzTEX unter dem Unterverzeichnis gleichen Namens im Hauptverzeichnis /soft/tex/machines. DANTE–Mitglieder können es von DANTE e. V. oder gegen Einsendung von 10 formatierten HD–Disketten unter Beifügung eines Rücksende–Adreßaufklebers und des Rückportos vom DANTE–MacIntosh–Koordinator

Lothar Meyer–Lerbs
Am Rüten 100
2800 Bremen 33

beziehen.

Neben der PD–Version OzTEX gibt es die SW–Version DirectTEX. Sie stammt von Wilfried Ricken, Bochum, als C–Version aus den ursprünglichen WEB–Quellen. Die letzte Version umfaßt TEX 3.1 und METAFONT 2.7 sowie sämtliche sog. TEXware–Programme. Die Programme für TEX, BIGTEX und METAFONT gibt es in drei Versionen, die auf die spezielle Hardwareausstattung verschiedener MacIntosh–Maschinen zugeschnitten sind (68000–, 68020– und 68881– bzw. 68040–Prozessor).

DirectTEX setzt MPW (MacIntosh Programmer's Workshop) voraus. Man muß diese Entwicklerumgebung von Apple ggf. vorab beschaffen, d. h. von Apple das MPW Development Environment v.3.2 kaufen. Dann aber läuft DirectTEX ohne Probleme unter System 7.0.1 und erlaubt, längere TEX– und METAFONT–Läufe in den Hintergrund zu verlagern. Da MPW auch einen leistungsfähigen Editor bereitstellt, braucht man keinen zusätzlichen Texteditor. Die Benutzeroberfläche kann mit MPW weitgehend individualisiert und den Anwendergewohnheiten angepaßt werden. MPW erwartet mindestens 2 MB Hauptspeicher, für TEX werden aber 2.5–3 MB empfohlen.

DirectTEX wird demnächst auch auf dem Stuttgarter Fileserver zur Verfügung stehen. DANTE–Mitglieder können es unter Einsendung von ebenfalls 10 HD–Disketten von Lothar Meyer–Lerbs (s. o.) beziehen. Andere Interessenten müssen sich an den Programmautor wenden:

> Wilfried Ricken
> Blumenfeldstr. 4
> 4630 Bochum 1

Gegen eine Shareware–Bearbeitungsgebühr von 150.–DM erhält man von ihm eine an deutsche Verhältnisse angepaßte Version sowie Hilfe und Infos über neue Versionen.

Unter dem Namen *Textures* wird ein leistungsfähiges kommerzielles TEX–System mit einem integrierten Editor und Previewer angeboten. Das zugrunde liegende TEX–System entspricht BIGTEX 3.0. Jede soeben fertig übersetzte Seite erscheint sofort im Preview–Fenster und kann noch, während TEX weiterläuft, im Quellenkode korrigiert werden. Als Druckerzeichensätze werden keine .pk–Files, sondern die entsprechenden PostScript–kodierten Zeichensätze benutzt. Mit diesen kann man mit extrem geringem Plattenspeicherbedarf beliebige Schriftgrößen erzeugen, ohne sie mit METAFONT eigenständig zu generieren.

Die neueste TEX–Version von Blue Sky Research ist *Lightning Textures*. Dies soll ein nahezu echtes WYSIWYG (what you see is what you get) für TEX sein! Die Eingabe erscheint Zeichen für Zeichen nach der Firmenankündigung nahezu unmittelbar im Preview–Fenster, was mir angesichts der internen TEX–Abläufe für die Absatzformatierung eigentlich nicht vorstellbar erscheint. Aber auch die unmittelbare Preview–Ausgabe mit einer Verzögerung um einen Absatz bereits während der Eingabe wäre eine bewundernswerte Leistung.

Textures kann in Deutschland von verschiedenen Firmen, z. B. MID/Information Logistics Group GmbH, Ringstr. 19, 6900 Heidelberg 1, bezogen werden. Der Originallieferant ist: Blue Sky Research, 534 Southwest Third, Portland, Oregon 97204, USA, Tel. 001–503–222–9571 oder FAX 001–503–222–1643.

Kapitel 8

Miszellaneen

Dieses Kapitel enthält weitere Information über LaTeX–Möglichkeiten und Strukturen. Hierunter fallen so wichtige Anwendungen wie Aufteilung von Texten auf verschiedene Files und selektive Bearbeitung von Teiltexten, Kreuzbezüge zwischen Textstellen und Bezüge zu Bildern, Tabellen und Verzeichnissen.

8.1 Behandlung von Teildokumenten

Ein LaTeX–Textdokument besteht bekanntlich aus dem Vorspann und dem eigentlichen Textteil. Für kürzere Dokumente, und mit solchen beginnt man gewöhnlich als Newcomer, wird man hierfür mit dem Editor einen File anlegen, der nach einem ersten Ausdruck ggf. noch korrigiert werden muß. Mit zunehmender Erfahrung und Aufgabenstellung werden die LaTeX–Dokumente schnell länger, und es ist nur eine Frage der Zeit, bis der Anwender vor der Aufgabe steht, ein ganzes Buch oder sonstige Dokumente mit hundert und mehr Seiten zu erzeugen.

Solche langen Dokumente können nach wie vor in einem einzigen File angelegt werden, doch wird mit zunehmender Länge die Handhabung umständlicher und unübersichtlicher. LaTeX gestattet die Aufteilung von längeren Dokumenten auf verschiedene Files und deren Zusammenfügung erst zum Zeitpunkt der Bearbeitung.

8.1.1 Der "input" Befehl

Tritt in einem LaTeX–Dokument an irgendeiner Stelle der Befehl

   \input{$file\_n$}   oder   \input $file\_n$ (TeX)

auf, so wird der Inhalt des Files mit dem Namen $file\_n$.tex bei der LaTeX–Bearbeitung an der Stelle dieses Befehls eingefügt, unmittelbar nach dem vorangehenden Text und fortsetzend mit dem darauffolgenden Text. Im \input Befehl ist nur der Filegrundname $file\_n$, also Filename ohne die Endung .tex, anzugeben.

Das Ergebnis des \input Befehls ist also so, als hätte der in $file\_n$.tex stehende Text an der Stelle des Befehls im aufrufenden File gestanden. Der Befehl \input ist an beliebigen Stellen, sowohl im Vorspann wie im eigentlichen Textteil, erlaubt.

Da der \input Befehl auch im Vorspann stehen darf, kann der ganze Vorspann selbst in einen eigenen File gebracht werden, womit der LATEX–Bearbeitungsfile selbst ggf. nur aus \input Befehlen und dem \begin{document}...\end{document}–Paar besteht. Die Einrichtung eines eigenen Files für den Vorspann ist sehr praktisch, wenn man eine Reihe verschiedener, aber häufig wiederkehrender Bearbeitungstypen verwendet. Erzeugt man für jeden Bearbeitungstyp einen eigenen File, so kann man mit \input{*bearb_typ*} in einfacher Weise den jeweiligen Bearbeitungstyp wählen.

Ein durch \input eingelesener File darf seinerseits \input Befehle enthalten, womit innerhalb dieses Files bei der LATEX–Bearbeitung weitere Files eingefügt werden. Die Verschachtelungstiefe ist hierbei nur durch die Speicherkapazität des Rechners begrenzt.

Übung 8.1: *Bringen Sie den Vorspann Ihres Standardübungsfiles* uebung.tex *in einen eigenen File* vorspann.tex, *und splitten Sie den Textteil auf die drei Files* ueba.tex, uebb.tex *und* uebc.tex. *Wie muß nun Ihr Bearbeitungsfile aussehen, damit Ihr gesamter Übungstext durch* LATEX *behandelt wird?*

8.1.2   Der "include" Befehl

Die Aufteilung eines Dokuments in verschiedene Files ist zwar für die Erstellung, Änderung und Korrektur sehr praktisch, bei der Zusammenfügung mit \input wird jedoch das ganze Dokument, d. h. alle Teilfiles bei der LATEX–Bearbeitung neu behandelt, auch wenn eine Korrektur nur einen einzigen Teilfile betrifft. Wünschenswert wäre eine Möglichkeit, daß nur der korrigierte Teilfile neu bearbeitet wird. Dies ist in begrenztem Umfang durch den Befehl

   \include{*file_n*}

möglich. Dieser Befehl ist nur im Textteil erlaubt; im Vorspann wird er ergänzt durch den Befehl

   \includeonly{*file_liste*}

der nur im Vorspann auftreten darf. *file_liste* ist eine Liste von möglichen, durch Kommata getrennte Filenamen, die durch die \include Befehle eingefügt werden sollen.

Fehlt dieser Befehl im Vorspann oder tritt der Filename *file_n* in der *file_liste* auf, so ist der Befehl \include{*file_n*} identisch mit der Befehlsfolge

   \clearpage \input{*file_n*} \clearpage

Fehlt dagegen dieser Name in der Fileliste des \includeonly Befehls, so ist der Befehl \include identisch mit einem \clearpage. Eine Einfügung des Inhalts von *file_n* unterbleibt in diesem Fall.

Der Befehl \include ist damit weniger allgemein als der \input Befehl, da er stets mit einer neuen Seite beginnt. Die Aufteilung eines Dokuments auf mehrere Files sollte bei der Verwendung von \include sinnvollerweise nur an solchen Stellen erfolgen, an denen ein Seitenumbruch vorgesehen ist. Eine weitere Beschränkung liegt darin, daß \include Befehle nicht geschachtelt werden können. Ein durch \include eingelesener File darf also seinerseits keine weiteren \include Befehle enthalten. Weitere \input Befehle in einem solchen File sind dagegen erlaubt.

Der Nutzen des \include Befehls liegt darin, daß er eine selektive LaTeX–Bearbeitung gestattet, gesteuert durch den \includeonly Befehl im Vorspann. Bei dem selektiv bearbeiteten File werden die richtigen Seitennummern und alle sonstigen Nummern, wie Kapitel–, Abschnitts–, Fußnoten–, Gleichungsnummern u. a., erzeugt. Diese Werte entnimmt LaTeX aus der früheren Version, mit der das ganze Dokument einmal bearbeitet worden war.

Werden bei dem selektiv zu bearbeitenden File größere Änderungen vorgenommen, die zu mehr oder weniger Seiten führen, so werden diese zwar bei diesem File richtig erzeugt. Die anschließenden ausgeblendeten Files wissen von dieser Änderung jedoch nichts. Das gleiche gilt für sonstige Strukturen wie zusätzliche oder entfernte Kapitel, Abschnitte, Gleichungen, Fußnoten, Bilder u. a.

Endete z. B. *file_3* vor der selektiven Bearbeitung bei Seite 17 und nachher mit Seite 22, so beginnt der ausgeblendete folgende *file_4* nach wie vor bei Seite 18 und ebenso behalten alle weiteren nachfolgenden Files ihre ursprüngliche Seitennumerierung. Wird unmittelbar danach *file_4* selektiv bearbeitet, so erhält er die richtige Startseite 23 und die entsprechend korrigierten Folgeseiten. Wird dagegen als nächstes ein späterer File selektiv bearbeitet, z. B. *file_6* mit der ursprünglichen Startseite 91, so bleibt dies die Anfangsseite, da die Erhöhung der Seitennummern um 5 noch nicht bis hierher vorgedrungen ist. Entsprechendes gilt für alle sonstigen Strukturen, für die Zähler geführt werden.

Trotz dieses Mangels bleibt der \include Befehl sehr nützlich, weil er bei einem größeren Dokument erheblich Rechenzeit einspart. Bei einem langen Dokument ist die Entstehung und Korrektur im allgemeinen ein mehrstufiger Prozeß. Mit dem \include Befehl lassen sich in kurzer Zeit eine Vielzahl selektiver Änderungen erzeugen, auch wenn damit die einheitliche Numerierung der verschiedenen Zähler zunächst durcheinandergerät. Diese lassen sich durch einen abschließenden Bearbeitungsgang, bei dem alle Teilfiles bearbeitet werden (am einfachsten durch Deaktivierung des \includeonly Befehls im Vorspann), wieder korrekt richten.

Ein durch include einzulesender File darf keine \newcounter Befehle enthalten. Dies ist keine wirkliche Einschränkung, da \newcounter generell stets im Vorspann eingerichtet werden sollten.

Bei der Bearbeitung des Textes für dieses Buch war jedes Kapitel in einem eigenen File mit den Namen lat1.tex, lat2.tex, ... angelegt worden. Der eigentliche Bearbeitungsfile lautete dann

```
\documentstyle[german]{book}
    . . . . . . . . . . . . . . .
    \pagestyle{headings}
    \includeonly{...}
\begin{document}
    \include{toc} \include{lat1} . . . \include{lat7} . . .
\end{document}
```
wobei der File toc.tex aus der einzigen Zeile
\pagenumbering{roman}\tableofcontents \cleardoublepage \pagenumbering{arabic}
bestand. Mit der jeweiligen Eintragung im \includeonly Befehl konnte dann die jeweils gewünschte selektive Bearbeitung erfolgen: \includeonly{toc,lat3} hätte z. B. das Inhaltsverzeichnis und Kapitel 3 neu bearbeitet.

8.1.3   Terminal Ein– und Ausgabe

Gelegentlich kann es erwünscht sein, bei der LaTeX–Bearbeitung bestimmte Mitteilungen auf dem Bildschirm erscheinen zu lassen. Hierzu dient der Befehl

> `\typeout{`*nachricht*`}`

wobei *nachricht* für den Text steht, der auf dem Bildschirm erscheinen soll. Die Nachricht erscheint auf dem Bildschirm, wenn bei der Bearbeitung des Dokuments LaTeX diesen Befehl erreicht. Gleichzeitig wird der Inhalt von *nachricht* an dieser Stelle auch in das `.log` File geschrieben (s. 8.3).

Tritt innerhalb von *nachricht* ein benutzereigener Befehlsname auf, so wird dieser Befehl ausgeführt, und auf dem Bildschirm erscheint das Ergebnis dieser Befehlsausführung. Dasselbe gilt auch für LaTeX–eigene Befehle, doch sollte ggf. deren Folgewirkung bedacht werden. Wird dem Befehlsnamen der Befehl `\protect` vorangestellt, so erscheint einfach dieser Befehlsname als Text.

Der Befehl

> `\typein[\`*befehl*`]{`*nachricht*`}`

erzeugt auf dem Bildschirm zunächst ebenfalls den Inhalt von *nachricht*. Danach wartet LaTeX auf eine Benutzereingabe in Form einer Zeile, die durch die *Return–* Taste beendet wird. Fehlt bei diesem Befehl der optionale Parameter \ *befehl*, so wird der über die Tastatur eingegebene Text so behandelt, als hätte er an der Stelle des Befehls im Text gestanden. Auf diese Weise könnte man z. B. ein und denselben Brieftext mit verschiedenen Anreden versehen. Steht im Text

> `Liebe \typein{Name:}\\ ...`

so erscheint auf dem Bildschirm

```
┌─────────────────┐
│  Name:          │
│                 │
│                 │
│  \@typein=      │
└─────────────────┘
```
Wird bei einer wiederholten Bearbeitung hierauf nacheinander "Andrea", "Inge", "Margit" über die Tastatur eingegeben, so entstehen drei sonst gleiche Ausgaben, bei der an dieser Stelle jeweils "Liebe Andrea", "Liebe Inge" bzw. "Liebe Margit" steht.

Enthält `\typein` den optionalen Parameter \ *befehl*, so ist dieser Befehl gleichbedeutend mit der Befehlsfolge

> `\typeout{`*nachricht*`} \newcommand{\`*befehl*`}{`*eingetippte Definition*`}`
> bzw.
> `\typeout{`*nachricht*`} \renewcommand{\`*befehl*`}{`*geänderte Definition*`}`

Hiermit wird ein benutzereigener Befehl unter dem Namen \ *befehl* interaktiv definiert oder umdefiniert. Dieser kann dann im weiteren Verlauf des Dokuments wie jeder andere LaTeX–Befehl aufgerufen und zur Wirkung gebracht werden.

Nach einiger Erfahrung im Umgang mit LaTeX wird man feststellen, daß eine *interaktive* Bearbeitung mit dem `\typein` Befehl sehr praktisch sein kann. Steht z. B. im Vorspann

> `\typein[\files]{Welche Files ?}`
> `\includeonly{\files}`

so erscheint auf dem Bildschirm

```
Welche Files ?


\files=
```

und LATEX wartet auf die Eingabe der Filenamen (bei
mehreren durch Kommata getrennt) durch den Benutzer. Nach Eingabe der Namen über die Tastatur beginnt die Bearbeitung, ohne daß der aufrufende File
mit dem Editor geändert werden muß.

Und genau mit dieser Änderung gegenüber dem auf der vorletzten Seite abgedruckten
Code wurde der Text für dieses Buch auch tatsächlich bearbeitet.

Ein entsprechendes Verfahren würde sich auch anbieten, wenn derselbe Brieftext
an verschiedene Empfänger gehen soll. Hier würde man die Empfängeranschrift und
evtl. die Anredeform interaktiv bearbeiten. Aber auch ganze Formulare, die durch
LATEX erzeugt werden, lassen sich auf diese Weise mit den variablen Einträgen versehen. Im Hause des Autors werden so z. B. alle Bestellungen mit einem einmal
entworfenen einheitlichen Bestellformular interaktiv ausgeführt.

Achtung: Der Befehl \typein darf nicht als Argument in einem anderen LATEX–
Befehl auftauchen! In Umgebungen, z. B. einer Minipage, ist \typein dagegen erlaubt.

Übung 8.2: Ändern Sie die Übung 8.1 so ab, daß Ihre Textfiles ueba.tex, uebb.tex *und*
uebc.tex *mit* \include *Befehlen eingelesen werden, und steuern Sie interaktiv, welche Teilfiles bearbeitet werden sollen.*

Übung 8.3: Erzeugen Sie Ausdrucke von der Form

Urkunde

Olympische Frühjahrsspiele
Vilshofen 1988

Fingerhakeln am Tresen

Gold	J. R. Strauß	BAV	7999.9	Punkte
Silber	M. Gorbatim	USR	7777.7	Punkte
Bronze	H. D. Gentler	FRG	7250.0	Punkte

derart, daß auf Ihrem Bildschirm nacheinander erscheint

Nachricht	*Befehl*	=	*Eingabe*
Sportart:	\@typein=		Fingerhakeln am Tresen
Maßeinheit:	\mass	=	Punkte
Gold:	\@typein=		J. R. Strauß
Nation	\@typein=		BAV
Wert:	\@typein=		7999.9
Silber:	\@typein=		M. Gorbatim
. . .	. . .	=	. . .

*und die entsprechenden Eintragungen interaktiv vorgenommen werden. Um den obigen Aus-
druck zu erzeugen, wäre der Text der 3. Spalte als Antwort einzugeben. Wiederholen Sie
das Programm mit verschiedenen weiteren Eintragungen. Ihrer Phantasie sind keine Grenzen
gesetzt.*

8.1.4 TEX–Befehle

Die rasche Zunahme von TEX–Anwendungen ist ganz wesentlich durch die Bereitstellung von LATEX gefördert worden. Dies ist vielen LATEX–Nutzern oft gar nicht so
richtig klar. Sie halten LATEX gelegentlich für ein eigenes ausführbares Programm,
als Alternative zu TEX. Tatsächlich ist LATEX nur ein zwischen dem Anwender und
dem ausführenden TEX–Programm geschaltetes Werkzeug, das die Nutzung von TEX
ungemein erleichtert. Es *übersetzt* die angegebenen logischen Strukturen in die gestaltenden TEX–Befehle und läßt diese durch den internen Aufruf von TEX von diesem
weiterbearbeiten.

Damit lassen sich reine TEX–Befehle auch aus LATEX heraus aufrufen. Dies gilt un-
eingeschränkt für alle TEX–Grundbefehle. Neben den rund 300 Grundbefehlen kennt
TEX ca. 600 weitere Befehle, die als Makros in `plain.tex` definiert sind. Strukturell
unterscheidet sich LATEX von TEX während der Bearbeitung nur dadurch, daß statt
der Einbindung des originären TEX–Formatfiles `plain.fmt` der LATEX–Formatfile
`lplain.fmt` verwendet wird. Da in `lplain.tex` die meisten, aber nicht alle, Makrodefinitionen aus `plain.tex` kopiert sind, können auch diese TEX–Makrobefehle
aus LATEX heraus aufgerufen werden.

Auf S. 419 ist aufgeführt, welche TEX–Makrodefinitionen in LATEX unbekannt oder
geändert sind. Nur diese Befehle können aus LATEX nicht oder nur mit einer anderen
Wirkung verwendet werden.

8.1.5 Der "special" Befehl

Der TEX–Befehl `\special{`*eintrag*`}` hat für die TEX–Bearbeitung eine besondere Aufgabe, nämlich gar keine! Dem Befehl kann als Argument für *eintrag* eine beliebige
Text– oder Befehlsfolge übergeben werden. Diese bleibt von der TEX–Bearbeitung
vollständig ausgeschlossen, sie wird unverändert, aber mit dem Hinweis der *Beson-*
derheit, an den `.dvi`–File weitergegeben. Es ist allein Aufgabe des Drucker–Treibers,
den übergebenen Inhalt von *eintrag* zu interpretieren und druckerspezifisch zu verarbeiten.

Eine mögliche Aufgabe für den `\special` Befehl könnte z. B. darin liegen, mit der
Angabe `\special{landscape}` dem Drucker mitzuteilen, daß er für die nachfolgende
Ausgabe auf *Querformat* umschalten soll. Es hängt ausschließlich vom Druckertreiber
ab, ob er das übergebene Argument des `\special` Befehls interpretieren und die
geforderte Aktion dem Drucker vermitteln kann. Die Wirkung des `\special` Befehls
ist damit in höchstem Maße geräteabhängig.

Eine andere, häufig gewünschte Forderung ist die Einbindung von Grafiken oder
Plotfiles, die aus einem Scanner oder einem Plotprogramm stammen, in die TEX–
bzw. LATEX–Bearbeitung. Auch dies ist im Prinzip mit einem `\special` Befehl zu
realisieren, z. B. als

   `\special{graphic` *plot_file_name*`}`

falls der Druckertreiber das übergebene Argument dahingehend interpretiert, den File
mit dem übergebenen Namen einzulesen, den Drucker in den Grafik–Modus umzuschalten und diese Grafik in den umgebenden Text einzufügen. Hierüber muß und
kann nur die Dokumentation über den jeweiligen Druckertreiber Auskunft geben.

8.2 Textbezüge

In längeren Texten wird häufig auf bestimmte Textstrukturen wie Bilder, Tabellen, Kapitel, Abschnitte oder bestimmte Textstellen Bezug genommen. Die Erstellung eines Indexregisters ist eine Bezugnahme auf ggf. viele gleiche Begriffe im Text. Solche Bezugnahmen waren in der Vergangenheit für den Autor und seine Sekretärin ein mühsames Geschäft. Die Erstellung eines Indexregisters wurde von vielen Autoren gescheut und unterblieb darum häufig.

Bezugnahmen auf zurückliegenden Text mit Seitenangaben sind zwar mühsam, doch noch machbar. Bezugnahmen auf späteren, noch nicht geschriebenen Text sind nur auf Überschriftnummern, nicht dagegen auf Seitennummern möglich, da letztere noch nicht bekannt sind. Solche Bezüge müßten später nachgetragen werden.

Die Erstellung eines Buches ist im allgemeinen ein wachsender und sich häufig wandelnder Prozeß. Nach der ersten Manuskriptversion wünscht der Autor — oft aufgrund sachverständiger Ratschläge — Änderungen, die von umfangreichen Ergänzungen oder Streichungen bis zu Umstellungen ganzer Abschnitte oder gar Kapitel reichen. Damit wird die bisherige Arbeit zur Erstellung der Bezüge zum Teil nutzlos und muß von neuem beginnen.

Mit LaTeX gehört die geschilderte Situation der Vergangenheit an. Welche Änderungen und Umstellungen der Autor auch immer wünscht, die Information zur richtigen Erstellung der Bezüge wird von LaTeX ermittelt und an den vom Benutzer gewünschten Stellen eingetragen.

8.2.1 Querverweise

Mit dem Befehl

\label{*markierung*}

wird an der Stelle dieses Befehls im Text eine *unsichtbare* Markierung angebracht, auf die an beliebigen anderen Stellen Bezug genommen werden kann. Der Eintrag für *markierung* kann eine beliebige Kombination von Buchstaben, Zahlen und Zeichen[1] sein.

Mit dem Befehl

\pageref{*markierung*}

kann auf die markierte Stelle Bezug genommen werden, und zwar erzeugt dieser Befehl an der Stelle seines Auftretens die Seitennummer der *markierten* Textstelle.

Tritt der Befehl \label nach einem Gliederungsbefehl oder in einer equation, eqnarray, figure, table oder enumerate Umgebung oder in einer durch den Befehl \newtheorem geschaffenen Umgebung auf, so kann mit dem Befehl

\ref{*markierung*}

die entsprechende Gliederungs–, Gleichungs–, Bild– oder Tabellennummer ausgedruckt werden. Bei der enumerate Umgebung ist das der Wert des Item, innerhalb

---

[1]Dies dürfen allerdings keine der Einzeichenbefehle \ # $ % & ˜ ^ _ { } sein.

dessen der `\label` Befehl steht. Bei einer durch `\newtheorem` geschaffenen Umgebung ist es der Stand des zugehörigen Theorem–Zählers. Bei dem Satz von Bolzano–Weierstraß auf Seite 63 wurde z. B. die Markierung `bo-wei` durch

```
\begin{satz}[Bolzano--Weierstra\3] \label{bo-wei} ... \end{satz}
```

angebracht. Mit dem Text `Satz \ref{bo-wei} auf Seite \pageref{bo-wei}`
an dieser Stelle wird "Satz 1 auf Seite 63" erzeugt und
`zu Tabelle \ref{etat87} auf Seite \pageref{etat87} siehe auch \ref{fig+tab}`
erzeugt entsprechend "zu Tabelle 6.1 auf Seite 146 siehe auch 6.6.5", da im Unterabschnitt 6.6.5 die Markierung `\label{fig+tab}` steht.

Der Markierungsbefehl `\label` darf nicht in einem Gliederungsbefehl selbst stehen, um auf die zugehörige Gliederungsnummer zu verweisen. Er muß statt dessen irgendwo innerhalb des entsprechenden Gliederungstextes stehen. Da Gliederungen jedoch meistens ineinander verschachtelt sind, bezieht sich ein solches Label auf die innerste Gliederung, in der es steht. Um Irrtümer zu vermeiden, empfehle ich, die zugehörigen `\label` Befehle stets unmittelbar nach den jeweiligen Gliederungsbefehlen anzubringen.

Das Anbringen einer unsichtbaren Markierung durch den `\label` Befehl ist eine bildliche Beschreibung zum Verständnis des Zusammenwirkens der `\label` Markierungen und Bezüge hierauf durch die `\ref` und `\pageref` Befehle. Intern handhabt LATEX dieses Zusammenwirken in folgender Weise: Mit jedem `\label` Befehl wird der Markierungsname (das ist die Buchstaben–, Zahlen– und Zeichenkombination) zusammen mit der momentanen Seitennummer und dem Zählerstand des zugehörigen Zählers in einen File mit dem Grundnamen und der Endung `.aux` geschrieben.

Beim Auftreten eines `\ref` bzw. `\pageref` Befehls wird die gewünschte Information dem `.aux` Hilfsfile entnommen. Das zweistufige Verfahren ist dasselbe wie für die Erzeugung eines Inhaltsverzeichnisses (s. 3.4). Genau wie für das Inhaltsverzeichnis existiert bei der allerersten Bearbeitung hier noch kein `.aux` File, so daß die Bezüge hierbei noch nicht hergestellt werden können. Mit jeder weiteren Bearbeitung wird dann jedoch die Eintragung der jeweils vorangegangenen Bearbeitung für die Herstellung der Bezüge benutzt. Dies macht es ggf. erforderlich, die letzte Version zweimal mit LATEX zu bearbeiten, insbesondere wenn zwischen der letzten und vorletzten Version größere Änderungen erfolgt waren.

8.2.2   Bezüge zum Literaturverzeichnis

Die Erzeugung eines Literaturverzeichnisses sowie Textbezüge hierauf wurden bereits in 4.3.6 behandelt. Die Wiederholung erfolgt hier im Zusammenhang mit den Textbezügen im Grundsätzlichen. Das Literaturverzeichnis wird angelegt mit der Umgebung und den Eintragungen

```
\begin{thebibliography}{muster_marke}
  \bibitem[marke_1]{bezug_1} eintrag_text_1
  \bibitem[marke_2]{bezug_2} eintrag_text_2
   . . . . . . . . . . . . .
\end{thebibliography}
```

Die Bedeutung der einzelnen Parameter ist in 4.3.6 ausführlich erklärt und soll bis auf die Bezugsmarkierung hier nicht wiederholt werden. *bezug* hat dieselbe Bedeutung wie *markierung* beim \label Befehl. Auch hier ist eine beliebige Kombination von Buchstaben, Ziffern und Zeichen, jedoch mit Ausnahme des Kommas, zulässig. Auf diese Bezugsmarkierung kann innerhalb des laufenden Textes mit

> \cite[*zusatz_text*]{*bezug*}

verwiesen werden, womit im laufenden Text die jeweilige \bibitem Marke in eckigen Klammern erscheint.

```
F"ur eine vertiefte Kenntnis von \LaTeX\ und \TeX\
s.~\cite{la} und \cite{kn.a,kn.b}.
```

erzeugt im laufenden Text:

Für eine vertiefte Kenntnis von LATEX und TEX s. [1] und [6a, 6b].

da als Bezugsmarkierung an den entsprechenden Stellen la, kn.a und kn.b gesetzt worden war.

Wird im \cite Befehl der optionale Parameter *zusatz_text* benutzt, so erscheint dieser Zusatztext hinter der Markierung, aber noch in den eckigen Klammern

```
Die Erzeugung von Literaturdatenbanken ist in \cite[Anhang B]{la}, das
Programm {\sc Bib}\TeX\ selbst in \cite[Seiten 74,75]{la} beschrieben.
```

Die Erzeugung von Literaturdatenbanken ist in [1, Anhang B], das Programm BIBTEX selbst in [1, Seiten 74,75] beschrieben.

Mit der thebibliography Umgebung wird vom Benutzer ein Literaturverzeichnis durch entsprechende Eintragungen bei den \bibitem Befehlen angelegt. Daneben gibt es ein eigenes Programm BIBTEX, das auf eine oder mehrere Literaturdatenbanken zurückgreift und das ein Literaturverzeichnis aus den \cite Bezügen selbst erzeugt. Hierzu müssen natürlich die Bezugswörter der Literaturdatenbanken bekannt sein.

In das erzeugte Literaturverzeichnis können auch Eintragungen erfolgen, auf die im Text kein Bezug genommen wird. Dies geschieht innerhalb des Textes mit

> \nocite{*bezug_i, bezug_j, ...*}

Befehlen, wobei *bezug_i, bezug_j, ...* weitere Bezugswörter aus der Literaturdatenbank sind. Das Literaturverzeichnis selbst wird mit dem Befehl

> \bibliography{*datenbank_a,datenbank_b, ...*}

erzeugt, wobei *datenbank_a, datenbank_b, ...* die Grundnamen von Files sind, die Literaturdatenbanken enthalten. Diese Filenamen müssen neben dem Grundnamen die Endung .bib enthalten.

Im Anhang B ist beschrieben, wie solche Literaturdatenbanken angelegt werden können und welche Eigenschaften das Programm BIBTEX im einzelnen besitzt. Die Wechselwirkung zwischen LATEX und BIBTEX geht aus 8.3 hervor. Hier muß nach jeder LATEX–Bearbeitung zunächst das Programm BIBTEX zusammen mit demselben Filegrundnamen aufgerufen werden. Nach *zwei* erneuten LATEX–Bearbeitungen erscheint dann das Literaturverzeichnis an der Stelle des obigen \bibliography Befehls.

8.2.3   Indexregister

LaTeX erzeugt zwar nicht automatisch, wie etwa beim Inhaltsverzeichnis, ein Indexregister (Stichwortverzeichnis), aber es unterstützt den Anwender bei der Erstellung
eines Indexregisters.

Die Formatierung eines Indexregisters erfolgt mit der Umgebung

   `\begin{theindex}` *index_eintragungen* `end{theindex}`

die eine zweispaltige Seitenformatierung mit der Kopfzeile *INDEX* bewirkt. Die erste Seite des Indexregisters erhält zusätzlich als Überschrift das Wort **Index**, und
zwar beim Dokumentstil `book` und `report` in Größe der Kapitelüberschriften und bei
`article` in Größe der Abschnittsüberschriften (`section`). Die einzelnen Eintragungen
erfolgen mit den Befehlen

   `\item, \subitem` oder `\subsubitem` bzw.   `\indexspace`

gefolgt von der Eintragung des Indexwortes mit den Seitenzahlen, z. B.

Gliederungsbefehle 18	`\item Gliederungsbefehle 18`
als eigene Files 114	`\subitem als eigene Files 114`
Textreferenzen auf 117, 118	`\subitem Textreferenzen auf 117, 118`
mit Gliederungsnummern 117	`\subsubitem mit Gliederungsnummern 117`
mit Seitenzahlen 117	`\subsubitem mit Seitenzahlen 117`
Aufnahme der Überschrift ins Inhalts	`\subitem Aufnahme der "Uberschrift ins`
verzeichnis 20, 21	`    Inhaltsverzeichnis 20, 21`
	`\indexspace`
Hervorhebungen 29–66	`\item Hervorhebungen 29--66`

Reicht der Eintrag über die Spaltenbreite hinaus, so wird die Zeile gebrochen und
die Fortsetzungszeilen erscheinen tiefer eingerückt als alle sonstigen Eintragungen:
s. "Aufnahme der Überschrift ins Inhaltsverzeichnis 20,21". Der Befehl `\indexspace`
erzeugt im Indexregister eine Leerzeile.

Die `theindex` Umgebung bewirkt nur eine geeignete Formatierung für das Indexregister. Die Eintragung der einzelnen Indexwörter mit Angabe der Seitenzahlen
muß vom Anwender selbst vorgenommen werden. Hierbei kann LaTeX jedoch Unterstützung leisten.

Im laufenden Text können an beliebigen Stellen

   `\index{`*index_eintrag*`}`

Befehle eingetragen werden. Als *index_eintrag* sollte der jeweilige Begriff oder die
Wortgruppe gewählt werden, die später im Indexregister stehen soll. Dies kann jede
Kombination von Buchstaben, Ziffern und Zeichen, einschließlich Leerzeichen und
Befehlszeichen sein. Für *index_eintrag* kann damit auch jedes Befehlswort stehen, z. B.
`\index{\section}, \index{\[}` oder `{%}`. Auch der als Argument grundsätzlich verbotene Befehl `\verb` darf als Indexargument benutzt werden. Enthält *index_eintrag*
irgendwelche Befehlssymbole, so darf der `\index` Befehl mit diesem Eintrag *nicht* als
Argument in einem anderen Befehl stehen. Enthält *index_eintrag* eine öffnende geschweifte Klammer {, so muß zwingend auch die zugehörige schließende Klammer }
auftreten. `\index{\{}` ist also nicht erlaubt, sondern nur `\index{\{\}}`.

Die `\index` Befehle werden bei der LaTeX–Bearbeitung ignoriert, es sei denn, daß im Vorspann der Befehl

`\makeindex`

steht. Mit diesem Befehl wird bei der LaTeX–Bearbeitung ein File mit dem Grundnamen des Dokuments und dem Anhang `.idx` angelegt. In diesen File wird mit jedem Auftreten eines `\index` Befehls der jeweilige *index_eintrag* zusammen mit der zugehörigen Seitennummer in der Form

`\indexentry{`*index_eintrag*`}{`*seitennummer*`}`

eingetragen. Der .idx File kann im einfachsten Fall ausgedruckt werden und liefert dem Anwender eine Liste mit den Namen der Indexeintragungen und den zugehörigen Seitenzahlen. Mit dieser Liste können dann die Eintragungen bei der `theindex` Umgebung vorgenommen werden. Diese Arbeit sollte erst nach der endgültigen Version des Dokuments vorgenommen werden, da sich bis dahin die Zuordnung der Seitenzahlen zu den diversen Indexeintragungen noch ändern kann und damit die zugehörigen Eintragungen in der `theindex` Umgebung entsprechend zu ändern wären.

Das LaTeX–Programmpaket enthält einen File `idx.tex`. Damit können die `.idx` Files für eine bessere Lesbarkeit aufbereitet werden. Die Anwendung von LaTeX auf `idx.tex`, also der Rechnerbefehl `latex idx`, erzeugt auf dem Bildschirm zunächst die Mitteilung:

```
********************************
* Enter idx file's first Name. *
********************************

\filename=
```

Nach Beantwortung, also der Angabe des Dokumentgrundnamens, wird der zugehörige `.idx` File so bearbeitet, daß für jede Seite ein zweispaltiges Verzeichnis mit den auf dieser Seite angebrachten Indexeintragungen erzeugt wird. Der Ausdruck des erzeugten `idx.tex` Files liefert eine übersichtlichere Form der Informationen, die zur Ausfüllung der `theindex` Umgebung benötigt werden.

Auch wenn die `\index` Befehle ohne den Befehl `\makeindex` im Vorspann ohne Wirkung bleiben, empfiehlt es sich, die `\index` Befehle bereits mit dem Beginn der Dokumenterstellung an den gewünschten Stellen anzubringen. Der Befehl `\makeindex` zur Erzeugung des `.idx` Files sollte erst dann im Vorspann eingerichtet werden, wenn die endgültige Dokumentversion vorliegt. Anschließend kann die `theindex`–Umgebung mit den Angaben aus den `.idx` oder `idx.dvi` Files eingerichtet werden. Dies ist mühsam und verlangt umfangreiche Sichtungs– und Sortiervorgänge, da die `\item`, `\subitem` und `\subsubitem` Befehle in lexikalischer Ordnung bezüglich ihrer Texteinträge anzuordnen sind.

Bei vielen Installationen existierten weitere Hilfsprogramme zur Bearbeitung dex `.idx` Files bis hin zur automatischen Erstellung der `theindex` Umgebung. Der nächste Abschnitt beschreibt ein solches Werkzeug.

Zum LaTeX–Programmpaket gehört die Dokumentstiloption `showidx`. Wird diese Option im `\documentstyle` Befehl angegeben, so werden die Indexeinträge der einzelnen Seiten als Randnotiz, oben auf der Seite beginnend, ausgegeben. Diese Option ist nützlich, wenn der Text vor der endgültigen Erstellung des Indexregisters durchmustert werden soll, um festzustellen, ob die Eintragungen an den richtigen Stellen eingesetzt wurden und ob ggf. Verschiebungen oder weitere Einträge erforderlich sind.

Für die Option `showidx` ist es ist empfehlenswert, die Breite der Randboxen mit der Erklärung `\marginparwidth` (s. 4.9.7) im Vorspann gegenüber dem Standardwert zu vergrößern. Das vorliegende Buchformat läßt eine Demonstration leider nicht zu.

8.2.4 Glossary

Ein "Glossary" ist ein Spezialverzeichnis, z. B. eine alphabetische Anordnung der
verwendeten Grundbegriffe nebst Erläuterungen. Zur Erstellung eines Glossary bietet LaTeX mit den Befehlen

> \makeglossary   im Vorspann und
> \glossary{*glossary_eintrag*}   im Textteil

eine ähnliche Unterstützung wie bei der Erstellung eines Indexregisters: Es wird ein
Hilfsfile mit der Endung .glo erzeugt, der genau dem .idx File entspricht. Ebenso
entspricht der Befehl \makeglossary dem \makeindex und \glossary dem \index.
Jeder \glossary Befehl erzeugt im .glo File einen Eintrag der Form

> \glossaryentry{*glossary_eintrag*}{*seitennummer*}

Mit der Information aus dem .glo File kann dann ein Glossary erstellt werden.
Hierfür existiert allerdings kein Pendant zur theindex Umgebung. Eine geeignete
Struktur zur Erzeugung eines Glossary ist z. B. die description Umgebung (s. 4.3.3)
oder eine spezielle list Umgebung (s. 4.4).

8.3 MakeIndex — ein Stichwortprozessor

Die mühsame manuelle Erstellung der theindex Umgebung zur Erzeugung eines Indexregisters entfällt, wenn das Programm MakeIndex zur Verfügung steht. Es stammt
von Pehong Chen mit Unterstützung durch Leslie Lamport. Seine Anwendung wird
hier in Kurzform vorgestellt. [3] enthält eine ausführlichere Beschreibung.

Das Programm MakeIndex verarbeitet den .idx–File und erzeugt einen File mit
dem Grundnamen des Dokuments und dem Anhang .ind. Dieser enthält die vollständige theindex Umgebung. Der Programmaufruf lautet einfach

> makeindex *grundname*.idx oder auch nur makeindex *grundname*

Eine anschließende LaTeX–Bearbeitung erzeugt das Indexregister an der Stelle des
Befehls \printindex. Dieser Befehl wird, zusammen mit dem Befehl \see, mit dem
kurzen File makeidx.sty bereitgestellt. Die Erzeugung des Indexregisters setzt damit
die Optionsangabe makeidx in \documentstyle voraus.

Das Programm MakeIndex erwartet die Einträge bei den \index Befehlen in einer
der drei Formen

> \index{*haupt_eintrag*}
> \index{*haupt_eintrag*!*sub_eintrag*}
> \index{*haupt_eintrag*!*sub_eintrag*!*sub_sub_eintrag*}

Die einzelnen Haupt– und Untereinträge dürfen beliebige Zeichen mit Ausnahme von
'!', '@' und '|' enthalten. Das Ausrufezeichen wird als Trennzeichen zwischen den Eintragfeldern interpretiert. Enthält der \index Befehl nur einen Haupteintrag, so wird
dieser Text für den \item Befehl verwendet. Die \item Befehle werden in der erzeugten theindex Umgebung in alphabetischer Ordnung entsprechend dem Eintragtext
angeordnet.

Erfolgte der Indexeintrag in der zweiten Form, so wird der Text von *sub_eintrag* für den \subitem Befehl benutzt und dieser in alphabetischer Reihenfolge für den Text von *sub_eintrag* dem zugehörigen Haupteintrag zugeordnet. Ein Indexeintrag der dritten Form benutzt den Text von *sub_sub_eintrag* für den \subsubitem Befehl und ordnet diesen alphabetisch geordnet dem \subitem Eintrag zu.

Die Haupt– und Untereinträge dürfen auch in der Form *lex_eintrag@druck_eintrag* erfolgen. Dies hat zur Folge, daß als Text für die \item, \subitem bzw. \subsubitem Befehle der Inhalt von *druck_eintrag* erscheint. Die Anordnung dieser Befehle, also ihre Reihenfolge, ist durch den lexikalischen Wert von *lex_eintrag* bestimmt. Das Stichwortverzeichnis dieses Buches ist ein Produkt von MakeIndex. Die Anordung der Befehle in der lexikalischen Ordnung ihrer Namen ohne die vorangehende Befehlskennzeichnung mit \ erfolgt durch Einträge wie \index{put@\verb=\put=}.

Haupt– und Untereinträge dürfen mit den Zeichensequenzen |(und |) abschließen. Dies bewirkt bei den Seitenangaben für das zugeordnete Indexwort eine *von–bis* Angabe. Mit

> \index{Bilder!abspeichern|(}   auf Seite 136 und
> \index{Bilder!abspeichern|)}   auf Seite 138

erscheint der Untereintrag "abspeichern" zum Haupteintrag "Bilder" mit der Seitenangabe 136–138. Ein Indexeintrag kann auch mit |see(*verweis*) abgeschlossen werden:

> \index{Sollwert|see{elastische Ma\3e}}

erzeugt im Indexregister den Eintrag "Sollwert, *siehe* elastische Maße".

Die drei Zeichen !, @ und | haben für MakeIndex die beschriebene Sonderfunktion. Sollen sie ausnahmsweise als *Textzeichen* im Indexregister erscheinen, so sind sie zu *maskieren*. Als Maskierungszeichen verwendet MakeIndex die Anführungsstriche. Mit der Angabe "! verliert das Ausrufezeichen seine Bedeutung als Trennzeichen und erscheint als '!' im Indexregister.

Die Sonderbedeutung der Anführungszeichen wird durch deren Maskierung, also durch "", aufgehoben. Damit die Anführungszeichen in Indexeinträgen ihre Befehlsfunktion bei der Verwendung von german.sty zurückerhalten, sind sie dort stets doppelt zu schreiben. Das Stichwortverzeichnis dieses Buches enthält ziemlich am Anfang den Eintrag "@–Ausdrücke, 17, 75,...". Der erste Indexintrag hierzu lautete

> \index{"@--Ausdr""ucke}

Beim zweiten Eintrag erscheint die zugehörige Seitenangabe unterstrichen. Dies wurde durch einen Indexeintrag der Form

> \index{"@--Ausdr""ucke|uu}

erreicht, wobei mit \newcommand{\uu}[1]{\underline{#1}} im Vorspann \uu definiert worden war. Achtung: Der Querstrich | vor uu im Indexeintrag ist kein Druckfehler. Soll ein LaTeX–Befehl als Indexeintrag seine *Befehlswirkung* entfalten, so muß dort statt des Befehlszeichens \ der Querstrich verwendet werden. Eine Begründung für diese Eigenwilligkeit muß hier entfallen.

In gleicher Weise könnte mit der Definition \newcommand{\ii}[1]{{\it#1}} oder \newcommand{\bb}[1]{{\bf#1}} und dem Abschluß des Indexeintrages mit |ii oder |bb die Seitenangabe mit kursiven bzw. fetten Zahlen erreicht werden.

Die Sortierordnung im Indexregister erfolgt standardmäßig nach der ASCII–Ordnung in der Reihenfolge *Zeichen*, *Zahlen* und *Buchstaben* und hier bei Gleichheit *groß* vor *klein*. Dabei werden Leerzeichen in das Ordnungschema einbezogen.

MakeIndex gestattet beim Aufruf Optionsangaben in Form eines Optionskennbuchstaben, dem ein Minuszeichen vorangestellt wird, z. B.

    makeindex -g -l *grundname*

Die wichtigsten Optionen sind:

-l   Leerzeichen bleiben beim Sortiervorgang unberücksichtigt. (Letter ordering)

-c   Voran– oder nachgestellte Leerzeichen bleiben beim Sortiervorgang unberücksichtigt. Mehrfache Leerzeichen innerhalb des Eintrages werden beim Sortiervorgang als einfaches Leerzeichen betrachtet. (Compress blanks)

-g   Deutsches Ordnungsschema gemäß DIN 5007 in der Reihenfolge *Zeichen*, *Buchstaben* (bei Gleichheit *klein* vor *groß*) und *Zahlen*. Umlaute, die mit "u eingegeben sind, werden als ae, oe bzw. ue geordnet, aber als Umlaut ausgegeben. Das mit "s eingegebene ß erscheint in der Ordnung bei ss. Voraussetzung: Verwendung von german.sty und eines Formatänderungsfiles. (German ordering)

-s   gefolgt von dem Namen eines sog. *Formatänderungsfiles*, das zusätzlich eingelesen wird. (Style declaration)

Die Option -s bewirkt die Einbeziehung eines Formatänderungsfiles, mit dem die Bearbeitungseigenschaften von MakeIndex weitgehend gesteuert und verändert werden können. So können z. B. die Sonderzeichen !, @, | und das Maskierungszeichen " in ihrer Bedeutung durch andere Zeichen ersetzt werden, womit die ursprünglichen Sonderzeichen als normale Zeichen betrachtet werden. Bei deutschen Texten empfiehlt es sich dringend, als Maskierungszeichen nicht ", sondern ein anderes Zeichen wie = zu verwenden, um die Sonderbedeutung von " aus german.sty zu erhalten.

Ein Formatänderungsfile besteht aus einer Liste von Paaren der Form *Schlüsselwort Attribut*. Das Attribut besteht entweder aus einem *Einzelzeichen* als 'z' oder aus einer *Zeichenkette* als "zk". Einzelzeichen sind also mit einfachen Hochstrichen, Zeichenketten mit doppelten Hochstrichen (Apostroph) einzuschließen. Die wichtigsten Schlüsselwörter sind (mit dem Beispiel der Standardattribute):

quote   '"' bestimmt das Maskierungszeichen. Mit quote '=' würde das Gleichheitszeichen die Rolle des Maskierungszeichens annehmen.

level   '!' bestimmt das Trennzeichen für die Untereinträge.

actual   '@' bestimmt das lexikalische Zuordnungzeichen.

encap   '|' bestimmt das Pseudobefehlszeichen für die Seitenzahlformatierung.

Für weitere Aufrufoptionen sowie Schlüsselwörter eines Formatänderungsfiles verweise ich auf die dem Programmpaket von MakeIndex beigefügte Dokumentation. Diese enthält den File manpages.dvi, der über den lokalen .dvi–Treiber ausgedruckt werden kann. Er enthält die Dokumentation über MakeIndex in Form der Befehlsdokumentation der UNIX–Referenz–Manuale. Weitere Dokumentation kann mit der LaTeX–Bearbeitung von makeindex.tex und ind.tex bereitgestellt werden. makindex.tex enthält eine Kurzbeschreibung von Leslie Lamport, ind.tex einen umfangreicheren Artikel von Pehong Chen und Michael A. Harrison.

8.4 Die verschiedenen LATEX–Files TLL

Bei der Behandlung eines Textes mittels LATEX treten verschiedene Files in Erscheinung. Allen diesen Files ist gemeinsam, daß ihr Name aus zwei Teilen besteht

> *grundname. anhang*

Statt "Anhang" wird in diesem Buch auch gleichbedeutend das Wort "Endung" benutzt. Jedes LATEX–Dokument kennt genau einen *Hauptfile*. Das ist der File, dessen Grundname beim Aufruf des LATEX–Programmes angegeben wird und dessen ganzer Name aus dem Grundnamen und dem Anhang .tex besteht. Enthält der Hauptfile \input oder \include Befehle, so werden neben dem Hauptfile weitere Zusatzfiles eingelesen und bearbeitet. Diese Zusatzfiles haben eigene Namen, die jeweils wiederum aus einem Grundnamen und der Endung .tex bestehen.

Bei der LATEX–Bearbeitung entstehen eine Reihe weiterer Files, die meisten hiervon mit dem Grundnamen des Hauptfiles und verschiedenen Anhängen. Enthält der Hauptfile \include Befehle, so entstehen ggf. weitere Files mit den verschiedenen Grundnamen der Zusatzfiles und dem Anhang .aux.

Bei der LATEX–Bearbeitung werden einige dieser Files immer erzeugt, andere entstehen nur durch bestimmte LATEX–Befehle, wie \tableofcontents oder \makeindex u. a. Die Erzeugung der .aux Files, sowie derjenigen Files, die nur durch Zusatzbefehle entstehen, können gemeinsam durch den Befehl

> \nofiles

unterdrückt werden. Dieser Befehl ist nur im Vorspann erlaubt. Seine Verwendung ist nützlich, wenn das Dokument noch mehrfach korrigiert und verändert werden soll, so daß die Information der speziellen Files noch nicht endgültig genutzt wird und darum unnötig ist.

Der Rest dieses Abschnittes enthält eine Auflistung aller LATEX–Files mit der Angabe der jeweiligen Endung, einer kurzen Beschreibung des Inhalts und der Wechselwirkung mit LATEX:

.tex Der vom Anwender erzeugte Textfile soll den Anhang .tex haben. Jedes LATEX–Dokument besteht aus mindestens einem .tex File. Gibt es nur einen .tex File, so ist dieser gleichzeitig auch der *Haupttextfile*. Treten im Dokument \input oder \include Befehle auf, so gibt es weitere Textfiles, deren Name jeweils aus einem eigenen Grundnamen und der Endung .tex besteht. Der Hauptfile ist dann derjenige File, der beim Aufruf von LATEX angegeben wird. In diesem Hauptfile stehen gleichzeitig die äußersten \input Befehle und es ist der einzige, der ggf. \include Befehle enthält.

.log Dieser File enthält den gleichen Text, der während der LATEX–Bearbeitung auf dem Bildschirm erscheint, sowie weitere Zusatzinformation, deren Interpretation vertieftere TEX–Kenntnisse voraussetzt. Unter VMS hat dieser File den Anhang .lis. Er entsteht mit jeder LATEX–Bearbeitung und hat denselben Grundnamen wie der Hauptfile. Bei seiner Erzeugung erscheint auf dem Bildschirm die Mitteilung

> Transcript written on *hauptfile_grundname*.log   (bzw. *xxx*.lis unter VMS)

.dvi Dies ist der LATEX–Ausgabefile, der den bearbeiteten Text in einer druckerunabhängigen Form enthält. Auch dieser File entsteht bei jeder LATEX–Bearbeitung und hat denselben Grundnamen wie der Hauptfile. Bei seiner Erzeugung erscheint auf dem Bildschirm die Mitteilung

> Output written on *hauptfile_grundname*.dvi (*n* pages, *m* bytes)

Beim Auftreten bestimmter Fehler wird in einigen wenigen Fällen kein `.dvi` File erzeugt. Dies wird durch die Mitteilung `No pages of output` auf dem Bildschirm angezeigt.

Der erzeugte `.dvi` File muß noch durch ein spezielles Programm, den sog. *Druckertreiber*, behandelt werden, um die endgültige Druckausgabe zu erzeugen.

`.bit` Dieser File wird nicht durch L*A*T*E*X, sondern durch den *Druckertreiber* erzeugt, der seinerseits als Eingabe den `.dvi` File liest. Der `.bit` File enthält die endgültige Druckausgabe. Bei einigen Systemen kann dieser File eine andere Endung besitzen und ggf. nach Ausgabe auf dem Drucker automatisch gelöscht werden.

`.aux` Dieser File wird bei der L*A*T*E*X–Bearbeitung erzeugt und enthält Informationen über Querverweise sowie Angaben, die bei der Bearbeitung von Verzeichnissen benötigt werden. Zusätzlich zum `.aux` File des Hauptfiles wird für jeden `\include` Befehl ein weiterer `.aux` File für die zugehörigen Zusatztextfiles erzeugt.

Bei der ersten L*A*T*E*X–Bearbeitung existieren noch keine `.aux` Files, so daß die in ihnen stehende Information noch nicht verwertet werden kann. Auf dem Bildschirm erscheint hierbei die Nachricht

    `No file` *grundname*`.aux`.

Dies geschieht erst mit der zweiten und folgenden Bearbeitung. Die vorhandenen `.aux` Files werden durch den Befehl `\begin{document}` gelesen. Auf dem Bildschirm erscheinen hierbei nacheinander die Namen aller existierenden `.aux` Files in der Form

    (*haupt_grundname*`.aux`)(*zusatz1_grundname*`.aux`) ...

Mit jeder weiteren Bearbeitung werden die `.aux` Files wieder neu angelegt. Der neue `.aux` File für den Hauptfile wird ebenfalls mit `\begin{document}` begonnen. Die neuen `.aux` Files der Zusatzfiles werden mit den zugehörigen `\include` Befehlen angelegt und mit dem Ende des jeweils eingelesenen Files auch beendet. Der neue `.aux` File des Hauptfiles wird dagegen erst mit `\end{document}` beendet.

Der Befehl `\nofiles` im Vorspann unterdrückt die Erzeugung aller `.aux` Files.

Zum Programmpaket L*A*T*E*X gehört ein File `lablst.tex`, mit dem die Information der `.aux` Files gelesen und ausgedruckt werden kann. Einzelheiten sind vom jeweiligen Rechenzentrum zu erfragen.

`.toc` Dieser File enthält die Information für das Inhaltsverzeichnis. Er wird mit dem Befehl `\tableofcontents` gelesen, der dann das Inhaltsverzeichnis erzeugt, wenn der `.toc` File existiert. Gleichzeitig legt der Befehl `\tableofcontents` einen neuen `.toc` File an, in den die entsprechende Information der vorliegenden Dokumentversion geschrieben wird. Der `.toc` File wird erst mit dem Befehl `\end{document}` abgespeichert. Bricht die L*A*T*E*X–Bearbeitung wegen eines Fehlers ab, so ist damit der begonnene `.toc` File verschwunden.

Ein `.toc` File wird nur erzeugt, wenn das Dokument den Befehl `\tableofcontents` enthält. Er hat denselben Grundnamen wie der Hauptfile. Die Erzeugung wird unterdrückt, wenn im Vorspann der Befehl `\nofiles` steht.

`.lof` Dieser File enthält die Information für das Verzeichnis aller Bilder. Er wird genauso wie der `.toc` File behandelt, wobei hier der Befehl `\listoffigures` dem dortigen `\tableofcontents` entspricht.

`.lot` Dieser File enthält die Information für das Verzeichnis aller Tabellen. Er wird wie der `.toc` File behandelt, wobei der Befehl `\listoftables` dem dortigen `\tableofcontents` entspricht.

`.idx` Dieser File wird nur erzeugt, wenn der Vorspann den Befehl \makeindex enthält. Er hat denselben Grundnamen wie der Hauptfile und besteht ausschließlich aus den \indexentry Befehlen, die durch die \index Befehle im Textteil erzeugt werden. Die Erzeugung wird trotz eines \makeindex Befehls unterdrückt, wenn der Vorspann den Befehl \nofiles enthält.idx@.idx–Files

`.glo` Dieser File wird nur erzeugt, wenn der Vorspann den Befehl \makeglossary enthält. Er hat denselben Grundnamen wie der Hauptfile und besteht aus den \glossaryentry Befehlen, die durch die \glossary Befehle im Textteil erzeugt werden. Die Erzeugung wird trotz eines \makeglossary Befehls unterdrückt, wenn der Vorspann den Befehl \nofiles enthält.

`.bbl` Dieser File wird nicht durch LaTeX, sondern durch das Programm BiBTeX mit demselben Grundnamen wie der Hauptfile erzeugt. Das Programm BiBTeX benötigt hierzu Information aus den .aux Files. Der .bbl File wird mit dem Befehl \bibliography bei der LaTeX–Bearbeitung gelesen und erzeugt ein Literaturverzeichnis.

Die .toc, .lof und .lot Files können editiert werden, wenn die von LaTeX vorgenommene Formatierung verändert werden soll. Bei der anschließenden LaTeX–Bearbeitung sollte der Befehl \nofiles im Vorspann angebracht werden, da sonst ein neuer Verzeichnisfile angelegt wird, der dann den manuell editierten File überschreibt.

Steht das Programm BiBTeX zur Verfügung, so können Literaturdatenbanken (s. Anhang B) genutzt werden, deren Namen den Anhang .bib besitzen müssen. Kommt das Programm MakeIndex zur Anwendung, so erzeugt es aus dem .idx File einen .ind File, der die vollständig theindex Umgebung zur Erzeugung eines Indexregisters enthält. Dieses wird bei einer nochmaligen LaTeX–Bearbeitung an der Stelle des Befehls \printindex ausgegeben. Gleichzeitig erzeugt MakeIndex einen Protokollfile mit dem Grundnamen des Textfiles und dem Anhang .ilg, der das Bearbeitungsprotokoll enthält.

8.5 Geladene und nachladbare Zeichensätze ⌐TLL⌐

LaTeX gestattet die Wahl von 10 verschiedenen Schriftgrößen, die auf die mit dem Dokumentstil gewählte Standardgröße bezogen sind. Mit den Schriftartenbefehlen stehen 7 verschiedene Schrifttypen zur Verfügung, zu denen noch die Schriftart \mit "*Math. Italic*" kommt, die normalerweise innerhalb des mathematischen Modus automatisch aktiviert wird und damit nicht vom Anwender aufgerufen werden muß.

Eine explizite Angabe von \mit innerhalb einer mathematischen Umgebung ist natürlich erlaubt und führt dazu, daß auch griechische Großbuchstaben in *Italic* erscheinen: $\mit\Gamma$ = Γ.

Die 8 Schrifttypen in 10 Größenstufen bedingen insgesamt 80 Zeichensätze. Um nicht unnötig Speicherkapazität im Rechner zu belegen, werden hiervon nur die häufigsten Kombinationen zusammen mit LaTeX geladen. Welche das sind, ist installationsabhängig und durch den lfonts.tex File festgelegt. Die anderen Zeichensätze werden durch LaTeX jeweils nach Bedarf nachgeladen, vorausgesetzt, daß sie physikalisch überhaupt existieren. Wird eine Kombination von Schriftart und Größe gewählt, für die ein Zeichensatz nicht existiert, so erzeugt LaTeX auf dem Bildschirm eine Warnung und teilt mit, welcher Zeichensatz statt dessen gewählt wurde.

Das Nachladen von Zeichensätzen bei Bedarf geschieht automatisch und braucht den Anwender im allgemeinen nicht weiter zu interessieren. Soweit nachgeladene Zeichensätze nur im Textmodus (Paragraph– und LR–Modus) verwendet werden, erfolgt die LaTeX–Bearbeitung in gleicher Weise wie bei den ständig geladenen Zeichensätzen. Sollen dagegen nachgeladene Zeichensätze im mathematischen Modus verwendet werden, so kann das Ergebnis fehlerhaft werden, wobei auf dem Bildschirm eine der folgenden Fehlermeldungen erscheint

```
! \textfont         ... is undefined (character ...).
! \scriptfont       ... is undefined (character ...).
! \scriptscriptfont ... is undefined (character ...).
```

Das Problem kann vermieden werden, wenn vor dem ersten Aufruf eines nachgeladenen Zeichensatzes in einer Formel der Befehl

```
\load{\größe}{\typ}
```

gesetzt wird. Dieser Befehl sollte nicht innerhalb einer Umgebung oder in geschweiften Klammerkonstruktionen gegeben werden. Am sichersten ist er im Vorspann angebracht. \größe und \typ sind die bekannten Schriftstil– und Größenbefehle aus 4.1.2 und 4.1.3.

Soll z. B. die Schrift \sf in einer Formel, die in einer Fußnote erscheinen soll, verwendet werden, so ist zunächst zu schreiben:

```
\load{\footnotesize}{\sf}
```

Danach kann über diese Schrift auch in Formeln verfügt werden. So erzeugt z. B.

```
\footnote{Bekanntlich ist $\sf |a+b| \le |a| + |b|$}
```

die Fußnote[2]. Nachgeladene Zeichensätze stehen innerhalb von Formeln nur in einer Größe zur Verfügung, d. h. Exponenten und Indizes haben dieselbe Größe wie die Hauptzeichen!

---

[2]Bekanntlich ist $|a + b| \le |a| + |b|$

Kapitel 9

Fehlerbehandlung

Jeder macht gelegentlich Fehler. So auch bei der Erstellung von LaTeX–Dokumenten. Ich hoffe, daß es bei den Lesern im Mittel weniger sein mögen als bei mir selbst. Die Fehler können verschiedene Gründe haben, angefangen von einem schlichten Tippfehler für einen Befehlsnamen, über das Vergessen von Befehlen, die in einer bestimmten Kombination wie bei Befehlspaaren auftreten müssen, bis zu einer fehlerhaften Syntax bei komplexeren Befehlen.

Fehler erzeugen bei der LaTeX–Bearbeitung eine Reihe von Meldungen auf dem Bildschirm, die dem Anfänger zunächst völlig unverständlich erscheinen. Aber auch für den fortgeschrittenen Anwender bleibt ein Teil der Fehlermeldungen unverständlich. Tatsächlich enthalten die Fehlermeldungen oft Informationen über sehr tiefliegende Strukturen, die sich letztlich nur versierten TeX–Programmierern erschließen, die TeX– und LaTeX–Programme in ihren inneren Strukturen gut übersehen.

Daneben enthalten die Fehlermeldungen aber auch Informationen, die selbst für den Anfänger hilfreich sein können. Es ist der Zweck dieses Kapitels, die Teile der Fehlermeldungen verständlich zu machen, die auch dem Nichtprogrammierer von Nutzen sind.

9.1   Grundstruktur der Fehlermeldungen

Fehlermeldungen kommen aus zwei Quellen, dem LaTeX–Programm und dem eigentlichen TeX–Programm. Den LaTeX–Fehlermeldungen folgen häufig weitere TeX–Fehlermeldungen, da LaTeX dem TeX–Programm vorgeschaltet ist.

9.1.1   TeX–Fehlermeldungen

Es soll mit einem einfachen Fehlerbeispiel begonnen werden

```
\documentstyle{article}
\begin{document}
Das letzte Wort erscheint in \fb Fettdruck.
\end{document}
```

In diesem Text ist der Befehl \bf irrtümlich als \fb geschrieben worden. Bei der
LaTeX–Behandlung nimmt LaTeX an, der Anwender wolle einen TeX–Befehl \fb aufrufen. Da LaTeX die TeX–Befehle selbst nicht kennt, wird dieser Text an TeX weitergereicht, und TeX stellt dann fest, daß ein solcher Befehl nicht bekannt ist. Auf dem
Bildschirm erscheint als Fehlermeldung

```
! Undefined control sequence
1.3 Das letzte Wort erscheint in \fb
                               Fettdruck.
?
```

Das Program stoppt hier und wartet auf eine Anwenderreaktion. Diese Fehlermeldung ist auch für den Anfänger verständlich. Sie besteht aus einem *Fehlerindi-*
kator, der mit einem ! (Ausrufungszeichen) beginnt. Der Fehlerindikator ist hier: !
`Undefined control sequence`, also die Mitteilung, daß ein *unbekanntes Befehlswort*
die Fehlerursache ist. Als nächstes folgt ein *Zeilenpaar*, dessen *obere* Zeile mit 1.3
beginnt. Dies besagt, daß der Fehler in "line 3", also der Zeile 3 des Eingabetextes
von TeX entdeckt wurde. Der weitere Text in dieser Zeile besagt, daß TeX diesen
Fehler erkannt hat, nachdem es das letzte Zeichen dieser ausgedruckten Zeile gelesen
hat. Die untere Zeile des Paares enthält eingerückt den Teil des Textes, den TeX als
nächstes zu bearbeiten beabsichtigt, hier also das Wort `Fettdruck`. Bevor es jedoch
zu dieser Weiterbearbeitung kommt, wartet TeX auf eine Reaktion des Anwenders.
Dies wird durch das Fragezeichen in der letzten Zeile symbolisiert, hinter dem sich
der Cursor befindet und auf eine Eingabe wartet.

Auf Eingabe von ?, gefolgt von der Returntaste, erscheint folgende Nachricht

```
Type <return> to proceed, S to scroll future error messages,
R to run without stopping, Q to run quietly,
I to insert something, E to edit your file,
1 or ... or 9 to ignore next 1 to 9 tokens of input,
H for help, X to quit
?
```

Dies beschreibt die möglichen Anwenderreaktionen:

1. ⟨return⟩: Die Betätigung der Returntaste bewirkt, daß TeX mit der Textbearbeitung fortsetzt, ggf. nachdem TeX versucht hat, diesen Fehler nach bestimmten eingebauten Regeln selbst zu beheben. Im Falle eines fehlerhaften
   Befehlswortes besteht die Fehlerbehebung einfach darin, daß dieses Wort ignoriert wird, so als wäre es gar nicht eingegeben worden.

2. 'S' *scroll mode*: TeX setzt die Bearbeitung fort. Bei Auftreten weiterer Fehler
   erscheinen die Fehlermeldungen nacheinander auf dem Bildschirm, ohne daß das
   Programm stoppt und auf eine Anwenderreaktion wartet. In der Wirkung ist
   das so, als würde bei jedem weiteren Fehler mit der Returntaste reagiert.

3. 'R' *run mode*: TeX setzt die Bearbeitung wie bei S fort und stoppt auch dann
   nicht, wenn dies im *scroll mode* der Fall wäre, etwa wenn ein nicht existierendes
   File mit \input oder \include Befehlen eingelesen werden soll.

4. '`Q`' *quiet mode*: Wie `R`, bei weiteren Fehlern erscheinen aber keine Fehlermeldungen mehr auf dem Bildschirm. Die unterdrückten Fehlermeldungen werden jedoch im `.log` File abgespeichert.

5. '`I`' *insert*: Der Fehler kann durch Eingabe des richtigen Textes behoben werden. TₑX fügt den in dieser Zeile eingegebenen Text vor das nächste noch nicht bearbeitete Zeichen des Originaltextes ein und setzt mit der Bearbeitung fort. Wird ein fehlerhafter Befehl auf diese Weise korrigiert, so erfolgt eine richtige Bearbeitung des anstehenden Textes. Im Originaltext steht aber nach wie vor der fehlerhafte Befehl. `I\stop` führt zum Programmabbruch, wobei die laufende Seite im `.dvi` erscheint.

6. '`1 ...`': Die Eingabe einer kleinen Zahl (kleiner 100) bewirkt, daß so viele der unmittelbar im Text folgenden Zeichen übersprungen werden. Danach stoppt das Programm wieder und wartet auf eine weitere Benutzerreaktion.

7. '`H`' *Hilfe*: Es erfolgt eine ausführlichere Fehlerbeschreibung, als sie beim Fehlerindikator in Kurzform angegeben ist. Häufig erfolgt zusätzlich eine Empfehlung, wie der Fehler behoben werden kann.

8. '`X`' *exit*: Die TₑX–Bearbeitung wird an dieser Stelle abgebrochen. Die laufende Seite erscheint nicht mehr im `.dvi` File.

9. '`E`' *edit*: Die Weiterbearbeitung wird wie bei `X` abgebrochen. Es wird jedoch gleichzeitig der Editor aufgerufen, und der Cursor steht zu Beginn der Zeile, in der TₑX den Fehler erkannt hat. (Nicht überall implementiert!)

Bei den aufgezählten Reaktionsbuchstaben ist es gleichgültig, ob sie als Groß– oder Kleinbuchstabe angegeben werden. Die Reaktion erfolgt bei den meisten Systemen aber erst, wenn nach diesem Buchstaben die Returntaste betätigt wird.

Die Eingabe von `H` oder `h` (*Hilfe*) für das vorstehende Beispiel erzeugt den folgenden Text

```
The control sequence at the end of the top line
of your error message was never \def'ed. If you have
misspelled it (e.g., '\hobx'), type 'I' and the correct
spelling (e.g., 'I\hbox'). Otherwise just continue
and I'll forget about whatever was undefined.

?
```

Hier wird der Fehler ausführlicher beschrieben: Das Befehlswort am Ende der oberen Zeile des Zeilenpaares ist nicht bekannt. Falls es sich um einen Tippfehler handelt — und dies ist die häufigste Ursache für diesen Fehlertyp — kann er durch Eingabe von `I`, gefolgt von dem richtig geschriebenen Wort, korrigiert werden, hier also durch `I\bf`. Anderenfalls kann mit der Returntaste fortgefahren werden, und TₑX ignoriert das an dieser Stelle eingegebene Befehlswort vollständig. In diesem Fall wird der Text so bearbeitet, als hätte er gelautet: `Das letzte Wort erscheint in Fettdruck.`, was natürlich keinen Fettdruck erzeugt.

Zur Grundstruktur von TEX–Fehlermeldungen bleibt festzuhalten:
Jede Fehlermeldung beginnt mit dem Fehlerindikator. Dieser ist durch ein ! am Be-
ginn der Zeile gekennzeichnet und beschreibt in Kurzform die Fehlerursache. Danach
folgen ein oder mehrere Zeilenpaare, in deren oberen Zeilen das letzte Zeichen angibt,
wann TEX den Fehler erkannt hat. Die unteren Zeilen dieser Zeilenpaare enthalten
denjenigen Text oder Befehl, den TEX als nächsten auszuführen beabsichtigt. Vorher
wartet TEX jedoch auf eine Reaktion des Anwenders. Besteht diese Reaktion aus der
Eingabe eines H, so wird eine ausführlichere Fehlerbeschreibung ausgegeben und auf
eine weitere Anwenderreaktion gewartet.

9.1.2 LATEX–Fehlermeldungen

Das Fehlerbeispiel soll lauten

```
\documentstyle{article}
\begin{document}
\begin{qoute}
   Beidseitig einger"uckter Text
\end{quote}
\end{document}
```

Hier ist im Aufruf `\begin{quote}` irrtümlich `qoute` geschrieben worden. Bei der
LATEX–Bearbeitung erscheint die Fehlermeldung

```
LaTeX error. See LaTeX manual for explanation.
            Type  H <return> for immediate help.
! Environment qoute undefined.
\@latexerr ...for immediate help.}\errmessage {#1}
                                               \endgroup

1.3 \begin{qoute}


?
```

Die ersten beiden Zeilen dieser Fehlermeldung sagen aus, daß LATEX selbst diesen
Fehler entdeckt hat. Alle LATEX–Fehlermeldungen beginnen mit diesen beiden Zeilen.
Die erste Zeile verweist dann weiter auf das LATEX–Manual zur näheren Erläuterung
des Fehlerindikators (im vorliegenden Buch Abschnitt 9.3). Die zweite Zeile erin-
nert daran, daß mit der Eingabe von H, gefolgt von der Returntaste, eine genauere
Fehlerbeschreibung und eine Empfehlung zur Behebung abgerufen werden kann.

Die dritte Zeile enthält den Fehlerindikator. Dieser ist genau wie bei TEX–Fehlermeldungen durch ein ! am Beginn der Zeile gekennzeichnet. Die Aussage lautet hier:
`! Environment qoute undefined`, also die Mitteilung, daß eine Umgebung `qoute`
unbekannt ist.

Das nächste Zeilenpaar enthält einen für den Anwender unverständlichen Text.
Wie bei den TEX–Fehlermeldungen beschreibt das letzte Zeichen der ersten Zeile die
Stelle, an der TEX den Fehler erkannt hat, und die zweite Zeile, was TEX als nächstes
zu tun gedenkt. Diese Zeilen stammen aus den von LATEX erzeugten und an TEX
weitergereichten internen TEX–Befehlen, deren Bedeutung dem normalen Anwender
verschlossen bleibt und die er ohne Panik überspringen und vergessen kann.

Erst das nächste Zeilenpaar, das aus der Zeile `l.3 \begin{qoute}` und einer Leerzeile besteht, ist wieder von Nutzen. Es besagt, daß der Fehler in Zeile 3 erkannt wurde und daß der Text bis zum letzten Zeichen dieser Zeile eingelesen worden ist.

Danach wartet LaTeX auf eine Anwenderreaktion. Nach Eingabe von H⟨Return⟩ erscheint auf dem Bildschirm

```
Your command was ignored.
Type  I <command> <return>  to replace it with another command,
or  <return>  to continue without it.
?
```

Diese Hilfe ist nicht besonders informativ. Welcher Befehl wurde ignoriert? Die Hilfsmitteilung sagt hierüber nichts Näheres aus. Gemeint ist der letzte Befehl in der oberen Zeile des letzten Zeilenpaares, das mit `l.3` beginnt. Die Eingabe `I\begin{quote}`⟨Return⟩ korrigiert diesen Fehler für die laufende Bearbeitung. Im Originaltext ist der Fehler aber nach wie vor verblieben und muß später mit dem Editor korrigiert werden.

Wird die Behandlung durch Betätigung der Returntaste fortgesetzt, so wird der Befehl `\begin{qoute}` ignoriert. Die Wirkung ist so, als hätte der Text diesen Befehl gar nicht enthalten. Dies führt zwangsläufig zu einem weiteren Fehler, denn nun gibt es im Text den Befehl `\end{quote}`, dem kein zugehöriger `\begin{quote}` voranging. Tatsächlich erscheint auch unmittelbar danach auf dem Bildschirm:

```
LaTeX error. See LaTeX manual for explanation.
            Type  H <return> for immediate help.
! \begin{document} ended by \end{quote}
\@latexerr ...for immediate help.}\errmessage {#1}
                                                  \endgroup
\@checkend ...empa \@currenvir \else \@badend {#1}
                                                  \fi \def \@currenvir {docu...

\end ... end#1\endcsname \endgroup \@checkend {#1}
                                                  \if@ignore \global \@ignor...
l.5 \end{quote}


?
```

Die ersten beiden Zeilen enthalten wieder die LaTeX–Standardfehlermitteilung, also den Hinweis, daß der Fehler bereits durch LaTeX erkannt wurde. Die dritte Zeile enthält den Fehlerindikator, der diesmal lautet
`!\begin{document} ended by \end{quote}`
Diese Mitteilung kommt dadurch zustande, daß LaTeX nach dem Lesen des Befehls `\end{quote}` den logisch zugehörigen `\begin` Befehl zur Erfüllung der Paarbedingung sucht. Nachdem der fehlerhafte Befehl `\begin{qoute}` entfernt wurde, ist `\begin{document}` der zur Erfüllung der Paarbedingung zugehörige `\begin` Befehl. Diese beiden Befehle passen aber als Paar wegen ihres unterschiedlichen Inhalts, nämlich zunächst `document` und dann `quote` nicht zusammen. Und dies ist genau die Feststellung des Fehlerindikators.

Die nächsten nunmehr drei Zeilenpaare sind unverständlich und sollten übersprungen und vergessen werden.   Im nächsten Unterabschnitt erfolgt eine Erläuterung, wodurch es zu diesen seltsamen Fehlermitteilungen kommt, ohne daß diese selbst sehr viel mehr verständlich werden.

Erst das nächste Zeilenpaar, dessen obere Zeile `1.5 \end{quote}` und dessen untere Zeile leer ist, enthält wieder nützliche Information, nämlich daß dieser Fehler in Zeile 5 (`1.5`) erkannt wurde, und zwar unmittelbar nachdem der Befehl `\end{quote}` gelesen wurde.

Eine Reaktion mit `H`⟨Return⟩ an dieser Stelle führt zu genau derselben Mitteilung wie beim vorangegangenen Fehler. Eine anschließende Eingabe von `I` ist jetzt jedoch nicht mehr sinnvoll.   Nachdem der Befehl `\end{quote}` bereits gelesen worden ist, kann ein zugehöriger `\begin{quote}` nicht mehr wirksam eingefügt werden.   Man kann natürlich formal schreiben `I\begin{quote}`, was zur Folge hat, daß der gerade gelesene Befehl `\end{quote}` durch `\begin{quote}` ersetzt wird, was natürlich nicht gewollt ist. Die beste Reaktion ist hier einfach die Returntaste, womit der letzte Befehl `\end{quote}` ignoriert und eine weitere Bearbeitung ohne weitere Fehlermitteilung fortgesetzt wird.

Damit ist sowohl der fehlerhafte Befehl `\begin{qoute}` als auch der zugehörige `\end{quote}` ignoriert worden, und die Bearbeitung erfolgt so, als hätte es die Umgebung `quote` an dieser Stelle im Text gar nicht gegeben.

Wäre der Tippfehler `qoute` beim `\end` statt beim `\begin` Befehl gemacht worden, so hätte dies folgende Fehlermitteilung bewirkt:

```
LaTeX error. See LaTeX manual for explanation.
              Type  H <return> for immediate help.
! \begin{quote} ended by \end{qoute}
```

(dieselben drei unverständlichen Zeilenpaare wie beim letzten Mal)

```
1.5 \end{qoute}
```

```
?
```

Nach den vorangegangenen Erläuterungen sollten dem Leser die verständlichen Teile dieser Fehlermeldung klar sein. Der Fehlerindikator sagt hier

```
! \begin{quote} ended by \end{qoute}
```

und das letzte Zeilenpaar weist aus, daß der Fehler in Zeile 5 nach dem Lesen des Befehls `\end{qoute}` erkannt wurde. Seine Reaktion wird sein, und hierzu fühlt er sich nach einem `H` von LaTeX ausdrücklich aufgefordert, einzugeben:

`I \end{quote}`   aber, "Oh Schreck", auf dem Bildschirm erscheint dann

```
! Extra \endgroup.
\@latexerr ...ate help}\errmessage {#1}\endgroup
```

   (Die nächsten beiden Zeilenpaare enthalten denselben unverständlichen Text wie
   die entsprechenden Zeilenpaare vorher)

```
1.5 \end{qoute}
```

```
?
```

Mit Ausnahme des letzten Zeilenpaares, das mit 1.5 beginnt, ist hier alles unverständlich. Auch der bis dahin halbwegs verständliche Fehlerindikator lautet nun ! Extra \endgroup. Die Erkenntnis, daß es sich um eine TEX–Fehlermeldung und nicht um eine LATEX–Meldung handelt, hilft auch nicht weiter. Bei sehr genauem Hinsehen kann vielleicht noch erkannt werden, daß von den unverständlichen Zeilenpaaren das erste geringfügig geändert erscheint. Der gesamte Text erscheint in der oberen Zeile, während die untere leer ist. Vorher dagegen enthielt dieses Zeilenpaar in der oberen Zeile den Text bis vor dem Befehl \endgroup und dieser Befehl selbst war in der unteren Zeile angebracht.

Der geplagte Leser braucht sich hier keine Vorwürfe zu machen. Seine Reaktion war verständlich, wenn auch an dieser Stelle falsch. Dies aber hätte nur ein sehr versierter TEX–Programmierer aus der vorangegangenen Fehlermeldung erkennen können. Die richtige Korrektur wäre an dieser Stelle gewesen I quote, also nur die Angabe des korrekten Umgebungsnamens ohne den Befehl \end

Der Leser möge aber auch nicht resignieren. Ich gebe ihm hier eine spezielle und eine allgemeine Reaktionsempfehlung. Die spezielle lautet:

> Trat bei einer Umgebung ein fehlerhafter Umgebungsname im \begin Befehl auf, so kann dieser Fehler durch Eingabe von
>
> I \begin{*richtiger Umgebungsname*}
>
> korrigiert werden. Bei einem fehlerhaften Umgebungsnamen im \end Befehl erfolgt die Korrektur durch
>
> I *richtiger Umgebungsname* oder einfach durch die Returntaste.

Die allgemeine Empfehlung lautet

> Wenn der Anwender aufgrund einer Fehlermeldung weiß, wie er den Fehler korrigieren kann, so möge er dies durch Eingabe von
>
> I *Korrektur*
>
> versuchen. Anderenfalls sollte er die Returntaste betätigen und abwarten, was geschieht. Auch wenn hierauf zunächst weitere unverständliche Fehlermeldungen erscheinen, kann mit wiederholter Betätigung eine Weiterbearbeitung erreicht werden. Beim anschließenden Probeausdruck wird am ehesten zu erkennen sein, wo der Fehler lag.

Statt einer wiederholten Betätigung der Returntaste kann mit der Eingabe von 'S', 'R' oder 'Q', jeweils gefolgt von der Returntaste, eine zügigere Fehlerbearbeitung erzielt werden (s. 9.1.1). Bei diesen Reaktionen, ebenso wie bei der einfachen Returntaste, wird ein fehlerhafter Befehl nicht einfach ignoriert. TEX versucht vielmehr, hier selbst herauszufinden, was an dieser Stelle wahrscheinlich vom Anwender gemeint war und führt diese Korrektur von selbst durch. Erst wenn dies nicht möglich ist, wird der fehlerhafte Befehl ignoriert. Lautet der Fehlerindikator z. B.
\begin{*umgebung*} ended by \end{*fumgebung*}
so ist zunächst einmal im \begin Befehl ein zulässiger Umgebungsname verwendet worden. Hier ist es naheliegend anzunehmen, daß der zugeordnete \end Befehl einen fehlerhaften Umgebungsnamen hat. TEX setzt dann in den entsprechenden \end Befehl den Umgebungsnamen des zugeordneten \begin Befehls ein.

9.1.3   Fehlermeldungen aus TEX–Makros

Die Mehrzahl der TEX–Befehle und nahezu alle LATEX–Befehle sind sog. TEX–Makros. Dieses sind i. allg. Gruppen von einfacheren Befehlen, die unter einem eigenen Befehlsnamen zusammengefaßt sind, bei dessen Aufruf die entsprechende Befehlsgruppe abläuft. TEX–Makros sind also ähnliche Strukturen wie sie durch den LATEX–Befehl \newcommand erzeugt werden können. Hier wie dort können bis zu 9 variable Parameter übergeben werden. Die entsprechenden TEX–Befehle zur Erzeugung von Makros sind aber noch allgemeiner als der \newcommand Befehl.

Tatsächlich sind von den rund 900 TEX–Befehlen nur 300 sog. Grundbefehle, die auf keine anderen Befehle zurückgreifen. Der Rest, also rund 600, sind Makros. Tritt innerhalb eines Makros ein Fehler auf, so hat dies evtl. Auswirkungen auf die weiteren Befehle dieses Makros. Bei einem Fehler innerhalb eines Makros enthält die Fehlermeldung darum zusätzliche Angaben, welche Teile des Makros bereits abgearbeitet sind und welche noch ausstehen und was hiervon als nächstes bearbeitet werden soll. Genau dies führt zu den für die Mehrzahl der Anwender unverständlichen Teilen der Fehlermeldung.

Hierzu ein Beispiel zur Verdeutlichung. Der Befehl \centerline ist ein Makro und als

```
\def\centerline#1{\@@line{\hss#1\hss}}
```

definiert, bei dem \@@line wiederum ein Makro ist. \hss ist ein TEX–Grundbefehl und erzeugt horizontalen Zwischenraum, der beliebig dehnen oder schrumpfen kann, bei mehrfachem Auftreten innerhalb einer Zeile aber jeweils in gleicher Weise. Um den Leser nicht mit TEX–Interna zu verwirren, soll hier gesagt werden, daß die vorstehende Makro–Definition etwa folgender LATEX–Befehlsfolge gleichwertig ist

```
\newcommand{\line}[1]{\makebox[\textwidth]{#1}}
\newcommand{\centerline}[1]{\line{\hss#1\hss}}
```

Wird nun das folgende Programm

```
\documentstyle{article}
\begin{document}
\centerline{Dies ist ein \falscher Befehl}
\end{document}
```

bei dem ein \ vor dem Wort falscher steht, womit \falscher als Befehl angesehen wird, mit LATEX bearbeitet, so erscheint folgende Fehlermeldung

```
! Undefined control sequence.
<argument> Dies ist ein \falscher
                                  Befehl
\centerline #1->\@@line {\hss #1
                                 \hss}
\l.3 \centerline{Dies ist ein \falscher Befehl}

?
```

Diese TEX–Fehlermeldung ist nun nicht mehr ganz unverständlich. Der Fehlerindikator ist hier wie im Beispiel unter 9.1.1

`! Undefined control sequence.`

Das folgende Zeilenpaar sagt aus, daß der Fehler nach dem "Befehl" `\falscher` erkannt wurde und daß als nächstes der Text `Befehl` bearbeitet werden soll. Gleichzeitig sagt `<argument>` am Beginn der oberen Zeile aus, daß der folgende Text als Argument in einem anderen Befehl verwendet worden ist.

Das nächste Zeilenpaar beginnt mit dem Namen dieses Befehls, also `\centerline`, gefolgt von einem Ersetzungszeichen `#1`, was erkennen läßt, daß dieser Befehl einen Parameter besitzt. Das Symbol `->` deutet an: *was nun folgt ist die Definition des Befehls*. Das Ende dieser Zeile `#1` erzählt, daß der eingegebene Parameter an der Stelle dieses Ersetzungszeichens übergeben und dann der Fehler erkannt worden ist. Der eingerückte Befehl `\hss }` in der unteren Zeile des Paares sagt aus, daß der Befehl `\hss` noch nicht abgearbeitet ist und damit der Befehl `\centerline` als ganzes noch nicht beendet ist, worauf die schließende Klammer `}` am Ende dieser Zeile hinweist.

Das letzte Zeilenpaar ist wieder vertraut: Der Fehler ist in Zeile 3 des Eingabetextes erkannt worden, und zwar nachdem der ganze in der oberen Zeile stehende Text eingelesen war.

In diesem Beispiel konnte der Autor dem Leser zwar den Sinn und die Bedeutung der gesamten Fehlermeldung erläutern. Bei der großen Zahl von TEX–Makros und der weiteren durch LATEX erzeugten TEX–Strukturen muß die Mehrzahl dieser möglichen Fehlermitteilungen unverständlich bleiben. Das aber ist auch nicht weiter schlimm, wenn es gelingt, den verständlichen Teil der Fehlermeldung zu erkennen. Mit diesem sollte es fast immer gelingen, die eigentliche Fehlerursache zu ermitteln. Bei umfangreichen Fehlermeldungen sollte nur soviel mitgenommen werden:

Erscheint nach dem Fehlerindikator mehr als ein Zeilenpaar mit Fehlermitteilungen, so weist das darauf hin, daß der Fehler in einer äußeren Struktur, z. B. einem Makro, auftrat und daß diese Struktur noch nicht abgearbeitet ist. Bei verschachtelten Strukturen erscheint für jede weitere jeweils ein eigenes Zeilenpaar. Für den normalen Anwender ist eigentlich nur das erste, das sich auf die innerste Struktur bezieht, und das letzte Zeilenpaar, das mit der Zeilennummer beginnt, von Interesse.

9.2 Fehler durch Fehler

Bei dem Beispiel der fehlerhaften `\begin{qoute}` Umgebung wurde gezeigt, daß die Reaktion mit der Returntaste trotz des korrekten `\end{quote}` Befehls zu einer weiteren Fehlermeldung führt. Das Verhalten, daß ein nicht korrigierter Fehler weitere Fehlermeldungen erzeugt, ist nicht die Ausnahme, sondern die Regel. Es soll der folgende LATEX–Text bearbeitet werden

```
\documentstyle{article}
\begin{document} \begin{itemie}
\item Dies ist der erste Punkt der Aufz"ahlung
\item Und hier folgt der zweite Punkt
\end{itemize}    \end{document}
```

Der einzige Fehler ist hier der fehlerhafte Umgebungsname `itemie` statt `itemize` im `\begin{itemie}` Befehl. Hier ist zunächst dieselbe Fehlermeldung zu erwarten wie oben bei der fehlerhaften `quote` Umgebung. Entsprechend erscheint als erste Fehlermeldung

```
LaTeX error.  See LaTeX manual for explanation.
          Type  H <return>  for immediate help.
! Environment itemie undefined.
\@latexerr ...for immediate help.}\errmessage {#1}
                                              \endgroup
l.3 \begin{itemie}

?
```

Ist die Anwenderreaktion I `\begin{itemize}`, so erfolgt eine korrekte Weiterbearbeitung. Wird dagegen nur mit der Returntaste reagiert, so erscheint als nächste Fehlermeldung

```
! Undefined control sequence.
\@item ...fi \setbox \@tempboxa \hbox {\makelabel
                            {#1}}\global \setbox \@lab...
<to be read again>
                  D
l.4 \item D
        ies ist der erste Punkt der Aufz"ahlung
?
```

Diese Fehlermeldung ist für den Normalanwender nicht sehr erhellend. Der Fehlerindikator sagt `! Undefined control sequence.` Selbst wenn der Anwender weiter erkennt, daß hier der Befehl `\makelabel` nicht definiert ist, nutzt ihm das nicht viel, da er diesen Befehl selbst gar nicht aufgerufen hat, ihn nicht einmal kennt. Das letzte Zeilenpaar sagt aus, daß der Fehler in Zeile 4 erkannt wurde, nachdem `\item D` eingelesen wurde, und daß der darauffolgende Text `ies ist ...` noch unbearbeitet ist.

Der Grund für diese Fehlermeldung liegt darin, daß mit der Reaktion auf den ersten Fehler der Befehl `\begin{itemie}` entfernt worden ist. Der darauffolgende Text befindet sich also nicht in einer entsprechenden Umgebung. Der nächste aufgerufene Befehl `\item` ist aber nur in einer listenartigen Umgebung (s. 4.3 und 4.4) erlaubt. Und der durch `\item` intern aufgerufene Befehl `\makelabel` ist nur in einer solchen Umgebung definiert.

Der Anwender kann an dieser Stelle nur mit einem weiteren Return reagieren. Diesmal erscheint eine Fehlernachricht mit demselben Fehlerindikator und demselben letzten Zeilenpaar, während die anderen Zeilenpaare einen geänderten, aber unverständlichen Text aufweisen. Dies wiederholt sich noch zweimal, wenn jeweils mit der Returntaste geantwortet wird.

Mit der nächsten Returnreaktion erscheint die zweite Fehlermeldung wiederholt, nur enthält das letzte Zeilenpaar die Angabe

```
1.5 \item U
       nd hier folgt der zweite Punkt
?
```

Die Bearbeitung ist hier um eine Zeile weitergekommen und findet in Zeile 5 als erstes wieder den \item Befehl. Damit wiederholt sich das ganze Spiel: Mit den nächsten drei Returnreaktionen wiederholen sich die entsprechenden Fehlermeldungen von oben und erst danach erscheint mit der anschließenden Returntaste eine weitere LaTeX–Fehlermeldung, und zwar dieselbe, wie sie beim fehlerhaften \begin{qoute} Befehl beim Erreichen von \end{quote} Befehl auftrat (Seite 219). Entsprechend ist hier nur das letzte Zeilenpaar geändert, nämlich

```
1.6 \end{itemize}

?
```

Erst mit der Returnreaktion auf diese Fehlermeldung geht die Bearbeitung weiter und kommt ordnungsgemäß zum Abschluß. Bei diesem Beispiel hat also ein Fehler, bei sonst fehlerfreiem anschließendem Text, neun weitere Fehlermeldungen erzeugt.

Dies ist keineswegs ungewöhnlich. Manche LaTeX–Fehler können auf diese Weise mehr als hundert "Folgefehler" nach sich ziehen. Es ist sogar möglich, daß der Folgefehler sich unaufhörlich wiederholt und eine Weiterbearbeitung nicht mehr möglich ist. In diesem Fall muß die Programmbearbeitung abgebrochen werden. Dies sollte mit der Eingabe I\stop nach der nächsten Fehlermeldung versucht werden. Eventuell muß diese Form der Eingabe mehrfach versucht werden. Hat dies keinen Erfolg, d. h. erscheint dieselbe Fehlernachricht nach dieser Eingabe immer wieder, so kann mit der Reaktionsangabe X (Return) ein Abbruch erzwungen werden.

Ein Programmabbruch mit I\stop sollte gegenüber X bevorzugt werden, da im ersten Fall auch die laufende Seite ausgedruckt wird, im zweiten aber nicht. Der Ausdruck der laufenden Seite kann aber nützlichen Aufschluß geben, wo der eigentliche Fehler lag.

Die Quintessenz dieses Abschnitts sollte sein: *Auch bei unverständlichen Fehlerfolgemeldungen nicht in Panik verfallen, sondern durch wiederholtes Betätigen der Returntaste das Programm zur Weiterbearbeitung auffordern.*

Wird statt der Returntaste S(Return) eingegeben, so erscheinen dieselben Fehlernachrichten auf dem Bildschirm, ohne daß das Programm anhält und auf eine weitere Anwenderreaktion wartet (s. 9.1.1).

9.2.1   Typische Fehler mit Folgewirkung

Früher oder später wird es jedem Anwender einmal passieren, daß er einen der Befehle \documentstyle oder \begin{document} oder gar den ganzen Vorspann vergißt. Das letztere ist oft dann leicht der Fall, wenn ein LaTeX–File zur Bearbeitung durch \input oder \include Befehle vorgesehen ist, aber dann durch LaTeX direkt aufgerufen wird. Wird zum Beispiel der File mit dem Inhalt

```
Dieser File hat keinen Vorspann.
```

direkt durch LaTeX aufgerufen, so erscheint folgende Fehlernachricht

```
LaTeX error.  See LaTeX manual for explanation.
              Type  H <return>  for immediate help.
! Missing \begin{document}.
\@latexerr ...for immediate help.}\errmessage {#1}
                                                    \endgroup
\<to be read again>
                    D
l.1 D
     ieser File hat keinen Vorspann.
?
```

Aus dem letzten Zeilenpaar kann entnommen werden, daß LaTeX bereits mit dem Lesen des allerersten Zeichens dieses Files einen Fehler entdeckt hat. Hier sollte nicht versucht werden, mit der Returntaste eine Weiterbearbeitung zu erzwingen, sondern das Programm mit X oder E zum Abbruch gebracht werden, da eine vernünftige Bearbeitung nicht möglich ist.

Selbst wenn der vorstehende File das Umgebungspaar

```
\begin{document}
Dieses File hat keinen Vorspann.
\end{document}
```

enthält, ist eine ordnungsgemäße Bearbeitung nicht möglich. Als TeX–Fehlermeldung erscheint nun

```
! Undefined control sequence.
\@floatplacement ...global \@toproom \topfraction
                                                   \@colht \global \@botnum \...
\document ... \hsize \begingroup \@floatplacement
                                                   \@dblfloatplacement \makea...
\begin ...{#1}\ifx \@currenvir \@tempa \@document
                                                   \else \@nodocument \fi
l.1 \begin{document}

?
```

An dieser Fehlermeldung ist allein die letzte Zeilengruppe leicht interpretierbar, die besagt, daß in Zeile 1 nach dem Einlesen von \begin{document} der Fehler erkannt wurde. Aus der Tatsache, daß die erste Zeile des Files mit dem Befehl \begin{document} beginnt, ist allerdings zu schließen, daß dem kein weiterer Befehl vorausgeht und damit der zwingende Befehl \documentstyle im Vorspann fehlt.

Auch hier sollte die Bearbeitung mit X oder E zum Abbruch gebracht und auf den Versuch einer Teilbearbeitung mit der Returntaste verzichtet werden.

Ein fehlerhafter Name für den Dokumentstilparameter im Vorspann, etwa \documentstyle{mist}   führt zu folgender Fehlermeldung

```
! I can't find file 'mist.sty'
<to be read again>
                    \relax
```

```
\@documentstyle ...ionfiles {}\input #2.sty\relax
                                \let \@elt \input \@option...
l.1 \documentstyle{mist}

Please type another input file name:
```

und der Cursor steht hinter der Aufforderung `Please type another input file name:`. Überschlägt man den unverständlichen Teil, so ist der Rest klar. Das Programm kann einen File mit dem Namen `mist.sty` nicht finden und fordert auf, einen zulässigen Stilfilenamen einzugeben. Dies ist der Name eines zulässigen Dokumentstils mit dem Anhang `.sty`, also einer der vier `article.sty`, `report.sty`, `book.sty` oder `letter.sty` (s. 7.6.1).

Wird bei der Eingabe der Anhang `.sty` vergessen, z. B. nur `book` eingegeben, so erscheint die gleiche Fehlermeldung nochmal, diesmal aber mit dem Fehlerindikator `! I can't find file book.tex` , d. h. es wurde nach einem File `book.tex` statt `book.sty` gesucht.

Dieselbe Fehlernachricht erscheint auch, wenn eine ungültige Dokumentstiloption benutzt wurde, z. B. `\documentstyle[13pt]{report}`. Als Fehlerindikator erscheint dann

`! I can't find file 13pt.sty`

und die Antwort auf die Aufforderung `Please type another input file name:` muß lauten `rep10.sty` oder `rep11.sty` oder `rep12.sty` (s. 7.6.1), da als Dokumentstil `report` gewählt war. Übrigens akzeptiert LaTeX hier auch einen entsprechenden `.sty` File eines anderen Stils, z. B. `bk10.sty`. Das Ergebnis könnte jedoch etwas überraschen, da diese beiden Files zwar formal zusammenpassen, aber ungeeignete Formatierungen erzeugen würden.

Notausstieg: Gelegentlich gelingt es, insbesondere dem Anfänger, Fehler zu erzeugen, aus denen ein Programmabbruch mit `I\stop` oder `X` bzw. `E` nicht möglich ist. Jedes Betriebssystem kennt Steuerbefehle, mit denen ein laufendes Programm abgebrochen werden kann. Diese sind beim jeweiligen Rechenzentrum zu erfragen.

9.2.2 Mathematische Fehlermeldungen

Bereits nach kurzer Einarbeitung treten Fehler zur Erzeugung von mathematischen Formeln im eigentlichen Formeltext erstaunlicherweise kaum noch auf. Die verbleibenden Fehler sind vielmehr Formalfehler, wie das Vergessen einer schließenden Klammer `}` oder des Rückschaltzeichens in den Textmode. Ebenso werden oft Symbole, die nur im mathematischen Modus erlaubt sind, innerhalb von Textmoden verwendet. Es sollen hier einige typische Fehler vorgestellt werden.

Es sollte erzeugt werden: "Der Preis beträgt $3.50 und die Bestellbezeichnung lautet Art_muster", wofür eingegeben wurde `Der Preis betr"agt $3.50 und die Bestellbezeichnung lautet Art_muster`.

Dieser Text enthält zwei Fehler, wobei der erste den zweiten kompensiert: Das `$` Zeichen ist das Umschaltzeichen in den mathematischen Modus zur Erzeugung von Textformeln (5.1). Im vorliegenden Text hätte geschrieben werden müssen `\$`, damit das $ ausgedruckt wird. Statt dessen wird nun der Text hinter dem $ Zeichen als Formel interpretiert. Allerdings fehlt dann das schließende $ Zeichen, und dies ist der Fehler, den TEX zunächst feststellt, und zwar am Ende des laufenden Absatzes.

```
! Missing $ inserted.
<inserted text>
                $
<to be read again>
                    \par
1.800

?
```

Nach den ersten 5 Zeilen der Fehlermeldung können evtl. weitere Zeilenpaare mit unverständlichem Text stehen, nämlich dann, wenn der Text des Beispiels nicht mit einer Leerzeile endet, sondern darauf irgendwelche LATEX–Strukturen folgen, aus denen TEX entnehmen kann, daß spätestens hier ein Formeltext beendet sein muß. In diesem Fall würde das letzte Zeilenpaar mit der Zeilennummer ggf. den Beginn dieser anschließenden Struktur enthalten. Die etwas unverständliche Zeilennummer 800 stammt aus dem augenblicklich bearbeiteten Manuskriptfile, in dessen Zeile 800 dieser fehlerhafte Text steht.

Wird auf die Fehlermeldung mit der Returntaste reagiert, so fügt TEX an dieser Stelle, im Beispiel also am Ende des Textes vor der anschließenden Leerzeile, ein $ Zeichen ein. Damit wird der Text vom ersten $ Zeichen bis zum Ende des Absatzes als Textformel interpretiert und erscheint als

Der Preis beträgt $3.50 und die Bestellbezeichnung lautet Art_m uster.$

Aus diesem Ausdruck würde der Anwender dann schnell erkennen, was er falsch gemacht hat. Gegen Ende des ausgedruckten Textes erscheint das m als Index. Dies war der zweite Fehler im Beispiel. Das _ Zeichen ist nur im mathematischen Modus erlaubt und hätte hier als _ eingegeben werden müssen. Nachdem das erste $ Zeichen jedoch in den mathematischen Modus geschaltet hat, ist _ ein erlaubter Befehl und wird auch so ausgeführt.

Wird nun der Text so korrigiert, daß $ durch \$ ersetzt wird, so führt nun das _ Zeichen zu einer Fehlermeldung, da dieses Zeichen jetzt im normalen Textmode auftritt, wo es nicht erlaubt ist. Man erhält dann die ähnliche Fehlernachricht

```
! Missing $ inserted.
<inserted text>
                $
<to be read again>
                    \par
1.832 ...0 und die Bestellbezeichnung lautet Art_
                                        muster.

?
```

Mit der Returntaste setzt TEX ein $ Zeichen vor den mathematischen Befehl _ und fährt mit der Bearbeitung fort. Spätestens am Ende des laufenden Absatzes wird

9.2. FEHLER DURCH FEHLER 229

dann jedoch das schließende $ Zeichen vermißt, und TEX meldet sich noch einmal mit derselben Fehlermitteilung wie im ersten Fall. Nach nochmaligem Return setzt LATEX die Bearbeitung fort, wobei der fehlerhafte Text nun als

Der Preis beträgt $3.50 und die Bestellbezeichnung lautet Art$_m$*uster*

ausgedruckt wird. Eine Reaktion mit H hätte in allen drei Fällen

```
I've inserted a begin-math/end-math symbol since I think
you left one out. Proceed, with fingers crossed.
```

ausgedruckt, und der letzte Satz ist auch genau das, was der Autor dem Leser beim Auftreten von Fehlermeldungen bei mathematischen Formeln empfiehlt: *Durch wiederholte Betätigung der Returntaste oder* S *Return sollte das Programm zur Weiterbearbeitung aufgefordert werden. Die Fehler sind dann am einfachsten aus dem Probeausdruck zu ermitteln.*

9.2.3 Fehlermeldungen bei Mehrfiletexten

Besteht der Text aus mehreren Files, die durch \input oder \include Befehle zusammengefügt werden, so bezieht sich das Zeilenpaar mit der Zeilennummer in den Fehlermeldungen auf den jeweils gerade bearbeiteten File. Bei einer Reaktion mit E⟨Return⟩ wird der Editor vom System mit dem richtigen Filenamen aufgerufen und die Zeile, in der der Fehler erkannt wurde, wird die aktuelle Zeile auf dem Bildschirm. In den anderen Fällen muß bei einem späteren Editieren der jeweils zugehörige File angesprochen werden.

Welcher File beim Auftreten einer Fehlermeldung gerade bearbeitet wurde, kann dem .log File entnommen werden. Besteht ein Text aus mehreren Files, so erscheint auf dem Bildschirm und im .log File eine öffnende (wenn ein neuer File gelesen wird, gefolgt von dem Filenamen, gefolgt von den laufenden Seitennummern in eckigen Klammern. Diese Folge wird mit der rechten Klammer) abgeschlossen, wenn die Bearbeitung des Files beendet wird. Erscheint auf dem Bildschirm z. B.

```
... (sumfile.tex [1][2][3] (teil1.tex [4][5]) (teil2.tex [6][7]
! Undefined control sequence
l.999 \heute
?
```

so kann man ablesen: Es war ein File sumfile.tex eingelesen worden. Nach Erzeugung der Seiten 1,2 und 3 wurde mit \input oder \include aus sumfile.tex heraus ein File teil1.tex eingelesen, der die Seiten 4 und 5 erzeugt und dann abschließt. Danach wurde der File teil2.tex eingelesen, in dessen Zeile 999 der Fehler erkannt wurde. Wird dieser Fehler korrigiert oder mit der Returntaste eine Weiterbearbeitung erzwungen, so werden die Bearbeitungsangaben auf dem Bildschirm fortgesetzt

```
[8][9]) [10]
! To many }'s
l.217 \em muster}
```

Die schließende Klammer) nach Seite 9 zeigt an, daß File teil2.tex ordnungsgemäß beendet wurde. Der nächste Fehler nach Seite 10 liegt in File sumfile.tex, da dieser noch nicht mit der schließenden Klammer als abgearbeitet gekennzeichnet ist. Der Fehler wurde in diesem File in Zeile 217 erkannt.

9.3   Verzeichnis aller LaTeX–Fehler $\boxed{\text{TLL}}$

Dieser Abschnitt enthält ein vollständiges, alphabetisch geordnetes Verzeichnis aller LaTeX Fehlerindikatoren mit Angaben über die wahrscheinlichsten Ursachen und Hinweise zur Fehlerbeseitigung

! `Bad \line or \vector argument.`

Das erste Argument in einem `\line` oder `\vector` Befehl, das die Neigung der Linie oder des Pfeils bestimmt, enthält ein unzulässiges Wertpaar. Über die erlaubten Wertpaare s. 6.4.3 und 6.4.4.

! `Bad math environment delimiter.`

TeX hat entweder einen Umschaltbefehl in den mathematischen Modus, wie `\[` oder `\(` entdeckt, während es sich bereits im mathematischen Modus befand, oder es wurde ein Beendigungsbefehl für den mathematischen Modus wie `\)` oder `\]` innerhalb von normalen Textmoden (Paragraph– oder LR–Modus) gefunden. Die Ursache liegt entweder in nicht zusammenpassenden mathematischen Umschaltbefehlspaaren, vergessenen Beendigungsbefehlen oder ungepaarten Klammerstrukturen `{...}`.

! `Bad use of \\.`

Ein Befehl `\\` wurde zwischen Absätzen angebracht, wo dieser Befehl keinen Sinn macht. Diese Fehlermeldung tritt nur auf, wenn dieser Fehler innerhalb einer `center`, `flushright` oder `flushleft` Umgebung oder nach der äquivalenten `\centering`, `\raggedleft` oder `\raggedright` Erklärung (s. 4.2.1 und 4.2.2) gemacht wird. In allen anderen Fällen führt dies nur zu einer Warnung
`Underfull \hbox (badness 10000) ...` (s. 9.5.2)

! `\begin{...} ended by \end{...}.`

LaTeX hat einen `\end` Befehl ohne den zugehörigen `\begin` Befehl gefunden. Dies ist entweder durch einen Schreibfehler des Umgebungsnamens beim `\end` Befehl verursacht oder im vorangegangenen Text wurde ein notwendiger `\end` Befehl vergessen. Der Autor empfiehlt, bei allen Umgebungen jeweils die zusammengehörigen `\begin` ... `\end` Paare zunächst einzugeben und dann mit dem Editor den eigentlichen Umgebungstext vor dem `\end` Befehl anzuordnen. Das vermeidet das Vergessen von `\end` Befehlen bei längeren, insbesondere verschachtelten Umgebungen. Gleichzeitig wird die Gefahr einer fehlerhaften Schreibweise des Umgebungsnamens vermindert.

! `Can be used only in preamble.`

Einer der Befehle `\documentstyle`, `\nofiles`, `\includeonly`, `\makeindex` oder `\makeglossary` wurde nach dem Befehl `\begin{document}` eingegeben. Diese Befehle dürfen nur im Vorspann stehen. Dieselbe Fehlernachricht tritt auch auf, wenn in einem Dokument mehr als ein `\begin{document}` auftritt.

! `Command name ... already used.`

Es sollte eine benutzereigene Struktur mit einem der Befehle `\newenvironment`, `\newcommand`, `\newlength`, `\newsavebox` `\newtheorem` oder `\newcounter` unter einem Namen erzeugt werden, für den eine entsprechende Struktur bereits definiert ist.

Es muß hier ein anderer Name gewählt werden bzw. bei Befehlen und Umgebungen statt der \newcommand oder \newenvironment Befehle die entsprechenden \renew... Befehle benutzt werden. (Man beachte, daß bei einer neuen Umgebung z. B. muster stets auch ein neuer Befehl \muster erzeugt wird).

! Counter too large.

Dieser Fehler tritt auf, wenn der Stand eines Zählers als Buchstabe ausgegeben werden soll und der Wert des Zählers 26 überschreitet.

! Environment ... undefined.

Es wurde ein \begin Befehl mit einem unbekannten Umgebungsparameter benutzt. Wahrscheinlich wurde der Umgebungsname falsch geschrieben. Der Fehler kann für die laufende Bearbeitung durch Eingabe von I, gefolgt von dem richtigen Umgebungsnamen, korrigiert werden. (Dabei bleibt der fehlerhafte Umgebungsname im Eingabefile unkorrigiert.)

! Float(s) lost.

Es wurde eine figure oder table Umgebung oder ein \marginpar Befehl innerhalb einer vertikalen Box (entweder einer \parbox oder minipage Umgebung) benutzt, oder diese Befehle traten in einem Befehl auf, für den LATEX intern eine vertikale Box konstruiert, wie z. B. bei einer Fußnote u. a. Dieser Fehler wird erst bei der Ausgabe einer Seite erkannt und kann seine Ursache ein ganzes Stück vorher im Text haben. Im Ergebnis können hierbei einige Tabellen, Bilder und/oder Randnotizen verlorengegangen sein, aber nicht notwendigerweise diejenigen, die diesen Fehler verursacht haben.

! Illegal character in array arg.

Eine tabular oder array Umgebung enthält ein unbekanntes Spaltenformatierungszeichen (s. 4.8.1 für *sp_form*), oder die Formatierungsangabe im zweiten Parameter eines \multicolumn Befehls ist falsch.

! Missing begin{document}.

Im Dokument wurde entweder der \begin{document} Befehl vergessen oder der Vorspann enthält ausdruckbaren Text. Im letzteren Fall ist wahrscheinlich im Vorspann eine Erklärung mit falscher Syntax, etwa ein Befehlsargument ohne Klammern { } geschrieben oder bei einem Befehlsnamen wurde der \ vergessen.

! Missing p-arg in array arg.

In einer tabular oder array Umgebung wurde ein p als Spaltenformatierungszeichen benutzt, ohne daß sich eine Breitenangabe in geschweiften Klammern { } anschließt, oder derselbe Fehler trat im zweiten Argument in einem \multicolumn Befehl auf (s. 4.8.1).

! Missing @-exp in array arg.

In einer tabular oder array Umgebung wurde ein @ als Spaltenformatierungszeichen benutzt, ohne daß sich darauf ein Text in geschweiften Klammern { } anschließt, oder derselbe Fehler trat im zweiten Argument in einem \multicolumn Befehl auf (s. 4.8.1 für @–Ausdrücke).

! No such counter.

In einem \setcounter oder \addtocounter wurde ein nichtexistierender Zähler benutzt. Wahrscheinlich wurde der Zählername falsch geschrieben. Tritt dieser Fehler beim Lesen eines .aux Files auf und ist der Zählername richtig geschrieben, so
wurde der Zähler mit \newcounter außerhalb des Vorspanns angeordnet. Der Autor empfiehlt deshalb, \newcounter Befehle grundsätzlich im Vorspann anzuordnen.
(Bezugnahme auf einen unbekannten Zähler mit den sonstigen Zählerbefehlen führen
zu anderen, ziemlich unverständlichen TeX–Fehlermeldungen.)

! Not in outer par mode.

Es wurde eine figure oder table Umgebung oder ein \marginpar Befehl im mathematischen Modus oder innerhalb einer vertikalen Box (\parbox oder minipage)
benutzt. Im ersten Fall wurde vermutlich der Beendigungsbefehl für den mathematischen Modus vergessen.

! \pushtabs and \poptabs don't match.

Die Zahl der \poptabs Befehle innerhalb einer tabbing Umgebung stimmt nicht mit
der Zahl der vorangegangenen \pushtabs Befehle überein (s. 4.6.4).

! Something's wrong--perhaps a missing \item.

Die wahrscheinlichste Ursache ist, daß der Text innerhalb einer listenartigen Umgebung (list, itemize, enumerate, description) nicht mit einem \item Befehl beginnt. Diese Fehlermeldung tritt aber auch auf, wenn in einer thebibliography
Umgebung der Parameter {muster_marke} (s. 4.3.6) vergessen wurde.

! Tab overflow.

Mit dem letzten \= Befehl wird die maximale Zahl von Tabulatorstops, die LaTeX
erlaubt, überschritten.

! There's no line here to end.

Der Befehl \newline oder \\ wurde nach einem \par Befehl oder einer Leerzeile
eingegeben, wo dies keinen Sinn ergibt. Soll hier vertikaler Zwischenraum für eine
weitere Leerzeile eingefügt werden, ist dies mit einem \vspace Befehl zu erreichen.

! This may be a LaTeX bug.

Diese Fehlermeldung besagt, daß LaTeX bei der Textbearbeitung vollständig durch-
einander geraten ist. Dies kann die Folge eines vorangegangenen Fehler sein, nachdem
LaTeX mit der Returntaste zur Weiterbearbeitung aufgefordert wurde. In diesem Fall
sollte mit I\stop oder X bzw. E die Programmbearbeitung beendet und der oder die
vorangegangenen Fehler korrigiert werden. Es ist jedoch auch möglich, wenn auch
unwahrscheinlich, daß ein Fehler im LaTeX–Programm selbst entdeckt wurde. War
dies die erste Fehlermeldung bei der Bearbeitung eines Files und findet der Benutzer
in seinem Text selbst keine Ursache für den Fehler, so sollte dieser File abgespeichert
und das Rechenzentrum unterrichtet werden.

! Too deeply nested.

Es wurden zu viele listenartige Umgebungen (itemize, enumerate, description,
list) ineinander verschachtelt. Die maximale Schachtelungstiefe ist rechnerabhän-
gig, aber vier sind immer verfügbar, was eigentlich ausreichen sollte.

! Too many unprocessed floats.

Der Fehler kann daher rühren, daß zu viele `\marginpar` Befehle auf einer Seite angebracht sind. Wahrscheinlicher ist jedoch, daß LATEX mehr gleitende Bilder oder Tabellen unbearbeitet anhäufte, als dafür Speicherplatz vorgesehen ist. Dies ist darauf zurückzuführen, daß in zu dichter Folge zu viele Bilder oder Tabellen definiert wurden, bevor sie auf den folgenden Seiten ausgegeben werden konnten (s. 6.6). In diesem Fall sollten die letzten Bild– oder Tabellendefinitionen im Text weiter hinten angeordnet werden. Der Fehler kann aber auch dadurch verursacht worden sein, daß ein Bild oder eine Tabelle nicht auf einer normalen Textseite untergebracht werden kann. Eine solche Struktur wird auf einer eigenen Seite ausgegeben, entweder am Ende des Textes oder nach einem `\clearpage` oder `\cleardoublepage` Befehl. Da kein Bild bzw. Tabelle vor einem vorher definierten Bild oder Tabelle ausgegeben wird, kann in diesem Fall die Ausgabe aller Bilder bzw. Tabellen bis zum Ende des Textes blockiert sein. Mit `\clearpage` oder `\cleardoublepage` kann die Ausgabe eines solchen blockierenden Bildes oder Tabelle erzwungen werden.

! Undefined tab position.

Mit einem `\>`, `\+`, `\-` oder `\<` Befehl innerhalb der `tabbing` Umgebung wurde versucht, zu einem nicht existierenden Tabulatorstop zu springen, entweder mit `\>` oder `\+` hinter den letzten mit `\=` gesetzten Tabstop oder mit `\-` oder mit `\<` vor den nullten Tabstop (s. 4.6).

! \< in mid line.

Der Befehl `\<` innerhalb der `tabbing` Umgebung trat innerhalb einer Zeile auf. Dieser Befehl ist nur am Beginn einer Zeile erlaubt (s. 4.6.3).

9.4 TEX–Fehlermeldungen `TLL`

Dieser Abschnitt enthält, alphabetisch geordnet, eine Reihe — aber längst nicht alle — TEX–Fehlerindikatoren mit einer kurzen Erläuterung und der Beschreibung der Ursachen.

! Counter too large.

Als TEX–Fehler weist diese Mitteilung auf eine alphabetisch oder symbolisch gekennzeichnete Fußnote hin, bei der der Fußnotenzähler den Wert 26 bzw. 9 überschritt. Dies kann auch durch zu viele `\thanks` Befehle auf einer Titelseite verursacht worden sein.

! Double subscript.

In einer mathematischen Formel traten zwei Tiefstellungsbefehle _ ohne Klammerung hintereinander auf, z. B. `x_2_3` oder `\x_{2}_{3}`. Um x_{2_3} zu erzeugen, muß `x_{2_3}` oder `\x_{2_{3}}` geschrieben werden (s. 5.2.2).

! Double superscript.

In einer mathematischen Formel traten zwei Hochstellungsbefehle ^ ohne Klammerung hintereinander auf, z. B. `x^2^3` oder `x^{2}^{3}`. Um x^{2^3} zu erzeugen, muß `x^{2^3}` oder `x^{2^{3}}` geschrieben werden (s. 5.2.2).

! Extra alignment tab has been changed to \cr.

Eine Zeile in einer `tabular` oder `array` Umgebung enthält mehr **&** Befehle als für diese Tabelle Spalten definiert sind. Der Fehler ist vermutlich durch ein vergessenes Zeilenendzeichen \\ am Ende der vorangegangenen Zeile verursacht.

! Extra }, or forgotten $.

Entweder enthält der Formeltext einer mathematischen Formel eine fehlende linke Klammer { oder irrtümlich eine rechte Klammer } zuviel oder das Umschaltzeichen in den mathematischen Modus, wie \[, \(oder $, wurde vergessen.

! Font ... not loaded: Not enough room left.

Die Bearbeitung des Textes verlangt mehr Zeichensätze als TEX hierfür Speicherplatz bereithält. Wenn verschiedene Teile des Textes unterschiedliche Zeichensätze benötigen, kann eine Aufteilung des Textes auf mehrere Bearbeitungsfiles das Problem lösen.

! I can't find file '...'

TEX kann einen File, den es zur Bearbeitung benötigt, nicht finden. Wenn der in der obigen Nachricht ausgedruckte Filename mit dem Anhang `.tex` endet, ist dies entweder der Hauptfile der Bearbeitung oder ein mit \input oder \include einzulesender File. Endet der ausgedruckte Filename mit `.sty`, dann wurde eine unzulässige Option oder unbekannter Stil im \documentstyle Befehl angegeben. Nach der Ausgabe des Fehlerindikators erscheint auf dem Bildschirm als neue Zeile

            Please type another input file name:

und TEX wartet auf die Eingabe des korrekten Filenamens, gefolgt von der Returntaste. (Über die zulässigen `.sty` File s. 7.6.1).

! Illegal parameter number in definition of ... .

Diese Meldung ist wahrscheinlich durch einen \newcommand, \newenvironment \renewcommand oder \renewenvironment Befehl verursacht worden, bei dem ein Ersetzungszeichen **#** falsch verwendet wurde. In der Definition für eine benutzereigene Struktur darf das Ersetzungszeichen nur in der Form #n auftreten, wobei n eine Zahl von 1 bis zu der in der Definition erklärten Anzahl der Befehlsargumente ist. Sonst darf in einer Befehls– oder Umgebungsdefinition das # Zeichen nur als Befehl \# auftreten. Der Fehler kann auch daher rühren, daß in einem \newenvironment oder \renewenvironment Befehl ein Ersetzungszeichen im letzten Argument {*enddef*} (s. 7.4) auftritt.

! Illegal unit of measure (pt inserted).

Folgt dieser Fehler auf eine gerade vorangegangene Fehlermeldung mit

            ! Missing number, treated as zero.

dann liegt die Ursache in diesem Fehler (s. u.). Tritt dagegen die Fehlermeldung isoliert auf, so weist sie darauf hin, daß LATEX eine Länge als Angabe erwartete, aber nur eine Zahl ohne Maßeineit eingegeben wurde. Am häufigsten wird bei einer Länge

Null die Maßeinheit vergessen, also 0 statt 0cm oder 0mm geschrieben. In diesem Fall erfolgt mit der Returntaste eine korrekte Bearbeitung, da ein Länge Null mit jeder Maßeinheit Null bleibt und das Anfügen der Maßeinheit pt die Länge nicht verändert. Dieser Fehler kann auch daher rühren, daß in einem Befehl ein Argument, das eine Länge ist, vergessen oder leer gelassen wurde.

! Misplaced alignment tab character &.

Der Einzeichenbefehl &, der nur in einer tabular oder array Umgebung auftreten darf, erschien in gewöhnlichem Text. Wahrscheinlich sollte ein & ausgedruckt werden, was \& erfordert hätte. In diesem Fall kann durch Eingabe von I\& eine korrekte Bearbeitung erzielt werden.

! Missing control sequence inserted.

Dieser Fehler ist vermutlich durch einen \newcommand, \renewcommand, \newlength oder \newsavebox Befehl verursacht, bei dem im ersten Parameter der Befehlsname ohne \ geschrieben wurde. Mit der Returntaste wird ein \ für eine korrekte Bearbeitung eingefügt.

! Missing number, treated as zero.

Dieser Fehler ist wahrscheinlich durch einen LaTeX–Befehl verursacht, bei dem als Argument eine Zahl oder Länge einzugeben ist, dieses Argument aber leer übergeben oder vergessen wurde. Der Fehler kann auch von einem Befehl, der mit einem optionalen Argument endet und auf den der folgende Text mit [beginnt, stammen (s. Fußnote 2.1). Schließlich kann dieser Fehler auch durch das Voransetzen von \protect vor einem Längenbefehl oder dem Befehl \value verursacht worden sein.

! Missing { inserted.
! Missing } inserted.

Beim Auftreten eines dieser beiden Fehlerindikatoren ist TEX mit der Bearbeitung des Textes ziemlich durcheinandergeraten. Die bei dieser Fehlermeldung angegebene Zeilennummer ist wahrscheinlich nicht die Zeile mit der eigentlichen Fehlerursache, einer fehlenden linken oder rechten Klammer. Ist der eigentliche Fehler nicht zu ermitteln, sollte das Programm mit Return zur Weiterbearbeitung veranlaßt und der Fehler an Hand des Probeausdrucks gesucht werden.

! Missing $ inserted.

Wahrscheinlich wurde ein Symbol, das nur im mathematischen Modus erlaubt ist, innerhalb von normalem Text verwendet. Zur Erinnerung: Alle in Kapitel 5 beschriebenen Befehle sind nur im mathematischen Modus erlaubt, wenn dort nicht ausdrücklich darauf verwiesen wurde, daß ein bestimmter Befehl auch in Textmoden erlaubt ist. Tritt innerhalb einer mathematischen Formel der Befehl \mbox auf, so ist der mathematische Modus für die Bearbeitung des \mbox Arguments temporär verlassen worden, auch wenn danach automatisch in den mathematischen Modus zurückgeschaltet wird. Diese Fehlermeldung tritt auch auf, wenn in einer mathematischen Formel eine Leerzeile angegeben wird, da diese als neuer Absatz interpretiert wird, womit eine Formel als beendet gilt und das Formelendzeichen vermißt wird.

! Not a letter.

In der Trennliste des \hyphenation Befehls tritt ein Zeichen auf, das nicht als Buchstabe angesehen wird, z. B. ein \3 für ß. Solche Worte können nur durch explizite Trennangabe im Text aufgeführt werden (s. 3.6.2 und 3.6.1).

! Paragraph ended before ... was complete.

Ein Befehlsargument enthält eine Leerzeile oder einen \par Befehl bei einem Befehl, der dieses nicht erlaubt. Wahrscheinlich wurde eine rechte Klammer } als Argumentende vergessen.

! \scriptfont ... is undefined (character ...).
! \scriptscriptfont ... is undefined (character ...).
! \textfont ... is undefined (character ...).

Diese Meldung erscheint, wenn in einer mathematischen Formel Zeichen aus einem Zeichensatz verwendet werden sollen, der für den mathematischen Modus nicht vorgesehen ist, z. B. \sc (SMALL CAPITALS). Solche Zeichensätze müssen mit dem Befehl \load{\größenbefehl}{\schriftart} für die Verwendung im mathematischen Modus verfügbar gemacht werden, z. B. durch \load{\normalsize}{\sc}. Tritt eine solche Formel in einer Fußnote auf, so wäre entsprechend vorher einmal \load{\footnotesize}{\sc} im Text anzugeben.

! TeX capacity exceeded, sorry [...].

TₑX richtet für die verschiedenen Bearbeitungsaufgaben gewisse Pufferspeicher unterschiedlicher Größe im Rechner ein. Diese Nachricht erscheint, wenn bei der Bearbeitung ein solcher Pufferspeicher sich als zu klein erweist, wobei in den eckigen Klammern der Fehlernachricht der Name und die Größe dieses Pufferspeichers angegeben ist. Mit dieser Nachricht wird die Bearbeitung des vorliegenden Textes von TₑX abgebrochen. Die Ursache für diesen Fehler ist jedoch fast nie eine zu kleine Speicherkapazität, auch für sehr umfangreiche und komplexe Texte, als vielmehr fast immer ein Fehler im Eingabetext. Für das Aufspüren eines solchen Fehlers muß ggf. die in 9.6 dargestellte Methode herangezogen werden.

Die folgende Erörterung soll dazu dienen festzustellen, ob für den vorliegenden Text die von TₑX bereitgestellten Speicherkapazitäten tatsächlich zu klein sind und wie dann Abhilfe geschaffen werden kann. Die am häufigsten übergelaufenen Pufferspeicher sind

buffer size Die Ursache kann in einem zu langen Text für das Argument in einem Gliederungsbefehl oder einem \caption, \addcontentsline oder \addtocontents Befehl liegen. Die Fehlermeldung tritt wahrscheinlich erst beim Erreichen des \end{document} Befehls auf. Sie kann aber auch bei der Ausführung der Befehle \tableofcontents, \listoffigures oder \listoftables auftreten. Abhilfe schafft die Verwendung eines optionalen Parameters für eine Kurzform der Überschrift (s. 3.3.3 und 6.6.3). Tatsächlich wäre ein so langer Eintrag in ein Verzeichnis für den Leser eher hinderlich als nützlich. Nach dieser Korrektur sollte vor der Neubearbeitung durch LᴬTₑX der zugehörige .aux–File gelöscht werden.

Hinweis von EBERHARD MATTES: Die bei weitem häufigste Ursache auf PCs liegt in der Verwendung eines "Textverarbeitungssystems" (z. B. MS–Word) zum Schreiben von T_EX–Texten, bei dem ein ganzer Absatz in eine Zeile gepackt wird. Manche Wort-prozessoren fügen nur am Absatzende ein CR/LF hinzu, auch wenn auf dem Bildschirm eine mehrzeilige Ausgabe erscheint!

exception dictionary Die Trennungsliste in einem oder die Summe der Trennungslisten bei mehreren `\hyphenation` Befehlen ist zu lang. In diesem Fall sollten die weniger häufig benutzten Worte aus der Trennungsliste entfernt und mit `\-` Befehlen die erlaubten Trennmöglichkeiten bei diesen Worten im Text aufgeführt werden.

hash size Der Eingabefile enthält zu viele Befehlsdefinitionen und/oder benutzt zu viele Kreuzreferenz–Markennamen. Dies ist aller Voraussicht nach nicht darauf zurückzufüh-ren, daß der Eingabetext so viele Befehlsdefinitionen benötigt, sondern daß der Benutzer sich im Laufe der Zeit viele eigene Befehle definiert und diese in einem Befehlsfile abgespeichert hat, der bei jedem Eingabetext eingelesen wird.

input stack size Ein Überlaufen dieses Pufferspeichers ist wahrscheinlich durch einen Fehler bei einer Befehlsdefinition verursacht. Eine Befehlsdefinition

```
\newcommand{\befehl}{Ein \befehl}
```

würde beim Aufruf erzeugen `Ein {Ein { Ein {...Ein \befehl}}}`, da für den Auf-ruf `\befehl` `Ein \befehl` eingesetzt wird, dann aber für `\befehl` in dem eingesetz-ten Text wieder `Ein \befehl` eingesetzt wird usw., ohne daß dieser Prozeß zum Ende kommt. Der Ersetzungsprozeß endet mit dem Überlaufen des Speichers, in dem der Befehl vorbereitet wird.

main memory size In diesem Speicher findet die Bearbeitung der einzelnen Seiten vor ih-rer jeweiligen Ausgabe statt. Ein Überlauf kann durch denselben Fehler eines rekursiv definierten Befehls verursacht sein. Normalerweise aber sind es drei Gründe, die die-sen Speicher zum Überlaufen bringen können: (1) Auf einer Seite ist eine große Zahl sehr langer, komplexer Befehle definiert, (2) auf der Seite treten zu viele `\index` oder `\glossary` Befehle auf und (3) der Aufbau der Seite ist so komplex, daß die für diese Seite abzulegende Information nicht in den Speicher paßt.

Die Lösung für die ersten beiden Gründe ist naheliegend: die Zahl der Befehlsdefini-tionen oder `\index` und `\glossary` Befehle auf dieser Seite muß vermindert werden. Der dritte Grund kann seine Ursache in einer zu langen `tabbing`, `tabular`, `array` oder `picture` Umgebung haben oder durch ein blockierendes Bild oder Tabelle, das oder die auf einen Ausgabebefehl warten.

Um zunächst herauszufinden, ob der Speicher wegen eines zu komplexen Seitenauf-baus übergelaufen ist, sollte der Befehl `\clearpage` unmittelbar vor der Stelle, wo dieser Überlauf stattfand, eingefügt werden. Wenn dann bei einer Neubearbeitung der Speicher nicht mehr überläuft, so ist diese Seite tatsächlich zu komplex, um von T_EX bearbeitet werden zu können. Anderenfalls, d. h. wenn der Speicher immer noch überläuft, so liegt wahrscheinlich ein Fehler im Eingabetext vor, der ggf. mit der in 9.6 empfohlenen Methode gesucht werden muß.

Ist eine Seite für die T_EX–Bearbeitung tatsächlich zu komplex, so muß sie vereinfacht werden. Vorher soll jedoch daran erinnert werden, daß vor der Ausgabe einer Seite der gesamte letzte Absatz bearbeitet wird, bevor dieser Absatz für einen Seitenumbruch ggf. zwischen Zeilen gebrochen wird. Die Einfügung eines `\newpage` innerhalb dieses Absatzes mag das Problem oft bereits lösen und sollte versucht werden, bevor mit einer mühevolle Umkonstruktion dieser Seite begonnen wird. Ist der Fehler durch ein blockierendes Bild oder Tabelle verursacht, so kann durch das Verschieben der folgenden

Gleitstrukturen weiter nach hinten oder durch Änderung der Gleitparameter *wohin* (s. 6.6.1) eine Lösung erzielt werden. Ist der Gesamttext noch nicht fertig, so sollte zunächst mit `\clearpage` eine Ausgabe der blockierenden Struktur erzwungen und die endgültige Anordnung erst dann getroffen werden, wenn der gesamte Text vorliegt.

`pool size` Wahrscheinlich wurden zu viele, zu lange Namen für Befehlsdefinitionen und Markierungen benutzt. In diesem Fall sollten hierfür kürzere Namen gewählt werden. Der Fehler kann jedoch auch durch eine vergessene rechte Klammer } zur Beendigung eines Arguments in einem Zählerbefehl wie `\setcounter` oder bei einem `\newenvironment` oder `\newtheorem` verursacht sein.

`save size` Dieser Überlauf tritt auf, wenn Befehle, Umgebungen und die Reichweite von Erklärungen zu tief verschachtelt sind. Wenn z. B. ein Argument für einen `\multiput` Befehl selbst wieder eine `picture` Umgebung enthält, die ihrerseits eine `\footnotesize` Erklärung enthält, die wiederum für einen weiteren `\multiput` Befehl gelten soll, der seinerseits usw. ... Eine solche verschachtelte Struktur muß dann vereinfacht werden, falls nicht einfach eine schließende } in einer vorangehenden Struktur vergessen wurde.

`!  Text line contains an invalid character.`
Der Eingabefile enthält ein seltsames Zeichen, das TEX nicht kennt. Dies kann durch eine Fehlbedienung des Editors eingefügt worden sein. Was durch eine Fehlbedienung des Editors passiert, hängt von diesem Editor ab. Wenn eine Untersuchung des Eingabefiles dieses seltsame Zeichen nicht zu Tage fördert, sollte das Rechenzentrum um Rat gefragt werden.

`!  Undefined control sequence.`
Diese Fehlermeldung hatte wahrscheinlich jeder TEX–Anwender schon wiederholte Male auf dem Bildschirm. Am wahrscheinlichsten ist ein fehlerhaft getippter oder falscher Befehlsname. In diesem Fall kann mit I, gefolgt von der Eingabe des richtigen Befehls und einem *Return*, eine korrekte Bearbeitung des Eingabefiles erreicht werden. Es sollte jedoch nicht vergessen werden, nach der LATEX–Bearbeitung die entsprechende Korrektur im Eingabefile nachzuholen. Tritt dieser Fehler bei der Bearbeitung eines korrekt geschriebenen LATEX–Befehls auf, so war dieser Befehl an einer unzulässigen Stelle im Text angeordnet, z. B. ein `\item` Befehl außerhalb einer listenartigen Umgebung wie `itemize` u. a. In diesem Fall sind zunächst weitere Folgefehler zu erwarten. Die Fehlermeldung kann auch durch einen vergessenen `\documentstyle` Befehl verursacht sein. Dann sollte mit I`\stop` die Bearbeitung abgebrochen und dieser Befehl zunächst angebracht werden.

`!  Use of ... doesn't match its definition.`
Wenn "..." der Name eines LATEX–Befehls ist, dann wahrscheinlich einer der in 6.3 und 6.4 beschriebenen Bildbefehle, bei dessen Aufruf eine fehlerhafte Syntax für ein Argument benutzt wurde. Ist der Name @array, dann liegt die Ursache in einem fehlerhaften @–Ausdruck (s. 4.8.1) bei einer `tabular` oder `array` Umgebung. Möglicherweise wurde in einem @–Ausdruck ein zerbrechlicher Befehl ohne den Schutz durch `\protect` aufgeführt.

`!  You can't use 'macro parameter #' in ... mode.`
Das Sonderzeichen # erschien in normalem Text. Wahrscheinlich sollte `\#` im Text stehen. In diesem Fall kann durch Eingabe von I`\#`, gefolgt von der Returntaste, eine korrekte Bearbeitung erzielt werden.

9.5 Warnungen

LaTeX– und TeX–Fehler sind dadurch gekennzeichnet, daß das Programm mit der Bearbeitung anhält und zunächst auf eine Anwenderreaktion wartet oder gar die Bearbeitung ganz abbricht. Demgegenüber stellen Warnungen Hinweise dar, daß der Ausgabefile möglicherweise noch Mängel enthält, die vom Anwender in geeigneter Weise zu beheben sind. Warnungen erscheinen auf dem Bildschirm zusammen mit den Seitennummern, ohne daß das Programm anhält. Diese Warnungen werden auch in den zugehörigen .log File geschrieben und können nach der LaTeX–Bearbeitung, evtl. nach einem Probeausdruck zur Feinkorrektur, herangezogen werden. Warnungen können bereits von LaTeX erzeugt werden oder nach dem Weiterreichen des Textes an TeX erst von diesem stammen.

9.5.1 LaTeX–Warnungen $\boxed{\text{TLL}}$

LaTeX–Warnungen sind dadurch gekennzeichnet, daß sie mit "LaTeX Warning:" beginnen. Danach erscheint eine der folgenden Meldungen, ohne daß das Programm anhält

`Citation '...' on page ... undefined.`
Das Bezugswort '...' in einem \cite Befehl war nicht durch einen \bibitem Befehl definiert (s. 4.3.6 und 8.2.2).

`Label '...' multiply defined.`
Zwei \label oder \bibitem Befehle verwenden dieselbe Markierung (s. 8.2.1 und 8.2.2). Diese Warnung wird nach einer Korrektur bei der nächsten Bearbeitung nochmals wiederholt, da diese Information den während der letzten Bearbeitung erzeugten .aux Files entnommen wurde und diese erst mit der erneuten Bearbeitung korrigiert werden.

`Label(s) may have changed. Rerun to get cross-references right.`
Die durch \ref, \pageref und \cite Befehle ausgedruckten Werte sind möglicherweise falsch, da die entsprechenden Werte mit der momentanen Bearbeitung evtl. verändert wurden. Mit einer nochmaligen LaTeX–Bearbeitung verschwindet die Warnung.

`Marginpar on page ... moved.`
Eine Randnotiz wurde auf der Seite nach unten verschoben, um zu verhindern, daß sie sich mit einer vorangehenden Randnotiz überschneidet. Diese Randnotiz ist damit gegenüber der Zeile, in der der marginpar Befehl angeordnet war, verschoben.

`Oval too small.`
In einem \oval Befehl wurden so kleine Abmessungen gewählt, daß LaTeX keine geeignet kleinen Viertelkreise zur Verfügung standen.

`Reference '...' on page ... undefined.`
Die Bezugsmarke '...' in einem \ref oder \pageref Befehl war nicht oder erst beim letzten Bearbeitungslauf durch einen zugehörigen \label Befehl definiert (s. 8.2.1).

9.5.2 TEX–Warnungen

Eine TEX–Warnung ist daran zu erkennen, daß sie keine Fehlermeldung ist, also kein
! vorangesetzt ist, und daß die Bearbeitung nicht anhält. Die häufigsten TEX–Warnungen sind

```
Overfull \hbox ...
```

TEX konnte diese Zeile nicht ordentlich brechen. Die Zeile ragt über den rechten Rand
hinaus. Die weitere Information der Warnung gibt Hinweise für Abhilfe.
Lautet die Warnung z. B. insgesamt

```
Overfull \hbox (42.98274pt too wide) in paragraph at lines 5--7
[]\tenrm Findet T[]X keine geeignete Stelle um ein Wort am Ende einer Zeile
zu tren-nen, so wie hier aaaaaaaaaaaaaaaaaaaa
```

so kann man entnehmen: Die Zeile ragt um ca. 43pt (also ungefähr 15mm) über den rechten
Rand hinaus. Diese Zeile liegt in dem Absatz, der aus den Zeilen 5 bis 7 besteht. Für diese
Zeile wird die Schrift `\tenrm` (=`\normalsize\rm`) verwendet. Der Text der problematischen
Zeile lautet: `Findet ... ... wie hier aaaaaaaaaaaaaaaaaaaa`. Eine Trennung wäre im
Wort `tren-nen` an der durch - gekennzeichneten Stelle möglich gewesen. Das letzte Wort der
Zeile `aaaaaaaaaaaaaaaaaaaa` läßt sich nicht trennen und führt zu dem Problem.

Abhilfe könnte die Angabe einer Trennhilfe schaffen `aaaaaaaaaa\-aaaaaaaaaa`. Ebenso bringt ein `\linebreak` Befehl vor dem sinnlosen Wort `aaaaaaaaaaaaaaaaaaaa` die Warn-
meldung zum Verschwinden, genauso wie das Einschachteln des ganzen Absatzes in eine
`sloppypar` Umgebung.

Ragt eine schlecht gebrochene Zeile nur geringfügig über den rechten Rand hinaus,
etwa um weniger als 1pt, so kann das für die Mehrzahl von Textdokumenten noch
toleriert werden. Bei so kleinen Überziehungen sollte dies an einem Probeausdruck
geprüft werden.

```
Overfull \vbox ...
```

Diese Warnung ist sehr viel seltener. TEX konnte die Seite nicht ordentlich bre-
chen. Der Text ragt um den angegebenen Betrag über den unteren Seitenrand hinaus.
Tatsächlich neigt TEX dazu, auf einer Seite eher zu wenig Text unterzubringen als zu
viel. Diese Warnung kommt also nur vor, wenn die Seite selbst eine so große vertikale
Box enthält, daß diese den Wert von `\textheight` übersteigt, z. B. eine sehr lange
Tabelle.

```
Underfull \hbox ...
```

Diese Warnung ist das Gegenteil zur `Overfull \hbox ...` Warnung. Sie erscheint,
wenn TEX die Zeilen eines Absatzes zwar beidbündig bricht, dabei aber in einer Zeile
Wortabstände entstehen, die TEX als zu groß empfindet. Dies ist häufig die Folge
einer `sloppypar` Umgebung, einer `\sloppy` Erklärung oder eines `\linebreak` Befehls.
Diese Warnung kann auch als Folge einer unvernünftigen Verwendung eines `\\` oder
`\newline` entstehen, etwa bei zwei unmittelbar aufeinanderfolgenden `\\` Befehlen.
Die weitere Information enthält den Text der schlecht formatierten Zeile und eine
Bewertungszahl über die Wortabstände.
Wird in dem Beispiel für die `Overfull \hbox` Warnung ein `\linebreak` Befehl an der Stelle
`..., so wie\linebreak hier ...` angebracht, so erscheint nun die Warnung

```
Underfull \hbox (badness 1430) in paragraph at line 5--7
[]\tenrm Findet T[]X keine geeignete Stelle um ein Wort am Ende einer Zeile
zu trennen, so wie
```

Dies sagt: Der aus den Zeilen 5–7 bestehende Absatz enthält eine Zeile mit evtl. zu großen Wortabständen. Der Text dieser Zeile lautet `Findet ... ...,` so `wie` wobei die Schrift `\tenrm (=\normalsize\rm)` benutzt wird. Die Angabe `badness 1430` gibt ein Maß für die "Güte", mit der diese Zeile gesetzt ist: *je kleiner diese Zahl ist, umso besser ist die Zeile gesetzt.* ("badness" ist das genaue Gegenteil von "Güte". Deshalb sollte die Aussage besser lauten: *je größer die Zahl, umso mangelhafter ist die Zeile gesetzt).*

Um die Aussage quantitativ abzuschätzen, muß etwas mehr zu der Größe "badness" gesagt werden. Alle Wortabstände haben einen bestimmten Grundwert mit einer gewissen natürlichen Elastizität, um die der Grundwert schrumpfen oder gedehnt werden kann. Die Summe der Wortabstände in einer Zeile bestimmt durch ihre natürliche Elastizität auch eine Summenschrumpfung bzw. Summendehnung. Der Zahlenwert für "badness" ist bestimmt durch

$$\text{badness} = 100 \times (\text{tatsächliche Schrumpfung/Summenschrumpfung})^3 \quad \text{bzw.}$$
$$\text{badness} = 100 \times (\text{tatsächliche Dehnung/Summendehnung})^3$$

wobei "tatsächliche Schrumpfung" bzw. "tatsächliche Dehnung" die Summe der Schrumpfungen bzw. Dehnungen aller Wortabstände ist, die notwendig ist, um die Zeile beidbündig zu brechen.

Standardmäßig gestattet TEX zum Brechen der Zeilen eine gewisse Überdehnung bis zum Wert von "badness = 200", was nach obiger Formel etwa dem 1.26–fachen der Summendehnung entspricht. Innerhalb einer `sloppypar` Umgebung oder nach der `\sloppy` Erklärung kann eine Zeile beliebig überdehnt werden. Eine `Underfull \hbox` Warnung erscheint dann, wenn "badness > 1000" wird, wobei 1000 einer Überdehnung auf das 2.15–fache der Summendehnung entspricht. Übersteigt der Wert von "badness" nach der obigen Formel 10000, so wird einheitlich 10000 eingesetzt.

Für die Praxis kann ein Wert "badness < 2000" meistens noch toleriert werden.

```
Underfull \vbox ...
```

Die Seite wird kopf– und fußbündig gebrochen. Die hierzu erforderlichen Absatzabstände erscheinen TEX jedoch zu groß. Zum Zahlenwert von `badness` gelten sinngemäß die Ausführungen wie zu `Underfull \hbox`.

9.6 Suche nach versteckten Fehlern

Früher oder später wird jeder Anwender einmal eine Fehlermeldung erhalten, für die er eine Ursache beim besten Willen nicht ermitteln kann. Für diesen Fall empfiehlt sich folgende Suchstrategie:

1. Der fehlerhafte File wird zweimal kopiert: in eine *Arbeitskopie* und eine *Vorkopie.*

2. In der Arbeitskopie wird in der äußersten Umgebung, die den Fehler enthält, der File um eine oder mehrere innere Umgebungen gekürzt. Ist keine weitere innere Umgebung vorhanden, so wird der verbleibende Text angemessen gekürzt. Der gekürzte File wird erneut mit LATEX behandelt.

3. Tritt der Fehler immer noch auf, so wird die gekürzte Arbeitskopie auf die Vorkopie kopiert und Schritt 2 wiederholt[1].

4. Ist der Fehler in der gekürzten Arbeitskopie verschwunden, so wird die Vorkopie auf die Arbeitskopie zurückkopiert. In dieser Kopie trat der Fehler gerade noch auf. Diesmal erfolgt eine geringere Kürzung als beim letzten Mal und die Schritte 2 und 3 oder 4 werden wiederholt.

5. Ist auf diese Weise die nächstinnere Umgebung für den Fehler lokalisiert, so wird das Verfahren für diese Umgebung entsprechend 2, 3 und 4 wiederholt.

Mit dieser Suchstrategie gelingt es recht schnell, den Fehler bis auf einen Befehl oder die innerste Umgebung mit nur noch einer ganz kleinen verbliebenen Struktur zu lokalisieren. Ist der Fehler trotz genauer Lokalisierung immer noch nicht zu ermitteln, so sollte Hilfe bei einem oder einer erfahrenen Kollegen oder Kollegin gesucht oder das Rechenzentrum um Rat gefragt werden. Meistens wird es jedoch dem Benutzer selbst gelingen, für den so lokalisierten Fehler die Ursache zu ermitteln.

Gelegentlich wird ein Fehler korrigiert, und es kommt trotz des beseitigten Fehlers bei der nächsten LaTeX–Bearbeitung zur wiederholten Fehlermeldung. Die Ursache hierfür liegt in der internen Verwertung der Informationen aus den LaTeX–Hilfsfiles. Enthielt z. B. die Überschrift in einem Gliederungsbefehl einen Fehler, der beseitigt wurde, so enthält der `.toc` File noch diesen Fehler, da er aus dem vorangegangenen Lauf stammte. Enthält der Text den Befehl `\tableofcontents`, so stößt LaTeX nach dem Einlesen des `.toc` Files nach wie vor auf den Fehler, da ein neuer `.toc` File erst *nach* der erfolgreichen Bearbeitung des neuen Laufes angelegt wird.

In diesem Fall sollte auch der `.toc` File editiert und der Fehler dort ebenfalls beseitigt werden. Ist das nicht möglich, so muß der `.toc` File zunächst gelöscht und der korrigierte Textfile *zweimal* mit LaTeX bearbeitet werden. Für einen behobenen Fehler in `\caption`, `\addcontentsline` oder `\addtocontents` gilt entsprechendes bezüglich der `.toc`, `.lof` und `.lot` Files.

Gelegentlich muß auch ein `.aux`–File gelöscht werden, um zu vermeiden, daß eine dort abgelegte fehlerhafte Information aus dem Vorlauf nach der Korrektur im `.tex` File erneut zur Wirkung kommt. Hierauf ist immer dann zu achten, wenn der Befehl `\nofiles` im Vorspann aktiviert ist, da dann auch nach der erneuten LaTeX–Bearbeitung kein korrigierter `.aux` File angelegt wird.

---

[1]Ist die äußere Umgebung in Schritt 2 die `\begin{document}` ... `\end{document}` Struktur, so kann die Kürzung einfach durch ein weiteres `\end{document}` an der Kürzungsstelle erreicht werden.

Anhang A

Briefe

LaTeX kennt für den \documentstyle Befehl noch den Stilparameter letter. Dieser ist so sehr auf amerikanische Briefformate zugeschnitten, daß er im Original für deutsche Briefe, insbesondere für Geschäftsbriefe, wenig geeignet ist. Aus diesem Grunde wurden die Eigenschaften und zusätzlichen Befehle des letter Stils nicht dargestellt. Dies wird hier nachgetragen. Gleichzeitig werden die Eigenschaften eines hauseigenen letter Stils beschrieben und Hinweise für die Erstellung eines firmenspezifischen letter.sty Files gegeben, mit dem gleichzeitig geeignete Briefköpfe erzeugt werden.

A.1   Der LaTeX–letter Stil

Der Dokumentstil letter dient zum Schreiben von Briefen. Mit einem Eingabefile können bei Bedarf gleichzeitig mehrere Briefe geschrieben werden, was besonders praktisch ist, wenn es sich um mehrere Briefe desselben Absenders handelt. Innerhalb eines Briefes können die meisten LaTeX–Befehle verwendet werden. Einige wie die Gliederungsbefehle sind für diesen Stil unbekannt. Ihre Verwendung führt zu einer ! Undefined control sequence Fehlermeldung. Die fehlenden Befehle würden allerdings in einem Brief auch keinen rechten Sinn machen. Es besteht im allgemeinen kein Bedarf, einen Brief in Kapitel, Abschnitte usw. zu gliedern oder ein Inhaltsverzeichnis anzulegen. Andererseits kennt der Stil letter einige zusätzliche Befehle, die speziell für die Briefgestaltung gedacht sind.

Ein Brieffile beginnt wie jeder LaTeX–Textfile mit dem Befehl \documentstyle, der hier lautet

   \documentstyle[*optionen*]{letter}

wobei mit Ausnahme von twoside alle in 3.1 aufgeführten Optionen zulässig sind, auch wenn einige davon wie twocolumn oder titlepage in einem Brief wenig Sinn ergeben.

Jeder Brief enthält eine Absenderanschrift und einen Absendernamen. Diese werden erzeugt mit den Befehlen

   \address{*absenderanschrift*}
   \signature{*absendername*}   oder   \name{*absendername*}

Die *Absenderanschrift* besteht gewöhnlich aus mehreren Zeilen. Diese werden durch \\ Befehle bei der Eintragung voneinander getrennt, z. B.

```
\address{Max-Planck-Institut f"ur Aeronomie\\Postfach 20\\
   3411 Katlenburg--Lindau}
```

Der *Absendername* wird meistens nur aus einem einzeiligen Eintrag bestehen. Es kann hier aber auch ein mehrzeiliger, durch \\ getrennter Eintrag erfolgen, z. B.

```
\signature{Horstmar Hale\\Verwaltungsleiter}
```

Die beiden vorstehenden Befehle wird man bevorzugt im Vorspann anbringen, insbesondere wenn mit einem Brieffile mehrere Briefe desselben Absenders erzeugt werden sollen. Sie können aber auch wie normale Befehle im Textteil stehen und entfalten dann ihre Wirkung nur innerhalb der Umgebung, in der sie stehen.

Werden keine weiteren Befehle im Vorspann benötigt, so beginnt der Textteil wie bei jedem LaTeX–File mit dem Befehl \begin{document}. Innerhalb des Textteils ist für jeden Brief eine letter Umgebung einzurichten, deren Syntax lautet

```
\begin{letter}{empfänger}   Brieftext   \end{letter}
```

empfänger steht hier für Namen und Anschrift des Empfängers. Die einzelnen Zeilen für diesen Eintrag sind durch \\ Befehle zu trennen.

```
\begin{letter}{Herrn v.\ Biron\\EDV--Referat in der GV der\\
Max--Planck--Gesellschaft\\zur F"orderung der Wissenschaften e.V.\\
K"oniginstr.\ 12\\8000 M"unchen 22}
```

Der *Brieftext* beginnt gewöhnlich mit dem \opening Befehl und endet mit dem \closing Befehl, zwischen denen dann beliebiger Text vermischt mit weiteren LaTeX–Befehlen stehen kann. Die Syntax für diese beiden Befehle lautet

```
\opening{anrede}
\closing{grußformel}
```

anrede steht für Einträge wie: Sehr geehrte Frau Mustermann u. ä. *grußformel* steht für Eintragungen wie: Mit freundlichen Grüßen u. ä. Im \opening Befehl kann statt der Anrede auch eine "Betreff" Eintragung oder ähnliches stehen. In diesem Fall würde die eigentliche Anrede, wie Lieber Otto, Teil des anschließenden Textes werden.

LaTeX ordnet die Absenderadresse im Brief oben rechts an. Danach folgt automatisch rechtsbündig das aktuelle Datum. Anschließend folgt mit etwas Abstand linksbündig der *Empfänger* mit Namen und Anschrift. Es folgt der Brief mit der gewählten *Anrede* und dem eigentlichen Brieftext. Der Brief endet mit der nach rechts eingerückten *Grußformel*. Auf diese folgt mit ausreichendem Abstand für die Unterschrift der *Absendername* aus dem \signature oder \name Befehl.

Nach dem \closing Befehl darf ein \cc Befehl zur Erzeugung einer Verteilerliste folgen:

```
\cc{name1 \\ name2 \\ ... }
```

Dieser Befehl erzeugt linksbündig ein "cc:", gefolgt von der Verteilerliste. Die Namen der Verteilerliste erscheinen ein wenig nach rechts hinter dem "cc:" eingerückt.

Ein gleichartiger Befehl ist \encl zur Erzeugung einer Anlagenliste

>   \encl{*anlage1* \\ *anlage2* \\ ... }

Hier erscheint die Anlagenliste nach "encl:" eingerückt.

Schließlich kann nach dem \closing Befehl noch der \ps Befehl folgen. Dieser Befehl erzeugt keine Ausgabe. Er ist erforderlich, wenn nach dem \closing Befehl noch einmal Text folgen soll. Soll dieser Text mit einem "P. S." gekennzeichnet sein, so muß der folgende Text mit P. S. beginnen. Der Brief endet abschließend mit dem \end{letter} Befehl.

In einem Brieffile können beliebig viele letter Umgebungen auftreten, je eine für jeweils einen Brief. Stehen die \address und \signature bzw. \name Befehle im Vorspann, so werden alle Briefe einheitlich mit derselben *Absenderanschrift* und demselben *Absendernamen* versehen. Sollen diese für die einzelnen Briefe unterschiedlich sein, so sind die entsprechenden \address und \signature bzw. \name Befehle in der jeweiligen letter Umgebung anzubringen, und zwar vor dem jeweiligen \opening Befehl. Selbstverständlich kann auch eine einheitliche *Absenderanschrift* mit dem \address Befehl im Vorspann, aber unterschiedlichen *Absendernamen* mit den jeweiligen \signature bzw. \name Befehlen in den entsprechenden letter Umgebungen angeordnet werden. Bei gleichzeitiger Angabe von \signature und \name bleibt letzterer ohne Wirkung. Hierbei hat \signature Vorrang.

Die erste Seite eines Briefes enthält keine Seitennummer. Reicht ein Brief über mehrere Seiten, so erhalten die folgenden Seiten laufende Nummern.
Briefbeispiel:

```
\documentstyle[11pt]{letter}    \setlength{\textheight}{21cm}
\address{Max--Planck--Institut f"ur Aeronomie\\3411 Katlenburg--Lindau}
\signature{Helmut Kopka}
\begin{document}
\begin{letter}{Fa.\ \TeXproof\\Postfach 99\\5961 Schreibershof}
\opening{Betr.: Allgemeine Textverarbeitung mittels \LaTeX}
Sehr geehrte Damen und Herren!

Ihre Anfrage "uber unsere Erfahrung mit \LaTeX\ zur allgemeinen
Textverarbeitung in einem wissenschaftlichen Institut beantworten wir gerne:
\begin{enumerate}
\item Nach "Uberwindung einer anf"anglichen Hemmschwelle bei einigen
Mitarbeiterinnen im Schreibdienst ist das System inzwischen nicht nur
allgemein akzeptiert, sondern ausdr"ucklich gesch"atzt.
\item . . . . . . . . . . . . . . . . . . . . . . . . . . . . . . . . . .
\end{enumerate}
Die ausschlie\3lich positive Einsch"atzung von \LaTeX zur Erzeugung
. . . . . . . . . . . . . . . . . . . . . . . . . . . . . . . . . . . . .
auf die firmenspezifischen Forderungen zugeschnitten werden.
\closing{Mit freundlichen Gr"u\3en}
\encl{Hauseigene Brief\/formate\\
Hinweise zu firmenspezifischen Anpassungen}
\end{letter}    \end{document}
```

Max–Planck–Institut für Aeronomie
3411 Katlenburg–Lindau

6. Februar 1992

Fa. TEXproof
Postfach 99
5961 Schreibershof

Betr.: Allgemeine Textverarbeitung mittels LATEX

Sehr geehrte Damen und Herren!

Ihre Anfrage über unsere Erfahrung mit LATEX zur allgemeinen Textverarbeitung in einem wissenschaftlichen Institut beantworten wir gerne:

1. Nach Überwindung einer anfänglichen Hemmschwelle bei einigen Mitarbeiterinnen im Schreibdienst, ist das System allgemein akzeptiert und geschätzt.

2. Zur Überraschung der Mitarbeiterinnen im Schreibdienst bereiten selbst komplizierte mathematische Formeln nach kurzer Zeit kaum noch Schwierigkeiten. Das gleiche gilt für die Erzeugung von beliebig komplizierten Tabellen.

3. Die Erstellung von Kreuzreferenzen und Indexregistern hat ihren Schrecken verloren, selbst bei Aufträgen von den früher ungeliebten "Änderungswütern".

4. Die Vorteile eines "Formatierungsprogrammes" gegenüber einem "Wortprozessor" bei wissenschaftlichen Texten, die bis zur endgültigen Veröffentlichung häufige Umgestaltungen erfahren, werden von den Autoren extensiv wahrgenommen. Die Autoren sollten jedoch über die Standardeigenschaften von LATEX in bezug auf verfügbare Schriftarten, Auflistungen, Formelgestaltungen u. a. unterrichtet sein, damit sie bereits bei der Erstellung eines Manuskriptes diese Eigenschaften berücksichtigen.

5. Die Ästhetik und hohe Qualität der Ausgabe hat sich als zusätzlicher Motivationsschub für die Akzeptanz von LATEX in unserem Hause erwiesen.

Die ausschließlich positive Einschätzung von LATEX zur Erzeugung wissenschaftlicher oder sonstiger Texte in Form von Artikeln, Berichten, Memoranden u. ä. endet jedoch beim Schreiben von Geschäftsbriefen. Der LATEX–Stil `letter` mag für die Privatkorrespondenz ausreichende Gestaltungsmöglichkeiten bieten. Bei der Vorgabe von standardisierten Briefköpfen und Fortsetzungsseiten, wie sie bei Geschäftsbriefen die Regel sind, muß das LATEX `letter.sty` Original auf die firmenspezifischen Forderungen zugeschnitten werden.

Mit freundlichen Grüßen

Helmut Kopka

encl: Hauseigene Briefformate
Hinweise zu firmenspezifischen Anpassungen

Ein \makelabels Befehl im Vorspann erzeugt für jeden Brief einen "Aufkleber" mit den Angaben für den Empfänger. Die Angaben für den Empfänger sind die Angaben aus dem Argument der jeweiligen letter Umgebung, also im allgemeinen Name und Anschrift des Empfängers. Die Erzeugung der "Aufkleber" formatiert die Angaben für 4.25 Zoll breite und 2 Zoll hohe Aufkleber, die zweispaltig angeordnet sind. Ein "Aufkleber" ohne den zugehörigen Brief kann mit einer *leeren* letter Umgebung erzeugt werden. Eine *leere* letter Umgebung besteht nur aus der Befehlsfolge

> \begin{letter}{*empfänger*}\end{letter}

Wird der \makelabels Befehl benutzt, so müssen Umlaute im *empfänger*-Feld der letter Umgebung durch das Voranstellen von \protect geschützt werden.

A.2   Ein hauseigener letter Stil

Das vorstehend ausgedruckte Briefbeispiel zeigt die Möglichkeiten, aber auch die Grenzen des Original LaTeX–letter Stils. Die Seitenformatierung in bezug auf Textbreite und Texthöhe kann zwar leicht durch entsprechende Erklärungen im Vorspann vorgenommen werden. Die Verwendung englischer Wörter bzw. deren Abkürzungen wie "encl" sind nur bei Briefen in englisch akzeptabel. Das gleiche gilt für das automatisch erzeugte Datum. Die Verwendung von vorgedruckten Briefbögen und deren Standardeintragungen wie "Ihr Zeichen", "Ihre Nachricht vom", "Unser Zeichen" u. a. machen erhebliche Schwierigkeiten, wenn sie mit den üblichen Positionierungsbefehlen ausgefüllt werden sollen.

Dieses und einiges mehr legt die Anlage eines firmenspezifischen letter Stils nahe. Damit kann auf vorgedruckte Briefbögen ganz verzichtet werden. Der gewünschte Briefkopf mit einigen variablen Teilen wird dabei für jeden Brief automatisch erzeugt. Die Absenderangaben für die verschiedenen Mitarbeiter, wie deren Namen, Telefondurchwahlnummern, Diktatzeichen und sonstiges, werden durch entsprechende Befehle eingefügt und erscheinen an vorbestimmten Stellen im Briefformular.

Bei unserem letter Stil haben wir zwei weitere Stiloptionen eingerichtet, die in gewohnter Weise im \documentstyle Befehl angegeben werden. Diese sind:

german für Briefe in deutsch. Datum und sonstige Ausdrücke wie "cc:" und "encl" erfolgen in deutsch als "Verteiler:" bzw. "Anlagen:". Die Befehle hierfür sind in englischen und deutschen Briefen einheitlich \cc bzw. \encl.

twoside Es ist nicht einzusehen, warum nicht gelegentlich Briefe auch doppelseitig bedruckt werden sollen. Diese bei den anderen Stilen verfügbare Option wird bei uns auch für letter bereitgestellt.

Der Befehl \address entfällt bei unserem hauseigenen letter Hauptstil, da für die erste Briefseit automatisch ein Briefkopf mit dem Institutsnamen und diversen institutsspezifischen Angaben erzeugt. Die *Empfänger*-Angaben aus dem Argument der letter Umgebung erscheinen vertikal zentriert im Adreßfeld des Institutsbriefkopfes.

Der Name des Briefautors und ggf. seine Telefonnummer werden durch die Befehle

> \name{*briefautor*}   und   \telephone{*durchwahl_nummer*}

eingegeben. Stehen diese Befehle im Vorspann, so erhalten alle Briefe des Files diese Angaben. Sollen mehrere Briefe verschiedener Autoren in einem File angelegt werden, so sind die Befehle innerhalb der jeweiligen \letter Umgebung vor dem \opening Befehl anzubringen. Die Befehle

> \yref{*ihr_zeichen*}
> \ymail{*ihre_nachricht_vom*}
> \myref{*unser_zeichen*}
> \subject{*betreff_text*}

erzeugen bei der Verwendung der Option german

> *Ihr Zeichen:*,   *Ihre Nachricht vom:*,   *Unser Zeichen:*,   <u>*Betr.:*</u>

bzw. ohne german

> *Your Ref.:*,   *Your letter of:*,   *Our Ref.:*,   *Subject*:

gefolgt von den jeweiligen Texteintragungen für *ihr_zeichen*, *ihre_nachricht_vom*, *unser_zeichen* oder *betreff_text*. Entfällt einer dieser Befehle im Text, so entfällt auch der entsprechende Ausdruck im Briefformular.

Das Datum erscheint normalerweise automatisch. Soll ausnahmsweise statt des aktuellen, ein vor- oder zurückdatiertes Datum erscheinen, so kann das mit dem Befehl

> \date{*datum*}

erreicht werden.

Der im \name Befehl aufgeführte Name erscheint normalerweise auch unter der im \closing Befehl enthaltenen Grußformel. Soll hier der Name in einer anderen Form, etwa nur der Vorname oder der Name ohne Titel erscheinen, so ist zusätzlich der \signature{*unterschrift*} Befehl zu verwenden.
Der folgende Brief wurde damit erzeugt durch

```
\documentstyle[german,12pt]{letter}
\name{Helmut Kopka} \telephone{451}
\begin{document}
\begin{letter}{Herrn Harald Picard\\Universit"at Bielefeld\\
Hochschulrechenzentrum\\Postfach 8640\\4800 Bielefeld}
\yref{ha/pi} \ymail{5. 6. 87} \myref{ko/gr} \subject{DVI--Treiber}
\opening{Lieber Herr Picard,}
die Ihrem Brief beigef"ugten DVI--Files wurden bei uns fehlerfrei "ubersetzt
. . . . . . . . . . . . . . . . . . . . . . . . . . . . . . . . . . .
einige "Anderungen, die innerhalb weniger Tage durchgef"uhrt werden konnten.
\closing{Mit besten Gr"u\3en}
\encl{Floppy mit unseren DVI Treibern nebst Zusatzprogrammen}
```

Die erste Seite unseres Institutsbriefes enthält keine Seitennummer. Fortsetzungsseiten erhalten einen Seitenkopf, der am Beispiel des nebenstehenden Briefes wie folgt aussehen würde

MAX–PLANCK–INSTITUT FÜR AERONOMIE

An Herrn Harald Picard   *8. Juni 1987*   *Seite 2*

MAX–PLANCK–INSTITUT FÜR AERONOMIE

POSTFACH 20
Max–Planck–Straße 2
D–3411 KATLENBURG–LINDAU

MPI für Aeronomie, Postfach 20, D–3411 Katlenburg–Lindau

Herrn Harald Picard
Universität Bielefeld
Hochschulrechenzentrum
Postfach 8640
4800 Bielefeld

Helmut Kopka
Tel.: (05556) 401 451
SPAN:
ECD1::LINMPI::KOPKA

8. Juni 1987

Ihr Zeichen: ha/pi   Ihr Schreiben vom: 5. 6. 87   Unser Zeichen: ko/gr

Betr.: DVI–Treiber

Lieber Herr Picard,

die Ihrem Brief beigefügten DVI–Files wurden bei uns fehlerfrei übersetzt und ausgedruckt. Die von Ihnen geschilderten Fehler des DVI Treibers sind vermutlich auf eine
unterschiedliche Reihenfolge beim Abbau der übergebenen Parameterpointer in den definierten Bytebearbeitungsmakros zurückzuführen. Hier sollte eine explizite Klammerung
Abhilfe schaffen.

Nach dem Treiber für den HP–Laserjet+ habe ich inzwischen auch einen Treiber für den
Kyocera F1010 Laserdrucker geschrieben. Wie für den HP–Drucker wurde dieser Treiber
in C unter UNIX entwickelt und auf einem HP9000 Serie 500 Rechner eingesetzt. Inzwischen sind beide Treiber bei uns aber auch auf einer VAX 8550 und diversen Microvaxen
eingesetzt. Die Umstellung auf VMS erforderte einige Änderungen, die innerhalb weniger
Tage durchgeführt werden konnten.

Mit besten Grüßen

Helmut Kopka

Anlagen: Floppy mit unseren DVI Treibern nebst Zusatzprogrammen

Telefon	(05556) 4011	SPAN: ECD1::LINMPI::dec_id	Bank	Bahnstation
Telefax	(05556) 401 240	EARN/BITNET:	Kreis–Sparkasse Northeim	Northeim
Telex	9 65 527 aerli	ibm_id @ DGOGWDG5	41 104 449 (BLZ 262 500 01)	(Han.)

Der hier erscheinende Empfängername ist der ersten Zeile der Empfängerangabe im \begin{letter}{*empfänger*} Befehl entnommen. Diese wird bei der LaTeX–Bearbeitung intern in \toname und der Rest der Empfängerangabe in \toaddress abgelegt.

Entfällt die Option german, so wird angenommen, daß der Brief in englisch geschrieben ist. In diesem Fall erscheinen automatisch an den einschlägigen Stellen die entsprechenden englischen Wörter, wie z. B. *To* und *Page* im Kopf der Fortsetzungsseiten. Im Briefkopf und Fuß der Hauptseite erscheint bei den Telefonangaben zusätzlich die deutsche Landeskennzahl 49, und das Datum ist in amerikanischer Weise gesetzt. Letzteres gilt allerdings nicht, wenn das Datum mit \date erzeugt wurde. In diesem Fall erscheint an allen Stellen für das Datum die Angabe des \date Befehls.

Bei unserem hauseigenen letter Stil existieren noch einige weitere Befehle, die jedoch nicht von allgemeinem Interesse sind. So können neben dem Standardbriefkopf für bestimmte Funktionsbereiche spezielle Funktionsbriefköpfe erstellt werden, bei denen unter dem Institutsnamen linksbündig VERWALTUNG, BETRIEBSRAT u. a. steht. Bei diesen Funktionsbriefen enthält das Namensfeld automatisch Name und Telefonnummer des verantwortlichen Leiters.

Schließlich haben wir neben dem angepaßten letter.sty File noch einige Formularbriefe als form*xxx*.sty Files bereitgestellt. Hiermit wird für verschiedene Verwaltungsvorgänge, wie z. B. bei Bestellungen, das zugehörige Bestellformular gleich mitgedruckt. Für die Ausfüllung solcher Formularbriefe bieten sich die \typein Befehle (s. 8.1.3) zur interaktiven Bearbeitung geradezu zwangsläufig an.

A.3   Hinweise zur firmenspezifischen Anpassung

Die Anpassung des letter.sty Files an firmenspezifische Bedürfnisse sollte einem versierten TeX–Programmierer keine Schwierigkeiten machen. Mit den hier gegebenen Informationen kann aber auch der weniger geübte TeX–Anwender die erforderlichen Änderungen vornehmen. Vor einer solchen Änderung sollte der Abschnitt 7.6 nochmals zu Rate gezogen werden. Vor jeder Änderung sollte der Original letter.sty File zur Sicherheit jedoch zunächst kopiert werden, z. B. als letter.orig.

Die benutzerspezifische Anpassung zerfällt meistens in zwei Teilaufgaben: Zum einen sollen weitere Briefbefehle bereitgestellt, wie z. B. \subject, und vorhandene Befehle ggf. modifiziert werden. Zum anderen soll meistens auch ein firmen– oder benutzereigener Briefkopf erstellt und mit jedem Brief ausgedruckt werden.

Der hier vorgeschlagene Weg zur Erzeugung weiterer Briefbefehle geht von der stillschweigenden Annahme aus, daß der im Anhang D.2 beschriebene german.sty File mit dem angepaßten letter.sty File durch die Dokumentstiloption german kombinierbar sein soll, um die im Anhang D.1 beschriebenen deutschen LaTeX–Befehle verfügbar zu machen. Die vorgeschlagenen Modifikationen arbeiten aber auch ohne den german.sty File. Die geringfügig erforderlichen Änderungen und Ergänzungen zur Nutzung des german.sty Files in Form eines speziellen lgerman.tex Files sind in D.2.4 beschrieben.

A.3.1 Benutzereigene Briefbefehle

Zu Beginn des angepaßten `letter.sty` Files sind einige Namensbefehle zu definieren, bei deren Aufruf bestimmte Wörter oder Wortgruppen ausgedruckt werden. Bei unserem Beispiel sind dies

```
\def\enclname{encl: } \def\ccname{cc: } \def\Toname{To } \def\pagename{Page }
\def\yrefname{{\sl Your Ref.}: }   \def\ymailname{{\sl Your letter from\/}: }
\def\myrefname{{\sl Our Ref.}: }   \def\subjectname{{\sl Subject\/}: }
```

Zur Erinnerung: Mit dem TEX–Befehl `\def` werden TEX–Makros definiert. Ihm entspricht in LATEX der `\newcommand` Befehl, der allerdings weniger allgemein als der `\def` Befehl ist. Die erste der vorstehenden Definitionen entspricht in LATEX:

```
\newcommand{\enclname}{encl: }
```

Zusätzlich sollten die festen Angaben für Telefon und Datennetze eingeführt werden:

Befehl	MPAE–Beispiel
`\def\precode{`*Vorwahlnummer*`}`	`\def\precode{[49]--5556--41}`
`\def\EARN{`*Rechnername*`}`	`\def\EARN{\,@\,DGOGWDG5}`
`\def\SPAN{`*Rechnername*`}`	`\def\SPAN{ECD1::LINMPI::}`

Als nächstes sind die `\cc` und `\encl` Befehlsdefinitionen geringfügig abzuändern. Der Originalbefehl für `\cc` lautet

```
\def\cc#1{\par\noindent
    \parbox[t]{\textwidh}{\@hangfrom{\rm cc: }\ignorspaces #1\strut}\par}
```

und gleichlautend für `\encl`, wenn in obigem Ausdruck überall cc durch encl ersetzt wird. Im ersten Befehl ist `{\rm cc: }` durch `{\rm\ccname}` und im zweiten entsprechend `{\rm encl: }` durch `{\rm\enclname}` zu ersetzen. Die beiden Befehle findet man am schnellsten, wenn mit dem Editorsuchbefehl nach cc: und encl: gesucht wird.

Die zusätzlichen Befehle `\yref`, `\ymail`, `\myref` und `\subject` sowie die Netzangaben `\earnid` und `\spanid`[1] sollten wie folgt definiert werden:

```
\def\yref#1{\def\@yref{\yrefname #1}}        \def\@yref{}
\def\ymail#1{\def\@ymail{\ymailname #1}}      \def\@ymail{}
\def\myref#1{\def\@myref{\myrefname #1}}      \def\@myref{}
\def\subject#1{\def\@subject{\subjectname #1}}  \def\@subject{}
\def\earnid#1{\def\@earn{#1}}                \def\@earn{}
\def\spanid#1{\def\@span{#1}}                \def\@span{}
```

---

[1] In den vorangegangenen Auflagen stand hier der näherliegende Befehlsname `\span` und mit diesem Namen hatte ich ursprünglich unsere hauseigene Briefanpassung vorgenommen, bis sich herausstellte, daß der Befehl `\multicolumn` in Briefen nicht mehr funktionierte. `\span` ist ein TEX–Befehl, auf den der genannte LATEX–Befehl zurückgreift und der mit meiner ursprünglichen Definition überschrieben wurde. Mit der Namensänderung in `\spanid` konnte das Problem gelöst werden. Der andere Befehlsname `\earnid` wurde nur in Analogie zum ersten umbenannt. Die internen Befehle `\@earn` und `\@span` können die angegebenen Namen behalten.

Zum Verständnis: Im weiteren Verlauf werden intern die Befehle mit dem vorangestellten @ aufgerufen, z. B. \@yref. Dieser ist leer wegen \def\@yref{}, es sei denn,
der Anwender hat den Befehl \yref{*ihr_zeichen*} aufgerufen. In diesem Fall lautet
die Definition von \@yref: \def\@yref{\yrefname #1} und für #1 wird die Angabe
von *ihr_zeichen* übergeben.

Das aktuelle Datum wird normalerweise durch internen Aufruf des \today Befehls
erzeugt. Ein abweichendes Datum kann mit

```
\def\date#1{\def\@date{#1}}    \def\@date{\today}
```

erzeugt werden. Der interne Befehl \@date ruft \today auf, es sei denn, der Anwender
hat \date{*datum_text*} eingegeben. In diesem Fall ist \@date als \def\@date{#1}
definiert, d. h. der Inhalt von *datum_text* wird an der Stelle #1 übergeben.

Da in Deutschland das Papierformat DIN A4 der Standard ist, sollten die Werte
für \textwidth und \textheight verändert werden. Passende Werte für DIN A4
sind etwa \textwidth160mm und \textheight215mm. Ebenso könnten die Werte
für \oddsidemargin, \evensidemargin und \topmargin geändert werden, um ggf.
zusätzliche Druckereinfügungen zu kompensieren.

Da Briefe sowohl in Englisch wie in Deutsch geschrieben werden sollen und bei
letzteren die obigen Namensbefehle mit ihren deutschen Begriffen zu füllen sind, ist
ein entsprechender Steuerungsmechanismus erforderlich. Hierzu werden die Schalter-
und Optionsvariablen

```
\newif\if@german \@germanfalse       \def\ds@german{\@germantrue}
```

eingerichtet (s. 7.6.3). Diese beiden Befehl müssen in letter.sty *vor* dem Auftreten
des \@options Befehls definiert werden!

Nach diesen Vorbereitungen kann die Erweiterung mit

```
\if@german
  \catcode'\"=\active \let"=\"  \let\3=\ss
  \def\today{\number\day.\space\ifcase\month\or
     Januar\or Februar\or M"arz\or April\or Mai\or Juni\or Juli\or August\or
     September\or Oktober\or November\or Dezember\fi\space\number\year}
  \def\enclname{Anlagen: }         \def\ccname{Kopien an: }
  \def\Tonmame{An }                \def\pagename{Seite }
  \def\yrefname{{\sl Ihr Zeichen\/}: }\def\myrefname{{\sl Unser Zeichen\/}: }
  \def\ymailname{{\sl Ihr Schreiben vom\/}: }
  \def\subjectname{\underline{Betr.}\,:}   \def\precode{(05556)--41\,}
\fi
```

abgeschlossen werden. Diese Struktur bewirkt, daß die zwischen \if@german ...
\fi aufgeführten Definitionen gültig sind, wenn die Schaltervarialble \@german wahr
ist, und das ist der Fall, wenn die Dokumentstiloption german gewählt wurde.

Die erste Zeile innerhalb der \if@german ... \fi Struktur dient bekanntlich zur
einfacheren Erzeugung der Umlaute und des ß. Die nächsten drei Zeilen definieren
den \today Befehl neu, um das Datum in deutscher Form zu erzeugen. Mit den
restlichen Zeilen werden die Namensbefehle mit ihren deutschen Begriffen definiert.
Diese Struktur muß im letter.sty File irgendwo *hinter* der Originaldefinition von
\today angebracht sein.

Mit der in D.2.4 vorgeschlagenen Einrichtung des `lgerman.tex` Files vereinfacht sich die vorangegangene Abfrage in

```
\if@german \input lgerman \fi
```

d. h. die gesamten Befehlsdefinitionen entfallen in der Abfrage. Die meisten von ihnen stehen dafür in `lgerman.tex`. Die in Anhang D vorgeschlagene Lösung ist zu bevorzugen, weil damit alle Befehle aus `german.sty` zur Verfügung stehen. Dies schließt den Befehl

```
\selectlanguage{sprache}
```

ein, womit eine beliebige Vielsprachigkeit für Briefe statt der hier beschriebenen Zweisprachigkeit für deutsch und englisch realisiert werden kann.

A.3.2   Benutzereigene Briefformulare

Die Beschreibung zur Erstellung von benutzereigenen Briefformularen erfolgt am Beispiel unseres Institutsbriefes. Der Briefkopf besteht bezüglich seiner Struktur aus zwei Feldern. Das linke Feld enthält in großer Schrift den Institutsnamen, das rechte Feld in kleiner Schrift die Institutsanschrift. Mit der gleichen Einrücktiefe wie das Anschriftfeld erscheinen Name, Telefon und sonstige Angaben des Briefautors. Hierzu waren zunächst zwei Längen eingeführt worden

```
\newlength{\leftfield}    \leftfield 118mm
\newlength{\rightfield}   \rightfield 42mm
```

deren Summe gerade der gewählten Breite von `\textwidth160mm` entspricht. Als nächstes wurden mehrere Boxen zur Aufnahme diverser Institutsangaben eingerichtet

```
\newsavebox{\FIRM}    \newsavebox{\firmaddress}
\newsavebox{\firm}    \newsavebox{\firmreturn}
```

und dann mit Inhalt gefüllt (s. 4.7.1). Wegen der intensiven Verwendung nahezu aller LaTeX–Boxbefehle auf den nächsten zwei Seiten sollte ggf. der ganze Abschnitt 4.7 herangezogen werden.

```
\savebox{\FIRM}[\leftfield][l]{\xviipt\sf MAX--PLANCK--INSTITUT F\"UR
      AERONOMIE}
\sbox{\firm}{\xpt\sf MAX--PLANCK--INSTITUT F\"UR AERONOMIE}
\sbox{\firmreturn}{\underline{\viiipt\sf MPI f\"ur Aeronomie,
      Postfach 20, D--3411 Katlenburg--Lindau}}
\sbox{\firmaddress}{\parbox[t]{\rightfield}{\viiipt\sf\baselineskip10pt
      POSTFACH 20\\Max--Planck--Stra\3e 2\\D--3411 KATLENBURG--LINDAU}}
```

Diese Angaben sollen unabhängig von der Größenoption beim `\documentstyle` Befehl stets in gleicher Größe erscheinen. Dies wird durch die hier benutzten internen Größenbefehle `\viiipt`, `\xpt` und `\xviipt` bewirkt, mit denen die Schriftgrößen 8pt, 10pt und 17pt absolut aufgerufen werden. Die Kombination `\xpt\sf` stellt also die Schriftart `\sf` in der Größe 10pt bereit, und zwar unabhängig davon ob `\normalsize` (s. 4.1.3) als 10pt, 11pt oder 12pt eingestellt ist.

Entsprechend unserem Beispiel können Schriftgröße und Schriftart vom Anwender nach seinen Wünschen gewählt werden. Ebenso könnten ggf. zentrierte oder rechtsbündige statt der hier linksbündigen Boxeintragungen gewählt werden.

Die beiden Boxen \FIRM und \firmaddress werden dann nebeneinander gestellt und mit einer darunterliegenden horizontalen Linie über die ganze Textbreite in einer weiteren mit \newbox{\firmhead} eingerichteten Box abgelegt:

```
\sbox{\firmhead}{\parbox{\textwidth}{\usebox{\FIRM}\raisebox{6pt}{%
    \usebox{\firmaddress}}\\[3pt] \rule{\textwidth}{1pt}}
```

Ohne den \raisebox{6pt} Befehl würde die Grundlinie von \FIRM mit der Grundlinie der ersten Zeile von \firmaddress übereinstimmen. Mit dem \raisebox{6pt} Befehl wurde die rechte Box gerade so hochgestellt, daß ihre *Oberkanten* übereinstimmen. Die Box \firmhead enthält damit die Kopfleiste für die erste Seite eines Briefes, wie er aus dem abgedruckten Briefbeispiel zu entnehmen ist.

Die Fußeintragungen des Briefformulars wurden in einer Box \firmfoot abgelegt, deren Eintragungen hier nur teilweise wiedergegeben werden

```
\sbox{\firmfoot}{\parbox{\textwidth}{\viiipt\sf \rule{\textwidth}{1pt}
    \begin{tabular}{ll}  \underline{Telefon} & \precode 1\\ ...
    \end{tabular}\hfill
      gefolgt von drei weiteren einspaltigen tabular Umgebungen   }}
```

Die Eintragungen für die restlichen durch \hfill getrennten tabular Umgebungen kann der Leser aus unserem Briefbeispiel leicht erkennen.

Schließlich wurde noch eine weitere Box als TEX–Makro eingerichtet, das die Empfängerangaben aus dem \opening Befehl vertikal zentriert in das Adreßfenster setzt.

```
\def\to@label#1#2{\setbox0\vbox{\parbox{\leftfield}{#1}\\{#2}}
    \vbox to 3.5cm{\vss \box0 \vss}}
```

Für den erfahreneren TEX–Anwender ist die Wirkung dieses Makros leicht erkennbar. Der reine LATEX–Anwender möge dieses Makro einfach übernehmen, ggf. mit einem geänderten Wert für \leftfield und der Höhenangabe 3.5cm. Das Makro wird in der Definition für den \opening Befehl mit den beiden Argumenten \toname und \toaddress aufgerufen. Diese werden durch den Parameter *Empfänger* des \begin{letter} Befehls automatisch gesetzt und damit an der richtigen Stelle angeordnet.

Nach diesen Vorarbeiten kann das eigene Briefformular nun endgültig eingerichtet werden. Der Seitenstil für die Erst– und Fortsetzungsseiten wird durch die internen Makros \ps@firstpage und \ps@headings bestimmt. Diese sind wie folgt abzuändern, wobei auf die richtige Anzahl der schließenden Klammern sorgfältig zu achten ist.

```
\def\ps@firstpage{\headheight36pt\def\@oddhead{\usebox{\firmhead}}
    \def\@oddfoot{\raisebox{-20pt}[0pt]{\usebox{\firmfoot}}}
    \def\@evenhead{}\def\@evenfoot{}}        % Ende \def\ps@firstpage


\def\ps@headings{\headheigth36pt
    \def\@oddhead{\parbox{\textwidth}{\usebox{\firm}\\[5pt]
        \sl \Toname\toname\hfill\@date\hfill\pagename\thepage\\
        \rule[3pt]{\textwidth}{1pt}}}        % Ende \def\@oddhead
    \def\@oddfoot{}}                         % Ende \def\@psheadings
```

Die erste Seite erhält damit eine Kopfzeile, die aus dem Inhalt der Box \firmhead besteht und deren Fußzeile den Inhalt der Box \firmfoot enthält. Die sonstigen Seiten erhalten, falls der Seitenstil headings gewählt wird, als Kopfzeile den Inhalt von \firm und in einer zweiten Zeile Empfängername, Datum und Seitenzahl, die mit einer horizontalen Linie vom Brieftext abgetrennt werden.

Sollen Briefe doppelseitig bedruckt werden, also die Dokumentoption twoside Anwendung finden, so ist in der Definition von \ps@headings zusätzlich der Befehl \@evenhead einzurichten. Gleichzeitig ist die Leerdefinition \def\@evenhead{} aus \ps@firstpage zu entfernen. Da bei der hier vorgesehenen dreiteiligen Kopfzeile nicht zwischen geraden und ungeraden Seiten unterschieden wird, kann in der Definition von \ps@headings als letzter Befehl einfach

```
\let\@evenhead\@oddhead
```

geschrieben werden.

Jetzt bleibt nur noch die Aufgabe, den \opening Befehl an die eigenen Bedürfnisse anzupassen. Für das MPAE–Briefformular wurde die Definition abgeändert in

```
\def\opening#1{\thispagestyle{firstpage}%
\parbox[t]{\leftfield}{\usebox{\firmreturn}\\ \to@label{\toname}{\toaddress}}%
\parbox[t]{\rightfield}{\fromname
   \ifx\@empty\telephonenum  \else\\ Tel.: \precode\telephonenum  \fi
   \ifx\@empty\@earn         \else\\ BitNet/EARN\\ \@earn\EARN      \fi
   \ifx\@empty\@span         \else\\ SPAN\\        \SPAN\@span      \fi
   \\[5mm] \@date} \par
\rule{\textwidth}{0.6pt}
\makebox[\leftfield][l]{\ifx\@empty\@yref \@ymail
                   \else\@yref\hfill\@ymail\hfill\fi}\@myref\par
\ifx\@empty\@subject \else \@subject\par\fi
\vspace{2\parskip} #1 \par\nobreak}
```

Der \opening Befehl legt also den Seitenstil der laufenden Seite — und das ist hier die erste Seite — als firstpage fest, wodurch das obige \ps@firstpage aktiviert wird. Danach folgt eine \parbox der Breite \leftfield, die einmal den Inhalt von \firmreturn und danach den Inhalt der \to@label Box zugewiesen bekommt. Die danebenstehende \parbox der Breite \rightfield enthält den Namen des Briefautors, ggf. seine Telefonnummer und seine Datennetzanschriften sowie das Datum. Die hier auftretenden internen Befehle \fromname und \telephonnum sind endweder leer oder mit den übergebenen Werten aus \name und \telephone gefüllt.

Zur weiteren Erläuterung: \ifx\@empty\xxx ist eine TEX \if Struktur, die prüft, ob der Wert von \xxx leer ist. Ist dies der Fall, so werden die bis zum Auftreten des zugehörigen \else Befehls folgenden Strukturen ausgeführt, anderenfalls die nach dem \else bis zum \fi folgenden.

Als nächstes folgt eine 0.6pt dicke, horizontale Linie über die ganze Textbreite. Darunter stehen die Referenzbefehle \@yref und \@ymail im linken Feld und \@myref zu Beginn des rechten Feldes, falls diese mit den Füllbefehlen \yref, \ymail und \myref gesetzt waren. Zum Schluß folgt die Betreffangabe, falls der \subject Befehl gesetzt war.

Die letzte Zeile der Befehlsdefinition fügt vertikalen Zwischenraum vom doppelten Wert aus \parskip hinzu und übergibt hiernach die Anrede mit dem Ersetzungsparameter #1. Die übergebene Anrede wird als eigener Absatz betrachtet, nach dem, als Folge des TEX–Befehls \nobreak, kein Seitenumbruch auftreten kann.

Ohne den \pagestyle{headings} Befehl im Vorspann werden Fortsetzungsseiten mit einer Seitennummer im Fuß und leerem Seitenkopf erzeugt. Soll als Standard der obige Seitenkopf auf Fortsetzungsseiten erscheinen, so ist der gegen Ende des letter.sty auftretende Aufruf \ps@plain durch \ps@headings zu ersetzen.

Bei der beschriebenen Anpassung ist das Empfängerfeld so positioniert, daß es bei Doppelfaltung im Fenster von DIN–lang Briefumschlägen erscheint. Die Erzeugung von zusätzlichen "Adreßaufklebern" kann damit entfallen.

Dem Leser sei zur Übung und praktischen Nutzung empfohlen, sich einen Dokumentstil pletter *zum Schreiben von Privatbriefen einzurichten. Dazu sollte der vorhandene* letter.sty *File zunächst nach* pletter.sty *kopiert werden. Mit den Hinweisen zur firmenspezifischen Anpassung sollte es nicht schwerfallen, mit* pletter.sty *einen Briefstil herzustellen, der gleichzeitig einen Briefkopf der Form*

Andrea Kuhlenkampf

Tel.: 05552–6666
Kiefernweg 11
3411 Katlenburg–Lindau

erzeugt. Hinweis: Als Namensschrift wurde hier die Schrift cmdunh10 scaled 2488 *gewählt. Die Erzeugung eines Briefstils* pletter *als Übungsaufgabe sollte in einem Rechenzentrum möglich sein. Die regelmäßige Nutzung könnte sich jedoch als problematisch erweisen.*

Literaturhinweis: In [3, Abschnitt 7.2] werden Briefstilanpassungen für Privat– und Geschäftsbriefe an mehreren Beispielen vorgestellt und die erforderlichen Änderungen und Ergänzungen im Detail beschrieben.

Anhang B

Literaturdatenbanken

In wissenschaftlichen Veröffentlichungen ist die Angabe eines Literaturverzeichnisses eine Selbstverständlichkeit. In 4.3.6 und 8.2.2 wurde dargestellt, wie mit der \begin{thebibliography} ... \end{thebibliography} Struktur ein solches Literaturverzeichnis erzeugt und in welcher Form im laufenden Text darauf Bezug genommen werden kann. Bei verschiedenen Veröffentlichungen eines Autors stellt der Bearbeiter des Manuskripts immer wieder fest, daß sich viele Literaturangaben in den verschiedenen Veröffentlichungen häufig wiederholen. Aber auch bei verschiedenen Autoren aus demselben Forschungsgebiet werden viele Bezüge auf die gleichen Literaturstellen gemacht. Bei der Erstellung eines Literaturverzeichnisses mit thebibliography wiederholen sich viele Angaben bei den Arbeiten eines Autors oder verschiedener Autoren innerhalb eines Instituts also immer wieder.

Es wäre nützlich, wenn solche Literaturangaben in einem oder mehreren Files einmal angelegt werden, auf den oder die bei der Erstellung des Literaturverzeichnisses automatisch zurückgegriffen werden kann. Dies ist tatsächlich möglich, wenn das Programm BIBTEX zur Verfügung steht. Die Literaturangaben werden hierzu in einem oder mehreren Files gesammelt. Die Namen dieser Literaturfiles müssen den Anhang .bib haben. Im übernächsten Abschnitt wird das Format, mit dem diese Angaben in den Literaturfiles abgelegt werden, näher beschrieben. Hier soll zunächst nur festgehalten werden, daß jede Literaturinformation in diesen Files ein bestimmtes *Schlüsselwort* besitzt, mit dem diese Information gekennzeichnet oder abgerufen werden kann. Ein File mit solcher Literaturinformation heißt eine "Literaturdatenbank".

B.1   Das BIBTEX–Programm

BIBTEX ist ein Unterstützungsprogramm zu LATEX, das gestattet, in einem LATEX–Dokument auf eine oder mehrere Literaturdatenbanken zur automatischen Erzeugung eines Literaturverzeichnisses zurückzugreifen. Hierzu ist in dem LATEX–Dokument der Befehl

    \bibliography{*lit_bank1,lit_bank2,...*}

anzubringen. *lit_bank1,lit_bank2,* ... sind die Grundnamen der Datenbankfiles, also die Namen ohne den Anhang .bib, die durch Kommata *ohne* zusätzliche Leerzeichen voneinander zu trennen sind.

Innerhalb des LaTeX–Dokuments kann an beliebigen Stellen mit

> \cite{*Schlüsselwort*}

Befehlen auf die Datenbankinformation Bezug genommen werden. Die Verzeichnisse der Schlüsselwörter für die angesprochenen Datenbanken müssen dem Bearbeiter natürlich bekannt sein. Nach der LaTeX–Bearbeitung muß dann das BIBTEX–Programm ablaufen. Der Aufruf für dieses Programm muß vom jeweiligen Rechenzentrum erfragt werden. Angenommen dieser sei `bibtex` und der LaTeX–File hätte den Grundnamen `jahresbericht`, dann erzeugt der Aufruf

> `bibtex jahresbericht`

einen File mit dem Namen `jahresbericht.bbl`. Dieser File enthält die aus den Datenbanken extrahierte Information über alle Literaturstellen, auf die mit den \cite Befehlen verwiesen wurde.

Gelegentlich soll das Literaturverzeichnis auch Angaben enthalten, auf die im laufenden Text nicht mit \cite Befehlen verwiesen wurde. Hierzu ist der Befehl

> \nocite{*Schlüsselwort*}

gedacht. Die \nocite Befehle können an beliebigen Stellen nach \documentstyle angeordnet werden, also sowohl im Vorspann als auch im laufenden Text. Sie erzeugen keinerlei Bezugstext, sondern dienen nur dazu, daß bei der anschließenden BIBTEX–Bearbeitung die den Schlüsselwörtern zugewiesenen Informationen in den .bbl File aufgenommen werden.

Nach *zwei* erneuten LaTeX–Bearbeitungen erzeugt der \bibliography Befehl dann aus dem .bbl File das eigentliche Literaturverzeichnis, und zwar innerhalb des gesamten Textes an der Stelle, an der dieser Befehl steht. Dies wird meistens am Ende des Dokuments sein. Der Stil für das Literaturverzeichnis kann mit dem Befehl

> \bibliographystyle{*stil*}

beeinflußt werden. Dieser Befehl kann an beliebiger Stelle nach \begin{document} stehen. An Stilparametern für *stil* stehen zur Verfügung

plain Die Eintragungen im Literaturverzeichnis erfolgen nach den alphabetisch geordneten Autorennamen. Die einzelnen Eintragungen erhalten als Kennzeichnung laufende Nummern in eckigen Klammern, mit 1 beginnend. Diese Kennzeichnung erscheint im laufenden Text bei den einzelnen \cite Befehlen. Im übrigen erfolgt ein Ausdruck ähnlich dem Literaturverzeichnis für das vorliegende Buch.

unsrt Die Eintragungen im Literaturverzeichnis erfolgen in der Reihenfolge der \cite und \nocite Befehle. Der erste Eintrag entspricht dem Schlüsselwort des ersten \cite oder \nocite Befehls. Der nächste Eintrag entspricht dem Bezugsbefehl mit dem nächsten hiervon verschiedenen Schlüsselwort usw. Ansonsten erfolgt die Kennzeichnung und Anordnung wie beim Stil plain.

alpha Die Anordnung erfolgt wie bei plain, die Kennzeichnung jedoch nicht in Form einer laufenden Nummer, sondern durch eine Abkürzung des Autorennamens, gefolgt von der Jahreszahl der Veröffentlichung. Statt [2] im vorliegenden Literaturverzeichnis würde hier wie dort [Won87] stehen.

abbrv Die Anordnung erfolgt wie bei plain, die Eintragungen im Literaturverzeichnis sind jedoch kompakter, da Vornamen, Monatsnamen und Journalnamen abgekürzt erscheinen.

B.2 Die Erstellung einer Literaturdatenbank

Die Erstellung einer Literaturdatenbank mag zunächst umständlicher erscheinen als die Erzeugung eines Literaturverzeichnisses mit der thebibliography Umgebung. Der große Vorteil liegt jedoch darin, daß mit einer einmal erstellten Datenbank für eine Vielzahl von Veröffentlichungen das Literaturverzeichnis automatisch, d. h. ohne eine eigene thebibliography Umgebung, erstellt werden kann.

Die einzelnen Eintragungen für eine Literaturdatenbank sind etwa von der Form

```
@BOOK{schwarz:88,
   AUTHOR = "Norbert Schwarz",
   TITLE = {Einf"uhrung in \TeX},
   EDITION = "zweite",
   PUBLISHER = "Addison--Wesley (Deutschland) GmbH",
   ADDRESS = {Bonn},
   YEAR = 1988     }
```

Das erste Wort, dem ein @ vorangestellt ist, beschreibt den *Eingabetyp*. Welche Eingabetypen erlaubt sind, wird im nächsten Unterabschnitt aufgelistet. Auf den *Eingabetyp* folgt ein Klammerpaar { }, das die einzelnen Eintragungen für die jeweilige Literaturangabe enthält. Diese beginnt mit einem Schlüsselwort, hier schwarz:88. Das Schlüsselwort kann aus einer beliebigen Folge von Buchstaben, Zahlen und Zeichen, mit Ausnahme des Kommas, bestehen. Die einzelnen Eintragungen sollen hier *Felder* genannt werden. Die Felder sind voneinander durch Kommata getrennt. Sie enthalten jeweils Teilinformationen, die durch einen *Feldnamen* gekennzeichnet sind. Die Feldnamen im vorstehenden Beispiel waren AUTHOR, TITLE, PUBLISHER, ADDRESS und YEAR. Auf den Feldnamen folgt ein = Zeichen, dem Leerzeichen voranstehen und nachfolgen dürfen. Daran schließt sich der *Feldtext* an. Der Feldtext ist entweder in Anführungsstrichen oder geschweiften Klammern einzuschließen. Um Verwechslungen mit Umlauten zu vermeiden, sollten die geschweiften Klammern bevorzugt werden. Besteht der Feldtext nur aus Ziffern, so können die Klammern fortgelassen werden.

Für die verschiedenen Eingabetypen sind bestimmte Feldinformationen *zwingend* notwendig. Andere können *optional* eingefügt werden. Welche Feldnamen zwingend sind und welche optional zugefügt werden können, wird bei der Beschreibung der einzelnen Feldtypen angegeben. Felder mit Feldnamen, die weder zwingend noch optional sind, werden als *überflüssig* einfach ignoriert. Trotzdem können solche überflüssigen Felder sinnvolle Information, wie etwa einen Abstrakt der Literaturstelle, enthalten. Diese wird jedoch zur Erzeugung eines Literaturverzeichnisses nicht verwertet. Datenbanken können aber viel allgemeiner genutzt werden, so daß die Informationen in den überflüssigen Feldern evtl. für andere Datenbankprogramme bereitstehen.

Die allgemeine Syntax für einen Literatureintrag in die Datenbank lautet damit
@*Eingabetyp*{*Schlüsselwort*,
Zwingende Felder
>   *Feldname* = {*Feldtext*}, *Feldname* = {*Feldtext*}, ...
Optionale Felder
>   *Feldname* = {*Feldtext*}, *Feldname* = {*Feldtext*}, ...
Überflüssige Felder
>   *Feldname* = {*Feldtext*}, *Feldname* = {*Feldtext*}, ... }

Bei den Namen für den *Eingabetyp* sowie für die *Feldnamen* wird nicht zwischen Groß– und Kleinschreibung unterschieden. @BOOK, @book oder @bOOk werden alle als Eingabetyp @BOOK interpretiert.

Das äußerste Klammerpaar einer Eintragung kann statt des { } Paares auch mit runden Klammern als ( ) geschrieben werden. Damit kann die allgemeine Syntax auch lauten
>   @*Eingabetyp*(*Schüsselwort*, ...)

Für die Klammerung der *Feldtexte* sind dagegen nur geschweifte Klammern {. . .} oder Anführungsstriche "..." erlaubt.

B.2.1 Die verschiedenen Eingabetypen [TLL]

Die nachfolgende Liste enthält in alphabetischer Ordnung die verschiedenen Eingabetypen mit einer kurzen Beschreibung, für welche Literaturangaben sie geeignet sind. Für jeden Typ ist angegeben, welche Felder *zwingend* und welche *optional* sind. Die Beschreibung der Formate für die Felder im einzelnen erfolgt in den anschließenden Unterabschnitten.

@article Literaturangaben für einen Artikel aus einem Journal oder einer Zeitschrift.

>   *zwingende Felder*   author, title, journal, year.
>
>   *optionale Felder*   volume, number, pages, month, note.

@book Literaturangaben für ein Buch aus einem Verlag.

>   *zwingende Felder*   author oder editor, title, publisher, year.
>
>   *optionale Felder*   volume oder number, series, address, edition, month, note.

@booklet Literaturangaben für ein Buch ohne Verlagsangabe.

>   *zwingende Felder*   title.
>   *optionale Felder*   author, howpublished, address, month, year, note.

@conference Identisch mit @inproceedings, s. u.

@inbook Literaturangaben für einen Buchauszug, etwa ein Kapitel oder bestimmte Seiten.

>   *zwingende Felder*   author oder editor, title, chapter und/oder pages, publisher, type, year.
>
>   *optionale Felder*   volume oder number, series, address, edition, month, note.

@incollection Literaturangaben für einen Buchauszug mit einem eigenen Titel.

> *zwingende Felder* author, title, booktitle, publisher, year.
>
> *optionale Felder* editor, volume oder number, type, series, edition, chapter, pages, address, month, note.

@inproceedings Literaturangaben für einen Artikel aus einem Tagungs– oder Konferenzbericht.

> *zwingende Felder* author, title, booktitle, year.
>
> *optionale Felder* editor, volumne oder number, organization, series, pages, publisher, address, month, note.

@manual Literaturangaben für eine technische Dokumentation.

> *zwingende Felder* title.
>
> *optionale Felder* author, organization, address, edition, month, year, note.

@mastersthesis Literaturangaben für eine Diplomarbeit.

> *zwingende Felder* author, title, school, year.
>
> *optionale Felder* address, month, note, type.

@misc Angaben für Literaturstellen, die unter keinen der anderen Eingabetypen fallen.

> *zwingende Felder* keine
>
> *optionale Felder* author, title, howpublished, month, year, note.

@phdthesis Literaturangaben für eine Doktorarbeit.

> *zwingende Felder* author, title, school, year.
>
> *optionale Felder* address, month, note.

@proceedings Literaturangaben für einen Tagungs– oder Konferenzbericht.

> *zwingende Felder* title, year.
>
> *optionale Felder* editor, publisher, volume oder number, organization, address, month, note.

@techreport Literaturangaben für einen Bericht einer Hochschule, Forschungsinstitut u. ä, evtl. in Form einer herausgegebenen Serie mit einer laufenden Seriennummer.

> *zwingende Felder* author, title, institution, year.
>
> *optionale Felder* type, number, address, month, note.

@unpublished Literaturangaben für eine unveröffentlichte Arbeit.

> *zwingende Felder* author, title, note.
>
> *optionale Felder* month, year.

Alle Eingabetypen erlauben überdies ein optionales key Feld. Dieses Feld sollte dann eingesetzt werden, wenn weder ein author noch ein editor Feld angegeben werden kann. Das key Feld dient in solchen Fällen dazu, eine alphabetische Zuordnung bei der Erstellung eines Literaturverzeichnisses zu gewinnen.

B.2.2   Felder $\boxed{\text{TLL}}$

Die folgende alphabetisch geordnete Liste aller Feldnamen beschreibt die Bedeutung des dadurch definierten Feldes. Soweit nicht anders angegeben, lautet das jeweilige Feldformat: *Feldname = {Feldtext}*

`address` Verlagsanschrift. Bei den bekannteren Verlagen genügt die Angabe des Verlagsortes. Bei kleineren, wenig bekannten Verlagen sollte die gesamte Anschrift angegeben werden.

`annote` Anmerkung. Dieses Feld wird von BIBTEX nicht benutzt. Es kann jedoch für den Zugriff auf die Datenbank von anderen Programmen nützlich sein. In bezug auf BIBTEX handelt es sich um ein *überflüssiges* Feld, das einfach ignoriert wird.

`author` Der oder die Autorennamen. Die speziellen Formatierungsmöglichkeiten werden im nächsten Unterabschnitt beschrieben.

`booktitle` Name eines Buches, dessen Teile eigene Titel haben, auf die mit \cite Befehlen verwiesen werden kann. Zur Formatierung s. u.

`chapter` Eine Kapitelnummer, evtl. gefolgt von der Kapitelüberschrift.

`edition` Auflagennummer eines Buches. Diese wird meistens ausgeschrieben, z. B. "third" oder "dritte".

`editor` Der oder die Namen des/der Herausgeber mit Formatierungsmöglichkeiten wie beim Autorennamen. Wird dieses Feld zusätzlich zum Autorenfeld angegeben, dann beschreibt es den Herausgeber des Buches oder der Buchserie, zu der die Autorenarbeit gehört.

`howpublished` Für Buchveröffentlichungen außerhalb eines Verlages eine Angabe wie "Selbstverlag", "Institute Report" u. ä.

`institution` Die Institution, durch die eine verlagsfreie Veröffentlichung erfolgte.

`journal` Der Name eines Journals oder Zeitschrift. Für die bekanntesten Journale oder Zeitschriften des Fachgebiets sind vom Rechenzentrum häufig Abkürzungen bereitgestellt.

`key` Dieses Feld bestimmt die alphabetische Einordnung im Literaturverzeichnis, wenn kein Autoren– oder Herausgeberfeld gesetzt ist.

`month` Der Monat, in dem die Arbeit veröffentlicht wurde. Bei unveröffentlichten Arbeiten der Monat, in dem sie geschrieben wurde.

`note` Beliebige Zusatzinformation, die im Literaturverzeichnis nützlich sein kann.

`number` Die laufende Nummer eines Journals, einer Zeitschrift oder eines technischen Berichts. Die Ausgaben eines Journals oder einer Zeitschrift werden meist durch eine Bandnummer (volume no.) und eine laufende Nummer gekennzeichnet. Bei einem technischen Bericht wird dieser häufig mit einer laufenden Nummer durch die veröffentlichende Organisation gekennzeichnet.

`organization` Der Name der Organisation, die die Tagung oder Konferenz ausgerichtet oder finanziert hat.

`pages` Eine oder mehrere Seiten oder eine Folge von Seiten. Einzelne Seitennummern werden durch Kommata , eine Folge von Seiten durch einen – getrennt. Beispiel `3,12,33--55`.

`publisher` Der Verlagsname.

`school` Der Name einer Hochschule oder Universität, bei der die Diplom– oder Doktorarbeit angefertigt wurde.

`series` Der Name für eine Buchserie. Wenn mit `\cite` auf ein Buch verwiesen wurde, so erscheint im Literaturverzeichnis der im `title` Feld angegebene Buchtitel und der Name der Buchserie, wenn das optionale Feld `series` gefüllt war.

`title` Der Name eines Buches oder die Überschrift einer Veröffentlichung. Über die möglichen Formate s. u.

`type` Der Typ eines Berichtes, z. B "Forschungsbericht", "Research Note" u. ä.

`volume` Die Bandnummer eines Journals oder eines mehrbändigen Buchwerkes.

`year` Das Jahr der Veröffentlichung. Bei einer unveröffentlichten Arbeit das Jahr der Erstellung. Das Textfeld sollte aus einer reinen Zahl bestehen, wie 1987.

Feldnamen, die nicht in der vorstehenden Liste auftreten, sind erlaubt. Ein Feld mit einem solchen unbekannten Feldnamen wird von BiBTeX ignoriert. Dies kann für andere Zwecke nützlich sein, etwa daß man durch

> `abstract = {` *Zusammenfassung*`}`

den Literatureintrag gleich mit einer kurzen Inhaltszusammenfassung versieht, die anderweitig genutzt werden kann.

B.2.3 Spezielle Feldformate

Bei der Ausfüllung der `author`, `editor`, `title` und `booktitle` Felder wird der Feldtext bei der Erzeugung eines Literaturverzeichnisses zum Teil in mehrfacher Weise genutzt und/oder verändert. Je nach dem gewählten Stil für das Literaturverzeichnis wird der Nachname des Autors oder Herausgebers für die alphabetische Anordnung genutzt, und Vornamen erscheinen evtl. nur mit ihren Initialen. Bei Buch– und Artikeltiteln wird nach bestimmten Regeln in unterschiedlicher Weise Groß– und Kleinschreibung vorgenommen, evtl. unabhängig davon, wie diese Überschrift im entsprechenden Feld eingegeben wurde. Während dies für englische Titel zu allgemein akzeptierten Formen führt, können bei deutschen Überschriften evtl. unkonventionelle Ergebnisse produziert werden. Bei der Eingabe der entsprechenden Felder ist dies zu berücksichtigen und ggf. durch entsprechende Maßnahmen zu verhindern.

Namen

Namen bestehen im allgemeinen aus einem oder mehreren Vornamen und einem Nachnamen. Vereinzelt sind beim Nachnamen auch Doppelnamen denkbar. Erfolgt die Namenseingabe in der Reihenfolge {*Vornamen Nachname*}, also z. B. {Hans Ulrich Schaper}, so wird das jeweils letzte Wort als Nachname angesehen. Die Namenseingabe kann aber auch in der Form {*Nachnamen, Vornamen*} erfolgen, bei der also die Nachnamen durch ein Komma von den Vornamen getrennt werden. Das vorangegangene Beispiel ist mit {Schaper, Hans Ulrich} gleichwertig. Dagegen würde bei

     {Martin Schmidt Gellersen} bzw. {Schmidt Gellersen, Martin}

im ersten Fall als Nachname "Gellersen" angenommen, dagegen "Martin" und "Schmidt" als Vornamen interpretiert werden. Hier ist also nur die zweite Form sinnvoll und richtig.

Enthalten Namensangaben zusätzlich kleingeschriebene Wörter wie z. B "von", so werden diese als *Hilfswörter* interpretiert, die für die alphabetische Anordnung unberücksichtigt bleiben. Damit sind die Eingaben

     {Ernst von Biron} {von Biron, Ernst} {Biron, Ernst von}

gleichwertig. Teile einer Namensangabe können nochmals in geschweifte Klammern eingefaßt werden. Dieser Teil wird dann als Einheit angesehen.

     {{Meier und Sohn, GmbH}, Anton}

Hierin wird "Meier und Sohn, GmbH" als Einheit für den Nachnamen angesehen. Eine Eingabe der Form

     {Anton Meier und Sohn, GmbH}

hätte "GmbH" als Vorname interpretiert, da hier das Komma als Trennzeichen zwischen Nach- und Vornamen angesehen würde. Dagegen wäre

     {Anton {Meier und Sohn, GmbH}}

wieder richtig gewesen. Als letzter Name wird der gesamte geklammerte Teil angesehen, dem die Vornamen vorangehen. Die Eingabe

     {{von Biron}, Ernst}

würde bei der Ausgabe genau wie bei den ersten drei Formen "Ernst von Biron" erzeugen. Da hier jedoch "von Biron" als Einheit angesehen wird, in der "von" nicht als Hilfswort erkannt wird, erfolgt eine alphabetische Einordnung gemäß dem "von" und nicht dem "Biron", was vermutlich nicht erwünscht ist.

Bei amerikanischen Namensangaben erscheint häufig ein "Jr." für "Junior". Geht dem Jr. ein Komma voran, so kann die Namenseingabe in der Form {Ford, Jr., Henry} geschrieben werden. Entfällt das Komma vor dem Jr., so sollte eine der beiden Formen gewählt werden

     {{Ford Jr.}, Henry} oder {Henry {Ford Jr.}}

Besteht die Autoren- oder Herausgeberangabe aus mehreren Namen für verschiedene Personen, so sind diese in dem jeweiligen Feld durch **and** zu trennen. "Peter Stubbe, Helmut Kopka, Michael Rietveld" wäre einzugeben als

```
AUTOR = {Peter Stubbe and Helmut Kopka and Michael Rietveld}        oder
autor = {Stubbe, Peter and Kopka, Helmut and Rietveld, Michael}
```

Soll das Wort "and" als Teil des Names erscheinen, etwa bei Firmenangaben, so ist die Gruppe in geschweifte Klammern zu fassen, z. B `{...{Black and Decker}}`.

Mit `and other` im Namensfeld wird 'et al' erzeugt. `AUTOR = {Kopka and other}` erscheint bei der Namensausgabe damit als 'Kopka et al.'

Überschriften

Bei englischen Buchtiteln werden, abweichend von der sonstigen englischen Rechtschreibung, alle Wörter mit Ausnahme von Konjunktionen und Präpositionen großgeschrieben. Erscheint derselbe Titel dagegen als Artikelüberschrift, so wird mit der Ausnahme von Eigennamen und dem ersten Wort Kleinschreibung bevorzugt. Werden bei einem `title` Feld die entsprechenden Wörter mit großen Anfangsbuchstaben eingegeben, so bleibt diese Großschreibung beim Eingabetyp `@book` und einigen anderen erhalten, bei `@article` und anderen dagegen wird im Literaturverzeichnis der Text trotz großgeschriebener Eingabe mit Kleinbuchstaben ausgedruckt.

Dies ist bei englischen Literaturangaben akzeptabel, nicht dagegen bei deutschen. Sollen die Angaben eines Titelfeldes im Literaturverzeichnis genauso ausgegeben werden, wie sie im Titelfeld standen, so sind die entsprechenden Wörter oder die Großbuchstaben zusätzlich in geschweifte Klammern zu fassen. Der Titel "Laserspektroskopie an Atomen, Molekülen und Ionen" sollte als

```
Laserspektroskopie an {Atomen}, {Molek"ulen} und {Ionen}  oder
Laserspektroskopie an {A}tomen, {M}olek"ulen und {I}onen
```

eingegeben werden.

B.2.4 Abkürzungen

In jedem Feld kann der Feldtext durch eine Abkürzung ersetzt werden. Ein Abkürzungsname kann aus Buchstaben, Ziffern und Zeichen, mit Ausnahme von

```
" # % ' ( ) , = { }
```

bestehen. Eine Abkürzung wird definiert mit dem Befehl

```
@string{Abkürzung = {Text}}      oder
@string(Abkürzung = {Text})
```

wobei *Abkürzung* für den Abkürzungsnamen steht und *Text* der Text ist, der unter der Abkürzung erscheint. Wurde z. B. geschrieben

```
@string{JGR = {Journal of Geophysical Research}}
```

so sind die folgenden beiden Felderklärungen identisch

```
journal = JGR
journal = {Journal of Geophysical Research}
```

Bei einer Abkürzung für den *Feldtext* entfällt der Einschluß in Klammern oder Anführungsstrichen, da diese bereits Teil der Abkürzung sind. Bei den Abkürzungsnamen sowie dem Befehl @string werden Klein– und Großbuchstaben, wie allgemein bei den Feldnamen und den Eingabetypnamen, nicht voneinander unterschieden. Die obige Abkürzung hätte damit auch lauten können

```
@STRING{jgr = {Journal of Geophysical Research}          oder gar
@StrinG{jGr = {Journal of Geophysical Research}
```

und in der Felderklärung ist jede Kombination JGR, JGr, JgR, Jgr, jGR, jGr, jgR und jgr erlaubt und wird als identisch angesehen.

Die @string Befehle zur Erzeugung von Abkürzungen können an beliebigen Stellen zwischen den Eintragungen von zwei Literaturangaben stehen. Die Definition durch den @string Befehl muß aber vor der ersten Verwendung der Abkürzung stehen. Sinnvollerweise wird man die Abkürzungsdefinitionen daher zu Beginn des Files gesammelt anordnen.

Einige Abkürzungen sind bereits in BIBTEX vorbestimmt. Hierzu zählen stets die üblichen Abkürzungen durch drei Buchstaben für die englischen Monatsnamen: jan, feb, mar usw. Ebenso existieren vorbestimmte Abkürzungen für die bekanntesten amerikanischen wissenschaftlichen Journale. Die Bezeichnungen sind beim jeweiligen Rechenzentrum zu erfragen, das ggf. weitere Journalabkürzungen für das Fachgebiet hinzugefügt hat. Zwischen benutzerspezifischen und vorbestimmten Abkürzungen besteht bei der Felderklärung kein Unterschied. Beim Stil abbrv für das Literaturverzeichnis werden dagegen die vorbestimmten Abkürzungen als Text ausgedruckt, während bei benutzerspezifischen Abkürzungen der "Text für den sie stehen", ausgedruckt wird.

Es sollte zum Abschluß erwähnt werden, daß BIBTEX von Oren Patashnik, Stanford, in Abstimmung mit Leslie Lamport entwickelt wurde. Zum BIBTEX–Installationspaket gehört ein File mydoc.tex, der eine englische Beschreibung von Oren Patashnik für das BIBTEX–Programm darstellt. Nach der LATEX–Bearbeitung von mydoc.tex kann diese Beschreibung auf dem lokalen Drucker ausgegeben werden. Sie kann für eine vertiefte Nutzung von BIBTEX herangezogen werden. Dort findet sich z. B. der Hinweis, daß das Kommentarzeichen % aus LATEX in BIBTEX die Kommentarbedeutung verliert.

Anhang C

Zeichensätze

C.1   Vorbemerkungen

Wie bei jedem Handwerk mit vielhundertjähriger Tradition hat sich auch bei den Druckern eine eigene Fachsprache entwickelt, die dem Außenstehenden fremd und teilweise unverständlich erscheint. Die in diesem Buch genannten Maßeinheiten wie Punkte und Picas (s. 2.4.1) gehören hierzu. Zwischen deutschen und angloamerikanischen Druckern bezeichnen diese Werte allerdings unterschiedliche Größen. In den USA ist $1pt = 1/72.27\,Zoll \approx 0.3515mm$. Da auch bei uns staatliche Normen als 'öffentliche Lebenshilfe' dienen, wurde z. B. durch das "Gesetz über Einheiten im Meßwesen" vom 2. 7. 1967 der "Punkt" als zulässige Einheit bis zum 31. Dez. 1977 erklärt, dessen Wert auf $1p = 1\,000\,333/2\,660\,000\,000m \approx 0.376mm$ festgelegt wurde. Dieser Wert entspricht bei amerikanischen Druckern dem "didôt point", der in LaTeX als Maßeinheit dd benutzt werden kann. Hier entsprechen 1238pt = 1157dd. So wie beim amerikanischen System 12pt = 1pc (pica) bilden, hat das "Zwölfer–System" früherer Zeiten seinen Niederschlag in 12dd = 1cc (Cicero) hinterlassen. Die Maßeinheit "Cicero" soll nach der Fama der Drucker darauf zurückzuführen sein, daß der Erstdruck von Ciceros Briefen im Jahre 1467 in dieser Größe erfolgte. Pica bedeutet bei deutschen Druckern dagegen etwas ganz anderes, nämlich eine Schreibmaschinenschrift der Zeichengröße 2.6mm bei 10 Zeichen pro Zoll.

Ähnlich wie Maßeinheiten haben auch die verschiedenen Schriften im Druckereiwesen Namen, die nur aus der Tradition abzuleiten sind. In Deutschland sind die verschiedenen Schriftfamilien in der DIN 16518 Vorschrift in insgesamt 11 Klassen eingeteilt. Diese sollen hier nicht weiter betrachtet werden, da TeX wie LaTeX als amerikanisches Programm die dort verwendeten Schriften und die amerikanische Nomenklatur verwendet. Es sollen hier nur einige allgemeine Klassifizierungsmerkmale für Schriften genannt werden, die für den LaTeX-Anwender von Bedeutung sind. Vorab eine Kuriosität: Die Drucker teilen die Schriften zunächst in zwei Gruppen auf, in die "Brotschriften" und die "Akzidenzschriften".

Brotschriften sind die Schriften, die allgemein für den Satz von Büchern, Broschüren und Zeitschriften verwendet werden, mit denen die Druckereien also "ihr Brot verdienen". Akzidenzschriften (Zierschriften) spiegeln die künstlerische Komponente des Druckwesens wider. Für den LaTeX-Anwender sind weniger professionelle Klassifizierungsmerkmale von Bedeutung:

Proportional– und Fixschriften: Bei Proportionalschriften hat jedes Zeichen des Zeichensatzes seine eigene individuelle Breite, bei Fixschriften haben alle Zeichen eines Zeichensatzes die gleiche Breite. Mit Ausnahme der Schreibmaschinenschriften sind alle TEX–Schriften Proportionalschriften.

Serifen– und Sans–Serifen–Schriften: Serifen werden die kleinen Häkchen genannt, die oben und unten an den Hauptstrichen der einzelnen Zeichen angebracht sind. Die Serifen sind keine Schnörkel, sondern sie haben eine echte Funktion: sie bewirken eine Augenführung, insbesondere bei längeren Zeilen. Sans Serifenschriften, also Schriften "ohne Serifen", sind kompakter, bei längeren Zeilen aber auch ermüdender beim Lesen. Bei Sans Serifenschriften sollte die Zeilenbreite nicht größer gewählt werden, als der Ausdruck von zweimal dem Alphabet in Kleinbuchstaben an Platz benötigt.

Senkrechte und kursive (geneigte) Schriften: Fast alle in TEX verfügbaren Schriften stehen sowohl in senkrechter wie in kursiver Form zur Verfügung.

Normal– und Fettschriften: Die meisten TEX–Schriften stehen sowohl als Normalschrift wie auch als Fettschrift zur Verfügung, letztere in einigen Fällen noch in abgestufter Stärke.

Zierschriften: Einige wenige TEX–Zeichensätze können als Zierschriften angesehen werden.

Mathematik– und Symbolzeichensätze: Einige der mathematischen Zeichensätze enthalten Textschriften in spezieller Form, andere Textzeichen und Symbole und schließlich gibt es hier Zeichensätze, die nur aus Symbolen bestehen. Zusätzlich benötigt LATEX einige Symbolzeichensätze für die Erzeugung von Bildern.

C.2   Klassifizierung der TEX–Grundzeichensätze

Jeder TEX–Zeichensatz bildet einen eigenen File. Die Namen dieser Files sind dem TEX– bzw. LATEX–Programm bekannt. Von diesen Zeichensätzen sind für ein LATEX–Dokument zunächst nur die durch die Schriftarten– und Schriftgrößenbefehle gemäß 4.1.2 und 4.1.3 aufrufbaren Schriften verfügbar. Weitere Schriftarten und –größen können ggf. mit dem `\newfont` Befehl (s. 4.1.4) verfügbar gemacht werden. Hierzu muß der Benutzer wissen, unter welchen Filenamen die zusätzlichen Schriften im Rechner abgelegt sind.

Alle Zeichensatzfilenamen beginnen mit `cm`[1]. Dies steht für "Computer Modern". Darauf folgen ein bis vier Buchstaben, die den Schriftstil bestimmen, gefolgt von einer ein– oder zweiziffrigen Zahl, die die Entwurfsgröße des Zeichensatzes in der Maßeinheit `pt` angibt. Dies ist der Grundname des Zeichensatzes, der in dem `\newfont` Befehl anzugeben ist. Die Syntax für den Grundnamen eines Zeichensatzes lautet damit

   `cm`$xxnn$ xx = Schriftstilkodierung, nn = Entwurfsgröße

---

[1]Falls die Filenamen mit `am` beginnen, so ist vermutlich eine ältere TEX–Version implementiert. Die zugehörigen `am` Zeichensätze sind wie die neueren `cm` Zeichensätze aufgebaut. Das Rechenzentrum sollte sich jedoch um eine neuere Version bemühen, da vermutlich nicht alle in diesem Buch beschriebenen Eigenschaften zur Verfügung stehen.

An den Grundnamen schließt ein durch einen Punkt getrennter Anhang an. TEX und LATEX selbst benutzen nur diejenigen Files mit dem Anhang `.tfm`, was für "TeX Font Metric" steht.

Die `.tfm` Files enthalten nicht die Zeichensätze selbst, sondern nur Informationen über die Abmessungen der einzelnen Zeichen des zugehörigen Zeichensatzes, wie Zeichenbreite, Zeichenhöhe und Unterlänge. Außerdem enthalten die `.tfm` Files bei geneigten Schriften für jedes Zeichen die sog. Italic Korrektur (s. 3.5.1.4). Für alle Zeichensätze ist angegeben, für welche Buchstabenkombinationen statt des natürlichen Zeichenabstandes ein spezieller Abstand zu wählen ist, z. B. "AV" statt "AV", und für welche Buchstabenkombinationen spezielle Ligaturen existieren. Schließlich enthalten die `.tfm` Files noch Angaben über die Neigung (die natürlich nur bei geneigten Schriften von Null verschieden ist), den normalen Wortabstand, die Beträge der natürlichen Elastizität (s. Seite 241), um die der normale Wortabstand schrumpfen oder sich dehnen kann, die Höhe des `ex` und die Breite des `em` bzw. `quad` und schließlich den Betrag für den Zusatzzwischenraum, der am Satzende zusätzlich eingefügt wird. Für mathematische und Symbolzeichensätze enthalten die `.tfm` Files noch weitere Information, auf die hier nicht weiter eingegangen wird.

Die allgemeine Syntax für den `\newfont` Befehl lautet bekanntlich (4.1.4)

> `\newfont{\`*latex_schrift_name*`}{`*grundname* `scaled` *größe*`}`

wobei *grundname* der Filegrundname für den betreffenden Zeichensatz ist und *größe* einen Skalierungsfaktor in Form des 1000–fachen der Entwurfsgröße darstellt. Für die LATEX–Behandlung darf der Skalierungsfaktor jeden beliebigen Wert annehmen; die `.tfm` Angaben werden lediglich mit diesem Faktor multipliziert.

Die eigentlichen Zeichensätze werden erst für die Druckerausgabe benötigt. Hierfür stehen sie einmal in der Entwurfsgröße sowie für eine Reihe diskreter Vergrößerungsstufen zur Verfügung. Obwohl bei der LATEX–Behandlung für den Skalierungsfaktor jeder Wert erlaubt ist, sollten nur solche Werte verwendet werden, für die entsprechende Druckerzeichensätze existieren. Alle Druckerzeichensätze stehen mindestens für die Skalierungsfaktoren 1000, 1095, 1200 und 1440 zur Verfügung. Die gebräuchlichsten, wenn nicht alle Zeichensätze kennen meist weitere Vergrößerungsstufen, die jeweils um den Faktor 1.2 abgestuft sind. Dem entsprechen die weiteren Skalierungsfaktoren $1440 \times 1.2 = 1728$, $1728 \times 1.2 = 2074$, ..., jeweils auf ganzzahlige Werte gerundet.

Die Filenamen für die Druckerzeichensätze bestehen aus dem oben beschriebenen Grundnamen und einem Anhang, der sich aus einer drei– oder vierziffrigen Zahl und der Buchstabenkombination `pxl` oder `pk` zusammensetzt. Hier kennzeichnet `pxl` bzw. `pk` das Kodierungsverfahren der Zeichensätze, entweder als sog. "Pixelmuster" oder in "gepackter" Form. Die vorangestellte Zahl beschreibt die jeweilige Vergrößerungsstufe, die jedoch leider nicht mit dem Skalierungsfaktor identisch ist und überdies für `pxl` bzw. `pk` Files unterschiedliche Bedeutung hat. In C.7 ist hierüber Näheres gesagt, auch wie aus dieser Zahl der zugehörige Skalierungsfaktor bestimmt werden kann.

Die TEX–Grundzeichensätze sind wie folgt gegliedert:

C.3 Proportionalschriften

Die TEX–Proportionalschriften lassen sich in die "Serifenschriften", "Sans Serifen-schriften" und "Zier– und Sonderschriften" gliedern. Die letzteren sind zum Teil auch Serifenschriften, doch werden in der vorliegenden Unterteilung unter den Seri-fenschriften nur die in der Sprache der Drucker 'Brotschriften' genannten zusammen-gefaßt.

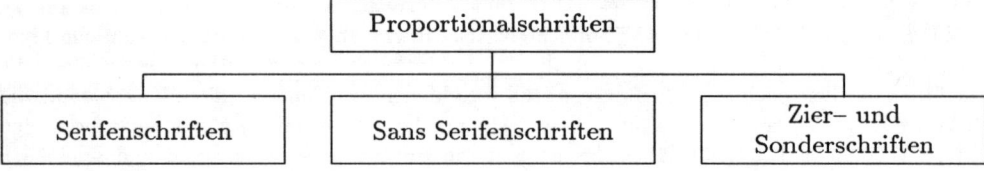

C.3.1 Serifenschriften

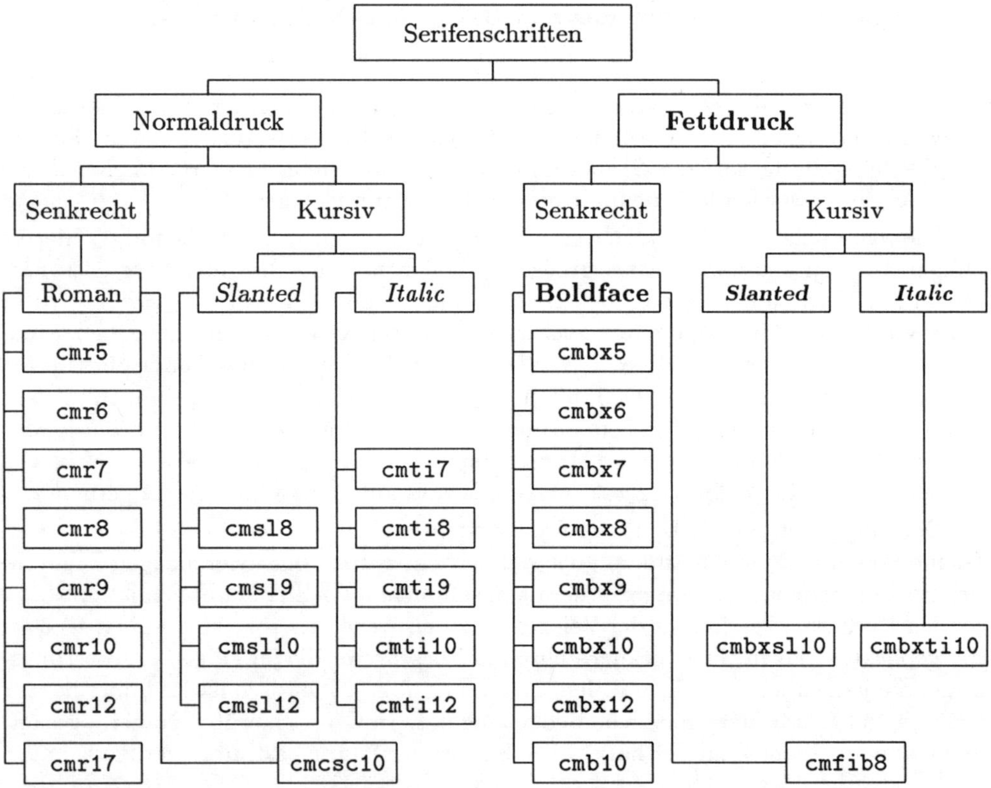

Serifenschriften

Normaldruck — Fettdruck

Senkrecht — Kursiv — Senkrecht — Kursiv

Roman	Slanted	Italic	Boldface	Slanted	Italic
cmr5			cmbx5		
cmr6			cmbx6		
cmr7		cmti7	cmbx7		
cmr8	cmsl8	cmti8	cmbx8		
cmr9	cmsl9	cmti9	cmbx9		
cmr10	cmsl10	cmti10	cmbx10	cmbxsl10	cmbxti10
cmr12	cmsl12	cmti12	cmbx12		
cmr17	cmcsc10		cmb10	cmfib8	

C.3.1.1 Die Zeichensatzfamilie "Roman"

Die "Roman" Zeichensatzfamilie enthält die Standardzeichensätze. Die Schriftstilko-dierung erfolgt durch den Buchstaben r, so daß die Filenamen aller Zeichensätze dieser Familie mit cmr beginnen, gefolgt von der Größenangabe für die Entwurfsgrößen. Die

Zeichensätze stehen in 8 Entwurfsgrößen von 5pt bis 17pt zur Verfügung. Dieser Familie ist hier der Zeichensatz cmcsc10 zugeordnet, der nur in der Entwurfsgröße 10pt standardmäßig bereitsteht. csc steht für "Capital–Small Capital", d. h. die Großbuchstaben entsprechen in etwa den Großbuchstaben der cmr10 Schrift, für die Kleinbuchstaben sind dagegen Großbuchstaben gewählt, die in der Größe zwischen den Großbuchstaben der cmr7 und cmr8 Schriften liegen.

ABCDEFGHIJKLMNOPQRSTUVWXYZ ÆŒØ @#$%& ΓΔΘΛΞΠΣΥΦΨΩ 0123456789
abcedfghijklmnopqrstuvwxyz ff fi fl ffi ffl æœøßıȷ ` ´ ˘ ¯ ˚ ^ ˙ ¨ ˝ ˜ ˛ ¸ ,.;:?¡!'‘’"“”--—*+/=()[]

cmr5

ABCDEFGHIJKLMNOPQRSTUVWXYZ ÆŒØ @#$%& ΓΔΘΛΞΠΣΥΦΨΩ 0123456789
abcedfghijklmnopqrstuvwxyz ff fi fl ffi ffl æœøßıȷ ` ´ ˘ ¯ ˚ ^ ˙ ¨ ˝ ˜ ˛ ¸ ,.;:¿?¡!'‘’"“”--—*+/=()[]

cmr6

ABCDEFGHIJKLMNOPQRSTUVWXYZ ÆŒØ @#$%& ΓΔΘΛΞΠΣΥΦΨΩ 0123456789
abcedfghijklmnopqrstuvwxyz ff fi fl ffi ffl æœøßıȷ ` ´ ˘ ¯ ˚ ^ ˙ ¨ ˝ ˜ ˛ ¸ ,.;:¿?¡!'‘’"“”--—*+/=()[]

cmr7

ABCDEFGHIJKLMNOPQRSTUVWXYZ ÆŒØ @#$%& ΓΔΘΛΞΠΣΥΦΨΩ 0123456789
abcedfghijklmnopqrstuvwxyz ff fi fl ffi ffl æœøßıȷ ` ´ ˘ ¯ ˚ ^ ˙ ¨ ˝ ˜ ˛ ¸ ,.;:¿?¡!'‘’"“”--—*+/=()[]

cmr8

ABCDEFGHIJKLMNOPQRSTUVWXYZ ÆŒØ @#$%&
abcedfghijklmnopqrstuvwxyz ff fi fl ffi ffl æœøßıȷ 0123456789
ΓΔΘΛΞΠΣΥΦΨΩ ` ´ ˘ ¯ ˚ ^ ˙ ¨ ˝ ˜ ˛ #·,.;:¿?¡!'‘’"“”·,.;:¿?¡!'‘’"“”--—*+/=()[]

cmr9

ABCDEFGHIJKLMNOPQRSTUVWXYZ ÆŒØ @#$%&
abcedfghijklmnopqrstuvwxyz ff fi fl ffi ffl æœøßıȷ 0123456789
ΓΔΘΛΞΠΣΥΦΨΩ ` ´ ˘ ¯ ˚ ^ ˙ ¨ ˝ ˜ ˛ ¸ ,.;:¿?¡!'‘’"“”--—*+/=()[]

cmr10

ABCDEFGHIJKLMNOPQRSTUVWXYZ ÆŒØ @#$%&
abcedfghijklmnopqrstuvwxyz ff fi fl ffi ffl æœøßıȷ 0123456789
ΓΔΘΛΞΠΣΥΦΨΩ ` ´ ˘ ¯ ˚ ^ ˙ ¨ ˝ ˜ ˛ ¸ ,.;:¿?¡!'‘’"“”--—*+/=()[]

cmr12

ABCDEFGHIJKLMNOPQRSTUVWXYZ ÆŒØ @#$%&
abcedfghijklmnopqrstuvwxyz ff fi fl ffi ffl œæøßıȷ
ÆŒØ @#$%& ΓΔΘΛΞΠΣΥΦΨΩ 0123456789
` ´ ˘ ¯ ˚ ^ ˙ ¨ ˝ ˜ ˛ ¸ ,.;:¿?¡!'‘’"“”--—*+/=()[]

cmr17

ABCDEFGHIJKLMNOPQRSTUVWXYZ ÆŒØ @#$%&
ABCEDFGHIJKLMNOPQRSTUVWXYZ ↑↓'¡¿ÆŒØSSIJ 0123456789
ΓΔΘΛΞΠΣΥΦΨΩ ` ´ ˘ ¯ ˚ ^ ˙ ¨ ˝ ˜ ˛ ¸ ,.;:>?<!'‘’"“”--—*+/=()[]

cmcsc10

Beim genauen Vergleich der cmcsc10 Schrift mit den cmr10, cmr8 und cmr7 Schriften kann man erkennen, daß die Zeichen in der Höhe jeweils gleich sind (die kleinen Großbuchstaben liegen zwischen cmr7 und cmr8). Die Schrift cmcsc10 ist jedoch in der Breite bzw. in den Abständen zum nächsten Zeichen etwas weiter. Außerdem sind die Ligaturen der Kleinbuchstaben gegen einige andere Zeichen ausgetauscht.

C.3.1.2 Die Zeichensatzfamilie "Slanted"

Die Zeichensätze dieser Familie sind aus den "Roman" Zeichensätzen dadurch abgeleitet, daß jedes Zeichen eine Neigung vom Wert 1/6 erhalten hat. Das bedeutet: geht man bei einem "Roman" Zeichen um 1pt nach oben, so ist in dieser Höhe das geneigte Zeichen um 1/6 pt nach rechts verschoben. Die "Slanted" Zeichensatzfamilie steht standardmäßig in 4 Entwurfsgrößen von 8pt bis 12 pt zur Verfügung. Die Schriftstilkodierung erfolgt durch das Buchstabenpaar sl, d. h. die Filenamen dieser Familie beginnen mit cmsl, gefolgt von 8, 9, 10 oder 12 für die entsprechenden Entwurfsgrößen.

cmsl8

ABCDEFGHIJKLMNOPQRSTUVWXYZ ÆŒØ @#$%& ΓΔΘΛΞΠΣΥΦΨΩ 0123456789
abcedfghijklmnopqrstuvwxyz ff fi fl ffi ffl æœøßıȷ `´˘ˉ° ^˙¨˝˜ � .,;:¿?¡!''""---—+/=()[]*

cmsl9

ABCDEFGHIJKLMNOPQRSTUVWXYZ ÆŒØ @#$%&
abcedfghijklmnopqrstuvwxyz ff fi fl ffi ffl æœøßıȷ 0123456789
ΓΔΘΛΞΠΣΥΦΨΩ `´˘ˉ° ^˙¨˝˜ ˍ.,;:¿?¡!''""---—+/=()[]*

cmsl10

ABCDEFGHIJKLMNOPQRSTUVWXYZ ÆŒØ @#$%&
abcedfghijklmnopqrstuvwxyz ff fi fl ffi ffl æœøßıȷ 0123456789
ΓΔΘΛΞΠΣΥΦΨΩ `´˘ˉ° ^˙¨˝˜ ˍ.,;:¿?¡!''""---—+/=()[]*

cmsl12

ABCDEFGHIJKLMNOPQRSTUVWXYZ ÆŒØ @#$%&
abcedfghijklmnopqrstuvwxyz ff fi fl ffi ffl æœøßıȷ 0123456789
ΓΔΘΛΞΠΣΥΦΨΩ `´˘ˉ° ^˙¨˝˜ ˍ.,;:¿?¡!''""---—+/=()[]*

C.3.1.3 Die Zeichensatzfamilie "Italic"

Die Zeichensätze dieser Familie enthalten eigens hierfür entworfene Zeichen, die nicht aus der "Roman" Familie abgeleitet sind. Außerdem ist die Neigung mit 1/4 = 0.25 stärker als bei der "Slanted" Familie. Die Schriftstilkodierung erfolgt durch das Buchstabenpaar ti, das für "Text Italic" steht. Die Filenamen beginnen also hier mit cmti, gefolgt von der Größenangabe. Standardmäßig stehen 5 Zeichensätze in den Entwurfsgrößen 7pt bis 12 pt bereit. (Bei den mathematischen Zeichensätzen gibt es eine weitere Italic Familie, bei der die Schriftstilkodierung aus dem Buchstabenpaar mi für "Math. Italic" besteht.)

ABCDEFGHIJKLMNOPQRSTUVWXYZ ÆŒØ @#£%& ΓΔΘΛΞΠΣΥΦΨΩ 0123456789
abcedfghijklmnopqrstuvwxyz ff fi fl ffi ffl æœøßıȷ `´˘¯ ° ^˙˜˝ ,.,;:¸¸?¡!'`""- - —+/=( )[]*

_____ cmti7

ABCDEFGHIJKLMNOPQRSTUVWXYZ ÆŒØ @#£%& ΓΔΘΛΞΠΣΥΦΨΩ 0123456789
abcedfghijklmnopqrstuvwxyz ff fi fl ffi ffl æœøßıȷ `´˘¯ ° ^˙˜˝ ,.,;:¸¸?¡!'`""- - —+/=( )[]*

_____ cmti8

ABCDEFGHIJKLMNOPQRSTUVWXYZ ÆŒØ @#£%&
abcedfghijklmnopqrstuvwxyz ff fi fl ffi ffl æœøßıȷ 0123456789
ΓΔΘΛΞΠΣΥΦΨΩ `´˘¯ ° ^˙˜˝ ,.,;:¸¸?¡!'`""- - —+/=( )[]*

_____ cmti9

ABCDEFGHIJKLMNOPQRSTUVWXYZ ÆŒØ @#£%&
abcedfghijklmnopqrstuvwxyz ff fi fl ffi ffl æœøßıȷ 0123456789
ΓΔΘΛΞΠΣΥΦΨΩ `´˘¯ ° ^˙˜˝ ,.,;:¸¸?¡!'`""- - —+/=( )[]*

_____ cmti10

ABCDEFGHIJKLMNOPQRSTUVWXYZ ÆŒØ @#£%&
abcedfghijklmnopqrstuvwxyz ff fi fl ffi ffl æœøßıȷ 0123456789
ΓΔΘΛΞΠΣΥΦΨΩ `´˘¯ ° ^˙˜˝ ,.,;:¸¸?¡!'`""- - —+/=( )[]*

_____ cmti12

C.3.1.4 Die Zeichensatzfamilie "Bold Face" (Fettdruck)

Diese Familie enthält einmal die "Roman" Zeichensätze mit fetten Zeichen. Die Schriftstilkodierung erfolgt durch `bx`, was für "bold extended" steht, da die Zeichen bei gleicher Höhe, wie die entsprechenden "Roman" Zeichen, eine Verbreiterung erfahren haben. Die zugehörigen Filenamen lauten dementsprechend `cmbx5` ... `cmbx12`, da die Standardzeichensätze in 7 Entwurfsgrößen von 5pt bis 12pt bereitstehen. Für die Entwurfsgröße 10pt existiert jeweils ein entsprechender fetter Zeichensatz für die "Slanted" und "Italic" Familie mit der Kennzeichnung `bxsl` bzw. `bxti`. Die zugehörigen Filenamen lauten damit `cmbxsl10` und `cmbxti10`.

Zusätzlich gibt es für die Entwurfsgröße 10pt einen Zeichensatzfile mit dem Namen `cmb10`. Hier sind die Zeichen zwar fett, jedoch von gleicher Breite wie die entsprechenden Roman Zeichen. Schließlich wird hier noch die 8pt Schrift `cmfib8` aufgeführt. Dies ist eine halbfette Schrift, bei der die Stilkodierung `fib` gewählt wurde, weil bei der Erzeugung dieses Zeichensatzes die kennzeichnenden Parameter aus der Reihe der "Fibonaccischen Zahlen" gewählt wurden.

ABCDEFGHIJKLMNOPQRSTUVWXYZ ÆŒØ @#$%& ΓΔΘΛΞΠΣΥΦΨΩ 0123456789
abcedfghijklmnopqrstuvwxyz ff fi fl ffi ffl æœøßıȷ `´˘¯ ° ^˙˜˝ ,.,;:¸¸?¡!'`""- - —*+/=( )[]

_____ cmbx5

ABCDEFGHIJKLMNOPQRSTUVWXYZ ÆŒØ @#$%& ΓΔΘΛΞΠΣΥΦΨΩ 0123456789
abcedfghijklmnopqrstuvwxyz ff fi fl ffi ffl æœøßıȷ `´˘¯ ° ^˙˜˝ ,.,;:¸¸?¡!'`""- - —*+/=( )[]

_____ cmbx6

ABCDEFGHIJKLMNOPQRSTUVWXYZ ÆŒØ @#$%& ΓΔΘΛΞΠΣΥΦΨΩ 0123456789
abcedfghijklmnopqrstuvwxyz ff fi fl ffi ffl æœøßıȷ `´˘¯ ° ^˙˜˝ ,.,;:¸¸?¡!'`""- - —*+/=( )[]

_____ cmbx7

ABCDEFGHIJKLMNOPQRSTUVWXYZ ÆŒØ @#$%&
abcedfghijklmnopqrstuvwxyz ff fi fl ffi ffl æœøßıȷ 0123456789
ΓΔΘΛΞΠΣΥΦΨΩ `´˘ˇ¯˝ ˚ ˆ˙¨˜˜ ˛¸.,;:¿?¡!'''""``"".- – —*+/=( )[]

cmbx8

ABCDEFGHIJKLMNOPQRSTUVWXYZ ÆŒØ @#$%&
abcedfghijklmnopqrstuvwxyz ff fi fl ffi ffl æœøßıȷ 0123456789
ΓΔΘΛΞΠΣΥΦΨΩ `´˘ˇ¯˝ ˚ ˆ˙¨˜˜ ˛¸.,;:¿?¡!'''""``"".- – —*+/=( )[]

cmbx9

ABCDEFGHIJKLMNOPQRSTUVWXYZ ÆŒØ @#$%&
abcedfghijklmnopqrstuvwxyz ff fi fl ffi ffl æœøßıȷ 0123456789
ΓΔΘΛΞΠΣΥΦΨΩ `´˘ˇ¯˝ ˚ ˆ˙¨˜˜ ˛¸.,;:¿?¡!'''""``"".- – —*+/=( )[]

cmbx10

ABCDEFGHIJKLMNOPQRSTUVWXYZ ÆŒØ @#$%&
abcedfghijklmnopqrstuvwxyz ff fi fl ffi ffl æœøßıȷ 0123456789
ΓΔΘΛΞΠΣΥΦΨΩ `´˘ˇ¯˝ ˚ ˆ˙¨˜˜ ˛¸.,;:¿?¡!'''""``"".- – —*+/=( )[]

cmbx12

ABCDEFGHIJKLMNOPQRSTUVWXYZ ÆŒØ @#$%&
abcedfghijklmnopqrstuvwxyz ff fi fl ffi ffl æœøßıȷ 0123456789
ΓΔΘΛΞΠΣΥΦΨΩ `´˘ˇ¯˝ ˚ ˆ˙¨˜˜ ˛¸.,;:¿?¡!'''""``"".- – —*+/=( )[]

cmbxsl10

ABCDEFGHIJKLMNOPQRSTUVWXYZ ÆŒØ @#£%&
abcedfghijklmnopqrstuvwxyz ff fi fl ffi ffl æœøßıȷ 0123456789
ΓΔΘΛΞΠΣΥΦΨΩ `´˘ˇ¯˝ ˚ ˆ˙¨˜˜ ˛¸.,;:¿ ?¡!'''""``"".- – —*+/=( )[ ]

cmbxti10

ABCDEFGHIJKLMNOPQRSTUVWXYZ ÆŒØ @#$%&
abcedfghijklmnopqrstuvwxyz ff fi fl ffi ffl æœøßıȷ 0123456789
ΓΔΘΛΞΠΣΥΦΨΩ `´˘ˇ¯˝ ˚ ˆ˙¨˜˜ ˛¸.,;:¿?¡!'''""``"".- – —*+/=( )[]

cmb10

ABCDEFGHIJKLMNOPQRSTUVWXYZ ÆŒØ @#$%&
abcedfghijklmnopqrstuvwxyz ff fi fl ffi ffl æœøßıȷ 0123456789
ΓΔΘΛΞΠΣΥΦΨΩ `´˘ˇ¯˝ ˚ ˆ˙¨˜˜ ˛¸.,;:¿?¡!'''""``"".- – —*+/=( )[]

cmfib8

C.3.2 Sans Serifenschriften

Die Files für die Sans Serifenschriften sind leicht daran zu erkennen, daß die Schriftstilkodierung mit dem Buchstabenpaar ss startet, die Filenamen also stets mit cmss
beginnen. Zusätzlich fällt hierunter auch die Schrift cminch, die 1 Zoll hohe Zeichen
erzeugt.

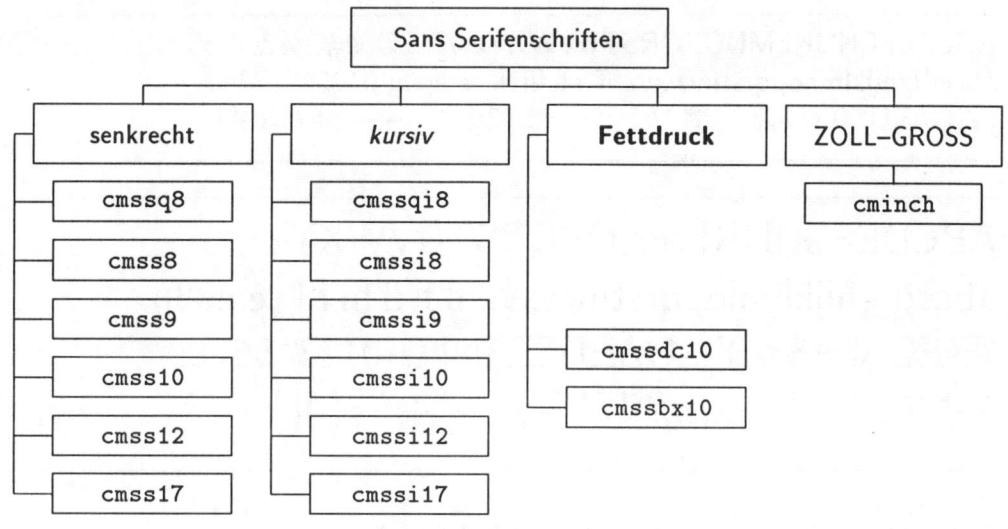

C.3.2.1 Die "senkrechten Sans Serif" Zeichensätze

Hier stehen 5 Zeichensätze für die Entwurfsgrößen 8pt bis 17pt unter den Namen
`cmss5 ... cmss17` "Sans Serif" bereit. Zusätzlich gibt es die Schrift `cmssq8` "Sans
Serif Quotation". Die Großbuchstaben dieser Schrift haben die Höhe einer 8pt Schrift,
doch sind die Zeichen breiter als die der `cmss8` Schrift. Die x–Höhe der Kleinbuchstaben entspricht dagegen der 10pt ss–Schrift mit entsprechend verkürzten Oberlängen
für Kleinbuchstaben wie b, d usw.

ABCDEFGHIJKLMNOPQRSTUVWXYZ ÆŒØ @#$%&
abcedfghijklmnopqrstuvwxyz ff fi fl ffi ffl æœøßıȷ 0123456789
ΓΔΘΛΞΠΣΥΦΨΩ ` ´˘ˇ¯˚¸ˆ˝˜˝ ".,;:¿?¡!'''""–-—*+/=( )[]

cmssq8

ABCDEFGHIJKLMNOPQRSTUVWXYZ ÆŒØ @#$%&
abcedfghijklmnopqrstuvwxyz ff fi fl ffi ffl æœøßıȷ 0123456789
ΓΔΘΛΞΠΣΥΦΨΩ ` ´˘ˇ¯˚¸ˆ˝˜˝ ".,;:¿?¡!'''""–-—*+/=( )[]

cmss8

ABCDEFGHIJKLMNOPQRSTUVWXYZ ÆŒØ @#$%&
abcedfghijklmnopqrstuvwxyz ff fi fl ffi ffl æœøßıȷ 0123456789
ΓΔΘΛΞΠΣΥΦΨΩ ` ´˘ˇ¯˚¸ˆ˝˜˝ ".,;:¿?¡!'''""–-—*+/=( )[]

cmss9

ABCDEFGHIJKLMNOPQRSTUVWXYZ ÆŒØ @#$%&
abcedfghijklmnopqrstuvwxyz ff fi fl ffi ffl æœøßıȷ 0123456789
ΓΔΘΛΞΠΣΥΦΨΩ ` ´˘ˇ¯˚¸ˆ˝˜˝ ".,;:¿?¡!'''""–-—*+/=( )[]

cmss10

ABCDEFGHIJKLMNOPQRSTUVWXYZ ÆŒØ @#$%&
abcedfghijklmnopqrstuvwxyz ff fi fl ffi ffl æœøßıȷ 0123456789
ΓΔΘΛΞΠΣΥΦΨΩ `´˘¯˚^˙¨˝˜ ,.„:;¿?¡!'''""--—*+/=()[]

cmss12

ABCDEFGHIJKLMNOPQRSTUVWXYZ
abcedfghijklmnopqrstuvwxyz ff fi fl ffi ffl œæøßıȷ
ÆŒØ @#$& ΓΔΘΛΞΠΣΥΦΨΩ 0123456789
`´˘˘¯˚^˙¨˝˜ ,.„:;¿?¡!'''""--—*+/=()[]

cmss17

C.3.2.2 Die "geneigten Sans Serif" Zeichensätze

Zahl und Größe entsprechen den senkrechten ss Zeichensätzen. Die Schriftstilcodierung lautet ssi und ssqi, die zugehörigen Filenamen damit cmssi5 ... cmssi17 und cmssqi8. Der zusätzliche Kennbuchstabe i ist irreführend, da die geneigte ss–Schrift keine "Italic" Schrift ist. Vielmehr steht hier i für "Inclined". Die Neigung der Schriften beträgt 12°.

ABCDEFGHIJKLMNOPQRSTUVWXYZ ÆŒØ @#$%&
abcedfghijklmnopqrstuvwxyz ff fi fl ffi ffl æœøßıȷ 0123456789
ΓΔΘΛΞΠΣΥΦΨΩ `´˘¯˚^˙¨˝˜ ,.„:;¿?¡!'''""--—+/=()[]*

cmssqi8

ABCDEFGHIJKLMNOPQRSTUVWXYZ ÆŒØ @#$%&
abcedfghijklmnopqrstuvwxyz ff fi fl ffi ffl æœøßıȷ 0123456789
ΓΔΘΛΞΠΣΥΦΨΩ `´˘¯˚^˙¨˝˜ ,.„:;¿?¡!'''""--—+/=()[]*

cmssi8

ABCDEFGHIJKLMNOPQRSTUVWXYZ ÆŒØ @#$%&
abcedfghijklmnopqrstuvwxyz ff fi fl ffi ffl æœøßıȷ 0123456789
ΓΔΘΛΞΠΣΥΦΨΩ `´˘¯˚^˙¨˝˜ ,.„:;¿?¡!'''""--—+/=()[]*

cmssi9

ABCDEFGHIJKLMNOPQRSTUVWXYZ ÆŒØ @#$%&
abcedfghijklmnopqrstuvwxyz ff fi fl ffi ffl æœøßıȷ 0123456789
ΓΔΘΛΞΠΣΥΦΨΩ `´˘¯˚^˙¨˝˜ ,.„:;¿?¡!'''""--—+/=()[]*

cmssi10

ABCDEFGHIJKLMNOPQRSTUVWXYZ ÆŒØ @#$%&
abcedfghijklmnopqrstuvwxyz ff fi fl ffi ffl æœøßıȷ 0123456789
ΓΔΘΛΞΠΣΥΦΨΩ `´˘¯˚^˙¨˝˜ ,.„:;¿?¡!'''""--—+/=()[]*

cmssi12

ABCDEFGHIJKLMNOPQRSTUVWXYZ
abcedfghijklmnopqrstuvwxyz ff fi fl ffi ffl œæøßıȷ
ÆŒØ @#$%& ΓΔΘΛΞΠΣΥΦΨΩ 0123456789
``˝ˇ˘¯˚ˆ˙¨˝˜ ‚-.,:;¿?¡!'''""‘’"--—*+/=()[]

cmssi17

C.3.2.3   Die "fetten Sans Serif" Zeichensätze

Fette Sans Serif Zeichensätze existieren nur für die Entwurfsgröße 10pt. `cmssbx10` "Sans Serif Bold Extended" steht zu `cmss10` im selben Verhältnis wie `cmbx10` zu `cmr10`. Außerdem steht hier die halbfette Schrift `cmssdc` "Sans Serif Demibold Condensed" zur Verfügung.

ABCDEFGHIJKLMNOPQRSTUVWXYZ ÆŒØ @#$%&
abcdfghijklmnopqrstuvwxyz ff fi fl ffi ffl æœøßıȷ 0123456789
ΓΔΘΛΞΠΣΥΦΨΩ ``˝ˇ˘¯˚ˆ˙¨˝˜ ‚-.,:;¿?¡!'''""‘’"--—*+/=()[]

cmssdc10

ABCDEFGHIJKLMNOPQRSTUVWXYZ ÆŒØ @#$%&
abcdefghijklmnopqrstuvwxyz ff fi fl ffi ffl æœøßıȷ 0123456789
ΓΔΘΛΞΠΣΥΦΨΩ ``˝ˇ˘¯˚ˆ˙¨˝˜ ‚-.,:;¿?¡!'''""‘’"--—*+/=()[]

cmssbx10

C.3.2.4   Der Zeichensatz `cminch`

Hiermit können 1 Zoll hohe Zeichen erzeugt werden. Der Zeichensatz enthält nur die Großbuchstaben und die Ziffern 0,1,...9, dagegen keine Kleinbuchstaben und Satzzeichen. Der Filename `cminch` stellt die einzige Ausnahme in der Syntax der Filegrundnamen für die Zeichensätze dar, die bis auf diese Ausnahme alle mit einer ein- oder zweistelligen Zahl für die Entwurfsgröße in pt enden. Hier steht `inch` sowohl für die Schriftstilcodierung wie für die Größe.

ABCDE

FGHIJK
LMNO
PQRST
UVWX
YZ0123
456789

cminch

C.3.3 Zier– und Sonderschriften

Hierunter sind die 5 Schriften für die Entwurfsgröße 10pt zusammengefaßt:

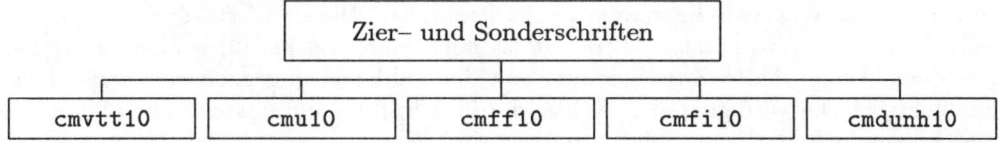

cmvtt "Variable Typewriter Type" stellt eine Schreibmaschinenschrift mit variabler Zeichenbreite dar.

cmu "Unslanted" entspricht der Italic Schrift, bei der die Neigung entfernt wurde.

cmff "Funny Font" ist eine Schrift mit der negativen Neigung -0.1, also mit nach links geneigten Zeichen. Außerdem ist die x–Höhe gegenüber den Großbuchstaben überhöht.

cmfi "Funny Italic" entspricht cmff, jedoch mit der Neigung 0.1, bei der die Zeichen um den gleichen Wert nach rechts geneigt sind.

cmdunh "Dunhill" Bei dieser Schrift entspricht die x–Höhe einer 10pt Roman Schrift. Die Großbuchstaben, Ziffern und Oberlängen von b, d, f, h, k und l sind dagegen stark überhöht.

ABCDEFGHIJKLMNOPQRSTUVWXYZ ÆŒØ @#$%&
abcedfghijklmnopqrstuvwxyz ff fi fl ffi ffl æœøßıȷ 0123456789
ΓΔΘΛΞΠΣΥΦΨΩ `´˜¯˘˙ˇ¨˝‚‛„“”‘’,-.,;:¿?¡!'‘’“”--—*+/=( )[]

cmvtt10

ABCDEFGHIJKLMNOPQRSTUVWXYZ ÆŒØ @#£%&
abcedfghijklmnopqrstuvwxyz ff fi fl ffi ffl æœøßıȷ 0123456789
ΓΔΘΛΞΠΣΥΦΨΩ `´˜¯˘˙ˇ¨˝‚‛„“”‘’,-.,;:¿?¡!'‘’“”--—*+/=( )[]

cmu10

ABCDEFGHIJKLMNOPQRSTUVWXYZ ÆŒØ @#$%&
abcedfghijklmnopqrstuvwxyz ff fi fl ffi ffl æœøßıȷ 0123456789
ΓΔΘΛΞΠΣΥΦΨΩ `´˜¯˘˙ˇ¨˝ ,-.,;:¿?¡!'‘’“”--—*+/=( )[]

cmff10

ABCDEFGHIJKLMNOPQRSTUVWXYZ ÆŒØ @#£%&
abcedfghijklmnopqrstuvwxyz ff fi fl ffi ffl æœøßıȷ 0123456789
ΓΔΘΛΞΠΣΥΦΨΩ `´˜¯˘˙ˇ¨˝ ,-.,;:¿?¡!'‘’“”--—*+/=( )[]

cmfi10

ABCDEFGHIJKLMNOPQRSTUVWXYZ ÆŒØ @#$%&
abcedfghijklmnopqrstuvwxyz ff fi fl ffi ffl æœøßıȷ 0123456789
ΓΔΘΛΞΠΣΥΦΨΩ `´˜ᵕ¯˚ˆ˙‥″˜ ,-.,;:¿?¡!'‘’“”--—*+/=( )[]

cmdunh10

C.4   Fixschriften – Schreibmaschinenschriften

Bei den Fixschriften hat jedes Zeichen eines Zeichensatzes die gleiche Breite. Ebenso entspricht der Wortzwischenraum der Zeichenbreite. Dieser Wortzwischenraum ist fest, d. h. ohne Elastizität. Allerdings ist auch hier, wie bei allen anderen TEX–Schriften, der gewählte Zwischenraum von der Zahl der eingegebenen Leerzeichen unabhängig. Die verfügbaren TEX–Standardfixschriften sind ausschließlich Schreibmaschinenschriften, die wie folgt gegliedert sind:

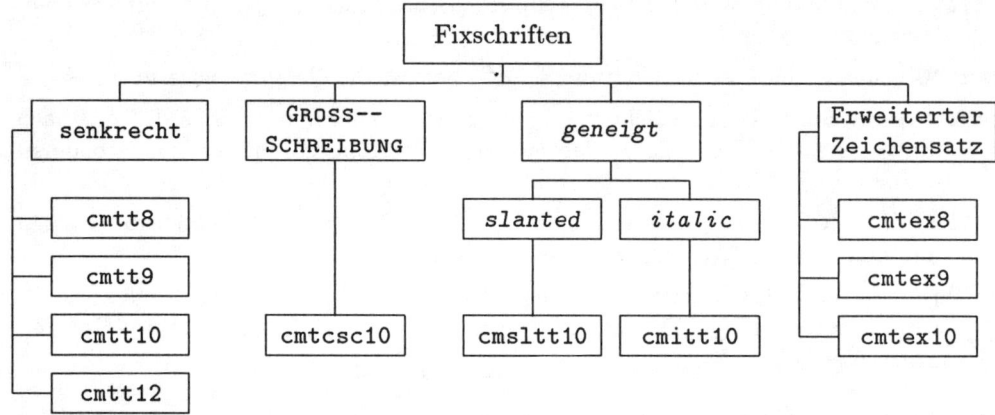

C.4.1   Senkrechte Schreibmaschinenschriften

Diese stehen in 4 Entwurfsgrößen von 8pt bis 12pt zur Verfügung. Die Schriftstilkodierung lautet tt für "Typewriter Type". Die zugehörigen Filegrundnamen sind damit cmtt8 ... cmtt12

```
ABCDEFGHIJKLMNOPQRSTUVWXYZ ÆŒØ @#$%& ΓΔΘΛΞΠΣΤΦΨΩ 0123456789 -+*<=>,˛_␣
abcedfghijklmnopqrstuvwxyz æœø ßıȷ¡¿ ()[]{}\|/↑↓ `´˜¯˙¨ˆˇ'""  .,:;!?'' ̃
```
cmtt8

```
ABCDEFGHIJKLMNOPQRSTUVWXYZ ÆŒØ @#$%& ΓΔΘΛΞΠΣΤΦΨΩ 0123456789 -+*<=>,˛_␣
abcedfghijklmnopqrstuvwxyz æœø ßıȷ¡¿ ()[]{}\|/↑↓ `´˜¯˙¨ˆˇ'""  .,:;!?'' ̃
```
cmtt9

```
ABCDEFGHIJKLMNOPQRSTUVWXYZ ÆŒØ @#$%& ΓΔΘΛΞΠΣΤΦΨΩ
abcedfghijklmnopqrstuvwxyz æœø ßıȷ¡¿ ()[]{}\|/↑↓
0123456789 -+*<=>  ˛_␣.,:;!?'' ̃`´˜¯˙¨ˆ'""
```
cmtt10

```
ABCDEFGHIJKLMNOPQRSTUVWXYZ ÆŒØ @#$%& ΓΔΘΛΞΠΣΤΦΨΩ
abcedfghijklmnopqrstuvwxyz æœø ßıȷ¡¿ ()[]{}\|/↑↓
0123456789 -+*<=>  ˛_␣.,:;!?'' ̃`´˜¯˙¨ˆ'""
```
cmtt12

C.4.2 Großschreibung

Der Zeichensatz cmtcsc10 "Typewriter Capital Small Capital" erzeugt Großbuchstaben einer 10pt Schreibmaschinenschrift. Kleinbuchstaben werden stattdessen als
Großbuchstaben einer knapp 8pt Schrift ausgegeben.

ABCDEFGHIJKLMNOPQRSTUVWXYZ ÆŒØ @#$%& ΓΔΘΛΞΠΣΤΦΨΩ

ABCEDFGHIJKLMNOPQRSTUVWXYZ ÆŒØ SSIJ¡¿()[]{}\|/↑↓

0123456789 -+*<=> ␣_␣.,:;!?'`~˜´˝¯˘˙¨˚ˌ¹'""

_____ cmtcsc10

C.4.3 Geneigte Schreibmaschinenschriften

Es stehen zwei geneigte Zeichensätze für die Entwurfsgröße 10pt zur Verfügung. Die
Schrift cmsltt10 "Slanted Typewriter Type" entspricht der senkrechten tt Schrift,
die jedoch um 1/6 geneigt ist. Die Schrift cmitt10 hat eigens entworfene Zeichen und
eine stärkere Neigung von $1/4 = 0.25$.

ABCDEFGHIJKLMNOPQRSTUVWXYZ ÆŒØ @#$%& ΓΔΘΛΞΠΣΤΦΨΩ

abcedfghijklmnopqrstuvwxyz æœø ßıȷ¡¿ ()[]{}\|/↑↓

0123456789 -+<=> ␣_␣.,:;!?'`~˜´˝¯˘˙¨˚ˌ¹'""*

_____ cmsltt10

ABCDEFGHIJKLMNOPQRSTUVWXYZ ÆŒØ @#£%& ΓΔΘΛΞΠΣΤΦΨΩ

abcedfghijklmnopqrstuvwxyz æœø ßıȷ¡¿ ()[]{}\|/↑↓

0123456789 -+<=> ␣_␣.,:;!?'`~˜´˝¯˘˙¨˚ˌ¹'""*

_____ cmitt10

C.4.4 Mathematische Schreibmaschinenschrift

Diese Schriftenfamilie stimmt nur in den Groß– und Kleinbuchstaben sowie den Ziffern
mit den vorangegangenen tt Zeichensätzen überein. Bei den sonstigen Zeichen treten
erhebliche Unterschiede auf: es werden hier eine Reihe mathematischer Symbole in
Schreibmaschinenschrift angeboten.

Die Zeichensätze dieser Familie werden standardmäßig für die Entwurfsgrößen 8pt,
9pt und 10pt unter den Filegrundnamen cmtex8, cmtex9 und cmtex10 "Typewriter
Extension" bereitgestellt.

·↓αβΛ¬∈πλγδ↑±⊕ω∂⊂⊃∩∪∀∃⊗π↤↦≠◇≤≥≡∨ !"#$%&'()*+,-./0123456789:;<=>?

@ABCDEFGHIJKLMNOPQRSTUVWXYZ[\]^_`abcefghijklmnopqrstuvwxyz{|}~ʃ

_____ cmtex8

·↓αβΛ¬∈πλγδ↑±⊕ω∂⊂⊃∩∪∀∃⊗π↤↦≠◇≤≥≡∨ !"#$%&'()*+,-./0123456789:;<=>?

@ABCDEFGHIJKLMNOPQRSTUVWXYZ[\]^_`abcefghijklmnopqrstuvwxyz{|}~ʃ

_____ cmtex9

·↓αβΛ¬∈πλγδ↑±⊕ω∂⊂⊃∩∪∀∃⊗π↤↦≠◇≤≥≡∨ !"#$%&'()*+,-./0123456789:;<=>?

@ABCDEFGHIJKLMNOPQRSTUVWXYZ[\]^_`abcefghijklmnopqrstuvwxyz{|}~ʃ

_____ cmtex10

C.5   Mathematik– und Symbolzeichensätze

Hierunter fallen die Zeichensätze, die zur Erzeugung mathematischer Formeln benötigt werden. Außerdem werden hier auch die speziellen LaTeX–Zeichensätze zur Erzeugung von Bildern mittels der picture Umgebung sowie einige Logo–Zeichensätze aufgeführt.

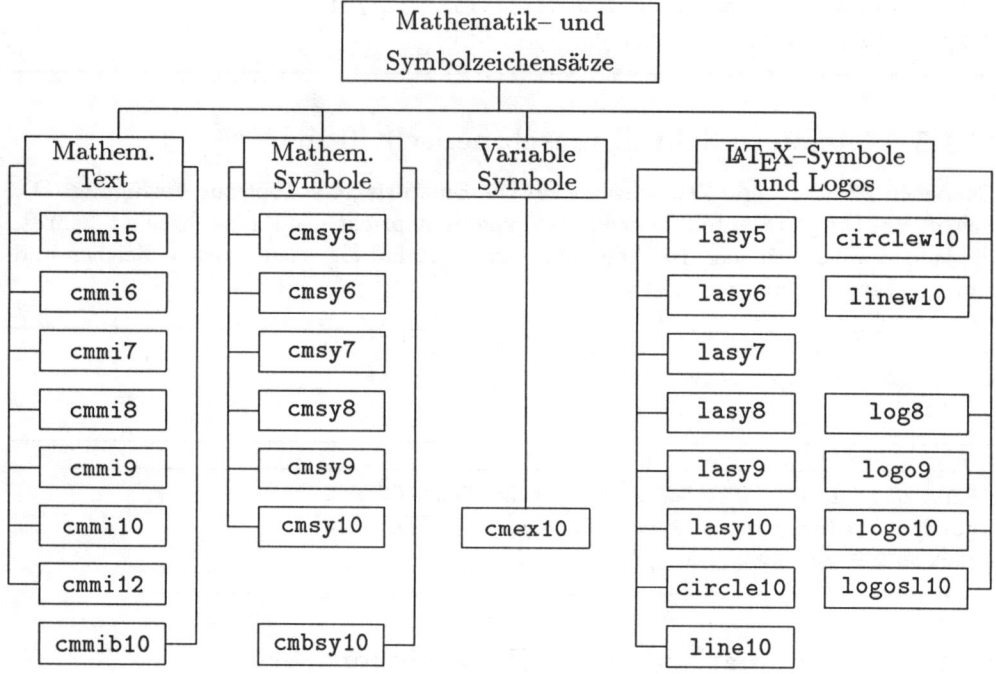

C.5.1   Mathematische Textzeichensätze

Diese Zeichensätze enthalten die lateinischen und griechischen Groß– und Kleinbuchstaben sowie einige zusätzliche Symbole. Da in mathematischen Formeln Variablennamen in *italic* gesetzt werden, handelt es sich hierbei um Italic Zeichensätze, deren Schriftstilkodierung im Gegensatz zu den Italic Textzeichensätzen als mi "Mathematic Italic" erfolgt. Die Zeichensätze stehen in 7 Entwurfsgrößen von 5pt bis 12pt zur Verfügung. Zusätzlich steht für die Entwurfsgröße 10pt der Zeichensatz auch für Fettdruck mit der Kodierung mib "Mathematic Italic Bold" bereit.

cmmi5

cmmi6

cmmi7

ΓΔΘΛΞΠΣΥΦΨΩαβγδεζηθικλμνξπρστυφχψωεϑϖϱϛφ←—→→·‹›◃◁0123456789.,</>⋆
∂ABCDEFGHIJKLMNOPQRSTUVWXYZ♭♮♯⌣⌢ℓabcdefghijklmnopqrstuvwxyzıȷ℘⃗⌢
—— cmmi8

ΓΔΘΛΞΠΣΥΦΨΩαβγδεζηθικλμνξπρστυφχψωεϑϖϱϛφ←—→→·‹›◃◁0123456789.,</>⋆
∂ABCDEFGHIJKLMNOPQRSTUVWXYZ♭♮♯⌣⌢ℓabcdefghijklmnopqrstuvwxyzıȷ℘⃗⌢
—— cmmi9

ΓΔΘΛΞΠΣΥΦΨΩαβγδεζηθικλμνξπρστυφχψωεϑϖϱϛφ←—→→·‹›◃◁
0123456789.,</>⋆∂ABCDEFGHIJKLMNOPQRSTUVWXYZ
♭♮♯⌣⌢ℓabcdefghijklmnopqrstuvwxyzıȷ℘⃗⌢
—— cmmi10

ΓΔΘΛΞΠΣΥΦΨΩαβγδεζηθικλμνξπρστυφχψωεϑϖϱϛφ←—→→·‹›◃◁
0123456789.,</>⋆∂ABCDEFGHIJKLMNOPQRSTUVWXYZ
♭♮♯⌣⌢ℓabcdefghijklmnopqrstuvwxyzıȷ℘⃗⌢
—— cmmi12

ΓΔΘΛΞΠΣΥΦΨΩαβγδεζηθικλμνξπρστυφχψωεϑϖϱϛφ←—→→·‹›◃◁
0123456789.,</>⋆∂ABCDEFGHIJKLMNOPQRSTUVWXYZ
♭♮♯⌣⌢ℓabcdefghijklmnopqrstuvwxyzıȷ℘⃗⌢
—— cmmib10

C.5.2 Mathematische Symbole

Diese Zeichensätze erzeugen die sonstigen mathematischen Symbole mit Ausnahme
derer, die in verschiedenen Größen innerhalb von Formeln auftreten können. Die
Schriftstilkodierung lautet sy für "Symbol". Die Zeichensätze stehen in 6 Entwurfsgrößen von 5pt bis 10pt bereit. Für die Entwurfsgröße 10pt existiert ein Zeichensatz
für die entsprechenden fetten Symbole unter dem Grundnamen cmbsy10 "Bold Symbol". Die Grundnamen dieser Symbolschriften lauten cmsy5 ... cmsy10

—— cmsy5

—— cmsy6

—— cmsy7

—— cmsy8

cmsy9

cmsy10

cmbsy10

C.5.3   Variable Symbole

Dieser Zeichensatz liefert die Symbole, die in Formeln in unterschiedlicher Größe auftreten können. Der Zeichensatz steht nur in der Entwurfsgröße 10pt zur Verfügung. Der Filegrundname lautet `cmex10` "Extension".

cmex10

C.5.4   Zusätzliche Zeichensätze

Die in den vorangegangenen Abschnitten und Unterabschnitten vorgestellten 75 Zeichensätze stellen die Standardzeichensätze einer jeden TEX–Implementation dar. Daneben können weitere Zeichensätze aus kommerziellen Quellen existieren. Diese sind beim jeweiligen Rechenzentrum zu erfragen.

   Neben den TEX–Zeichensätzen stellt LATEX einige weitere Zeichensätze bereit. Diese enthalten einerseits einige zusätzliche mathematische Symbole und andererseits die Konstruktionselemente zur Erzeugung von Bildern mittels der `picture` Umgebung.

Schließlich existieren bei den meisten TEX–Implementationen noch einige Logo–Zeichensätze, die Donald Knuth in den Manuskripten für "The TEXbook" [6a] und "The METAFONTbook" [6c] benötigte.

C.5.4.1 Die LATEX–lasy Zeichensätze

Als Ergänzung zu den `cmsy` Files für die mathematischen Symbole stellt LATEX einige Zusatzsymbole ebenfalls in den 6 Entwurfsgrößen von 5pt bis 10pt bereit. Diese Zusatzzeichenfiles haben die Grundnamen `lasy5` ... `lasy10`. Die Files enthalten jeweils die folgenden 11 Zeichen, die hier nur für die Entwurfsgröße 10pt abgebildet sind

⟨⟩ ⌄ ℧ ⋈ □ ◇ ↝ ⊏ ⊐

C.5.4.2 Zeichensätze zur Erzeugung von Bildern

Die Konstruktionselemente zur Erzeugung von Bildern mittels der `picture` Umgebung sind in zwei Filepaaren abgespeichert. Diese haben die Grundnamen `line10` und `lcircle10` bzw. `linew10` und `lcirclew10`. Das erste Paar enthält die Konstruktionselemente für die Strichstärke `\thinlines` (s. 6.5.1), und zwar `line10` die Grundelemente zur Erzeugung geneigter Linien und Pfeile (s. 6.4.3 und 6.4.4) und `lcircle10` die Grundelemente (Viertelkreise verschiedener Durchmesser) zur Erzeugung von Kreisen und Ovalen (s. 6.4.5 und 6.4.6). Das zweite Paar mit der Kennung `w` vor der Größenangabe 10 enthält die gleichen Grundelemente für die Strichstärke `\thicklines`.

C.5.4.3 Logo Zeichensätze

Die Schriftenfiles `logo8`, `logo9`, `logo10`, `logosl10` und `logobf10` enthalten jeweils nur die 7 Buchstaben A, E, F, M, N, O und T zur Erzeugung der Logos

METAFONT (`logo10`) *METAFONT* (`logosl10`)
METAFONT (`logobf10`).

Eventuell stehen weitere Logofiles zur Verfügung, z. B. ein `flogo` und ein `sklogo`, mit denen das Wort "METAFONT" in den eigenwilligen Schriften

METAFONT (`flogo`) bzw. METAFONT (`sklogo`)

erzeugt wird. Ebenso würden hier firmenspezifische Logos anzuordnen sein, falls solche existieren.

C.6   Die Anordnung innerhalb der Zeichensätze

Mit Ausnahme von cminch bestehen alle Standardzeichensätze aus 128 Zeichen. Jedes einzelne Zeichen wird intern durch eine Zahl zwischen 0 und 127 repräsentiert. Die Zuordnung wird durch die nachfolgenden Tabellen beschrieben. Diese sind oktal aufgebaut, mit dem zugeordneten Dezimalwert neben dem Zeichen.

Nach der untenstehenden Tabelle hat z. B. das Zeichen "K" den oktalen Zahlenwert '113 bzw. den Dezimalwert 75. Oktalzahlen sind in LaTeX durch das Voranstellen eines ' gekennzeichnet. Der Wert folgt unmittelbar aus der Struktur der Tabelle: Das Zeichen K steht in Zeile '11 der Tabelle und innerhalb dieser Zeile in Spalte 3, woraus sich die Oktalzahl als '113 zusammensetzt.

Die folgende Tabelle 1 beschreibt den Roman cmr10 Zeichensatz. Die Mehrzahl der anderen Zeichensätze sind genauso aufgebaut, d. h. sie enthalten die entsprechenden Zeichen an derselben Stelle innerhalb der Tabelle. Die "Text Italic" Schriften weichen hiervon geringfügig ab. Etwas mehr Abweichungen hat der Zeichensatz cmcsc10, der keine Ligaturen kennt. Ebenso treten bei den Schreibmaschinenschriften Unterschiede bei den Zeichen und ihrer Anordnung gegenüber Tabelle 1 auf. Schließlich haben die mathematischen Zeichensätze ihre eigene Ordnung. Für alle abweichenden Zeichensätze ist die Zuordnung zwischen Zeichen und Zahlenwert in den Tabellen 2 bis 8 aufgeführt.

Die bekannte ASCII Kodierung von Zeichen in Zahlen tritt in den folgenden Tabellen nur partiell auf. Die druckbaren ASCII Zeichen stimmen weitgehend mit den TeX–Zeichen überein, doch sind die ASCII Zeichen " < > \ _ { | } häufig gegen andere Zeichen ausgetauscht. Die ASCII Werte 0 bis 31 und 127 stellen Steuerbefehle dar, während die TeX–Zeichensätze hier weitere druckbare Zeichen enthalten.

	0		1		2		3		4		5		6		7	
'00x	Γ	0	Δ	1	Θ	2	Λ	3	Ξ	4	Π	5	Σ	6	Υ	7
'01x	Φ	8	Ψ	9	Ω	10	ff	11	fi	12	fl	13	ffi	14	ffl	15
'02x	ı	16	ȷ	17	`	18	´	19	ˇ	20	˘	21	¯	22	°	23
'03x	¸	24	ß	25	æ	26	œ	27	ø	28	Æ	29	Œ	30	Ø	31
'04x	´	32	!	33	"	34	#	35	$	36	%	37	&	38	'	39
'05x	(	40	)	41	*	42	+	43	,	44	-	45	.	46	/	47
'06x	0	48	1	49	2	50	3	51	4	52	5	53	6	54	7	55
'07x	8	56	9	57	:	58	;	59	¡	60	=	61	¿	62	?	63
'10x	@	64	A	65	B	66	C	67	D	68	E	69	F	70	G	71
'11x	H	72	I	73	J	74	K	75	L	76	M	77	N	78	O	79
'12x	P	80	Q	81	R	82	S	83	T	84	U	85	V	86	W	87
'13x	X	88	Y	89	Z	90	[	91	"	92	]	93	^	94	˙	95
'14x	`	96	a	97	b	98	c	99	d	100	e	101	f	102	g	103
'15x	h	104	i	105	j	106	k	107	l	108	m	109	n	110	o	111
'16x	p	112	q	113	r	114	s	115	t	116	u	117	v	118	w	119
'17x	x	120	y	121	z	122	–	123	—	124	"	125	~	126	¨	127

Tabelle 1: Der Zeichensatz cmr10. Bis auf die Ausnahme der nachfolgenden Tabellen tritt dieselbe Zuordnung auch in allen anderen Zeichensätzen auf.

	0	1	2	3	4	5	6	7
'00x	Γ 0	Δ 1	Θ 2	Λ 3	Ξ 4	Π 5	Σ 6	Υ 7
'01x	Φ 8	Ψ 9	Ω 10	↑ 11	↓ 12	' 13	¡ 14	¿ 15
'02x	I 16	J 17	` 18	´ 19	ˇ 20	˘ 21	¯ 22	˚ 23
'03x	¸ 24	SS 25	Æ 26	Œ 27	Ø 28	Æ 29	Œ 30	Ø 31
'04x	- 32	! 33	" 34	# 35	$ 36	% 37	& 38	' 39
'05x	(40	) 41	* 42	+ 43	, 44	- 45	. 46	/ 47
'06x	0 48	1 49	2 50	3 51	4 52	5 53	6 54	7 55
'07x	8 56	9 57	: 58	; 59	< 60	= 61	> 62	? 63
'10x	@ 64	A 65	B 66	C 67	D 68	E 69	F 70	G 71
'11x	H 72	I 73	J 74	K 75	L 76	M 77	N 78	O 79
'12x	P 80	Q 81	R 82	S 83	T 84	U 85	V 86	W 87
'13x	X 88	Y 89	Z 90	[91	" 92	] 93	^ 94	˙ 95
'14x	' 96	A 97	B 98	C 99	D 100	E 101	F 102	G 103
'15x	H 104	I 105	J 106	K 107	L 108	M 109	N 110	O 111
'16x	P 112	Q 113	R 114	S 115	T 116	U 117	V 118	W 119
'17x	X 120	Y 121	Z 122	– 123	— 124	" 125	~ 126	¨ 127

Tabelle 2: Der Zeichensatz `cmcsc10`. Die Unterschiede gegenüber der Tabelle 1 liegen in den Zeichen 11 bis 15, 25, 60 und 62. Statt der üblichen Ligaturen an den Stellen 11 bis 15 sind hier einige zusätzliche Symbole angebracht.

	0	1	2	3	4	5	6	7
'00x	Γ 0	Δ 1	Θ 2	Λ 3	Ξ 4	Π 5	Σ 6	Υ 7
'01x	Φ 8	Ψ 9	Ω 10	ff 11	fi 12	fl 13	ffi 14	ffl 15
'02x	ı 16	ȷ 17	` 18	´ 19	ˇ 20	˘ 21	¯ 22	˚ 23
'03x	¸ 24	ß 25	æ 26	œ 27	ø 28	Æ 29	Œ 30	Ø 31
'04x	- 32	! 33	" 34	# 35	£ 36	% 37	& 38	' 39
'05x	(40	) 41	* 42	+ 43	, 44	- 45	. 46	/ 47
'06x	0 48	1 49	2 50	3 51	4 52	5 53	6 54	7 55
'07x	8 56	9 57	: 58	; 59	i 60	= 61	¿ 62	? 63
'10x	@ 64	A 65	B 66	C 67	D 68	E 69	F 70	G 71
'11x	H 72	I 73	J 74	K 75	L 76	M 77	N 78	O 79
'12x	P 80	Q 81	R 82	S 83	T 84	U 85	V 86	W 87
'13x	X 88	Y 89	Z 90	[91	" 92	] 93	^ 94	˙ 95
'14x	' 96	a 97	b 98	c 99	d 100	e 101	f 102	g 103
'15x	h 104	i 105	j 106	k 107	l 108	m 109	n 110	o 111
'16x	p 112	q 113	r 114	s 115	t 116	u 117	v 118	w 119
'17x	x 120	y 121	z 122	– 123	— 124	" 125	~ 126	¨ 127

Tabelle 3: Der Zeichensatz `cmti10`. Die Unterschiede gegenüber Tabelle 1 liegen nur in den Zeichen 36 (£ statt $) und 38 (& statt &). In gleicher Weise sind alle anderen "Text Italic" Zeichensätze aufgebaut.

	0	1	2	3	4	5	6	7
'00x	Γ 0	Δ 1	Θ 2	Λ 3	Ξ 4	Π 5	Σ 6	Υ 7
'01x	Φ 8	Ψ 9	Ω 10	↑ 11	↓ 12	' 13	ı̨ 14	¿ 15
'02x	ı 16	ȷ 17	` 18	´ 19	ˇ 20	˘ 21	¯ 22	˙ 23
'03x	¸ 24	ß 25	æ 26	œ 27	ø 28	Æ 29	Œ 30	Ø 31
'04x	␣ 32	! 33	" 34	# 35	$ 36	% 37	& 38	' 39
'05x	(40	) 41	* 42	+ 43	, 44	- 45	. 46	/ 47
'06x	0 48	1 49	2 50	3 51	4 52	5 53	6 54	7 55
'07x	8 56	9 57	: 58	; 59	< 60	= 61	> 62	? 63
'10x	@ 64	A 65	B 66	C 67	D 68	E 69	F 70	G 71
'11x	H 72	I 73	J 74	K 75	L 76	M 77	N 78	O 79
'12x	P 80	Q 81	R 82	S 83	T 84	U 85	V 86	W 87
'13x	X 88	Y 89	Z 90	[91	\ 92	] 93	^ 94	_ 95
'14x	` 96	a 97	b 98	c 99	d 100	e 101	f 102	g 103
'15x	h 104	i 105	j 106	k 107	l 108	m 109	n 110	o 111
'16x	p 112	q 113	r 114	s 115	t 116	u 117	v 118	w 119
'17x	x 120	y 121	z 122	{ 123		124	} 125	~ 126	¨ 127

Tabelle 4: Der Zeichensatz `cmtt10`. In gleicher Weise sind alle `tt` Zeichensätze mit Ausnahme von `cmvtt10` aufgebaut. Der letztere entspricht der Tabelle 1. Die Abweichungen berühren die Symbole 11 ... 15, 60, 62, 92, 123, 124 und 125. Zusätzlich sind bei den `cmit` Zeichensätzen die Symbole 36 und 38 wie allgemein bei den "Italic" Schriften durch £ und & ersetzt. Der Zeichensatz `cmtcsc10` enthält an den Stellen 97 bis 122 verkleinerte Großbuchstaben.

	0	1	2	3	4	5	6	7
'00x	· 0	↓ 1	α 2	β 3	∧ 4	¬ 5	∈ 6	π 7
'01x	λ 8	γ 9	δ 10	↑ 11	± 12	⊕ 13	∞ 14	∂ 15
'02x	⊂ 16	⊃ 17	∩ 18	∪ 19	∀ 20	∃ 21	⊗ 22	↔ 23
'03x	← 24	→ 25	≠ 26	◇ 27	≤ 28	≥ 29	≡ 30	∨ 31
'04x	␣ 32	! 33	" 34	# 35	$ 36	% 37	& 38	' 39
'05x	(40	) 41	* 42	+ 43	, 44	- 45	. 46	/ 47
'06x	0 48	1 49	2 50	3 51	4 52	5 53	6 54	7 55
'07x	8 56	9 57	: 58	; 59	< 60	= 61	> 62	? 63
'10x	@ 64	A 65	B 66	C 67	D 68	E 69	F 70	G 71
'11x	H 72	I 73	J 74	K 75	L 76	M 77	N 78	O 79
'12x	P 80	Q 81	R 82	S 83	T 84	U 85	V 86	W 87
'13x	X 88	Y 89	Z 90	[91	\ 92	] 93	^ 94	_ 95
'14x	` 96	a 97	b 98	c 99	d 100	e 101	f 102	g 103
'15x	h 104	i 105	j 106	k 107	l 108	m 109	n 110	o 111
'16x	p 112	q 113	r 114	s 115	t 116	u 117	v 118	w 119
'17x	x 120	y 121	z 122	{ 123		124	} 125	~ 126	∫ 127

Tabelle 5: Der Zeichensatz `cmtex10`. Gegenüber Tabelle 4 enthalten hier die Stellen 0 bis 31 und 127 eine Reihe mathematischer Symbole.

	0		1		2		3		4		5		6		7	
'00x	Γ	0	Δ	1	Θ	2	Λ	3	Ξ	4	Π	5	Σ	6	Υ	7
'01x	Φ	8	Ψ	9	Ω	10	α	11	β	12	γ	13	δ	14	ϵ	15
'02x	ζ	16	η	17	θ	18	ι	19	κ	20	λ	21	μ	22	ν	23
'03x	ξ	24	π	25	ρ	26	σ	27	τ	28	υ	29	ϕ	30	χ	31
'04x	ψ	32	ω	33	ε	34	ϑ	35	ϖ	36	ϱ	37	ς	38	φ	39
'05x	$\leftharpoonup$	40	$\leftharpoondown$	41	$\rightharpoonup$	42	$\rightharpoondown$	43	$\lq$	44	$\rq$	45	$\triangleright$	46	$\triangleleft$	47
'06x	0	48	1	49	2	50	3	51	4	52	5	53	6	54	7	55
'07x	8	56	9	57	.	58	,	59	<	60	/	61	>	62	$\star$	63
'10x	∂	64	A	65	B	66	C	67	D	68	E	69	F	70	G	71
'11x	H	72	I	73	J	74	K	75	L	76	M	77	N	78	O	79
'12x	P	80	Q	81	R	82	S	83	T	84	U	85	V	86	W	87
'13x	X	88	Y	89	Z	90	$\flat$	91	$\natural$	92	$\sharp$	93	$\smile$	94	$\frown$	95
'14x	ℓ	96	a	97	b	98	c	99	d	100	e	101	f	102	g	103
'15x	h	104	i	105	j	106	k	107	l	108	m	109	n	110	o	111
'16x	p	112	q	113	r	114	s	115	t	116	u	117	v	118	w	119
'17x	x	120	y	121	z	122	$\imath$	123	$\jmath$	124	$\wp$	125	$\vec{\ }$	126	$\frown$	127

Tabelle 6: Der Zeichensatz `cmmi10`. Die `cmmi`–Zeichensätze, einschl. `cmmib10`, enthalten an den Stellen 11 bis 39 die griechischen Kleinbuchstaben und von 40 bis 47, 60 bis 64 und 123 bis 127 eine Reihe weiterer mathematischer Symbole.

	0		1		2		3		4		5		6		7	
'00x	$-$	0	$\cdot$	1	$\times$	2	$*$	3	$\div$	4	$\diamond$	5	$\pm$	6	$\mp$	7
'01x	$\oplus$	8	$\ominus$	9	$\otimes$	10	$\oslash$	11	$\odot$	12	$\bigcirc$	13	$\circ$	14	$\bullet$	15
'02x	$\asymp$	16	$\equiv$	17	$\subseteq$	18	$\supseteq$	19	$\leq$	20	$\geq$	21	$\preceq$	22	$\succeq$	23
'03x	$\sim$	24	$\approx$	25	$\subset$	26	$\supset$	27	$\ll$	28	$\gg$	29	$\prec$	30	$\succ$	31
'04x	$\leftarrow$	32	$\rightarrow$	33	$\uparrow$	34	$\downarrow$	35	$\leftrightarrow$	36	$\nearrow$	37	$\searrow$	38	$\simeq$	39
'05x	$\Leftarrow$	40	$\Rightarrow$	41	$\Uparrow$	42	$\Downarrow$	43	$\Leftrightarrow$	44	$\nwarrow$	45	$\swarrow$	46	$\propto$	47
'06x	$\prime$	48	∞	49	$\in$	50	$\ni$	51	$\triangle$	52	$\bigtriangledown$	53	$/$	54	$\mid$	55
'07x	$\forall$	56	$\exists$	57	$\neg$	58	$\emptyset$	59	$\Re$	60	$\Im$	61	$\top$	62	$\bot$	63
'10x	$\aleph$	64	$\mathcal{A}$	65	$\mathcal{B}$	66	$\mathcal{C}$	67	$\mathcal{D}$	68	$\mathcal{E}$	69	$\mathcal{F}$	70	$\mathcal{G}$	71
'11x	$\mathcal{H}$	72	$\mathcal{I}$	73	$\mathcal{J}$	74	$\mathcal{K}$	75	$\mathcal{L}$	76	$\mathcal{M}$	77	$\mathcal{N}$	78	$\mathcal{O}$	79
'12x	$\mathcal{P}$	80	$\mathcal{Q}$	81	$\mathcal{R}$	82	$\mathcal{S}$	83	$\mathcal{T}$	84	$\mathcal{U}$	85	$\mathcal{V}$	86	$\mathcal{W}$	87
'13x	$\mathcal{X}$	88	$\mathcal{Y}$	89	$\mathcal{Z}$	90	$\cup$	91	$\cap$	92	$\uplus$	93	$\wedge$	94	$\vee$	95
'14x	$\vdash$	96	$\dashv$	97	$\lfloor$	98	$\rfloor$	99	$\lceil$	100	$\rceil$	101	$\{$	102	$\}$	103
'15x	$\langle$	104	$\rangle$	105	$\mid$	106	$\parallel$	107	$\updownarrow$	108	$\Updownarrow$	109	$\backslash$	110	$\wr$	111
'16x	$\surd$	112	$\amalg$	113	∇	114	$\int$	115	$\sqcup$	116	$\sqcap$	117	$\sqsubseteq$	118	$\sqsupseteq$	119
'17x	$\S$	120	$\dagger$	121	$\ddagger$	122	$\P$	123	$\clubsuit$	124	$\Diamond$	125	$\heartsuit$	126	$\spadesuit$	127

Tabelle 7: Der Zeichensatz `cmsy10`. Die `cmsy`–Zeichensätze enthalten die Mehrzahl der mathematischen Symbole und an den Stellen 65 bis 90 die kalligraphischen Buchstaben $\mathcal{A}\ldots\mathcal{Z}$. In gleicher Weise ist auch der Zeichensatz `cmbsy10` kodiert.

	0	1	2	3	4	5	6	7
'00x	0	1	2	3	4	5	6	7
'01x	8	9	10	11	12	13	14	15
'02x	16	17	18	19	20	21	22	23
'03x	24	25	26	27	28	29	30	31
'04x	32	33	34	35	36	37	38	39
'05x	40	41	42	43	44	45	46	47
'06x	48	49	50	51	52	53	54	55
'07x	56	57	58	59	60	61	62	63
'10x	64	65	66	67	68	69	70	71
'11x	72	73	74	75	76	77	78	79
'12x	80	81	82	83	84	85	86	87
'13x	88	89	90	91	92	93	94	95
'14x	96	97	98	99	100	101	102	103
'15x	104	105	106	107	108	109	110	111
'16x	112	113	114	115	116	117	118	119
'17x	120	121	122	123	124	125	126	127

Tabelle 8: Der Zeichensatz `cmex10`. Dieser enthält die mathematischen Symbole, die in verschiedenen Größen auftreten können.

Anmerkung: Die zukünftigen Zeichensätze für TₑX 3.0 werden aus 256 Zeichen bestehen. Ein Realisierungsvorschlag von Norbert Schwarz wird in C.9 vorgestellt.

C.7 Die Zeichensatzfiles

C.7.1 Die Grundnamen

Zu jeder TEX–Implementierung gehören standardmäßig die in C.3 bis C.5 vorgestellten 75 Zeichensätze in den verschiedenen Entwurfsgrößen. Diese bestimmen die Grundnamen der Files, die hier nochmals zusammengefaßt sind.

cmr5	cmti9	cmssq8	cmu10	cmmi5
cmr6	cmti10	cmss8	cmff10	cmmi6
cmr7	cmti12	cmss9	cmfi10	cmmi7
cmr8	cmbx5	cmss10	cmdunh10	cmmi8
cmr9	cmbx6	cmss12	cmtt8	cmmi9
cmr10	cmbx7	cmss17	cmtt9	cmmi10
cmr12	cmbx8	cmssqi8	cmtt10	cmmi12
cmr17	cmbx9	cmssi8	cmtt12	cmmib10
cmcsc10	cmbx10	cmssi9	cmtcsc10	cmsy5
cmsl8	cmbx12	cmssi10	cmsltt10	cmsy6
cmsl9	cmb10	cmssi12	cmitt10	cmsy7
cmsl10	cmfib	cmssi17	cmtex8	cmsy8
cmsl12	cmbxsl10	cmssdc10	cmtex9	cmsy9
cmti7	cmbxti10	cmssbx10	cmtex10	cmsy10
cmti8	cminch	cmvtt10	cmex10	cmbsy10

Neben diesen TEX–Standardzeichensätzen gibt es meistens noch einige spezielle Logo–Files, und LATEX stellt zusätzlich einige Ergänzungen bereit:

lasy5	lasy8	line10	linew10	logo8
lasy6	lasy9	lcircle10	lcirclew10	logo9
lasy7	lasy10		logosl10	logo10

Die Zahl am Ende der Grundnamen gibt die Entwurfsgröße des zugehörigen Zeichensatzes an. Zu jedem der vorstehenden Grundnamen existiert ein File mit diesem Grundnamen und der Endung .tfm, also z. B. cmr10.tfm. TEX und LATEX benötigen für die Bearbeitung eines Textes nur die .tfm Files. Die .tfm Files enthalten nicht die Zeichensätze selbst, sondern nur Information über die einzelnen Zeichen der entsprechenden Zeichensätze, wie deren Abmessungen, Neigungen, vorhandene Ligaturen und einiges mehr (s. Seite 269).

Die Zeichensätze selbst werden erst für die Druckausgabe benötigt. Hierfür stehen die Zeichensätze einmal in der Entwurfsgröße und zusätzlich in verschiedenen Vergrößerungsstufen zur Verfügung.

C.7.2 Vergrößerte Zeichensätze

Die üblichen Vergrößerungsstufen für TEX–Zeichensätze sind Potenzen von 1.2 sowie $\sqrt{1.2}$. Bei der LATEX–Bearbeitung wird entsprechend den Anforderungen durch die Größenbefehle nach 4.1.3 zunächst ermittelt, ob der geforderte Zeichensatz für diese

Größen in der Entwurfsgröße existiert. Ist dies nicht der Fall, so wird ein passender existierender Zeichensatz mit einer entsprechenden Vergrößerungsstufe angefordert. Diese Information entnimmt LaTeX dem `lfonts.tex` File (s. 7.6.1 auf Seite 170). Vergrößerte Zeichensätze können auch mit dem Befehl

`\newfont{\`*Interner_Name*`}{`*Grundname* `scaled` *Skalierungsfaktor*`}`

aktiviert werden. Der *Skalierungsfaktor* ist das 1000–fache der Vergrößerungsstufe, also z. B. 1000 für die Entwurfsgröße selbst, 1095 für die Vergrößerungsstufe $\sqrt{1.2}$, 1200 für 1.2, 1440 für 1.2^2 usw., jeweils auf ganzzahlige Werte gerundet.

Ein mit 1.2 vergrößerter 10pt Zeichensatz ist nicht identisch mit dem 12pt Zeichensatz in der Grundstufe, also in der Entwurfsgröße selbst, auch wenn die Unterschiede bei kleinen Vergrößerungsstufen gering sind

12pt unskaliert   10pt skaliert mit 1200

Bei der Vergrößerungsstufe 1.2^3, d. h. einem Skalierungsfaktor von 1728, sind die Unterschiede schon deutlicher:

17pt unskaliert   10pt skaliert mit 1728

Man erkennt hieran, daß die vergrößerten Zeichen zwar die gleiche Höhe haben, jedoch dicker ausfallen und gleichzeitig etwas breiter sind. Dies liegt daran, daß bei vergrößerten Zeichensätzen alle Abmessungen, einschließlich der Strichstärken, im gleichen Verhältnis vergrößert werden. Die Zeichensätze haben ihr bestes Aussehen, wenn sie in der Entwurfsgröße verwendet werden, es sei denn, das ausgedruckte Erzeugnis soll photographisch verkleinert werden. In diesem Fall sollten alle benutzten Zeichensätze möglichst mit der gleichen Vergrößerungsstufe verwendet werden. Für solche hochqualitativen Druckerzeugnisse muß ggf. der `lfonts.tex` File verändert werden.

Die Filenamen für die Zeichensätze hängen von der Druckerauflösung, dem Kodierungsschema der Zeichen und dem Ursprung der Zeichensätze ab. Sie beginnen zwar alle mit den Filegrundnamen, aber mit einem Anhang, der die Vergrößerungsstufe widerspiegelt. Für die am häufigsten benutzten, preiswerten DIN A4 Laserdrucker mit einer Auflösung von 300 Pixel/Zoll lauten sie:

Vergr. Faktor	Skal. Faktor	Pixel–Kodierung Quelle 300pxl	Quelle 200pxl	gepackte Kodierung
1.0	1000	1000pxl	1500pxl	300pk
$\sqrt{1.2}$	1095	1095pxl	1643pxl	329pk
1.2	1200	1200pxl	1800pxl	360pk
1.2^2	1440	1440pxl	2160pxl	432pk
1.2^3	1728	1728pxl	2592pxl	518pk
1.2^4	2074	2074pxl	3110pxl	622pk
1.2^5	2488	2488pxl	3732pxl	746pk
1.2^6	2986	2986pxl	4479pxl	896pk
1.2^7	3583	3583pxl	5375pxl	1075pk

Der File für den 10pt Roman Zeichensatz mit dem Vergrößerungsfaktor 1.2^2 hat also einen der Namen `cmr10.1440pxl`, `cmr10.2160pxl` oder `cmr10.432pk`. Der Unterschied zwischen den ersten beiden Formen liegt darin begründet: Alle Zeichensätze sind für eine bestimmte Druckerauflösung berechnet worden. War diese 300 Pixel/Zoll, so erfolgt die Ausgabe auf dem Drucker korrekt. Die Zahl vor dem Code–Wort `pxl` entspricht dann dem Skalierungsfaktor. Häufig werden jedoch auch Zeichensätze benutzt, die ursprünglich für eine Druckerauflösung von 200 Pixel/Zoll bestimmt waren. Würden diese Zeichen auf einem Drucker der Auflösung 300 Pixel/Zoll ausgegeben, so erschienen sie um den Faktor 2/3 zu klein. Aus diesem Grund wurden diese Zeichensätze in allen Vergrößerungsstufen zusätzlich um den Faktor 1.5 vergrößert.

Bei den gepackten Zeichensätzen, erkennbar durch das Code–Wort `pk`, bedeutet die davorstehende Zahl die Auflösung in Pixel/Zoll. Ist diese 300 und wird der Zeichensatz auf einem Drucker gleicher Auflösung ausgegeben, so erscheinen die Zeichen in ihrer Sollgröße. Ist der Zeichensatz dagegen für eine Auflösung von 360 Pixel/Zoll konstruiert, aber auf einem Drucker mit 300 Pixel/Zoll Auflösung ausgegeben, so erscheinen die Zeichen auf diesem Drucker um den Faktor 1.2 vergrößert.

C.7.3 Pixel–Kodierung

Jedes Zeichen, das auf einem Laserdrucker erscheint, setzt sich aus einer Folge von winzigen Punkten oder Quadraten, sog. Pixeln, zusammen. Die Größe eines solchen Pixels hängt von der Auflösung des Druckers ab. Ist diese 300 Pixel/Zoll, so hat ein Pixel einen Durchmesser oder eine Seitenlänge von ca. 0.08mm. In stark vergrößerter Darstellung setzt sich z. B. der Buchstabe "A" des 10pt Roman Zeichensatzes so zusammen:

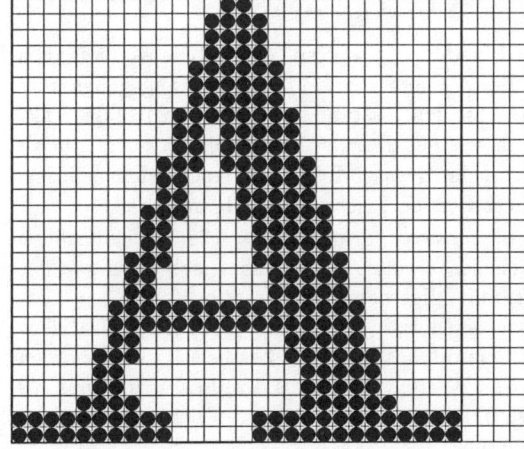

Im Rechner wird jedes Teilquadrat des nebenstehenden Bildes durch eine "0" oder "1" repräsentiert, und zwar steht die Null für ein leeres, also weißes, und die Eins für ein gefülltes Feld. Das "A" ist hierbei 28 Felder breit und ebenfalls 28 Feldzeilen hoch. Die oberste Zeile entspricht damit der Zahlenfolge

0000000000000110000000000000

gefolgt von

0000000000001111000000000000

als zweiter Zeile usw. Die letzte (unterste) Zeile schließlich wird durch

1111111111100000111111111111

repräsentiert.

Da solche Binärzahlen oder "bit" (das sind Zahlen, die nur die Werte "Null" oder "Eins" annehmen können) in einem Rechner nicht in beliebiger Länge, sondern im allgemeinen in festen Blöcken von jeweils 32 bit als sog. Rechnerwort zusammengefaßt werden, wird jede Zeile des obigen Pixelmusters mit weiteren Nullen aufgefüllt, bis jeweils 32 bit erreicht sind. Jede Zeile im vorstehenden Beispiel besteht damit aus 32 bit, wobei die letzten vier Stellen mit Nullen aufgefüllt sind und nur die ersten 28 zur Erzeugung des Pixelmusters dienen.

Ist ein Zeichen breiter als 32 bit, so bestehen die Zeilen aus jeweils zwei oder mehr 32–bit–Worten, wobei im jeweils letzten Zeilenwort wiederum die über die Zeichenbreite hinausgehenden Stellen ggf. mit Nullen aufgefüllt werden.

Übrigens nennt man eine Gruppe von 8 bit ein Byte, ein Rechnerwort von 32 bit besteht damit aus 4 Byte. Der obige Buchstabe "A" wird damit durch 28 Worte oder 112 Byte im Speicher repräsentiert. Da jeder Zeichensatz aus 128 Zeichen besteht, benötigen die Zeichensätze erhebliche Speicherkapazität. Hinzu kommt, daß sie neben den Pixelmustern noch weitere Information für jedes Zeichen enthalten. Dieses wird am Beispiel des "g" deutlich:

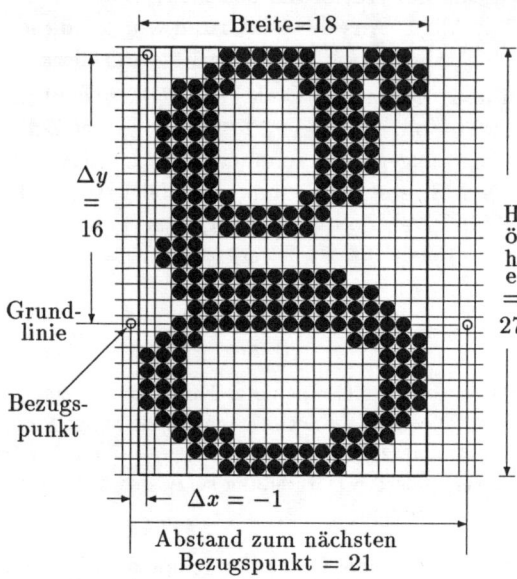

Das Pixelmuster eines jeden Zeichens kann in eine Minimalbox eingeschachtelt werden, die die schwarzen Pixel gerade einschließt. Diese Minimalbox hat in Pixel ausgedrückt eine bestimmte Breite und Höhe, im nebenstehenden Beispiel 18 und 27. Jedes Zeichen hat eine Grundlinie, auf die es ausgerichtet ist. Der Abstand der Grundlinie von der obersten Pixelzeile Δy beträgt beim "g" 16 Pixel. Auf der Grundlinie liegt der Bezugspunkt, auf den das Zeichen horizontal ausgerichtet ist. Liegt der Bezugspunkt vor der Minimalbox des Pixelmusters, so gilt er als negativ wie im Beispiel $\Delta x = -1$. Schließlich gehört zu jedem Zeichen noch die Angabe, wo der Bezugspunkt für das nächste Zeichen liegt, im Beispiel liegt dieser um 21 Pixel weiter rechts.

Diese Angaben sind für jedes Zeichen im Pixelfile mit abgespeichert. Die Maßangaben für Breite und Höhe der Minimalbox sowie für Δx und Δy sind in Pixel angegeben und belegen je ein 16–bit–Halbwort. Die Maßangabe für den Abstand zum nächsten Bezugspunkt ist dagegen in `tfm` Einheiten angegeben, d. h. hier steht dieselbe Breite, die im `.tfm` File als Zeichenbreite angegeben ist. Das vierte Wort für die Zusatzinformation eines jeden Zeichens enthält die Angabe, wo das Pixelmuster des betreffenden Zeichens im File beginnt.

Die insgesamt $128 \times 4 = 512$ Worte für die Zusatzinformation der 128 Zeichen stellen gewissermaßen das Inhaltsverzeichnis des Zeichensatzes dar. Es befindet sich am Ende des Zeichensatzfiles, auf das noch 4 weitere Worte mit allgemeiner Information folgen wie Entwurfsgröße und Vergrößerungsfaktor. Das erste und letzte Wort eines jeden Zeichensatzfiles hat zur Kennung stets den Zahlenwert 1001. Damit bestehen die Zeichensatzfiles aus den Worten für die Pixelmuster und zusätzlichen 518 Worten. Weitere Einzelheiten sind nur für solche Anwender von Interesse, die selbst `.dvi` Treiber schreiben wollen. Diese seien auf die Originalliteratur für die TₑX–Werkzeuge verwiesen.

Der Druckvorgang würde allerdings unvertretbar lange dauern, wenn für jedes Zeichen jedesmal das zugehörige Pixelmuster an den Drucker gesendet werden müßte. Tatsächlich verfügen die Laserdrucker über eine Speichereigenschaft, die es gestattet, das Pixelmuster eines Zeichens einmal an den Drucker zu senden und jedes weitere Auftreten lediglich durch die Zeichenkennnummer, die nur ein Byte benötigt, zu veranlassen. Dies ist u. a. eine der Aufgaben des sog. Druckertreibers. Die jeweilige *Zeichenkennummern* sind in den Tabellen aus C.6 enthalten.

C.7.4   Gepackte Kodierung

Wie schon erwähnt und aus der vorangegangenen Beschreibung erkennbar, benötigen die Pixelfiles erheblichen Speicherplatz, insbesondere für die höheren Vergrößerungsstufen. So belegt der Zeichensatz cminch in der Vergrößerung 1440 insgesamt 705376 Bytes.

Tomas Rokicki von der Stanford University hat deshalb ein Packungsverfahren entwickelt, das die Pixelinformation für die einzelnen Zeichen in sehr verdichteter Form enthält. Die Idee beruht darauf, daß in den Pixelmustern weiße und schwarze Pixel in den allermeisten Fällen nicht abwechselnd aufeinanderfolgen, sondern wenn auf ein schwarzes Pixel ein weißes folgt, dann sind im allgemeinen auch die nächsten Pixel weiß und umgekehrt.

Die Kodierung erfolgt bei diesem Verfahren durch eine Folge von Zahlen, die jeweils angeben, wieviele Pixel der einen Sorte aufeinanderfolgen, gefolgt von der Zahl der anderen Sorte, usw. Dabei muß für jedes Zeichen zunächst angegeben sein, ob das Pixelmuster mit einem weißen oder einem schwarzen Pixel beginnt. Beim obigen "g", das mit einem weißen Pixel beginnt, würden diese Zahlen also lauten:

$$5/6/3/3/\underline{5}/14/2/4/4/1/3 \ldots$$

Das Zeichen beginnt also mit 5 weißen Pixeln, gefolgt von 6 schwarzen, danach wieder drei weiße und dann drei schwarze. Das letzte Pixel in der ersten Pixelzeile ist weiß, und die zweite Zeile beginnt mit vier weißen Pixeln, so daß insgesamt hierauf 5 weiße Pixel folgen. Da die Breite der Minimalbox bekannt ist, kann diese $\underline{5}$ beim Entpacken entsprechend auf die erste und zweite Zeile richtig aufgeteilt werden.

In diesen Zahlenfolgen kann nie die Zahl 0 auftreten. Eine Analyse der Pixelmuster zeigt überdies, daß in mehr als 90 % aller Fälle diese Zahlen kleiner als 14 sind. Die obige Zahlenfolge wird damit aus 4–bit–Zahlen (sog. Nibbles) zusammengesetzt, mit denen die Zahlenwerte 0 ...15 repräsentiert werden können. Den Zahlenwerten 0, 14 und 15 wird hierbei eine andere Bedeutung zugeordnet. Mit der Null wird z. B. bekanntgegeben, daß die mit dem letzten Nibble begonnene Zahl größer als 13 ist und damit das nächste Nibble mit zur laufenden Zahl gehört. Die Analyse der Pixelmuster zeigt überdies, daß in 37 % der Fälle für die Pixelzeilen zwei oder mehrere gleiche Zeilen aufeinanderfolgen. Die Zahl 15 wird als Kennung dafür benutzt, daß die nächste Pixelzeile mit der vorangegangenen identisch ist und darum nicht nochmals angegeben werden muß. Die Zahl 14 schließlich kennzeichnet den Fall, daß mehr als zwei gleiche Zeilen aufeinanderfolgen und das nächste Nibble angibt, wieviel gleiche Zeilen hiernach folgen.

Auch die bei den Pixelfiles beschriebene Zusatzinformation, wie Breite und Höhe der Minimalbox sowie die Lage des Bezugspunktes und der Abstand zum nächsten Zeichen, erfolgt in komprimierterer Form als bei den Pixelfiles. Die Detailinformation ist nur für den Entpackungsvorgang bei den .dvi Treibern von Bedeutung. Hierfür sei auf die Spezialliteratur verwiesen: "Tomas Rokicki: *Packed (PK) Font File Format*; TUGboat, Vol. 6, No. 3, pp 115–120, 1985".

Die Effizienz des Verfahrens ist gewaltig. Der File cminch.432pk, der den cminch– Zeichensatz in der Vergrößerungsstufe 1440 enthält, belegt nur noch 32644 Byte. Dies ist weniger als 5% des Platzes, den der entsprechende Pixelfile benötigt. Dies ist zwar ein Extremfall, denn die 75 Standardschriften mit jeweils den ersten vier Vergrößerungsstufen benötigen in gepackter Form insgesamt rund 20% des Speicherplatzes, der für die Pixelform erforderlich wäre. Bei weiteren Vergrößerungsstufen wird das Verhältnis jedoch immer günstiger.

Inzwischen sind .pxl kodierte Zeichensätze kaum noch anzutreffen. Sie gelten als überholt und sind durch die .pk kodierten Zeichensätze weitgehend abgelöst worden.

C.8   Anmerkungen zu METAFONT

METAFONT ist ein Programm zur Erzeugung von Zeichensätzen und stammt vom selben Autor, der auch TEX entwickelt hat: Donald E. Knuth [6, 6c, 6d, 6e]. Ist das Programm METAFONT verfügbar, so können die vorhandenen Zeichensätze in unbegrenzter Mannigfaltigkeit variiert und vergrößert oder verkleinert werden.

Die Erzeugung eines vollständig neuen Typs von Zeichensätzen, etwa für kyrillische Schriften, ist zwar eine umfangreiche Arbeit, aber sehr wohl möglich. Dies ist kein Buch über METAFONT, das die Kenntnis zur Erzeugung vollständig neuer Zeichensätze und die Syntax der METAFONT–Sprache vermitteln soll. Diese ist auch nicht erforderlich, wenn die existierenden Zeichensätze lediglich variiert oder in der Größe verändert werden sollen.

Der Name, unter dem das METAFONT–Programm aufgerufen werden kann, ist systemabhängig und muß vom Rechenzentrum erfragt werden. Angenommen, dieser sei mf, dann kann durch diesen Aufruf das Programm gestartet werden. Auf dem Bildschirm erscheint zunächst eine Mitteilung über die implementierte Versionsnummer und die zusätzlich geladenen Programme. Das Programm meldet sich danach mit dem Zeichen ** und wartet auf eine Anwendereingabe. Diese sollte lauten

        \mode=localfont; mag=*nn*; input *file*

gefolgt von der Returntaste. Der Wert *nn* in dem Befehl mag=*nn* ist eine Dezimalzahl und stellt den Vergrößerungsfaktor dar. Entfällt dieser Befehl oder wird hierfür 1 gewählt, so entsteht der Zeichensatz in der Entwurfsgröße. Als Filename *file* beim input Befehl kann jeder der 75 Grundnamen (C.7.1) gewählt werden. Zu jeder META-FONT–Implementation sollten 75 Files mit diesen Grundnamen und dem Anhang .mf gehören. Diese Files enthalten die Zeichensatzcharakteristika in Form von jeweils 62 Parametern, auf die hier nicht näher eingegangen wird.

Mit der Returntaste beginnt METAFONT den gewählten Zeichensatz in der gewählten Vergrößerungsstufe zu erzeugen. Dabei erscheinen auf dem Bildschirm nacheinander die Zeichennamen und die Zahlenwerte für Anordnung des Zeichens innerhalb des Zeichensatzes. Meldet sich das Programm schließlich mit einem *, so kann mit der Eingabe end und der Returntaste zur Befehlsebene des Betriebssystems zurückgekehrt werden, was evtl. automatisch geschieht.

Viele Betriebssysteme gestatten Befehlsaufrufe mit gleichzeitiger Parameterübergabe. Unter UNIX kann der Aufruf z. B. lauten:

        mf '\mode=localfont; mag=*nn*; input *file*'

Nach Erstellung des Zeichensatzes für den übergebenen Filenamen *file* meldet sich das Betriebssystem mit seinem Eingabeprompt zurück.

In beiden Fällen des Befehlsaufrufes sind zwei neue Files entstanden. Einmal der zugehörige .tfm File für diesen Zeichensatz und ein zweiter mit dem gewählten Grundnamen und dem Anhang .*xxx*gf. Hierin steht gf für "Generic Font" und *xxx* spiegelt den Vergrößerungsfaktor wider. War dieser 1, so sollte für *xxx* die Auflösung des verwendeten Druckertyps stehen. Die Information über den Druckertyp entnimmt METAFONT aus dem Aufruf \mode=localfont;. Im Original wird hier ein Drucker mit der Auflösung von 200 Pixel/Zoll vorausgesetzt. Es ist jedoch gerade der Sinn des METAFONT–Makros `localfont`, an dieser Stelle den haustypischen Druckertyp zu charakterisieren. Die erforderliche Anpassung sollte das jeweilige Rechenzentrum vorgenommen haben.

Da für alle Vergrößerungsstufen eines Zeichensatzes nur ein `.tfm` File benötigt wird, ist die jeweils neue Erzeugung des `.tfm` Files mit jeder weiteren Vergrößerungsstufe unnötig. Dies kann ebenfalls im Makro `localfont` berücksichtigt werden, etwa dergestalt, daß der `.tfm` File nur für `mag=1` erzeugt wird. Es liegt dann aber in der Verantwortung des Anwenders, den Zeichensatz zwingend auch in der Entwurfsgröße, also mit `mag=1` zu erzeugen.

Wird das METAFONT–Original verwendet, so erzeugt der Aufruf

`\mode=localfont; mag=1; input cmr10`

die Files `cmr10.tfm` und `cmr10.200gf`. Ein Unterstützungsprogramm `gftopk`, das Teil jeder METAFONT–Implementation ist, erzeugt mit dem Aufruf

`gftopk cmr10.200gf`

hieraus schließlich den File `cmr10.200pk`, also den eigentlichen gepackten Zeichensatzfile. Wird dieser auf einen Drucker der Auflösung 300 Pixel/Zoll ausgegeben, so erscheinen die Zeichen nur in 2/3 ihrer Sollgröße, da sie für 200 Pixel/Zoll kodiert sind. In diesem Fall hätte METAFONT mit dem Vergrößerungsfaktor `mag=1.5` aufgerufen werden müssen, um `cmr10.300gf` zu erzeugen, woraus mit `gftopk` der File `cmr10.300pk` entstanden wäre.

Enthält das Makro `localfont` jedoch die Information, daß die lokalen Drucker die Auflösung 300 Pixel/Zoll haben, so entsteht mit `mag=1` nunmehr der File `cmr10.300gf` und hieraus mit `gftopk` schließlich `cmr10.300pk`, diesmal aber für die unvergrößerte Auflösung von 300 Pixel/Zoll. Beim Vergleich beider Schriften wird man feststellen, daß sie zwar gleich groß ausfallen, letztere jedoch von höherer Qualität ist. Der Anwender ist gut beraten, wenn er das METAFONT–Makro `localfont` an die Eigenschaften seines Druckers anpaßt oder sich ein solches verschafft. Für weitere Einzelheiten und die Charakteristika der am häufigsten verwendeten Drucker wird auf [3, Abschnitt 8.1.3] verwiesen.

Einige ältere Druckertreiber erwarten die Druckerzeichensätze noch in der veralteten Pixel–Kodierung. Hierfür existiert ein Umwandlungsprogramm `gftopxl`, bei dessen Aufruf

`gftopxl cmr10.xxxgf`

der unvergrößerte Zeichensatz in pixelkodierter Form unter dem Namen `cmr10.1000pxl` abgelegt wird. Die Zahl im Anhang bedeutet hierbei das Tausendfache der Vergrößerungsstufe. So entsteht aus dem Originalmakro `localfont` mit der Vergrößerungsstufe 1.5 der File `cmr10.1500pxl` für einen Drucker mit 300 Pixel/Zoll Auflösung, während mit einem druckerangepaßten Makro der vorangegangene Name erscheint. Die beiden vorgestellten Möglichkeiten stellen die Ursache für die in der Tabelle auf Seite 292 vorgestellten unterschiedlichen Kennzeichnungen in den Anhängen der Pixelfiles dar.

Im folgenden wird angenommen, daß `localfont` die entsprechende Information für 300 Pixel/Zoll Drucker enthält. Der Aufruf zur Erzeugung eines Zeichensatzes darf einen beliebigen Vergrößerungsfaktor enthalten: `mag=4` erzeugt einen vierfach vergrößerten Zeichensatz für den gewählten Filegrundtyp, z. B. `cmr10.1200gf`, und hier-

aus schließlich den gepackten File `cmr10.1200pk` bzw. den Pixelfile `cmr10.4000pxl`.
Ebenso könnte mit `mag=0.8` ein verkleinerter Zeichensatz aus dem Grundtyp der Form
`cmr10.240gf` als `cmr10.240pk` bzw. `cmr10.800pxl` erstellt werden.

Die üblichen TeX–Abstufungen für Vergrößerungen sind Potenzen von 1.2 und
$\sqrt{2}$. Diese können durch Angabe des entsprechenden Dezimalbruches als Wert für
`mag` erzeugt werden. Es ist aber auch möglich, `mag=magstep` n zu schreiben, wobei n
eine ganze Zahl ist und `magstep` n dem Wert 1.2^n entspricht: `magstep` 3 $1.2^3 = 1.728$.
Schließlich kann für $\sqrt{1.2}$ hier `mag=magstep0.5` geschrieben werden.

Einige Betriebssysteme, so z. B. DOS und VMS, erlauben höchstens drei Zeichen
in den Anhängen von Filenamen. Hier wird meistens für jede Vergrößerungsstufe
eine Directory eingerichtet, in denen die die Druckerzeichensätze unter den Namen
`cm`$zznn$`.pk` oder `cm`$zznn$`.pxl` abgelegt werden. Die Namen der Zeichensatzfiles lassen
hierbei die Vergrößerungsstufe nicht mehr erkennen. Diese folgt dann nur aus der
Ordnung des Dateiensystems.

METAFONT läßt viele weitere Variationen der Grundfiles zu. Hierzu muß auf
die Originalliteratur verwiesen werden. Vor einer solchen Aufgabe sollte mindestens
[6e, Seite 1–35] bekannt sein. In keinem Fall sollte eine Änderung in den TeX–Original
`.mf` Files selbst vorgenommen und dann ein so geänderter Zeichensatz unter einem
der 75 TeX–Originalnamen von Seite 291 erzeugt werden. Die TeX–Zeichensatznamen
sollten unbedingt den originalen Zeichensätzen vorbehalten bleiben.

Sollen TeX–Zeichensätze, mit Ausnahme einer reinen Vergrößerung oder Verkleinerung, modifiziert werden, so sollten sie zunächst unter einem passenden Namen
kopiert werden und die Modifikation in der Kopie erfolgen. Um diese Zeichensätze als
hauseigene Modifikation zu kennzeichnen, empfiehlt es sich, die Buchstabengruppe `cm`
(Computer Modern) durch ein hauseigenes Kürzel zu ersetzen. Die Buchstabengruppe
`cm` ist ausschließlich den TeX–Originalzeichensätzen vorbehalten!

Ich möchte an dieser Stelle darauf hinweisen, daß METAFONT einen ungeheue-
ren Spieltrieb auslösen kann und die Verführung groß ist, die Zahl der individuellen
Zeichensätze so zu vergrößern, daß hier schnell Beschränkungen durch das Rechenzentrum auferlegt werden müssen.

Zur Literatur über die allgemeine Nutzung des Programms METAFONT sei hier
nochmals auf das Buch "The METAFONTbook" von Donald E. Knuth [6c] verwiesen.
Teil III aus [3] stellt eine deutschsprachige Einführung in METAFONT dar.

In Ergänzung zu TeX 3.0 zur mehrsprachigen Nutzung wurde von Donald E.
Knuth eine parallele Erweiterung bei METAFONT vorgenommen und als METAFONT
2.0 bereitgestellt. Donald E. Knuth hat mit der Bereitstellung dieser erweiterten
Programmversionen seine Entwicklungstätigkeit an TeX und METAFONT definitiv
beendet. Er wird zukünftig nur noch evtl. verborgene Fehler korrigieren. Als sicht-
bares Signal für diese, seine Entscheidung, werden zukünftige, korrigierte Programmversionen mit ihren Versionsnummern bei TeX gegen π und bei METAFONT gegen e konvergieren. Zum Zeitpunkt dieser Buchausgabe existieren die Versionen
TeX 3.14 und METAFONT 2.7. Spätere Versionsnummern werden irgendwann einmal
$3.14159\ldots \approx \pi$ bzw. $2.71828\ldots \approx e$ (Eulersche Zahl) lauten. Als weitere Konsequenz
dieser Entscheidung werden etwaige Weiterentwicklungen von TeX und METAFONT,
z. B. durch die Anwendervereinigungen, unter geänderten Programmnamen bereitzustellen sein, da Donald E. Knuth ein Schutzrecht an diesen Programmnamen besitzt.

C.9 Erweiterte Zeichensätze für TEX 3.x

Die Ausschöpfung der erweiterten Möglichkeiten ab TEX 3.0 setzen die Bereitstellung von erweiterten Zeichensätzen voraus, in denen die diakritischen Zeichen, also die Kombination von Buchstaben mit Akzenten oder sonstigen Anhängen, wie Cedille oder Ogonek (Krummhaken), als eigene Buchstabenzeichen verfügbar sind.

C.9.1 Grenzen und Mängel der cm–Schriften

Viele, aber keineswegs alle, in europäischen Sprachen auftretende diakritische Zeichen in lateinischer Grundschrift lassen sich aus den cm–Zeichensätzen durch Kombination des Grundbuchstabens mit dem Akzent oder Anhang durch *Übereinanderschieben* erzeugen. Soweit diese nicht bereits durch LATEX mit einem eigenen Befehlsnamen bereitgestellt werden, lassen sich weitere Kombinationen durch anwendereigene Makros erzeugen, z. B. mit

```
\newcommand{\Dk}{D\hspace{-0.7em}\rule[0.8ex]{0.30em}{0.08ex}\hspace{0.40em}}
\newcommand{\dk}{d\hspace{-0.35em}\rule[1.2ex]{0.3em}{0.08ex}\hspace{0.05em}}
```

für die im Serbokroatischen auftretenden diakritischen Zeichen Đ und đ, die dann mit den Aufrufen \Dk bzw. \dk erzeugt werden. Diakritische Zeichen mit einem Krummhaken (Ogonek), wie sie bei polnischen oder litauischen Texten als Ą, ą, Ę und ę benötigt werden, lassen sich aus den cm–Schriften nicht konstruieren, da in ihnen das Zeichen für den Krummhaken nicht enthalten ist.

Die Erzeugung von diakritischen Zeichen als Kombination von Buchstaben mit Sonderzeichen hat für die TEX–Bearbeitung einen gravierenden Nachteil: Wörter mit solchen Kombinationszeichen können nicht an den Silben mit diesen Zeichen getrennt werden, da die Trennmuster in den Trennmusterfiles nur eigenständige Zeichen erlauben. Zur Einbeziehung von diakritischen Zeichen in die Trennmusterfiles, z. B. unserer Umlaute in einem deutschen Trennmusterfile ghyphen.tex, sind diese als eigenständige Zeichen in den Zeichensätzen bereitzustellen.

Neben den diakritischen Zeichen kennen etliche europäische Sprachen neben den lateinischen Grundbuchstaben einige nationale Sonderbuchstaben wie z B. das deutsche ß oder die französischen oder skandinavischen Zeichen Æ, æ, Œ, œ, Ø und ø. Die soeben genannten Sonderbuchstaben sind zwar Bestandteil der cm–Schriften, weitere europäische Sonderbuchstaben wie IJ, ŋ, Þ, þ oder ð fehlen dagegen.

C.9.2 Der Erweiterungsvorschlag von Cork

Auf der internationalen TEX–Konferenz in Cork, Irland, wurde deshalb 1990 eine Zeichensatzbelegung mit einem erweiterten lateinischen Zeichensatz von 256 Zeichen vorgeschlagen und allgemein akzeptiert. Bei diesem erweiterten Zeichensatz sind für die Mehrzahl der auf der lateinischen Schrift aufbauenden Schriftsprachen deren Sonder- und diakritische Zeichen als eigenständige Symbole vorhanden. Die folgenden Sprachen sind mit diesem Zeichensatz vollständig abgedeckt:

Afrikans, Albanisch, Bretonisch, Dänisch, Deutsch, Englisch, Estnisch, Färöisch, Finnisch, Französisch, Friesisch, Gälisch, Indonesisch, Irisch, Isländisch, Italienisch, Katalanisch, Madagassisch, Niederländisch, Niedersorbisch, Norwegisch, Obersorbisch, Polnisch, Portugiesisch, Räteromanisch, Rumänisch, Schwedisch, Serbokroatisch, Slowakisch, Slowenisch, Somali, Spanisch, Suaheli, Tschechisch, Türkisch und Ungarisch.

Bei diesen Sprachen können damit alle Sonder– und diakritischen Zeichen in zugehörigen Trennmusterfiles eingebunden und damit eine optimale Trenntechnik bei der TEX– und LATEX–Bearbeitung erzielt werden.

Der vorgeschlagene erweiterte Zeichensatz enthält die meisten der auftretenden Akzente auch als eigenständige Symbole. Damit ist es möglich, weitere diakritische Zeichen, die nicht als eigenständige Zeichen bereitgestellt werden, zusätzlich, wie bei den cm–Schriften, als Kombination aus Buchstaben und Akzentzeichen zu erstellen, freilich mit dem Mangel der Trennmöglichkeiten für diese Zeichen. Bei den folgenden Sprachen sind einige der auftretenden diakritischen Zeichen zusätzlich als Kombination zu erzeugen:

Baskisch, Esperanto, Lettisch, Litauisch, Maltesisch, Samoanisch, Tagalog und Walisisch.

Das Verhältnis von eigenständigen diakritischen Zeichen zu solchen, die als Kombination zu bilden sind, ist für die genannten Sprachen recht unterschiedlich. So enthält der erweiterte Zeichensatz für die lettische Sprache lediglich 6 eigenständige diakritische Zeichen, während weitere 18 aus Kombinationen zu bilden sind. Für Tagalog, der Hauptsprache auf den Philippinen, sind 30 eigenständige Zeichen vorhanden, lediglich 2 sind als Kombination zu erzeugen.

Die vietnamesische Schrift wird mit dem erweiterten Zeichensatz nicht vollständig abgedeckt, da diese diakritische Zeichen kennt, deren Akzente nicht vorhanden sind, so daß sie auch nicht als Kombination zu erzeugen sind.

Zeichensätze, die dem Vorschlag der TEX–Tagung von Cork entsprechen, sollen durch die Anfangsbuchstaben 'ec' für 'Extended Computer' statt 'cm' für die klassischen 'Computer Modern'–Schriften gekennzeichnet werden.

C.9.3 Die dc–Schriften von Norbert Schwarz

Der Vorschlag für den erweiterten Zeichensatz gemäß der Empfehlung aus Cork wurde inzwischen von Norbert Schwarz, Bochum, durch die Entwicklung geeigneter METAFONT–Quellenfiles realisiert. Die folgende Tabelle 9 gibt den erweiterten Zeichensatz zu cmr10 wieder. Er steht unter dem Namen dcr10 bereit, wie ganz generell alle weiteren erweiterten Zeichensätze von Norbert Schwarz in ihren Namen mit dc beginnen.

Die Kennzeichnung mit 'dc' wurde von Norbert Schwarz als Vorläufer der ec–Schriften gewählt, da seine Schriften nach seiner Meinung in ihrer Feinstruktur noch verbessert werden könnten. Zeichenauswahl und Anordnung entsprechen jedoch vollständig dem Vorschlag von Cork und damit den endgültigen ec–Schriften. Damit kann die Tabelle 9 auch als Muster für den Umfang und die Anordnung der endgültigen ec–Schriften betrachtet werden.

okt.	0	1	2	3	4	5	6	7	hex.
'00x	` 0	´ 1	^ 2	~ 3	¨ 4	˝ 5	° 6	ˇ 7	"0x
'01x	˘ 8	¯ 9	˙ 10	˛ 11	¸ 12	, 13	‹ 14	› 15	
'02x	" 16	" 17	„ 18	« 19	» 20	– 21	— 22	23	"1x
'03x	₀ 24	₁ 25	J 26	ff 27	fi 28	fl 29	ffi 30	ffl 31	
'04x	␣ 32	! 33	" 34	# 35	$ 36	% 37	& 38	' 39	"2x
'05x	(40	) 41	* 42	+ 43	, 44	- 45	. 46	/ 47	
'06x	0 48	1 49	2 50	3 51	4 52	5 53	6 54	7 55	"3x
'07x	8 56	9 57	: 58	; 59	< 60	= 61	> 62	? 63	
'10x	@ 64	A 65	B 66	C 67	D 68	E 69	F 70	G 71	"4x
'11x	H 72	I 73	J 74	K 75	L 76	M 77	N 78	O 79	
'12x	P 80	Q 81	R 82	S 83	T 84	U 85	V 86	W 87	"5x
'13x	X 88	Y 89	Z 90	[91	\ 92	] 93	^ 94	_ 95	
'14x	` 96	a 97	b 98	c 99	d 100	e 101	f 102	g 103	"6x
'15x	h 104	i 105	j 106	k 107	l 108	m 109	n 110	o 111	
'16x	p 112	q 113	r 114	s 115	t 116	u 117	v 118	w 119	"7x
'17x	x 120	y 121	z 122	{ 123	| 124	} 125	~ 126	- 127	
'20x	Ă 128	Ą 129	Ć 130	Č 131	Ď 132	Ě 133	Ę 134	Ğ 135	"8x
'21x	Ĺ 136	Ľ 137	Ł 138	Ń 139	Ň 140	ĿĴ 141	Ő 142	Ŕ 143	
'22x	Ř 144	Ś 145	Š 146	Ş 147	Ť 148	Ţ 149	Ű 150	Ů 151	"9x
'23x	Ÿ 152	Ź 153	Ž 154	Ż 155	IJ 156	İ 157	đ 158	§ 159	
'24x	ă 160	ą 161	ć 162	č 163	ď 164	ě 165	ę 166	ğ 167	"Ax
'25x	ĺ 168	ľ 169	ł 170	ń 171	ň 172	ŋ 173	ő 174	ŕ 175	
'26x	ř 176	ś 177	š 178	ş 179	ť 180	ţ 181	ű 182	ů 183	"Bx
'27x	ÿ 184	ź 185	ž 186	ż 187	ij 188	¡ 189	¿ 190	£ 191	
'30x	À 192	Á 193	Â 194	Ã 195	Ä 196	Å 197	Æ 198	Ç 199	"Cx
'31x	È 200	É 201	Ê 202	Ë 203	Ì 204	Í 205	Î 206	Ï 207	
'32x	Ð 208	Ñ 209	Ò 210	Ó 211	Ô 212	Õ 213	Ö 214	Œ 215	"Dx
'33x	Ø 216	Ù 217	Ú 218	Û 219	Ü 220	Ý 221	Þ 222	SS 223	
'34x	à 224	á 225	â 226	ã 227	ä 228	å 229	æ 230	ç 231	"Ex
'35x	è 232	é 233	ê 234	ë 235	ì 236	í 237	î 238	ï 239	
'36x	ð 240	ñ 241	ò 242	ó 243	ô 244	õ 245	ö 246	œ 247	"Fx
'37x	ø 248	ù 249	ú 250	û 251	ü 252	ý 253	þ 254	ß 255	
okt.	8	9	A	B	C	D	E	F	hex.

Tabelle 9: Zeichenumfang und Belegung für den erweiterten Zeichensatz `dcr10`.

Für die erweiterten Schriften hat Norbert Schwarz inzwischen die METAFONT–
Quellenfiles für

dcr5	dcti9	dcbfib10	dcssi17	dcdunh9
dcr6	dcti10	dcbfib12	dcssbx9	dcdunh10
dcr7	dcti12	dcbxsl5	dcssbx10	dcdunh12
dcr8	dcti17	dcbxsl6	dcssbx12	dcdunh17
dcr9	dcbx5	dcbxsl7	dcssbx17	dctt8
dcr10	dcbx6	dcbxsl8	dcvtt8	dctt9
dcr12	dcbx7	dcbxsl9	dcvtt9	dctt10
dcr17	dcbx8	dcbxsl10	dcvtt10	dctt12
dccsc10	dcbx9	dcbxsl12	dcvtt12	dctcsc10
dccsc12	dcbx10	dcbxti10	dcu7	dctcsc12
dccsc17	dcbx12	dcbxti12	dcu8	dctcsc17
dcsl5	dcb5	dcbxti17	dcu9	dcsltt8
dcsl6	dcb6	dcss8	dcu10	dcsltt9
dcsl7	dcb7	dcss9	dcu12	dcsltt10
dcsl8	dcb8	dcss10	dcu17	dcsltt12
dcsl9	dcb9	dcss12	dcff10	dcitt8
dcsl10	dcb10	dcss17	dcfi10	dcitt9
dcsl12	dcb12	dcssi8	dcdunh5	dcitt10
dcsl17	dcb17	dcssi9	dcdunh6	dcitt12
dcti7	dcbfib8	dcssi10	dcdunh7	dcitt17
dcti8	dcbfib9	dcssi12	dcdunh8	

bereitgestellt. Ein Vergleich mit den Grundnamen der cm–Schriften aus der Tabelle
von S. 291 und deren Inhaltsabdruck in C.3 und C.4 läßt die zugeordnete dc–Schriften
leicht erkennen. Der Vergleich zeigt weiter, daß die dc–Schriften in weit mehr Entwurfsgrößen existieren, als dies für die cm–Schriften der Fall ist. Mit den von Norbert
Schwarz vorgelegten Zeichensätze werden alle cm–Textschriften mit Ausnahme von
cmssq8, cmssqi8 und cmssdc10 als erweiterte dc–Schriften bereitgestellt. Eine Erweiterung der mathematischen cm–Zeichensätze (s. C.5) ist derzeit nicht geplant. Für
weitere Schriften und Sonderzeichensätze wird auf C.9.7 verwiesen.

Während die Zeichen der cm–Schriften bei den verschiedenen Schrifttypen ge-
ringfügig differieren, wie die Tabellen 1–4 in C.6 wiedergeben, ist dies bei den dc–
Schriften nicht der Fall. Alle dc–Schriften variieren nur im Schrifttyp und in der
Entwurfsgröße. Die einzelnen Zeichen und ihre Anordnung stimmen bei allen dc–
Schriften in ihrer Bedeutung mit der Tabelle 9 für die dcr10–Schrift überein.

C.9.7 enthält Hinweise zur Beschaffung der dc–Zeichensätze. Norbert Schwarz hat
dem Programmpaket mit den METAFONT–Quellenfiles drei Informationsfiles doc.tex,
help.eng und help.ger beigefügt. Die beiden letzteren enthalten Hinweise zur Ge-
nerierung der Schriften mittels METAFONT in englisch bzw. deutsch. Ihnen ist zu
entnehmen, daß und wie die dc–Schriften für beliebige Entwurfsgrößen zu erstellen
sind. doc.tex enthält ergänzende Dokumentation zu den dc–Schriften. So wird für
alle unterstützten Sprachen im einzelnen aufgelistet, welche diakritischen Zeichen als
eigenständige Zeichen für die jeweilige Sprache verfügbar und welche evtl. durch Kombination von Akzenten mit Grundbuchstaben zu erzeugen sind.

C.9.4 Ordnungsprinzip der erweiterten Schriften

Die ec– bzw. dc–Schriften sind in ihrer Anordnung so aufgebaut, daß die Stellen 0–12 bzw. "00–"0C (hex.) mit eigenständigen Akzenten besetzt sind. Auf diese folgen an den Stellen 13–22 bzw. "0D–"16 die Satzzeichen. Die Stelle 23 bzw. "17 ist leer und wird bei Worttrennungen *ohne* Trennzeichen benutzt. 24 bzw. "18 ist mit einer kleinen Null besetzt, die durch das %–Zeichen zum ‰–Zeichen ergänzt werden kann. Die beiden nächsten Stellen 25 und 26 bzw. "19 und "1A enthalten das punktlose ı bzw. ȷ, die mit den Akzenten aus 0–12 zu weiteren diakritischen Symbolen kombiniert werden können, soweit sie nicht im späteren Teil durch eigenständige Zeichen realisiert sind. Auf 27–31 bzw. "1B–"1F sind die Ligaturen ff, fi, fl, ffi und ffl angeordnet, die bei den cm–Schriften die Plätze 11 bis 15 einnehmen.

Die Stellen 32–127 bzw. "20–"7F entsprechen der Kodebelegung der ISO Latin 1 Norm. Diese entspricht für 33–126 der herkömmlichen ASCII–Tabelle. Das ASCII–Leerzeichen von 32 bzw. "20 wird bei der angeführten Norm durch das Leerzeichensymbol ⌴ und das ASCII–Steuerzeichen DEL auf 127 bzw. "7F durch den Trennstrich - ergänzt.

Auf den Plätzen 128–255 bzw. "80–"FF folgen die diakritischen und nationalen Sonderzeichen. Die Zeichen auf 192–255 bzw. "C0–"FF entsprechen ebenfalls der ISO Latin 1 Norm, während diejenigen auf 160–191 bzw. "A0–"BF teilweise von dieser Norm abweichen und die Zeichen von 128–159 bzw. "80–"9F diese ergänzen.

C.9.5 Aufruf und Anwendung der dc-Zeichensätze

Nach der Erklärung eines erweiterten Zeichensatzes, z. B mit

```
\newfont{\tendcr}{dcr10}
```

kann dieser mit dem Aufruf \tendcr aktiviert werden. Solange der zu bearbeitende Text nur aus Groß– und Kleinbuchstaben, Ziffern und Satzzeichen besteht, führt die Bearbeitung zum erwarteten Ergebnis. Spätestens aber beim Aufruf nationaler Sonderzeichen mit \ss, \ae, \oe, o, \AE, \OE und \O erscheint das auf den ersten Blick überraschende Ergebnis ı, ȷ, ff, fi, fl, ffi bzw. ffl. Ebenso führt der Versuch, Umlaute oder sonstige Akzente in der gewohnten Weise als "A, \'A oder \'A einzugeben, zu dem absurden Ergebnis A, A und Å.

Nach kurzem Nachdenken wird jedoch klar, was geschehen ist. Der Versuch, die nationalen Sonderzeichen mit den zugehörigen Befehlswörtern zu erzeugen, führt zu dem TEX bisher bekannten Ausgabekode für diese Zeichen, nämlich 25–31 bzw. 24. Ein Blick auf die Tabelle 1 auf S. 286 zeigt, daß auf diesen Positionen bei den cm–Zeichensätzen die angeforderten Sonderzeichen stehen. Dagegen enthalten die dc–Zeichensätze, wie aus Tabelle 9, S. 301 zu entnehmen ist, auf diesen Stellen das punktlose ı und ȷ sowie die Ligaturen ff, fi, fl, ffi und ffl. Da TEX nicht über die geänderte Zeichenordnung bei den dc–Zeichensätzen informiert ist, wird das Ergebnis zwar verständlich, bleibt aber falsch.

Die Befehlsdefinitionen für die nationalen Sonderzeichen erfolgen in lplain.tex. Diese müssen für die Verwendung der dc–Zeichensätze umdefiniert werden, was z. B. mit der LATEX–Definition

```
\newcommand{\dcswitch}{\renewcommand{\ss}{\symbol{255}}%
  \renewcommand{\ae}{\symbol{230}}\renewcommand{\oe}{\symbol{247}}%
  \renewcommand{\o}{\symbol{248}}\renewcommand{\AE}{\symbol{198}}%
  \renewcommand{\OE}{\symbol{215}}\renewcommand{\O}{\symbol{216}}}
```

erreicht werden könnte. Nach dem Aufruf des Befehlspaares \tendcr\dcswitch erscheinen \ss, \ae, \oe, \o, \AE, \OE und O richtig als ß, æ œ, ø, Æ, Œ bzw. Ø, da
mit dem Befehlsaufruf \dcswitch die mit \renewcommand vorgenommenen Definitionsänderungen aktiv werden.

Ein Blick in lplain.tex läßt erkennen, daß die Definitionen für die nationalen Sonderzeichen dort als \chardef\ss="19 \chardef\ae="1A ... \chardef\O="1F erfolgen. \chardef ist ein spezieller TEX–Definitionsbefehl, der einem Befehlsnamen einen
Zahlenkode 0...255 dezimal bzw. "00..."FF zuordnet. Dieser TEX–Definitionsbefehl
ist auch aus LATEX heraus ansprechbar. Die Definition für \dcswitch hätte damit auch
als

```
\newcommand{\dcswitch}{\chardef\ss="FF
  \chardef\ae="E6 \chardef\oe="F7 \chardef\o="F8
  \chardef\AE="C6 \chardef\OE="D7 \chardef\O="D8 }
```

erfolgen können. Statt der hexadezimalen Werte können natürlich auch bei den Zuweisungen die äquivalenten Dezimalwerte verwendet werden, z. B. \chardef\ss=255.
In gleicher Weise können die Namensbefehle \i, \j, \l \L für ı, ȷ, ł und L umdefiniert
sowie weitere Zeichennamen wie \NJ, \nj, \TH und \th definiert werden, indem sie
durch \chardef mit dem zugehörigen Zahlenwert aus dem dc–Zeichensatz verknüpft
werden. Wird die vorstehende Definition für \dcswitch um

```
\chardef\i=25   \chardef\j=26   \chardef\l=170 \chardef\L=138
\chardef\NJ=141 \chardef\nj=173 \chardef\TH=222 \chardef\th=254
```

erweitert, so werden für die ersten beiden Zeichen diese wie oben an der richtigen Stelle
im dc–Zeichensatz als ı bzw. ȷ als die punktlosen Varianten von i und j positioniert.
ł und L werden beim cm–Zeichensatz durch Übereinanderschreiben des Zeichens 32,
also des ' mit dem nachfolgenden l bzw. L realisiert. Beim dc–Zeichensatz werden
sie mit der vorstehenden Definition als eigenständiges Zeichen mit dem Zeichenkode
170 bzw. 138 erzeugt. Schließlich stehen mit \NJ, \nj, \TH und \th die bei den cm–
Zeichensätzen ganz unbekannten lappländischen Buchstaben Ŋ bzw. ŋ sowie das große
und kleine isländische Thorn Þ und þ bereit.

Dem Leser sollte es nun leichtfallen, auf gleiche Weise weitere Zeichennamen mit
den Zeichenkodes der dc–Zeichensätze zu verknüpfen, z. B. die umständlichen Definitionen von S. 299 für die serbokroatischen Sonderzeichen Đ und đ oder das §–Zeichen
unter \Dk, \dk und \S als eigenständige Zeichen bereitzustellen.

Die Umlaute bzw. allgemeiner die Akzente werden in lplain.tex mittels eigener
Akzentbefehlsdefinitionen erzeugt, die meistens auf den TEX–Grundbefehl \accent
zurückgreifen. Die Befehle für die Akut–, Gravis–, Zirkumflex– und Umlautakzente
werden z. B. als

```
\def\'#1{{\accent"12 #1}}   \def\'#1{{\accent"13 #1}}
\def\^#1{{\accent"5E #1}}   \def\"#1{{\accent"7F #1}}
```

definiert. Der TₑX–Befehl \def entspricht in LATₑX in etwa \newcommand, aber gleichzeitig auch \renewcommand. Diese Definitionen könnten in LATₑX auch als

```
\newcommand{\'}[1]{{\accent"12 #1}}  \newcommand{\'}[1]{{\accent"13 #1}}
\newcommand{\^}[1]{{\accent"5E #1}}  \newcommand{\"}[1]{{\accent"7F #1}}
```

geschrieben werden. Damit werden die Einzeichenbefehle \', \', \^ bzw. \" mit einem frei wählbaren Parameter #1 definiert, der als nachfolgendes Zeichen übergeben wird. Mit dem Aufruf \"a läuft damit ab: {\accent"7F a}. Der TₑX–Grundbefehl \accent übernimmt den nachfolgenden Zeichenkode und setzt das zugehörige Zeichen über den anschließenden Buchstaben. Beim angeführten Beispiel entspricht "7F bei den cm–Zeichensätzen den hochgestellten Umlautpunkten ¨, die über dem nachfolgenen a angebracht werden.

Das unsinnige Ergebnis von \"A, \'A und \'A nach Aktivierung eines dc–Zeichensatzes als Ã, Á und Á wird damit klar. Während der Zeichenkode "7F, "12 bzw. "13 beim cm–Zeichensatz den Akzenten ¨, ` und ´ entspricht, werden hiermit im dc–Zeichensatz die Zeichen -, „ bzw. « erzeugt und *wie* Akzente mit den nachfolgenden Buchstaben kombiniert.

Für den Eingabetext wird man im allgemeinen verlangen, daß die Bearbeitungskompatibilität zwischen verschiedenen Rechnern erhalten bleibt. Es kann nicht angehen, daß der Eingabekode vom verwendeten Zeichensatz abhängig gemacht wird. Die weltweit akzeptierte TₑX–Eingabe der Akzente und Umlaute, evtl. ergänzt durch die Möglichkeiten eines german.sty, muß erhalten bleiben und bei der Ausgabe mittels dc–Zeichensätzen zum erwarteten Ergebnis führen. Mit einigen TₑX–Programmierkenntnissen lassen sich die erforderlichen Umdefinitionen gewinnen. Da die meisten LATₑX–Anwender aber deshalb nicht vorab zu TₑX–Programmierern werden wollen, gebe ich hier einige Rezepturen unerläutert wieder. Vorab wird ein Akzentdefinitionsbefehl mit 3 freien Parametern als

```
\newcommand{\accentdef}[3]{\expandafter\def\csname#1\string#2\endcsname{3}}
```

bereitgestellt[2] und anschließend der jeweilige Akzentbefehl unter seinem gewohnten Symbolnamen als

```
\renewcommand{\'}[1]{\csname grave\string#1\endcsname}
\renewcommand{\'}[1]{\csname acute\string#1\endcsname}
\renewcommand{\^}[1]{\csname cirflx\string#1\endcsname}
\renewcommand{\"}[1]{\csname umlaut\string#1\endcsname}
```

umdefiniert. Nunmehr können die Umlaute und Akzente eingerichtet werden. Hierzu ist für jede Umlaut– und Akzentkombination einmal ein entsprechender Aufruf von \accentdef erforderlich:

```
\accentdef{umlaut}{a}{\symbol{228}}  \accentdef{umlaut}{o}{\symbol{246}} ...
\accentdef{grave}{a}{\symbol{224}}   \accentdef{grave}{e}{\symbol{232}}  ...
\accentdef{acute}{a}{\symbol{225}}   \accentdef{acute}{e}{\symbol{233}}  ...
\accentdef{cirflx}{a}{\symbol{226}}  \accentdef{cirflx}{e}{\symbol{234}} ...
```

---

[2]Der vorgestellte Makrosatz stellt eine Verkürzung der entsprechenden Makros aus dclfont.sty von Frank Mittelbach und Rainer M. Schöpf dar, auf den an späterer Stelle nochmals eingegangen wird.

Die Vervollständigung auf alle Umlaut– und Akzentkombinationen kann vom Leser durch Übernahme der entsprechenden Kodewerte aus Tabelle 9 bei den \symbol{n} Aufrufen selbst fortgesetzt werden. Auch die weiteren Akzentbefehle \~, \., \u, \v und \H (Tilde, Punkt, Breve, Háček und Hungarian) aus 2.5.7 können von ihm entsprechend den vorangegangenen Beispielen eingerichtet werden. Für den Tilde–Akzent und seine Kombinationen würde der Leser vermutlich wie ich

```
\renewcommand{\~}[1]{\csname tilde\string#1\endcsname}
\accentdef{tilde}{n}{\symbol{241}} \accentdef{tilde}{N}{\symbol{209}} ...
```

wählen, um dann mit \~n bzw. \~N die Zeichen ñ bzw. Ñ aus dem dc–Zeichensatz zu erzeugen. Auch die Cedille, die in lplain.tex *nicht* über den TEX–Grundbefehl \accent erzeugt wird, kann hier nach dem gleichen Muster als

```
\renewcommand{\c}[1]{\csname cedille\string#1\endcsname}
\accentdef{cedille}{t}{\symbol{181}} \accentdef{cedille}{T}{\symbol{149}}
```

eingerichtet werden. Die Kennamen wie tilde, cedille, umlaut, ... hinter der TEX–Struktur \csname können bei den vorstehenden Umdefinitionen frei gewählt werden. Es ist nur darauf zu achten, daß bei den anschließenden \accentdef–Aufrufen für die einzelnen Akzentkombinationen der gleiche Name als erstes Argument verwendet wird.

Der Akzentbefehl für den Unterpunktakzent \d braucht nicht umdefiniert zu werden, da er in lplain.tex bereits zeichensatzunabhängig definiert wird. Das gleiche gilt für den Tie–Akzent \t. Beim Unterstrichakzent \b, der in lplain.tex als

```
def\b#1{\oalign{#1\crcr\hidewidth
    \vbox to.2ex{\hbox{\char'22}\vss}\hidewidth}}
```

definiert wird, ist der oktale Wert nach \char'22 durch \char9 zu ersetzen, da der zugehörige Strichakzent in den dc–Zeichensätzen den Kodewert 9 hat. Dem TEX–Aufruf \charn entspricht in LATEX der Befehlsaufruf \symbol{n}. Für den Makronakzent (Überstrich) ist die Definition \def\=#1{{\accent"16 #1}} ebenfalls abzuändern in \def\=#1{{\accent9 #1}}. Für beide Akzente stellen die dc–Zeichensätze keine eigenständigen Zeichen bereit. Sie müssen auch hier als diakritische Zeichen zusammengesetzt werden, wobei lediglich der Zeichenkode für das Akzentzeichen dem dc–Zeichensatz anzupassen ist.

Alle in diesem Unterabschnitt für die dc–Zeichensätze vorgestellten Definitionsänderungen können sowohl bei den neuen TEX–Versionen ab 3.0 als auch bei den älteren TEX–Versionen vorgenommen werden. Damit können die erweiterten Zeichensätze auch aus älteren TEX–Versionen heraus genutzt werden. In allen vorstehenden Befehlsaufrufen kann der LATEX–Befehl \symbol{n} auch durch den gleichwertigen TEX–Aufruf \charn ersetzt werden. Ab TEX 3.0 kann der interne Aufruf char"xx, wobei xx für eine zweistellige Hexadezimalzahl steht, auch durch die Angabe ^^xx erfolgen. Da \char181 bzw. \char149 gleichwertig mit \char"B5 bzw. \char"95 ist, kann man ab TEX 3.0 bei den \accentdef–Aufrufen als drittes Argument bei den Cedille–Zeichen auch

```
\accentdef{cedille}{t}{^^B5} \accentdef{cedille}{T}{^^95} ...
```

verwenden, wie allgemein bei allen \accentdef–Aufrufen die Angabe ^^xx bevorzugt würde.

C.9.6 Verstärkte Anwendung der dc–Zeichensätze

Im vorstehenden Unterabschnitt wurde die Bereitstellung eines Schalterbefehls

`\newcommand{\dcswitch}`{*Änderungsliste*}

vorgeschlagen, nach dessen Aufruf die für die dc–Zeichensätze erforderlichen Änderungsdefinitionen wirksam werden. Dies setzt voraus, daß der Anwender die *Änderungsliste* für alle Zeichen mit Ausnahme der Groß– und Kleinbuchstaben, der Ziffern und der Satzzeichen entsprechend den angeführten Beispielen vervollständigt. Über die Anordnung der Ligaturen ff, fi, fl, ffi und ffl braucht sich der Anwender ebenfalls nicht zu kümmern, da die Information über evtl. Ligaturen Bestandteil der Zeichensatzinformation innerhalb der Zeichensätze ist und von TEX während der Bearbeitung automatisch verarbeitet wird.

Die neuen Zeichensätze lassen sich mit `\newfont` Befehlen (s. 4.1.4) für die LaTEX–Bearbeitung unter geeigneten Befehlsnamen bereitstellen. Nach einem `\dcswitch` Aufruf kann man dann zwischen den dc–Zeichensätzen durch Angabe ihrer Befehlsnamen beliebig weiter hin– und herschalten. Sollte später wieder auf einen cm–Textzeichensatz zurückgeschaltet werden, so verlangt dies die Bereitstellung eines Komplementärschalters `\cmswitch`, mit dem die Änderungsdefinitionen wieder rückgängig gemacht werden.

In der Praxis wird dies jedoch allzu häufig auftreten. Der Anwender, der über einen vollständigen Satz an dc–Zeichensätzen verfügt, wird die erweiterten Sätze nutzen und damit kaum auf die eingeschränkten cm–Textzeichensätze zurückschalten wollen. Mit ihrer Verfeinerung in die ec–Zeichensätze werden diese zumindest bei den europäischen LaTEX–Anwendern schnell akzeptiert und die cm–Standardsätze verdrängen.

Spätestens dann wird die Forderung erhoben werden, die ec–Zeichensätze zum Bearbeitungsstandard zu machen, so daß sie mit den LaTEX–Schriftarten– und Größenbefehlen wie `\rm`, `\bf`, `\sf` bzw. `\small`, `\normalsize`, `\large` usw. direkt aktiviert und ausgewählt werden. Diese Forderung kann sich jeder Anwender selbst leicht erfüllen. Die in LaTEX unter eigenen Befehlsnamen verwendbaren Schriften werden durch `lfonts.tex` bereitgestellt. In diesem File finden sich, nach Größen geordnet, unterhalb der Kommentarzeilen von `% five point` bis `% twenty-five point` Gruppen von TEX–Zeichensatzdefinitionen der Form (am Beispiel der Größe `% ten point`):

```
\font\tenrm = cmr10     % roman
\font\tenmi = cmmi10    % math italic

. . . . . . . . . .

\font\tenit = cmti10    % text italic
\font\tensl = cmsl10    % slanted
\font\tenbf = cmbxc10   % extended bold

. . . . . . . . . .
```

Die Angaben auf der rechten Seite nach dem Gleichheitszeichen bedeuten den Grundnamen des zugehörigen Zeichensatzfiles. Diese sind bei den Textzeichensätzen einfach durch den entsprechenden Grundnamen der dc–Zeichensätze zu ersetzen, z. B. `dcr10` für `cmr10`, `dcti10` für `cmti10` usw. Bei einigen Zuordnungen steht hinter dem Zeichensatzgrundnamen noch eine Skalierungsangabe, wie z. B. bei

```
\font\egttti = cmitt10 \@ptscale8   % italic typewriter  oder
\font\elvrm  = cmr10   \@halfmag     % roman
\font\svtnsf = cmss10  \@magscale3   % sans serif
```

Hierin bedeutet `\@ptscale`n eine Verkleinerung mit dem Skalierungsfaktor $n \times 100$, `\@halfmag` eine Vergrößerung mit dem Skalierungsfaktor $\sqrt{2} \times 1000$ und `\magscale`n eine Vergrößerung mit der Skalierung $1.2^n \times 1000$. Die Skalierung erfolgt in `lfonts.tex` zum Teil deshalb, weil

die cm–Zeichensätze in der gewünschten Größe nur skaliert zu erhalten sind. Da die dc–
Zeichensätze in weit mehr Entwurfsgrößen verfügbar sind, kann bei ihnen die Skalierung oft
entfallen. Bei der ersten und dritten Zuordnung würde man bei den dc–Schriften besser `dcti8`
bzw. `dcss17` *ohne* zusätzliche Skalierung wählen.

Die Grundnamen einiger Zeichensätze tauchen an einigen Stellen später in `lfonts.tex`
nochmals auf, und zwar als Ablauftext bei den Befehlsdefinitionen

```
\def\@mbi{cmmib10}   \def\@mbsy{cmbsy10}   \def\@lasyb{lasyb10}
\def\@mss{cmss10}    \def\@mcsc{cmcsc10}
```

und als Argument bei etlichen Aufrufen des Befehls `\@getfont`, z. B.

```
\def\pbf{\@getfont\pbf\bffam\@viiipt{cmbx8}}%
```

Bei der ersten Gruppe ist `cmss10` und `cmcsc10` durch `dcss10` bzw. `dccsc10` zu ersetzen.
Anschließend sollte mit dem Editor nach `\@getfont` gesucht werden und das in Klammern
eingeschlossene Argument durch den entsprechenden dc–Grundnamen ersetzt werden.

Nach diesen Änderungen in `lplain.tex`, vor deren Durchführung vorab die Erstellung
einer Sicherheitskopie dringend empfohlen wird, ist `lplain.tex` erneut mit INITEX zu bearbeiten, wie ausführlicher in 7.6.1 und 7.6.4 dargelegt und beschrieben ist.

Vor der erneuten INITEX–Bearbeitung sollten einige weitere Entscheidungen getroffen
werden, die bei der Erstellung eines neuen `lplain.fmt` gleich mit verwirklicht werden können.
Nach der vorgeschlagenen Änderung für `lplain.tex` werden die dc–Zeichensätze zu den Standardschriften bei der LaTeX–Bearbeitung. Damit sollten die bisher mit dem Aufruf von
`\dcswitch` aktivierten Änderungsdefinitionen ebenfalls zum Standard gehören. Zu diesem
Zweck sollte man alle Änderungsdefinitionen, die in der Ablaufliste von `\dcswitch` symbolisch unter *Änderungsliste* zusammengefaßt wurden, in einem eigenen File, z. B. unter dem
Namen `dcswitch.tex`, ablegen.

In `lplain.tex` lautet die letzte Anweisung `\endinput`. Wird vor der letzten Anweisung
`\input dcswitch` hinzugefügt, so wird der gerade empfohlene File `dcswitch.tex` bei der
INITEX–Bearbeitung eingelesen und sein Inhalt, also die Änderungsdefinitionen für die dc–
Zeichensätze, damit Bestandteil von `lplain.fmt`.

Zu Beginn dieses Abschnitts wurde darauf hingewiesen, daß die erweiterten Zeichensätze
die Möglichkeit eröffnen, Sonderzeichen — und hierzu gehören bei deutschen Texten ganz
besonders die Umlaute — bei den Trennmustern zu berücksichtigen. Norbert Schwarz hat
zu den erweiterten dc–Zeichensätzen gleichzeitig einen Trennmusterfile unter dem Namen
`ghyphen3.tex` entwickelt, der die Umlaute berücksichtigt. Wird der Befehl `\input hyphen` in
`lplain.tex` durch `\input ghyphen3` ersetzt oder der Filename `ghyphen3.tex` in `hyphen.tex`
umbenannt, so erzeugt die anschließende INITEX–Bearbeitung von `lplain.tex` einen Formatfile `lplain.fmt`, der alle Anforderungen und Eigenschaften der dc–Zeichensätze für deutsche Texte berücksichtigt und diese zum Bearbeitungsstandard macht.

Die neuen TeX–Versionen gestatten ab 3.0 die Einbindung von Trennmustern für verschiedene Sprachen. Dies erlaubt eine sprachspezifische Trennung mehrsprachiger Texte. Um diese
Möglichkeit zu nutzen, sollte der Befehl `\input hyphen` in `lplain.tex` in `\input lhyphen`
geändert werden. Wird nun ein kleiner File mit dem Namen `lhyphen.tex` und dem Inhalt

```
\language = 0   \input hyphen
\language = 1   \input ghyphen3
\language = 2   \input fhyphen
\language = 1
```

bereitgestellt, wobei angenommen wird, daß der amerikanische Originaltrennmusterfile den Namen `hyphen.tex`, der deutsche den Namen `ghyphen3.tex` und ein evtl. französischer den Namen `fhyphen.tex` hat, so entsteht bei der INITEX–Bearbeitung ein Formatfile `lplain.fmt`, der englische, deutsche und französische Trennmuster kennt. Wegen der letzten Angabe `\language` = 1 ist standardmäßig das deutsche Trennmuster aktiv. Die Erweiterung auf weitere Sprachen erfolgt einfach durch Einfügung weiterer Zeilen

> `\language` = n `\input` y`hyphen`

wobei für jede weitere Sprache y der Zahlenwert für n um eins zu erhöhen ist. Hinreichende Rechenspeichergröße vorausgesetzt, sind bis zu 256 verschiedene Trennmusterfiles zulässig.

Enthält der zu bearbeitende Text zusätzlich englische und/oder französische Textteile, so kann für diese mit `\language` = 0 bzw. `\language` = 2 das sprachspezifische Trennmuster aktiviert werden. Bei späterer Rückstellung auf deutsche Textteile muß dann zunächst wieder `\language` = 1 gesetzt werden. Mit der Bereitstellung von drei Befehlen

```
\newcommand{\english}{\language = 0}
\newcommand{\german}{\language = 1}
\newcommand{\french}{\language = 2}
```

kann die Umschaltung noch komfortabler durch Aufruf von `\english`, `\german` oder `\french` erfolgen. Die Ausdehnung auf weitere Sprachen bedarf keiner zusätzlichen Erläuterung. Bei einer Ausdehnung auf weitere Sprachen kann es erforderlich werden, dem File `dcswitch.tex` weitere Informationen hinzuzufügen.

INITEX weist ab Version 3.0 jedem der 256 möglichen Zeichen eines Zeichensatzes zwei Werte `\lccode` und `\uccode` zu, die mit Ausnahme der kleinen und großen Grundbuchstaben a–z und A–Z standardmäßig auf Null gesetzt werden. Zu jedem Zeichen mit dem Kodewert n gehören die TₑX–Zahlenbefehle `\lccode`n und `\uccode`n. Ihr jeweiliger Zahlenwert spiegelt wieder, ob es sich um einen Klein– oder Großbuchstaben handelt und was der äquivalente Groß– bzw. Kleinbuchstabe ist. Der Buchstabe A hat den Kodewert 65. Dem zugehörigen Zahlenbefehl `\uccode65` wird als Zahlenwert ebenfalls 65 zugeordnet, während `\lccode65` den Wert 97 erhält, der dem Kodewert von a entspricht. Umgekehrt ist `\lccode97` = 97 und `\uccode97` = 65.

Allgemein gilt: Ist für ein Zeichen mit dem Kodewert n `\lccode`n = n, so handelt es sich um einen Kleinbuchstaben, bei `\uccode`n = n um einen Großbuchstaben. `\uccode`n = m mit $n \neq m \neq 0$ kennzeichnet den Kleinbuchstaben mit dem Kode n und weist diesem das Zeichen mit dem Kode m als zugehörigen Großbuchstaben zu. Umgekehrt ordnet `\lccode`m = n dem Großbuchstaben mit dem Kode m das Zeichen mit dem Kode n als Kleinbuchstaben zu.

Die für jedes Zeichen in den zugehörigen Werten von `\lccode` und `\uccode` enthaltene Information kann in TₑX und LᴬTₑX benutzt werden, um mit `\uppercase{`*text*`}` bzw. mit `\lowercase{`*text*`}` den Inhalt von *text* in Groß– oder Kleinschreibung auszugeben, unabhängig davon, wie er für *text* tatsächlich eingegeben wurde. Ebenso wird vor evtl. Trennversuchen für ein Wort, dieses Wort unabhängig von seiner Eingabe in Kleinschreibung umgewandelt und die Trennmuster mit der klein geschriebenen Version verglichen.

Bei Zeichen, deren `\lccode` und/oder `\uccode` Null ist, unterbleibt eine etwaige Umwandlung. Da INITEX nur die großen und kleinen Grundbuchstaben mit von Null verschiedenen Werten versieht, muß für die zusätzlichen Zeichen aus den dc–Zeichensätzen die Information für `\llcode` und `\uucode` nachgereicht werden. Betrachtet man die Zeichenordnung der Tabelle 9 genauer, so erkennt man, daß ab Position 128 eine Gruppe von Großbuchstaben folgt,

deren kleine Äquivalente um 32 versetzt sind und sich diese Folge ab Position 192 nochmals
für eine andere Zeichengruppe wiederholt. Mit

```
\uccode128 = 128 \lccode128 = 160    \uccode129 = 129 \lccode129 = 161
\uccode130 = 130 \lccode130 = 162    \uccode131 = 131 \lccode131 = 163

. . . . . . . . . . . . . . . . . . . . . . . . . . . . . . . . . . . .

\uccode160 = 128 \lccode160 = 160    \uccode161 = 129 \lccode161 = 161

. . . . . . . . . .
```

kann die entsprechende Zuordnung für die obere Hälfte der dc–Zeichensätze vorgenommen
werden. Dem Leser sollte es nun nicht schwerfallen, die Tabelle für die gesamte obere Zei-
chensatzhälfte zu vervollständigen und in `dcswitch.tex` einzufügen. Bei einigen Zeichen, wie
z. B. dem § auf Position 159 oder ¡ und ¿ auf 189 bzw. 190 kann die Zuordnung entfallen,
womit die Standardzuordnung von Null durch INITEX gilt, da diese Zeichen keine Groß-
bzw. Kleinäquivalente kennen.

Die Zuweisung der korrekten Werte von `\lccode` und `\uccode` für die deutschen Umlaute
und das ß erfolgen auch in `lgerman3.tex`, so daß bei Beschränkung auf ausschließlich deutsche
Texte diese Ergänzungen nicht unbedingt erforderlich sind. Sie wird jedoch empfohlen, um
für weitere Sprachen gerüstet zu sein.

C.9.7   Beschaffungsquellen und ergänzende Hinweise

Die Hinweise zu den Beschaffungsquellen von LATEX– und TEX–Produkten in D.4.4
gelten auch für die neuen Zeichensätze. Am einfachsten haben es die Anwender, die
aktiven Zugang zu den dort angegebenen Servern in Heidelberg oder Stuttgart haben.
Sie können die entsprechenden Files direkt über öffentliche Datennetze kopieren. Für
Anwender, die keinen Zugang zu diesen Servern haben, wird bezüglich sonstiger Beschaffungsmöglichkeiten auf die ergänzenden Ausführungen in D.4.5 verwiesen.

Die METAFONT–Quellenfiles, einschließlich zusätzlicher Erläuterungsfiles sowie
dem erweiterten deutschen Trennmusterfile `ghyphen3.tex`, finden sich in Stuttgart
unter dem Verzeichnis

```
/soft/tex/fonts/metafont/dc
```

Das darüberliegende Verzeichnis `.../metafont` enthält parallel zu dc eine Vielzahl
weiterer Verzeichnisse mit den METAFONT–Quellenfiles für weitere Schriften, z. B.
griechische, türkische, thai und viele andere. Neben solchen Textzeichensätzen existieren Zeichensätze für Sonderzeichen, z. B. Barkodes, Planetensymbole, Schachdo-
kumentaion, Musikknoten u. a. Die meisten dieser Unterverzeichnisse enthalten neben
den METAFONT–Quellenfiles auch Erläuterungs– und Beispielfiles für die Anwendung.

In Stuttgart befinden sich unter den Verzeichnissen

```
/soft/tex/latex    und deren Unterverzeichnisse sowie
/soft/tex/latex-style-supported/nfss    und
/soft/tex/latex-style-supported/mfss-dc
```

die freigegebenen Fortentwicklungen für LATEX von Frank Mittelbach und Rainer
Schöpf. Mit den Makropaketen aus dem letzten Verzeichnis werden die neuen Eigenschaften auch für die erweiterten dc–Zeichensätze verfügbar gemacht. Die Beistel-
lung eigener Makroänderungen, wie auf den vorangegangenen Seiten dargestellt, kann
damit entfallen. Diese Neuentwicklungen werden in D.3 näher vorgestellt.

Anhang D

LaTeX–Ergänzungen

In 7.6 wurden Hinweise für benutzerspezifische Anpassungen und Ergänzungen zum LaTeX–Programmpaket gegeben. In der sich ständig vergrößernden TeX– und LaTeX–Gemeinde ist inzwischen eine große Zahl von nützlichen Makropaketen entstanden, die den Interessenten meist kostenlos verfügbar gemacht werden können.

D.1   Der deutsche TeX–Befehlszusatz

Beim 6. Treffen der deutschen TeX–Benutzer im Oktober 1987 in Münster wurden die Eigenschaften für eine deutsche TeX– bzw. LaTeX–Version allgemein diskutiert und mit einer Empfehlung für eine *Mindestmenge an deutschen TeX-Befehlen* ("Minimal Subset of German TeX Commands") abgeschlossen. Ihre vorläufige Realisierung erfolgte durch die Erweiterung des `german.sty` Files von Hubert Partl, EDV–Zentrum der Technischen Universität Wien. Dieser File erhält eine größere Zahl von Makros, die auf Ideen von *Hubert Partl* sowie

> *Wolfgang Appelt, Ferdinand Hommes u. a.* (GMD St. Augustin)
> *Norbert Schwarz* (Uni Bochum)   *T. Hofmann* (CIBA–GEIGY, Basel)
> *J. Schrod* (TH Darmstadt)   *D. Armbruster* (Uni Stuttgart)
> *R. Schöpf* (Uni Mainz)   *F. Mittelbach* (Uni Mainz)
> *J. Knappen* (Uni Mainz)   *P. Breitenlohner* (MPI München)

und anderen, nicht genannten Autoren, aufbauen.

Der `german.sty` File definiert einen Satz von TeX–Befehlen, die einheitlich bei allen deutschen TeX–Implementationen zur Verfügung stehen sollten. Die meisten dieser Befehle werden mit " eingeleitet. Das " Zeichen erhält damit eine ähnliche Bedeutung wie der \ (backslash) bei den sonstigen TeX–Befehlen.

Zusätzlich kann mit einem *Sprachschalter* auf die Sprachen *USenglisch, englisch, französisch, deutsch* und *österreichisch* geschaltet werden, wodurch das Datum und bestimmte Überschriften wie "Kapitel", "Inhaltsverzeichnis" u. a. mit den Wörtern der gewählten Sprache erscheinen. Falls es sich bei der vorhandenen TeX–Implementation um ein "Multilingual TeX" handelt, wird durch den Sprachschalter gleichzeitig das richtige Trennverzeichnis aktiviert.

Schließlich kann mit einem weiteren *Schalterpaar* von der deutschen Version vorübergehend auf das LaTeX–Original und wieder zurück geschaltet werden.

D.1.1 Die Umlaute und das ß

Die Eingabe der Umlaute erfolgt durch das unmittelbare Voranstellen des ". Bei den
so erzeugten Umlauten werden die Pünktchen enger an den Buchstaben gerückt, als
es beim LATEX–Original geschieht.

"a ä "o ö "u ü "A Ä "O Ö "U Ü

Zum Vergleich: Ü und Ü, also das Ergebnis von "U und dem Original \"U. Wörter mit
diesen Umlautbefehlen können in den Silben vor und *nach* den Umlauten automatisch
getrennt werden. Mit dem Originalbefehl \"u konnten Trennungen nur bis zur ersten
umlautbehafteten Silbe ausgeführt werden.

Weitere fremdländische Umlaute werden mit "e, "i, "I erzeugt. Bei diesen Umlauten haben die Pünktchen den größeren Originalabstand: ë, ï, Ë, Ï.

Mit dem internen Befehl \umlauthigh kann auf die größere Höhe der Umlautpünktchen
bei den deutschen Umlauten umgeschaltet werden: ä ö ü Ä Ö Ü. Mit \umlautlow wird auf das
Normalaussehen für deutsche Umlaute zurückgeschaltet: ä ö ü Ä Ö Ü. Diese internen Befehle
sind nicht Bestandteil des deutschen Befehlssatzes, sondern dienen zu seiner Realisierung.

Das ß wird durch "s erzeugt. Auch hier sind, im Gegensatz zum Original \ss,
Wörter vor und *nach* dem ß trennbar. Aus Gründen der Kompatibilität zu früheren
Anwendungen kann alternativ *noch* \3 verwendet werden. Neue LATEX–Benutzer
sollten diese Form erst gar nicht verwenden, und ebenso sollte bei zukünftigen An-
wendungen das ß nur noch als "s eingegeben werden, da der Befehl \3 in anderen
Makro–Paketen bereits für andere Zwecke verwendet wird.

D.1.2 Trennhilfen

Die Original–Trennhilfe \- hat zur Folge, daß das mit einer Trennhilfe versehene Wort
nur an den gekennzeichneten Stellen getrennt werden kann: Tabellen\-verzeichnis
läßt als einzige Trennmöglichkeit nur die Trennung nach 'Tabellen-' zu. Mit dem
Befehl "- wird erreicht, daß ein Wort *frühestens* an der gekennzeichneten Stelle sowie
an den folgenden Silben getrennt werden kann: Tabellen"-verzeichnis erlaubt die
Trennungen 'Tabellen-ver-zeich-nis'. Damit kann sich die Originaltrennhilfe auf die
Fälle beschränken, bei denen eine Trennung *nur* an ausgewählten Stellen erlaubt sein
soll. Beispiel: Ur\-instinkt.

Der Befehl "" wirkt wie die Trennhilfe "-, nur wird bei einer Trennung kein Trennstrich '-' angehängt.

Die deutschen Besonderheiten beim Trennen von 'ck' sowie bei zusammengesetzten Wörtern mit drei aufeinanderfolgenden gleichen Konsonanten erhalten durch das
Voranstellen von " eine korrekte Trennhilfe:

Befehl	Beispiel	ungetrennt	getrennt
"ck	Dru"cker	Drucker	Druk-ker
"ff	Schi"ffahrt	Schiffahrt	Schiff-fahrt
"ll	Ro"lladen	Rolladen	Roll-laden
"mm	Schwi"mmeister	Schwimmeister	Schwimm-meister
"nn	Bre"nnessel	Brennessel	Brenn-nessel
"pp	Pa"ppaket	Pappaket	Papp-paket
"tt	Be"ttuch	Bettuch	Bett-tuch

D.1.3   Aufhebung von Ligaturen

Bei zusammengesetzten Wörtern sollten die von TEX verwendeten Ligaturen 'ff', 'fi', 'fl', 'ffi', 'ffl' bei Bedarf aufgelöst werden. Beispiel: Auflage statt Auflage. Ligaturen können mit dem Originalbefehl \/ verhindert werden. Beim zusätzlichen deutschen Befehlssatz sollte statt dessen der Befehl "| verwendet werden, der gleichzeitig eine Trennhilfe darstellt: `Auf"|lage` erzeugt 'Auflage' und läßt die Trennung 'Auf-lage' zu.

Bei den dreifachen Ligaturen 'ffi' und 'ffl' ist auf die richtige Stelle der Auflösung zu achten

`Tief"|flieger`	aber `Stoff"|lager`	für	Tiefflieger bzw. Stofflager
`auf"|finden`	aber `Haff"|insel`	für	auffinden bzw. Haffinsel

D.1.4   Deutsche Anführungszeichen

In deutschen Texten sollten statt der englischen "Quotes" als Anführungszeichen die „Gänsefüßchen" verwendet werden. Der deutsche Befehlssatz sieht hierfür die Befehle

   `"`` oder `\glqq` für „   und   `"'` oder `\grqq` für "

vor. (Die Verwendung der engl. Quotes in diesem Buch ist historisch bedingt.)
Beispiel: „Wir wollen gehen", drängte Walter. „Hier ist jede Diskussion zwecklos".
`"`Wir wollen gehen"'`, dr"angte Walter. "`Hier ist jede Diskussion zwecklos"'`.

Wenn in einen mit Anführungszeichen versehenen Satz eine wörtliche Rede oder eine andere Anführung eingeschoben wird, so erhält diese nach Duden ‚halbe' Anführungszeichen. Im deutschen Befehlssatz erzeugen

   `\glq` für ‚   und   `\grq` für '

diese Anführungszeichen.

Stehen ganze und halbe Anführungszeichen unmittelbar hintereinander, so wird automatisch an der richtigen Stelle ein kleiner Zwischenraum gesetzt:

`\glqq\glq Anfang\grq\` und `\glq Ende\grq\grqq` erzeugt: „‚Anfang' und ‚Ende'".

Eine zusätzliche Formatierungshilfe, die bei der entsprechenden Folge der englischen Quotes nach 3.5.1.3 erforderlich ist, kann hier entfallen.

D.1.5   Französische Anführungszeichen

Bei französischen, gelegentlich aber auch bei deutschen Texten werden «···» als ganze und ‹···› als halbe Anführungszeichen benutzt. Sie werden erzeugt mit

   `"<` oder `\flqq` für «   und   `">` oder `\frqq` für »   bzw.
   `\flq` für ‹   und   `\frq` für ›

Auch hier wird bei unmittelbar hintereinanderstehenden ganzen und halben Anführungszeichen automatisch an der richtigen Stelle ein kleiner Zwischenraum gesetzt: `"<\flq d\'ebut\frq\` et `\flq fin\frq">` ergibt «‹début› et ‹fin›».

D.1.6   Sprachumschaltung

Mit dem Befehl

    \selectlanguage{*sprache*}

und den Werten \austrian, \english, \french, \german oder \USenglish für
sprache kann auf die entsprechenden Sprachen umgeschaltet werden. Dadurch erscheint mit dem Befehl \today das Datum in der Form der entsprechenden Sprache.
Ebenso werden die automatisch erscheinenden Überschriften wie „Kapitel", „Inhaltsverzeichnis" u. a. mit den Wörtern der gewählten Sprache ausgegeben, also z. B.
als «Chapitre», «Table des matières» bei \french und "Chapter", "Contents" bei
\english.

Bei früheren Versionen von german.sty lautete der Sprachschalter \setlanguage.
Ab Version 3.0 stellt TEX mit diesem Namen jedoch einen Basisbefehl bereit, mit
dem auf ein anderes Trennverzeichnis umgeschaltet werden kann. Wird LATEX in
Verbindung mit TEX ab Version 3.0 genutzt, dann wird mit dem Sprachschalter
\selectlanguage auch das jeweils sprachspezifische Trennverzeichnis aktiviert, vorausgesetzt, daß bei der Erzeugung des Formatfiles lplain.fmt die entsprechenden
Trennmusterfiles bereitgestellt wurden (s. C.9.6, S. 308). Fehlt für eine der angewählten Sprachen das zugehörige Trennverzeichnis, dann wird für diese Sprache ab TEX
3.0 die Trennung vollständig unterdrückt. Dieses Verhalten kann mit einer geringfügi-
gen Änderung der Definition von \selectlanguage geändert werden (s. S. 320), was
gelegentlich bei PC–Anwendungen erforderlich wird.

Das heutige Datum erscheint beim Aufruf des \today Befehls für die verschiedenen
Sprachen als

\selectlanguage	\today
\austrian	31. Jänner 1992
\english	31th January 1992
\french	31 janvier 1992
\german	31. Januar 1992
\USenglish	January 31, 1992

Mit den internen Befehlen \dateaustrian, \dateenglish, \datefrench, \dategerman
und \dateUSenglish wird der \today Befehl für die entsprechenden Sprachen definiert. Soll
nur das Datum durch Aufruf von \today in einer anderen Sprachform gewählt werden, so
kann das durch Aufruf eines der vorstehenden date*sprache* Befehle geschehen. Diese Befehle sind jedoch nicht Bestandteil des deutschen Befehlssatzes, sondern dienen nur zu dessen
Realisierung und könnten ggf. einen anderen internen Namen haben.

Die mit \selectlanguage gewählte Sprache ist so lange aktiv, bis sie durch einen weiteren \selectlanguage auf eine andere Sprache umgeschaltet wird. Erfolgt
die Erklärung \selectlanguage innerhalb einer Umgebung, so endet ihre Wirkung
spätestens mit dem Ende der Umgebung.

Mit der Wahl des Dokumentstils german als Option des \documentstyle Befehls ist
standardmäßig \german die aktive Sprache. Innerhalb des Dokuments kann dann mit
\selectlanguage zwischen den verschiedenen Sprachen gewählt oder umgeschaltet
werden.

D.1.7 Umschaltung auf das TEX–Original

Mit der Wahl des Dokumentstils `german` beim `\documentstyle` Befehl stehen die beschriebenen Befehle des deutschen Befehlssatzes zur Verfügung, und das Layout des Dokuments erfolgt mit den im `german.sty` angegebenen Erklärungen. Gelegentlich soll innerhalb eines Dokuments vorübergehend auf das TEX– oder LATEX–Original umgeschaltet werden. Dies kann mit dem Befehl

> `\originalTeX`

erreicht werden. Nach diesem Befehl wird der weitere Text so bearbeitet, als wäre das LATEX–Original wirksam. Die deutschen TEX–Befehle sind danach undefiniert. Ihr Aufruf führt entweder zu einer Fehlermeldung, oder es erfolgt eine Bearbeitung wie im Original bei der entsprechenden Zeichenfolge, z. B. "a als "a und \"a als ä.

Die Umschaltung auf die Originalbearbeitung mit `\originalTeX` hat eine Ausnahme von der tatsächlichen Bearbeitung durch das Originalprogramm, und zwar den Befehl

> `\germanTeX`

nach dessen Aufruf von der Originalbearbeitung wieder auf die durch `german.sty` ergänzte Bearbeitung zurückgeschaltet wird.

Das " Zeichen hat die Sonderbedeutung als Befehlsumschaltzeichen (wie \) nur, wenn es in einer der in D.1.1 – D.1.5 beschriebenen Kombinationen auftritt. Diese sind

```
"a  "o  "u  "A  "O  "U  "e  "i  "E  "I  "s
"ck "f  "l  "m  "n  "p  "t  bzw. "ff "ll "mm "nn "pp "tt
"-  ""  "|  "'  "'  "<  ">
```

In allen anderen Kombinationen behält das " Zeichen seine Originalbedeutung zur Erzeugung von ("). So erzeugt die Eingabe von "xxx" wie beim Original "xxx". Soll das Originalzeichen von " vor einer der obigen Befehlskombinationen auftreten, so kann dies mit dem Befehl `\dq` erreicht werden: `\dq a` für "a oder `\dq-` für "-.

Da die Originalausgabe von " auch durch das zweimalige Eintippen von ' als '' erzielt wird, kann das Ergebnis von `\dq a` auch durch Eingabe von ''a erzielt werden: "a.

D.1.8 Der Aufruf des `german.sty` Files

Bei einem LATEX–Dokument erfolgt der Aufruf und damit die Bereitstellung seiner Makros durch die Option german beim `\documentstyle` Befehl, z. B. als

> `\documentstyle[german,12pt]{report}`

Die vollständige Nutzung des `german.sty` Files in einem LATEX–Dokument setzt voraus, daß die `article.sty`, `book.sty`, `report.sty` und `letter.sty` Files sowie die zugehörigen Größenfiles *xxx*`10.sty`, *xxx*`11.sty` und *xxx*`12.sty` (*xxx* für `art`, `bk` oder `rep`) geringfügig modifiziert worden sind. D.2.2 beschreibt die ggf. erforderlichen Modifikationen. LATEX–Versionen ab 1. Dezember 1991 unter der Federführung von F. Mittelbach und R. Schöpf enthalten diese Modifikationen stets standardmäßig. Das gleiche gilt für ILATEX von J. Schrod.

D.2　Der `german.sty` File

Der im vorigen Abschnitt beschriebene deutsche TEX–Befehlssatz wird vollständig durch den File `german.sty` von Dr. Hubert Partl, EDV–Zentrum der Technischen Universität Wien, realisiert. Dieser File ist öffentlich ("Public Domain") und steht allen Interessenten kostenlos zur Verfügung.

Die letzte Version 2.3e dieses Files stammt vom 31. Juli 1991 und kann von allen BitNet Benutzern in Deutschland von `LISTSERV @ DHDURZ1` (Rechenzentrum der Universität Heidelberg) und in Österreich von `NETSERV @ AEARN` (Linz) abgerufen werden. Weitere Beschaffungsquellen werden in D.4.4 nachgereicht. PC–TEX–Anwender sollten es als Floppy Disk von ihrem Lieferanten des TEX–Programmpakets beziehen können, wenn es dem Programmpaket nicht bereits beigefügt war.

Inzwischen gibt es auch eine Testversion `german3.sty` zur Zusammenarbeit mit den erweiterten dc–Zeichensätzen. Zur Erläuterung der nächsten Abschnitte möge sich der Leser die auf seinem Rechner vorhandene Version von `german.sty` ausdrucken und als begleitenden Text bereithalten. Auf evtl. Differenzen zwischen den Versionen wird bei den nachfolgenden Erläuterungen hingewiesen.

D.2.1　Strukturbeschreibung des `german.sty` Files

Der `german.sty` File ist im Originalzustand gleichzeitig ein `.doc` File, da er mit umfangreichen Kommentaren versehen ist. Die ersten gut hundert Zeilen dieses Files beschreiben die Wirkung der bereitgestellten deutschen TEX–Befehle gemäß D.1 sowie einige interne Makros, die zur Realisierung der vorangegangenen Befehle benutzt werden. Im anschließenden Definitionsteil treten weitere, die einzelnen Makros erklärende Kommentare auf.

Bei der herkömmlichen Konvention des LATEX–Programmpakets werden die mit Kommentaren und Erläuterungen versehenen Hilfsfiles als `.doc` Files gekennzeichnet. Die `.sty` Files sind dadurch entstanden, daß aus den `.doc` Files alle Kommentare entfernt wurden, d. h. alle mit `%` beginnenden Zeilen gelöscht und sonstige Zeilen, die das Kommentarzeichen `%` enthalten, um den rechts davon stehenden Teil gekürzt wurden. Dadurch werden die `.sty` Files für die Textbearbeitung schneller eingelesen als die natürlich gleichfalls brauchbaren, aber viel umfangreicheren `.doc` Files.

Bei der Installation des vorliegenden `german` Files kann man dieser Konvention folgen. Der Originalfile wird dazu in die Directory, die die `.doc` Files enthält, unter dem Namen `german.doc` kopiert und danach von allen Kommentaren befreit und als `german.sty` abgespeichert.

Der `german.sty` File beginnt mit der Abfrage, ob der Befehl `\mdqon` existiert. Ist das der Fall, so war der File für die laufende Textbearbeitung bereits einmal eingelesen worden und braucht nicht nochmals gelesen zu werden. Anderenfalls wird der Rest des Files eingelesen und definiert die zusätzlichen deutschen TEX–Befehle. Mit dem nächsten folgenden `\message` Befehl wird auf dem Bildschirm die Nachricht

Document Style Option 'german'　Version (*Nr*) as of (*Erstellungsdatum*)

ausgegeben.

Der Normalanwender kann den größeren Teil der folgenden Definitionen im File überspringen. In diesen werden die speziellen Zusatzbefehle zur Erzeugung der Umlaute, des ß, der deutschen und französischen Anführungsstriche sowie die Trennergänzungen definiert. Sie kommen für eine Anwenderänderung nicht in Betracht. Bei der internen Befehlsrealisierung treten zwischen einzelnen Versionen Unterschiede auf, die jedoch zum gleichen Ausgabeergebnis führen.

Für Anwenderergänzungen kommt evtl. das letzte File–Drittel in Betracht, also der Teil, der mit dem Kommentar `% Dates und Captions` überschrieben ist. Er beginnt mit Definitionsgruppen der Form

```
\def\dategerman{\def\today{\number\day.~\ifcase\month\or Januar\or
    Februar\or M\"arz\or April\or Mai\or Juni\or Juli\or August\or
    September\or Oktober\or \November\or \Dezember\fi \space\number\year}}
\def\dateUSenglish{\def\today{\ifcase\month\or January\or February\or
    March\or April\or May\or June\or July\or August\or September\or
    October\or November\or December\fi \space\number\day, \number\year}}
```

und entsprechenden Defintionen für `\dateaustrian`, `\dateenglish` und `\datefrench`. Mit ihren Aufrufen wird der Befehl `\today` jeweils in der zugehörigen Sprache definiert. Der TEX–Befehl `\ifcase` begründet folgende Struktur:

`\ifcase` *i   0. Befehlsfolge* `\or` *1. Befehlsfolge* `\or` ... *n. Befehlsfolge* `\fi`

Auf den `\ifcase` Befehl folgt ein Zähler oder Zahlenwert i, dessen Wert bestimmt, die wievielte der durch `\or` getrennten Befehlsfolgen ausgeführt wird.

Der TEX–Befehl `\month` ist ein solcher Zähler, der entsprechend dem aktuellen Datum die Werte 1, ..., 12 annimmt. Mit der Angabe des Monatsnamen nach dem zugehörigen `\or` erscheint dieser bei der Ausgabe. `\day` und `\year` sind weitere interne TEX–Zähler, deren Inhalte ebenfalls durch das aktuelle Datum bestimmt sind. Mit dem vorangestellten TEX–Befehl `\number` wird der Inhalt des Zählers als arabische Zahl ausgegeben. Mit diesen Erläuterungen kann der Anwender weitere `\date`*sprache* Befehle einrichten, z. B.

```
\def\datespanish{\def\today{\number\day~de~\ifcase\month\or Enero\or
    Febrero\or Marzo\or Abril\or Mayo\or Junio\or Julio\or Augusto\or
    Septiembre\or Octobre\or Noviembre\or Diciembre\fi\ de \number\year}}
```

womit nach dem Aufruf von `\datespanish` der Befehl `\today` das aktuelle Datum als 6 de Febrero de 1992 ausgibt.

Bei früheren Versionen von `german.sty` wird zur Definition der `\date`*sprache* sowie der nachfolgenden `\captions`*sprache* Befehle statt `\def` der TEX–Definitionsbefehl `\gdef` verwendet. Bei diesen Versionen erfolgen die vorstehenden und nachfolgenden Definitionen innerhalb einer namenlosen Umgebung (sie sind durch ein `{...}` Paar eingeschachtelt). Befehlsdefinitionen innerhalb einer Umgebung sind zunächst nur lokal bekannt. TEX–Definitionen innerhalb einer Umgebung können durch das Voranstellen von `\global` vor dem Definitionsbefehl auch nach außen, also global, bekanntgemacht werden. Der TEX–Befehl `\gdef` ist der Befehlsfolge `\global\def` äquivalent, womit die Definitionen global wirken. Falls bei der Version `german.sty` des Lesers an den angeführten Stellen `\gdef` verwendet wird, so hat er diesen auch für seine evtl. Ergänzungen anzugeben, `\datespanish` also als

```
\gdef\datespanish{\def\today{\number\day~de~\ifcase\month\or ... }}
```

zu definieren. Achtung: Im Inneren der globalen Definition bleibt es bei \def, da
diese Definition erst mit dem Aufruf von \datespanish erfolgt!

Mit der nächsten Gruppe \captions*sprache* werden Über– und Unterschriften
sowie Textteile, die in LATEX automatisch erscheinen, sprachspezifisch bereitgestellt:

```
\def\captionsgerman{\def\prefacename{Vorwort}%
                    \def\refname{Literatur}%
                    \def\abstractname{Zusammenfassung}%
                    \def\bibname{Literaturverzeichnis}%
                    \def\chaptername{Kapitel}%
                    \def\appendixname{Anhang}
                    \def\contentsname{Inhaltsverzeichenis}%  %oder: Inhalt
                    \def\listfigurename{Abbildungsverzeichnis}%
                    \def\listtablename{Tabellenverzeichnis}%
                    \def\indexname{Index}%    % oder: Stichwortverzeichnis
                    \def\figurename{Abbildung}%
                    \def\tablename{Tabelle}%  % oder: Tafel
                    \def\partname{Teil}%
                    \def\enclname{Anlage(n)}% % oder: Beilagen
                    \def\ccname{Verteiler}%   % oder: Kopien an
                    \def\headtoname{An}%
                    \def\pagename{Seite}%
                    \def\seename{siehe}%
                    \def\alsoname{siehe auch}}
```

und entsprechend für

```
\gdef\captionsenglish{\def\prefacename{Preface} ... }
\gdef\captionsfrench{\def\prefacename{Pr\'eface}... }
```

nach deren Aufruf, also nach \captions*sprache* werden diverse Namensbefehle als
\def*xxx*name{*text*} mit sprachspezifischem Inhalt *text* definiert. Mit anschließenden
Aufrufen von *xxx*name erscheint ihr Inhalt in der angewählten Sprache.

Nach dem gleichen Muster können vom Anwender weitere \captions*sprache* Befehle eingerichtet werden, wobei ihre Definition ggf. mit \gdef statt mit \def zu
erfolgen hat. Bei früheren Versionen von german.sty sind nicht alle Namensdefinitionen \def*xxx*name{...}, wie sie unter \captiongerman aufgeführt sind, enthalten.
So erscheinen die Definitionen von \prefacename, \seename und \alsoname erst ab
Version 2.3e. Weitere Ergänzungen innerhalb der Definitionen von \captions*sprache*
können vom Anwender ebenfalls leicht vorgenommen werden.

Auf den Definitionsteil für die \captions*sprache* Befehle folgt unmittelbar die Definition für den \selectlanguage Befehl. Vorab wurde für jede Sprache ein Sprachwortbefehl eingerichtet und diesem ein Wert zugewiesen. Im Version 2.3e geschieht
dies mit

```
\chardef\USenglish=0  \chardef\german=1   \chardef\austrian=2
\chardef\french=3     \chardef\english=4
```

Für weitere Sprachen sind mit der Befehlsfolge \chardef*sprache*= $n+1$ leicht weitere Sprachwortbefehle zu erzeugen, denen der Wert $n + 1$ zugewiesen wird, wobei n dem Wert der letzten Zuweisung entspricht. Ist als nächste Sprache spanisch vorgesehen, so lautet Definition und Zuweisung: \chardef\spanish=5.

Bei älteren Versionen von german.sty wurde statt des Sprachwortbefehls ein Sprachwortzähler mit dem gleichen Namen und Zahlenwert, also mit

```
\newcount\USenglish    \global\USenglish=0
\newcount\german       \global\german=1 ...    oder allgemein
\newcount\sprache      \global\sprache= n + 1
```

eingerichtet. Für spanish als nächste Sprache lautet Definition und Zuweisung dann: \newcount\spanish \global\spanish=5

Die abschließend vorgestellte Befehlsdefinition von \selectlanguage wird — vereinfacht dargestellt — auch dem weniger geübten Anwender verständlich werden:

```
\def\selectlanguage#1{\language #1\ifcase #1
  \dateUSenglish \captionsenglish  \or \dategerman \captionsgerman \or
  \dateaustrian \captionsgerman    \or \datefrench \captionsfrench \or
  \dateenglish \captionsenglish \fi}
```

Mit den vorangegangenen Erläuterungen zu \ifcase wird die Befehlsdefinition von \selectlanguage verständlich. Der Befehl hat einen Parameter, der ein Zahlwort oder eine Zahl sein muß. Dieser wird einmal dem neuen TEX–Sprachregister \language zur Auswahl des sprachspezifischen Trennmustersatzes und dann nochmals hinter dem \ifcase Befehl übergeben und bestimmt, die wievielte der nachfolgenden Befehlsfolgen ausgeführt wird. Wird z. B. das Sprachwort \austrian mit dem zugewiesenen Wert 2 übergeben, so läuft die Befehlsfolge \dateaustrian \captionsgerman ab, womit die entsprechende Datumsform des \today Befehls und die diversen Namensbefehle definiert sind.

Sollen weitere Sprachen hinzugefügt werden, so sind nach der vorstehenden Beschreibung zunächst die entsprechenden \captions*sprache*, \date*sprache* Befehle zu definieren und die Sprachwörter oder Sprachzähler *sprache* einzurichten und mit einem Wert zu versehen. Deren anschließende Einfügung in die \selectlanguage Definition sollte nach den vorangegangenen Erläuterungen auch dem einfachen LATEX–Anwender leichtfallen.

In neueren Versionen von german.sty findet eine Prüfung statt, ob der Befehl \language existiert, was nur ab TeX–Versionen 3.0 der Fall ist. Ergibt die Prüfung, daß \language nicht existiert, so wird dieser Befehl mit \newcount\language als Zahlregister eingerichtet. Damit arbeitet der oben definierte Befehl \selectlanguage gleichermaßen mit alten und neuen TEX–Versionen, wobei bei alten Versionen natürlich kein sprachspezifischer Trennmustersatz aktiviert wird.

Bei der Erstellung eines mehrsprachigen Formatfiles lplain.fmt in Verbindung mit german.sty ist darauf zu achten, daß bei den Wertzuweisungen von \language=n vor dem jeweils nachfolgenden \input *s_hyphen* gemäß S. 308 dieselben Werte verwendet werden, wie sie hier für die Sprachwortbefehle oder Sprachzähler festgelegt wurden. Dabei wird sich die Frage stellen: gibt es neben dem deutschen einen eigenständigen österreichischen Trennmusterfile?

Die Anwort wird vermutlich nein lauten. Man hätte bei der Erstellung des Formatfiles `lplain.fmt` natürlich setzen können

    ... `\language=1  \input ghyphen3    \language=2  \input ghyphen3` ...

womit der deutsche Trennmusterfile zweimal eingelesen und zum einen der deutschen und zum anderen der österreichischen Sprache zugeordnet wird, wodurch unnötig Speicherplatz für `lplain.fmt` belegt wird. Eine andere Lösung könnte darin liegen, den österreichischen Zweig bei der Definition von `\selectlanguage` durch

    ...`\or language=\german \dateaustrian \captionsgerman \or` ...

zu ergänzen. Beim österreichischen Zweig wird dann gleichermaßen der deutsche Trennmustersatz wegen `\language=\german` aktiviert. Ein sachgerechterer Lösungsvorschlag für dieses und weitere dialektspezifische Probleme stammt von Peter Breitenlohner, München. Er schlägt vor, neben den Sprachwortbefehlen zusätzliche Dialektwortbefehle oder –zähler für verschiedene Sprachen einzurichten. Die Haupteigenschaften einer Sprache, dazu gehören die sprachspezifischen Trennmuster, werden dann mit dem Sprachwortbefehl, dialektspezifische Besonderheiten innerhalb der Sprache mit dem Dialektwortbefehl aktiviert. Innerhalb des `german.sty` Files ist diese Idee noch nicht realisiert worden. Anwender mit etwas T_EX–Programmierkenntnissen können sich eine entsprechende Lösung sicher einrichten.

    Die angegebene Definition des `\selectlanguage` Befehls war vereinfacht dargestellt. Tatsächlich lautet die erste Zeile im Original

```
\def\selectlanguage#1{\language #1\relax \expandafter\ifcase #1\relax
```

und dem gleichen restlichen Teil wie oben. Die Wirkung der ersten Zeile gegenüber der vereinfachten Darstellung liegt lediglich darin, daß bei einer fehlerhaften Parameterübergabe — z. B. ein nicht existierender Sprachaufruf — eine präzisere Fehlermeldung erfolgt als bei der vereinfachten Darstellung. Wird hieraus `\language #1\relax` entfernt, so erfolgt keine Umschaltung des Trennmustersatzes, was auf PCs evtl. erforderlich sein mag.

    Der Definitionsteil von `german.sty` endet mit der Definition der beiden bereits in D.1.7 vorgestellten Befehle `\originalTeX` und `\germanTeX`. Ihre Definitionen verlangen, wie für die meisten der weiteren Befehlsdefinitionen im `german.sty` File, zu ihrem Verständnis vertiefte T_EX–Kenntnisse, die der normale LAT_EX–Anwender für seine tägliche Arbeit nicht benötigt. Der versiertere T_EX–Programmierer indes wird, insbesondere mit den zugefügten Kommentaren, die Makros verstehen und benötigt keine zusätzliche Erläuterung.

    Eine Ausnahme: Der zu Beginn des Definitionsteils eingeführte Befehl `\allowhyphens` mit der Wirkung `\nobreak\hskip0pt`, der in LAT_EX in etwa `\nolinebreak\hspace{0pt}` entspricht, überrascht zunächst. Durch ihn wird der Trennmechanismus von T_EX trickreich überlistet. T_EX beendet die Trennmöglichkeit für den Rest des Wortes, wenn in einem Wort ein Befehlszeichen, z. B. ein Umlaut, auftritt. Mit der vorstehenden Befehlsfolge wird der vorangehende Wortteil beendet, an den sich der Wortrest als *neues* Wort *ohne* Zwischenabstand anschließt und damit von T_EX erneut getrennt werden kann. Der Trick stammt von Norbert Schwarz, Bochum.

    Das `german.sty` File endet mit dem Aufruf des evtl. global definierten Befehls `\germanTeX` (s. D.1.7), womit die Bearbeitungseigenschaften des `german.sty` Files zum Standard gemacht werden und alle deutschen Zusatzbefehle bekannt und definiert sind.

D.2.2 Anpassung der LaTeX .sty Files an den german.sty File

Die vollständige Nutzung der Eigenschaften des `german.sty` Files verlangt, wie schon in D.1.8 erwähnt, einige Änderungen bei den LaTeX–Files `article.sty`, `book.sty`, `report.sty` und `letter.sty` Files sowie den zugehörigen Größenfiles *xxx*`10.sty`, *xxx*`11.sty` und *xxx*`12.sty` (*xxx* steht für `art`, `bk` oder `rep`). Die erforderlichen Modifikationen ändern jedoch nicht das Bearbeitungsverhalten gegenüber der Originalbearbeitung und liefern somit kein Portabilitätsproblem.

Bei der Beschaffung des `german.sty` Files sind die geänderten LaTeX–Files wahrscheinlich mitgeliefert worden, so daß keine eigene Adaptionsarbeit entsteht. Zukünftige LaTeX–Versionen werden diese Anpassungen ebenfalls stets enthalten. Nur wenn `german.sty` eigenständig beschafft oder kopiert wurde und die genannten LaTeX–Files einer früheren Version sich noch im Originalzustand befinden, ist die Änderung erforderlich. Sie ist jedoch, selbst für den normalen LaTeX–Anwender, leicht selbst vorzunehmen.

Für das Verständnis des folgenden Teils ist es ggf. ratsam, nochmals den Abschnitt 7.6 zu Rate zu ziehen. Die Mehrzahl der automatisch erscheinenden Überschriften werden in den `article.sty`, `book.sty` und `report.sty` Files definiert. Die erforderlichen Änderungen werden am Beispiel `report.sty` ausführlich dargestellt.

Nachdem der File `report.sty` mit dem Editor aufgerufen ist, sollte nach dem Wort `Chapter` gesucht werden. Dieser tritt in dem Befehl

```
\def\@chapapp{Chapter}
```

auf und stellt das Wort "Chapter" zum Ausdrucken über der Kapitelüberschrift bereit. Der Befehl ist dadurch zu ändern, daß das Wort `Chapter` durch den Namensbefehl `\chaptername` zu ersetzen ist.

Als nächstes ist nach dem Wort `Contents` oder `CONTENTS` zu suchen. Beide Wörter treten in der Definition für den Befehl `\tableofcontents` auf. Dies ist eine mehrzeilige Definition, wobei es für die Änderungszwecke nur auf den Teil

```
. . . \chapter*{Contents\markboth{CONTENTS}{CONTENTS}}  . . .
```

ankommt. (Je nach LaTeX–Version taucht ggf. statt `\markboth` in der vorstehenden Befehlsfolge `\@mkboth` auf.) Hierin ist das Wort `Contents` durch den Namensbefehl `\contentsname` und das Wort `CONTENTS` durch die Befehlsfolge `\uppercase{\contentsname}` zu ersetzen. Nach der Änderung muß also die obige Befehlsfolge als

```
... \chapter*{\contentsname
        \markboth{\uppercase{\contentsname}}{\uppercase{\contentsname}}} ...
```

erscheinen (bzw. `\@mkboth{\uppercase{...}}{...}}`, falls statt `\markboth` im Original `\@mkboth` gestanden hatte).

In gleicher Weise sind die Originaldefinitionen für `\listoffigures`, `\listoftable`, `\thebibliography` und `\theindex` abzuändern. Diese enthalten äquivalente Strukturen, z. B. für den ersten Befehl

```
... \chapter*{List of Figures\markboth{LIST OF FIGURES}{LIST OF FIGURES}} ...
```

Nachdem durch Suchen nach `FIGURES` die Stelle gefunden ist, wird wie oben `List of Figures` durch `\listfigurename` und `LIST OF FIGURES` durch `\uppercase{\listfigurename}` ersetzt.

Die äquivalenten Stellen der anderen Befehle findet man durch Suchen nach den Wörtern TABLE, BIBLIOGRAPHY und INDEX, bei denen die jeweiligen Texte durch \listtablename, \bibname und \indexname und deren Großschreibungen durch \uppercase{*Namensbefehl*} zu ersetzen sind.

Schließlich sind noch die Wörter Figures und Tables abzuändern. Diese treten in den Befehlsdefinitionen

```
\def\fnum@figure{Figure \thefigure}
\def\fnum@table{Table \thetable}
```

auf, in denen Figure durch \figurename\ und Table durch \tablename\ zu ersetzen sind.

Zum Abschluß sollte nach dem Wort Part gesucht werden. Tritt dieses Wort nicht im File report.sty auf, so enthalten die zugehörigen rep10.sty, rep11.sty und rep12.sty die Definition für den \@part Befehl, und die Änderungsmaßnahme muß in den dortigen Files vorgenommen werden. Wird das Wort gefunden, so ist von der mehrzeiligen Definition nur der Teil

```
. . . \huge\bf Part \thepart . . .
```

von Interesse, bei dem Part durch \partname zu ersetzen ist.

Der report.sty File enthält nun an Stelle der ursprünglichen Textwörter die entsprechenden Namensbefehle. Diese sind im german.sty File definiert und stehen mit ihren Inhalten zur Verfügung, wenn die Option german im \documentstyle Befehl angegeben war. Ohne die german Option sind die Namensbefehle unbekannt und somit nicht definiert. Damit der report.sty File auch in der Originalform ablaufen kann, sind die Namensbefehle mit ihrer ursprünglichen Bedeutung im report.sty File zusätzlich zu definieren. Diese sollten gleich zu Beginn des Files als

```
\def\partname{Part} \def\chaptername{Chapter} \def\contentsname{Contents}
\def\listfigurename{List of Figures} \def\listtablename{List of Tables}
\def\bibname{Bibliography} \def\indexname{Index}
\def\figurename{Figure}      \def\tablename{Table}
```

eingerichtet werden. Mit dieser Ergänzung erfolgt die Bearbeitung ohne die german Option wie im Original. Die aufgerufenen Namensbefehle übergeben ihren Inhalt an der Stelle der Aufrufe, und das sind genau die Wörter, die ursprünglich dort gestanden haben. Mit der Option german werden die soeben im report.sty File eingeführten Namensdefinitionen durch die des german.sty Files ersetzt, da aufgrund der internen LATEX-Steuerung die opt.sty Files erst nach den report.sty und rep1x.sty Files eingelesen werden.

Nunmehr sind noch die dem report.sty File zugeordneten Größenfiles rep1x.sty ($x = 0, 1, 2$) geringfügig zu modifizieren. In allen drei Files ist das Wort Appendix zu suchen. Dieses tritt innerhalb der Definition des \appendix Befehls in der Form

```
. . . \def\@chapapp{Appendix} . . .
```

auf und ist in ...\def\@chapapp{\appendixname}... zu ändern. Auch hier muß wie beim report.sty File zum Abschluß noch der Namensbefehl definiert werden:

```
\def\appendixname{Appendix}
```

Die Befehlsdefinition sollte gleich zu Beginn der Größenfiles erfolgen.

War der \@part Befehl nicht im report.sty File definiert, das Wort Part im dortigen File also nicht enthalten, so wird man es in den Größenfiles finden, und die oben beschriebene Änderung ist hier anzubringen.

Damit sind alle erforderlichen Änderungen für den `report` Stil vollständig und ausführlich beschrieben. Es sollte jetzt nur noch kenntlich gemacht werden, daß die Originalfiles entsprechend modifiziert wurden. Dies ist durch eine Kommentarzeile zu Beginn jedes geänderten Files sicherzustellen. Im `report.sty` File kann zusätzlich die mit dem dortigen `\typeout` Befehl auf den Bildschirm ausgeschriebene Nachricht einen Hinweis auf die Anpassung enthalten.

Die notwendigen Änderungen des `book` Stils sind mit denen des `report` Stils identisch. Die vorangegangene Beschreibung trifft damit genauso zu, wenn mit dem Editor `book.sty` und `bk1x.sty` bearbeitet wird.

Die Änderungen für den `article.sty` File unterscheiden sich geringfügig von den vorangegangenen. Da der `article` Stil den Gliederungsbefehl `\chapter` nicht kennt, entfällt die Suche nach `Chapter` und statt nach `BIBLIOGRAPHY` ist nach `REFERENCES` zu suchen. In den zu ändernden Befehlsteilen steht statt `\chapter*{...}` jeweils `\section*{...}`. Die hierin vorzunehmenden Änderungen entsprechen den vorangegangenen Beschreibungen, nur daß im `\thebibliography` Befehl statt `\bibname` hier `\refname` zu verwenden ist.

Andererseits kennt der `article` Stil noch den Gliederungsbefehl `\abstract`. Dazu ist noch nach dem Wort `Abstract` zu suchen. Dieses tritt in der Definition des `\abstract` Befehls zweimal auf, und zwar in der Kombination

    `. . . \section*{Abstract} . . . {\bf Abstract\...} . . .`

Hierin ist `Abstract` beide Male durch `\abstractname` zu ersetzen.

Im Definitionsteil für die Namensbefehle zu Beginn des Files entfällt die Definition von `\chaptername`. Dafür ist hinzuzufügen `\def\abstractname{Abstract}` und statt der Definition von `\bibname` ist `\def\refname{References}` zu verwenden.

War der `\@part` Befehl im `article.sty` File definiert, so benötigen die zugehörigen `art1x.sty` Befehle keine Änderungen. Anderenfalls ist `\@part` in den Größenfiles definiert, wie die dann erfolgreiche Suche nach `Part` zeigen wird, und die entsprechenden Änderungen sind in den `art1x.sty` Files anzubringen.

Beim Originalbriefstil `letter` erscheinen mit den Befehlen `\cc{c_text}` und `\encl{e_text}` 'cc: *c_text*' bzw. 'encl: *e_text*. Die Kopfzeilen von Fortsetzungsseiten werden mit der Kopfzeile

    To *Name*   *Datum*   Page *Nr*

ausgegeben. Um auch hier die entsprechenden Wörter in der gewählten Sprache richtig auszugeben, sind in `letter.sty` Änderungen, wie sie ähnlich bereits in A.3 zur Erstellung eines firmenspezifischen Briefstils vorgeschlagen wurden, vorzunehmen. Zur Erinnerung: die Definition von `\cc` lautet

    `\def\cc#1{\par\noindent`
        `\parbox[t]{\textwidth}{\@hangfrom{\rm cc: }\ignorespaces #1\strut}\par}`

und gleichlautend für `\encl`, wenn in der vorstehenden Definition das Auftreten von `cc` beide Male durch `encl` ersetzt wird. Evtl. steht in der innersten Klammer vor dem `\rm` noch ein `\reset@font`. In beiden Definitionen ist in der innersten Klammer `cc` durch `\ccname` bzw. `encl` durch `\enclname` zu ersetzen.

Die Wörter 'To' und 'Page' erscheinen in der Definition von

    `\def\ps@headings{\def\@oddhead{\sl To \ignorespaces\toname \hfil \@date`
        `\hfil Page \thepage}\def\@oddfoot{}}`

und sind hierin durch `\headtoname` bzw. `\pagename` zu ersetzen. Schließlich sind die vier Namensdefinitionen mit den englischen Standardbegriffen nochmals zu Beginn von `letter.sty` als

```
\def\enclname{encl}    \def\ccname{cc}
\def\headtoname{To}    \def\pagename{Page}
```

einzurichten, damit sie auch ohne Einbindung von `german.sty` bekannt sind. Mit diesen Änderungen sind alle LAT_EX–Standardstile an die Eigenschaften von `german.sty` angepaßt. Ohne
den Aufruf der Option `german` erscheint das Bearbeitungsergebnis wie beim unangepaßten
Original.

Weitere Anpassungen können evtl. noch bei einigen speziellen `.sty`–Files erforderlich werden. So sollte in dem ganz kurzen `makeidx.sty`–File in der Definition `\see` das im Innern
auftretende Wort `see` durch `\seename` ersetzt und die Originaldefinition `\def\seename{see}`
hinzugefügt werden.

D.2.3   Ein eigener `lgerman.tex` File

In vielen Fällen wird der Original `letter.sty` File an die anwenderspezifischen An-
forderungen angepaßt worden sein, um eigene Briefköpfe automatisch zu erstellen.
Ebenfalls sind dann vermutlich weitere Briefbefehle wie `\subject`, `\myref` u. a. zur
Erzeugung und Positionierung von "Betreffangaben", "Bezugszeichen" u. ä. einge-
richtet worden. Die benutzer– oder firmenspezifischen Anpassungen des `letter.sty`
Files sind am Beispiel unseres Institutsbriefkopfes in Anhang A.3.1 beschrieben.

Die Kombination eines anwendereigenen `letter.sty` Files mit einem erweiterten
`german.sty` File wird nicht schwerfallen. Die `\captionssprache` Befehle werden einfach um zusätzliche Namensbefehle wie `\subjectname`, `\myrefname` u. a. erweitert.
Auf der anderen Seite sind in `letter.sty` die in A.3 eingeführten Schaltervariablen
`\if@german` und Optionsvariablen `\ds@german` zu entfernen, ebenso wie die mit

```
\if@german \catcode`\"=\active \let"=\"  \let\3=\ss
   \def\enclname{Anlagen:} . . . \def\today{...}\fi
```

eingeschachtelte Befehlsgruppe zur Bereitstellung der deutschen Begriffe.

Achtung: Optionsfiles werden stets erst nach den Hauptstilfiles eingelesen. Damit
stehen die Makros aus den Optionsfiles innerhalb des Hauptstilfiles noch nicht zur
Verfügung. Für Briefköpfe eines anwenderspezifischen `letter.sty` Files müssen die
Umlaute und das ß deshalb in der Originalform als `\"u` und `\ss` eingegeben werden.

Die Erweiterung des `german.sty` Files ist auf einem PC unproblematisch. Die
Erweiterung zur Verwendung mit benutzerangepaßten `letter.sty` Files mag in Rechenzentren auf Schwierigkeiten stoßen, insbesondere wenn verschiedene benutzerspezifische `letter.sty` Files bedient werden sollen, die möglicherweise eine Vielzahl ganz
unterschiedlicher Ergänzungsbefehle kennen. Außerdem werden mit dem erweiterten
`german.sty` File stets auch die ursprünglichen Namensbefehle übergeben, die beim
`letter` Stil gar nicht benötigt werden.

Die Änderung in einer Kopie von `german.sty` innerhalb einer anwendereigenen
Directory ist auch in einem Rechenzentrum möglich. Wird die Kopie in `lgerman.tex`
umbenannt und gleichzeitig im eigenen `letter.sty` die Schalter– und Optionsvariablen `\if@german` und `\ds@german` entsprechend A.3.1 auf S. 252 eingeführt (oder
behalten, s. o.), dann wird mit

```
\if@german  \input lgerman \fi
```

innerhalb von `letter.sty` der File `lgerman.tex` vorab eingelesen und steht mit seinen
Definitionen bereits innerhalb von `letter.sty` zur Verfügung.

D.3 Neueste und zukünftige LATEX–Versionen

Leslie Lamport, der Autor des Originalprogramms von LATEX, hat seine Tätigkeit an LATEX–Fortentwicklungen definitiv eingestellt. Das bedeutet aber nicht, daß LATEX auf seinem derzeitigen Stand eingefroren wird. Die internationale TEX–Users–Group (TUG) hat einen Arbeitskreis zur LATEX–Weiterentwicklung, unter der Leitung von Frank Mittelbach und Rainer Schöpf, eingerichtet.

Bei der Fort– und Weiterentwicklung großer Programmsysteme oder Programmiersprachen hat der Gesichtspunkt der Kompatibilität zu früheren Programmversionen stets einen sehr hohen Stellenwert. Genaugenommen ist es die sog. Abwärtskompatibilität, deren Erhaltung stets gefordert wird. Diese erlaubt für Fortentwicklungen zwar neue und weitere Sprachelemente, durch die jedoch die Bearbeitung früherer Programme oder Texte weiter unverändert möglich sein muß. Neue Programme oder Texte, die von den neuen oder erweiterten Sprachelementen Gebrauch machen, können mit den älteren Programmversionen im allgemeinen nicht oder nicht im erweiterten Sinne bearbeitet werden.

Die Kompatibilitätsforderung steht einer Fortentwicklung oft sehr störend im Weg, bis hin zu der Folge, daß sehr wünschenswerte Erweiterungen unterbleiben müssen, wenn diese die Kompatibilität aufheben. Um diese Schranke für Weiterentwicklungen zu durchbrechen, wird oft ein Kompromiß akzeptiert, bei dem der neuen Version eine oder einige Optionen zugefügt werden, nach deren Aktivierung frühere Programme oder Texte in herkömmlicher Weise bearbeitet werden können.

Die meisten bisherigen LATEX–Anwender würden vermutlich eine neue LATEX–Version ablehnen, wenn ihre bisherigen Texte damit nicht mehr bearbeitet werden könnten. Sie würden eine solche Version aber akzeptieren, wenn nicht gar freudig begrüßen, wenn diese einerseits weitere leistungsfähige Möglichkeiten eröffnet und andererseits die Bearbeitung früherer Texte durch eine zusätzliche Optionsangabe `oldstyle` im Dokumentstilbefehl gesichert werden kann.

Frank Mittelbach und Rainer Schöpf haben neue LATEX–Versionen 2.10 und 3.0 angekündigt, die Spracherweiterungen enthalten werden und bei denen die Kompatibilität zu früheren Eingabetexten zumindest mit einer Option `oldstyle` sichergestellt wird. Einige der Spracherweiterungen sind bereits in Version 2.09 eingebaut, wenn diese das Erstellungsdatum <1. December 1991> oder später ausweist. Hierzu gehören z. B. die im vorletzten Unterabschnitt D.2.2 vorgestellten Änderungen zur Nutzung von `german.sty`, aber auch das im nächsten Unterabschnitt vorgestellte neue Zeichensatz–Auswahlverfahren, wenn es aktiviert wird.

D.3.1 Ein neues Zeichensatz–Auswahlverfahren

LATEX stellt standardmäßig zur Schriftauswahl die Schriftartenbefehle `\rm`, `\bf`, `\sc` `\sl`, `\it`, `\sf` und `\tt` (s. 4.1.2) sowie die Schriftgrößenbefehle von `\tiny` bis `\Huge` (s. 4.1.3) bereit. Die Schriftartenbefehle aktivieren jeweils einen eigenen Zeichensatz, so daß sie sich gewissermaßen gegeneinander ausschließen. Die Schriftgrößenbefehle schalten auf eine andere Schriftgröße um und aktivieren zunächst den Roman–Zeichensatz `\rm` in der angesprochenen Größe. Die Umschaltung der Größe bei einer anderen Schrift verlangt, daß der Schriftgrößenbefehl dem Schriftartenbefehl vorangestellt

wird, z. B. \Large\sf. Ein Aufruf in umgekehrter Reihenfolge \sf\Large hebt die
Umschaltung auf \sf unmittelbar auf und stellt \rm in der Größe \Large bereit.

Man gewöhnt sich nach einiger Zeit an diese Einseitigkeit zwischen Größen– und
Stilaufrufen, obwohl gerade Anfänger dies als erschwerend empfinden. Man würde
es allgemein begrüßen, wenn Schriftgröße und Schriftart *unabhängige* Auswahleigen-
schaften wären, so daß das Auswahlergebnis unabhängig von der Reihenfolge zwischen Größe und Art bliebe. Auch die Schriftartenbefehle erscheinen dem Anfänger
keineswegs als sich gegenseitig ausschließend. \bf und \sl wird zunächst eher als
ein Schriftattribut empfunden, mit der auf fette bzw. geneigte Schriften umgeschaltet
wird, so daß \bf\sf eine fette serifenlose und \sl\tt eine geneigte Schreibmaschinenschrift erwarten läßt.

Frank Mittelbach und Rainer Schöpf hatten bereits 1989 einen Vorschlag für ein
neues Auswahlverfahren der Zeichensätze (NFSS, New Font Selection Scheme) unterbreitet und Anfang 1990 eine Realisierung für die LATEX–Bearbeitung vorgestellt.
Nach diesem Vorschlag werden jeder Schrift vier sog. Attribute 'Familie'[1], 'Serie',
'Form' und 'Größe' zugeordnet, die mit den Grundbefehlen

$$\texttt{\textbackslash family\{}\textit{fam}\texttt{\}} \quad \texttt{\textbackslash series\{}\textit{st\_br}\texttt{\}} \quad \texttt{\textbackslash shape\{}\textit{form}\texttt{\}} \quad \text{und} \quad \texttt{\textbackslash size\{}\textit{größe}\texttt{\}\{}\textit{z\_abstand}\texttt{\}}$$

eingestellt werden. Der Parameter *fam* in \family{*fam*} kennzeichnet bestimmte
Grundeigenschaften der Schriften (evtl. ihre Herkunft). So werden für die cm–Schriften mit cmr für *fam* alle Serifenschriften aus C.3.1 zu einer Familie zusammengefaßt.
Zur gleichen Familie wird zusätzlich noch die in C.3.3 als Zierschrift bezeichnete
Schrift 'cmu' gezählt. Mit cmss werden die serifenlosen Schriften aus C.3.2 und
mit cmtt die Schreibmaschinenschriften aus C.4 jeweils als eigene Familie charak-
terisiert. Schließlich bildet die Schrift 'cmfib8' eine eigenständige Familie, die mit
\family{cmfi} ausgewählt wird.

Der Parameter *st_br* in \series{*st_br*} kennzeichnet die *Stärke* (engl. 'weight')
und *Weite* oder *Breite* (engl. 'width') der anzuwählenden Schrift. Die Kennung erfolgt
durch eine Gruppe von 1 bis 4 Buchstaben, die aus der nachfolgenden Tabelle zu
entnehmen sind.

— Stärke —			— Weite —			
Ultralight	ul	(ultraleicht)	Ultracondensed	50%	uc	(u–gestaucht)
Extralight	el	(extraleicht)	Extracondensed	62.5%	ec	(e–gestaucht)
Light	l	(leicht/dünn)	Condensed	75%	c	(gestaucht)
Semilight	sl	(halbleicht)	Semicondensed	87.5%	sc	(s–gestaucht)
Medium	m	(normal)	Medium	100%	m	(normal)
Semibold	sb	(halbfett)	Semiexpanded	112.5%	sx	(s–gedehnt)
Bold	b	(fett)	Expanded	125%	x	(gedehnt)
Extrabold	eb	extrafett	Extraexpanded	150%	ex	(e–gedehnt)
Ultrabold	ub	(ultrafett)	Ultraexpanded	200%	ux	(u–gedehnt)

---

[1]Das hier eingeführte Attribut der Familie hat *nichts* mit dem TEX-Grundbegriff 'family' zu tun.
In TEX werden unter einer 'family' jeweils drei Schriften in unterschiedlicher Größe zusammengefaßt,
aus denen beim Formelsatz die Grundzeichen sowie die Zeichen für ein– und zweifache Umstellungen
(Exponenten und Indizes) entnommen werden. Der hier als Attribut verwendete Begriff der Familie
kennzeichnet vielmehr gewisse Gemeinsamkeiten einer ganzen Gruppe von Zeichensätzen.

Die Kennungsgruppe für `\series{`*st_br*`}` besteht aus den Kennbuchstaben für die Stärke, gefolgt von den Kennbuchstaben für die Weite. Mit `ebsc` wird die Stärke 'extrabold' mit der Weite 'semicondensed' und mit `bx` die Stärke 'bold' mit der Weite 'expanded' kombiniert. Der Buchstabe `m` entfällt, wenn die normale Stärke mit einer nichtnormalen Weite oder eine nichtnormale Stärke mit der normalen Weite kombiniert wird. Statt `bm` ist also einfach `b` und statt `mc` einfach `c` zu wählen. Für die Kombination der normalen Stärke mit der normalen Weite ist statt `mm` ein einfaches `m` anzugeben.

Für *form* in `\shape{`*form*`}` ist eine der Kennungen `n`, `it`, `sl`, `sc` oder `u` zu wählen. Damit wird als Schriftform 'normal' (senkrecht), 'italic', 'slanted' (geneigt) oder 'Kapitälchen' (verkleinerte Großbuchstaben an Stelle der Kleinbuchstaben) gewählt. Mit der letzten Kennzeichnung `u` wird eine 'ungeneigte' Italicschrift eingestellt.

Der Attributbefehl `\size{`*größe*`}{`*z_abstand*`}` hat zwei zwingende Argumente. Das erste ist eine reine Zahl, mit der die Schriftgröße in Druckerpunkten `pt` eingestellt wird. Das zweite Argument muß eine Maßangabe sein, mit der der Zeilenabstand für die gewählte Schriftgröße eingestellt wird. Das zweite Argument wird intern an `\baselineskip` (s. 3.2.3) weitergereicht. Mit `\size{12}{15pt}` wird die Schriftgröße 12pt mit einem Zeilenabstand von 15pt angefordert.

Sind alle vier Attribute eingestellt worden, dann kann die zugehörige Schrift mit dem Befehl `\selectfont` aktiviert werden. Das grundsätzlich Neue an diesem Auswahlverfahren ist die gegenseitige Unabhängigkeit der vier Attribute. Wird eines oder mehrere mit neuen Attributbefehlen verändert, so bleiben die anderen erhalten. War z. B. gewählt worden:

    `\family{cmr} \series{bx} \shape{n} \size{12}{15pt}`

womit die senkrechte, fette und gedehnte Romanschrift der Größe 12pt mit einem Zeilenabstand von 15pt eingestellt ist, so wird mit einem späteren `\family{cmss}` die serifenlose Schrift unter Beibehaltung der Serie (Stärke und Weite) 'bx', Form 'n' und Größe '12(15pt)' voreingestellt und mit einem weiteren `\selectfont` aktiviert.

Bei der Auswahl der Attribute sind formal alle angeführten Kennungen erlaubt. Dabei können Kombinationen gewählt werden, für die ein sie realisierender Zeichensatz nicht existiert. In solchen Fällen erzeugt LATEX beim Aufruf von `\selectfont` eine Fehlermeldung oder eine Warnung und teilt mit, welcher Zeichensatz statt dessen gewählt wird. Für das Attribut `\size` werden standardmäßig als Schriftgrößen die Werte 5, 6, 7, 8, 9, 10, 11, 12, 14, 17, 20 und 25 als vorhanden angesehen. Eine Erweiterung ist aber leicht vorzunehmen. Das zweite Argument von `\size` ist beliebig zu wählen, da hiermit nicht eine Schrifteigenschaft, sondern der Zeilenabstand eingestellt wird.

Die nachfolgende Tabelle (Dokumentation: F. Mittelbach und R. Schöpf) stellt für die Computer–Modern–Zeichensätze die Kombinationen für `\family`, `\series` und `\shape` zusammen, für die tatsächlich Zeichensätze existieren. Die Zulässigkeit von Kombinationen, für die keine cm–Zeichensätze existieren, mag zunächst als Mangel empfunden werden. Tatsächlich ist das neue Auswahlverfahren auf die Zukunft ausgerichtet, so daß es offen für weitere Zeichensätze ist. So können mit ihm auch die immer häufiger verwendeten Postscript–Zeichensätze in ihrer vollen Variabilität angesprochen werden.

series	shape(s)	Beispiele für Zeichensatzfilenamen
Computer modern roman — (\family{cmr})		
m	n, it, sl, sc, u	cmr10, cmti10, cmsl10, cmcsc10, cmu10
bx	n, it, sl	cmbx10, cmbxti10, cmbxsl10
b	n	cmb10
Computer modern sans serif — (\family{cmss})		
m	n, sl	cmss10, cmssi10
bx	n	cmssbx10
sbc	n	cmssdc10
Computer modern typewriter — (\family{cmtt})		
m	n, it, sl, sc	cmtt10, cmitt10, cmsltt10, cmtcsc10
Computer modern fibonacci — (\family{cmfi})		
m	n	cmfib8

Zu Beginn von \begin{document} setzt LATEX für die vier Attribute die Standardwerte \family{cmr}, \series{m}, \shape{n} sowie für \size die Größe aus der evtl.
Größenoption bzw. 10 ein. Damit sind zu Beginn der LATEX–Bearbeitung stets alle
vier Attribute gesetzt. Die Anfangsattribute können mit geeigneten Anweisungen im
Vorspann verändert werden.

D.3.2   Vereinfachte Zeichensatzauswahl

Die Attributbefehle \family, \series, \shape und \size stellen zusammen mit
\selectfont gewissermaßen die Grundbefehle für das neue Zeichensatz–Auswahlschema dar. Der Anwender braucht nicht unbedingt auf diese Attributbefehle zurückzugreifen, sondern kann sie aus höherer Ebene mit den ihm geläufigen Schriftarten-
und Schriftgrößenbefehlen ansprechen.

Beim Aufruf der Schriftartenbefehle erscheint zunächst dasselbe Ergebnis wie bei
bisherigen Versionen, obwohl die Schriftartenbefehle sich in ihren tieferliegenden Eigenschaften verändert haben. Die Schriftartenbefehle \rm, \sf und \tt sind nunmehr
gleichbedeutend mit \family{cmr}, \family{cmss} bzw. \family{cmtt}, jeweils gefolgt von einem \selectfont. Der Schriftartenbefehl \bf ist dagegen jetzt gleichbedeutend mit \series{bx} und die Schriftartenbefehle \sl, \it und \sc haben die
Bedeutung von \shape{sl}, \shape{it} bzw. \shape{sc} angenommen, ebenfalls
mit jeweils einem nachfolgenden \selectfont.

Die bisherigen Schriftgrößenbefehle \tiny bis \Huge entsprechen nun dem Attribut \size mit passenden Werten für dessen Argumente und einem nachfolgenden
\selectfont. Da mit \begin{document} Standardattribute eingestellt werden, die
zur Schrift cmr10 (bzw. cmr10 scaled 1095 oder cmr12 bei den Größenoptionen 11pt
bzw. 12pt) führen, wird das Verhalten der neuen Schriftarten– oder Schriftgrößenbefehle verständlich: Die Schriftartenbefehle \rm, \sf und \tt schalten zwischen den
Familien cmr, cmss und cmtt um, unter Beibehaltung der sonstigen Attribute, was
zu den Schriftsätzen cmr10, cmss10 und cmtt10 (bzw. den einer evtl. Größenoption

zugeordneten Größen) führt. Mit einem anfänglichen `\bf` wird das Serienattribut `bx` eingestellt und damit die Schrift `cmbx10` aktiviert. Die weiteren ersten Attributänderungen mit `\it`, `\sl` und `\sc` sowie mit den Schriftgrößenbefehlen sind in ihrer Wirkung ebenso erkennbar, womit die anfängliche Übereinstimmung mit den früheren Schriftarten– und Schriftgrößenbefehlen klar ist.

Das Verhalten der neuen Schriftarten– und Schriftgrößenbefehle kann sich dagegen bei mehrfacher Umschaltung ändern. War zunächst mit `\bf` auf die Schrift `cmbx10` umgestellt worden, so ändert ein anschließender `\sf` die Familie unter Beibehaltung des Serienattributs `bx`, was nun zur Schrift `cmssbx10` und nicht, wie früher, zur Schrift `cmss10` führt. Folgt anschließend dann ein Schriftgrößenbefehl, z. B. `\footnotesize`, so führt dies nun zum Zeichensatz `cmssbx10 scaled 800` und nicht, wie früher, zu `cmr8`. Die Reihenfolge von Schriftarten– und Schriftgrößenbefehlen beeinflußt jetzt nicht mehr das Auswahlergebnis. Auch das Auswahlergebnis aufeinanderfolgender Schriftartenbefehle ist angemessener als die bisherige starre Zuordnung zu jeweils einem spezifischen Zeichensatz für jeden Schriftartenbefehl.

War mit `\bf` auf das Serienattribut `bx` umgeschaltet worden, so gibt es nun zunächst keinen Schriftartenbefehl, mit dem auf ein anderes Serienattribut zurückgeschaltet werden kann. Mit der expliziten Angabe `\series{m}\selectfont` kann natürlich auf das normale Serienattribut umgeschaltet und der dann zugeordnete Zeichensatz aktiviert werden. Um die Analogie zu den Schriftartenbefehlen zu erhalten, ist deshalb ein weiterer Befehl `\mediumseries` zugefügt worden, der dieselbe Wirkung wie `\series{m}\selectfont` hat.

In gleicher Weise kann das Formattribut, das mit `\sl`, `\it`, `\sc` umgeschaltet wird, mit einem weiteren neuen Befehl `\normalshape` so zurückgeschaltet werden, wie dies mit der Befehlsfolge `\shape{n}\selectfont` geschehen würde.

Das neue Zeichensatz–Auswahlverfahren stellt 7 interne Einstellbefehle mit den Namen

```
\rmdefault  \sfdefault  \ttdefault  \bfdefault
\itdefault  \scdefault  \sldefault
```

bereit. Diese Befehle sind sog. Initialisierungsbefehle, die zu Beginn der Bearbeitung intern aufgerufen werden und festlegen, welche Familien mit den Befehlsaufrufen `\rm`, `\sf` und `\tt`, welches Serienattribut mit `\bf` und welche Formattribute mit `\it`, `\sc` und `\sl` angesprochen werden. Diese Einstellbefehle können mit `\renewcommand` verändert werden. Wird z. B. im Vorspann des zu bearbeitenden LATEX–Textes

```
\renewcommand{\rmdefault}{cmss}  \renewcommand{\itdefault}{sl}
```

geschrieben, so wird zum Bearbeitungsbeginn und nach `\rm` Befehlen die Schriftfamilie `cmss`, also die serifenlosen Schriften, als Roman–Standard bereitgestellt. Mit Aufrufen von `\it` wird nunmehr standardmäßig das Attribut `\shape{sl}` verknüpft.

Neben den fetten und gedehnten `cmbx`–Schriften gibt es unter den cm–Schriften auch die fette Schrift in normaler Weite `cmb10`. Nach

```
\renewcommand{\bfdefault}{b}
```

wird nun mit `\bf` das Serienattribut `b` und damit evtl. die Schrift `cmb10` ausgewählt.

D.3.3   Mathematische Zeichensätze

Die jeweils aktive Textschrift beeinflußt bei der LATEX–Bearbeitung *nicht* die innerhalb von Formeln angesprochenen Zeichen und Zeichensätze, da beim Umschalten in einen mathematischen Bearbeitungsmodus die speziellen mathematischen Zeichensätze aktiviert werden. Soll eine Formel in Fettdruck erscheinen, so muß vorab der Befehl \boldmath (s. 5.4.9) gesetzt werden. Er bleibt so lange gültig, bis er durch den aufhebenden Befehl \unboldmath abgelöst wird. Beide Befehle dürfen bekanntlich nur außerhalb der mathematischen Bearbeitungsmodi verwendet werden.

In gleicher Weise können diese Befehle auch beim neuen Auswahlschema (NFSS) verwendet werden. Dieses stellt zusätzlich den Befehl

    \mathversion{*vers_name*}

bereit, bei dem derzeit für *vers_name* als Versionsnamen normal bzw. bold erlaubt sind, mit der gleichen Wirkung, wie sie mit \unboldmath bzw. \boldmath erreicht wird. Mit speziellen Stilfiles können jedoch weitere Versionsnamen bereitgestellt werden. Mit concrete.sty von F. Mittelbach und R. Schöpf wird z. B. der zusätzliche Aufruf \mathversion{euler} möglich, bei dem in mathematischen Formeln die speziellen Eulerschen Zeichensätze der American Mathematical Society (AMS) verwendet werden. Die beim Eintritt in einen mathematischen Bearbeitungsmodus anzusteuernden Zeichensätze werden durch den aktuellen Versionsnamen des letzten \mathversion Befehls bestimmt.

Innerhalb von Formeln, genauer innerhalb der math. Bearbeitungsmodi, können die sog. mathematischen Zeichensatzbefehle aufgerufen werden. Bisher waren das \cal (s. 5.3.2) und \mit (s. 5.3.1 und 8.5). Das neue Auswahlverfahren NFSS stellt als weiterer mathematischen Zeichensatzbefehl \mathrm bereit, mit dem auf senkrechte Buchstaben innerhalb einer Formel umgeschaltet wird.

Bei NFSS erwarten diese drei Befehle jedoch ein zwingendes Argument. Die Aufrufsyntax ist damit \cal{*arg*}, \mit{*arg*} und \mathrm{*arg*}, wobei *arg* meistens aus einem oder mehreren aufeinanderfolgenden Buchstaben bestehen wird. Um $\mathcal{ABC}$ zu erzeugen, ist also $\cal{ABC}$ einzugeben, während beim alten Auswahlschema hierfür auch $\cal ABC$ erlaubt war. Diese Eingabe führt beim NFSS zum Ergebnis $\mathcal{A}BC$, d. h. es wird nur der erste Buchstabe als Argument von \cal übernommen. Das NFSS–Paket enthält zwei Optionsfiles nomargid.sty und oldlfont.sty. Mit der Optionsangabe oldlfont oder nomargid im Dokumentstilbefehl kann auch bei NFSS die alte Syntax bei den math. Zeichensatzbefehlen zurückgesetzt werden.

Die Begrenzung der math. Schriftbefehle auf das nachfolgende Argument ist sicherer als die frühere Form, bei der die umgeschaltete Schrift so lange gilt, bis mit einem weiteren Umschaltbefehl eine nochmalige Änderung erfolgt oder eine evtl. umfassende Umgebung endet. Der Leser möge beim alten Verfahren versuchen, nach einem \cal Befehl so zurückzuschalten, daß nach der Rückschaltung der Rest der Formel im mathematischen Standard erscheint, nach dem lateinische und kleine griechische Buchstaben kursiv, große griechische aber in Roman gesetzt werden.

In 5.4.9 und 8.5 wurde gesagt, daß die Schriftartenbefehle für die Textschriften, also \rm, \bf, \sf usw., auch innerhalb von Formeln verwendet werden dürfen. Dabei können Schwächen auftreten, wie bei den chemischen Formeln bei der Schriftart \rm auf S. 114 gezeigt, oder bei nachzuladenden erfolgt Zeichensätzen (s. 8.5) evtl. gar ein Bearbeitungsabbruch.

NFSS gestattet es, Textzeichensätze auch als mathematische Zeichensätze zu erklären, so daß danach solche Zeichensätze auch einwandfrei innerhalb von Formeln aufrufbar sind. Hierfür ist zunächst einmal mit dem Zusatzbefehl

> `\newmathalphabet{\`*mzs_name*`}`

ein neuer math. Zeichensatzname *mzs_name* einzurichten. Anschließend ist dieser mit einem oder mehreren Befehlen `\addtoversion` mathematischen Versionen bekanntzumachen. Die Syntax für diesen Befehl lautet

> `\addtoversion{`*vers_name*`}{\`*mzs_name*`}{`*fam_a*`}{`*ser_a*`}{`*shp_a*`}`

Hierin ist *vers_name* der Versionsname aus dem `\mathversion` Befehl, z. B. `normal` oder `bold`. Mit *fam_a*, *ser_a* und *shp_a* werden geeignete Familien-, Serien- und Form–Attribute übergeben, wie sie aus den `\family`, `\series` und `\shape` Befehlen bekannt sind. Mit

```
\newmathalphabet{\msf}
\addtoversion{normal}{\msf}{cmss}{m}{sl}
\addtoversion{bold}{\msf}{cmss}{sbc}{n}
```

wird `\mfs` als mathematische Schrift eingeführt. In der Normalversion erscheint dann `$\sum\msf{A}_i=\tan\alpha$` als $\sum A_i = \tan \alpha$ und nach der Umschaltung mit `\boldmath` oder `\mathversion{bold}` als $\sum \mathbf{A}_i = \tan \alpha$. Im ersten Fall ist das A dem geneigten Zeichensatz `cmssi10` und im zweiten Fall dem halbfetten geraden Zeichensatz `cmssdc10` entnommen. Alle anderen Zeichen kommen aus den zugeordneten mathematischen Standardzeichensätzen.

Der Befehl `\addtoversion` kennt eine *-Variante der Form

> `\addtoversion*{\`*mzs_name*`}{`*fam_a*`}{`*ser_a*`}{`*shp_a*`}`

Damit wird allen existierenden mathematischen Versionen der gleiche Zeichensatz mit dem Namen *mzs_name* und den angegebenen Attributen bekanntgemacht. Dieser Befehl ist hilfreich, wenn es viele mathematische Versionen gibt und der ausgewählte Zeichensatz nur wenige oder gar nur eine Attributkombination kennt. Mit anschließenden `\addtoversion` Befehlen in der Standardform können einzelne mathematische Versionen immer noch mit geänderten Attributen versehen werden.

Die Befehle `\newmathalphabet` und `\addtoversion` sind nur im Vorspann (Preamble), also nur zwischen `\documentstyle` und `\begin{document}`, erlaubt!

D.3.4 Einrichtung des neuen Auswahlverfahrens NFSS

Über Beschaffungsquellen zum Programmpaket NFSS gelten die Hinweise aus D.4.4 sowie evtl. C.9.7. Das Programmpaket NFSS enthält einen File mit dem Namen `lfonts.new`. Dieser ist nach `lfonts.tex` umzubenennen, natürlich erst nachdem der LATEX–Originalfile gleichen Namens nach `lfonts.ori` umbenannt oder kopiert wurde. Mit einer erneuten INITEX–Bearbeitung von `lplain.tex` wird ein neuer Formatfile `lplain.fmt` erstellt, der das neue Zeichensatzauswahlverfahren bereitstellt, da er in `lplain.tex` mit `\input lfonts` als `lfonts.tex` eingelesen wird.

Der File `lfonts.new`, oder nach seiner Umbenennung `lfonts.tex`, enthält weitere File–Lesebefehle, und zwar

> `\input fontdef  \input preload`   und später nochmals
> `\input xxxlfont.sty`

Die ersten beiden Lesebefehle suchen nach den Files mit dem Namen `fontdef.tex` und `preload.tex`, da als Filename nur ein Grundname angegeben ist. Der dritte Lesebefehl sucht dagegen nach einem File mit dem vollen Namen `xxxlfont.sty`.

Unter diesen Namen existiert zunächst kein File im NFSS–Paket. Es enthält unter den Grundnamen `fontdef` und `preload` mehrere Files, nämlich

> `fontdef.ori  fontdef.max`   und evtl. `fontdef.dc`
> `preload.ori  preload.min  preload.med` und evtl. `preload.dc`

Falls je eines aus diesen beiden Gruppen in den entsprechenden Namen mit dem Anhang `.tex` umbenannt wird, so wird es bei der INITEX–Bearbeitung eingelesen. Anderenfalls bleibt INITEX mit der Bildschirmnachricht

```
I can't find file 'fontdef.tex'.
l.621 \input fontdef.tex
Please type another input file name:
```

stehen und wartet auf eine Anwendereingabe. Wird jetzt der volle Name, z. B. `fontdef.ori` über die Tastatur eingegeben, so wird dieser File statt dessen eingelesen und INITEX setzt mit der Bearbeitung fort. Kurz danach bleibt INITEX abermals stehen, diesmal mit der Mitteilung, daß es `preload.tex` nicht finden kann und auf einen anderen Filenamen wartet, der nunmehr z. B. als `preload.med` eingegeben werden kann. Diese Form der interaktiven Bearbeitung ist flexibler als die Umbenennung der Files mit dem Anhang `.tex`.

Die Entscheidung, welche Files aus `fontdef.`xxx und `preload.`xxx ausgewählt werden sollen, setzt voraus, daß man weiß, was mit diesen Files bereitgestellt wird. Mit `fontdef.`xxx wird festgelegt, welche Attributkombinationen zugelassen und durch welche Zeichensätze diese realisiert werden. Die `fontdef.`xxx–Files enthalten eine Vielzahl von internen Definitionen der Form

> `\new@fontshape{`fam_a`}{`ser_a`}{`shp_a`}{`zs_def_liste`}{}`

mit der gleichen Bedeutung für fam_a, ser_a und shp_a wie beim vorangegangenen `\addtoversion` Befehl als Familien–, Serien– und Formattribut. Die Liste zs_def_liste enthält eine Reihe von Angaben der Form

> `<`gr_a`>[`n`]` zs_file_name `[at `xx`pt]`

Die Winkelklammern `<` `>` sind Bestandteil der Syntax und enthalten das Größenattribut, also eine reine Zahl, die die Zeichensatzgröße in Druckerpunkten 'pt' angibt. Bei Syntaxangaben werden optionale Bestandteile meist in eckigen Klammerpaaren eingeschlossen, wobei die eckigen Klammern selbst nicht Bestandteil der Eingabe sind. $[n]$ kennzeichnet eine optionale Angabe 0, 1 oder 2. Die 0 bleibt wirkungslos und kann deshalb auch fortgelassen werden. Die Wirkung von 1 und 2 wird anschließend erläutert.

Mit *zs_file_name* wird der Grundname desjenigen Zeichensatzfiles angegeben, der die gewählte Familien–Serien–Form–Attributkombination in der vorangestellten Größe verwirklichen soll.

Existiert für die vorgesehene Größe kein Zeichensatz mit dieser Entwurfsgröße, so kann mit der optionalen Angabe at*xx*pt eine Skalierung vorgegeben werden. So bewirkt `cmr12 at14.4pt` die Bereitstellung des Zeichensatzes `cmr12` mit einer Vergrößerung auf 14.4pt. Achtung: Das leere Klammerpaar {} am Ende der Syntaxdarstellung von \new@fontshape ist kein Schreibfehler, sondern gehört zur Syntax!

Der File `fontdef.ori` ordnet alle cm–Zeichensätze mit den Grundnamen gemäß C.7.1 auf S. 291 entsprechenden Attributkombinationen zu. Als zulässige Zeichensatzgrößen werden 5, 6, 7, 8, 9, 10, 11, 12, 14, 17, 20 und 25 eingeführt. Da nicht alle Zeichensätze in diesen Größen als Entwurfsgrößen existieren, werden fehlende Entwurfsgrößen durch Skalierungen realisiert. Mit Ausnahme von `cmcsc10` erfolgen Skalierungen nur als Vergrößerungen, nicht aber als Verkleinerungen. Lediglich `cmcsc10` wird zweimal mit den Verkleinerungen at8pt und at9pt angegeben.

Soweit Zeichensätze in kleinerer Entwurfsgröße nicht existieren, werden andere Zeichensätze in der geforderten Entwurfsgröße statt dessen zugewiesen. In diesem Fall ist dem Filenamen die optionale 1 vorangestellt. Die Zuweisungen aus `fontdef.ori`

```
\new@fontshape{cmr}{bx}{n}{%              \new@fontshape{cmss}{m}{n}{%
    <5>cmbx5%                                 <5>1cmr5%
    <6>cmbx6%                                 <6>1cmr6%
    <7>cmbx7%                                 <7>1cmr7%
    <8>cmbx8%                                 <8>cmss8%
    <9>cmbx9%                                 <9>cmss9%
    <10>cmbx10%               oder             <10>cmss10%
    <11>cmbx10 at10.95pt%                      <11>cmss10 at10.95pt%
    <12>cmbx12%                                <12>cmss12%
    <14>cmbx12 at14.4pt%                       <14>cmss12 at14.4pt%
    <17>cmbx12 at17.28pt%                      <17>cmss17%
    <20>cmbx12 at20.74pt%                      <20>cmss17 at20.74pt%
    <25>cmbx12 at24.88pt%                      <25>cmss17 at24.88pt%
    }{}                                       }{}
```

sind nach den vorangegangenen Erläuterungen selbsterklärend. Bei der Attributkombination {cmss}{m}{n} existieren keine Zeichensätze `cmss` in den Entwurfsgrößen 5, 6 und 7. Für diese Größen werden statt dessen die Zeichensätze `cmr5`, `cmr6` bzw. `cmr7` dieser Attributkombination zugeordnet. Die vorangestellte optionale 1 bewirkt bei der Bearbeitung eine Bildschirmwarnung, wenn als Folge einer entsprechenden Attributkombination einer der Files `cmss5`, `cmss6` oder `cmss7` gefordert wird, und teilt mit, daß statt dessen der entsprechende `cmr`x–Zeichensatz gewählt wird.

Gibt es bei einer bestimmten Familien–Serien–Kombination für ein gefordertes Formattribut überhaupt keinen Zeichensatz, also nicht nur nicht in der speziellen Größe, dann sollte der optionale Parameter 2 dem Ersatzzeichensatznamen vorangestellt werden, der zu einer erweiterten Warnung führt.

Der File `fontdef.max` enthält mehr Attributkombinationen und keine Ersatzzuweisungen für nicht vorhandene Entwurfsgrößen, da in diesen Fällen eine passende

Verkleinerung oder Vergrößerung eines für die Attributkombination geeigneten Zeichensatzes vorgenommen wird. Außerdem werden neben den cm–Zeichensätzen die Eulerschen und die mathematischen Symbolzeichensätze der AMS, kyrillische Zeichensätze und die Zeichensätze der sog. Concrete–Familien mit geeigneten Attributkombinationen verknüpft. Ein Blick in diesen File läßt die Namen der zusätzlichen Attribute leicht erkennen und braucht hier nicht aufgelistet zu werden. Der File `fontdef.dc`, der bei der Beschaffung evtl. aus einem anderen Verzeichnis (z. B. `.../nfss-dc`) zu kopieren ist, enthält dieselben Zuweisungen wie `fontdef.max` und *zusätzlich* diejenigen für die erweiterten dc–Zeichensätze.

Bei einem genaueren Blick in einen der `fontdef.xxx`-Files wird man sehen, daß für alle Zeichensätze einer Familie jeweils ein Aufruf mit `\extra@def{`*fam*`}{...}{...}` erfolgt, bei dem in den meisten Fällen die beiden letzten Klammerpaare leer bleiben. Mit diesem Befehl können spezielle Familieneigenschaften bereitgestellt werden. So bewirkt

```
\extra@def{cmtt}{\hyphenchar #1\m@ne}{}
\extra@def{cmm}{\skewchar#1'177}{}   und
\extra@def{cmsy}{\skewchar#1'60}{}
```

daß bei der Familie der Schreibmaschinenschriften `cmtt` eine evtl. Worttrennung unterbleibt und bei den Familien der mathematischen Textschriften `cmm` bzw. Symbolschriften `cmsy` die Zeichen ⌢ bzw. ' als Referenzenzeichen für die Positionierung von Akzenten verwendet werden.

Ein dritter Befehl, der in den `fontdef.xxx`-Files auftritt, ist

$$\texttt{\textbackslash subst@fontshape}\{fam\_a_2\}\{ser\_a_2\}\{shp\_a_2\}\{fam\_a_1\}\{ser\_a_1\}\{shp\_a_1\}$$

Er setzt voraus, daß die Attributkombination mit dem Index 1 bekannt ist, d. h. mit einem `\new@fontshape` Befehl erklärt wurde. Mit `\subst@fontshape` wird die Attributkombination mit dem Index 2 dann gleichermaßen eingeführt und in der Wirkung mit der ersten gleichgesetzt.

Nach dem gleichen Muster können vom Anwender andere `fontdef.xxx` Files erstellt und bei der INITEX–Bearbeitung in `lplain.fmt` eingebunden werden.

Die Auswahl für einen File aus der Gruppe `preload.xxx` ist weniger gewichtig. Der File legt fest, welche Zeichensätze bei jeder LATEX–Bearbeitung als Bestandteil von `lplain.fmt` ständig geladen werden. Alle anderen Zeichensätze werden nur auf Anforderung eingelesen. Bei NFSS entfallen jedoch die evtl. Bearbeitungsunterschiede zwischen geladenen und nachladbaren Zeichensätzen gemäß 8.5. Es entfällt damit auch der Bedarf an dem LATEX–Befehl `\load`. Die Auswahlentscheidung sollte vom verfügbaren Rechenspeicher abhängig gemacht werden.

Ständig geladene Zeichensätze belegen Speicherplatz, auch wenn sie für den zu verarbeitenden Text evtl. gar nicht benötigt werden. Andererseits können sie die Bearbeitungsgeschwindigkeit geringfügig erhöhen. Mit `preload.ori` werden dieselben Zeichensätze vorab geladen, wie dies auch mit der alten Ausführung von `lfonts.tex` geschehen würde. Mit `preload.min` wird nur das absolute Minimum, nämlich nur `cmex10`, `line10`, `linew10`, `lcircle10` und `lcirclew10` vorab geladen, die zur Erzeugung des Formatfiles `lplain.fmt` zwingend erforderlich sind. Dieser File ist evtl. bei beschränkter Speicherkapazität auf einem PC vorzuziehen.

Der File `preload.med` bewirkt, daß zusätzlich diejenigen Zeichensätze ständig vorab geladen werden, die sonst bei der LATEX–Bearbeitung standardmäßig mit Aufruf des Befehls `\begin{document}` nachgeladen werden. Die Einbindung dieses Files in den Formatfile empfiehlt sich dann, wenn die hauptsächlichen Bearbeitungen mit LATEX in der Standardgröße 10pt erfolgen. Wird statt dessen bevorzugt die Option 11pt oder 12pt verwendet, dann sollte sich der Anwender einen äquivalenten `preload.med`–File erstellen und diesen in den Formatfile einbinden.

Der File `preload.dc`, der aus der gleichen Quelle wie `fontdef.dc` stammt, entspricht dem File `preload.ori`, nur daß statt der cm–Zeichensätze die äquivalenten erweiterten dc–Zeichensätze vorab ständig geladen werden.

Die Bereitstellung der vorab zu ladenden Zeichensätze erfolgt, mit Ausnahme der 5 zwingend erforderlichen Zeichensätze gemäß `preload.min`, ausschließlich mit dem internen Befehl

> `\preload@sizes{`*fam_a*`}{`*ser_a*`}{`*shp_a*`}{`*gr_liste*`}`

Die hier auftretenden Familien–, Serien– und Formattribute bedürfen keiner Erläuterung. Die Liste *gr_liste* ist eine durch Kommata getrennte Aufzählung von Zeichensatzgrößen. Die Angaben

> `\preload@sizes{cmr}{m}{n}{5,6,7,8,9,10,11,12,14,17,20,25}`
> `\preload@sizes{cmr}{bx}{n}{9,10,11,12,14,17}` und weitere

aus `preload.ori` sind damit ohne weitere Erläuterung unmittelbar verständlich.

Kurze Zeit nach dem Einlesen des ausgewählten `preload.`*xxx*–Files bleibt INITEX noch ein weiteres Mal stehen und teilt mit, daß es den File `xxxlfont.sty` nicht findet. Die Antwort sollte diesmal lauten: `newlfont.sty` *oder* `oldlfont.sty`. Hiermit wird das Standardverhalten der LATEX–Bearbeitung bestimmt. Wird `newlfont.sty` gewählt, so macht LATEX für zukünftige Bearbeitungen das neue Zeichensatzauswahlverfahren zum Standard. Mit der Option `oldlfonts` im Dokumentstilbefehl können aber alte Texte in der gewohnten Form weiterbearbeitet werden.

In einem Rechenzentrum mag es dagegen vorerst angebrachter sein, bei dem INITEX–Lauf `oldlfonts.sty` zu wählen. Der erzeugte Formatfile bewirkt, daß die LATEX–Bearbeitung in der gewohnten Weise erfolgt. Anwender, die das neue Auswahlverfahren nutzen oder ausprobieren wollen, können dieses dann mit der Option `newlfonts` im Dokumentstilbefehl aktivieren.

War bei der interaktiven Fileeingabe beim INITEX–Lauf `newfont.dc` gewählt worden, so ist als dritte Eingabe `dclfonts.sty` erforderlich. Damit werden die erweiterten dc–Zeichensätze sowie das neue Zeichensatzauswahlverfahren zum Bearbeitungsstandard erhoben. Für die Bearbeitung deutscher Texte mit diesem Standard ist der neue File `german3.sty` erforderlich, der derzeit nur als Vorabversion zur Verfügung steht.

Das NFSS–Makropaket enthält eine Reihe weiterer `.sty`–Files, deren Grundnamen als Optionsangabe beim Dokumentstilbefehl genutzt werden können. Diese sind:

`euscript.sty` Die Option ist erforderlich, wenn die Eulerschen Zeichensätze genutzt werden sollen und der Formatfile mit `fontdef.ori` erstellt wurde. Sie kann nur in Verbindung mit `newlfonts` verwendet werden. War der Formatfile mit `fontdef.max` oder `fontdef.dc` erstellt worden, dann sind die Eigenschaften von `euscript.sty` standardmäßig verfügbar.

`margid.sty` Ist implizit Bestandteil von `newlfonts`. In Verbindung mit `oldlfonts` werden mit dieser Option die mathematischen Schriftbefehle `\cal`, `\mit` und `\mathrm` zu Befehlen mit einem Argument erklärt.

`nomargid.sty` Ist implizit Bestandteil von `oldlfonts`. In Verbingung mit `newlfonts` werden mit dieser Option die mathematischen und argumentbehafteten Schriftbefehle `\cal`, `\mit` und `\mathrm` zu argumentlosen Schriftumschaltbefehlen erklärt.

`syntonly.sty` Mit dieser Option erfolgt die LATEX-Bearbeitung nur als Syntaxprüfung mit evtl. Warnungen und Fehlermeldungen. Es erfolgt keine Textformatierung und `.dvi`-Ausgabe. Die Syntaxüberprüfung ist bis zu viermal schneller als die volle Textbearbeitung.

`tracefnt.sty` Mit dieser Option wird das Makro `\tracingfonts` bereitgestellt, dem im Vorspann einer der Zahlenwerte 1, 2 oder 3 zugewiesen werden kann, mit der Wirkung:

1 Warnungen werden in Fehlermeldungen umgewandelt, womit eine ausführlichere Fehlerdiagnose erfolgt.

2 Es wird zusätzlich das Nachladen von Zeichensätzen auf dem Bildschirm und im Log–File protokolliert.

3 Es werden zusätzlich alle Schriftumschaltungen während der Textbearbeitung protokolliert.

D.3.5 Weitere LATEX–Neuerungen

Von Frank Mittelbach und/oder Rainer Schöpf stammen eine Reihe von `.sty`–Files, die in zukünftigen LATEX–Versionen standardmäßig eingebaut werden und die bereits jetzt durch eine entsprechende Optionsangabe im Dokumentstilbefehl aktiviert werden können. Die erzeugenden und erläuternden Files liegen auf den Servern in Heidelberg und Stuttgart unter eigenen Verzeichnisnamen. In Stuttgart sind dies (neben `nfss`) derzeit

> `multicolumn    theorem    verbatim    array    footnote-right`

unterhalb des Pfades `/soft/tex/latex-style-supported`. Falls sie auf Disketten beschafft wurden, werden sie unter ähnlichen, aber auf max. 8 Zeichen gekürzte Verzeichnisnamen zu finden sein. Die Verzeichnisnamen lassen bereits weitgehend erahnen, was mit deren Inhalt bewirkt werden soll.

Das erste Verzeichnis `multicolumn` spielt eine besondere Rolle, da es zusätzlich die Files `doc.sty`, `newdoc.sty`, `ltugboat.sty` und `docstrip.tex` enthält, die für die Dokumentation und `.sty`–File–Erzeugung in allen anderen Verzeichnissen ebenfalls benötigt werden.

Alle fünf Verzeichnisse enthalten den gemeinsamen Informationsfile `readme.mz` sowie verzeichnisspezifische `readme.mz`n mit $n = 1\dots 6$ (`readme.mz3` gehört zum Verzeichnis `nfss`). Das jeweilige Arbeitswerkzeug befindet sich in einem speziellen Dokumentationsformat mit dem Anhang `.doc`. Dieses Dokumentationsformat hat nichts (oder nur wenig) mit den `.doc`–Files der Standard–LATEX–Verteilungen zu tun, da bei letzteren die `.doc`–Files nur durch Kommentare erweiterte `.sty`–Files darstellen.

Das von Frank Mittelbach bereitgestellte Dokumentationsformat verknüpft Makrodefinitionen mit erläuterndem Text, nach dessen LATEX-Bearbeitung ein sauber gestalteter Ausgabetext für die Programmdokumentation vorliegt. Vor dieser LATEX-Bearbeitung sollten vorab die zugehörigen .sty-Files erzeugt werden. Im Unterverzeichnis multicolumn lautet der Bearbeitungsaufruf `latex docstrip`. Nach kurzer Zeit erscheint auf dem Bildschirm die Mitteilung

```
***********************************************************
* This program converts documented macro-files into fast *
* loadable files by stripping off (nearly) all comments! *
***********************************************************


***********************************************************
* Batch file docstrip.cmd found. Use it? (y/n)            *
***********************************************************
```

`\answer=`

worauf wie aufgefordert mit y zu antworten ist. Auf dem Bildschirm erscheint dann

> `processing multicol.doc -> multicol.sty`

gefolgt von einem ganzen Bildschirmmuster aus Prozentzeichen und Punkten, die symbolisch die Kommentar- und Definitionszeilen andeuten. Das Programm endet für multicol mit der Ausgabe der Statistik:

`Lines processed:`	1384	(bearbeitete Zeilen insgesamt)
`Comments removed:`	1139	(entfernte Kommentarzeilen)
`Comments passed:`	17	(beibehaltene Kommentarzeilen)
`Codelines passed:`	228	(verbliebene Definitionszeilen)

Damit ist der File `multicol.sty` entstanden, der in das Arbeitsverzeichnis mit den sonstigen .sty-Files (bei mir z. B. `/usr/local/lib/tex/inputs`) kopiert werden sollte. Ins gleiche Arbeitsverzeichnis sollten auch die sonstigen in multicolumn zusätzlich vorhandenen Files `doc.sty`, `newdoc.sty` und `ltugboat.sty` eingerichtet werden.

Die jetzt verfügbare Dokumentstiloption `multicol` stellt eine Verallgemeinerung von twocolumn dar, mit der

1. eine n-spaltige Seitenaufteilung erreicht werden kann, bei der

2. der Text *gleichmäßig* auf die n Spalten aufgeteilt wird und

3. auf einer Seite mehrfach zwischen ein- und mehrspaltiger Formatierung umgeschaltet werden kann.

Der mehrspaltig zu formatierende Text ist mit

> `\begin{multicols}{`*n*`}` *mehrspaltiger Text* `\end{multicols}`

einzuschließen, wobei die Zahlenangabe für n die Spaltenanzahl bestimmt. Der Umgebungsaufruf kennt einen optionalen Parameter `\begin{`*n*`}[`*Volltext*`]`, mit dem der Inhalt von *Volltext* oberhalb der n Spalten in Analogie zu `\twocolumn[`*text*`]` (s. 3.2.5) über die volle Seitenbreite angeordnet wird.

Schmale Spalten erschweren den Zeilenumbruch. \emergencystretch*maß*, ein neuer Befehl aus TEX 3.*x*, kann sich hier als nützlich erweisen. Wird ihm ein Maß größer 0pt zugewiesen, so führt TEX bei der Absatzformatierung einen dritten Umbruchversuch durch, wenn der Absatz mit den Standardregeln nicht ordnungsgemäß zu erreichen ist. Bei diesem dritten Umbruchversuch kann der Wortzwischenraum einer Zeile bis zu dem an \emergencystretch übergebenen Maß zusätzlich erweitert werden. Der File multicol.sty macht intern hiervon bereits Gebrauch, indem \emergencystretch auf 4*n*pt gesetzt wird, wobei *n* die übergebene Spaltenanzahl bedeutet. Frühere TEX–Versionen bleiben hiervon unbeeinflußt.

Das Verzeichnis multicolumn enthält den File multicol.tex, der nun mit LATEX bearbeitet werden kann. Der zu bearbeitende Text beginnt mit

        \documentstyle[newdoc,ltugboat]{article}

auf den ein längerer Vorspann mit speziellen Erklärungen folgt. Der Rumpf dieses LATEX–Textes besteht nur aus

        \begin{document} \DocInput{multicol.doc} \end{document}

Mit \DocInput{multicol.doc} wird multicol.doc eingelesen und für seine LATEX–Bearbeitung das Kommentarzeichen % vorübergehend in seiner Wirkung deaktiviert. Mit der LATEX–Bearbeitung entsteht eine Dokumentation über die Stiloption multicol, die Eigenschaften dieser Option näher beschreibt und im zweiten Teil deren interne Makrodefinitionen erläutert und vorstellt.

In gleicher Weise, wie hier ausführlich für das Verzeichnis multicolumn dargestellt, sind die weiteren Verzeichnisse theorem, verbatim, array und footnote-right zu bearbeiten. Am einfachsten kopiert man sich den File docstrip.tex aus multicolumn in die anderen Verzeichnisse. Mit dem anschließenden Aufruf latex docstrip, jeweils aus dem entsprechenden Verzeichnis heraus, entstehen dort die zugehörigen .sty–Files, die nach ihrer Erstellung in das Standardverzeichnis für diese Stilfiles zu kopieren oder verschieben sind.

In jedem Verzeichnis befindet sich ein verzeichnisspezifischer File docstrip.cmd, der die notwendigen Informationen für das jeweilige Verzeichnis enthält und der bei der Bearbeitung des Aufrufes latex docstrip berücksichtigt wird. In einigen Verzeichnissen entstehen mehrere .sty–Files, die alle in das Standardverzeichnis für die .sty–Files einzurichten sind.

Der jeweilige .sty–File, der für den Optionsaufruf maßgebend ist, ist sofort an seinem Namen zu erkennen, nämlich als theorem.sty, verbatim.sty, array.sty und ftnright.sty. Mit der Dokumentstiloption theorem können viel flexiblere Regelsatzstrukturen erzeugt werden, als dies mit dem Standardverhalten von \newtheorem gemäß 4.5 möglich ist. Diese Option ist besonders für mathematische Veröffentlichungen von Interesse. Mit den Erläuterungen aus der Dokumentation von theorem.tex, d. h. nach dessen LATEX–Bearbeitung, sollte der Anwender, evtl. unter Rückgriff auf 4.5, die neuen Eigenschaften von \newtheorem nutzen können.

Die neue Option verbatim beseitigt eine bisherige Schwäche der verbatim–Umgebung. Enthält diese nämlich Text, der sich über mehrere Seiten erstreckt, z. B. eine Programmliste, so wird dieser Text als Einheit behandelt mit dem Ergebnis, daß der Pufferspeicher main memory überläuft und die Bearbeitung mit dieser Fehlermeldung abbricht. Mit der Option verbatim wird dieser Bearbeitungsmangel beseitigt.

Die Option `array` gestattet, weitere Tabellenstrukturen mit den `array`– und `tabular`–Umgebungen zu erzeugen. Abschnitt 1.5.1 aus [3] enthält eine ausführliche Beschreibung der erweiterten Tabellenstrukturen. Diese bestehen einmal in der Ergänzung des Spaltenformatierungsparameters `p{`*br*`}` (s. 4.8.1) durch `m{`*br*`}` und `b{`*br*`}`. Hiermit können Absätze in einer Tabellenspalte der Breite *br* angeordnet werden, bei denen entweder die oberste Zeile (p), die mittlere Zeile (m) oder die unterste Zeile (b) mit den benachbarten Tabelleneinträgen ausgerichtet werden.

Weitere Ergänzungen sind mit `>{`*e*`}` *vor* bzw. mit `<{`*e*`}` *nach* einem Formatierungsparameter im Spaltenformatierungsfeld möglich. Hierin steht *e* für irgendwelche Erklärungsangaben oder Befehle, die dann automatisch zu Beginn bzw. am Ende des zugehörigen Spalteneintrages ablaufen oder ausgegeben werden. Mit `>{\bf}c` würde z. B. der zentrierte Text der zugehörigen Spalte in Fettdruck erscheinen, ohne daß der Schriftbefehl für jeden Zeileneintrag dieser Spalte neu anzugeben ist.

`!{`*e*`}` ergänzt den Formatierungsparameter `@{`*e*`}`. Wie bei diesem wird der Inhalt von *e* in jeder Tabellenzeile automatisch zwischen den benachbarten Spalten angebracht, *ohne* daß der Tabellenzwischenraum entfernt wird. Schließlich wird das Formatierungszeichen | zur Erzeugung senkrechter Tabellenstriche etwas unterschiedlich behandelt, indem die Strichstärke beim Spaltenzwischenraum zusätzlich eingefügt wird. Für weitere Einzelheiten wird auf die Dokumentation aus `array.tex` verwiesen.

Die Option `ftnright` ist für die Zusammenarbeit mit `multicol` vorgesehen. Bei der neuen Option `multicol` werden Fußnoten, die innerhalb der `multicols`–Umgebung angebracht sind, am unteren Seitenende über die gesamte Seitenbreite formatiert. Mit der zusätzlichen Optionsangabe `ftnright` werden solche Fußnoten am unteren Ende der jeweils rechtesten Spalte gesammelt.

D.4 LATEX–Ergänzungsinformationen

D.4.1 Sonstige LATEX–Ergänzungen

Neben den zukünftigen LATEX–Standarderweiterungen des vorangegangenen Abschnitts gibt es viele weitere Stilfileentwicklungen, die von ihren Autoren der Allgemeinheit bereitgestellt wurden. Unter dem schon mehrfach genannten Verzeichnis

`/soft/tex/latex-style-supported`

beim Stuttgarter Server befinden sich derzeit (Januar 1992) bereits mehr als 200 verschiedene Stilfiles und/oder weitere Unterverzeichnisse mit weiteren Ergänzungen und Erläuterungen. Dieses Verzeichnis wird laufend erweitert und aktualisiert, ebenso wie vergleichbare Verzeichnisse auf anderen Servern. Neben dem Verzeichnis `latex-style-supported` befindet sich in Stuttgart zusätzlich das Parallelverzeichnis `latex-style-unsupported`, das zwar keine regelmäßige Pflege erhält, für viele Anwender aber doch nützliche Werkzeuge bereitstellen kann.

LATEX–Anwender, die keinen elektronischen Zugang zu den TEX–pflegenden Rechnerarchiven haben, verweise ich auf die Hilfe, die sie von der deutschsprachigen TEX–Anwendervereinigung DANTE e. V. (s. D.4.5) erhalten können. In der Vereinszeitschrift werden regelmäßig Neuerungen vorgestellt, die ggf. vom Verein auch auf Disketten erhältlich sind.

D.4.2   Direkte Umlaut– und ß–Eingabe

Viele LATEX–Anwender auf einem PC verwenden eine deutsche statt der internationalen ASCII–Tastatur. Auf der deutschen Tastatur stehen die Umlaute und das ß als
eigene Tasten zur Verfügung. Falls eine Anpassung des TEX–Programms zur Nutzung
dieser Tasten nicht bereits durch den Lieferanten erfolgt, kann diese leicht mit einem
eigenen Stilfile oder als Erweiterung von `german.sty` erreicht werden.

Hierzu sind die Umlautzeichen und das ß als *aktive* Zeichen zu erklären, was mit
den TEX–Befehlen

```
\catcode'\ä = \active    \catcode'\Ä = \active
\catcode'\ö = \active    \catcode'\Ö = \active
\catcode'\ü = \active    \catcode'\Ü = \active
\catcode'\ß = \active
```

geschieht. Bei Verwendung der cm–Zeichensätze können jetzt die speziellen Tasten
als Makros

```
\defä{\"a}  \defÄ{\"A}  bzw.  \defä{"a}  \defÄ{"A}  mit german.sty
\defö{\"o}  \defÖ{\"O}    "    \defö{"o}  \defÖ{"O}        "
\defü{\"u}  \defÄ{\"U}    "    \defü{"u}  \defÜ{"U}        "
\letß=\ss}                "    \letß="s                   "
```

definiert werden. Die rechte Definitionsgruppe wird bei Verwendung von `german.sty`
empfohlen. Bei Verwendung der neuen dc–Zeichensätze können die Sonderzeichen
noch einfacher mit

```
\chardefÄ = 196   \chardefÖ = 214   \chardefÜ = 220
\chardefä = 228   \chardefö = 246   \chardefü = 252
\chardefß = 255
```

definiert werden. Diese Definition ist unabhängig von einer evtl. `german`–Option. Der
Vorschlag stammt von Norbert Schwarz. Anwendern mit etwas TEX–Kenntnissen
muß er als nahezu zwangsläufig erscheinen.

D.4.3   Weiterführende Literaturhinweise

Mit den in diesem Buch vorgestellten LATEX–Strukturen lassen sich die meisten An-
wenderforderungen erfüllen. Es verbleiben aber Wünsche, die nur mit vertieften
Kenntnissen über LATEX–Interna und einer gewissen Fertigkeit in TEX–Programmie-
rung zu befriedigen sind. Die in D.2.2 beschriebenen Anpassungen der `LATEX.sty`
Files stellen typische Beispiele für solche Erweiterungen dar. Sie können vom Anwender vorgenommen werden, weil sie dort rezeptartig beschrieben wurden.

Auch die Erstellung eines anwendereigenen Briefformulars sollte mit den vorgestellten Beispielen möglich sein. Dieses Buch kann aber nicht alle Kenntnisse vermitteln, die notwendig sind, um weitergehende Änderungen oder Ergänzung zu ermöglichen. Selbst eine relativ bescheiden klingende Forderung, wie z. B. die Erstellung
von zentrierten Gliederungsüberschriften, ist mit den in diesem Buch vermittelten
Kenntnissen nicht zu erfüllen. Aufgrund vieler Anfragen aus dem Leserkreis der vorangegangenen Auflagen hat der Addison–Wesley–Verlag ein Fortsetzungsbuch mit
dem Titel

LATEX-Erweiterungsmöglichkeiten — mit einer Einführung in METAFONT

herausgebracht [3], für das ich hier eine kurze Inhaltsangabe folgen lasse. Das Buch gliedert sich in drei Teile, die sich an LATEX-Anwender mit unterschiedlichem Kenntnisstand richten.

Teil I kann von allen LATEX-Anwendern genutzt werden. Er enthält allgemeine Ergänzungen zu LATEX, die mit der Kenntnis des Einführungsbuches genutzt werden können, ohne daß grundsätzlich Neues dazugelernt werden müßte. Dies gilt zumindest für die ersten drei Kapitel. Kapitel 1 beschreibt einige LATEX-Ergänzungen aus dem deutschen Sprachraum, so vor allem einige Tabellenerweiterungen und die Beseitigung einer bisherigen Schwäche beim Formelsatz für 11pt und ganz besonders 12pt. Kapitel 2 stellt weitere Möglichkeiten allgemeiner Art vor. Dazu gehört die Einbeziehung der mathematischen $\mathcal{AMS}$-TEX-Symbole sowie kyrillischer Schriftsätze in die LATEX-Bearbeitung, gefolgt von der Beschreibung der Stiloptionen `bezier`, `ifthen` und `proc`, deren `.sty` Files von Leslie Lamport stammen, von ihm bisher aber nicht näher vorgestellt wurden. Das Kapitel 2 schließt ab mit einer ausführlichen Darstellung des MakeIndex-Programms von Pehong Chen. Kapitel 3 beschreibt das LATEX-Parallelprogramm SLITEX zur Erzeugung ein- und mehrfarbiger Folienvorlagen. Mit der Aufnahme dieses Kapitels als Anhang E bei der Neuauflage dieses Buches wird es dort zukünftig nicht mehr erscheinen. Das zukünftige Kapitel 3 des Erweiterungsbuches wird statt dessen die Einbindung von Grafik- und Plotfiles in die LATEX-Bearbeitung zum Inhalt haben. Das letzte Kapitel von Teil I stellt das Makropaket PICTEX vor, mit dem beliebig komplexe zweidimensionale Bilder aus LATEX heraus konstruiert und erzeugt werden können. Lediglich in diesem Kapitel werden neue Befehlsstrukturen vorgestellt, die zur Bildkonstruktion benötigt werden.

Teil II wendet sich an LATEX-Anwender, die über die bestehenden Möglichkeiten von LATEX hinausgehen und eigene Bearbeitungsstile entwickeln und bereitstellen wollen. In Kapitel 5 wird zunächst die Struktur eines TEX-Systems dargestellt und dann LATEX bezüglich seiner internen Strukturen im Detail beschrieben. Kapitel 6 gibt einen Kurzüberblick über TEX als Programmiersprache, seine wichtigsten internen Strukturen sowie die internen Abläufe zur Absatz- und Seitenformatierung, die zum Verständnis der LATEX-Makros erforderlich sind. Diese Kurzvorstellung kann keine vertiefte Einführung in TEX ersetzen, für die geeignete Literaturempfehlungen angegeben werden. Sie kann aber als Ergänzung und Systematisierung für eine TEX-Einführung herangezogen werden. In Kapitel 7 werden Beispiele und Anregungen für die Erzeugung eigener Bearbeitungsstile gegeben. Damit sollte es möglich werden, Formatierungsanforderungen für jede Veröffentlichungsform zu erfüllen.

Teil III stellt eine "Kurzeinführung in METAFONT" dar. Zwar verlangt die Entwicklung wirklich neuer Schriftarten weit mehr als nur technische Kenntnisse, die in einer Kurzeinführung nicht vermittelt werden können. Der vorliegende Teil III ist vielmehr aus meiner Praxis abgeleitet, die vorhandene Grunddatei der Computer-Modern-Zeichensätze zu nutzen und die Modifikationen für die Erstellung druckerspezifischer Zeichensätze bereitzustellen und die Grundzeichensätze um beliebige Vergrößerungsstufen zu erweitern. Die Entwicklung von Firmenlogos oder –Symbolen und deren Einbindung in die LATEX-Bearbeitung ist ein häufig geäußerter Wunsch, dessen Verwirklichung mit den Angaben aus Teil III möglich sein sollte.

Der Anhang des Buches kann gewissermaßen als Teil IV betrachtet werden. Er beschreibt die erforderlichen Maßnahmen für eine Erst– oder Neuinstallation eines TEX– oder METAFONT–Systems und die Eigenschaften der verschiedenen Hilfsprogramme beider Systeme.

Die Entwicklung von .sty Files zur Erstellung eigener Layouts verlangen vertiefte TEX–Kenntnisse. Als Einstiegslektüre empfehle ich das Buch von Norbert Schwarz "Einführung in TEX" [7]. Als Fortsetzung kommt dann das Buch von Wolfgang Appelt "TEX für Fortgeschrittene – Programmiertechniken und Makropakete" [8] in Betracht. Erst mit diesen beiden Büchern (mindestens aber mit dem ersten) ausgerüstet, sollte ein Angriff auf das Original "The TEXbook" von Donald E. Knuth erfolgen. Zwar enthält das TEXbook schier alles, was es über TEX zu sagen und zu erlernen gibt, und es erweist sich darum als unentbehrlich für eine "TEX–Systemprogrammierung". Leider aber stellt es gerade für den Anfänger keinen leichten Einstieg dar, und sein Autor selbst erwartet durch die Form der Darstellung ein mindestens dreimaliges Durcharbeiten.

Die Kurzbeschreibung aller rund 900 TEX–Befehle im Anhang des Buches von Norbert Schwarz und die systematische Darstellung der Charakteristiken der Zeichensätze und Zeichensatzfamilien sowie der Leerzeichenbesonderheiten in Befehlsstrukturen im Buch von Wolfgang Appelt werden sich als unschätzbare Hilfe für das erfolgreiche Selbststudium des "The TEXbook" erweisen.

D.4.4 Informations– und Beschaffungsquellen

Bei der großen Zahl von LATEX–Anwendern sind im Laufe der Zeit eigene Layout– Files oder sonstige Unterstützungsprogramme entstanden. Viele davon sind sicher nur für einen speziellen Verwendungszweck entstanden, andere jedoch könnten für einen größeren Kreis von Anwendern von Interesse sein, um Doppel– oder Vielfacharbeit zu vermeiden.

Einige Hochschul–Rechenzentren haben sich (in Zusammenarbeit mit DANTE e. V.) freundlicherweise bereit erklärt, solche allgemein interessierenden LATEX–Ergänzungen zu sammeln und über eine spezielle Datennetzadresse für den Abruf bereitzuhalten. Hierzu gehört u. a. die bereits genannte Adresse

LISTSERV@DHDURZ1   (Rechenzentrum der Universität Heidelberg)

Der Aufruf für BitNet–Betreiber zum Auflisten der Haupt–Fileliste lautet unter VM/CMS

```
tell listserv at dhdurz1 get tex filelist
```

Von anderen Betriebssystemen aus muß das entsprechende Kommando für interaktive Kommunikation verwendet werden. Man kann aber auch eine normale e–mail an LISTSERV at DHURZ1 schicken, die nur aus dem Text

```
get tex filelist
```

besteht. Dadurch erhält man einen File, der die Namen aller Unter–Filelisten enthält, und zwar in der Form

							rec	*last change*		
filename	*filetype*	*GET*	*PUT*	*fmt*	*lrecl*	*nrecs*	*date*	*time*	*File descr*

Hierin bedeutet *filename* und *filetype* den physikalischen Filenamen, unter dem der File im Listserver abgelegt ist. Das /F/ bei den Filenamen der Haupt–Fileliste (z. B. /F/LATEXSTY FILELIST ...) zeigt an, daß es sich um die Namen weiterer Unter–Filelisten handelt. *GET* und *PUT* geben die Zugangsrechte für das Kopieren oder Zufügen von Files an. Das Recordformat (*rec fmt*) ist in fast allen Files mit V für „variabel" gekennzeichnet, *lrecl* gibt die „längste im File auftretende Recordlänge in Byte" und *nrecs* die Gesamtzahl der Records an. Die letzte Angabe *File descr* enthält bei Bedarf eine kurze Beschreibung.

Will man sich eine der Unter–Filelisten holen (z. B. die oben erwähnte LATEXSTY FILELIST), so geschieht dies wie bei einem einfachen File, indem man an den Listserver das Kommando oder die e–mail

```
get name filelist
```

schickt. Damit erhält man die Kopie der Fileliste *name*, in der man nun die Auflistung der einzelnen Files findet. Taucht z. B. der File abcdef.sty in einer Fileliste namens xyz als

```
ABCDEF STY  All OWN  V 80 325  90/12/06 12:33:15 Muster
```

auf, so muß man, um diesen File zu holen, das Kommando oder die e–mail

> get abcdef sty xyz   oder allgemein   get *filename filetype filelist*

an den Server schicken.

Für Anwender mit FTP–Zugang (*File Transfer Protocol*) stellt das Rechenzentrum die Universität Stuttgart in Zusammenarbeit mit DANTE e. V. einen Infoserver zur Verfügung. Die *IP*–Nummer des Servers ist 129.69.1.12, die der Internet Adresse rusmv1.rus.uni-stuttgart.de entspricht. Der Zugang ist über anonymous ftp möglich. Der Aufruf lautet:

```
ftp 129.69.1.12  oder  ftp rusmv1.rus.uni-stuttgart.de
```

Nach Aufbau der Verbindung wird diese mit Connected to 129.69.1.12 zurückgemeldet und zur Abgabe einer Namensidentifikation aufgefordert. Diese muß mit anonymous beantwortet werden, worauf nach dem Passwort gefragt wird. Dieses ist beliebig, z. B. guest. Nach Eingabe des Passwortes meldet sich der Stuttgarter Rechner mit der FTP–Eingabebereitschaft

```
ftp>
```

zurück, zu der nach jeder FTP–Befehlseingabe nach Ausführung des Befehls jeweils neu zurückgekehrt wird.

Unter der Directory soft/tex befindet sich eine umfangreiche Sammlung von TEX– und LATEX–Software. Mit dem FTP–Befehl cd soft/tex gelangt man in dieses Verzeichnis. Sein Inhalt kann mit dem FTP–Befehl dir auf dem Bildschirm aufgelistet werden. Er besteht mit Ausnahme einiger Informationsdateien ausschließlich aus weiteren Unterverzeichnissen, deren Namen bereits weitgehend auf deren Inhalte schließen lassen.

Unter latex befinden sich, aufgeteilt auf weitere Unterverzeichnisse, die LATEX–Programmbestandteile in neuester Version. Weitere Stilfiles befinden sich in den schon mehrfach erwähnten parallelen Unterverzeichnissen latex-style-supported

und `latex-style-unsupported`. Ein weiteres, besonders wichtiges Parallelverzeichnis
ist `machines`, unter dem sich maschinen– oder systemspezifische Implementationen
des gesamten TEX–Paketes befinden. Geht man unter diesem Verzeichnis weiter nach
`pc`, so finden sich dort gleich mehrere TEX–Implementationen für PCs, z. B. `emtex`,
`public-tex`, `sbtex` u. a. Parallel zum `pc`–Verzeichnis befinden sich `acorn`, `amiga`,
`atari`, `mac`, `os2`, `unix`, `vm-cms` und `vms`, die die angepaßten TEX–Implementationen
für diese Rechner oder Betriebssysteme enthalten.

Viele Dateien sind mit speziellen Packungsprogrammen komprimiert worden. Zur
korrekten Übertragung solcher Dateien muß FTP in den transparenten Übertragungs-
modus geschaltet werden. Dies geschieht mit dem FTP–Befehl `type binary`, mit
dem zur Sicherheit vor einer Übertragung stets umgeschaltet werden sollte, da reine
ASCII–Dateien auch in diesem Modus zu kopieren sind.

D.4.5 TEX–Anwendervereinigungen

Eine weitere nützliche Informationsquelle für vertiefte TEX– und LATEX–Anwender
stellt die drei- bis viermal jährlich erscheinende Informationsschrift TUGBOAT der
weltweit organisierten "TEX Users Group" [16] dar. Die Lieferung von TUGBOAT ist
im Mitgliedsbeitrag der TEX Users Group eingeschlossen.

Weitere Information und Unterstützung kann von der deutschsprachigen TEX Anwendervereinigung bezogen werden. Die Anschrift lautet

DANTE, Deutschsprachige Anwendervereinigung TEX e. V.
Postfach 101840
D–6900 Heidelberg 1

e–mail: DANTE@DHDURZ1
FAX: 06221–56 55 81

DANTE ist kein Konkurrenzverein zur internationalen TEX Users Group (TUG),
sondern eine sinnvolle oder gar notwendige Ergänzung zur Vertretung der deutschen
und europäischen Interessen an TEX–Entwicklungen. Daneben veranstaltet DANTE
kostenlose Schulungen über allgemeine und spezielle TEX– und METAFONT–Themen.
Die Herausgabe einer Mitgliederzeitschrift und die Bereitstellung von Programmen
auf Floppys für diejenigen, die keinen Zugang zum Heidelberger Listserver haben,
sind weitere Leistungen. Dieser Dienst wird zunehmend in Anspruch genommen, so
daß längere Wartezeiten häufig unvermeidlich sind. Er kann überhaupt nur dadurch
realisiert werden, daß bereitwillige Mitglieder Kopierarbeiten für die Geschäftsstelle
durchführen.

Angesichts des für Schüler und Studenten, Privatpersonen, öffentlichen Institutionen und Firmen gestaffelten und damit für jeden erschwinglichen Jahresbeitrag
empfehle ich jedem LATEX–Anwender dringlich die DANTE–Mitgliedschaft.

Anhang E

SLITEX

Mit den allgemeinen LaTeX–Werkzeugen ist es grundsätzlich möglich, Vorlagen zur Erzeugung von schwarzweißen Transparentfolien oder Dias herzustellen. Vorlagen zur Erzeugung von mehreren, jeweils einfarbigen Farbfolien, die ihre Gesamtwirkung durch das Übereinanderlegen der verschiedenfarbigen Folien entfalten, sind mit erträglichen Aufwand nicht zu erstellen. Man denke nur an die umfangreichen Positionierungsbefehle, die erforderlich wären, um die übereinanderliegenden Folien mit ihren einzelnen Textteilen richtig anzuordnen.

Für die Erstellung von einfarbigen Folienvorlagen in verschiedenen Farben hat Leslie Lamport ein weiteres Makropaket SLITEX bereitgestellt. Aber auch die Erzeugung von Schwarzweißfolien ist mit diesem Programm leichter zu verwirklichen als mit der herkömmlichen LaTeX–Bearbeitung. SLITEX gehört standardmäßig zum LaTeX–Programmpaket. Es besteht aus `splain.tex`, `slitex.tex` und `sfonts.tex` sowie `slides.sty`. Mit der INITEX–Bearbeitung entsteht der Formatfile `splain.fmt`, der seinerseits `slitex.tex` und `sfonts.tex` einbindet.

Folien als Projektionsvorlage verlangen zur besseren Lesbarkeit größere und geänderte Schrifttypen. Die von SLITEX benutzten Schriften müßten von LaTeX mit `\newfont` Befehlen zunächst definiert werden und mit geeigneten Zeilenabständen neu aufgerufen werden. Diese zusätzlichen Anweisungen nimmt SLITEX dem Anwender ab.

Bei der Verwendung von SLITEX zur Erstellung von Folien braucht der Anwender nur einige ganz wenige spezielle SLITEX–Befehle zusätzlich zu erlernen. Ansonsten können alle LaTeX–Befehle — soweit sie zur Erzeugung von Folienvorlagen überhaupt einen Sinn haben — in gewohnter Weise verwendet werden. So sind zur Erstellung von Folien die *Gliederungsbefehle* sowie die `figure` und `table` Umgebungen nicht sinnvoll. Ebenso entfällt das Bedürfnis zur Erstellung eines Literaturverzeichnisses oder eines Indexregisters für den Text der Folien. Entsprechend besteht kein Bedarf an `\cite` oder `\index` Befehlen. Schließlich sind auch die *Seitenumbruchbefehle* überflüssig, da der Text für eine Folienvorlage stets auf eine Seite passen muß.

Der Aufruf des SLITEX–Programmes ist systemabhängig und muß vom jeweiligen Rechenzentrum erfragt oder dem *Local Guide* entnommen werden. Der zu bearbeitende File folgt der TEX–Konvention, d. h. er besteht aus dem Grundnamen und dem Anhang `.tex`, z. B. `folie.tex`. Der Bearbeitungsaufruf lautet damit üblicherweise

`slitex folie`

E.1   Die Grundidee der Farben

Die Erzeugung verschiedenfarbiger Texte und Diagramme geht nicht von der Verfügbarkeit eines speziellen Farbdruckers aus, sondern von der Erstellung verschiedener Schwarzweißvorlagen für einen gewöhnlichen Drucker. Diese Vorlagen können auf separaten Folien in jeweils einer Grundfarbe fotokopiert werden. Durch Übereinanderlegen der verschiedenfarbigen Einzelfolien kann die gesamte Farbpalette abgedeckt werden.

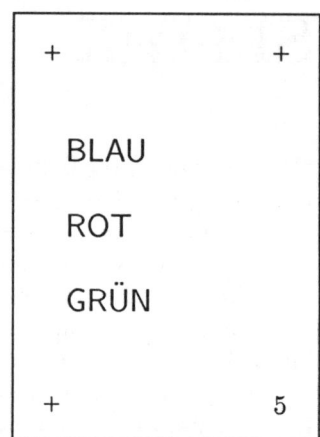

Um bei der Projektion die nebenstehende Vorlage an den Textstellen in den jeweiligen Farben zu erhalten, werden die untenstehenden drei Einzelvorlagen erzeugt und auf die separaten Folien kopiert, die hierbei in den Grundfarben *blau, rot, grün* erstellt werden.

Durch Übereinanderlegen der drei Folien entsteht das nebenstehende Gesamtbild. Die Justiermarkierungen + in den Ecken werden standardmäßig erzeugt. Die Seitennummern erscheinen unten rechts. Seitennummern und/oder Justiermarkierungen können bei Bedarf unterdrückt werden.

Die für den Gesamteindruck korrekte Positionierung der Texte in den Teilvorlagen ist eine der von SLITEX zu leistenden Aufgaben.

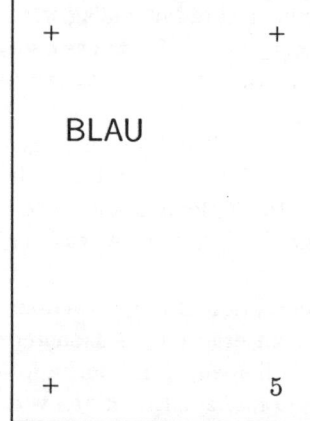
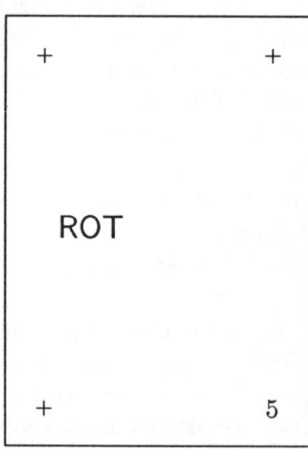

Die von einem normalen Drucker erzeugten Teilvorlagen sollen auch Farbvorlagen genannt werden, da sie die Vorlagen für die verschiedenfarbigen Transparentkopien darstellen. Solche fotoempfindlichen Folien stehen für Fotokopiergeräte in einer breiten Farbskala zur Verfügung. Das gemeinsame an ihnen ist, daß sie die schwarzweiße Vorlage in die jeweilige Eigenfarbe umsetzen.

Bei der Bearbeitung des Gesamttextes mit SLITEX reicht SLITEX den für die aufgerufene Farbe erforderlichen Teiltext zusammen mit den Positionierungsbefehlen und Zeichensatzanforderungen an TEX weiter, das daraus die Teilseite formatiert und das Ergebnis im DVI–File ablegt.

SLITEX kann vom Anwender aufgefordert werden, auch eine *Schwarzweiß*–Vorlage zu erstellen. Diese erzeugt den Inhalt aller Teilvorlagen gemeinsam auf einer Seite. Sollen nur Schwarzweißfolien erstellt werden, so bleibt dies die einzige Ausgabe von SLITEX. Aber auch bei der Erzeugung mehrfarbiger Teilvorlagen sollte eine Schwarzweißausgabe erstellt werden, da der Gesamteindruck des Textes aus den Teilvorlagen oft schwer abzuschätzen ist.

Zur Erzeugung der Farbvorlagen mit SLITEX werden stets *zwei* Eingabefiles benötigt, und zwar ein *Steuerfile* und ein *Folienfile*. Beide Files folgen der TEX–Konvention, d. h. sie bestehen aus einem Grundnamen und dem Anhang .tex. Der Grundname des Steuerfiles ist der Name, der beim Aufruf des SLITEX–Programms anzugeben ist.

E.2 Der Steuerfile

Der Steuerfile zur SLITEX–Bearbeitung ist wie ein normaler LATEX–File aufgebaut. Er beginnt üblicherweise mit dem Befehl

> \documentstyle{slides}

SLITEX kennt nur den zwingenden Dokumentstil slides und üblicherweise keine Optionen[1]. Im weiteren Vorspann, d. h. bis zum Befehl \begin{document} können weitere global wirkende Befehl stehen, z. B. die Erklärungen \textwidth und \textheight zur Veränderung der Seitenabmessungen. Der Vorspann für einen SLITEX–Steuerfile entspricht also vollständig dem eines üblichen LATEX–Files.

Der Textteil des Steuerfiles beginnt und endet wie bei LATEX mit den Befehlen

> \begin{document}   *Text und Steuerbefehle*   \end{document}

Häufig enthält der *Textteil* für den SLITEX–Steuerfile überhaupt keinen normalen Text, sondern nur die Steuerbefehle zur Erzeugung der Farbvorlagen. Dabei ist dem Programm SLITEX zunächst mitzuteilen, welche *Farben* verwendet werden sollen. Dies geschieht mit dem Befehl

> \colors{*Farbliste*}

Farbliste steht hier für eine durch Kommata getrennte Aufzählung der beabsichtigten Farben, z. B. red,green,blue,black. Die Farbnamen haben keine wirkliche Farbbedeutung, sie stehen nur zur Unterscheidung für die Kennung der Farbvorlagen. Im \colors Befehl hätte genau so gut stehen können rot,gruen,blau,schwarz oder ping,peng,pong,bum. In allen Fällen werden vier Namen zur Unterscheidung der Farbvorlagen definiert.

Die Zahl der verschiedene *Farben* im \colors Befehl ist nicht durch das Programm begrenzt. Dies liegt allein beim Anwender und ist allenfalls durch die Summe der erhältlichen Farbtöne für die fotoempfindlichen Transparentfolien begrenzt. In praxi sollten jedoch kaum mehr als vier Farben gewählt werden, da die Lichtdurchlässigkeit der übereinanderliegenden Transparentfolien endlich ist und ein projiziertes Bild mit sehr viel mehr unterschiedlichen Farben eher verwirrend als erhellend ist.

---

[1]In deutschen Rechenzentren sollte die Option german auch für SLITEX verfügbar sein. Alternativ kann mit \input danp auch ein geeigneter deutscher Anpassungsfile im Vorspann eingelesen werden.

Der Text und die weiteren Befehle für die Farbvorlagen stehen nicht im Steuerfile, sondern im sog. Folienfile. Angenommen der Steuerfile hat den Namen `rahmen.tex` und der Folienfile den Namen `folien.tex`. Der Folienfile wird dann mit einem oder beiden der Befehle

> `\colorslides{folien}` und/oder `\blackandwhite{folien}`

eingelesen und bearbeitet, während der Aufruf für das Programm

> `slitex rahmen`

lauten muß. Mit dem Befehl `\colorslides` werden die Farbvorlagen erstellt und mit dem Befehl `\blackandwhite` die Schwarzweiß–Zusammenfassung, bei der die Vereinigungsmenge der verschiedenen Farbvorlagen auf einer Seite erscheint. Sollen nur Schwarzweißfolien erstellt werden, so kann der die Farben definierende `\colors` Befehl entfallen.

Enthält der Steuerfile keinen normalen Text, so besteht der Rumpf des Files nur aus höchstens drei der soeben beschriebenen Befehle. Sonstiger Text erscheint nicht in den Folienvorlagen, sondern wird als eigenständiger Text ausgedruckt.

Der nachfolgende Steuerfile erzeugt als Vortext zu den eigentlichen Farbvorlagen den nebenstehenden Ausdruck.

```
\documentstyle{slides}

\textheight156mm \textwidth220

\begin{document}

Der Text des Steuerfiles wird als
Vortext zu den Farbvorlagen ausge
. . . . . . . . . . . . . . . . .
Der Vortext erscheint auf der
Ausgabeseite vertikal zentriert!

\colors{rot,blau,schwarz}
\blackandwhite{folien}
\colorslides{folien}

\end{document}
```

> Der Text des Steuerfiles wird als Vortext zu den Farbvorlagen ausgegeben.
>
> Dabei kommen die SLITeX–eigenen Zeichensätze zur Anwendung.
>
> Der Vortext erscheint auf der Ausgabeseite vertikal zentriert!

Danach erscheinen als Folge des `\blackandwhite` Befehls die Schwarzweißvorlagen, gefolgt von den Farbvorlagen, und zwar zunächst alle Rot–Vorlagen, dann die Blau–Vorlagen und schließlich die Schwarz–Vorlagen als Folge des `\colorslides` Befehls. Die Reihenfolge der Farbvorlagen wird durch die Reihenfolge der Farben im `\colors` Befehl bestimmt.

Man beachte den Unterschied zwischen der schwarzen Farbvorlage und der Schwarzweißvorlage. Die Schwarzvorlage enthält nur den schwarzen Text der dreifarbigen Einzelfolien, die Schwarzweißvorlage dagegen den gemeinsamen Inhalt aller drei Farbvorlagen.

E.3   Der Folienfile

Der Folienfile enthält den eigentlichen Text und die Anweisungen zur Gestaltung der Vorlagen für die Folien. SLITEX gestattet die Erzeugung der Vorlagen für die Foliensätze in zweierlei Weise, die sich im allgemeinen in der Art der Numerierung für die einzelnen Foliensätze unterscheiden. Die beiden Möglichkeiten sollen hier *fester* bzw. *auswechselbarer* Foliensatz genannt werden.

E.3.1   Der feste Foliensatz

Der Vorlagensatz für eine Folienseite wird mit der Umgebung

> `\begin{slide}{`*farbliste*`}`   *Text und Befehle*   `\end{slide}`

erzeugt. Die Vorlagen für die verschiedenen Farben sowie die Schwarzweißvorlage erhalten alle die gleiche Seitennummern. Die erste `slide`–Umgebung erzeugt den Satz mit der Seitennummer "1". Mit der nächsten `slide`–Umgebung wird der nächste Foliensatz erzeugt, dessen Seitennummer um eins erhöht, also "2" ist, usw.

Für *farbliste* kann jede Teilmenge der im `\colors{`*Farbliste*`}` Befehl des Steuerfiles definierten *Farbliste* gewählt werden. Dies schließt die leere wie die vollständige Menge ein. War der Befehl `\colors` im Steuerfile als

> `\colors{rot,gruen,blau,schwarz}`

gewählt worden, so kann die Eintragung für *farbliste* in der `slide`–Umgebung ebenfalls `{rot,gruen,blau,schwarz}` lauten, aber auch `{blau,rot,schwarz}` oder `{rot,gruen}` sind erlaubte Farbangaben. Eine leere Farbliste, also den Aufruf

> `\begin{slide}{}` ... ... `\end{slide}`

wird man wählen, wenn nur Schwarzweißvorlagen erstellt werden sollen.

Enthält die Farbliste der `slide`–Umgebung nur eine Teilmenge der mit `\colors` definierten Farbmenge, so werden natürlich nur diejenigen Farbvorlagen erstellt, für die die Farben in der `slide`–Umgebung aufgeführt sind.

Nachdem die *Farben* mit dem `\colors` Befehl definiert sind, stehen sie als Farberklärungen oder –umgebungen zur Verfügung. Mit dem vorangegangenen `\colors` Befehl können also die Farben mit `\rot`, `\gruen`, `\blau` oder `\schwarz` aktiviert oder innerhalb einer Umgebung, z. B. `\begin{rot}` ... `\end{rot}`, bereitgestellt werden.

Die Farbbefehle wirken ähnlich wie die Schriftstil– oder Größenbefehle. Während mit den letzteren eine Schrift in einer bestimmten Größe zur *aktiven* Schrift erklärt wird, wird mit dem Farbbefehl eine *Farbe* zur aktiven Farbe erklärt, deren Text in der entsprechenden Farbvorlage erscheint.

```
\begin{slide}{schwarz,blau,rot}\schwarz
   Der Haupttext {\rot dieser} Folie erscheint in Schwarz mit einigen
   {\blau blauen} und {\rot roten} Einsprengseln.\par
   \begin{rot}
      Der folgende Text ist rot, mit einer {\blau blauen} Einf"ugung.
   \end{rot}\par
```

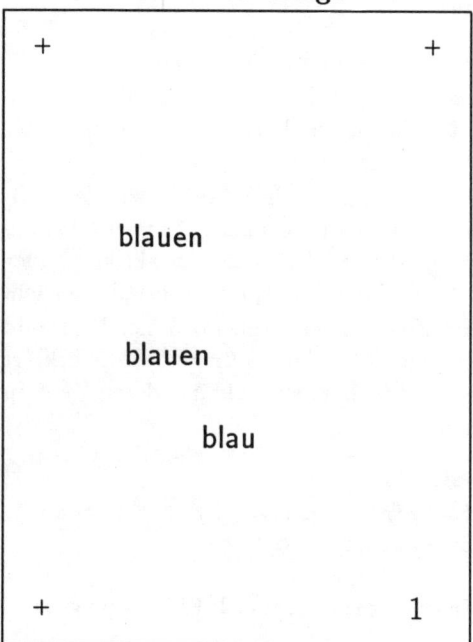

```
Sehen Sie nicht {\rot rot}, sonst werden Sie {\blau blau}!
\begin{center}\gruen Hier gr"unt's so gr"un\end{center}
\end{slide}
```

Die Schwarzvorlage

+   +

Der Haupttext   Folie erscheint in Schwarz mit einigen   und   Ein-
sprengseln.

Sehen Sie nicht   , sonst
werden Sie   !

+   1

Die Rotvorlage

+   +

dieser

roten

Der folgende Text ist rot mit
einer   Einfügung.
rot

+   1

Die Blauvorlage

+   +

blauen

blauen

blau

+   1

Die Schwarzweißvorlage

+   +

Der Haupttext dieser Folie
erscheint in Schwarz mit einigen blauen und roten Ein-
sprengseln.
Der folgende Text ist rot mit
einer blauen Einfügung.
Sehen Sie nicht rot, sonst
werden Sie blau!

Hier grünt's so grün

+   1

Das vorstehende Beispiel mit den abgedruckten Farb– und Schwarzweißvorlagen demonstriert alle Eigenschaften der `slide`–Umgebung. Es wurde hierbei eine `slide`–Umgebung mit den Farben `schwarz`, `rot` und `blau` eröffnet. Innerhalb dieser Umgebung wurde mit `\schwarz` die Farbe `schwarz` zur aktiven Farbe erklärt. Der anschließende Text erscheint damit in schwarz, soweit nicht *lokal* mit `{\rot dieser}` oder `{\blau blauen}` oder mit der Einfügung einer Farbumgebung wie `\begin{rot}`... `\end{rot}` auf eine andere Farbe umgeschaltet wurde.

Eine lokale Umschaltung wie `{\blau blau}` gilt nur innerhalb des Klammerpaares `{...}` und entspricht damit dem gewohnten Verhalten von LaTeX für lokale Erklärungen.

Die drei Farbvorlagen enthalten das Ergebnis. Die Schwarzvorlage enthält den als `schwarz` erklärten Text mit den Aussparungen für die `rot` bzw. `blau` erklärten Textteile. Die Rot– bzw. die Blauvorlage enthalten die für ihre Farben erklärten Textteile, und zwar so positioniert, daß sie genau in die jeweiligen Aussparungen der Schwarzvorlage hineinpassen.

Innerhalb der inneren `rot`–Umgebung wurde nochmals mit `{\blau blauen}` lokal auf die Farbe `blau` umgeschaltet. Entsprechend enthält die Rotvorlage eine Aussparung an der Stelle des Wortes "blauen", das seinerseits an der richtigen Stelle in der Blauvorlage erscheint.

Der letzte mit der Umgebung `center` zentrierte Text bedarf einer Erläuterung. Innerhalb dieser Umgebung wurde mit `\gruen` für den zentrierten Text die Farbe `gruen` erklärt. Dies ist zulässig, weil im `\colors` Befehl des Steuerfiles die Farbe `gruen` definiert worden war. Eine entsprechende Grünvorlage wird jedoch nicht erzeugt, weil die Farbe `gruen` *nicht* in der Farbliste der umschließenden `slide`–Umgebung auftritt. Der `gruen` erklärte Text "Hier grünt's so grün" beeinflußt aber die vertikale Positionierung des vorangehenden Textes, und zwar genau so, als wenn er mit einer eigenen Grünvorlage ausgegeben worden wäre. Außerdem erscheint der `gruen` erklärte Text in der abschließenden Schwarzweißvorlage, die den gesamten Folientext ohne Berücksichtigung der einzelnen Farberklärungen wiedergibt.

Die Erklärung `\schwarz` gleich zu Beginn der `slide` Umgebung hätte, mit gleicher Wirkung für diese Umgebung, auch vor die Umgebung — und damit global — gesetzt werden können. Eine solche globale Farberklärung, die für alle folgenden `slide`–Umgebungen wirkt, bis sie evtl. durch eine weitere globale Farberklärung abgelöst wird, bietet sich immer dann an, wenn eine Farbe für alle Foliensätze dominiert.

Die Farberklärungen beeinflussen nicht die Wahl der Schrifttypen und –größen und umgekehrt. Innerhalb einer aktiven Farbe können Schriften in Typen und Größen verändert werden, ebenso wie umgekehrt innerhalb einer aktiven Schrift die Farben gewechselt werden könnnen.

SLITeX benutzt seine eigenen Zeichensätze. Hierbei entspricht die Standardschrift in der Normalgröße ungefähr der LaTeX–Schrift `\sf` in der Größe `\LARGE`. Welche Schriftarten und –größen insgesamt in SLITeX zur Verfügung stehen, ist in Abschnitt E.4 aufgeführt.

```
\rot \begin{slide}{rot,gruen} \centering
     {\Large Oskar {\em und\/} \gruen Petra}}
     Liebesheirat\\ {\em\gruen oder}\\ Zweckehe?
```

```
      \small\it
      Johannes {\gruen bleibt} skeptisch\\
      {\em und} {\gruen Heiner\/} {\em sieht} schwarz
\end{slide}
```

SW–Vorlage	Rotvorlage	Grünvorlage

+ +	+ +	+ +
Oskar *und* **Petra**	**Oskar** *und*	**Petra**
Liebesheirat	Liebesheirat	
oder		*oder*
Zweckehe?	Zweckehe?	
Johannes bleibt skeptisch	*Johannes* skeptisch	*bleibt*
und *Heiner* sieht *schwarz*	und sieht *schwarz*	*Heiner*
+ 2	+ 2	+ 2

Das Beispiel bedarf keiner weiteren Erläuterungen. Die Umschaltungen zwischen den Schriftgrößen und –stilen sind leicht erkennbar, und die Farbzuordnung findet sich in den Farbvorlagen wieder.

Neben den mit dem \colors Befehl im Steuerfile definierten *Farben* kennt SLITEX die intern definierte *unsichtbare* Farbe \invisible. Textteile, die mit \invisible gekennzeichnet sind, erscheinen *weder* in den Farbvorlagen, *noch* in der SW–Vorlage. In allen Vorlagen bleibt aber der Platz für den unsichtbaren Text ausgespart, so als sei er an diesen Stellen wirklich mit unsichtbarer Farbe geschrieben worden. Der Nutzen dieses Befehls wird bei der Darstellung für auswechselbare Folien erkennbar.

Eine Farbumschaltung, einschließlich der Umschaltung mit \invisible, ist nicht erlaubt *innerhalb* von mathematischen Formeln, also innerhalb des mathematischen Bearbeitungsmodus. Wie trotzdem mehrfarbige mathematischen Formeln erzeugt werden können, wird in E.3.5 dargestellt.

Zusammengefaßt bleibt festzuhalten: Jede slide–Umgebung erzeugt jeweils einen Vorlagesatz mit gleicher Seitennummer innerhalb des Satzes und fortlaufender Nummer von Satz zu Satz. Die einzelnen Vorlagensätze sind auf ihren Seiten vertikal zentriert. Ein Seitenumbruch findet nicht statt. Es liegt also in der Verantwortung des Anwenders, dafür zu sorgen, daß die Seiten nicht zu lang werden. Bei zu langen Vorlagentexten erzeugt SLITEX eine Overfull vbox ... Warnung und der ausgegebene Text verschwindet zum Teil oberhalb und unterhalb der Seitenränder.

Innerhalb der slide–Umgebung dürfen mit Ausnahme von \invisible nur solche Farbbefehlsnamen auftreten, die im \colors Befehl definiert wurden. Die Farbnamen haben keine wirkliche Farbbedeutung, sondern dienen nur zur Kennzeichnung der Vorlagen. Statt blau, gruen, rot könnte genau so gut ping, peng, pong gewählt werden.

E.3.2 Einfarbige Folien

Der \blackandwhite Befehl des Steuerfiles erzeugt für die einzelnen slide–Umgebungen jeweils den Gesamttext aller Überlagerungen. Sollen nur einfarbige Gesamt-
vorlagen entstehen, so können die Befehle \colors und \colorslides im Steuerfile
entfallen. Ebenso entfallen dann irgendwelche Farbbefehle oder Farbumgebungen innerhalb der slide–Umgebung.

Besondere Hervorhebungen für einfarbige Folien können in gewohnter Weise durch
geänderte Schriftarten oder –Größen, Einrückungen u. ä. mehr erfolgen. Der Vorteil
in der Verwendung von SLITEX gegenüber LATEX bei der Erstellung einfarbiger Folien
liegt in der Verwendung geeigneterer Schriften, die SLITEX bereitstellt.

Einfarbige Folien können zudem in der Druckerfarbe mit dem vorhandenen Druk-
ker direkt erzeugt werden, da die meisten Laserdrucker das Einlegen geeigneter Transparentfolien für den Direktdruck erlauben.

E.3.3 Auswechselbare Folien

Häufig besteht auch bei Schwarzweißfolien das Bedürfnis, mit *Überlagerungen* zu arbeiten. Etwa dadurch, daß eine Hauptfolie mit gleichem Grundtext und Aussparungen verwendet wird, über die nacheinander weitere Folien mit variablem Text an
Stelle der Aussparungen gelegt werden sollen. SLITEX stellt für die Erstellung solcher
Grundfolien mit zusätzlichen Wechselfolien ein geeignetes Instrument zur Verfügung.

Zur Erstellung der Grundfolie wird die slide–Umgebung wie gewohnt verwendet,
in der die auszusparenden Textteile mit dem Befehl \invisible *unsichtbar* gemacht
werden. Mit anschließenden overlay–Umgebungen

   \begin{overlay}{*farbe*} ... ... \end{overlay}

werden dann die komplementären Wechselfolien erstellt, und zwar dadurch, daß die
sichtbaren Texte der Grundfolien in der overlay–Umgebung mit \invisible unsichtbar und die auszuwechselnden Textteile an den entsprechenden Stellen mit einem
Farbbefehl sichtbar gemacht werden.

Die mit der overlay–Umgebung erzeugten Folien erhalten die Seitennummer der
vorangegangenen slide–Umgebung, gefolgt von einem fortlaufenden Kleinbuchstaben
in der Form 3–a, 3–b , ...

```
\begin{slide}{visible}\visible
  \begin{center}\large Nationale Vorurteile \end{center}
  Nach verbreiteter Volksmeinung gelten die {\invisible Amerikaner} als
  {\invisible egoistisch} und {\invisible arrogant}, gleichzeitig aber auch
  als {\invisible hilfsbereit}. Der Widerspruch ist offenkundig und macht die
  Vorurteile deutlich.
\end{slide}
\begin{overlay}\invisible
  \begin{center}\large Nationale Vorurteile \end{center}
  Nach verbreiteter Volksmeinung gelten die {\visible Amerikaner} als
  {\visible egoistisch} und {\visible arrogant}, gleichzeitig aber auch als
  {\visible hilfsbereit}. Der Widerspruch ist offenkundig und macht die ...
\end{overlay}
```

Das Beispiel setzt voraus, daß im Steuerfile mit dem Befehl \colors{visible} eine Farbe visible definiert wurde. Wurden andere Farben definiert, so genügt die Angabe einer dieser Farben an Stelle der \visible Befehle, um die entsprechenden Teile *sichtbar* zu machen. Der Farbname visible war hier nur gewählt worden, um die Komplementarität zu \invisible deutlicher zu machen. Und hier das Ergebnis:

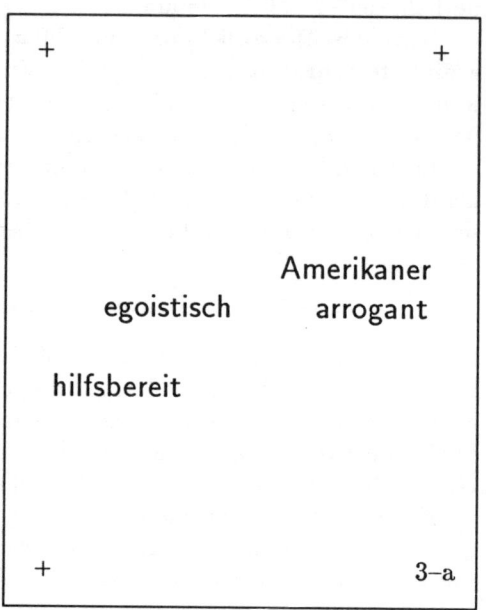

Durch Übereinanderlegen beider Folien entsteht das nebenstehende Ergebnis. Bei dem Versuch, nunmehr eine weitere Wechselfolie zu erstellen, in der derselbe Grundtext, aber statt "Amerikaner", "egoistisch", "arrogant" und "hilfsbereit" nunmehr "Russen", "gastfreundlich", "gutmütig" und "brutal" stehen soll, wird das Ergebnis höchst unbefriedigend.

Die ausgewechselten Wörter haben andere Weiten. Damit wird der unsichtbare Grundtext in der Wechselfolie unterschiedlich verschoben und ggf. sogar anders gebrochen. Damit paßt die zweite Wechselfolie gar nicht oder nur ungenau auf den ungeänderten Haupttext der Grundfolie.

Nationale Vorurteile

Nach verbreiteter Volksmeinung gelten die Amerikaner als egoistisch und arrogant, gleichzeitig aber auch als hilfsbereit. Der Widerspruch ist offenkundig und macht die Vorurteile deutlich.

Die Lösung ist jedoch recht einfach. Sowohl im Grundtext wie im Wechseltext sollten die auszuwechselnden Teile jeweils in \makebox Befehle geeigneter Breite gefaßt werden. Damit wird für den Grundtext wie für alle Wechseltexte an den entsprechenden Stellen der gleiche Zwischenraum bereitgestellt.

Die explizite Angabe der Breiten, etwa als \makebox[20mm]{Amerikaner} und analog \makebox[20mm]{Russen} ist jedoch lästig. Ganz zu schweigen, daß passende Weiten erst nach einem oder gar mehreren Probeausdrucken gefunden werden. Zweckmäßiger ist es, durch die Bereitstellung eines eigenen Makros diese Arbeit an SLITEX zu übertragen. Mit

```
\newlength{\ww}
\newcommand{\mbw}[2]{\settowidth{\ww}{#1}\makebox[\ww]{#2}}
```

kann dies erreicht werden. Hier wird zunächst ein eigener Längenbefehl für die Wortweite \ww eingeführt. Der Aufruf für den Befehl \mbw lautet dann

```
\mbw{muster_wort}{eintrag}
```

womit der Befehl \makebox mit der Weite, die das *muster_wort* einnimmt, mit dem übergebenen *eintrag* eingerichtet wird.

Mit diesem benutzereigenen Befehl könnte das vorangegangene Beispiel dann korrekt erstellt werden:

```
\begin{slide}{visible}\visible
  \begin{center}\large Nationale Vorurteile \end{center}
  Nach verbreiteter Volksmeinung gelten die
  {\invisible\mbw{Amerikaner}{Amerikaner}} als
  {\invisible\mbw{gastfreundlich}{egoistisch}} und
  {\invisible\mbw{gutm"utig}{arrogant}}, gleichzeitig aber auch als
  {\invisible\mbw{hilfsbereit}{hilfsbereit}}. Der Widerspruch ist offenkundig
  und macht die Vorurteile deutlich.
\end{slide}
\begin{overlay}\invisible
  \begin{center}\large Nationale Vorurteile \end{center}
  Nach verbreiteter Volksmeinung gelten die
  {\visible\mbw{Amerikaner}{Amerikaner}} als
  {\visible\mbw{gastfreundlich}{egoistisch}} und
  {\visible\mbw{gutm"utig}{arrogant}}, gleichzeitig aber auch als
  {\visible\mbw{hilfsbereit}{hilfsbereit}}. Der Widerspruch ist offenkundig
  und macht die Vorurteile deutlich.
\end{overlay}
\begin{overlay}\invisible
  \begin{center}\large Nationale Vorurteile \end{center}
  Nach verbreiteter Volksmeinung gelten die
  {\visible\mbw{Amerikaner}{Russen}} als
  {\visible\mbw{gastfreundlich}{gastfreundlich}} und
  {\visible\mbw{gutm"utig}{gutm"utig}}, gleichzeitig aber auch als
  {\visible\mbw{hilfsbereit}{brutal}}. Der Widerspruch ist offenkundig
  und macht die Vorurteile deutlich.
\end{overlay}
```

Hier stellt sich die Frage, warum die jeweils längeren Wörter ebenfalls in die \mbw Befehle, z. B. \mbw{Amerikaner}{Amerikaner}, gefaßt wurden. Tatsächlich könnte man an einigen Stellen die jeweils längsten Wechselwörter direkt hinschreiben, in der slide– und der ersten overlay–Umgebung also nur Amerikaner angeben. In dieser Form werden die Wechselwörter beim Zeilenumbruch ggf. getrennt, während beim Aufruf eines kürzeren Wechselwortes mit \mbw, etwa \mbw{Amerikaner}{Russen} ein Zeilenumbruch innerhalb der übergebenen Wortes als Folge des \makebox Befehls nicht möglich ist. Damit würden einige der Wechselfolien unter Umständen wieder nicht zur Grundfolie passen. Die vorgestellte Form ist sicherer.

Der Texteintrag im vorstehenden \mbw Befehl erfolgt zentriert in der durch *Muster_Wort* bestimmten Feldweite. Dies ist erwünscht, wenn die verschieden langen Wechseleinträge innerhalb einer Zeile angeordnet werden sollen. Findet ein Zeilenumbruch gerade vor oder hinter einem Wechselwort statt, so mag für die Wechselwörter an diesen Stellen ein links– oder rechtsbündiger Eintrag sinnvoller sein. Hierzu könnten zusätzlich zwei Befehle \mbwl und \mbwr bereitgestellt werden, die der Leser zur Übung entwerfen möge.

Die Wiederholung des gesamten sichtbaren Textes der Grundfolie in allen weiteren overlay–Umgebungen erscheint zunächst aufwendig. Tatsächlich sollte der Editor zur Hilfe genommen werden und der gesamte Text der Grundfolie, also der slide–Umgebung, in die erste overlay–Umgebung kopiert werden. Hier sind dann die Befehle \visible und \invisible (bzw. der verwendete Farbbefehl und \invisible) gegeneinander auszutauschen, wozu der Editor ebenfalls Hilfe leisten kann. Die so erstellte erste overlay–Umgebung kann dann in die weiter folgenden kopiert werden, wobei lediglich die Wechselwörter verändert werden müssen.

E.3.4 Anmerkungen zu den Folien

Für einen Vortrag werden häufig Textstellen mit Stichwörtern oder Hinweisen zwischen den einzelnen Foliensätzen verlangt. Hierfür stellt SLITEX die Umgebung

       \begin{note}   *Text*   \end{note}

bereit. Diese erzeugt eine Seite mit dem eingeschlossenen *Text* und der Seitennummer der vorangehenden slide–Umgebung und einer anschließenden Folgeziffer in der Form 3–1 für die erste note–Umgebung, 3–2 für die zweite usw.

Beispiel für die note–Umgebung:

```
\begin{note}
An dieser Stelle das U--Bahn
Erlebnis von New--York einstreuen:

Ein farbiger Mitfahrer, dem die
Zeitung {\em New Zion\/} aus der
Tasche lugt, wird von seinem
Nachbarn mit den Worten
``{\em Neger allein gen"ugt dir
wohl nicht?\/}'' angemacht.
\end{note}
```

Die Justiermarkierungen entfallen auf den mit der note Umgebung erzeugten Seiten.

> An dieser Stelle das U–Bahn Erlebnis von New–York einstreuen:
>
> Ein farbiger Mitfahrer, dem die Zeitung *New Zion* aus der Tasche lugt, wird von seinem Nachbarn mit den Worten *"Neger allein genügt dir wohl nicht?"* angemacht.
>
> 3–1

E.3.5   Mehrfarbige mathematische Formeln

Die besondere Leistungsfähigkeit von LaTeX zur Formatierung von mathematischen Formeln gilt gleichermaßen auch für SLITeX. Die erforderlichen Bearbeitungsangaben sind in beiden Programmen identisch. Der einzige Unterschied zur herkömmlichen LaTeX–Bearbeitung liegt darin, daß SLITeX die eigenen, vergrößerten Zeichensätze verwendet.

Bei mehrfarbigen Foliensätzen können Formeln in unterschiedlichen Farbvorlagen angebracht werden. Sie erscheinen mit dem umgebenen Text in der jeweils aktiven Farbe innerhalb der `slide`–Umgebung. Ebenso können Formeln mit der `overlay`–Umgebung erzeugt werden und auf diese Weise unterschiedliche Formeln in den einzelnen Wechselfolien mit der Grundfolie kombiniert werden.

Farbumschaltbefehle und der Befehl `\invisible` müssen vor dem Umschalten in den mathematischen Bearbeitungsmodus gesetzt werden. Innerhalb des eigentlichen Formeltextes sind sie verboten. Damit ist `\rot$\int f(x)\,dx$\gruen` eine erlaubte Befehlsfolge, nicht aber `$\int\rot f(x)\,dx$`. Somit können mehrere Formeln in verschiedenen Farben, die Einzelformel aber nur in einer Farbe erzeugt werden.

Sollen einzelne Formelteile in unterschiedlichen Farbvorlagen erscheinen, so muß mit einem Trick das Verbot überlistet werden. Hierzu möge der Leser ggf. Abschnitt 5.4.9 zu Rate ziehen. Dort wurde der Umschaltbefehl `\boldmath` vorgestellt, der ebenfalls nur außerhalb des mathematischen Bearbeitungsmodus erlaubt ist. Um trotzdem nur Teile einer Formel in Fettdruck zu erzeugen, z. B. $W_r = \int M\, d\varphi = r^2 m\omega^2/2$, mußte der Befehl `\boldmath` zusammen mit dem fetten Formelteil in eine `\mbox` gefaßt werden. Der Trick bestand darin, daß mit `\mbox{...}` innerhalb einer Formel lokal wieder auf den LR–Bearbeitungsmodus, also einen Textmodus, zurückgeschaltet wird, in dem die verbotenen Befehle erlaubt sind. Innerhalb der `\mbox` mußte für die eingeschlossene Teilformel mit `$...$` nochmals in den mathematischen Bearbeitungsmodus geschaltet werden.

Und genau in der gleichen Weise können innerhalb von Formeln auch Farbbefehle aktiviert werden. Soll in dem vorstehenden Formelbeispiel $W_r = \int M\, d\varphi = r^2 m\omega^2/2$ der fettgedruckte Formelteil statt dessen in Rot und der Rest der Formel in Grün erzeugt werden, d. h. in der Rot– bzw. Grünvorlage auftreten, so kann dies mit

`\gruen $ W_r = \int \mbox{\rot $ M\,d\varphi $} = r^2 m\omega^2 / 2 $`

erreicht werden, und

`\gruen $ W_r = \int \mbox{\boldmath\rot $ M\,d\varphi $} = ... $`

würde den Fettdruck erhalten *und* den zugehörigen Formelteil zugleich in Rot erstellen.

In gleicher Weise können auch mehrfarbige abgesetzte Formeln erzeugt werden. Bei abgesetzten Formeln muß bei den in `\mbox{\`*farbe* `$` *formelteil* `$}` zurückgeschalteten Formelteilen ggf. einer der Größenbefehle aus Abschnitt 5.5.2 vorangestellt werden, damit man die richtige Schriftgröße für die Teilformel erhält.

Ist das Größenverhältnis zwischen den Teilformeln *ohne* explizite Größenbefehle unrichtig, sollte Abschnitt 5.5.2 zu Rate gezogen werden. Der Leser möge zur Übung die umrandete Formel auf Seite 121 mit einem grünen Rahmen und einer roten eingeschlossenen Formel erzeugen.

E.4   Schriftarten und Größen in SLITEX

Wie schon erwähnt, verwendet SLITEX seine eigenen Schriften. Sie sind auf die typischen Anwendungen von Projektionsfolien zugeschnitten und erleichtern die Lesbarkeit projizierter Vorlagen.

E.4.1   Die SLITEX–Schriftarten

SLITEX kennt die Schriftartenbefehle \rm, \it, \bf und \tt. Der Umschaltbefehl \em wirkt wie in LATEX und schaltet wechselseitig zwischen \rm und \it hin und her. Die Proportionalschriften stellen, anders als in LATEX, serifenlose Schriften dar, denen in LATEX in ungefähr die Schrift \sf entspricht, wobei die Normalgröße von SLITEX der LATEX–Größe \LARGE nahekommt.

Die Schriften haben in der Normalgröße das Aussehen

\rm   Normal–Schrift

\it   *Italic–Schrift*

\bf   **Fett–Schrift**

\tt   `Schreibmaschinenschrift`

Zusätzlich benutzt SLITEX seine eigenen mathematischen Schriften zur Erzeugung von mathematischen Formeln, die in der Größe den vorstehenden Schriften angepaßt sind.

E.4.2   Die SLITEX–Schriftgrößen

Alle Schriftgrößenbefehle von LATEX können auch in SLITEX verwendet werden. Einige dieser Schriftgrößenbefehle bedeuten jedoch dieselben Größen. So führt der Aufruf von \scriptsize, \footnotesize und \small immer zur gleichen Größe \small, und ebenso erzeugen \huge und \Huge einheitlich die Größe \huge.

\tiny   Winzige Schrift

\small   Kleine Schrift

\normalsize   Normale Schrift

\large   Große Schrift

\Large   Etwas Größer

\LARGE # Noch Größer

\huge # Riesig Groß

Alle SLITEX–Schriftarten stehen in den Größen \tiny bis einschließlich \LARGE zur Verfügung. In der Schriftgröße \huge steht nur die Standardschrift \rm bereit.

E.5 Weitere SLITEX–Bearbeitungsmöglichkeiten

E.5.1 SLITEX–Seitenstilarten

Der LATEX–Seitenstil–Befehl \pagestyle{*stil*} kann auch in SLITEX benutzt werden. Folgende Stilarten stehen zur Verfügung:

headings Die Foliensätze erscheinen mit Justiermarkierungen und einer Seitennummer rechts unten, wie bei den Beispielen der slide–, overlay– und note–Umgebungen gezeigt. Dies ist auch der gewählte Standard, wenn der \pagestyle Befehl entfällt.

plain Die Justiermarkierungen entfallen auf den Foliensätzen. Die Seitennummern erscheinen wie beim Stil headings.

empty Die Foliensätze enthalten weder Justiermarkierungen noch Seitennummern.

Der Befehl \pagestyle wird in LATEX üblicherweise im Vorspann angebracht und gilt für das ganze Dokument. Für einzelne Seiten kann mit dem \thispagestyle eine abweichende Seitenstilbearbeitung erreicht werden. Dieser Befehl sollte in SLITEX nicht verwendet werden. Statt dessen kann mit einem weiteren \pagestyle Befehl eine geänderte Bearbeitung für die nachfolgenden Foliensätze erreicht werden. Solche weiteren \pagestyle Befehle sollten innerhalb von slide–, overlay– und note–Umgebungen vermieden werden, sondern *vor* einer solchen Umgebung angeordnet werden, von wo ab sie dann für die nachfolgenden dieser *Ausgabeumgebungen* wirken.

Die in LATEX mit dem Seitenstil \headings zusammenwirkenden Erklärungen \markright und \markboth bleiben in SLITEX ohne Wirkung. Sie haben in SLITEX auch keinen Sinn, da Gliederungsbefehle auf Folienseiten nicht angebracht werden.

E.5.2 Selektive Folienbearbeitung

Jede slide–Umgebung erzeugt oder leitet zusammen mit den anschließenden note– und overlay–Umgebungen einen neuen Foliensatz ein. Der Folienfile kann beliebig viele solcher slide–Umgebungen enthalten. Diese Umgebungen können auch auf verschiedene Files verteilt und mit \input Befehlen im Folienfile eingelesen werden.

Enthält der Folienfile viele slide–Umgebungen, so besteht häufig das Bedürfnis, einzelne Foliensätze zu verändern oder zu korrigieren, ohne daß hierzu die Gesamtheit aller Folienvorlagen neu erstellt werden muß.

Dies kann mit dem Befehl

\onlyslides{*Seitenliste*}

im Vorspann des Steuerfiles erreicht werden. *Seitenliste* steht hierbei für eine Liste mit Seitennummern in aufsteigender Ordnung, z. B. 2,5,9-12,15. Mit diesem Beispiel würden nur die Foliensätze mit den Seitennummern 2, 5, 9–12 und 15 erzeugt.

In der *Seitenliste* dürfen auch nicht existierende Seitennummern auftreten. Enthält der Folienfile z. B. Anweisungen zur Erzeugung von insgesamt 20 Foliensätzen, so würde der Befehl \onlyslides{1,18-999} die Erzeugnung der Foliensätze 1 und 18–20 bewirken.

Schließlich kann mit dem Befehl

\onlynotes{*Seitenliste*}

im Vorspann des Steuerfiles erreicht werden, daß die note–Umgebungen des Folienfiles nur für die in der *Seitenliste* aufgeführten Seiten ausgeführt werden. Enthält die Seite 5 drei note–Umgebungen, so werden mit \onlynotes{5} die Anmerkungsseiten 5–1, 5–2 und 5–3 erzeugt.

Enthält der Steuerfile nur den \onlyslides und keinen \onlynotes Befehl, so werden die Foliensätze der ausgewählten Seiten *einschließlich* der evtl. für diese Seiten existierenden Anmerkungsseiten ausgegeben. Ist umgekehrt nur \onlynotes gesetzt, so werden nur die ausgewählten Anmerkungsseiten, aber keine Folienvorlagen ausgegeben.

Ist sowohl der \onlyslides als auch der \onlynotes Befehl im Steuerfile gesetzt, so werden mit dem \onlyslides Befehl *nur* die Folienvorlagen für die ausgewählten Seiten *ohne* evtl. zugehörige Anmerkungsseiten erzeugt und gleichzeitig nur die Anmerkungsseiten ausgegeben, die im \onlynotes Befehl angeführt sind.

Enthält der Steuerfile den Befehl \onlyslides, so darf die zugehörige *Seitenliste* nicht leer sein, sie muß also mindestens eine Seitennummer enthalten. Dagegen darf ein zusätzlicher leerer \onlynotes{} Befehl auftreten, mit der Wirkung, daß nur die ausgewählten Folienvorlagen ohne evtl. vorhandene Anmerkungsseiten ausgegeben werden.

Literaturverzeichnis

[1] Leslie Lamport. LATEX – A Document Preparation System. Addison–Wesley Co., Inc., Reading, MA, 1985

[2] R. Wonneberger. Kompaktführer LATEX, 2. durchgesehene Auflage. Addison–Wesley (Deutschland) GmbH, Bonn, 1988

[3] Helmut Kopka. LATEX–Erweiterungsmöglichkeiten — mit einer Einführung in METAFONT, 2. überarbeitete Auflage. Addison–Wesley (Deutschland) GmbH, Bonn, 1991

[4] Michael Urban. An Introduction to LATEX. Originally prepared for TRW Software Productivity Project 1986; reprinted with permission and distributed by TUG, Providence, RI.

[5] L. Botway and C. Biemesderfer. LATEX Command Summary. Originally prepared for internal use at Space Telescope Science Institute, Baltimore, MD, 1985; reprinted with permission and distributed by TUG, Providence, RI.

[6] Donald E. Knuth. Computers and Typesetting Vol. A–E. Addison–Wesley Co., Inc., Reading, MA, 1987–1991

[6a] Vol. A: The TEXbook, 11. ed. 1991

[6b] Vol. B: TEX: The Program, 4. ed. 1991

[6c] Vol. C: The METAFONTbook, 4. ed. 1991

[6d] Vol. D: METAFONT: The Program, 4. ed. 1991

[6e] Vol. E: Computer Modern Typefaces, 3. ed. 1987

[7] Norbert Schwarz. Einführung in TEX, 3. überarbeitete Auflage. Addison–Wesley (Deutschland) GmbH, Bonn, 1991

[8] Wolfgang Appelt. TEX für Fortgeschrittene. Addison–Wesley (Deutschland) GmbH, Bonn, 1988

[9] Arthur L. Samuel. First Grade TEX: A Beginner's TEX Manual. Originally published as Stanford Computer Science Report No. STAN–CS–83–985; reprinted with permission and distributed by TUG, Providence, RI.

[10] Hubert Partl u. a. LaTeX-*Kurzbeschreibung*. EDV–Zentrum der TU Wien, Handbuch–Nummer H30, 1987

[11] Th. Kneser. *Kurzeinführung TeX*. Gesellschaft für wissenschaftliche Datenverarbeitung mbH Göttingen, Umdruck 46, 1986

[12] Michael Spivak. *The Joy of TeX*. American Mathematical Society, Providence, RI., 1986

[13] Michael Spivak. *PCTeX Manual*. Personal TeX, Inc., Mill Valley, CA, 1985

[14] Michael J. Wichura. *The PICTeX Manual*. TeX Users Group, Providence, RI., 1987

[15] Anne Brüggemann–Klein. *Einführung in die Dokumentverarbeitung*. B. G. Teubner, Stuttgart, 1989

[16] TUGboat. *The TeX Users Group Newsletter*. TUG, Providence, RI, Vol. 1, 1980 – Vol. 12, 1991. (Ab 1985 jährlich 3 Ausgaben, vorher 2)

Anschrift: TeX Users Group
             Post Office Box 9506
             Providence, RI 02940
             U.S.A

Befehlsindex

Dieser Anhang enthält eine alphabetisch angeordnete (ASCII–Ordnung) Kurzbeschreibung aller LaTeX–Befehle, einschließlich einiger Erweiterungen sowie einige TeX–Befehle, soweit sie in diesem Buch näher beschrieben wurden. In einem weiteren Abschnitt sind eine Reihe von Befehlen in Tabellen oder Diagrammen nach ihrer logischen Zusammengehörigkeit aufgelistet. Zum Schluß sind diejenigen TeX–Befehle angegeben, die bei einer LaTeX–Bearbeitung nicht verwendet werden dürfen.

Kurzbeschreibung der LaTeX–Befehle

In der nachfolgenden Befehlszusammenfassung ist bei jedem dem Befehl die Gliederungsnummer und die Seitenzahl angegeben, wo dieser Befehl im vorliegenden Buch eingeführt und näher erläutert ist. Diese Angabe erfolgt in der Form "(*Gl_nr*) – *Seite*": (2.5.1) – 13 bedeutet damit "Unterabschnitt 2.5.1, Seite 13". Entfällt diese Angabe, so wurde dieser Befehl bisher nicht vorgestellt und wird nur hier erläutert. Zerbrechliche Befehle sind mit [z], Befehle, die nur im mathematischen Mode erlaubt sind, sind mit [m] und solche, die nur im Vorspann erlaubt oder wirksam sind, mit [v] gekennzeichnet. Die Befehle des deutschen Befehlssatzes nach Anhang D.1 sind mit [g] und die in diesem Buch privat definierten mit [p] markiert.

! . . . . (8.3) – 208

> Feldtrennzeichen für MakeIndex innerhalb der `\index` Befehle. Beispiel: `\index{Befehl!zerbrechlich}` erzeugt im Ingexregister unter dem Haupteintrag 'Befehl' einen Untereintrag 'zerbrechlich'.

! ' erzeugt ¡ . . . . (2.5.6) – 15

" 1.) . . . . (2.5.2), (D.1.7) – 14, 315

> Im Original (ohne `german.sty`) Textzeichen zur Erzeugung von ".

" 2.) . . . . (8.3) – 209

> Maskierungszeichen für MakeIndex. Beispiel: `\index{"!}` hebt die Sonderbedeutung von ! auf und gibt es im Indexregister aus. Selbstmaskierung durch "" zur Erzeugung von Umlauten mit MakeIndex: `\index{Fr""uhst""uck}`

" 3.) . . . . (B.2) – 259

> Feldtextklammerung für BibTeX. Beispiel: `AUTOR = "Norbert Schwarz"`

" | [g] . . . . (D.1.4) – 313

Befehl zur Aufhebung von Ligaturen und gleichzeitig Angabe einer Trennstelle: \Auf"|lage erzeugt 'Auflage' statt 'Auflage' und erlaubt die Trennung 'Auf-lage'.

\# . . . . (7.3.2), (7.4.2) – 155, 161

Ersetzungszeichen zur Parameterübergabe bei anwendereigenen Befehls– und Umgebungsdefinitionen.

\#\# . . . . (7.5.7) – 166

Ersetzungszeichen zur *inneren* Parameterübergabe bei *verschachtelten* Befehls- und Umgebungesdefinitionen.

\$ . . . . (5.1) – 93

Umschaltzeichen vom Textmode in den mathematischen Mode und zurück zur Erzeugung von Textformeln. Gleichwertig mit \(bzw. \begin{math} beim ersten Auftreten und mit \) bzw. \end{math} beim zweiten Auftreten.

\% . . . . (4.11) – 92

Kommentarzeichen. Der Text in der laufenden Eingabezeile hinter dem % Zeichen wird als Kommentar angesehen und von der TEX–Bearbeitung ausgeblendet.

\& . . . . (4.8.1) – 75

Spaltensprungbefehl innerhalb der array und tabular Umgebung.

?' erzeugt ¿ . . . . (2.5.5) – 15

^ [m] . . . . (5.2.2) – 95

Hochstellung (Exponenten) in Formeln: x^2 $= x^2$,   x^{-2n} $= x^{-2n}$

_ [m] . . . . (5.2.2) – 95

Tiefstellung (Indizes) in Formeln: a_n $= a_n$,   a_{i,j,k} $= a_{i,j,k}$

@ . . . . (8.3), (B.2) – 209, 259

1. In MakeIndex lexikalischer Zuweisungsoperator innerhalb des \index Befehls: \index{Summe@$\sum$} erzeugt im Indexregister das Summenzeichen $\sum$ und ordnet es lexikalisch beim Wortwert 'Summe' an.

2. Für BIBTEX Kennzeichnung des *Eingabetyps*. Beispiel: @BOOK kennzeichnet die Literaturangaben für ein Buch.

| [m] erzeugt | . . . . (5.3.4), (5.4.1) – 99, 104

| . . . . (8.3) – 209

MakeIndex–Befehlseinleitung in \index Befehlen.

1. Nach der Befehlsdefinition \newcommand{\ii}[1]{{\em#1}} erscheint mit \index{Index|ii} das Stichwort 'Index' mit einer kursiven Seitenangabe.

2. Der Ergänzungsbefehl \see aus makeidx.sty kann im \index Befehl als \index{Bibliographie|see{Literaturverzeichnis}} zur Erzeugung eines Querverweises im Indexregister übergeben werden.

~ . . . . (3.5.1.1) – 33

Normaler Wortzwischenraum, nach dem kein Zeilenumbruch erfolgen kann.

\+ . . . . (4.6.3) – 65

Versetzungsbefehl für den linken Rand innerhalb der `tabbing` Umgebung um einen Tabstop nach rechts.

\, ... (3.5.1.3), (5.5.1) – 34, 115

Kleiner Zwischenraum von 1/6 quad in Text und Formeln: $xx\,x = xx\,x$

\- . . . . (3.6.1), (4.6.3) – 41, 65

    1. Kennzeichnung einer möglichen Trennung innerhalb eines Wortes, die Trennungen *nur* an den gekennzeichneten Stellen erlaubt.

    2. Innerhalb der `tabbing` Umgebung Rücksetzen des linken Randes um einen Tabstop nach links.

\. . . . . (2.5.7) – 15

Befehl zur Erzeugung eines "Punkt Akzentes": $\.o = \dot{o}$

\/ . . . . (3.5.1.4), (3.5.1.5) – 34, 34

Italic Korrektur: Zusatzzwischenraum am Ende von geneigten Schriften oder Befehl zur Aufhebung von Ligaturen.

\3 [p][g] . . . . (2.5.1) – 13

Nach Eingabe von `\let\3=\ss` Befehl zur vereinfachten Darstellung des ß = `\3`.

\: [m] . . . . (5.5.1) – 115

Mittlerer Zwischenraum von 2/9 quad in Formeln: $xx\:x = xx\,x$

\; [m] . . . . (5.5.1) – 115

Großer Zwischenraum von 5/18 quad in Formeln: $xx\;x = xx\,x$

\< . . . . (4.6.3) – 65

Rücksprung um einen Tabstop nach links innerhalb der `tabbing` Umgebung.

\= . . . . (2.5.7), (4.6.1) – 15, 64

    1. Befehl zur Erzeugung eines "Makron Akzentes": $\=o = \bar{o}$

    2. Innerhalb der `tabbing` Umgebung: Setzen eines Tabulatorstops an der momentanen Stelle in der Zeile.

\> . . . . (4.6.1) – 64

Sprung zum nächsten Tabstop nach rechts innerhalb der `tabbing` Umgebung.

\@. . . . . (3.5.1.1) – 33

Zusatzzwischenraum am Satzende nach dem Punkt, wenn der Satz mit einem Großbuchstaben endet.

\[[z] . . . . (5.1) – 94

Umschaltbefehl vom Textmode in den mathematischen Mode zur Erzeugung von abgesetzten Formeln. Gleichwertig mit `\begin{displaymath}`.

\\[*abstand*] [z] . . . . (3.5.2.1) – 36

Zeilenendbefehl mit Zeilenumbruch. Optional fügt [*abstand*] vertikalen Zwischenraum der Länge *abstand* zusätzlich zum Zeilenwechsel ein.

*[*abstand*] [z] . . . . (3.5.2.1) – 36

Wie `\\`, doch kann kein Seitenumbruch vor der nächsten Zeile stattfinden.

\addcontentsline{*file*}{*format*}{*eintrag*} [z] . . . . . (3.4.3), (3.4.4) – 31, 32

Manueller Zusatz von *eintrag* in den Verzeichnisfile, .toc, .lof oder .lot für *file*, im Format eines Gliederungsbefehls für *format*, z. B. section.

\address{*absender*} . . . . (A.1) – 243

Im letter Stil Name und Anschrift des Absenders. Zeilen im *absender* Feld werden durch \\ getrennt.

\addtocontents{*file*}{*eintrag*} [z] . . . . (3.4.3), (3.4.4) – 31, 32

Manueller Zusatz von *eintrag* in den Verzeichnisfile, .toc, .lof oder .lot für *file*.

\addtocounter{*zähler*}{*betrag*} [z] . . . . (7.1.3) – 150

Addiert *betrag* zum momentanen Wert des Zählers *zähler*.

\addtolength{*länge*}{*maßbetrag*} . . . . (7.2) – 152

Addiert das Längenmaß *maßbetrag* zum momentanen Wert des Längenbefehls *länge*.

\addvspace{*maßbetrag*} . . . . (7.2) – 152

Fügt vertikalen Zwischenraum der Größe *maßbetrag* an der Stelle dieses Befehls zwischen Absätzen ein. Bei mehrfachem Auftreten jedoch nur bis zum maximalen *maßbetrag*.

\AE erzeugt Æ . . . . (2.5.6) – 15

\ae erzeugt æ . . . . (2.5.6) – 15

\aleph [m] erzeugt ℵ . . . . (5.3.6) – 100

\Alph{*zähler*} . . . . (7.1.4) – 151

Druckt den augenblicklichen Wert von *zähler* als Großbuchstabe aus.

\alph{*zähler*} . . . . (7.1.4) – 151

Druckt den augenblicklichen Wert von *zähler* als Kleinbuchstabe aus.

\alpha [m] erzeugt α . . . . (5.3.1) – 98

\amalg [m] erzeugt $\amalg$ . . . . (5.3.3) – 99

\and . . . . (3.3.1) – 26

Trennt Autorenangaben auf der durch \maketitle erzeugten Titelseite.

\angle [m] erzeugt ∠ . . . . (5.3.6) – 100

\approx [m] erzeugt ≈ . . . . (5.3.4) – 99

\arabic{*zähler*} . . . . (7.1.4) – 151

Druckt den augenblicklichen Wert von *zähler* als arabische Zahl aus.

\arccos [m] . . . . (5.3.8) – 101

Befehl zur Erzeugung des Funktionsnamens "arccos" in Formeln.

\arcsin [m] . . . . (5.3.8) – 101

Befehl zur Erzeugung des Funktionsnamens "arcsin" in Formeln.

\arctan [m] . . . . (5.3.8) – 101

Befehl zur Erzeugung des Funktionsnamens "arctan" in Formeln.

`\arg` [m] . . . . (5.3.8) – 101

   Befehl zur Erzeugung des Funktionsnamens "arg" in Formeln.

`\arraycolsep` . . . . (4.8.2) – 76

   Der halbe Spaltenabstand in der **array** Umgebung. Wertzuweisung mit dem
   L⊃T_EX–Befehl `\setlength` oder durch unmittelbares Anhängen einer Maßangabe:
   `\setlength{\arraycolsep}{3mm}`   bzw.   `\arraycolsep3mm`

`\arrayrulewidth` . . . . (4.8.2) – 76

   Die Liniendicke vertikaler und horizontaler Linien in der **array** und **tabular**
   Umgebung. Wertzuweisung mit `\setlength` oder durch unmittelbares Anhängen
   einer Maßangabe:
   `\setlength{\arrayrulewidth}{0.5mm}`   bzw.   `\arrayrulewidth0.5mm`

`\arraystretch` . . . . (4.8.2) – 77

   Faktor (Standard = 1.0) zur Veränderung des Zeilenabstandes einer Tabelle.
   Wertzuweisung durch `\renewcommand{\arraystretch}{`*faktor*`}`.

`\ast` [m] erzeugt ∗ . . . . (5.3.3) – 99

`\asymp` [m] erzeugt ≍ . . . . (5.3.4) – 99

`\austrian` [g] . . . . (D.1.6) – 314

   Umschaltungsname auf österreichische Sprachstrukturen mit `\selectlanguage`.

`\author{`*name*`}` . . . . (3.3.1) – 26

   Erzeugt die Autorenangaben auf der durch `\maketitle` erzeugten Titelseite.

`\b{`*x*`}` . . . . (2.5.7) – 15

   Befehl zur Erzeugung des Unterstreichungsakzentes: `\b{o}` = o̱

`\backslash` [m] erzeugt \ . . . . (5.3.4) – 99

`\bar{`*x*`}` [m] . . . . (5.3.9) – 102

   Makron Akzent über math. Variable x: `\bar{a}` = $\bar{a}$

`\baselineskip` . . . . (3.2.3) – 23

   Zeilenabstand innerhalb eines Absatzes. Jeder Zeichensatz kennt einen internen Zeilenabstand. Wertzuweisung mit `\setlength` oder durch unmittelbares
   Anhängen einer Maßangabe:
   `\setlength{\baselineskip}{12pt}`   bzw.   `\baselineskip12pt`

`\baselinestretch` . . . . (3.2.3), (4.1.3) – 23, 47

   Faktor (Standard = 1.0), mit dem `\baselineskip` intern bei der Erzeugung des
   Zeilenabstandes multipliziert wird. Wertänderung kann durch
   `\renewcommand{\baselinestretch}{`*faktor*`}`
   erfolgen. Neuer Wert wird erst nach der nächsten Schriftgrößenumschaltung wirksam!

`\begin{`*umgebung*`}` [z] . . . . (2.2) – 10

   Beginn einer Umgebung mit dem Namen *umgebung*. Der Befehl muß zwingend
   mit `\end{`*umgebung*`}` gepaart sein, mit dem diese Umgebung beendet wird. Der
   jeweilige Umgebungsname *umgebung* muß in beiden Befehlen identisch sein.

`\begin{abstract}` [z] . . . . (3.3.2) – 28

Beginn der Umgebung **abstract** zur Erzeugung eines Abstrakts (Zusammenfassung). Bei Dokumentstil **article** wird hierbei die Schriftgröße `\small` gewählt und die **quotation**–Umgebung aktiviert. Bei **report** erscheint die Zusammenfassung auf eigenen Seiten und in gleicher Breite wie der sonstige Text. In beiden Fällen wird der zusammenfassende Text mit der zentrierten Überschrift **Abstract** oder **Zusammenfassung (german)** versehen.

`\begin{appendix}` [z] . . . . (3.3.4) – 30

Beginn der Umgebung **appendix** zur Erzeugung eines Anhanges. Bewirkt Rücksetzung des obersten Gliederungszählers und dessen Numerierung als Großbuchstabe.

`\begin{array}[`*pos*`]{`*col*`}` [m][z] . . . . (4.8.1), (5.4.3) – 74, 105

Beginn der Umgebung **array** zur Erzeugung von Matrizen und Feldern. Die Spaltendefinition *col* erhält für jede Spalte ein Formatierungszeichen: So erzeugt `\begin{array}{lcr}` eine dreispaltige Matrix mit einer *linksbündigen* ersten, *zentrierten* zweiten und *rechtsbündigen* dritten Spalte. Der optionale Parameter *pos* richtet mit **t** die erste Zeile des Feldes und mit **b** die letzte Zeile des Feldes auf die Grundlinie der umgebenden Formel aus. Standard ist die vertikal zentrierte Ausrichtung. S. auch `\begin{tabular}`.

`\begin{`*befehls_name*`}` [z] . . . . (2.2) – 11

Die meisten Erklärungbefehle, z. B. alle Schriftarten– und Schriftgrößenbefehle können mit ihrem Namen eine Umgebung bilden. `\begin{small}` schaltet innerhalb der Umgebung auf die Schriftgröße `\small` um. Diese Umgebung wird mit `\end{small}` beendet.

`\begin{center}` [z] . . . . (4.2.1) – 49

Beginn der Umgebung **center**. Der Text erscheint zeilenweise zentriert. Die einzelnen Zeilen werden durch `\\` getrennt. S. auch `\centering`.

`\begin{description}` [z] . . . . (4.3), (4.3.3) – 51, 52

Beginn der Umgebung **description** zur Erzeugung einer markierten, eingerückten Liste. Die Markierung besteht aus der jeweiligen *marke* der zugehörigen `\item[`*marke*`]` Befehle.

`\begin{displaymath}` [z] . . . . (5.1) – 93

Umschaltung vom Textmode in den mathematischen Mode zur Erzeugung einer abgesetzten Formel. Gleichwertig mit `\[`.

`\begin{document}` [z] . . . . (1.3) – 4

Beginn der äußersten Umgebung eines jeden Textdokuments. Dieser Befehl beendet den Vorspann. Der Befehl ist für jedes LaTeX–Dokument zwingend, ebenso wie sein Gegenpol `\end{document}` zur Beendigung des ganzen Textes.

`\begin{enumerate}` [z] . . . . (4.3), (4.3.2) – 51, 52

Beginn der Umgebung **enumerate** zur Erzeugung einer markierten, eingerückten Liste. Die Markierung hängt von der Schachtelungstiefe ab und besteht in der ersten Stufe aus einer laufenden Nummer, die mit jedem `\item` Befehl erzeugt und um eins erhöht wird.

`\begin{eqnarray}` [z] . . . . (5.4.7) – 110

Umschaltung vom Textmode in den mathematischen Mode zur Erzeugung einer abgesetzten Formelgruppe in Form einer dreispaltigen Tabelle {rcl}. Die einzelnen Zeilen der Gruppe werden durch \\ Befehle und deren Felder durch & getrennt. Jede Zeile erhält eine laufende Formelnummer. Letztere kann jeweils mit dem Befehl \nonumber unterdrückt werden.

`\begin{eqnarray*}` [z] . . . . (5.4.7) – 110

Entspricht der eqnarray Umgebung ohne laufende Formelnumerierung.

`\begin{equation}` [z] . . . . (5.1) – 93

Umschaltung vom Textmode in den mathematischen Mode zur Erzeugung einer abgesetzten Formel mit automatischer Formelnumerierung.

`\begin{figure}[loc]` [z] . . . . (6.6.1) – 142

Gleitende Umgebung zur Aufnahme von Bildern. Der optionale Parameter *loc* kann jede Kombination von h, t, b und p sein und bestimmt die erlaubten Gleitmöglichkeiten. Standard ist tbp.

`\begin{figure*}[loc]` [z] . . . . (6.6.1) – 142

Gleitende Umgebung zur Aufnahme von Bildern über beide Spalten bei zweispaltiger Textformatierung. Der optionale Parameter *loc* kann t, p oder tp sein und bestimmt die erlaubten Gleitmöglichkeiten.

`\begin{flushleft}` [z] . . . . (4.2.2) – 49

Beginn der Umgebung flushleft. Der Text erscheint zeilenweise linksbündig. Die einzelnen Zeilen werden durch \\ getrennt. S. auch \raggedright.

`\begin{flushright}` [z] . . . . (4.2.2) – 49

Beginn der Umgebung flushright. Der Text erscheint zeilenweise rechtsbündig. Die einzelnen Zeilen werden durch \\ getrennt. S. auch \raggedleft.

`\begin{fussypar}` [z] . . . . (3.6.3) – 42

Die Formatierung der Absätze innerhalb dieser Umgebung erfolgt standardmäßig, d. h. mit begrenzter Elastizität für die Wortabstände. S. auch \fussy. Gegensatz sloppypar und \sloppy.

`\begin{itemize}` [z] . . . . (4.3), (4.3.1) – 51, 51

Beginn der Umgebung itemize zur Erzeugung einer markierten, eingerückten Liste. Die Markierung hängt von der Schachtelungstiefe ab und besteht in der ersten Stufe aus einem •, der mit jedem \item Befehl erzeugt wird.

`\begin{letter}{empfänger}` [z] . . . . (A.1) – 244

Beginn eines Briefes beim Dokumentstil letter. Empfängername und Anschrift werden im zweiten Klammerpaar *empfänger* übergeben; Zeilentrennung im Empfängerfeld durch \\.

`\begin{list}{Standardmarke}{Listenerklärung}` [z] . . . . (4.4) – 58

Beginn einer allgemeinen Listenumgebung. *Standardmarke* definiert die Markierung, die mit jedem \item Befehl erzeugt wird. *Listenerklärung* enthält die gewünschten Längenerklärungen (s. Seite 59) für die Liste.

\begin{math} [z] . . . . (5.1) – 93

Umschaltzeichen vom Textmode in den mathematischen Mode zur Erzeugung von Textformeln. Gleichwertig mit \(bzw. dem ersten Auftreten eines $ Zeichens.

\begin{minipage}[*pos*]{*breite*} [z] . . . . (4.7.3) – 70

Umgebung zur Erzeugung einer Teilseite der Breite *breite*. Der optionale Parameter *pos* richtet mit t die oberste Zeile und mit b die unterste Zeile der minipage Box auf die laufende Zeile aus. Standard ist die vertikale Zentrierung.

\begin{picture}(*x_dimen,y_dimen*) [z] . . . . (6.2) – 124

Umgebung zur Erzeugung eines Bildes mit den Abmessungen *x_dimen* Breite und *y_dimen* Höhe. Diese Angaben erfolgen dimensionslos. Sie sind Vielfache der mit \unitlength gesetzten Längeneinheit.

\begin{picture}(*x_dimen,y_dimen*)(*x_offset,y_offset*) [z] . . . . (6.5.4) – 139

Verallgemeinerung der vorangegangenen picture Umgebung. Das Bild wird zusätzlich um die Beträge *x_offset* nach links und *y_offset* nach unten verschoben.

\begin{quotation} [z] . . . . (4.2.3) – 49

Beginn der Umgebung quotation, in der der Text beidseitig eingerückt wird. Absätze innerhalb dieser Umgebung sind durch zusätzliches Einrücken der ersten Zeile gekennzeichnet.

\begin{quote} [z] . . . . (4.2.3) – 49

Beginn der Umgebung quote, in der der Text beidseitig eingerückt wird. Absätze innerhalb dieser Umgebung sind durch vergrößerten Absatzabstand gekennzeichnet.

\begin{samepage} [z] . . . . (3.5.5.5) – 39

Erlaubt Seitenumbruch nur zwischen Absätzen, nicht aber innerhalb eines Absatzes oder vor und nach abgesetzten Formeln oder Einrückungen, es sei denn, er wird dort mit \newpage oder \pagebreak erzwungen. S. auch \samepage.

\begin{sloppypar} [z] . . . . (3.6.3) – 42

Die Formatierung der Absätze innerhalb dieser Umgebung erlaubt großzügigere Wortabstände und vermindert Trennungen. Sinnvoll für sonst beidbündig schwer zu formatierende Texte. S. auch \sloppy. Gegensatz fussypar und \fussy.

\begin{tabbing} [z] . . . . (4.6.1) – 64

Beginn der Umgebung tabbing, in der mit \= Befehlen beliebige Tabulatorstops gesetzt werden können, zu denen in weiteren Zeilen mit \> Befehlen vor– und mit \< Befehlen zurückgesprungen werden kann. Mit \+ und \- Befehlen kann der linke Rand der tabbing Umgebung jeweils um einen Tabulatorstop nach rechts oder links versetzt werden.

\begin{table}[*loc*] [z] . . . . (4.8.4), (6.6.1) – 84, 142

Gleitende Umgebung zur Aufnahme von Tabellen. Der optionale Parameter *loc* kann jede Kombination von h, t, b und p sein und bestimmt die erlaubten Gleitmöglichkeiten. Standard ist tbp.

`\begin{table*}[`*loc*`]` [z] . . . . (6.6.1) – 142

> Gleitende Umgebung zur Aufnahme von Tabellen über beide Spalten bei zwei-spaltiger Textformatierung. Der optionale Parameter *loc* kann t, p oder tp sein und bestimmt die erlaubten Gleitmöglichkeiten.

`\begin{tabular}[`*pos*`]{`*col*`}` [z] . . . . (4.8.1) – 74

> Beginn der Umgebung tabular zur Erzeugung von Tabellen. Die Spaltendefini-tion *col* erhält für jede Spalte ein Formatierungszeichen: c, l, r für eine *zentrierte*, *links–* oder *rechtsbündige* Spalte oder p{*wd*} für eine Spalte der Breite *wd*, in der ein mehrzeiliger Text als Zeileneintrag erscheinen kann.
>
> Mit dem Eintrag @{*text*} zwischen zwei der vorstehenden Formatierungszeichen wird derselbe *text* in allen Zeilen zwischen die entsprechenden Spalten eingefügt. Ein | vor, zwischen und nach den Formatierungszeichen erzeugt an diesen Stellen eine vertikale Linie über die ganze Tabellenhöhe.
>
> Der optionale Parameter *pos* richtet mit t die erste Zeile der Tabelle und mit b die letzte Zeile der Tabelle auf die Grundlinie der äußeren Umgebung aus. Standard ist die vertikal zentrierte Ausrichtung.
>
> Die Spalteneinträge der einzelnen Zeilen werden mit & getrennt und die Tabel-lenzeile als Ganzes mit \\ abgeschlossen.

`\begin{tabular*}{`*breite*`}[`*pos*`]{`*col*`}` [z] . . . . (4.8.1) – 74

> Wie `\begin{tabular}`, doch wird mit der *Form eine Tabelle der Gesamtbrei-te *breite* erzeugt. Hierbei sollte am Anfang des Formatierungsfeldes *col* ein @{\extracolsep\fill} stehen, um zwischen den Spalten so viel Zwischenraum einzufügen, daß gerade die Gesamtbreite *breite* erreicht wird.

`\begin{thebibliography}{`*muster_marke*`}` [z] . . . . . (4.3.6), (8.2.2) – 56, 204

> Umgebung zur Erstellung eines Literaturverzeichnisses. Für *muster_marke* ist ein Musterwort zu wählen, das die Tiefe der Listeneinrückung bestimmt. Jeder Eintrag des Verzeichnisses beginnt mit einem \bibitem Befehl.

`\begin{theindex}` [z] . . . . (8.2.3) – 206

> Umgebung zur zweispaltigen Formatierung eines Indexregisters. Die Eintragun-gen erfolgen durch \item, \subitem und \subsubitem bzw. \indexspace Be-fehle.

`\begin{`*theorem*`}[`*zusatz*`]` [z] . . . . (4.5) – 63

> Umgebung zur Erzeugung einer anwendereigenen *Theorem*–Struktur, die mit dem Befehl \newtheorem eingerichtet wurde. Für *theorem* steht der erste Parameter *satz* aus dem \newtheorem Befehl. Der optionale Parameter *zusatz* erscheint in ( ) hinter der fortlaufenden Nummer des Theorembegriffes.

`\begin{titlepage}` [z] . . . . (3.3.1) – 26

> Umgebung zur Erzeugung einer Titelseite ohne Seitennummer bei freier Anwen-dergestaltung.

`\begin{trivlist}` [z] . . . . (4.4.5) – 62

> Umgebung zur Erzeugung einer trivialen Liste *ohne* Mustermarke und Listen-erklärung, bei der \leftmargin, \labelwidth und \itemsep zu 0pt gesetzt sind und \listparindent = \parindent und \parsep = \parskip zugewiesen wird.

\begin{verbatim} . . . . (4.10) – 91

Umgebung zum Ausdruck von Text in Form der Originaleingabe in Schreibmaschinenschrift. Mehrfache Leerzeichen, Zeilenschaltung und Befehlszeichen werden unverändert ausgegeben.

\begin{verbatim*} . . . . (4.10) – 91

Die *Form entspricht der Standardform. Leerzeichen werden jedoch als ␣ gekennzeichnet.

\begin{verse} [z] . . . . (4.2.4) – 50

Umgebung zur Formatierung von Gedichten, Reimen, Versen u. ä. Strophen werden durch Leerzeilen, die einzelnen Zeilen durch \\ Befehle voneinander getrennt.

\belowdisplayskip [m] . . . . (5.5.4) – 119

Vertikaler Abstand einer *langen* abgesetzten Formel zur nachfolgenden Textzeile.
Wertzuweisung mit \setlength oder durch Anhängen einer elastischen Maßangabe (s. 2.4.2). Beispiel:

> \setlength{\belowdisplayskip}{\abovedisplayskip}

setzt \belowdisplayskip gleich dem Wert von \abovedisplayskip. Weitere
Zuweisungsbeispiele s. bei \abovedisplayskip.

\belowdisplayshortskip [m] . . . . (5.5.4) – 119

Vertikaler Abstand einer *kurzen* abgesetzten Formel zur nachfolgenden Textzeile.
Wertzuweisung mit \setlength oder durch Anhängen der elastischen Maßangabe
wie beim vorangegangenen Beispiel.

\beta [m] erzeugt β . . . . (5.3.1) – 98

\bf . . . . (4.1.2) – 46

Schriftumschaltung auf "**Boldface = Fettdruck**".

\bibitem[*marke*]{*bezug*} *Text* . . . . (4.3.6), (8.2.2) – 56, 204

Befehl zum Eintrag in das Literaturverzeichnis der thebibliography Umgebung.
Auf das Bezugswort *bezug* kann im Text mit \cite Befehlen Bezug genommen
werden, wodurch die gewählte, optionale Markierung *marke* der Literaturstelle
ausgedruckt wird. Standard ist eine fortlaufende Nummer in eckigen Klammern.

\bibliography{*file*} . . . . (8.2.2), (B.1) – 205, 257

Erzeugung eines Literaturverzeichnisses in Verbindung mit dem BIBTEX–Programm. Für *file* ist der Grundname der Literaturdatenbank anzugeben.

\bibliographystyle{*stil*} . . . . (B.1) – 258

Wahl des Stils für das erzeugte Literaturverzeichnis. Für *stil* kann zwischen
plain, unsrt, alpha und abbrv gewählt werden.

\big*kl_symbol* [m] . . . . (5.5.3) – 118

Größeres Klammersymbol als normal, aber kleiner als \Big. Beispiel: \big(

\Big*kl_symbol* [m] . . . . (5.5.3) – 118

Größeres Klammersymbol als \big, aber kleiner als \bigg. Beispiel: \Big[

\bigcap [m] erzeugt $\bigcap$ . . . . (5.3.7) – 101

\bigcirc [m] erzeugt $\bigcirc$ . . . . (5.3.3) – 99

\bigcup [m] erzeugt $\bigcup$ . . . . (5.3.7) – 101

        \bigskipamount5ex plus1.5ex minus2ex   bzw.
        \setlength{\bigskipamount}{5ex plus1.5ex minus2ex}

     Befehl zur Erzeugung des Funktionsnamens "mod" in der Form
a\bmod b = $a \bmod b$.

     Schaltet auf Fettdruck in mathematischen Formeln um. Der Befehl muß im Textmode, also vor dem Umschaltbefehl in den mathematischen Mode gegeben werden. Für eine Teilformel in Fettdruck muß mit \mbox{\boldmath$...$} vorübergehend in Textmodus zurückgeschaltet werden.

     Bruchteil einer Seite, bis zu dem Gleitobjekte am unteren Seitenende angebracht werden können: \renewcommand{\bottomfraction}{*dezimal_bruch*}

     Maximale Anzahl von Gleitobjekten, die am unteren Seitenende angebracht werden können. Wertzuweisung durch \setcounter{bottomnumber}{*num*}.

     Breve Akzent über math. Variable x: \breve{a} = $\breve{a}$

     Erzeugt eine Cedille unter *zeichen*:   \c{C} = Ç

     Schriftartenbefehl zur Erzeugung *kalligraphischer* Schriftzeichen in Formeln.

     Erzeugt eine numerierte Über– oder Unterschrift mit dem Text von *überschrift* innerhalb der Gleitumgebungen figure oder table. Mit *kurzform* kann statt der vollen Über– oder Unterschrift eine Kurzform im Bild– oder Tabellenverzeichnis aufgenommen werden.

     Interner Befehl aus german.sty, der die sprachabhängigen Wörter aus LATEX definiert. Standardmäßig steht *sprache* für english, german und french bereit. Nach dem Muster a. a. O. können weitere Sprachen bereitgestellt werden.

     Befehl im Dokumentstil letter zur Erzeugung eines "cc:" bzw. mit german evtl. "Kopien an" oder "Verteiler", gefolgt von einer Namensliste *liste* am Ende des Briefes.

Erklärung, daß der Text ab hier zeilenweise zentriert werden soll. Die einzelnen Zeilen werden durch `\\` getrennt. S. auch `\begin{center}`.

Ergänzender TEX–Befehl, der den Inhalt von *text* in eigener Zeile horizontal zentriert.

Startet ein neues Kapitel mit einer neuen Seite und formatiert die Kapitelüberschrift *überschrift* mit gleichzeitig laufender Kapitelnummer. Mit *kurzform* kann statt des Textes von *überschrift* eine Kurzform ins Inhaltsverzeichnis und in den Kopfzeilen eingetragen werden.

Startet ein neues Kapitel mit einer neuen Seite und formatiert die Kapitelüberschrift *überschrift*, jedoch ohne laufende Kapitelnummer. Ebenso unterbleibt eine Eintragung von *überschrift* im Inhaltsverzeichnis.

Háček Akzent in mathematischen Formeln: `\check{a}` $= \check{a}$

Bildobjektbefehl zur Erzeugung eines Kreises vom Durchmesser *durchmesser* in der `picture` Umgebung. Der Befehl ist als Argument in einem `\put` oder `\multiput` Befehl einzusetzen.

Wie `\circle`, doch wird mit der *Form ein gefüllter Kreis erzeugt.

Bezug auf eine Literaturstelle mit dem Schlüsselwort *bezug* durch Ausdruck der Literaturmarkierung. Mit dem optionalen *zusatz* kann der Markierung ein Zusatz angefügt werden.

Beendet die laufende Seite und bringt alle evtl. unbearbeiteten Gleitobjekte auf einer oder mehreren eigenen Seiten unter. Die nächste Seite startet als *rechte* Seite mit einer ungeraden Seitennummer.

Beendet die laufende Seite und bringt alle evtl. unbearbeiteten Gleitobjekte auf einer oder mehreren eigenen Seiten unter.

Erzeugt innerhalb der `tabular` Umgebung eine horizontale Linie vom Anfang der Spalte n bis zum Ende der Spalte m. Beispiel `\cline{2-5}`

\closing{*gruß*} . . . . (A.1) – 244

> Ende des Brieftextes innerhalb der letter Umgebung. *gruß* steht für die gewünschte Grußformel.

\clubsuit [m] erzeugt ♣ . . . . (5.3.6) – 100

\columnsep . . . . (3.1) – 20

> Erklärung des Spaltenabstandes bei zweispaltiger Seitenformatierung. Wertzuweisung mit \setlength oder durch Anhängen einer Maßzahl: \columnsep1pt

\columnseprule . . . . (3.1) – 20

> Erklärung der Strichdicke für den vertikalen Strich zwischen den Spalten bei zweispaltiger Seitenformatierung. Wertzuweisung mit \setlength oder durch Anhängen einer Maßzahl: \setlength{columnseprule}{1pt}

\cong [m] erzeugt ≅ . . . . (5.3.4) – 99

\contentsline{*gl_typ*}{\numberline{*gl_num*}*titel_text*}{*seite*}

> Dieser Befehl wird durch \tableofcontents für jeden Eintrag des Inhaltsverzeichnisses in den .toc File geschrieben. Mit dem Editor können solche Befehle manuell in den .toc File zugefügt oder geändert werden. *gl_typ* steht für den Namen eines Gliederungsbefehls, z. B. section, *gl_num* ist die zugehörige Gliederungsnummer wie 2.3 und *seite* ist die zugehörige Seitennummer.

\coprod [m] erzeugt ∐ . . . . (5.3.7) – 101

\copyright erzeugt © . . . . (2.5.5) – 15

\cos [m] . . . . (5.3.8) – 101

> Befehl zur Erzeugung des Funktionsnamens "cos" in Formeln.

\cosh [m] . . . . (5.3.8) – 101

> Befehl zur Erzeugung des Funktionsnamens "cosh" in Formeln.

\cot [m] . . . . (5.3.8) – 101

> Befehl zur Erzeugung des Funktionsnamens "cot" in Formeln.

\coth [m] . . . . (5.3.8) – 101

> Befehl zur Erzeugung des Funktionsnamens "coth" in Formeln.

\csc [m] . . . . (5.3.8) – 101

> Befehl zur Erzeugung des Funktionsnamens "csc" in Formeln.

\cup [m] erzeugt ∪ . . . . (5.3.3) – 99

\d{*zeichen*} . . . . (2.5.7) – 15

> Erzeugt einen "dot under" Akzent: \d{o} = ọ

\dag erzeugt † . . . . (2.5.5) – 15

\dagger [m] erzeugt † . . . . (5.3.3) – 99

\dashbox{*dash*}(*x_dimen,y_dimen*)[*pos*]{*text*} [z] . . . . (6.4.2) – 126

> Bildobjektbefehl zur Erzeugung eines gestrichelten Rahmens der Breite *x_dimen* und der Höhe *y_dimen* mit der Strichelungsweite *dash* in der picture Umgebung. Ohne *pos* erscheint der Textinhalt von *text* innerhalb des Rahmens zentriert. Der optionale Parameter *pos* läßt mit l, r, t, b oder einer Paarkombination wie lt eine geänderte Positionierung zu. Der Befehl ist als Argument in einem \put oder \multiput Befehl einzusetzen.

1. Der Befehl \maketitle erzeugt standardmäßig das aktuelle Datum auf einer Titelseite. Die Erklärung durch \date erzeugt statt dessen an der Stelle des aktuellen Datums *datum_text*.

2. [p] Ausdruck von *datum_text* statt des automatisch erzeugten aktuellen Datums bei Briefen. Voraussetzung: Benutzeranpassung gem. S. 252.

Interner Anpassungsbefehl aus german.sty, der die sprachabhängige Datumsform für den Befehl \today definiert. Standardmäßig steht *sprache* für austrian, english, french, german und USenglish bereit. Mit den Angaben aus D.2.1 leicht auf weitere Sprachen ausdehnbar. Nach Aufruf von \date*sprache* erzeugen anschließende \today Befehle das sprachspezifische Datum. Der Befehl wird normalerweise mit \selectlanguage aktiviert.

Bei zweispaltiger Seitenformatierung der Bruchteil einer eigenen Seite für Gleitobjekte, der mindestens gefüllt werden muß. Wertzuweisung durch

\renewcommand{dblfloatpagefraction}{*dezimal_bruch*}.

Bei zweispaltiger Seitenformatierung der Abstand zwischen Gleitobjekten, die über beide Spalten reichen. Wertzuweisung mit \setlength oder durch Anhängen einer elastischen Maßangabe:

\setlength{\dblfloatsep}{12pt plus 2pt minus 4pt} bzw.
\dblfloatsep12pt plus2pt minus4pt

Bei zweispaltiger Seitenformatierung der Abstand zwischen Gleitobjekten, die oben auf der Seite über zwei Spalten reichen, und dem nachfolgenden Text. Wertzuweisung mit \setlength oder durch Anhängen einer elastischen Maßangabe.

Bei zweispaltiger Seitenformatierung der Bruchteil einer Seite, der oben zur Aufnahme von Gleitobjekten, die über beide Spalten reichen, höchstens zur Verfügung steht. Wertzuweisung durch \renewcommand{\dbltopfraction}{*db*}.

Bei zweispaltiger Seitenformatierung die maximale Zahl von Gleitobjekten, die über beide Spalten reichen und die oben auf der Seite angeordnet werden können. Wertzuweisung durch \setcounter{\dbltopnumber}{*num*}.

Doppelpunkt Akzent in mathematischen Formeln: \ddot{a} = ä

Befehl zur Erzeugung des Funktionsnamens "deg" in Formeln.

`\Delta` [m] erzeugt Δ . . . . (5.3.1) – 98

`\delta` [m] erzeugt δ . . . . (5.3.1) – 98

`\det` [m] . . . . (5.3.8) – 101

Befehl zur Erzeugung des Funktionsnamens "det" in Formeln. Kombinierbar mit unterer Grenzangabe durch Tiefstellung.

`\Diamond` [m] erzeugt $\Diamond$ . . . . (5.3.3) – 99

`\diamond` [m] erzeugt $\diamond$ . . . . (5.3.3) – 99

`\diamondsuit` [m] erzeugt $\Diamond$ . . . . (5.3.6) – 100

`\dim` [m] . . . . (5.3.8) – 101

Befehl zur Erzeugung des Funktionsnamens "dim" in Formeln.

`\discretionary{`*vor*`}{`*nach*`}{`*ohne*`}` . . . . (3.6.1) – 41

Trennhilfe wie `Dru\discretionarr{k-}{k}{ck}er` zur Erzeugung der Trennung 'Druk-ker' und der ungetrennten Ausgabe als 'Drucker'.

`\displaystyle` [m] . . . . (5.5.2) – 116

Umschaltung auf Schriftgröße `\displaystyle` als *aktive* Schrift innerhalb einer Teilformel.

`\div` [m] erzeugt $\div$ . . . . (5.3.3) – 99

`\documentstyle[`*optionen*`]{`*stil*`}` [v] . . . . (3.1) – 19

Gewöhnlich der erste LaTeX–Befehl in einem Dokument, mit dem der Gesamtstil bestimmt wird. Für *stil* stehen zur Verfügung:

> `article`, `book`, `letter` und `report`

von denen genau einer gewählt werden muß. Zusätzlich können ein oder mehrere, durch Kommata getrennte Optionen gewählt werden. Diese sind

> `11pt`, `12pt`, `twocolumn`, `twoside`, `titlepage`, `leqno` und `fleqn`.

Das `german.sty` File nach D.2 stellt zusätzlich die Option `german` bereit.

`\dot{`*x*`}` [m] . . . . (5.3.9) – 102

Punkt Akzent in mathematischen Formeln: `\dot{a}` $= \dot{a}$

`\doteq` [m] erzeugt $\doteq$ . . . . (5.3.4) – 99

`\dotfill` . . . . (3.5.1.7) – 35

Auffüllung von Zwischenraum einer Zeile zur vollen Zeilenlänge mit einer Punktfolge: . . . . = `\dotfill`

`\doublerulesep` . . . . (4.8.2) – 76

Der Abstand von Doppellinien innerhalb der `tabbing` oder `array` Umgebung. Wertzuweisung mit `\setlength` oder durch Anhängen einer Maßangabe (s. 2.4.2) außerhalb der Tabellenumgebung.

`\Downarrow` [m] erzeugt $\Downarrow$ . . . . (5.3.5) – 100

`\downarrow` [m] erzeugt $\downarrow$ . . . . (5.3.5) – 100

`\dq` [g] . . . . (D.1.7) – 315

Befehl zur Erzeugung von " (wie durch " bei der LaTeX–Originalberabeitung).

\earnid{*bitnet*} [p] . . . . (A.3.1), (A.3.2) – 252, 252
> In der `letter` Umgebung Befehl zur Ausgabe der BitNet/EARN–Adresse. Voraussetzung: Benutzeranpassung gem. S. 252 u. 255

\ell [m] erzeugt ℓ . . . . (5.3.6) – 100

\em . . . . (4.1.1) – 45
> Umschaltung zwischen Standardschrift "Roman" und hervorhebender Schrift "*Italic*".

\emptyset [m] erzeugt $\emptyset$ . . . . (5.3.6) – 100

\encl{*anlagen*} . . . . (A.1), (A.3.1) – 245, 251
> Befehl im Dokumentstil `letter` zur Ausgabe von "encl:" oder "Anlagen:" (falls eine deutsche Anpassung gemäß A.3.1 durchgeführt wurde), gefolgt von einer Liste der mit *anlagen* angegebenen Anlagen.

\end{*umgebung*} [z] . . . . (2.2) – 10
> Beendigungsbefehl für eine Umgebung, die mit \begin{*umgebung*} eröffnet wurde.

\english [g] . . . . (D.1.6) – 314
> Umschaltungsname auf englische Sprachstrukturen mit \selectlanguage.

\epsilon [m] erzeugt ϵ . . . . (5.3.1) – 98

\equiv [m] erzeugt $\equiv$ . . . . (5.3.4) – 99

\eta [m] erzeugt η . . . . (5.3.1) – 98

\evensidemargin [v] . . . . (3.2.4) – 24
> Linker Rand für gerade Seiten. Wirksam nur beim Dokumentstil `book` bzw. bei anderen Hauptstilen, falls Dokumentoption `twoside` gesetzt. Wertzuweisung mit \setlength oder durch Anhängen einer Maßangabe:
>
> \setlength{\evensidemargin}{2.5cm} bzw. \evensidemargin2.5cm

\exists [m] erzeugt $\exists$ . . . . (5.3.6) – 100

\exp [m] . . . . (5.3.8) – 101
> Befehl zur Erzeugung des Funktionsnamens "exp" in Formeln.

\extracolsep{*zusatz_breite*} . . . . (4.8.1) – 74
> Tabellenbefehl zur Einrichtung zusätzlicher Breite vor alle nachfolgenden Spalten der Tabelle. Der Befehl wird als @–Ausdruck im Formatierungsfeld der Tabellenumgebung übergeben: \begin{tabular}{lr@{\extracolsep{2.5mm}}lcr}

\fbox{*text*} erzeugt einen Rahmen um $\boxed{text}$ . . . . (4.7.1) – 68

\fboxrule . . . . (4.7.6) – 73
> Liniendicke für die durch \fbox und \framebox erzeugten Rahmen. Wertzuweisung mit \setlength oder durch Anhängen einer Maßangabe:
>
> \setlength{\fboxrule}{1pt} bzw. \fboxrule1pt

\fboxsep . . . . (4.7.6) – 73
> Abstand zwischen Rahmen und Text bei den \fbox und \framebox Befehlen. Wertzuweisung mit \setlength oderdurch Anhängen einer Maßangabe:
>
> \setlength{\fboxsep}{1mm} bzw. \fboxsep1mm

`\fill` . . . . (2.4.2) – 13

Elastisches Maß mit der natürlichen Länge "Null Einheiten", das auf jede beliebige Länge gedehnt werden kann.

`\flat` [m] erzeugt ♭ . . . . (5.3.6) – 100

`\floatpagefraction` . . . . (6.6.2) – 144

Der Bruchteil einer eigenen Seite für Gleitobjekte, der von Gleitobjekten mindestens gefüllt werden muß, bevor eine neue Seite bereitgestell wird. Wertzuweisung durch `\renewcommand{\floatpagefraction}{`*dezimal_bruch*`}`.

`\floatsep` . . . . (6.6.2) – 144

Der vertikale Abstand zwischen Gleitobjekten, die auf einer Seite oben oder unten erscheinen. Wertzuweisung mit `\setlength` oder durch Anhängen eines elastischen Maßes: `\setlength{\floatsep}{12pt plus2pt minus4pt}` bzw. `\floatsep12pt plus2pt minus4pt`

`\flq` [g] . . . . (D.1.5) – 313

Befehl zur Erzeugung der französischen, *öffnenden* halben Anführungzeichen: `\flq` = ‹

`\flqq` [g] . . . . (D.1.5) – 313

Befehl zur Erzeugung der französischen *öffnenden* Anführungzeichen: `\flqq` = «. Gleichwertig mit `"<`

`\flushbottom` . . . . (3.2.4) – 24

Absätze werden so weit auseinandergezogen, daß alle Seiten an der untersten Zeile übereinstimmen. Standard bei `book` und `twoside`.

`\fnsymbol{`*zähler*`}` . . . . (7.1.4) – 151

Druckt den augenblicklichen Wert von *zähler* als "Fußnotensymbol" aus: * † ‡ § ¶ ‖ ** †† ‡‡

`\footheight` [v] . . . . (3.2.4) – 24

Höhe der Fußzeile, die normalerweise die Seitennummer enthält. Wertzuweisung mit `\setlength` oder durch Anhängen einer Maßangabe:
`\setlength{\footheight}{12pt}` bzw. `\footheight12pt`

`\footnote[`*num*`]{`*fußnotentext*`}` [z] . . . . (4.9.1), (4.9.2) – 86, 87

Erzeugt eine Fußnote mit dem Text *fußnotentext*. Der optionale Parameter *num* unterdrückt die automatische Numerierung und verwendet statt dessen den eingetragenen Wert.

`\footnotemark[`*num*`]` [z] . . . . (4.9.4) – 88

Erzeugt eine Fußnotenmarkierung im laufenden Text. Der optionale Parameter *num* unterdrückt die automatische Numerierung und verwendet statt dessen den eingetragenen Wert. Kann in Strukturen verwendet werden, in denen `\footnote` nicht erlaubt ist (LR–Boxen, Tabellen, math. Formeln u. a.).

`\footnoterule` [z] . . . . (4.9.3) – 87

Dieser interne Befehl erzeugt den horizontalen Strich zwischen dem Seitentext und anschließenden Fußnoten. Eine Änderung erfolgt mit
`\renewcommand{\footnoterule}{\rule{`*breite*`}{`*höhe*`}\vspace{-`*höhe*`}}`

`\footnotesep` . . . . (4.9.3) – 87

    Der vertikale Abstand zwischen zwei Fußnoten. Wertzuweisung mit `\setlength` oder durch Anhängen einer Maßzahl:

        `\setlength{\footnotesep}{6.5pt}`   bzw.   `\footnotesep6.5pt`

`\footnotesize` [z] . . . . (4.1.3) – 46

    Umschaltung auf die Schriftgröße `\footnotesize`. Kleiner als `\small`, aber größer als `\scriptsize`.

`\footnotetext`[*num*]{*fußnotentext*} [z] . . . . (4.9.4) – 88

    Erzeugt eine Fußnote mit dem Text *fußnotentext* ohne Fußnotenmarkierung im laufenden Text. Die Fußnote erhält standardmäßig den aktuellen Wert des Fußnotenzählers, der hierbei nicht verändert wird, oder bei Verwendung des optionalen Parameters den Wert *num*. Zusammen mit `\footnotemark` können Fußnoten in verbotenen Strukturen (LR–Boxen, math. Formeln, Tabellen u. a.) erzeugt werden, wobei `\footnotetext` im Anschluß an die unerlaubte Struktur gesetzt wird.

`\footskip` [v] . . . . (3.2.4) – 24

    Abstand von der Unterkante des Seitenrumpfes zur Unterkante der Fußzeile. Wertzuweisung mit `\setlength` oder durch Anhängen einer Maßzahl:

        `\setlength{\footskip}{25pt}`   bzw.   `\footskip25pt`

`\forall` [m] erzeugt $\forall$ . . . . (5.3.6) – 100

`\frac{`*zähler*`}{`*nenner*`}` [m] . . . . (5.2.3) – 95

    Mathematischer Grundbefehl zur Erzeugung eines Bruches.

`\frame{`*text*`}` [z] . . . . (6.4.8) – 134

    Erzeugt einen Rahmen ohne Zwischenraum um text. Anwendung im wesentlichen als Bildobjektbefehl in `\put` und `\multiput` Befehlen innerhalb der picture Umgebung.

`\framebox`[*breite*][*pos*]{*text*} [z] . . . . (4.7.1) – 68

    Erzeugt einen Rahmen der Breite *breite* um *text*. Der Text erscheint innerhalb des Rahmens standardmäßig horizontal zentriert und kann optional mit l oder r für *pos* links– oder rechtsbündig angeordnet werden.

`\framebox(`*x_dimen,y_dimen*`)`[*pos*]{*text*} [z] . . . . (6.4.2) – 126

    Bildobjektbefehl zur Erzeugung eines Rahmens der Breite *x_dimen* und der Höhe *y_dimen* in der picture Umgebung. Ohne *pos* erscheint der Textinhalt von *text* innerhalb des Rahmens zentriert. Der optionale Parameter *pos* läßt mit l, r, t, b oder einer Paarkombination wie lt eine geänderte Positionierung zu. Der Befehl ist als Argument in einem `\put` oder `\multiput` Befehl einzusetzen.

`\french` [g] . . . . (D.1.6) – 314

    Umschaltungsname auf französische Sprachstrukturen mit `\selectlanguage`.

`\frenchspacing` [z] . . . . (3.5.1.2) – 33

    Nach diesem Befehl entfällt der Zusatzzwischenraum nach Satzzeichen im nachfolgenden Text. Rückschaltbefehl: `\nonfrenchspacing`

`\frown` [m] erzeugt $\frown$ . . . . (5.3.4) – 99

\frq [g] . . . . (D.1.5) – 313
    Befehl zur Erzeugung der französischen, *schließenden* halben Anführungzeichen:
    \frq = >

\frqq [g] . . . . (D.1.5) – 313
    Befehl zur Erzeugung der französischen *schließenden* Anführungzeichen:
    \frqq = ». Gleichwertig mit ">

\fussy . . . . (3.6.3) – 42
    Rückschaltbefehl für die Standardformatierung, wenn mit \sloppy vorher groß-
    zügigere Wortabstände zugelassen waren.

\Gamma [m] erzeugt Γ . . . . (5.3.1) – 98
\gamma [m] erzeugt γ . . . . (5.3.1) – 98
\gcd [m] . . . . (5.3.8) – 101
    Befehl zur Erzeugung des Funktionsnamens "gcd" in Formeln. Kombinierbar mit
    unterer Grenzangabe durch Tiefstellung.

\ge [m] erzeugt $\geq$ . . . . (5.3.4) – 99
\geq [m] erzeugt $\geq$ . . . . (5.3.4) – 99
\german [g] . . . . (D.1.6) – 314
    Umschaltungsname auf deutsche Sprachstrukturen mit \selectlanguage.

\germanTeX [g] . . . . (D.1.7) – 315
    Wiedereinschaltung der deutschen LaTeX–Befehle, wenn mit \originalTeX auf
    die LaTeX–Originalbearbeitung geschaltet war.

\gets [m] erzeugt $\leftarrow$ . . . . (5.3.5) – 100
\gg [m] erzeugt $\gg$ . . . . (5.3.4) – 99
\glossary{*glossary_eintrag*} [z] . . . . (8.2.4) – 208
    Schreibt einen \glossaryentry Befehl in den .glo File.

\glossaryentry{*glossary_eintrag*}{*seiten_nummer*} . . . . (8.2.4) – 208
    In dieser Form mit jedem \glossary Befehl in den .glo File geschrieben.

\glq [g] . . . . (D.1.4) – 313
    Befehl zur Erzeugung der deutschen halben Anführungsstriche 'unten': \glq = ‚

\glqq [g] . . . . (D.1.4) – 313
    Befehl zur Erzeugung der deutschen Anführungsstriche 'unten':   \glqq = „
    Gleichwertig mit "'

\grave{*x*} [m] . . . . (5.3.9) – 102
    Gravis Akzent über math. Variable x: \grave{a} = $\grave{a}$

\grq [g] . . . . (D.1.4) – 313
    Befehl zur Erzeugung der deutschen halben Anführungsstriche 'oben': \grq = '

\grqq [g] . . . . (D.1.4) – 313
    Befehl zur Erzeugung der deutschen Anführungsstriche 'oben':   \grqq = "
    Gleichwertig mit "'

\hspace*{*weite*} . . . . (3.5.1.6) – 34
Erzeugt horizontalen Zwischenraum der Länge *weite*, auch wenn der Befehl am Anfang oder Ende einer Zeile steht. Mit \hspace{\fill} kann beliebig elastischer Leerraum auch am Zeilenanfang eingerichtet werden.

\Huge [z] . . . . (4.1.3) – 46
Umschaltung auf die größte verfügbare Schriftgröße \Huge.

\huge [z] . . . . (4.1.3) – 46
Umschaltung auf die Schriftgröße \huge. Kleiner als \Huge, aber größer als \LARGE.

\hyphenation{*Trennungsliste*} [v] . . . . (3.6.2) – 42
Anlegung eines Trennverzeichnisses. Die *Trennungsliste* besteht aus einer Reihe von Wörtern, bei denen die möglichen Trennungen durch - gekennzeichnet sind:
Tren-nun-gen Wor-ten ge-kenn-zeich-net

\i   erzeugt ı . . . . (2.5.7) – 15
\iff [m] erzeugt ⟺ . . . . (5.3.5) – 100
\Im [m] erzeugt ℑ . . . . (5.3.6) – 100
\imath [m] erzeugt ı . . . . (5.3.6) – 100
\in [m] erzeugt ∈ . . . . (5.3.4) – 99
\include{*file_n*} [z] . . . . (8.1.2) – 198
Der Text des Files mit dem Grundnamen *file_n* wird an der Stelle dieses Befehls in die LATEX–Bearbeitung eingefügt. Der eingelesene File beginnt stets mit einer neuen Seite!

\includeonly{*file_liste*} [v] . . . . (8.1.2) – 198
Nur die in der Liste *file_liste* aufgeführten, durch Kommata getrennten Files werden bei den im Textteil durch \include aufgerufenen Einfügungen tatsächlich bearbeitet. Trotz selektiver Bearbeitung werden richtige Gliederungs– und Seitennummern erzeugt.

\indent . . . . (3.5.4) – 37
Die erste Zeile des *nächsten* Absatzes wird eingerückt.

\index{*index_eintrag*} [z] . . . . (8.2.3), (8.3) – 206, 208
Schreibt einen \indexentry Befehl in den .idx File. In Verbindung mit Make-Index (s. 8.3 auf S. 208f) sind Einträge der Form
    \index{*haupt_eintrag*}
    \index{*haupt_eintrag*!*sub_eintrag*}
    \index{*haupt_eintrag*!*sub_eintrag*!*sub_sub_eintrag*}
möglich, mit denen MakeIndex eine lexikalisch geordnete theindex–Umgebung mit \item, \subitem und \subsubitem Befehlen und den zugehörigen Einträgen erzeugt.

\indexentry{*index_eintrag*}{*seiten_nummer*} . . . . (8.2.3) – 206
In dieser Form mit jedem \index Befehl in den .idx File geschrieben.

\indexspace . . . . (8.2.3) – 206
Befehl innerhalb der theindex Umgebung zur Erzeugung einer Leerzeile.

\inf [m] . . . . (5.3.8) – 101
Befehl zur Erzeugung des Funktionsnamens "inf" in Formeln. Kombinierbar mit
unterer Grenzangabe durch Tiefstellung.

\infty [m] erzeugt ∞ . . . . (5.3.6) – 100
\input{*file*} [z] . . . . (8.1.1) – 197
Fügt den Text des Files mit dem Grundnamen *file* und dem Anhang .tex in den
laufenden Text an der Stelle dieses Befehls ein. Ein mit \input eingelesener File
darf weitere \input Befehle enthalten.

\int [m] erzeugt ∫ . . . . (5.2.5) – 96
\intextsep . . . . (6.6.2) – 144
Der vertikale Abstand zwischen Gleitobjekten und umgebendem Text. Wertzuweisung mit \setlength oder durch Anhängen einer elastischen Maßangabe
(s. 2.4.2 und Beispiel für \itemsep).

\iota [m] erzeugt ι . . . . (5.3.1) – 98
\it . . . . (4.1.2) – 46
Schriftumschaltung auf *"Italic = kursiv"*.

\item[*marke*] [z] . . . . (4.3), (4.4.1) – 51, 58
Erzeugung einer Markierung in einer listenartigen Umgebung. Ohne den optionalen Parameter *marke* erfolgt eine von der Umgebung abhängige Standardmarkierung. Mit der Option wird der Text von *marke* als Markierung benutzt.

\item{*eintrag*} . . . . (8.2.3) – 206
Erzeugung eines Haupteintrages in der theindex Umgebung.

\itemindent . . . . (4.4.2) – 60
Der Betrag, um den die Markierung und der Text der ersten Zeile nach jedem \item in der list Umgebung eingerückt erscheint. Dieser Wert ist standardmäßig 0pt, kann aber mit \setlength oder durch Anhängen einer Maßzahl
geändert werden, z. B.:
    \setlength{\itemindent}{1em} bzw. \itemindent1em

\itemsep . . . . (4.4.2) – 59
Der zusätzlich zu \parsep eingefügte vertikale Abstand zwischen dem vorangehenden Aufzählungstext und der folgenden Listenmarkierung. Wertzuweisung
durch Anhängen einer elastischen Maßangabe oder mit \setlength:
    \itemsep2pt plus1pt minus1pt   bzw.
    \setlength{\itemsep}{2pt plus1pt minus1pt}

\j erzeugt ȷ . . . . (2.5.7) – 15
\jmath [m] erzeugt ȷ . . . . (5.3.6) – 100
\Join [m] erzeugt ⋈ . . . . (5.3.6) – 100
\jot [m] . . . . (5.5.4) – 119
Der vertikale Zwischenraum zwischen den Zeilen einer mit den Umgebungen
eqnarray oder eqnarray* erzeugten Formelgruppe. Standardwert ist 3pt. Änderung mit \setlength oder durch Anhängen einer festen Maßzahl:
    \setlength{\jot}{4.5pt} bzw. \jot4.5pt

`\kappa` [m] erzeugt κ . . . . (5.3.1) – 98

`\ker` [m] . . . . (5.3.8) – 101
    Befehl zur Erzeugung des Funktionsnamens "ker" in Formeln.

`\kill` . . . . (4.6.2) – 64
    Entfernen der zur Tabulatorsetzung benutzten Musterzeile innerhalb der `tabbing`
    Umgebung.

`\L` erzeugt Ł . . . . (2.5.6) – 15

`\l` erzeugt ł . . . . (2.5.6) – 15

`\label`{*marke*} [z] . . . . (8.2.1) – 203
    Anbringung einer unsichtbaren Markierung *marke* im Text, auf die mit den Be-
    fehlen `\ref`{*marke*} und `\pageref`{*marke*} Bezug genommen werden kann.

`\labelenum`*n* . . . . (4.3.5) – 54
    Erklärungsbefehl für die Standardmarkierungen der `enumerate`–Umgebungen für
    alle Schachtelungstiefen mit *n* als i, ii, iii und iv. Mit

        `\renewcommand{labelenumii}{\arabic{enumii}.)}`

    erscheint die Markierung der `enumerate`–Umgebung zweiter Stufe als 1.), 2.) usw.

`\labelitem`*n* . . . . (4.3.5) – 54
    Erklärungsbefehl für die Standardmarkierungen der `itemize`–Umgebungen für
    alle Schachtelungstiefen mit *n* als i, ii, iii und iv. Mit

        `\renewcommand{itmizei}{$\Rightarrow@`}

    erscheint die Markierung der äußersten `itemize`–Umgebung (erste Stufe) als $\Rightarrow$.

`\labelsep` . . . . (4.4.2) – 59
    Innerhalb der `list` Umgebung der Abstand zwischen dem Markierungsfeld und
    dem Listentext. Wertzuweisung mit `\setlength` oder durch Anhängen einer
    Maßzahl.

        `\setlength{\labelsep}{5pt}` bzw. `\labelsep5pt`

`\labelwidth` . . . . (4.4.2) – 59
    Die Breite des Markierungsfeldes in der `list` Umgebung. Wertzuweisung mit
    `\setlength` oder durch Anhängen einer Maßzahl:

        `\setlength{labelwidth}{2.2cm}` bzw. `\labelwidth2.2cm`

`\Lambda` [m] erzeugt Λ . . . . (5.3.1) – 98

`\lambda` [m] erzeugt λ . . . . (5.3.1) – 98

`\langle` [m] erzeugt $\langle$ . . . . (5.4.1) – 104

`\LARGE` [z] . . . . (4.1.3) – 46
    Umschaltung auf die Schriftgröße `\LARGE`. Kleiner als `\huge`, aber größer als
    `\Large`.

`\Large` [z] . . . . (4.1.3) – 46
    Umschaltung auf die Schriftgröße `\Large`. Kleiner als `\LARGE`, aber größer als
    `\large`.

`\large` [z] . . . . (4.1.3) – 46
    Umschaltung auf die Schriftgröße `\large`. Kleiner als `\Large`, aber größer als
    `\normalsize`.

> Paßt ein Klammersymbol an die durch \left ... \right Paare eingeschlossene Teilformel in der Größe an. Beispiel: \left[. Soll ein Klammersymbol *ungepaart* verwendet werden, so kann das Gegensymbol als \left. bzw. \right. (Klammersymbol '.') als *unsichtbares* Symbol benutzt werden.

> Befehl innerhalb der eqnarray Umgebung, nach dem die zweite und weitere Formelzeilen mit einer kleinen Einrückung gegenüber der ersten Zeile erscheinen.

> In der list Umgebung die Einrücktiefe des linken Randes gegenüber dem linken Rand des umgebenden Textes. Wertzuweisung mit \setlength oder durch Anhängen einer Maßzahl. Bei verschachtelten list Umgebungen können die verschiedenen Schachtelungstiefen durch Anhängen von i …vi gekennzeichnet werden, z. B. \leftmarginiii0.5cm. S. hierzu auch . . . . . (4.4.6) – 62.

> Befehl zur Erzeugung des Funktionsnamens "lg" in Formeln.

> Befehl zur Erzeugung des Funktionsnamens "lim" in Formeln. Kombinierbar mit unterer Grenzangabe durch Tiefstellung.

> Befehl zur Erzeugung des Funktionsnamens "liminf" in Formeln. Kombinierbar mit unterer Grenzangabe durch Tiefstellung.

> Ordnet obere und untere Grenzen über und unter den zugeordneten Symbolen an, wenn diese standardmäßig hinter den Symbolen angebracht werden.

> Befehl zur Erzeugung des Funktionsnamens "lim sup" in Formeln. Kombinierbar mit unterer Grenzangabe durch Tiefstellung.

\line$(\Delta x, \Delta y)${*länge*} [z] . . . . (6.4.3) – 129

Bildobjektbefehl innerhalb der `picture` Umgebung zur Erzeugung beliebiger horizontaler und vertikaler Linien sowie einer begrenzten Zahl geneigter Linien. Bei hor. und vert. Linien stellt *länge* die Länge in den mit \unitlength gesetzten Längeneinheiten dar, bei geneigten Linien die Projektion der Linienlänge auf die x–Achse. Die Neigung wird durch das Neigungspaar $(\Delta x, \Delta y)$ bestimmt, das nur ganzzahlige Werte $-6 \le \Delta x \le 6$ und $-6 \le \Delta y \le 6$ annehmen darf.

\linebreak[*n*] [z] . . . . (3.5.2.2) – 36

Eine Empfehlung, eine Zeile an der Stelle des Befehls beidbündig zu brechen. Die Dringlichkeit der Empfehlung wird durch eine ganze Zahl zwischen 0 und 4 zum Ausdruck gebracht, wobei 4, ebenso wie der Befehl ohne die Option, gleichbedeutend mit zwingend ist.

\linethickness{*strichdicke*} . . . . (6.5.1) – 134

Erklärt die Strichdicke für horizontale und vertikale Linien innerhalb der `picture` Umgebung. Für *strichdicke* ist eine Maßzahl einzutragen, z. B. 1.2mm.

\listoffigures . . . . (3.4.4) – 32

Erzeugt ein Bildverzeichnis mit den Angaben der \caption Befehle.

\listoftables . . . . (3.4.4) – 32

Erzeugt ein Bildverzeichnis mit den Angaben der \caption Befehle.

\listparindent . . . . (4.4.2) – 59

Einrücktiefe der ersten Zeile eines Absatzes innerhalb der `list` Umgebung. Wertzuweisung mit \setlength oder durch Anhängen einer Maßzahl:

\setlength{\listparindent}{1em}   bzw.   \listparindent1em

\ll [m] erzeugt $\ll$ . . . . (5.3.4) – 99

\ln [m] . . . . (5.3.8) – 101

Befehl zur Erzeugung des Funktionsnamens "ln" in Formeln.

\load{*größe*}{*stil*} . . . . (8.5) – 213

Gestattet die Verwendung von Zeichensätzen, die nur bei Bedarf geladen werden, im mathematischen Mode. Beispiel: \load{\footnotesize}{\sf}

\log [m] . . . . (5.3.8) – 101

Befehl zur Erzeugung des Funktionsnamens "log" in Formeln.

\Longleftarrow [m] erzeugt $\Longleftarrow$ . . . . (5.3.5) – 100

\longleftarrow [m] erzeugt $\longleftarrow$ . . . . (5.3.5) – 100

\Longleftrightarrow [m] erzeugt $\Longleftrightarrow$ . . . . (5.3.5) – 100

\longleftrightarrow [m] erzeugt $\longleftrightarrow$ . . . . (5.3.5) – 100

\longmapsto[m] erzeugt $\longmapsto$ . . . . (5.3.5) – 100

\Longrightarrow [m] erzeugt $\Longrightarrow$ . . . . (5.3.5) – 100

\longrightarrow [m] erzeugt $\longrightarrow$ . . . . (5.3.5) – 100

\lq erzeugt ', identisch mit ' Taste.

\makebox[*breite*][*pos*]{*text*} [z] . . . . (4.7.1) – 68

Erzeugt eine Box der Breite *breite* um *text*. Der Text erscheint innerhalb der Box standardmäßig horizontal zentriert und kann optional mit l oder r für *pos* links- oder rechtsbündig angeordnet werden.

\makebox(*x_dimen,y_dimen*)[*pos*]{*text*} [z] . . . . (6.4.2) – 126

Bildobjektbefehl zur Erzeugung einer Box der Breite *x_dimen* und der Höhe *y_dimen* in der picture Umgebung. Ohne *pos* erscheint der Textinhalt von *text* innerhalb der Box zentriert. Der optionale Parameter *pos* läßt mit l, r, t, b oder einer Paarkombination wie lt eine geänderte Positionierung zu. Der Befehl ist als Argument in einem \put oder \multiput einzusetzen.

\makeglossary [v] . . . . (8.2.4) – 208

Befehl zur Aktivierung der \glossary Befehle im Textteil.

\makeindex [v] . . . . (8.2.3) – 207

Befehl zur Aktivierung der \index Befehle im Textteil.

\makelabel . . . . (4.4.1), (7.5.9) – 58, 167

Interner Befehl der mit jedem \item Befehl innerhalb listenartiger Umgebungen aufgerufen wird.

\makelabels . . . . (A.1) – 247

Formatiert Briefaufkleber im letter Stil mit den Angaben aus dem *Empfänger*-Feld der \begin{letter} Umgebung.

\maketitle . . . . (3.3.1) – 26

Erzeugung einer Titelseite mit den Angaben der \author, \title und ggf. \date und \thanks Befehle.

\mapsto [m] erzeugt ↦ . . . . (5.3.5) – 100

\marginpar[*l_randnotiz*]{*r_randnotiz*} . . . . (4.9.6) – 90

Erzeugung einer Randnotiz rechts vom Text mit dem Inhalt von *r_randnotiz*. Bei doppelseitiger Formatierung kann mit der optionalen *l_randnotiz* erreicht werden, daß die Randnotiz bei geraden Seiten mit dem Inhalt von *l_randnotiz* links vor dem Text erscheint.

\marginparpush . . . . (4.9.7) – 91

Der minimale vertikale Abstand zwischen zwei Randnotizen. Wertzuweisung mit \setlength oder durch Anhängen einer Maßzahl wie beim nächsten Beispiel.

\marginparsep . . . . (4.9.7) – 91

Der Abstand zwischen dem Textrand und einer Randnotiz. Wertzuweisung mit \setlength oder durch Anhängen einer Maßzahl:

    \setlength{\marginparsep}{7pt}\quad bzw.\quad \verb=

\marginparwidth . . . . (4.9.7) – 91

Die Boxbreite für eine Randnotiz. Wertzuweisung durch mit \setlength oder durch Anhängen einer Maßzahl wie beim vorangegangenen Beispiel.

\markboth{*l_kopf*}{*r_kopf*} [z] . . . . (3.2.1) – 21

Erklärt den Textinhalt der Kopfzeilen bei doppelseitiger Formatierung für linke und rechte Kopfzeilen für den Seitenstil myheadings und, abweichend vom Standard, auch für headings.

`\markright{`*kopfzeile*`}` [z] . . . . (3.2.1) – 21

Erklärt den Textinhalt der Kopfzeilen für den Seitenstil `myheadings` und, abweichend vom Standard, auch für `headings`. Bei doppelseitiger Seitenformatierung kann hiermit der rechte Kopf neu gesetzt werden.

`\mathindent` . . . . (3.1) – 20

Die Einrücktiefe bei abgesetzten Formeln für den Dokumentstil `fleqn`. Wertzuweisung mit `\setlength` oder durch Anhängen einer Maßzahl:

> `\setlength{\mathindent}{25pt}`   bzw.   `\mathindent25pt`

`\max` [m] . . . . (5.3.8) – 101

Befehl zur Erzeugung des Funktionsnamens "max" in Formeln. Kombinierbar mit unterer Grenzangabe durch Tiefstellung.

`\mbox{`*text*`}` erzeugt eine LR–Box um *text* . . . . (4.7.1) – 68

`\medskip` [z] . . . . (3.5.3) – 37

Mittlerer vertikaler Zwischenraum vom Betrag `\medskipamount` zwischen Absätzen. S. auch `\bigskip` und `\smallskip`.

`\medskipamount`

Standardwert für den durch `\medskip` erzeugten Zwischenraum. Kann durch Anhängen einer *elastischen* Maßzahl oder mit `\setlength` geändert werden:

> `\medskipamount3ex plus1ex minus1ex`
> `\setlength{\medskipamount}{3ex plus1ex minus1ex}`

`\mho` [m] erzeugt ℧ . . . . (5.3.6) – 100

`\mid` [m] erzeugt | . . . . (5.3.4) – 99

`\min` [m] . . . . (5.3.8) – 101

Befehl zur Erzeugung des Funktionsnamens "min" in Formeln. Kombinierbar mit unterer Grenzangabe durch Tiefstellung.

`\mit` [m] . . . . (5.3.1), (8.5) – 98, 213

Umschaltbefehl auf Schriftart "Math. Italic". Diese ist Standard im mathematischen Mode. Bei expliziter Angabe werden auch griechische Großbuchstaben in Italic gesetzt: `$\mit\Gamma$` $= \varGamma$

`\models` [m] erzeugt $\models$ . . . . (5.3.4) – 99

`\mp` [m] erzeugt $\mp$ . . . . (5.3.3) – 99

`\mu` [m] erzeugt μ . . . . (5.3.1) – 98

`\multicolumn{`*n*`}{`*col*`}{`*text*`}` [z] . . . . (4.8.1) – 76

Zusammenfassung der nächsten *n* Spalten innerhalb der `array` und `tabular` Umgebung zu einer und Anordnung von *text* entsprechend *col*. Für *col* sind hier erlaubt l, c, r sowie |.

`\multiput(`x, y`)(`$\Delta x, \Delta y$`){`*n*`}{`*bild_objekt*`}` . . . . (6.3) – 125

Mehrfach–Positionierungsbefehl innerhalb der `picture` Umgebung. Das gewählte *bild_objekt* erscheint *n*–mal nacheinander bei (x, y), $(x + \Delta x, y + \Delta y)$, ... $(x + (n-1)\Delta x, y + (n-1)\Delta y)$.

`\myref{`*unser_zeichen*`}` [p] . . . . (A.2) – 248

Erzeugt innerhalb der `letter` Umgebung das Bezugszeichen *unser_zeichen*. Voraussetzung: Benutzeranpassung gem. Seite 252.

    Im letter Stil Name des Briefautors *autor*.

    Erklärung eines benutzereigenen Befehls *befehl*, der mit *def* definiert wird. Der optionale Parameter *narg* $\leq$ 9 bestimmt die Zahl der variablen Argumente des Befehls, die in der Definition mit den Ersetzungszeichen #1 bis #*narg* auftreten. Der neue Befehl ist zerbrechlich, wenn in der Definition zerbrechliche Befehle auftreten, sonst robust.

    Richtet einen neuen Zähler mit dem Namen *zähler_name* ein, der optional mit jeder Erhöhung des existierenden Zählers *rücksetzer* auf Null zurückgesetzt wird.

    Erklärung einer benutzereigenen Umgebung mit dem Namen *umgebung* mit der \begin–Definition *begdef* und der \end–Definition *enddef*. Der optionale Parameter *narg* $\leq$ 9 bestimmt die Zahl der variablen Argumente der Umgebung, die in *begdef* mit den Ersetzungszeichen #1 bis #*narg* auftreten müssen.

    Stellt den Zeichensatz mit dem physikalischen Filenamen *name* (s. C.7.1, Seite 291) in der Vergrößerungsstufe *größe* (C.7.2, Seite 292) unter dem Namen *fontname* bereit. Nach Aufruf von *fontname* ist für diesen Zeichensatz der bisherige Wert von \baselineskip für den Zeilenabstand gültig. Zweckmäßig sollte mit

        \newcommand{*font*}{*fontname* \baselineskip*abstand*}

ein Befehl *font* eingerichtet werden, nach dessen Aufruf der Zeichensatz *fontname* aktiv ist *und* diesem gleichzeitig der passende Zeilenabstand *abstand* zugewiesen ist.

    Stellt einen neuen Längenbefehl unter dem Namen *länge* bereit und initialisiert diesen zu 0pt. Wertzuweisung wie bei allen Längenbefehlen mit \setlength oder einfach durch Anhängen einer Maßzahl:

        \setlength{*länge*}{*maßzahl*} bzw. *länge maßzahl*

T_EX–Anmerkung: Jeder mit \newlength eingerichtete LaTeX–Längenbefehl belegt ein TeX–Register vom Typ \skip. Damit kann jedem neuen Längenbefehl sowohl ein *elastisches* als auch ein *festes* Maß zugeordnet werden.

    Zeilenumbruch an der Stelle des Befehls *ohne* rechten Randausgleich.

    Seitenumbruch an der Stelle des Befehls. Der Rest der Seite bleibt leer.

`\newsavebox{\`*boxname*`}` [z] . . . . (4.7.1) – 69

Richtet einen Speicher `\`*boxname* ein, in den LR–Boxen mit `\savebox` Befehlen abgespeichert werden können.

`\newtheorem{`*satz*`}[`*num_wie*`]{`*Satz*`}[`*gl_zähler* `]` [z] . . . . (4.5) – 63

Erzeugt eine neue Umgebung *satz*, mit der eine Theoremaussage in *Italic* gesetzt wird, der in Fettdruck der Begriff *Satz*, gefolgt von einer laufenden Nummer, vorangeht. Der optionale Zusatz *num_wie* ist der Name einer anderen, bereits definierten Theoremumgebung, mit der *satz* gemeinsam numeriert wird. Die andere Option *gl_zähler* ist der Name eines Gliederungszählers, wie `chapter`, dessen momentaner Wert der Numerierung von *Satz* vorangeht und diese innerhalb der Gliederung jeweils mit 1 beginnen läßt.

`\ni` [m] erzeugt $\ni$ . . . . (5.3.4) – 99

`\nocite{`*schlüsselwort*`}` [z] . . . . (8.2.2), (B.1) – 205, 258

Eintrag ins Literaturverzeichnis mit Bezug *schlüsselwort* auf eine Datenbank, ohne daß im Text hierauf Bezug genommen wird.

`\nofiles` [v] . . . . (3.5.5.1) – 38

Dieser Befehl im Vorspann unterdrückt die Erzeugung der Zusatzfiles `.aux`, `.glo`, `.idx`, `.lof`, `.lot` und `.toc`.

`\noindent` . . . . (3.5.4) – 37

Die erste Zeile des *nächsten* Absatzes wird *nicht* eingerückt.

`\nolimits` [m] . . . . (5.3.7) – 101

Ordnet obere und untere Grenzen hinter den zugeordneten Symbolen an, wenn diese standardmäßig über und unter den Symbolen angebracht werden.

`\nolinebreak[`*n*`]` [z] . . . . (3.5.2.2) – 36

Eine Empfehlung, eine Zeile an der Stelle des Befehls *nicht* zu brechen. Die Dringlichkeit der Empfehlung wird durch eine ganze Zahl zwischen 0 und 4 zum Ausdruck gebracht, wobei 4, ebenso wie der Befehl ohne die Option, gleichbedeutend mit zwingend ist.

`\nonfrenchspacing` [z] . . . . (3.5.1.2) – 33

Standardzeilenformatierung mit vergrößerten Wortabständen nach Satzzeichen. Rückschaltbefehl nach `\frenchspacing`.

`\nonumber` [m] . . . . (5.4.7) – 110

Die vorangehende Formel in der `eqnarray` Umgebung erhält keine Formelnummer.

`\nopagebreak[`*n*`]` [z] . . . . (3.5.5.1) – 38

Eine Empfehlung, eine Seite an der Stelle des Befehls *nicht* zu brechen. Die Dringlichkeit der Empfehlung wird durch eine ganze Zahl zwischen 0 und 4 zum Ausdruck gebracht, wobei 4, ebenso wie der Befehl ohne die Option, gleichbedeutend mit zwingend ist.

`\normalmarginpar` . . . . (4.9.6) – 91

Rückschaltbefehl für die Standardanordnungen von Randnotizen, wenn vorher mit `\reversemarginpar` auf die umgekehrte (innere) Anordnung geschaltet war.

Umschaltung auf die Standardschriftgröße \normalsize. Das ist die mit \documentstyle gesetzte Schriftgröße, z. B. 11pt. Kleiner als \large, aber größer als \small.

Negiert das darauffolgende Vergleichssymbol durch Anbringen eines / durch das Symbol: \not\cong = ≇

Der Befehl ist als *Eintrag* bei \addcontentsline zu verwenden. Hierin steht *gl_num* für die Gliederungsnummer und *text* für den Eintrag, wie sie im Inhaltsverzeichnis erscheinen sollen.

Linker Rand für ungerade Seiten beim Dokumentstil book bzw. bei den anderen Hauptstilen, falls Dokumentoption twoside gesetzt ist. In allen anderen Fällen linker Rand für *alle* Seiten. Wertzuweisung mit \setlength oder durch Anhängen einer Maßangabe:

\setlength{\evensidemargin}{1.5cm}   bzw.   \evensidemargin2.5cm

Beginnt eine neue Seite und schaltet von zweispaltiger Seitenformatierung auf einspaltige Formatierung um.

In der letter Umgebung Beginn des Brieftextes, dem die Anredeform *anrede* vorangestellt wird.

Umschaltbefehl zur Bearbeitung gemäß LaTeX–Original aus der Dokumentstiloption german heraus.

\oval(*x_dimen,y_dimen*)[*teil*] [z] . . . . (6.4.6) – 131

> Bildobjektbefehl zur Erzeugung eines Ovals der Breite *x_dimen* und Höhe *y_dimen* innerhalb der picture Umgebung. Optional werden mit t, b, l oder r für *teil* das obere, untere, linke bzw. rechte Halboval erzeugt. Schließlich lassen sich mit Paarkombinationen Viertelovale zeichnen, z. B. das obere linke mit lt oder tl.

\overbrace{*formelteil*} [m] . . . . (5.4.4) – 108

> Erzeugt eine horizontale geschweifte Klammer über einem Formelteil. Anschließende Hochstellung erfolgt zentriert über horizontaler Klammer.

$$\texttt{\textbackslash overbrace\{a+b\}} = \overbrace{a+b} \qquad \texttt{\textbackslash overbrace\{x+y+z\}\^{}\{\textbackslash xi\textbackslash eta\textbackslash zeta\}} = \overbrace{x+y+z}^{\xi\eta\zeta}$$

\overline{*formelteil*} [m] . . . . (5.4.4) – 108

> Erzeugt eine horizontale Linie über einem Formelteil: $\texttt{\textbackslash overline\{a-b\}} = \overline{a-b}$

\P erzeugt ¶ . . . . (2.5.5) – 15

\pagebreak[*n*] [z] . . . . (3.5.5.1) – 38

> Eine Empfehlung, eine Seite an der Stelle des Befehls vorrangig zu brechen. Die Dringlichkeit der Empfehlung wird durch eine ganze Zahl zwischen 0 und 4 zum Ausdruck gebracht, wobei 4, ebenso wie der Befehl ohne die Option, gleichbedeutend mit zwingend ist.

\pagenumbering{*stil*} . . . . (3.2.2) – 22

> Bestimmt den Stil der Seitennumerierung. Für *stil* stehen zur Verfügung: arabic, roman, Roman, alph und Alph. Eine Umschaltung der Seitennumerierung innerhalb des Textes setzt den Seitenzähler stets auf 1 zurück.

\pageref{*marke*} [z] . . . . (8.2.1) – 203

> Erzeugt die Seitenummer derjenigen Seite, auf der mit \label{*marke*} die *unsichtbare* Markierung *marke* angebracht wurde.

\pagestyle{*stil*} [v] . . . . (3.2) – 21

> Bestimmt den Seitenstil in bezug auf Kopf- und Fußzeile. Für *stil* können gewählt werden: plain (Standard), empty, headings und myheadings.

\par . . . . (3.5.3) – 37

> Beendet den laufenden Absatz und beginnt einen neuen. In der Wirkung gleichwertig mit einer Leerzeile.

\paragraph[*kurzform*]{*überschrift*} [z] . . . . (3.3.3) – 28

> Vorletzter Gliederungsbefehl nach \subsubsection und vor \subparagraph. Formatiert *überschrift*, evtl. mit einer vorangestellten 4– oder 5–gliedrigen laufenden Nummer. Mit *kurzform* kann ggf. statt des Textes von *überschrift* eine Kurzform ins Inhaltsverzeichnis eingetragen werden.

\paragraph*{*überschrift*} . . . . (3.3.3) – 28

> Wie \paragraph, jedoch ohne Numerierung und Eintragung ins Inhaltsverzeichnis.

\parallel [m] erzeugt ∥ . . . . (5.3.4) – 99

`\parbox[`*pos*`]{`*breite*`}{`*text*`}` [z] . . . . (4.7.3) – 70

Erzeugt eine vertikale Box der Breite *breite*, in der *text* entsprechend der Boxbreite zeilenweise beidbündig gebrochen wird. Der optionale Parameter *pos* richtet mit `t` die oberste Zeile und mit `b` die unterste Zeile der vertikalen Box auf die laufende Zeile aus. Standard ist die vertikale Zentrierung.

`\parindent` . . . . (3.2.3) – 23

Einrücktiefe der ersten Zeile eines Absatzes. Wertzuweisung mit `\setlength` oder durch Anhängen einer Maßzahl:

    \setlength{\parindent}{1.5em} bzw. \parindent1.5em

`\parsep` . . . . (4.4.2) – 59

In der `list` Umgebung der vertikale Abstand zwischen Absätzen. Wertzuweisung mit `\setlength` oder durch Anhängen einer evtl. elastischen Maßzahl:

    \setlength{\parsep}{2pt plus1pt minus1pt} bzw.
    \parsep2pt plus1pt minus1pt

`\parskip` . . . . (3.2.3) – 23

Der elastische Abstand zwischen zwei Absätzen. Wertzuweisung mit `\setlength` oder durch Anhängen einer *elastischen* Maßangabe:

    \setlength{\parskip}{3pt plus1pt minus2pt} bzw.
    \parskip3pt plus1pt minus2pt bzw.

`\part[`*kurzform*`]{`*überschrift*`}` [z] . . . . (3.3.3) – 28

Der oberste Gliederungsbefehl. Er beginnt einen neuen "Teil" mit einer laufenden Nummer und formatiert *überschrift*. Die laufende `part` Nummer beeinflußt nicht die nachfolgenden Gliederungen. Mit *kurzform* kann ggf. statt des Textes von *überschrift* eine Kurzform ins Inhaltsverzeichnis eingetragen werden.

`\part*{`*überschrift*`}` . . . . (3.3.3) – 28

Wie `\part`, jedoch ohne Numerierung und Eintragung ins Inhaltsverzeichnis.

`\partial` [m] erzeugt ∂ . . . . (5.3.6) – 100

`\partopsep` . . . . (4.4.2) – 59

Zusatzzwischenraum am Beginn und/oder Ende einer Listenstruktur, wenn dieser eine Leerzeile vorangeht oder folgt. Wertzuweisung mit `\setlength` oder durch Anhängen einer elastischen Maßangabe:

    \setlength{\partopsep}{2pt plus1pt minus1pt} bzw.
    \partopsep2pt plus1pt minus1pt

`\perp` [m] erzeugt $\perp$ . . . . (5.3.4) – 99

`\Phi` [m] erzeugt Φ . . . . (5.3.1) – 98

`\phi` [m] erzeugt ϕ . . . . (5.3.1) – 98

`\Pi` [m] erzeugt Π . . . . (5.3.1) – 98

`\pi` [m] erzeugt π . . . . (5.3.1) – 98

`\pm` [m] erzeugt $\pm$ . . . . (5.3.4) – 99

`\pmod{`*arg*`}` [m] . . . . (5.3.8) – 101

Befehl zur Erzeugung des Funktionsnamens "mod" in der Form: `y\pmod{a+b}` $=$ $y \pmod{a+b}$

\poptabs . . . . (4.6.4) – 65

> Innerhalb der tabbing Umgebung wird hiermit der vorige Satz von Tabulator-stellungen wieder aktiviert; Rückschaltbefehl von \pushtabs.

\pounds erzeugt £ . . . . (2.5.5) – 15

\Pr [m] . . . . (5.3.8) – 101

> Befehl zur Erzeugung des Funktionsnamens "Pr" in Formeln. Kombinierbar mit unterer Grenzangabe durch Tiefstellung.

\prec [m] erzeugt $\prec$ . . . . (5.3.4) – 99

\preceq [m] erzeugt $\preceq$ . . . . (5.3.4) – 99

\prime [m] erzeugt $'$ (identisch mit 'Taste) . . . . (5.3.6) – 100

\printindex . . . . (8.3) – 208

> Zusatzbefehl aus makeidx.sty, der an der Stelle dieses Befehls die theindex-Umgebung bearbeitet und ausgibt.

\prod [m] erzeugt $\prod$ . . . . (5.3.7) – 101

\propto [m] erzeugt $\propto$ . . . . (5.3.4) – 99

\protect . . . . (2.6) – 16

> Erlaubt die Benutzung von zerbrechlichen Befehlen in wandernden Argumenten durch Voranstellen von \protect unmittelbar vor dem zerbrechlichen Befehl: z. B. \protect"

\ps *nachtrag* . . . . (A.1) – 245

> Befehl im Dokumentstil letter zur Erzeugung eines Nachtrages.

\Psi [m] erzeugt Ψ . . . . (5.3.1) – 98

\psi [m] erzeugt ψ . . . . (5.3.1) – 98

\pushtabs . . . . (4.6.4) – 65

> Innerhalb der tabbing Umgebung wird hiermit der augenblickliche Satz von Ta-bulatorstellungen abgespeichert. Rückholbefehl: \poptabs

\put(x, y){*bild_objekt*} . . . . (6.3) – 125

> Positionierungsbefehl innerhalb der picture Umgebung. Das gewählte *bild_objekt* erscheint mit seinem Bezugspunkt bei (x, y).

\quad . . . . (3.5.1.6) – 35

> Horizontaler Zwischenraumbefehl aus lfonts.tex von der Größe 1em.

\qquad . . . . (3.5.1.6) – 35

> Horizontaler Zwischenraumbefehl aus lfonts.tex von der Größe 2em.

\raggedbottom . . . . (3.2.4) – 24

> Standardformatierung in article, report und letter, wenn diese nicht zwei-seitig formatiert sind. Die unterste Zeile variiert von Seite zu Seite, da Ab-satzabstände nur mit ihren festen Maßanteilen eingesetzt werden. Gegenteil: \flushbottom

`\Rightarrow` [m] erzeugt ⇒ . . . . (5.3.5) – 100

`\rightarrow` [m] erzeugt → . . . . (5.3.5) – 100

`\rightharpoondown` [m] erzeugt ⇁ . . . . (5.3.5) – 100

`\rightharpoonup` [m] erzeugt ⇀ . . . . (5.3.5) – 100

`\rightleftharpoons` [m] erzeugt ⇌ . . . . (5.3.5) – 100

`\rightmargin` . . . . (4.4.2) – 59

> Innerhalb der `list` Umgebung der Abstand des rechten Randes zum rechten Rand des äußeren Textes. Wertzuweisung durch Anhängen einer Maßzahl. Standard ist 0cm.

`\rm` . . . . (4.1.2) – 46

> Schriftumschaltung auf "Roman = Standardschrift".

`\Roman{`*zähler*`}` . . . . (7.1.4) – 151

> Druckt den augenblicklichen Wert von *zähler* als große römische Zahl aus.

`\roman{`*zähler*`}` . . . . (7.1.4) – 151

> Druckt den augenblicklichen Wert von *zähler* als kleine römische Zahl aus.

`\rq` erzeugt ', identisch mit ' Taste.

`\rule[`*lift*`]{`*breite*`}{`*höhe*`}` [z] . . . . (4.7.4) – 71

> Erzeugt ein schwarzes Rechteck mit den Maßangaben von *breite* und *höhe*, das um die optionale Maßangabe von *lift* über der augenblicklichen Grundlinie liegt. Ein Wert von "0cm" für *breite* bzw. *höhe* führt zu einer vertikalen bzw. horizontalen unsichtbaren *Stütze*, die für *Platzbeschaffung* genutzt werden kann.

`\S` erzeugt § . . . . (2.5.5) – 15

`\samepage` [z] . . . . (3.5.5.5) – 39

> Nach diesem Befehl ist ein Seitenumbruch nur an eingeschränkten Stellen, wie z. B. zwischen Absätzen, möglich, es sei denn, er wird explizit durch `\newpage` oder `\pagebreak` erzwungen. Mit gleicher Wirkung kann ein Teiltext auch mit `\begin{samepage}` ... `\end{samepage}` eingeschachtelt werden.

`\savebox{\`*boxname*`}[`*breite*`][`*pos*`]{`*text*`}` [z] . . . . (4.7.1) – 69

> In den durch `\newsavebox` eingerichteten Speicher `\`*boxname* wird *text*, wie beim `\makebox` Befehl formatiert, abgespeichert. Dieser Text kann an beliebigen Stellen durch `\usebox{\`*boxname*`}` ausgegeben werden.

`\savebox{\`*teilbild*`}(`x_dim,y_dim`)[`*pos*`]{`*Teilbild*`}` [z] . . . . . . (6.5.3) – 136

> In den durch `\newsavebox` eingerichteten Speicher mit dem Namen `\`*teilbild* kann eine Bildkonstruktion *Teilbild* der Breite x_dim und Höhe y_dim abgespeichert werden. Für das Dimensionierungspaar x_dim,y_dim gilt die momentane Längeneinheit. Das Teilbild kann an beliebigen Stellen innerhalb von `picture` Umgebungen mit `\usebox{\`*teilbild*`}` positioniert werden.

`\sbox{\`*boxname*`}{`*text*`}` . . . . (4.7.1) – 69

> In den durch `\newsavebox` eingerichteten Speicher `\`*boxname* wird *text* als LR–Box abgespeichert. Dieser Text kann durch `\usebox{\`*boxname*`}` dann an beliebigen Stellen ausgegeben werden.

\sc . . . . (4.1.2) – 46
    Schriftumschaltung auf "SMALL CAPS = GROSSE KLEINBUCHSTABEN".

\scriptscriptstyle [m] . . . . (5.5.2) – 116
    Umschaltung auf Schriftgröße \scriptscriptstyle als *aktive* Schrift innerhalb
    einer Teilformel.

\scriptsize [z] . . . . (4.1.3) – 46
    Umschaltung auf die Schriftgröße \scriptsize. Kleiner als \footnotesize, aber
    größer als \tiny.

\scriptstyle [m] . . . . (5.5.2) – 116
    Umschaltung auf Schriftgröße \scriptstyle als *aktive* Schrift innerhalb einer
    Formel.

\searrow [m] erzeugt ↘ . . . . (5.3.5) – 100

\sec [m] . . . . (5.3.8) – 101
    Befehl zur Erzeugung des Funktionsnamens "sec" in Formeln.

\section[*kurzform*]{*überschrift*} [z] . . . . (3.3.3) – 28
    Beginnt einen neuen Abschnitt und formatiert *überschrift* mit einer vorange-
    stellten *eingliedrigen* (article) oder *zweigliedrigen* (book, report) laufenden
    Nummer. Mit *kurzform* kann ggf. statt des Textes von *überschrift* eine Kurzform
    ins Inhaltsverzeichnis eingetragen werden.

\section*{*überschrift*} . . . . (3.3.3) – 28
    Wie \section, jedoch ohne Numerierung und Eintragung ins Inhaltsverzeichnis.

\see . . . . (8.3) – 209
    Zusatzbefehl aus makeidx.sty, zur Erzeugung eines Querverweis mit MakeIndex
    im Indexregister. Aufruf erfolt in der Form \index{*eintrag*|see{*verweis*}}.

\setcounter{*zähler*}{*wert*} [z] . . . . (7.1.3) – 150
    Der Zähler mit dem Namen *zähler* erhält den Zahlenwert *wert* zugewiesen. Dies
    dürfen nur ganze Zahlen sein.

\selectlanguage{*sprache*} [g] . . . . (D.1.6) – 314
    Umschaltbefehl zum Wechseln der Sprache, nach dem das Datum und diverse,
    automatisch erzeugte Überschriften in der gewählten Sprache ausgegeben werden.
    Standardmäßig stehen für *sprache* \austrian, \english, \french, \german und
    \USenglish bereit.

\setlength{*längenbefehl*}{*maßangabe*} . . . . (7.2) – 152
    Der Längenbefehl mit dem Namen *längenbefehl* erhält den Wert *maßangabe*
    zugewiesen. Das Ergebnis ist gleichwertig mit dem Anhängen einer festen oder
    elastischen Maßangabe an einen Längenbefehl.
    S. hierzu auch . . . . (2.4.1), (2.4.2) – 12, 13

\setminus [m] erzeugt \ . . . . (5.3.3) – 99

\settowidth{*längenbefehl*}{*text*} . . . . (7.2) – 152
    Der Längenbefehl mit dem Namen *längenbefehl* erhält die Länge zugewiesen wie
    sie von *text* eingenommen wird.

`\sf` . . . . (4.1.2) – 46

Schriftumschaltung auf "Sans Serif = Serifenlose Schrift".

`\sharp` [m] erzeugt ♯ . . . . (5.3.6) – 100

`\shortstack[`*pos*`]{`*text*`}` [z] . . . . (6.4.7) – 133

Einspaltige Textformatierung, bei der die Zeilen durch `\\` getrennt
werden und so eng wie möglich übereinander gesetzt sind. Optional
kann mit `l` oder `r` für *pos* eine links– oder rechtsbündige Positionierung erreicht werden. Beispiel:
`\shortstack{aa\\bbb\\cc\\x\\y\\zzz}`

```
aa
bbb
cc
x
yy
zzz
```

`\showhyphens{`*wort_liste*`}` . . . . (3.6.5) – 44

Befehl zur Ausgabe der möglichen Trennungen der Wörter aus *wort_liste* auf dem
Bildschirm.

`\Sigma` [m] erzeugt Σ . . . . (5.3.1) – 98

`\sigma` [m] erzeugt σ . . . . (5.3.1) – 98

`\signature{`*Unterschrift*`}` . . . . (A.1) – 243

Im `letter` Stil Name des Briefautors für die *Unterschrift*, wenn diese von der
Namensangabe aus `\name{`*autor*`}` abweichen soll.

`\sim` [m] erzeugt $\sim$ . . . . (5.3.4) – 99

`\simeq` [m] erzeugt $\simeq$ . . . . (5.3.4) – 99

`\sin` [m] . . . . (5.3.8) – 101

Befehl zur Erzeugung des Funktionsnamens "sin" in Formeln.

`\sinh` [m] . . . . (5.3.8) – 101

Befehl zur Erzeugung des Funktionsnamens "sinh" in Formeln.

`\sl` . . . . (4.1.2) – 46

Schriftumschaltung auf *"Slanted = Geneigte Roman–Schrift"*.

`\sloppy` . . . . (3.6.3) – 42

Nach dem Auftreten dieses Befehls sind für die nachfolgenden Absätze für die Formatierung großzügigere Wortabstände erlaubt. Rückschaltbefehl `\fussy`. S. auch
`\begin{sloppypar}`.

`\small` [z] . . . . (4.1.3) – 46

Umschaltung auf die Schriftgröße `\small`. Kleiner als `\normalsize`, aber größer
als `\footnotesize`.

`\smallskip` [z] . . . . (3.5.3) – 37

Kleiner vertikaler Zwischenraum vom Betrag `\smallskipamount` zwischen Absätzen. S. auch `\bigskip` und `\smallskip`.

`\smallskipamount`

Standardwert für den durch `\smallskip` erzeugten Zwischenraum. Kann durch
Anhängen einer *elastischen* Maßzahl oder mit `\setlength` geändert werden:

> `\smallskipamount1ex plus0.5ex minus0.3ex`   bzw.
> `\setlength{smallskipamount}{1ex plus0.5ex minus0.3ex}`

In der **letter** Umgebung Befehl zur Ausgabe der SPAN–Adresse. Voraussetzung: Benutzeranpassung gem. S. 252 u. 255

Mathematischer Grundbefehl zur Erzeugung einer Wurzel. Höhe und Länge des Wurzelzeichens ist dem Inhalt von *arg* angepaßt. Der optionale Parameter *n* setzt den Wurzelgrad: \sqrt[3]{2} = $\sqrt[3]{2}$, \sqrt{2} = $\sqrt{2}$.

Originalbefehl zur Erzeugung des ß. Bei deutscher Anpassung vereinfacht durch \3 oder besser "s.

Setzt zwei mathematische Symbole übereinander. Das obere Symbol erscheint in kleinerer Schrift: \stackrel{\alpha}{\longrightarrow} = $\xrightarrow{\alpha}$

Inkrementierungsbefehl für *zähler*. Der Wert des Zählers wird um 1 erhöht.

Eine Länge mit dem natürlichen Wert 0cm, deren Elastizität das durch *dezimal_zahl* bestimmte Vielfache von \fill erreichen kann.

Befehl innerhalb der **theindex** Umgebung zur Erzeugung eines Untereintrages zum Haupteintrag des vorangegangenen \item Befehls.

In der **letter** Umgebung die Betreffangabe *betreff*. Voraussetzung: Benutzeranpassung gem. Seite 252.

Unterster Gliederungsbefehl. Formatiert *überschrift*, evtl. mit einer vorangestellten 5– oder 6–gliedrigen laufenden Nummer. Mit *kurzform* kann ggf. statt des Textes von *überschrift* eine Kurzform ins Inhaltsverzeichnis eingetragen werden.

Wie \subparagraph, jedoch ohne Numerierung und Eintragung ins Inhaltsverzeichnis.

\subsection[*kurzform*]{*überschrift*} [z] . . . . (3.3.3) – 28

Gliederungsbefehl nach \section und vor \subsubsection. Formatiert *überschrift* mit einer vorangestellten 2– oder 3–gliedrigen laufenden Nummer. Mit *kurzform* kann ggf. statt des Textes von *überschrift* eine Kurzform ins Inhaltsverzeichnis eingetragen werden.

\subsection*{*überschrift*} . . . . (3.3.3) – 28

Wie \subsection, jedoch ohne Numerierung und Eintragung ins Inhaltsverzeichnis.

\subsubitem{*unter_unter_eintrag* . . . . (8.2.3) – 206

Befehl innerhalb der **theindex** Umgebung zur Erzeugung eines Untereintrages zweiter Stufe zum verangegangenen Untereintrag mit \subitem.

\subsubsection[*kurzform*]{*überschrift*} [z] . . . . (3.3.3) – 28

Gliederungsbefehl nach \subsection und vor \paragraph. Formatiert *überschrift*, evtl. mit einer vorangestellten 3– oder 4–gliedrigen laufenden Nummer. Mit *kurzform* kann ggf. statt des Textes von *überschrift* eine Kurzform ins Inhaltsverzeichnis eingetragen werden.

\subsubsection*{*überschrift*} . . . . (3.3.3) – 28

Wie \subsubsection, jedoch ohne Numerierung und Eintragung ins Inhaltsverzeichnis.

\subset [m] erzeugt $\subset$ . . . . (5.3.4) – 99

\subseteq [m] erzeugt $\subseteq$ . . . . (5.3.4) – 99

\succ [m] erzeugt $\succ$ . . . . (5.3.4) – 99

\succeq [m] erzeugt $\succeq$ . . . . (5.3.4) – 99

\sum [m] erzeugt $\sum$ . . . . (5.2.5) – 96

\sup [m] . . . . (5.3.8) – 101

Befehl zur Erzeugung des Funktionsnamens "sup" in Formeln. Kombinierbar mit unterer Grenzangabe durch Tiefstellung.

\supset [m] erzeugt $\supset$ . . . . (5.3.4) – 99

\supseteq [m] erzeugt $\supseteq$ . . . . (5.3.4) – 99

\surd [m] erzeugt $\surd$ . . . . (5.3.6) – 100

\swarrow [m] erzeugt $\swarrow$ . . . . (5.3.5) – 100

\symbol{*n*} . . . . (4.1.5), (C.6) – 48, 286

Erzeugt im gerade aktiven Zeichensatz das Zeichen, dessen interne Kodierung $n = 0 \ldots 127$ ist.

\t{*xy*} . . . . (2.5.7) – 15

Erzeugt einen "Verbindungs–Akzent" über zwei Buchstaben: \t{oo} = o͡o

\tabbingsep . . . . (4.6.4) – 66

Bestimmt den Abstand zwischen einem Tabulatorstop und dem mit *ltext*\' vor dem momentanen Tabstop angeordneten *ltext*. Wertzuweisung mit \setlength oder durch Anhängen einer Maßzahl (s. 2.4.1).

Der halbe Spaltenabstand in der **tabular** Umgebung. Wertzuweisung mit dem
LaTeX–Befehl \setlength oder durch unmittelbares Anhängen einer Maßangabe:
> \setlength{\tabcolsep}{3mm}   bzw.   \tabcolsep3mm

Befehl zur Erzeugung eines Inhaltsverzeichnisses mit den Angaben aus den Gliederungsbefehlen und evtl. Zusatzeintragungen.

Befehl zur Erzeugung des Funktionsnamens "tan" in Formeln.

Befehl zur Erzeugung des Funktionsnamens "tanh" in Formeln.

Im **letter** Stil Angabe der Telefonnummer des Briefschreibers.

Der Bruchteil einer Seite mit Text und Gleitobjekten, der für den Text mindestens
zur Verfügung steht. Wertzuweisung mit
> \renewcommand{textfraction}{*dezimal_bruch*}.

Der vertikale Abstand zwischen Gleitobjekten oben auf der Seite und dem nachfolgenden Text sowie diesem und evtl. nachfolgenden Gleitobjekten unten auf
der Seite. Wertzuweisung mit \setlength oder durch Anhängen einer elastischen Maßangabe:
> \setlength{\textfloatsep}{20pt plus2pt minus 4pt}   bzw
> \setlength20pt plus 2pt minus4pt

Gesamthöhe für den Seitentext. Wertzuweisung mit \setlength oder durch
Anhängen einer Maßangabe, die bevorzugt als ganzzahliges Vielfaches von
\baselineskip gewählt wird:
> \setlength{\textheight}{45\baselineskip}   bzw.
> \textheight45\baselineskip

Umschaltung auf Schriftgröße \textstyle als *aktive* Schrift innerhalb einer Formel.

Textbreite für den Seitentext. Wertzuweisung mit \setlength oder durch Anhängen einer Maßzahl.

Erzeugt eine Fußnote auf einer mit \maketitle erzeugten Titelseite.

`\the`*zähler* . . . . (7.1.4) – 151

> Interner Standardbefehl, mit dem der Wert eines Zählers, evtl. mit Zusatzangaben, ausgedruckt wird, z. B. `\theenumii`. Benutzeränderung ist durch `\renewcommnd{\the`*zähler*`}{`*def*`}` jederzeit möglich.

`\Theta` [m] erzeugt Θ . . . . (5.3.1) – 98

`\theta` [m] erzeugt θ . . . . (5.3.1) – 98

`\thicklines` . . . . (6.5.1) – 134

> Nach diesem Befehl innerhalb der `picture` Umgebung erscheinen geneigte Linien und Pfeile, Kreise und Ovale in dicker Strichstärke.

`\thinlines` . . . . (6.5.1) – 134

> Umkehrbefehl zu `\thicklines` und Standardstrichstärke in der `picture` Umgebung für geneigte Linien, Pfeile, Kreise und Ovale.

`\thispagestyle{`*stil*`}` . . . . (3.2) – 21

> Bestimmt den Stil der laufenden Seite in bezug auf Kopf– und Fußzeile. Für *stil* können gewählt werden: `plain`, `empty`, `headings` und `myheadings`.

`\tilde{`x`}` [m] . . . . (5.3.9) – 102

> Tilde über math. Variable x: `\tilde{a}` $= \tilde{a}$

`\tiny` [z] . . . . (4.1.3) – 46

> Umschaltung auf die kleinste Schriftgröße `\tiny`. Noch kleiner als `\scriptsize`.

`\times` [m] erzeugt × . . . . (5.3.3) – 99

`\title{`*text*`}` . . . . (3.3.1) – 26

> Der Titeltext *text* für eine durch `\maketitle` erzeugte Titelseite.

`\to` [m] erzeugt → . . . . (5.3.5) – 100

`\today` . . . . (2.5.9), (D.1.6) – 16, 314

> Erzeugt das aktuelle Datum beim Original in amerikanischer Schreibweise. Nach Anpassung an `german.sty` erscheint das Datum in der mit `\selectlanguage` gewählten Sprache.

`\top` [m] erzeugt ⊤ . . . . (5.3.6) – 100

`\topfraction` . . . . (6.6.2) – 144

> Bruchteil einer Seite, bis zu dem Gleitobjekte am oberen Seitenende angebracht werden können: `\renewcommand{\topfraction}{`*dezimal_bruch*`}`

`\topmargin` [v] . . . . (3.2.4) – 24

> Oberer Seitenrand bis zur Oberkante der Kopfzeile. Wertzuweisung mit `\setlength` oder durch Anhängen einer Maßzahl:
>
> > `\setlength{topmargin}{0.5in}` bzw. `\topmargin0.5in`

`\topnumber` . . . . (6.6.2) – 143

> Maximale Anzahl von Gleitobjekten, die am oberen Seitenende angebracht werden können. Wertzuweisung durch `\setcounter{topnumber}{`*num*`}`.

`\topsep` . . . . (4.4.2), (5.5.4) – 59, 119

Vertikaler Standardzwischenraum zusätzlich zu `\parsep` vor und nach einer listenartigen Umgebung sowie bei abgesetzten mathematischen Formeln, wenn Dokumentoption `fleqn` gesetzt. Wertzuweisung durch Anhängen einer elastischen Maßangabe oder mit `\setlength`:

> `\topsep4pt plus2pt minus2pt`   bzw.
> `\setlength{\topsep}{4pt plus2pt minus2pt}`

`\topskip` [v] . . . . (3.2.4) – 24

Abstand von der Oberkante des Seitenrumpfes bis zur Grundlinie der ersten Textzeile. Wertzuweisung mit `\setlength` oder durch Anhängen einer Maßzahl:

> `\setlength{topskip}{12pt}` bzw. `\topmargin12pt`

`\totalnumber` . . . . (6.6.2) – 143

Maximale Anzahl von Gleitobjekten, die unabhängig von ihrer Positionierung insgesamt auf einer Seite angebracht werden können. Wertzuweisung durch `\setcounter{totalnumber}{`*num*`}`.

`\triangle` [m] erzeugt △ . . . . (5.3.6) – 100

`\triangleleft` [m] erzeugt ◁ . . . . (5.3.3) – 99

`\triangleright` [m] erzeugt ▷ . . . . (5.3.3) – 99

`\tt` . . . . (4.1.2) – 46

Schriftumschaltung auf ``Typewriter = Schreibmaschinenschrift''.

`\twocolumn[`*text*`]` [z] . . . . (3.2.5) – 25

Beginnt eine neue Seite mit zweispaltiger Formatierung. Der optionale Inhalt von *text* erscheint zu Beginn der Seite und reicht über beide Spalten.

`\typein[\`*befehl*`]{`*nachricht*`}` [z] . . . . (8.1.3) – 200

Erzeugt auf dem Bildschirm den Inhalt von *nachricht*, wenn bei der Bearbeitung der `\typein` Befehl erreicht wird. Der optionale Parameter ist ein Befehlsname, der unten auf dem Bildschirm erscheint, wonach LaTeX auf eine Anwendereingabe wartet. Der danach eingegebene Text bis zur Returntaste wird als Definition für den Befehlsnamen interpretiert. Ohne die Option erscheint unten auf dem Bildschirm @typein=, und der darauf eingegebene Text bis zur Returntaste wird an der Stelle des `\typein` Befehls in den laufenden Text einbezogen.

`\typeout{`*nachricht*`}` [z] . . . . (8.1.3) – 200

Erzeugt auf dem Bildschirm den Inhalt von *nachricht*, wenn bei der Bearbeitung der `\typeout` Befehl erreicht wird. Der Inhalt von *nachricht* wird zusätzlich in den `.log` File geschrieben.

`\u{`*zeichen*`}` . . . . (2.5.7) – 15

Erzeugt einen "Breve Akzent" über *Zeichen*: \u{o} = ŏ

`\umlauthigh` [g] . . . . (D.1.1) – 312

Interner Befehl aus `german.sty`, mit dem Umlautpünktchen höher als bei deutschen Standardumlauten angebracht werden. Vgl. das Ergebnis von `\umlauthigh` "a "o "u ä ö ü mit ä ö ü, den deutschen Umlauten.

`\umlautlow` [g] . . . . (D.1.1) – 312

Interner Befehl aus `german.sty`, mit dem der deutsche Standardabstand der Umlautpünktchen zum darunterstehenden Umlautvokal eingestellt wird. Nach einem vorangegangenen `\umlauthigh` kann mit `\umlautlow` auf das Standardverhalten zurückgeschaltet werden.

`\unboldmath` [z] . . . . (5.4.9) – 114

Rückschaltbefehl zu `\boldmath`. Der Befehl muß außerhalb des mathematischen Modes gesetzt werden. Danach werden Formeln wieder standardmäßig in "*Math. Italic*" geschrieben.

`\underbrace{`*formelteil*`}` [m] . . . . (5.4.4) – 108

Erzeugt eine horizontale geschweifte Klammer unter einem Formelteil: Anschließende Tiefstellung erfolgt zentriert unter horizontaler Klammer.
`\underbrace{a+b}`: $\underbrace{a+b}$ `\underbrace{x+y+z}^{\xi\eta\zeta}`: $\underbrace{x+y+z}_{\xi\eta\zeta}$

`\underline{`*text*`}` [z] . . . . (5.4.4) – 108

Erzeugt eine horizontale Linie unter *text* sowohl im math. Mode für Teilformeln als auch für normalen Text: `\underline{Text}` = T̲e̲x̲t̲

`\unitlength` . . . . (6.1) – 124

Definiert die Längeneinheiten für die nachfolgenden `picture` Umgebungen: `\unitlength1.2cm` oder `\setlength{\unitlength}{1.2cm}` bestimmt als Längeneinheit 1.2cm.

`\unlhd` [m] erzeugt $\unlhd$ . . . . (5.3.3) – 99

`\unrhd` [m] erzeugt $\unrhd$ . . . . (5.3.3) – 99

`\Uparrow` [m] erzeugt $\Uparrow$ . . . . (5.3.5) – 100

`\uparrow` [m] erzeugt $\uparrow$ . . . . (5.3.5) – 100

`\Updownarrow` [m] erzeugt $\Updownarrow$ . . . . (5.3.5) – 100

`\updownarrow` [m] erzeugt $\updownarrow$ . . . . (5.3.5) – 100

`\uplus` [m] erzeugt $\uplus$ . . . . (5.3.3) – 99

`\Upsilon` [m] erzeugt Υ . . . . (5.3.1) – 98

`\upsilon` [m] erzeugt υ . . . . (5.3.1) – 98

`\usebox{\`*boxname*`}` . . . . (4.7.1) – 69

Erzeugt den Inhalt von `\`*boxname*, der mit `\newsavebox{\`*boxname*`}` eingerichtet und mit `\sbox` oder `\savebox` Befehlen gefüllt und abgespeichert worden war.

`\usecounter{`*zähler*`}` [z] . . . . (4.4.1) – 58

Befehl in der Listenerklärung einer `list` Umgebung, der bewirkt, daß der in der Standardmarke benutzte *zähler* mit jedem `item` Befehl um eins erhöht wird.

`\USenglish` [g] . . . . (D.1.6) – 314

Umschaltungsname auf USenglische Sprachstrukturen mit `\selectlanguage`.

`\v{`*zeichen*`}` . . . . (2.5.7) – 15

Erzeugt einen "Háček Akzent" über *Zeichen*: `\v{o}` = ǒ

Stellt den augenblicklichen Wert von *zähler* zur Verfügung, z. B. wird mit \setcounter{*zähler1*}{\value{*zähler2*}} der Wert von *zähler2* an *zähler1* übergeben.

Vektor–Symbol über math. Variable x: \vec{a} = $\vec{a}$

Bildobjektbefehl innerhalb der picture Umgebung zur Erzeugung beliebiger horizontaler und vertikaler Pfeile sowie einer begrenzten Zahl geneigter Pfeile. Bei hor. und vert. Pfeilen stellt *länge* die Länge in den mit unitlength gesetzten Längeneinheiten dar. Bei geneigten Pfeilen bedeutet *länge* die Projektion der Pfeillänge auf die x–Achse. Die Neigung wird durch das Neigungspaar ($\Delta x, \Delta y$) bestimmt, das nur ganzzahlige Werte $-4 \leq \Delta x \leq 4$ und $-4 \leq \Delta y \leq 4$ annehmen darf.

Der durch / / eingeschachtelte Text wird in Schreibmaschinenschrift so ausgegeben, wie er im Original eingegeben ist. Für / darf jedes Zeichen mit Ausnahme von *, das nicht im Originaltext auftritt, benutzt werden. Es übernimmt die Funktion der Einschachtelung von *text_original*.

Wie \verb, jedoch werden bei der *Form Leerzeichen zur deutlicheren Kennzeichnung als ␣ ausgegeben.

Vertikaler Zwischenraum beliebiger Dehnbarkeit zwischen Textzeilen oder Absätzen bzw. Leerraumauffüllung am unteren Seitenrand. Der Befehl steht als Abkürzung für \vpace{\fill}.

Vertikaler Zwischenstrich innerhalb eines Spalteeintrages bei einer Tabelle.

Oberer Bezugsrand bei der Seitenformatierung. Standartwert ist 0pt, der Bezugsrand damit gleich dem physikalischen Druckerrand. Wertzuweisung mit \setlength oder durch Anhängen einer evtl. auch negativen Maßzahl:

\setlength{\voffset}{-1in}   bzw.   \offset-1in

\vspace{*abstand*} . . . . (3.5.3) – 37

Erzeugt vertikalen Zwischenraum der Länge *abstand*. Zwischenraum am Anfang oder Ende einer Seite wird unterdrückt.

\vspace*{*abstand*} . . . . (3.5.3) – 37

Erzeugt vertikalen Zwischenraum der Länge *abstand*, auch wenn der Befehl am Anfang oder Ende einer Seite steht. Mit **\vspace*{\fill}** kann beliebig dehnbarer Zwischenraum auch am Seitenanfang eingerichtet werden.

\wedge [m] erzeugt ∧ . . . . (5.3.3) – 99

\widehat{*arg*} [m] . . . . (5.3.9) – 102

Erzeugt ein breites **\hat** Symbol über mehrere Zeichen: **\widehat{xyz}** $= \widehat{xyz}$

\widetilde{*arg*} [m] . . . . (5.3.9) – 102

Erzeugt ein breites **\tilde** Symbol über mehrere Zeichen: **\widetilde{xyz}** $=$ $\widetilde{xyz}$

\wp [m] erzeugt $\wp$ . . . . (5.3.6) – 100

\wr [m] erzeugt $\wr$ . . . . (5.3.3) – 99

\Xi [m] erzeugt Ξ . . . . (5.3.1) – 98

\xi [m] erzeugt ξ . . . . (5.3.1) – 98

\ymail{*datum*} [p] . . . . (A.2) – 248

In der **letter** Umgebung Angabe für das Datum des eingegangenen Briefes, auf den geantwortet wird. Voraussetzung: Benutzeranpassung gem. Seite 252.

\yref{*ihr_zeichen*} [p] . . . . (A.2) – 248

In der **letter** Umgebung Angabe für das Referenzzeichen des Briefes, auf den geantwortet wird. Voraussetzung: Benutzeranpassung gem. Seite 252.

\zeta [m] erzeugt ζ . . . . (5.3.1) – 98

Zusammenfassende Tabellen und Diagramme

\rm Roman	\it *Italic*	\sc Small Caps
\bf **Bold Face**	\sl *Slanted*	\sf Sans Serif
\tt Typewriter	\mit $\Gamma\Pi\Phi$	\cal $\mathcal{CAL}$

Tabelle 1: Schriftarten   (4.1.2) – S. 4.1.2

\tiny	Winzig	\Large	Größer
\scriptsize	Sehr Klein	\LARGE	Noch Größer
\footnotesize	Fußnote	\huge	Riesig
\small	Klein	\Huge	Gigantisch
\normalsize	Normal		
\large	Groß		

Tabelle 2: Schriftgrößen   (4.1.3) – S. 46

mm	Millimeter	pt	Punkt (1in = 72.27pt)	dd	(1157dd = 1238pt)
cm	Zentimeter	pc	Pica (1pc = 12pt)	cc	Cicero (1cc = 12dd)
in	Inch (1in = 2.54cm)	bp	big point (1in = 72bp)	sp	(1pt = 63536sp)

em	Die Breite des Gedankenstrichs — im jeweils aktiven Zeichensatz
ex	Die Höhe eines "x" im jeweils aktiven Zeichensatz

Tabelle 3: Maßeinheiten   (2.4) – S. 12

abstract	eqnarray	itemize	sloppypar	titlepage
appendix	eqnarray*	letter	tabbing	trivlist
array	equation	list	table	verbatim
center	figure	math	table*	verbatim*
description	figure*	minipage	tabular	verse
displaymath	flushleft	picture	tabular*	
document	flushright	quotatition	thebibliography	
enumerate	fussypar	quote	theindex	

Tabelle 4: Umgebungsnamen

ò=\'o	ó=\'o	ô=\^o	õ =\~o	ō=\=o	ȯ=\.o
ŏ=\u{o}	ǒ=\v{o}	ő=\H{o}	o͡o=\t{oo}	o̧=\c{o}	ọ=\d{o}	o̲=\b{o}

Tabelle 5: Akzente   (2.5.7) – S. 15

œ={\oe}	Œ={\OE}	æ={\ae}	Æ={\AE}	å={\aa}	Å={\AA}
ø={\o}	Ø ={\O}	ł ={\l}	Ł ={\L}	¿=?'	¡ =!'

Tabelle 6: Sonderbuchstaben in Fremdsprachen   (2.5.6) – S. 15

| † | \dag | § | \S | © | \copyright | $ | \$ | % | \% | { | \{ | _ | _ |
| ‡ | \ddag | ¶ | \P | £ | \pounds | & | \& | # | \# | } | \} | | |

Tabelle 7: Sonderzeichen (2.5.5) – 15   **Tabelle 8**: Befehlszeichen (2.5.4) – 14

Kleinbuchstaben

α	\alpha	θ	\theta	o	o	τ	\tau
β	\beta	ϑ	\vartheta	π	\pi	υ	\upsilon
γ	\gamma	ι	\iota	ϖ	\varpi	ϕ	\phi
δ	\delta	κ	\kappa	ρ	\rho	φ	\varphi
ϵ	\epsilon	λ	\lambda	ϱ	\varrho	χ	\chi
ε	\varepsilon	μ	\mu	σ	\sigma	ψ	\psi
ζ	\zeta	ν	\nu	ς	\varsigma	ω	\omega
η	\eta	ξ	\xi				

Großbuchstaben

Γ	\Gamma	Λ	\Lambda	Σ	\Sigma	Ψ	\Psi
Δ	\Delta	Ξ	\Xi	Υ	\Upsilon	Ω	\Omega
Θ	\Theta	Π	\Pi	Φ	\Phi		

Tabelle 9: Griechische Buchstaben   (5.3.1) – S. 98

$\pm$	\pm	$\cap$	\cap	$\circ$	\circ	$\bigcirc$	\bigcirc
$\mp$	\mp	$\cup$	\cup	$\bullet$	\bullet	$\Box$	\Box
$\times$	\times	$\uplus$	\uplus	$\diamond$	\diamond	$\Diamond$	\Diamond
$\div$	\div	$\sqcap$	\sqcap	$\lhd$	\lhd	$\bigtriangleup$	\bigtriangleup
$\cdot$	\cdot	$\sqcup$	\sqcup	$\rhd$	\rhd	$\bigtriangledown$	\bigtriangledown
$*$	\ast	$\vee$	\vee	$\unlhd$	\unlhd	$\triangleleft$	\triangleleft
$\star$	\star	$\wedge$	\wedge	$\unrhd$	\unrhd	$\triangleright$	\triangleright
†	\dagger	$\setminus$	\setminus	$\oslash$	\oslash	$\oplus$	\oplus
‡	\ddagger	$\wr$	\wr	$\odot$	\odot	$\ominus$	\ominus
$\amalg$	\amalg					$\otimes$	\otimes

Tabelle 10: Binäre Operationssymbole   (5.3.3) – S. 99

$\le$	\le \leq	$\ge$	\ge \geq	$\neq$	\neq	$\sim$	\sim
$\ll$	\ll	$\gg$	\gg	$\doteq$	\doteq	$\simeq$	\simeq
$\subset$	\subset	$\supset$	\supset	$\approx$	\approx	$\asymp$	\asymp
$\subseteq$	\subseteq	$\supseteq$	\supseteq	$\cong$	\cong	$\smile$	\smile
$\sqsubset$	\sqsubset	$\sqsupset$	\sqsupset	$\equiv$	\equiv	$\frown$	\frown
$\sqsubseteq$	\sqsubseteq	$\sqsupseteq$	\sqsupseteq	$\propto$	\propto	$\bowtie$	\bowtie
$\in$	\in	$\ni$	\ni	$\prec$	\prec	$\succ$	\succ
$\vdash$	\vdash	$\dashv$	\dashv	$\preceq$	\preceq	$\succeq$	\succeq
$\models$	\models	$\perp$	\perp	$\parallel$	\parallel |	$\mid$	\mid |

Tabelle 11: Mathematische Vergleichssymbole   (5.3.4) – S. 99

≮ \not<	≯ \not>	≠ \not=
≰ \not\le	≱ \not\ge	≢ \not\equiv
⊀ \not\prec	⊁ \not\succ	≁ \not\sim
⋠ \not\preceq	⋡ \not\succeq	≄ \not\simeq
⊄ \not\subset	⊅ \not\supset	≉ \not\approx
⊈ \not\subseteq	⊉ \not\supseteq	≇ \not\cong
⋢ \not\sqsubseteq	⋣ \not\sqsupseteq	≭ \not\asymp
∉ \not\in	∉ \notin	

Tabelle 12: Negierte Vergleichssymbole (5.3.4) – S. 995

← \leftarrow \gets	⟵ \longleftarrow	↑ \uparrow
⇐ \Leftarrow	⟸ \Longleftarrow	⇑ \Uparrow
→ \rightarrow \to	⟶ \longrightarrow	↓ \downarrow
⇒ \Rightarrow	⟹ \Longrightarrow	⇓ \Downarrow
↔ \leftrightarrow	⟷ \longleftrightarrow	↕ \updownarrow
⇔ \Leftrightarrow	⟺ \Longleftrightarrow	⇕ \Updownarrow
↦ \mapsto	⟼ \longmapsto	↗ \nearrow
↩ \hookleftarrow	↪ \hookrightarrow	↘ \searrow
↼ \leftharpoonup	⇀ \rightharpoonup	↙ \swarrow
↽ \leftharpoondown	⇁ \rightharpoondown	↖ \nwarrow
⇌ \rightleftharpoons	⤳ \leadsto	

Tabelle 13: Pfeil– und Zeigersymbole (5.3.5) – S. 100

ℵ \aleph	′ \prime	∀ \forall	□ \Box
ℏ \hbar	∅ \emptyset	∃ \exists	◇ \Diamond
ı \imath	∇ \nabla	¬ \neg	△ \triangle
ȷ \jmath	√ \surd	♭ \flat	♣ \clubsuit
ℓ \ell	∂ \partial	♮ \natural	◇ \diamondsuit
℘ \wp	⊤ \top	♯ \sharp	♡ \heartsuit
ℜ \Re	⊥ \bot	∥ |	♠ \spadesuit
ℑ \Im	⊢ \vdash	∠ \angle	⋈ \Join
℧ \mho	⊣ \dashv	\ \backslash	∞ \infty

Tabelle 14: Sonstige mathematische Symbole (5.3.6) – S. 100

Σ ∑ \sum	∩ ⋂ \bigcap	⊙ ⨀ \bigodot
∫ ∫ \int	∪ ⋃ \bigcup	⊗ ⨂ \bigotimes
∮ ∮ \oint	⊔ ⨆ \bigsqcup	⊕ ⨁ \bigoplus
∏ ∏ \prod	∨ ⋁ \bigvee	⊎ ⨄ \biguplus
⨿ ⨿ \coprod	∧ ⋀ \bigwedge	

Tabelle 15: Mathematische Symbole in zwei Größen (5.3.7) – S. 101

```
\arccos    \cos    \csc    \exp    \ker      \limsup    \min    \sinh
\arcsin    \cosh   \deg    \gcd    \lg       \ln        \Pr     \sup
\arctan    \cot    \det    \hom    \lim      \log       \sec    \tan
\arg       \coth   \dim    \inf    \liminf   \max       \sin    \tanh
```

Tabelle 16: Funktionsnamen   (5.3.8) – S. 101

$\hat{a}$ \hat{a} $\breve{a}$ \breve{a} $\grave{a}$ \grave{a} $\bar{a}$ \bar{a} $\dot{a}$ \dot{a}
$\check{a}$ \check{a} $\acute{a}$ \acute{a} $\tilde{a}$ \tilde{a} $\vec{a}$ \vec{a} $\ddot{a}$ \ddot{a}

Tabelle 17: Mathematische Akzente   (5.3.9) – S. 102

```
(  (          )  )          ⌊  \lfloor        ⌋  \rfloor
[  [          ]  ]          ⌈  \lceil         ⌉  \rceil
{  \{         }  \}         ⟨  \langle        ⟩  \rangle
|  |          ‖  \|         ↑  \uparrow       ⇑  \Uparrow
/  /          \  \backslash ↓  \downarrow     ⇓  \Downarrow
                            ↕  \updownarrow   ⇕  \Updownarrow
```

Tabelle 18: Klammersymbole   (5.4.1) – S. 104

```
cmr5       cmti9       cmssq8      cmu10       cmmi5
cmr6       cmti10      cmss8       cmff10      cmmi6
cmr7       cmti12      cmss9       cmfi10      cmmi7
cmr8       cmbx5       cmss10      cmdunh10    cmmi8
cmr9       cmbx6       cmss12      cmtt8       cmmi9
cmr10      cmbx7       cmss17      cmtt9       cmmi10
cmr12      cmbx8       cmssqi8     cmtt10      cmmi12
cmr17      cmbx9       cmssi8      cmtt12      cmmib10
cmcsc10    cmbx10      cmssi9      cmtcsc10    cmsy5
cmsl8      cmbx12      cmssi10     cmsltt10    cmsy6
cmsl9      cmb10       cmssi12     cmitt10     cmsy7
cmsl10     cmfib       cmssi17     cmtex8      cmsy8
cmsl12     cmbxsl10    cmssdc10    cmtex9      cmsy9
cmti7      cmbxti10    cmssbx10    cmtex10     cmsy10
cmti8      cminch      cmvtt10     cmex10      cmbsy10
```

Tabelle 19: Die Grundnamen der TₑX–Standardzeichensätze (C.7.1) – S. 291

Vergr.-Stufe	Skal.-Faktor	Vergr.-Stufe	Skal.-Faktor	Vergr.-Stufe	Skal.-Faktor
1.0	1000	1.2^2	1440	1.2^5	2488
$\sqrt{1.2}$	1095	1.2^3	1728	1.2^6	2986
1.2	1200	1.2^4	2074	1.2^7	3583

Tabelle 20: Vergrößerungsstufen und Skalierungsfaktoren (C.7.2) – S. 292

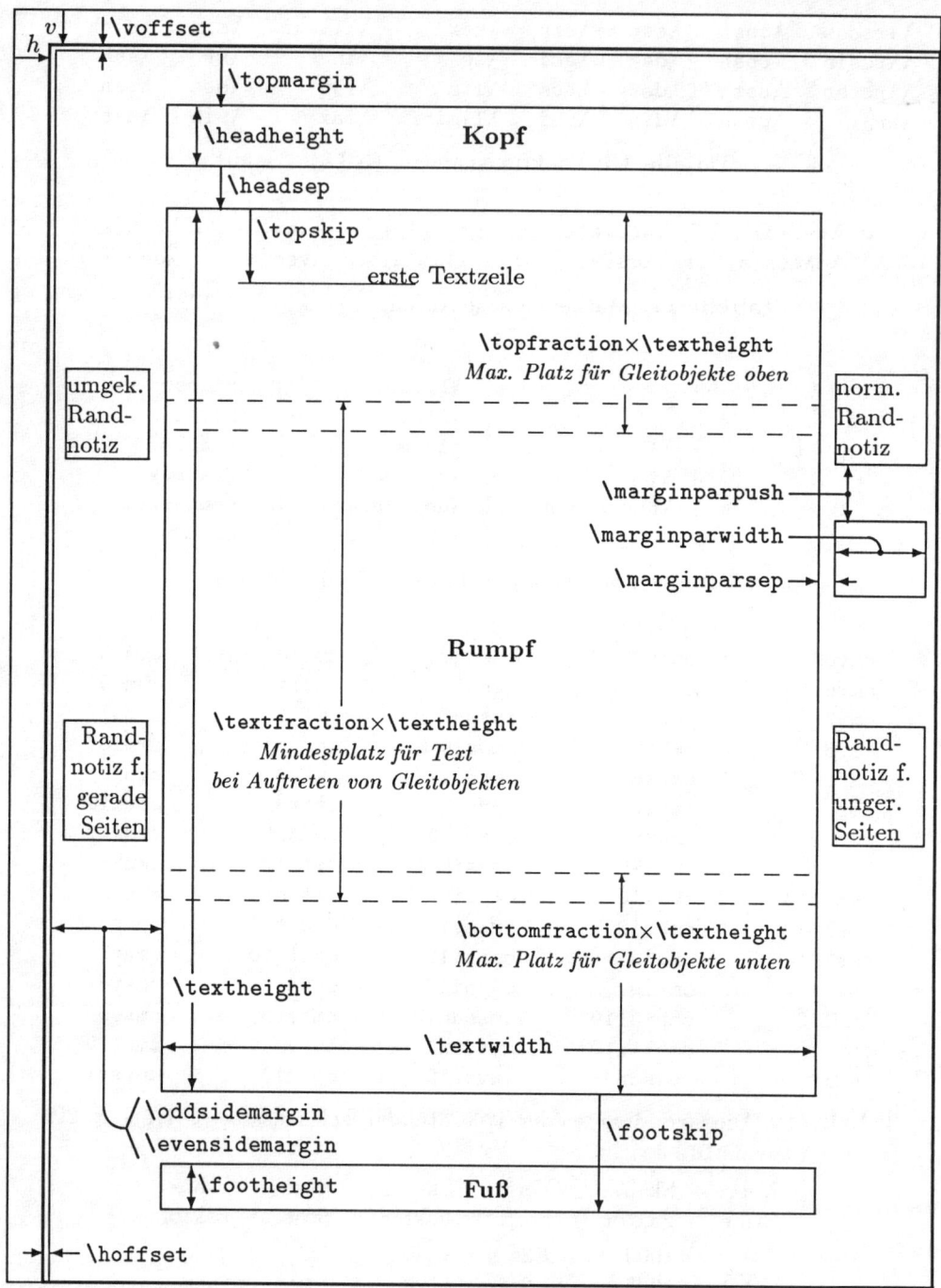

Diagramm 1: Einspaltiges Seitenformat
(3.2.4), S. 24 – (4.9.7), S. 91 – (6.6.2), S. 144

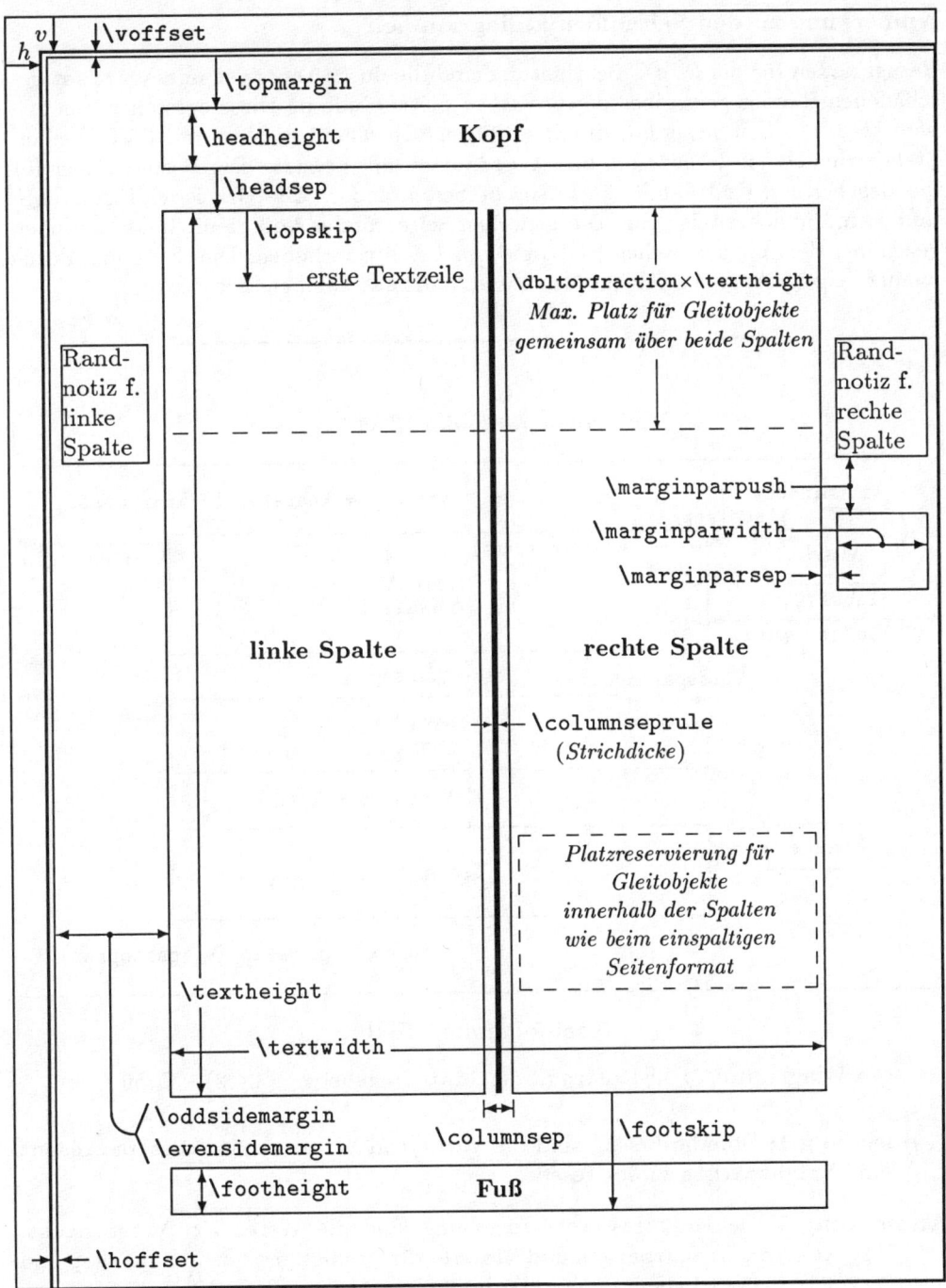

Diagramm 2: zweipaltiges Seitenformat
(3.2.4), S. 24 – (3.1), S. 20 – (4.9.7), S. 91 – (6.6.2), S. 144

Anmerkung zu den Seitenformatdiagrammen

Bezugskanten für die LaTeX–Bearbeitung sind die durch \hoffset und \voffset geschaffenen Ränder gegenüber den *logischen* Seitenrändern. Diese entstehen aus den *physikalischen* Seitenrandern durch Einfügen von h und v durch die DVI–Treiber. Standardmäßig sind \hoffset und \voffset zu 0pt gesetzt. Die Bezugsränder für die Bearbeitung sind damit die *logischen* Seitenränder. Die Druckereinfügungen h und v sind üblicherweise 1in. Die logischen Seitenränder sind damit links und oben gegenüber dem physikalischen Blattrand um 1 Zoll verschoben. Dies kann ggf. durch benutzereigene Angaben für \hoffset und \voffset kompensiert werden.

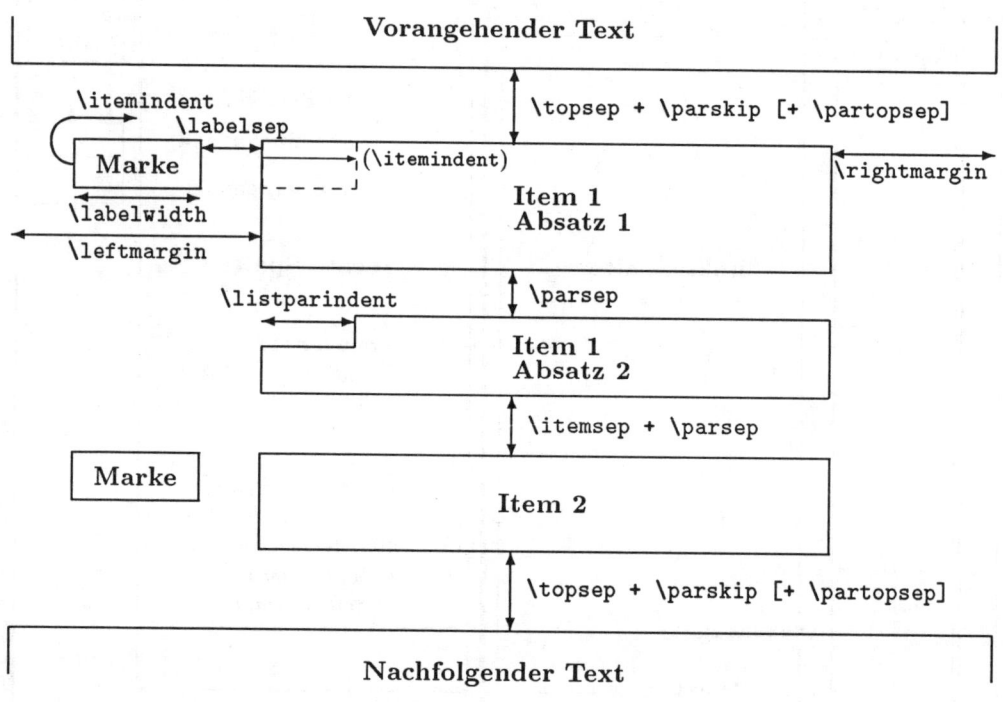

Diagramm 3: Listenformat der list Umgebung   (4.4.2) – S. 59

Anmerkung 1: Standardmäßig sind die Werte von \itemindent, \listparindent und \rightmargin zu 0pt gesetzt.

Anmerkung 2: Bei der trivlist Umgebung sind die Werte von \itemindent, \leftmargin, \rightmargin und \labelwidth zu 0pt gesetzt und \parsep und \listparindent haben die Standardwerte von \parsep bzw. \parindent zugewiesen bekommen.

Verbotene TEX–Befehle $\boxed{\text{TLL}}$

Die allermeisten TEX–Befehle können auch in LATEX–Dokumenten verwendet werden, auch wenn hierfür gewöhnlich kein Bedarf besteht. Einige TEX–Befehle sind in LATEX jedoch nicht erlaubt. Ihre Verwendung führt zu Fehlermeldungen. Im folgenden sind die nicht erlaubten TEX–Befehle so in Gruppen zusammengefaßt, daß die ersetzenden LATEX–Konstrukte leicht zu erkennen sind.

TEX–Tabulator Befehle

Die folgenden TEX–Tabulator Befehle sind in einem LATEX–Dokument nicht erlaubt und müssen durch die entsprechende LATEX-tabbing Umgebung und deren Befehle ersetzt werden:

```
\tabs  \tabset  \tabsdone  \cleartabs  \settabs  \tabalign  \+
```

Seitenformatierung, Fußnoten und Gleitobjekte

Die folgenden TEX–Befehle stehen nicht zur Verfügung

\advancepageno	\footstrut	\nopagenumbers	\pageno
\dosupereject	\headline	\normalbottom	\plainoutput
\endinsert	\makefootline	\pagebody	\topins
\folio	\makeheadline	\pagecontents	\topinsert
\footline	\midinsert	\pageinsert	\vfootnote

Diese sind durch die Wahl des Seitenstils in \pagestyle sowie durch die LATEX–Fußnotenbefehle und die figure bzw. table Umgebung zu ersetzen.

TEX–Zeichensatzbefehle

Die TEX–Zeichensatzbefehle

\fivei	\fiverm	\fivesy	\fivebf	
\seveni	\sevenbf	\sevensy	\teni	\oldstyle

sind in LATEX nicht definiert. Soweit mit den LATEX–Schriftarten und Schriftgrößen nicht äquivalente Wirkungen erzielt werden können, muß der lfonts.tex File entsprechend verändert werden.

Mathematische Befehle

Von den mathematischen TEX–Befehlen sind lediglich

```
\eqalign    \eqalignno    \leqalingnno
```

in LATEX nicht erlaubt. Diese Befehle sind durch die LATEX–Umgebungen eqnarray und eqnarray* abgedeckt.

Sonstiges

Plain TEX's \beginsection wird durch die LATEX–Gliederungsbefehle, \end und \bye sind durch \end{document} ersetzt. TEX's \centering entspricht dem gleichnamigen LATEX–Befehl. Der Name des TEX–Befehls \line ist durch den LATEX–Namen \line besetzt, der jedoch etwas ganz anderes bedeutet, nämlich das Zeichnen einer Linie in der picture Umgebung. Die meisten Anwendungen von \line innerhalb von TEX können in LATEX mit \center, \flushleft und \flushright erzielt werden.

Der TEX–Befehl \magnification hat kein LATEX–Äquivalent. Es ist jedoch möglich und effizienter, eine entsprechende Vergrößerungsoption bei den .dvi Treibern einzurichten. Ob eine solche vorhanden ist, muß beim jeweiligen Rechenzentrum erfragt oder dem Treibermanual entnommen werden.

Stichwortverzeichnis

Unterstrichene Seitenzahlen bei den nachfolgenden Stichwörtern verweisen auf diejenigen Stellen, an denen der zugehörige Begriff oder Befehl eingeführt und erläutert oder definiert wird. Kursive Seitenzahlen verweisen auf die Befehlskurzbeschreibung. Seitenzahlen in der Schriftart \sl (*geneigt*) beziehen sich auf die zusammenfassenden Tabellen und Diagramme.

Das Stichwortverzeichnis ist vielfach in Haupt– und zweistufige Unterbegriffe gegliedert. Tritt ein Stichwort nicht bei den Hauptbegriffen auf, so sollte zunächst nach einem Oberbegriff gesucht werden, unter dem das gesuchte Stichwort evtl. als Untereintrag zu finden ist. Solche umfassenden Oberbegriffe sind vor allem die Haupteinträge

> Befehl, Befehlsdefinitionen, Bilder, Boxen, Briefe, Fehlermeldungen, Formeln, Fußnoten, Gleitobjekte, Gliederungsbefehle, LaTeX, Listen, Literaturverzeichnis, SliTeX, Symbole, Tabellen, Tabellenbeispiele, Tabulator, Text, Umgebungen, Verweise, Zeichensätze und Zusammenfassungen.

TeX/LaTeX

LaTeX - Eine Einführung
Helmut Kopka

Dieses Buch richtet sich an die LaTeX-Anwender, die keine oder nur geringe Kenntnisse im Umgang mit Rechnern haben. Es basiert auf Kursen, die der Autor an seiner Arbeitsstätte gegeben hat.
356 Seiten, 3. überarbeitete u. erweiterte Auflage, 1991
ISBN 3-89319-338-3

LaTeX - Erweiterungsmöglichkeiten
Helmut Kopka

Eigene Layout-Stile, quasi-automatische Erzeugung von Stichwortregistern, sprachspezifische Anpassung, Ausweitung auf Bild- und Grafikdarstellung.
479 Seiten, 1990, ISBN 3-89319-287-5

Kompaktführer LaTeX
Reinhard Wonneberger

Eine Kurzübersicht der LaTeX-Funktionen.
155 Seiten, 2. Auflage, 1988, ISBN 3-89319-152-6

Einführung in TeX
Norbert Schwarz

Dieses Buch bietet eine leicht verständliche Einführung in das Programm. Der Autor zeigt eindrucksvoll die Einsatzmöglichkeiten des TeX-Systems.
272 Seiten, 3. überarbeitete Auflage, 1991, ISBN 3-89319-345-6

TeX für Fortgeschrittene
Wolfgang Appelt

Der Autor zeigt in diesem Buch anhand zahlreicher anwendungsorientierter Beispiele eine Einführung in die Technik von TeX-Makros.
189 Seiten, 1988, ISBN 3-89319-115-1

 **ADDISON-WESLEY**